É melhor conseguir sabedoria do que ouro;
é melhor ter conhecimento do que prata.

Provérbios 16:16 (NTLH).

Informática para Concursos

Teoria e mais de 350 questões

Renato da Costa

Informática para Concursos

Teoria e mais de 350 questões

4ª edição,
revista, ampliada e atualizada
4ª tiragem

EDITORA IMPETUS

Niterói, RJ
2021

Editora Impetus Ltda.
Rua Alexandre Moura, 51 – Gragoatá – Niterói – RJ
CEP: 24210-200 – Telefax: (21) 2621-7007

EDITORAÇÃO ELETRÔNICA: EDITORA IMPETUS LTDA.

CAPA: WILSON COTRIM

REVISÃO DE PORTUGUÊS: C & C CRIAÇÃO E TEXTOS LTDA.

IMPRESSÃO E ENCADERNAÇÃO: EDITORA E GRÁFICA VOZES LTDA.

4ª edição / 4ª tiragem

C875i

Costa, Renato da.
Informática para Concursos / Renato da Costa. – Niterói, RJ: Impetus, 2021.
632 p. ; il. : 17 x 24 cm.

Inclui bibliografia.

ISBN: 978-85-7626-885-7

1. Informática - Obras populares. 2. Computadores - Obras populares. I. Título.

CDD- 004

www.impetus.com.br

Agradecimentos

Agradeço primeiramente a Deus, por ter me agraciado com uma família linda, em seguida a Caroline, esposa que não só compartilha amor como conhecimento, me presenteando todos os dias com sua beleza e alegria, e uma amada filha, a pequena Isabella, que com um simples sorriso consegue transformar qualquer tristeza dos meus olhos em mais pura alegria.

A todos os que me cercam: meus colegas de trabalho, meus amigos, meus mestres, meus queridos alunos (virtuais ou presenciais), alicerces em minhas construções, fontes de motivação e inspiração em busca de um contínuo conhecimento e aprimoramento profissional.

Ao meu mestre e irmão prof. Robson Áquila (*in memoriam*), que continua sendo sempre lembrado e amado em nossos corações ainda que no oriente eterno.

Renato da Costa

Oh! Quão bom e quão suave é que os irmãos vivam em união.
É como o óleo precioso sobre a cabeça, que desce sobre
a barba, a barba de Arão, e que desce à orla das suas vestes.
Como o orvalho de Hermom, e como o que desce sobre os
montes de Sião, porque ali o Senhor ordena a bênção e a vida para sempre.
Salmos 133:1-3

O Autor

RENATO DA COSTA

Mestrando em Novas Tecnologias Digitais na Educação - Unicarioca/RJ
Mestre em Educação – Universidade de Jaén/Espanha
MBA em Gerência de Projetos – FGV/RJ
Pós-Graduado em Tecnologia da Informação e Comunicação – Ucam/RJ
Pós-Graduado em Docência do Ensino Superior - Ucam/RJ
Licenciado em Informática – Ucam/RJ
Licenciado em Matemática – UniFranca/SP
Tecnólogo em Processamento de Dados – UniverCidade/RJ

Autor do livro *Informática para Concursos* – Guia Prático, pela Editora Érica – 2006
Autor do livro *Informática Básica*, pela editora Impetus – 2010

Aprovado em diversos concursos públicos, atualmente é servidor federal.
Professor do Instituto Federal de Ciência e Tecnologia do Rio de Janeiro – IFRJ (Aprovado em 1º colocado/2015)
Ex-Professor da Secretaria Estadual de Educação do Estado do RJ (Aprovado em 2º colocado/2009)

Instrutor Cisco Networking Academy®

Apresentação da Série

A preparação para concursos públicos é composta por diversas etapas, dentre as quais se destaca a escolha e seleção dos materiais adequados ao estudo de cada disciplina. Ao longo dos anos, o mercado de apoio ao concurso vem se expandindo à medida que aumenta a procura pelos cidadãos da boa remuneração e estabilidade asseguradas pelo cargo público. Observando este cenário e acompanhando as demandas e preferências dos concurseiros, a Editora Impetus oferece a *Série Impetus Concursos*, apresentando aos leitores os conteúdos mais completos e atualizados para sua preparação.

Reforçando o caráter completo das obras, a *Série* prima pela adequação constante aos conteúdos abordados em concursos por meio do desenvolvimento de uma estrutura diferenciada, pensada especificamente para cada disciplina, atendendo, assim, as suas peculiaridades. Seu objetivo é alcançar a compreensão plena do conteúdo apresentado, pelo destaque das características essenciais e respeito à lógica interna da matéria. Para isso, disponibiliza o máximo de conteúdo da maneira mais eficiente, sem desperdiçar tempo de estudo ao abordar assuntos que não são cobrados pelas bancas.

Palavras do Coordenador

A obra *Informática para Concursos* apresenta ao leitor, de forma didática e descomplicada, o passo a passo para que o concurseiro aprenda os principais temas de informática exigidos pelas bancas examinadoras. O autor seleciona para cada capítulo exercícios de concursos públicos, como ferramenta de auxílio na fixação do conteúdo.

Entre os vários temas apresentados pelo autor estão: noções de Informática, conhecimento de Hardware, de sistemas operacionais Windows versões 7 e 8, do pacote de aplicativos MS Office versões 2010 e 2013 (Word, Excel e Power Point), de conhecimentos de Redes de Computadores, Internet, Nuvem Computacional, até conceitos de Software Livres e Segurança da Informação.

O autor, **Renato da Costa**, é professor de cursos preparatórios das mais conceituadas instituições há mais de 15 anos e foi aprovado em diversos concursos públicos.

William Douglas
Juiz Federal, Professor Universitário
e Presidente do Conselho Editorial

Apresentação

A obra propõe-se a apresentar os conhecimentos de Informática à luz das exigências das diversas bancas examinadoras para concursos públicos. Utilizando uma linguagem didática capítulo por capítulo, o autor demonstra o domínio total da disciplina.

Renato da Costa trata dos principais temas da área de forma descomplicada, entre eles o sistema operacional Windows, ainda de longe o mais utilizado pelas empresas e setores públicos, e que é exposto de maneira clara e fartamente ilustrado com exemplos práticos. O mesmo ocorre com outros temas de grande relevância, como processadores de textos e planilhas eletrônicas.

Aspectos relacionados à segurança da informação são amplamente discutidos pelo autor, tendo em vista a importância que vem adquirindo nas provas de diversos certames. Obviamente, os conceitos de Internet, Extranet e Redes de Computadores, como um todo, não poderiam ficar de fora e são assuntos tratados com objetividade, para que o concurseiro obtenha um aprendizado de qualidade.

Foram selecionados exercícios que complementassem o binômio teoria-prática tão fundamental aos concurseiros.

O autor, preocupado com o estabelecimento de uma didática transparente e objetiva, coloca-se à inteira disposição dos concurseiros por meio do endereço eletrônico: informatica@renatodacosta.com.br. Críticas, elogios e, obviamente, dúvidas, serão muito bem-vindos.

A Editora

Prefácio à 1ª edição

A modernidade ainda está em projeto.
Habbermas

As linhas por mim traçadas neste prefácio são, antes de tudo, fruto de um conjunto de atividades empíricas no campo profissional e pessoal de inter-relação no ambiente acadêmico onde tive a oportunidade de conhecer e lecionar junto a esses dois exímios educadores. Por ser dotado de conhecimentos e informações acerca da ciência da administração, pude compartilhar conhecimentos convergentes com os temas por eles pesquisados e aprimorados.

Vivenciei experiências educacionais ao lado deles na universidade em Brasília, onde pude conhecê-los e, posteriormente, no Rio de Janeiro, quando então foi fomentada uma sólida amizade. Convém frisar que a afetividade compartilhada, em momento algum aplaca meu senso crítico, visto que, ao acompanhar o legado criado por Renato e Áquila entre os discentes que creditam a eles parcela de seu sucesso no processo de aprendizagem do conteúdo em questão, destaco com veemência a competência profissional de ambos e o constante investimento em estudos, o que constitui diferencial em um mercado em constante mutação.

Descrever aspectos relacionados à Tecnologia da Informação é sempre um grande desafio haja vista que, no último século, vivenciamos transformações quase que em "tempo real". Esta é uma característica comum aos múltiplos aspectos da globalização que abarcou vultoso espaço no cenário mundial na segunda metade do século XX.

Como exemplos significativos desta evolução sistemática podemos citar o surgimento do primeiro computador eletrônico nos EUA – o Eniac – e o processo de transição ocorrido quase 25 anos depois, marcado pela interligação dos computadores de centros universitários com a implantação, pelo Departamento de Defesa dos EUA, da então chamada Arpanet, em 1969, que foi a precursora da Internet, a qual, a partir da década de 80, foi conhecida mundialmente como a forma mais rápida e eficaz de promover redes entre organismos sociais e empresariais.

As atitudes irreverentes, o forte sentido de comunidade e a sofisticação cosmopolita que produziram forte impressão nos anos sessenta compuseram o pano de fundo cultural do estilo de trabalho informal, aberto, descentralizado, cooperativo e futurista que se tornou característico das novas tecnologias da informática. A este fenômeno chamamos de Revolução da Informática, que é o resultado de uma complexa dinâmica de interações tecnológicas e humanas que gerou efeitos sinérgicos em vários setores.

Esta "caminhada tecnológica" é dotada de algumas etapas que culminaram em um contemporâneo discurso acerca da sociedade da informação, da sociedade em rede e, por fim, da sociedade do conhecimento.

É neste sentido de constante desenvolvimento com uma série de movimentos concatenados e harmônicos que Renato da Costa e Robson Áquila vislumbram a possibilidade de dotar você, leitor, de conhecimentos estratégicos ao seu particular progresso e consequente inserção neste novo "mercado tecnológico".

Para tanto, os autores descrevem de maneira brilhante e elucidativa os recursos informacionais contemporâneos, transitando desde os princípios basilares dos equipamentos com que lidamos até os sistemas operacionais e *softwares* que viabilizam não somente o exercício profissional, mas também a formação de redes de comunicação que produzem um duplo efeito: por um lado, a criação de ideias e contextos de significados, e, por outro, padrões de comportamentos ou, no jargão dos teóricos da sociedade, estruturas sociais.

As relações sociais aqui apresentadas, suscitadas pelos mecanismos informacionais são postas em prática tanto na vida profissional quanto pessoal dos professores-autores desta obra que, com as mesmas atitudes irreverentes, o forte sentido de comunidade e a sofisticação cosmopolita inerentes à década de sessenta, denotadas ao longo deste prelúdio, são capazes de criar, manter e cativar uma condição de cumplicidade com alunos, demais professores e agora, também, com você, caro leitor, que, envolvido em uma literatura objetiva com uma linguagem clara e compreensível, com certeza há de se tornar, no transcorrer de sua leitura bem como ao findar desta, em mais um dos muitos profissionais e amigos a admirar seu consistente e contagiante trabalho.

Eduardo Gnisci

Professor da Universidade Cândido Mendes e funcionário público federal

Mestre em Administração Pública pela

Escola Brasileira de Administração Pública e Empresarial – EBAPE da

Fundação Getúlio Vargas – FGV/RJ

Prefácio à 3ª edição

A Informática permeou a sociedade de maneira irreversível. Assim não existe uma Informática, mas muitas feições de uma ciência que trata de aspectos tão diversos como nanotecnologia, softwares para projetos arquitetônicos, bioinformática ou redes neurais. Ela abraça e facilita generosamente vários aspectos do nosso cotidiano. Sem TCP/IP, por exemplo, o mundo não funciona como estamos acostumados, pois as conexões entre clientes e servidões web iriam parar. Assim, tudo o que dependesse de rede deixaria de funcionar: reserva de passagens e hotéis on-line, entrega das declarações do IRPF via web, depósitos bancários, previsão do tempo, contróle de tráfego aéreo em tempo real, o Facebook, o Whatsapp, etc. Quem não conhece as frases: "o Sistema está fora do ar", ou "a conexão caiu"; ou pior ainda "estamos sem rede"!

Assim, qualquer candidato aprovado em um concurso público (e aqui independe para qual órgão e cargo) terá em sua mesa de trabalho um computador, que será um elemento essencial para que ele possa desempenhar suas atividades como servidor público. Essa realidade muitas vezes é esquecida pelo candidato, em especial os que não gostam de tecnologia.

Dessa forma, a prova de Informática pode se tornar um elemento complicador pelo que é cobrado, já que as bancas exigem do candidato conhecimentos que, ou são muito abrangentes, ou estão distantes da realidade de um usuário comum.

Os anos dourados em que os programas de Informática contemplavam apenas Windows e o MS-OFFICE já se perderam no horizonte. Assim, além do Windows e do MS-OFFICE temos que saber, Redes, tudo de Internet, Intranet, Protocolos, Navegadores, Softwares de e-mail, Redes Sociais, Segurança da Informação e claro, Computação em Nuvem. Isso se o programa não incluir itens como Linux, Libre-Office, noções de Banco de Dados e Business Intelligence.

É nesse contexto que o livro do querido amigo Renato da Costa se insere! Claro, objetivo, didático, fácil de ser lido, agradável e ao mesmo tempo denso.

Nele, Renato consegue com brilhantismo, reproduzir com a mesma qualidade o conteúdo de suas aulas presenciais e on-line.

Contempla com competência todo o programa requerido nos concursos públicos, desde os conceitos básicos até a Computação em Nuvem tão comum nos dias de hoje. Percorre esse universo diverso da tecnologia conduzindo o leitor pelo caminho mais simples, como um passeio lúdico pelo mundo dos Bits and Bytes. Nessa caminhada utiliza uma farta quantidade de questões de provas, e a partir delas extrai a essência que proporciona ao candidato não apenas o conhecimento, mas, em especial, a segurança e a preparação adequada para aprovação. Esse é um diferencial significativo, pois oferta ao leitor a melhor colheita separando cuidadosamente os pontos mais relevantes dos programas de Informática.

Escrever é uma arte, escrever sobre tecnologia sem sobrecarregar o leitor com uma carga excessiva de termos técnicos é para poucos. Nesse aspecto esse livro supera todas as expectativas ao nos oferecer o melhor da maneira mais simples de se aprender. O livro reflete sobejamente os atributos que fazem de Renato da Costa uma referência nesse segmento: didática, conhecimento, qualidade, simplicidade, competência, objetividade, e, em especial, um grande ser humano. É um imenso prazer poder compartilhar com vocês essa leitura.

Manuel Martins Filho

Professor da Universidade Carioca e funcionário público federal

Mestre e Doutor em Engenharia de Sistemas e Computação pela Universidade Federal do Rio de Janeiro – UFRJ

Sumário

Capítulo 1

Processos de Informação

1.1. Dado, Informação, Conhecimento, Inteligência e Sabedoria

1.1.1. Dados

Dados são partes isoladas de situações ou ocorrências, coisas elementares, que são registrados mas não foram organizados, processados, avaliados ou interpretados, são abstratos e não carregam qualquer significado específico. Representam unidades básicas, elementares, que alimentam o computador para que este possa processar e gerar informações.

1.1.2. Informações

A informação deriva dos dados processados, organizados, interpretados, com significância e valor, servindo de elemento para construção do conhecimento e auxiliar a tomada de decisões.

O exemplo seguinte mostra dois dados numéricos que contribuem para uma informação – soma dos elementos.

Dados

22	+	28	=	50

Informação

1.1.3. Conhecimento

O conhecimento se dá a partir de diferentes informações, experiências e aprendizados continuados, sendo possível ampliar o nível de entendimento sobre um determinado tema, situação ou problema, permitindo inferir probabilidades e avaliar a perspectiva de êxito nas ações a serem tomadas.

No conhecimento a qualidade e a pertinência das informações exercem papel preponderante no resultado final e em seu potencial de utilização possibilitando que as decisões são tomadas com maior propriedade.

O conhecimento só é gerado a partir da mente humana.

1.1.4. Inteligência

A inteligência é a capacidade de compreender, de raciocinar e reconstruir o conhecimento desenvolvendo novidades em relação ao conteúdo e estrutura.

1.1.5. Sabedoria

Capacidade de utilizar adequadamente e de maneira ampla a inteligência disponível sobre determinado assunto.

Hierarquia:

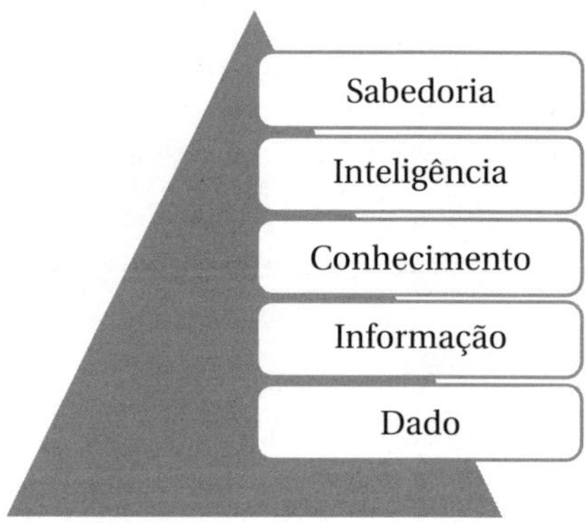

Exercício

AGENTE – MINISTÉRIO DA SAÚDE – CESPE – [Resposta 1]

Do ponto de vista da tecnologia da informação, os termos dado, informação e conhecimento são sinônimos.

FISCAL DE RENDAS – ICMS RIO – FGV – [Resposta 2]

Sobre dados, informações e conhecimento, é errado afirmar que:

a) dados são descrições elementares que são registradas, classificadas e armazenadas, mas não são organizadas para carregar significados específicos.
b) um banco de dados consiste em itens de dados armazenados, organizados para a recuperação.
c) itens de dados podem ser formados por caracteres, números, sons ou imagens.
d) informação são dados organizados de modo que tenham significado e valor para quem os receber.
e) conhecimento e informação são sinônimos, pois quem tem informação tem conhecimento.

Resposta 1 – Errado. Informações são geradas a partir do processamento de dados e transmitem conhecimento.
Resposta 2 – Letra E. Não são sinônimos.

1.2. Metadados

Metadados são dados que descrevem atributos de um recurso, ou seja, dados sobre dados.

Exemplos de situações onde observamos o conceito de metadados:

Ao ver esta temperatura em um termômetro temos uma informação, seu significado nos informa que está quente e nosso conhecimento faz com que possamos programar uma alimentação e vestimenta adequada para o transcorrer do dia. Nessa informação, 40 é um dado e o caractere "º", faz presumir graus célsius, é um metadado que complementam o dado nos dando a idéia de temperatura.

Exercício

INEP – IBFC –

Em banco de dados, informações a respeito dos dados são tão importantes quanto os dados, para satisfazer diretamente esta necessidade, é típico o uso de:[Resposta 3]

a) códigos hexadecimais
b) chaves estrangeiras
c) criptografia
d) metadados
e) índices numéricos

Arquivos de computador costumam apresentar metadados, tais como o nome do autor, a data de criação, a empresa, cabeçalhos e rodapés.

É interessante destacar que o termo passou a ser empregado por exemplo em aplicativos Microsoft e em aplicações Web.

A partir do MsOffice 2007, há ferramentas para inspeção de arquivos e remoção de metadados ocultos possibilitando o compartilhamento de arquivos com maior privacidade.

Resposta 3 – Letra D. Embora a informação traga no enunciado o contexto de banco de dados não abordado, a expressão "informações a respeito dos dados" define o conceito de metadados.

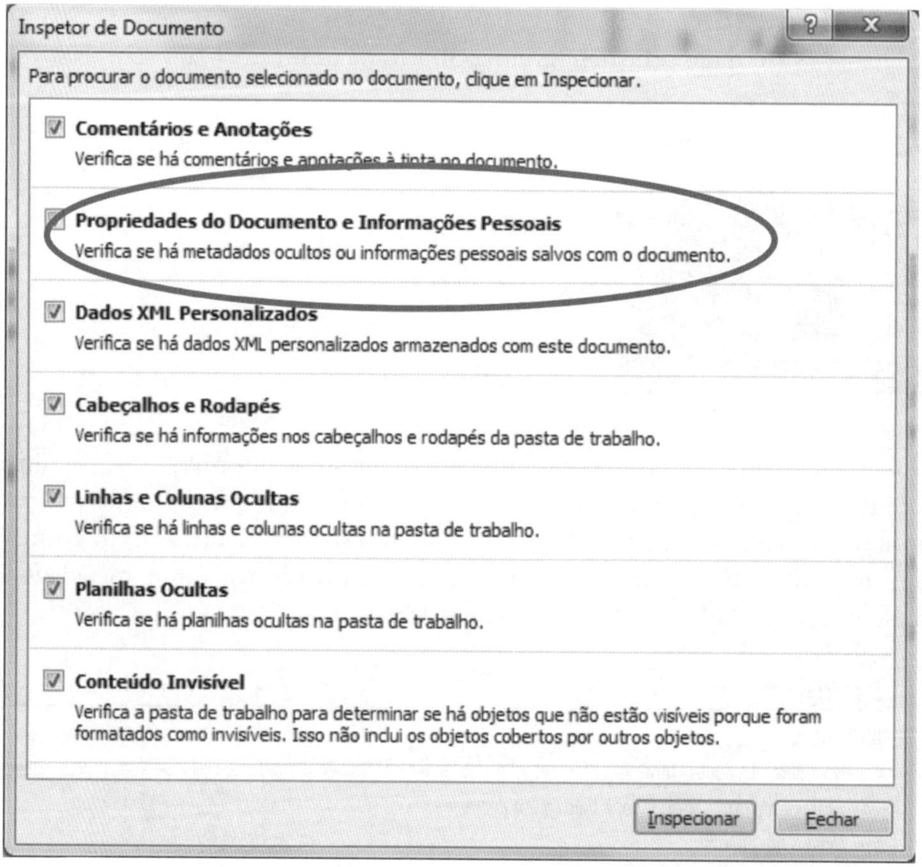

1.3. Sistemas de Informação

De acordo com (Laundon & Laundon, 2001, p. 4) considera-se que um “sistema de informação pode ser definido tecnicamente como um conjunto de componentes inter-relacionados que coleta (ou recupera), processa, armazena e distribui informação para dar suporte à tomada de decisão e ao controle da organização”.

Um sistema de informação possui três funções básicas de interação, **entrada, processamento e saída**.

1.4. Ciclo de Vida da Informação

O ciclo de vida de uma informação é composto por criação ou manuseio, armazenamento, transporte e descarte.

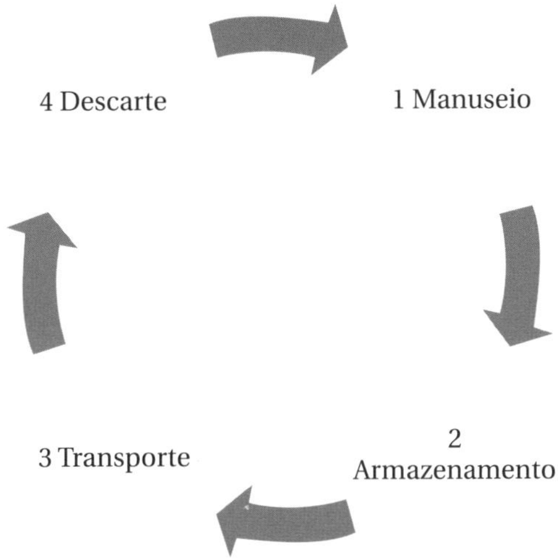

1.4.1. Criação/Manuseio

Momento em que a informação é criada e manipulada, como ao digitar informações sem um arquivo, por exemplo.

1.4.2. Armazenamento

Momento em que a informação é armazenada, como ao salvar um arquivo em uma mídia, por exemplo.

1.4.3. Transporte

Momento em que a informação é transportada, como ao enviar um e-mail, por exemplo.

1.4.4. Descarte

Momento em que a informação é descartada, como ao eliminar um arquivo eletrônico em seu computador, ou ainda, ao descartar um CD usado.

Capítulo 2

História da Informática

2.1. Histórico

Os esforços que conduziram ao desenvolvimento e construção de computadores atuais surgiram há milhares de anos.

O ábaco é um instrumento de cálculo mecânico, que apresenta um sistema decimal, permitindo a execução das quatro operações aritméticas básicas.

É considerado por muitos autores o primeiro computador do mundo e, atualmente, ainda é utilizado em algumas culturas.

Ábaco

De acordo com Tanembaum (2007, p. 8-15) são apresentadas sinteticamente as gerações a seguir:

2.1.1. Geração Zero – computadores mecânicos (1642-1945)

Blaise Pascal (1623-1662) – Inventou a primeira máquina de calcular operacional, denominada “Pascaline” em 1642. Era inteiramente mecânica, usava engrenagens e funcionava com uma manivela operada à mão. Efetuava apenas operações de adição e subtração.

Charles Babbage (1792-1871) – É conhecido com o Pai da Computação. Projetou e construiu uma máquina analítica, um progenitor mecânico do computador digital. Esta máquina foi projetada para efetuar qualquer operação matemática e ter possibilidade de ser programada para uso geral.

A máquina analítica de Charles Babbage também foi muito importante por implementar mecanismos de entrada e saída através de cartões perfurados, técnica que inspirou inclusive as mídias óticas utilizadas atualmente (CD, DVD e Blu-Ray).

2.1.2. Primeira Geração – válvulas (1945-1965)

O estímulo para o computador eletrônico foi a Segunda Guerra Mundial. Os submarinos alemães transmitiam informações por rádio que podiam ser facilmente interceptadas pelos britânicos, entretanto os alemães utilizavam uma máquina de codificação denominada ENIGMA e o conteúdo interceptado não era compreensível pelos britânicos.

Logo os britânicos conseguiram obter uma máquina ENIGMA roubada dos alemães contudo para decifrar uma mensagem era necessário uma quantidade enorme de cálculos e o tempo as tornava inúteis.

Em 1943 foi aceita a proposta para que o exército norte-americano financiasse o projeto de um computador eletrônico ao qual deram o nome de ENIAC, este foi o primeiro computador eletrônico do mundo, sendo finalizado somente após a guerra em 1946.

John Presper Eckert (1919-1995) e John Mauchly (1907-1980) – Projetaram o **ENIAC** (Electrical Numerical Integrator and Calculator) que pesava 30 toneladas, media 5,50 m de altura e 25 m de comprimento, ocupava 180 m^2 de área construída, contava com 1500 relés e 18000 válvulas. Processava em um dia o equivalente a mais de 300 dias de cálculos efetuados manualmente.

Duas mulheres operando o ENIAC – fotografia pertencente ao Exército dos E.U.A. (U.S. Army). Extraída de http://pt.wikipedia.org/wiki/Eni.

John Louis Von Newmann (1903-1957) – Gênio, poliglota, mais eminente matemático do mundo, memorizava tudo que já havia lido, ouvido ou visto. Escreveu um projeto básico chamado máquina de Von Newmann que até hoje é a base dos computadores digitais apresentando 5 componentes básicos: memória, unidade lógica e aritmética, unidade de controle e unidades de entrada e saída. Juntas a unidades lógica e aritmética e a unidade de controle formavam o cérebro do computador que hoje é denominado CPU (Central Processing Unit).

2.1.3. Segunda Geração – transistores (1955-1965)

As válvulas foram trocadas por transistores de silício, diminuindo o tamanho do computador, além de mais baratos, mais rápidos e muito mais resistentes que a válvula. A linguagem de programação na época era o ASSEMBLY, uma linguagem de nível muito baixo.

2.1.4. Terceira Geração – circuitos integrados (1965-1980)

A IBM lançou o IBM System/360, onde Circuitos integrados armazenavam dezenas de transistores. Esse empacotamento possibilitava a contrução de computadores menores, mais rápidos e mais baratos do que seus precursores.

2.1.5. Quarta Geração – integração em escala muito grande (1980-?)

Padrão de microcircuitos: VLSI (Very Large Scale Integration). Até então os computadores eram grandes e caros, mantidos em centrais de processamento. Com esta tecnologia surgem os microcomputadores, rápidos e baratos, dando inicio à era do computador pessoal.

2.1.6. Quinta Geração – computadores invisíveis

A quinta geração é mais uma mudança de paradigma do que uma nova arquitetura específica. Apresenta-se já no presente onde computadores estão por toda parte, abrindo portas, acendendo luzes, em geladeiras, em televisores e milhares de outras coisas, embutidos em tudo (invisíveis). Esse modelo vem sendo chamado também de computação **pervasiva**.

EXERCÍCIOS

CIA ENERGETICA DE ALAGOAS – FCC – Resposta 1

O matemático que formulou a proposição básica da arquitetura computacional, estruturada em memória, unidade lógica e aritmética, unidade central de processamento e unidade de controle foi

a) Blaise Pascal
b) Charles P. Babbage
c) Gottfried von Leibniz
d) John Von Newmann
e) J. Robert Oppenheimer

Resposta 1 – Letra D. Gottfried foi um matemático que concebeu o cálculo moderno, como a regra do produto e a integral; Oppenheimer foi um dos desenvolvedores da bomba atômica.

2.2. Computador

O computador, então, pode ser definido como um instrumento utilizado para processar dados e gerar informações, podendo operar com diversos tipos de dados, sejam eles números, letras, sons, imagens ou vídeos.

Atualmente, o computador é um conjunto de:

- componentes físicos (mecânicos, elétricos, eletromecânicos e eletrônicos), classificados como **hardware**.
- componentes não físicos/lógicos (métodos, procedimentos, normas, documentações, programas), necessários para o funcionamento do hardware, classificados como **software**.

2.3. Informática

A palavra **informática** deriva da aglutinação de duas outras palavras, *informação* + *automática*, fica fácil defini-la como a ciência que estuda a automatização das informações, ou seja, o processamento de dados, com o uso de um computador.

INFORMÁTICA (INFORmação + autoMÁTICA)

Capítulo 3

Hardware

3.1. Estudo do Hardware

É a parte física do computador, engloba tudo que podemos ver e/ou tocar no computador (gabinete, placas, memórias e periféricos).

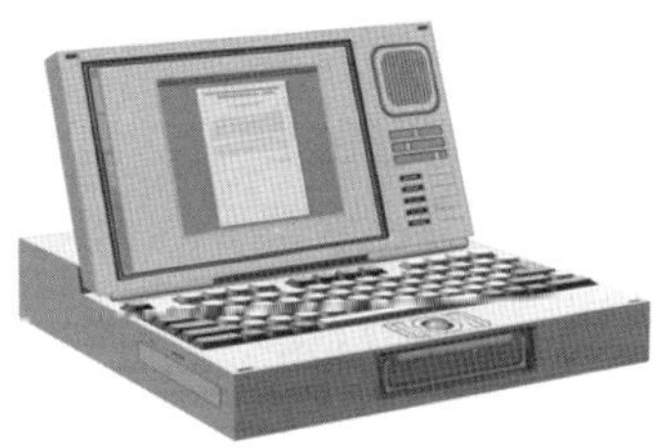

Um DVD é um hardware ou um software???
O DVD é um hardware! Softwares são os programas que ele venha a armazenar.

EXERCÍCIOS

ADMINISTRADOR DNOCS – FCC Resposta 1

1) O supervisor de um departamento solicitou a um funcionário que ele fizesse uma lista de itens de hardware e de software que estavam em seu poder. O funcionário tinha em sua posse, além de uma CPU com Windows XP, um hard disk, um pen drive onde tinha gravado o Windows Media Player, e uma unidade de CD-ROM. Na CPU ele tinha instalado também o MS-Word e a Calculadora do Windows. Nessa situação, na lista que o funcionário fez corretamente constavam

a) dois itens de hardware e três de software.
b) três itens de hardware e quatro de software.
c) três itens de hardware e cinco de software.
d) quatro itens de hardware e três de software.
e) quatro itens de hardware e quatro de software.

Resposta 1 – Letra E. Hardware: CPU, hard disk, pen drive e CD-ROM. Software: Windows XP, Windows Media Player, MS-Word e Calculadora.

3.2. Unidades, Periféricos ou Dispositivos de Entrada e Saída (I/O = Input/Output)

Unidades de entrada de dados – **input** (relação = homem ⇨ máquina) são as partes do hardware que enviam dados para o processamento do computador.

Unidades de saída de dados – **output** (relação = máquina ⇨ homem) são as partes do hardware que exibem, transmitem ou recebem informações processadas pelo computador.

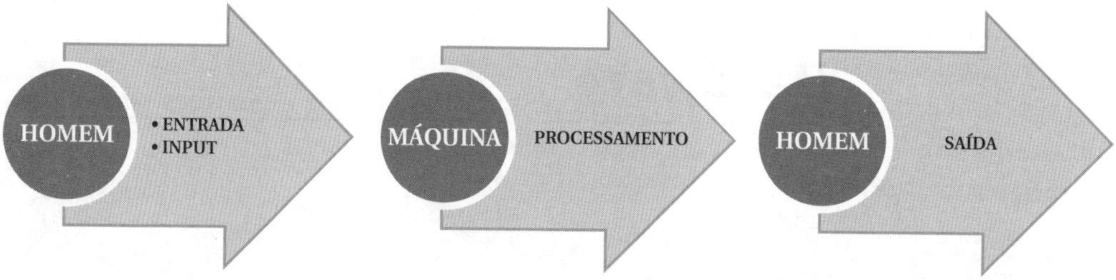

3.2.1. Teclado (somente de entrada)

O teclado pode ser visto como a unidade de entrada padrão do computador, pois sem ele a máquina não funciona.

Atualmente o teclado que utilizamos no Brasil segue o padrão QWERTY e o layout mais utilizado é o ABNT2. Este conhecimento se faz relevante devido a algumas questões, observe:

Exercícios

PRF – CESPE Resposta 2

O teclado ABNT, também conhecido como DVORAK, é o mais popular em uso atualmente no Brasil e tem algumas vantagens com relação ao teclado ABNT2, pois, ao contrário deste, contém teclas com caracteres específicos da língua portuguesa, como a tecla <Ç>.

( ) CERTO ( ) ERRADO

Cabe ressaltar que DVORAK existe sim, e é um teclado alternativo ao QWERTY, não muito comum, mas defendido por alguns por permitir uma digitação em inglês mais rápida.

Resposta 2 – Errada. Em primeiro lugar, o DVORAK não é o mais popular no Brasil, nosso padrão é o QWERTY (observe os primeiros caracteres do seu teclado), em segundo, o ABNT não é melhor que o ABNT2, em terceiro que o <Ç> sempre existiu no layout ABNT, por último que a vantagem do ABNT2 em relação ao ABNT é principalmente a inserção da tecla <ALT GR>.

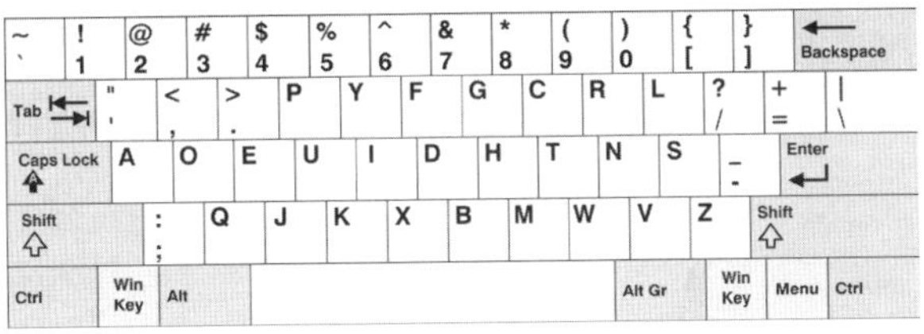

LAYOUT DVORAK – http://pt.wikipedia.org/wiki/Teclado_Simplificado_Dvorak

3.2.2. Leitora de cartões perfurados (somente de entrada)

Equipamento em desuso, utilizado no passado para leitura de cartões perfurados, comuns na época em loterias, concursos públicos e vestibulares.

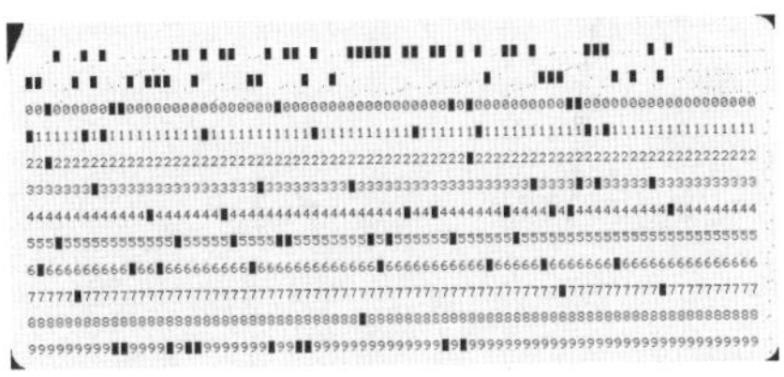

Cartão perfurado

3.2.3. Mouse, trackball e touchpad (somente de entrada)

Equipamentos equivalentes, utilizados para apontar um comando na tela.

O mouse é o mais popular, dispensa maiores comentários. O TrackBall apresenta uma "bolinha" na parte superior de forma que o equipamento fique fixo e o usuário a desloque para movimentar o ponteiro na tela. O Touchpad é muito utilizado nos Laptops (computadores portáteis) atualmente, e se consiste em uma base sensível ao toque.

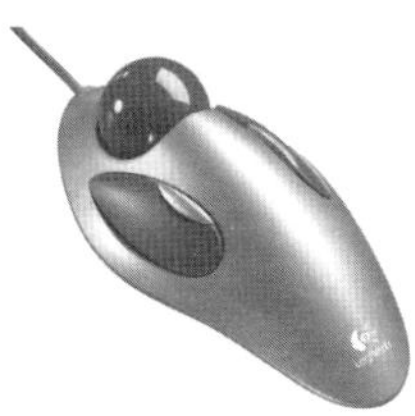

Trackball

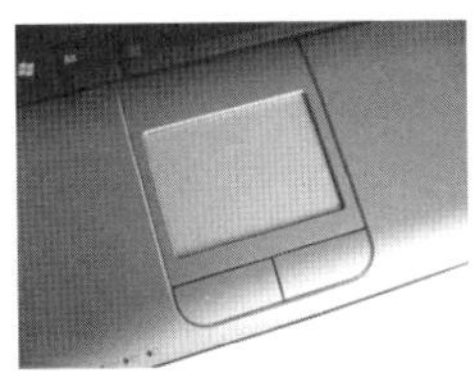

TouchPad

Exercícios

(ESAF/TRF) Um exemplo de periférico de entrada para ambientes gráficos é o (a): Resposta 3

a) monitor de vídeo;
b) impressora a laser;
c) impressora de jato de tinta;
d) mouse;
e) drive de CD-ROM.

Resposta 3 – Letra D. Que pegadinha... Note que a letra "E" não pode ser admitida como resposta porque a questão menciona, "entrada em ambientes gráficos", ou seja, interfaces com ícones, equipamento apontador

CÂMARA DE PETRÓPOLIS – FUNDAÇÃO DOM CINTRA Resposta 4

Em relação ao hardware, são componentes ou dispositivos, somente de entrada, utilizados para apontar um comando na tela:

a) trackball e monitor;
b) plotter e impressora;
c) modem e trackball;
d) mouse e trackball;
e) touchpad e caixas de som.

TRE BA – FCC

O dispositivo de entrada, em forma de pequena superfície sensível ao toque, utilizado para mover o cursor na tela, emitir comandos e selecionar ícones e menus, denomina-se: Resposta 5

a) mouse;
b) trackball;
c) trackpoint;
d) touchscreen;
e) touchpad.

3.2.4. Scanner ou Escâner (somente de entrada)

Aparelho utilizado para digitalizar imagens e textos, note que usamos o termo digitalizar porque quaisquer informações enviadas à máquina se convertem em um conjunto de dígitos binários. Hoje é apresentada em 3 versões: de mão, de página, ou de mesa (mais utilizado atualmente).

Para trabalhar com textos, o scanner necessita de um software chamado de OCR que permite o Reconhecimento Ótico de Caracteres, convertendo a imagem do caractere do papel em texto para edição em um aplicativo da máquina como o Word.

Scanner de Mesa

Resposta 4 – Letra D.
Resposta 5 – Letra E.

Exercícios

TÉCNICO – TRADUTOR E INTÉRPRETE – MINISTÉRIO DA DEFESA – CONSULPLAN Resposta 6

Os softwares de OCR são utilizados para tratar informações geradas a partir do periférico

a) modem.
b) scanner.
c) joystick.
d) plotter.
e) microfone.

3.2.5. Mesa digitalizadora (somente de entrada)

Equipamento que permite desenhar usando uma "caneta" em uma prancheta, reproduzindo o desenho diretamente em um aplicativo do computador.

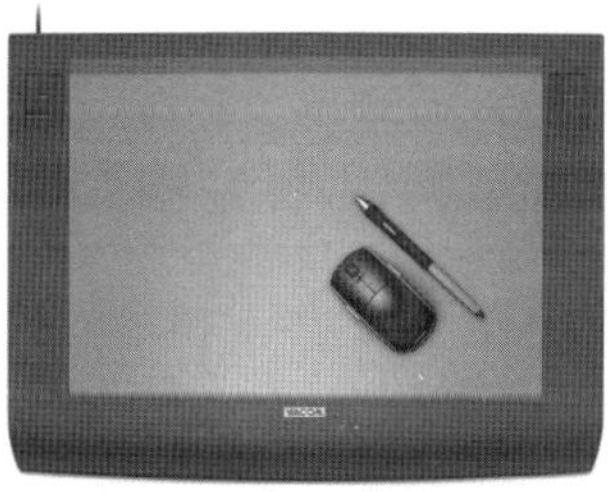

Mesa digitalizadora

3.2.6. Drive (entrada e saída)

Dispositivo utilizado para a manipulação de discos removíveis. É considerado dispositivo de entrada quando lê um disco e dispositivo de saída quando grava um disco.

Um drive de CD-ROM é somente de entrada, pois não permite gravação; já um gravador de CD (CD-RW) pode ser considerado de entrada e saída, pois permite leitura e gravação.

Cuidado: Driver e Drive representam a mesma coisa???
Não! Drive é o equipamento físico e driver é um tipo de software para instalação de um equipamento.

Exemplo: ao comprar uma impressora, precisamos instalar o seu respectivo driver...

Essa pegadinha já foi cobrada em diversas provas, veja:

Resposta 6 – Letra B.

Exercícios

Técnico Orçamento e Controle Interno – MPU – ESAF (Fragmento) [Resposta 7]

Um drive é um conjunto de rotinas que permitem ao sistema operacional acessar um dado periférico. O drive funciona como uma espécie de tradutor entre o dispositivo e o sistema operacional.

Infraero – FCC [Resposta 8]

Um computador é constituído de um conjunto de periféricos. Para controlar cada um deles, o sistema operacional precisa de uma interface de software entre ele e o hardware que é o

a) link.
b) eprom.
c) drive.
d) setup.
e) driver.

3.2.7. WebCam (somente de entrada)

Equipamento utilizado para filmar imagens permitindo, por exemplo, a realização de videoconferências.

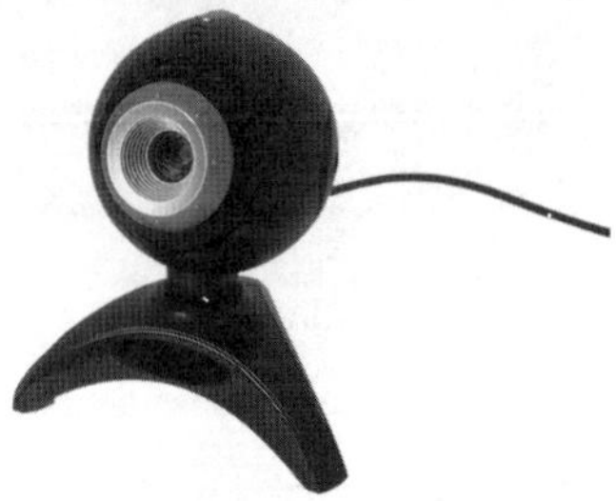

WebCam

3.2.8. Microfone (somente de entrada)

Dispositivo para entrada de som digitalizado. Atualmente muito utilizado em conjunto com a tecnologia VoIP para realização de chamadas telefônicas pela Internet.

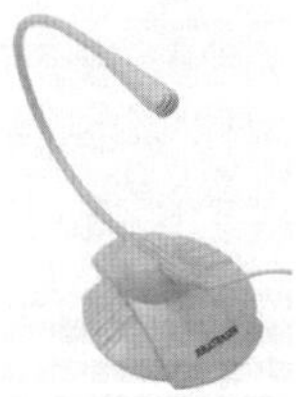

Microfone de mesa

Resposta 7 – Errada, confunde Drive com Driver!!!
Resposta 8 – Letra E.

3.2.9. MODEM = MOdulador + DEModulador (entrada e saída)

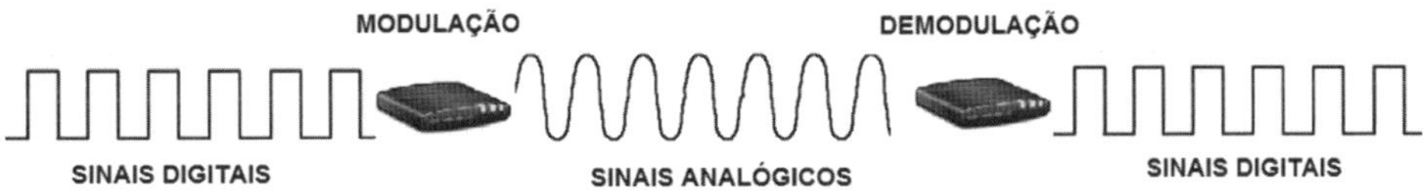

Equipamento utilizado popularmente para o acesso à Internet. Originalmente era utilizado para conexão de um computador a então maior rede de telecomunicações existente do mundo, a telefônica. Seu nome surge da aglutinação de MODULAÇÃO e DEMODULAÇÃO, onde a primeira se baseia na conversão de sinais digitais oriundos do computador (bits) em sinais analógicos de modo que eles possam ser enviados através de uma linha telefonica. A demodulação permite o inverso, ou seja, a conversão dos sinais analógicos recebidos da linha telefônica em sinais digitais que possam novamente ser lidos pelo computador de destino.

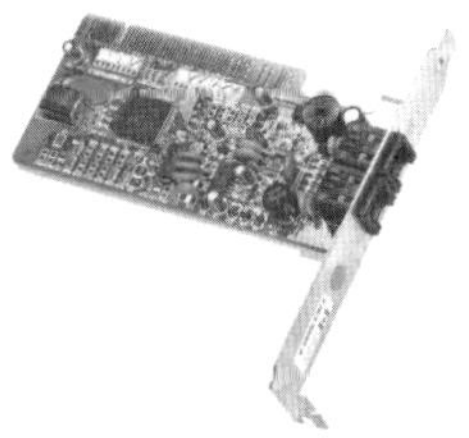

Modem dial-up 56 kbps padrão V.90

Exercícios

POLÍCIA FEDERAL – CESPE [Resposta 9]

Computadores podem ser conectados a provedores de acesso à Internet por meio de linha telefônica, utilizando-se um dispositivo denominado modem, que converte os sinais provenientes do computador em sinais que são transmitidos através da linha telefônica, os quais, por sua vez, são convertidos em sinais que podem ser lidos por computadores.

( ) CERTO ( ) ERRADO

PCES DELEGADO DE POLÍCIA SUBSTITUTO – CESPE [Resposta 10]

2) O modem é exemplo de um dispositivo híbrido, pois pode permitir simultaneamente a entrada e a saída de informações na unidade central de processamento.

( ) CERTO ( ) ERRADO

Resposta 9 – Certo. Cabe destacar que existem vários tipos de modem, para conexão discada, ADSL, de TV a cabo, 3G, 4G, etc.

Resposta 10 – Certo.

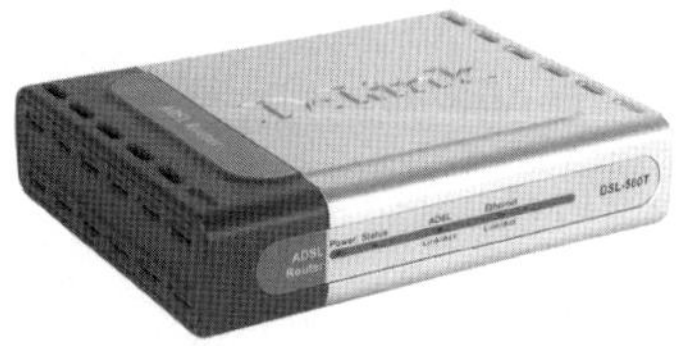

Modem ADSL D-Link

Mini Modem Aiko 3G

Exercício

Os modens dial-up utilizados na conexão discada atingiram velocidades de até 56 Kbps (kilobits por segundo), os modens para tecnologias de acesso banda larga atingem velocidades atuais a ordem de Mbps megabits por segundo) [Resposta 11]

PC SP – ACADEPOL SP

A velocidade de transmissão de dados via modem é medida em:

a) bits por segundo;
b) hertz por megahertz;
c) bytes por minuto;
d) bytes por segundo;
e) megabyte por segundo.

3.2.10. Impressora (somente de saída)

Dispositivo que permite a saída de dados para o papel.

Tipos de impressora:

Matricial: funciona com mecanismo de impressão através do impacto de microagulhas sobre uma fita. Apresenta como características baixa resolução e baixa velocidade de impressão (medida em cps/ caracteres por segundo). Ainda é utilizada por oferecer baixo custo de impressão devido ao uso das **fitas,** por permitir a utilização de papéis carbonados e por possibilitar o uso de tracionador para formulários contínuos.

Jato de tinta ou Deskjet: a impressão é realizada com gotículas de tinta sobre o papel. Apresenta como características boa resolução e boa velocidade de impressão (medida em linhas por minuto), entretanto seu custo de impressão é alto por trabalhar com **cartuchos de tinta**.

Laser: possui sistema de impressão similar ao das máquinas de fotocópias (xerox). Apresenta as melhores características de impressão, tanto em resolução quanto em velocidade. Seu custo para aquisição é um pouco mais alto do que o da impressora jato de tinta, entretanto pode ser compensado por apresentar o mais baixo custo por impressão. A impressora a Laser utiliza **toner**, um tipo de plástico em pó para impressão.

Resposta 11 – Letra A.

Existem ainda impressoras com outros mecanismos, como a impressora térmica e a impressora jato de cera, mas que são pouco utilizadas no âmbito doméstico e de escritórios e que, portanto, não costumam ser cobradas em provas.

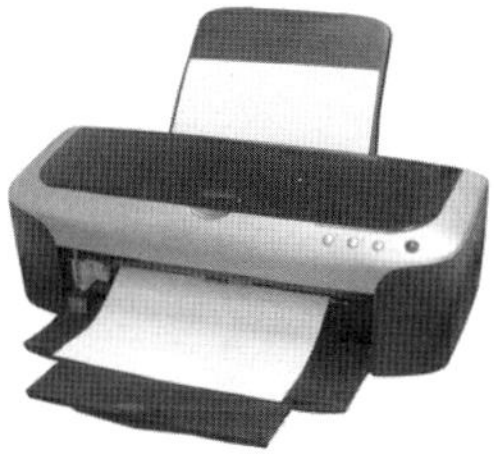

Impressora jato de tinta

A resolução da impressora (qualidade da imagem) é medida pela sigla DPI (Dots Per Int) ou PPP (pontos por polegada). A quantidade de DPIs representa a quantidade de pontos de tinta existentes em uma polegada através de uma matriz de linhas e colunas. Quanto maior a quantidade de DPIs melhor a qualidade da impressão.

3.2.11. Plotter (somente de saída)

Equipamento utilizado para a impressão de grandes formatos de papéis (A0, A1, A2, A3), como para confecção de cartazes, banners etc.

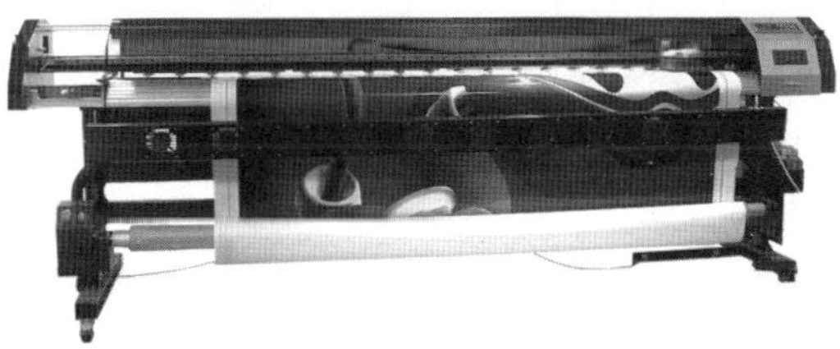

Plotter

3.2.12. Monitor (somente de saída)

Também conhecido como vídeo ou tela, é considerado o dispositivo de saída padrão do computador. Possui tamanhos variados expressos em polegadas (14", 15", 20") medidas na posição diagonal da tela.

Exercício

ANS – FCC Um monitor de vídeo de 15 polegadas significa que o tamanho é representado pela medida: Resposta 12

a) somada dos quatro lados da tela;
b) da horizontal da tela;
c) da vertical da tela;
d) somada da altura mais largura da tela;
c) da diagonal da tela.

Resposta 12 – Letra E.

Podemos observar numa configuração a sutil diferença entre **monitor** e **tela**. O primeiro termo é utilizado em referência a computadores **desktop** (de mesa), em que o equipamento vem separado da torre (computador propriamente dito), e o segundo termo, em referência a computadores portáteis como um **laptop**. Infere-se que a "tela" é sempre acoplada a um equipamento, logo, os celulares, *notebooks*, *tablets* e até mesmo os monitores possuem tela.

Laptop (**tela** em vez de **monitor**)

Um item relevante para um monitor é o tamanho de seu dot pitch, que é o espaço físico resultante da distância entre os pontos de mesma cor, dentre a tríade RGB (red-green-blue), utilizados para formação das imagens na tela do monitor. Quanto menor o dot pitch, maior será a nitidez da imagem.

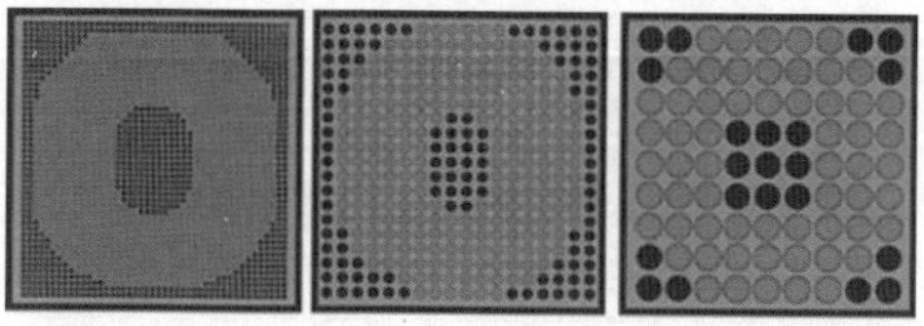

16 mm pitch 36 mm pitch 89 mm pitch

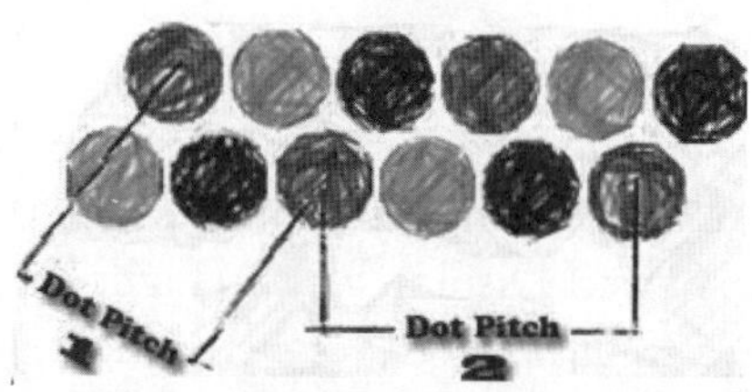

Dot Pitch, distância física entre os pontos de mesma cor,
atualmente em valores menores que 0,28 mm.

As imagens são formadas na tela por pequenos pontos de luz, os quais são denominados pixels.

O tamanho do pixel vai depender da resolução adotada pelo sistema operacional e suportada pelo conjunto de placa de vídeo e monitor.

Enquanto o dot pitch é uma unidade física, possui sua distância entre pontos de mesma cor expressa em milímetros, compreenda que o pixel é uma unidade lógica, podendo utilizar vários dots pitchs de acordo com a resolução definida pelo usuário através do sistema operacional.

A resolução é determinada pela quantidade de pontos luminosos, pixels, que resultam de uma matriz de linhas e colunas para formação de imagens.

Avanços com relação aos tipos de resolução:

Resolução	Colunas x Linhas (padrão)
CGA	320 x 200
EGA	640 x 350
VGA	640 x 480
SVGA	800 x 600
XGA	1024 x 768
SXGA	1280 x 1024
UXGA	1600 x 1200

Catode Ray Tube - Tubo de Raios Catódicos: CRT é o padrão de monitor mais antigo. Na extremidade interna do tubo de imagem (CRT) há três canhões de elétrons que criam uma diferença de potencial (DDP), impulsionando os elétrons para as camadas de fósforo que ficam atrás da tela superficial de vidro. Existem três camadas de fósforo nos monitores coloridos: uma vermelha, uma verde e uma azul, formando o famoso conjunto RGB (Red-Green-Blue). Essas três cores em doses diferentes formam todas as outras.

Monitor CRT

PLASMA, LCD (Liquid Crystal Display) e LED (Light-Emitting Diode): são tecnologias sucessoras do CRT, respectivamente. Entre outras vantagens apresentam menor consumo de energia, ocupam menos espaço, e oferecem altas resoluções.

Monitor LCD

Exercício

TRE AMAZONAS – TÉCNICO – FCC

Os monitores de vídeo utilizados pelos computadores são construídos com tecnologias apropriadas para formação de imagens projetadas em telas. Não representa uma tecnologia para construção de monitores [Resposta 13]

a) a sigla CRT.
b) a sigla LCD.
c) a sigla OLED.
d) o termo RECEIVER.
e) o termo PLASMA.

3.2.13. Placas de vídeo (somente de saída)

A placa controladora de vídeo é o local onde o monitor é conectado e que permite transferir para ele as imagens. A placa está relacionada com o tempo de formação da imagem na tela, resolução e outras características de vídeo.

As placas de vídeo "off-board" contêm uma memória chamada VRAM, um tipo de memória volátil exclusiva para vídeo.

Muitos computadores atualmente possuem dispositivos de vídeo "on-board", integrados à placa-mãe, trazendo como vantagem o baixo custo e, como desvantagem, a característica de consumir os recursos da própria placa-mãe, portanto, quando se diz que se usa 256MB de vídeo on-board, esse valor em MB está na verdade subtraindo a memória principal RAM.

3.2.14. TouchScreen ou Tela de Toque (entrada e saída)

Monitores sensíveis ao toque ou *touchscreen* estão a cada dia ganhando mais popularidade, seja em equipamentos portáteis, como smartphones, tablets, surface,* ou até mesmo em desktops. Permitem a entrada de informações a partir do toque e a saída a partir da imagem na tela, sendo considerados, portanto, um dispositivo de entrada e saída, diferentemente de um simples monitor.

Resposta 13 – Letra D. RECEIVER é a resposta incorreta, OLED é um monitor de LED Orgânico.

* *Surface* é um equipamento híbrido, uma combinação de *tablet* com *laptop*.

Exercício

TJ PE – FCC

Periféricos mistos ou de entrada/saída são os que recebem e/ou enviam informações do e para o computador. São exemplos destes tipos de periféricos: Resposta 14

a) monitor, impressora e joystick,
b) digitalizador e mouse,
c) modem, monitor touchscreen e drive de DVD,
d) teclado, digitalizador e caixa de som,
e) impressora, teclado e modem.

3.2.15. Caixas de som (somente de saída)

Equipamento utilizado para reprodução de som, faz parte do "Kit Multimídia"* de nosso computador.

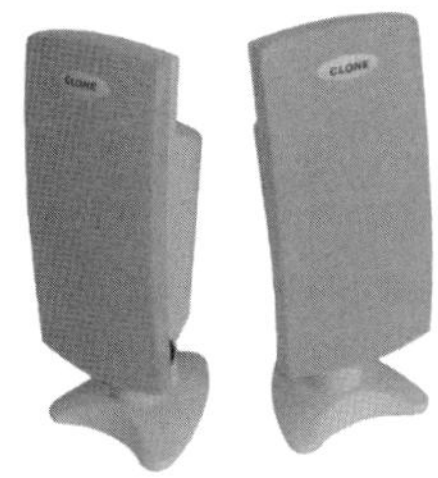

Caixas de som

3.3. Placa-Mãe

A placa-mãe é a principal placa do computador, responsável pela comunicação entre todos os componentes através de vias denominadas genericamente barramentos.

Imagem extraída do url:http://www.forumpcs.com.br/comunidade/viewtopic.php?t=250647

Resposta 14 – Letra C.

* *Vide* 3.6 e 3.6.1

Exercício

GOVERNO DO MA – FISCAL AMBIENTAL – FCC Resposta 15

É a placa mais importante de um computador. Nela estão localizados o processador, a memória e diversas interfaces. É conhecida por

a) storage.
b) motherboard.
c) slot.
d) driver.
e) BIOS.

A primeira coisa que precisamos saber é o que a placa-mãe contém de forma nativa, ou seja, originária: Chipset (conjunto de circuitos integrados), trilhas (barramentos), capacitores e encaixes (socket para o processador e slots para memória principal e placas de expansão contendo dispositivos).

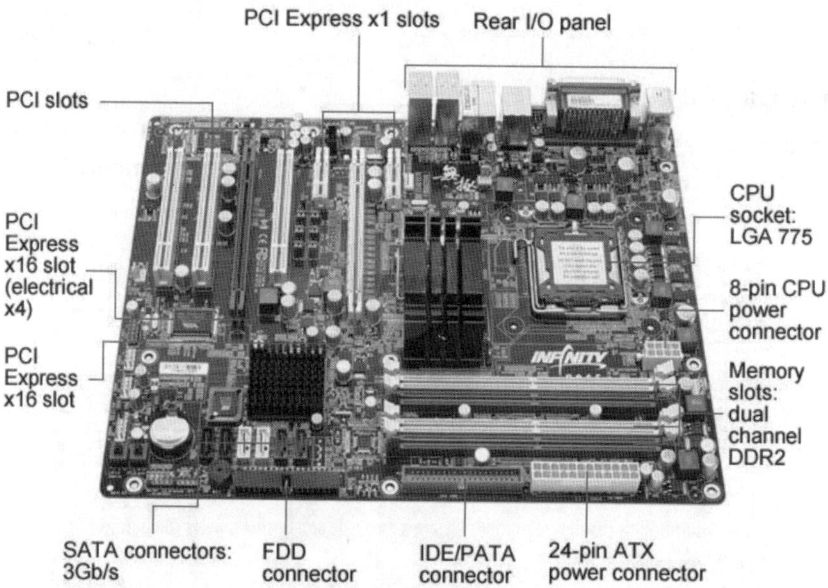

http://www.guiadopc.com.br/series/26563/hardware-para-iniciantes-parte-5-placa-mae.html

3.3.1. Chipset

O componente mais importante da placa-mãe é o CHIPSET, conjunto de chips controladores que auxiliam o processador. Tradicionalmente o chipset é dividido em ponte norte (north bridge) e ponte sul (south bridge).

Resposta 15 – Letra B.

De acordo com (Morimoto, 2007, p. 455), "a ponte norte é o chip mais complexo, que fica fisicamente mais próximo do processador. Ele incorpora os barramentos – rápidos – e as funções mais complexas, incluindo o controlador de memória, as linhas de barramento PCI Express, ou o barramento AGP, além do chipset de vídeo on-board, quando presente". Ou seja, a ponte norte controla memória principal e dispositivos de vídeo principalmente.

Ainda de acordo com (Morimoto, 2007, p. 455), "a ponte sul é invariavelmente um chip menor e mais simples que o primeiro. Nas placas atuais ela incorpora os barramentos mais lentos, como o PCI, portas USB, SATA e IDE, controladores de som e rede (...), portas seriais e paralelas, porta para o drive de disquete e portas de teclado e mouse (PS/2). Ou seja a ponte sul é responsável por tudo que resta, excluindo os controlados pela ponte norte. Por enquanto não se preocupe com as diversas siglas, no devido momento elas serão abordadas.

Fiz questão de mencionar a referência bibliográfica para que o leitor possa observar de onde as questões podem ter sido motivadas em face da extrema semelhança nas palavras utilizadas pelo examinador.

Exercícios

CÂMARA DOS DEPUTADOS/ANALISTA LEGISTATIVO/FCC Resposta 16

No *chipset*, o *chip* mais complexo, que fica fisicamente mais próximo do processador e incorpora os barramentos "rápidos" e as funções mais complexas, denomina-se

a) SATA.
b) SCSI.
c) Porta norte.
d) Porta sul.
e) PCI Express.

TRE/MS – FCC Resposta 17

Analise as afirmativas abaixo em relação aos *chipsets* das placas-mãe.

I. A ponte norte (*north bridge*) faz a comunicação do processador com as memórias, e em alguns casos com os barramentos de alta velocidade.

II. Tidos como os principais circuitos integrados da placa-mãe, são responsáveis pelas comunicações entre o processador e os demais componentes.

III. A ponte sul (*south bridge* é a responsável pelo controle de dispositivos de entrada ou saída (I/O), tais como interfaces IDE, drives de CD-ROM, de DVD-ROM e de disquete. É correto o que se afirma em

a) I, II e III.
b) II e III, apenas.
c) I e II, apenas.
d) III, apenas.
e) I, apenas.

Resposta 16 – Letra C! Uma pena o examinador ter chamado de porta, o correto é ponte, de qualquer forma, a questão não foi anulada.
Resposta 17 – Letra A!

3.4. On-Board

On-Board é o termo dado a dispositivos integrados à placa-mãe – motherboard –, (que antes eram obtidos através de placas adicionais inseridas em encaixes ou *slots*), como placa de vídeo, modem, controladora IDE, placa de som, placa de rede, entre outros, apresentando como principal vantagem a redução do tamanho e do preço, permitindo equipamentos cada vez menores e mais baratos.

Exercício

POLÍCIA CIVIL DO RJ – CESGRANRIO Resposta 18

Ao adquirir um microcomputador, um usuário é informado pelo vendedor de que o equipamento funciona com vídeo ONBOARD. Isto significa que o(a):

a) microcomputador adquirido é um modelo especializado para utilização em carros que apresentam computador de bordo;
b) interface de vídeo é integrada à própria placa-mãe, ao invés de ser fornecida como placa de expansão;
c) interface de vídeo é instalada em um gabinete diferente da placa-mãe, ficando ao lado do monitor de vídeo;
d) interface de vídeo fica em uma placa de expansão independente da placa-mãe, instalada em soquetes PCMCIA sobre ela;
e) placa de expansão de vídeo é fabricada pela empresa ONBOARD e apresenta alta definição, permitindo a utilização de monitores de plasma.

3.5. Off-Board

São dispositivos obtidos através de placas de expansão acoplados à placa-mãe através de Slots (encaixes) específicos, apresentam um maior custo e normalmente um melhor desempenho se comparados com os nativos da referida placa (on-board).

3.6. Multimídia

Consiste na capacidade que o computador tem de associar imagem e som – vídeos –, ou seja, manipular mais de uma mídia. O computador sempre apresentou uma mídia (a imagem, através do monitor), passando a ser multimídia quando adicionamos os alto-falantes.

3.6.1. Kit Multimídia

Conjunto vendido em meados da década de 90, contendo placa de som (com conector para joystick padrão ATAPI), alto-falante, microfone e drive de CD.

3.7. Ciclos da Informação

Todas as informações **entram** são **processadas** e **saem**.

Resposta 18 – Letra B.

Exercícios

CAPES – CESGRANRIO

Suponha que um usuário digitou dados em um programa de computador. Este programa calculou valores a partir dos dados previamente indicados e, então, um relatório contendo os valores calculados foi apresentado ao usuário. Essa sequência de operações pode ser resumida, respectivamente, em três etapas principais de manipulação de dados. [Resposta 19]

a) Entrada, Processamento, Saída.
b) Entrada, Saída, Processamento.
c) Entrada, Processamento, Entrada.
d) Processamento, Entrada, Saída.
e) Processamento, Saída, Entrada.

TRE RS – CONSULPLAN

Sobre arquitetura simplificada de um computador, assinale a sequência correta. [Resposta 20]

a) Entrada, processamento e saída.
b) Processamento, entrada e saída.
c) Saída, processamento e entrada.
d) Barramento, processamento e saída.
e) Entrada, periféricos e processamento.

3.8. Unidade Central de Processamento (UCP ou CPU)

A Unidade Central de Processamento (UCP ou CPU) controla os componentes do computador e realiza as funções de processamento de dados. Até pouco tempo era conhecida simplesmente como sendo o processador e visualizada como um microchip.

Core i7, processador quad core

Resposta 19 – Letra A.
Resposta 20 – Letra A.

Hoje, devido ao surgimento de processadores com dois ou mais núcleos (Duo Core, Quad Core), há necessidade de se compreender que um processador pode conter uma ou mais UCPs encapsuladas.

A UCP é por vezes confundida erroneamente com o gabinete do computador. Sua localização física se dá acoplada à placa-mãe* do computador, localizada no interior do gabinete, sustentando a interconexão de todos os equipamentos (processador/memória/dispositivos de entrada e saída) através de barramentos de comunicação (slots, portas e soquetes).

A velocidade de um processador é fundamentalmente ditada pela sua frequência em ciclos por segundo ou Hertz (HZ), atualmente encontra-se na faixa de bilhões de ciclos por segundo ou giga-hertz (GHz).

A execução de uma instrução implica uma série de etapas envolvendo múltiplos ciclos de clock, sendo assim, a comparação direta de clock entre processadores não é suficiente para medir desempenho.

Uma medida comum para desempenho entre processadores é a taxa MIPS (Milhões de Instruções por Segundo), mas que se torna ineficaz para comparação de processadores de arquiteturas diferentes (CISC x RISC).**

Exercício

TRT SP – FCC

A velocidade medida em ciclos por segundo, que regula o funcionamento da UCP de computadores, é determinada por: Resposta 21

a) bps;
b) time;
c) stamp;
d) mips;
e) clock.

Resposta 21 – Letra E.

* Placa-mãe – Principal placa do computador, todos os componentes estão ligados a ela (motherboard).

** CISC (computador com um conjunto complexo de instruções) e RISC (computador com um conjunto reduzido de instruções), são linhas distintas de arquiteturas de processadores.

A UCP contém três componentes básicos. São eles:

3.8.1. Unidade de Controle (UC)

Controla o fluxo de dados dentro da UCP, verificando se há necessidade da informação passar pela ULA ou se deve ser enviada para a memória. Coordena o funcionamento de todas as outras unidades.

Exercício

BRDE – AOCP

O Processador (CPU) é o centro do sistema de processamento de dados. Essa unidade é constituída por três elementos básicos. Qual desses elementos é responsável por interpretar instruções de um programa, controlar entrada e saída de dados e controlar todas as atividades internas de uma determinada máquina? Resposta 22

a) Unidade Lógica e Aritmética (ULA).
b) Unidade de Controle (UC).
c) Registradores.
d) Clock.
e) Chipset.

3.8.2. Unidade Lógica e Aritmética (ULA ou UAL)

Responsável pelas operações matemáticas e resolução de proposições lógicas. Para cálculos complexos pode-se usar a memória principal para armazenar resultados intermediários.

Exercício

(ESAF/TTN)

A principal atividade realizada na Unidade Lógica e Aritmética é: Resposta 23

a) cálculo de funções trigonométricas;
b) identificação do código de operação de uma instrução para utilizá-lo em operações aritmética e lógicas;
c) execução de operações aritméticas e lógicas;
d) identificação do campo de operandos de uma instrução para utilizá-lo em operações aritméticas e lógicas;
e) leitura de operandos e operadores.

3.8.3. Registradores

Pequenas unidades de memória volátil, estáticas (SRAM), localizadas no núcleo da UCP, que armazenam dados durante o ciclo de processamento. Possuem como característica o fato de serem as memórias mais rápidas existentes em um computador em contrapartida, de menores capacidades.

Resposta 22 – Letra B.
Resposta 23 – Letra C. Alternativa sugestiva, a ULA é uma subdivisão da UCP, responsável por toda a parte matemática durante o processamento.

Exercício

CEFET – CESGRANRIO

Registradores constituem memória de alta velocidade: Resposta 24

a) não volátil, localizada na placa mãe, para fazer o papel de memórias cache;
b) não volátil, do tipo RAM, localizada na placa mãe, para receber dados externos;
c) não volátil, de acesso aleatório, localizada na CPU e preparada para armazenar as instruções dos programas;
d) volátil, localizada na CPU e usada para armazenar resultados temporários;
e) volátil, de alta capacidade, projetada para manter a ROM atualizada.

3.9. Fabricantes e Modelos de Processadores

Os principais fabricantes de processadores são as empresas INTEL e a AMD. Veja alguns modelos da Intel na tabela seguinte:

Fabricante	Modelo	Velocidade/Clock
Intel	XT 8086	8 MHz
Intel	AT 80286	16 MHz
Intel	AT 80386	33 a 40 MHz
Intel	AT 80486	66 a 100 MHz
Intel	Pentium	100 a 233 MHz
Intel	Pentium 2	166 a 233 MHz
Intel	Pentium 3	333 a 900 MHz
Intel	Celeron	Até 2.4 GHz
Intel	Pentium 4	Até 3.6 GHz
Intel	Core 2 Duo	Até 3,16 GHz (2 núcleos)
Intel	Core 2 Extreme	Até 3.2 GHz (2 núcleos)
Intel	Core 2 Quad	Até 2,83 GHz (4 núcleos)
Intel	Core i7	Até 3,2 Ghz (4 núcleos)

A tabela mostra apenas um exemplo, tendo em vista que a evolução dos processadores é muito rápida (Lei de Moore*), portanto estará constantemente desatualizada. É necessário ler os classificados dos cadernos de informática dos principais jornais ou revistas da área para se manter informado.

Entramos em uma geração onde a tendência não é mais do aumento do clock, e sim da quantidade de núcleos que cada processador contém. O Core 2 Quad é um exemplo que apresenta 4 núcleos encapsulados em um único processador.

Resposta 24 – Letra D.

* A Lei de Moore se refere a uma afirmação feita em Abril de 1965 por Gordon Moore, fundador da Intel, na qual ele assume que a cada 18 meses a capacidade de processamento dos computadores dobraria, enquanto os custos permaneceriam constantes. Isto é, daqui a dois anos seria possível comprar um chip com o dobro da capacidade de processamento pelo mesmo preço que você paga hoje.

Exercício

ASSEMBLEIA LEGISLATIVA DO ES – NCE

O processador de um computador do tipo PC é muitas vezes erroneamente confundido com outro item de um computador. Na realidade um processador é: [Resposta 25]

a) exatamente a mesma coisa que um computador;
b) o gabinete e o monitor;
c) um circuito integrado responsável pela execução das instruções;
d) um conjunto formado pela placa-mãe, placa de vídeo e teclado;
e) uma espécie de caixa de aço ou ferro que pode estar localizada ao lado ou abaixo do monitor.

3.10. Multitarefa

Consiste em um modo de operação que permite a execução concorrente e intervalada de dois ou mais processos (programas em execução) por uma única UCP/processador.

A multitarefa preemptiva possibilita a troca de contexto, alternando a execução de um processo em detrimento de outro, simulando uma simultaneidade.

Exercício

SEAP – CEPERJ

O sistema operacional Windows 7 Professional BR possui suporte para um recurso que permite a execução de diversos programas num esquema concorrente, cada programa executando em seu espaço próprio e independente. Desse modo, quando um programa apresenta problemas no seu funcionamento, é possível terminar a sua execução, permanecendo os demais em operação normal. Esse recurso é conhecido por multitarefa: [Resposta 26]

a) paginada;
b) cooperativa;
c) preemptiva;
d) particionada;
e) segmentada.

3.11. Multiprocessamento

Permite a execução de várias tarefas concomitantemente de fato. Implica a existência de dois ou mais processadores em um mesmo computador, ou de um processador com dois ou mais núcleos.

3.12. Memória

Armazena instruções e dados para realização de determinadas tarefas. A maior vantagem do computador com relação ao homem é a memória.

Resposta 25 – Letra C. A questão aborda um erro frequente dos usuários e técnicos que costumam chamar o **gabinete** de CPU. Lembre-se, cpu é o processador, contido na placa-mãe, dentro do gabinete do computador.

Resposta 26 – Letra C. Esquema do processamento computacional onde o kernel tem o controle do tempo que será usado por cada processo, e tem o poder de tomar de volta este tempo e dá-lo para outro processo segundo seu esquema de prioridades, multitarefa preemptiva.

Computador *On* (Ligado)

Computador *Off* (Desligado)

3.13. Unidade de Memória Interna (Primária)

Indispensável para o funcionamento do computador, localizada internamente em sua placa-mãe. Atualmente, a memória interna é composta pelas memórias RAM e ROM, que vamos estudar com maiores detalhes a seguir.

Exercício

(TRT – Técnico Judiciário – 10ª Região – CESPE/UNB) Ao especificar que o processador Intel Pentium 4 com tecnologia HT Extreme Edition possui CACHE L3 de 2 MB, é correto concluir que esse processador dispensa o uso de memória RAM, o que diminui o consumo de energia por parte do processador e pode, assim, constituir uma opção adequada para equipamentos do tipo laptop. Resposta 27

( ) Certo ( ) Errado

3.14. MEMÓRIA INTERNA RAM (Random Access Memory) – MEMÓRIA PRINCIPAL

Memória de acesso aleatório, memória dinâmica. Popularmente denominada **Memória Principal**, por ser utilizada a todo o momento que o computador se encontra ligado armazenando processos, dados e instruções que serão ou estão sendo usados pela UCP.

A memória RAM trabalha em conjunto com a UCP, portanto, a quantidade de memória RAM influencia no desempenho da máquina, logo, quanto mais melhor.

A memória RAM é vendida em módulos (pentes) que são presos à placa-mãe por slots (encaixes) e a comunicação é feita com a UCP através do que chamamos de barramento local, um caminho para passagem da informação contido na própria placa-mãe.

Atualmente, trabalhamos com a memória RAM na ordem de poucos Gigabytes de capacidade de armazenamento. Os processadores de 32 bits possuíam uma restrição de endereçamento de memória que os limitava a até 4 GB de memória RAM (232), o que levou ao desenvolvimento de processadores com 64 bits, quebrando então este

---

Resposta 27 – Errado. A memória RAM é uma memória **principal**, portanto, é indispensável para o funcionamento da máquina. Outro detalhe é que os processadores projetados para laptops, que consomem menos energia, são os processadores compatíveis com o padrão CENTRINO.

paradigma e estendendo o limite a 16 Exabytes de memória RAM (264), permitindo que trabalhemos com processadores de 64 bits ainda por muitas gerações.

De fato, os limites atuais, portanto, vão depender dos encapsulamentos dos módulos de memória comercializados, da quantidade de slots da máquina e de restrições do próprio sistema operacional.*

A RAM é uma memória volátil**, pois armazena os dados enquanto está energizada, ou seja, somente enquanto o computador estiver ligado.

3.14.1. Tecnologias de RAM (evolução)

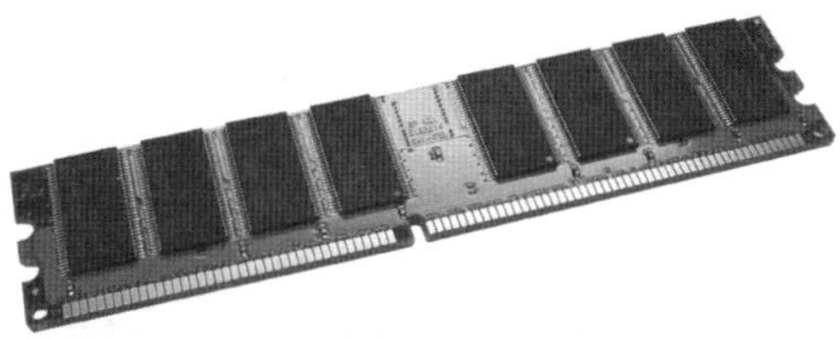

Módulo DDR

	Tecnologias	Vias/Pinos	Frequências	Tamanhos
	FPM (Fast Page Mode) Módulos SIMM	30 ou 72	66 MHz	4, 8, 16, 32 MB
	EDO (Extended Data Output) Módulos SIMM ou DIMM	72	66 MHz	8,16, 32 MB
	SDRAM (Synchronous Dynamic RAM) Módulos DIMM	168	100 MHz 133 MHz	32, 64, 128, 256, 512 MB
SDRAM	DDR (Double Data Rate) Módulos DIMM	184	Até 400 MHz	128, 256,512 MB e até 1 GB
SDRAM	DDR2 Módulos DIMM	240	Até 800 MHz	256 MB até 2 GB
SDRAM	DDR3 Módulos DIMM	240	Até 1600 MHz	256 MB a 4 GB
SDRAM	DDR4	284	Até 3200MHz	1 GB A 8 GB

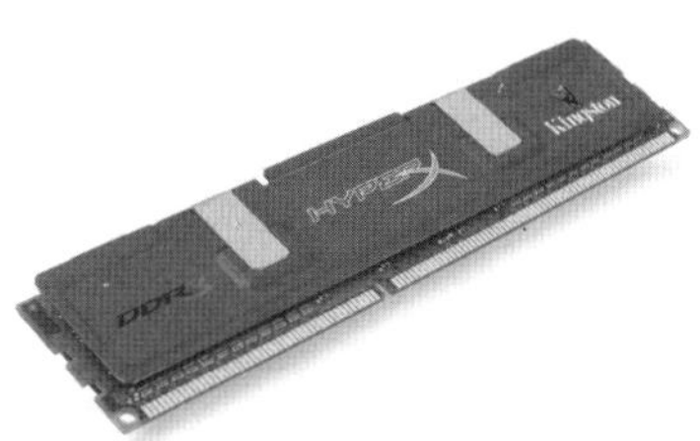

Módulo DDR3

* Hoje o Windows 10 Pro limita a 2 TB de RAM.

** Volátil = Que evapora...

Exercícios

(Assistente Legislativo – Tocantins – Cesgranrio) Quando um computador é desligado, são perdidos os dados armazenados no(a): Resposta 28

a) CD-ROM;
b) disco rígido;
c) disquete;
d) EPROM;
e) RAM.

(Op. Computador – Tocantins – Cesgranrio) A memória de acesso aleatório utilizada por um computador para ler e gravar informações é a: Resposta 29

a) BPS;
b) EGA;
c) IRQ;
d) LPT;
e) RAM.

3.15. MEMÓRIA INTERNA ROM (Read Only Memory)

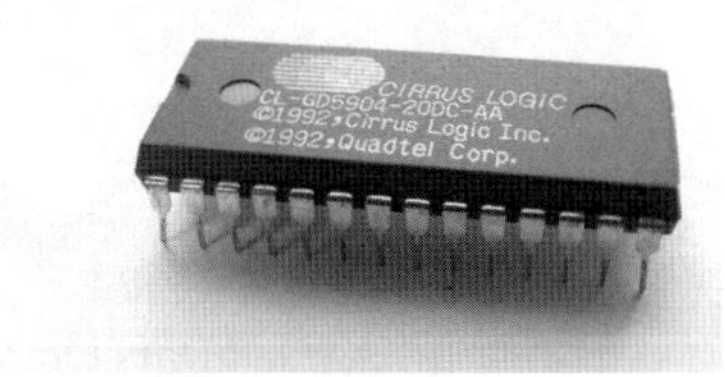

Memória gravada de fábrica, em um circuito eletrônico (chip) que fica contido na placa-mãe, não pode ter seu conteúdo apagado pelo usuário e permite apenas leitura. A memória ROM contém informações básicas para que o computador interprete o Sistema Operacional e possa efetuar o boot*.

Seus dados não são voláteis, logo, seu armazenamento é permanente.

A memória ROM de um computador armazena uma categoria de programas denominada firmware.

Um firmware é um programa gravado de fábrica em uma memória do tipo ROM contida em um equipamento eletrônico. Básico para o funcionamento de um eletroeletrônico qualquer, desde a programação para estouro de pipoca em um micro--ondas, passando, por exemplo, por um programa de uma calculadora financeira ao Bios de um computador pessoal.

3.15.1. BIOS

É o firmware mais conhecido do computador. É um conjunto de instruções gravadas pelo fabricante na memória ROM, acessado sempre ao ligarmos a máquina.

Contém informações básicas de entrada e saída para (BIOS – Basic Input Output System) necessárias para o processo de *boot**.

Resposta 28 – Letra E, memória volátil.
Resposta 29 – Letra E, acesso aleatório.
* *Boot* – inicialização do computador.

Exercício

AL MT – FGV

No que diz respeito à arquitetura de computadores, um tipo de memória armazena um firmware, também conhecido como BIOS, responsável por executar todas as rotinas de verificação dos componentes de hardware, durante o processo de boot do computador.

Essa memória é a do tipo: [Resposta 30]

a) ROM;
b) RAM;
c) L3;
d) DDR;
e) DIM.

3.15.2. SETUP

É um firmware, um programa gravado pelo fabricante na memória ROM, acessado durante o *boot* pelo pressionamento de uma tecla (normalmente DEL ou F1, de acordo com a máquina) quando há necessidade de se atualizar a configuração do computador, suas especificações de hardware e até mesmo a data e a hora do relógio do sistema.

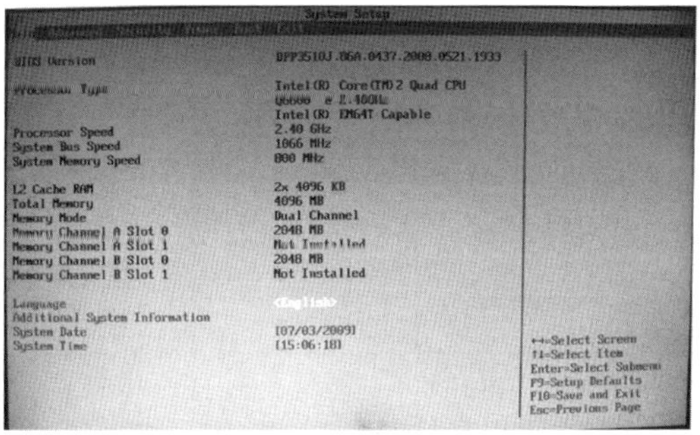

Os dados introduzidos através do Setup ficam armazenados em uma pequena memória volátil contida na placa-mãe denominada CMOS, alimentada o tempo todo por uma bateria da mesma placa.

Bateria CR 2032 de 3v utilizada atualmente nas principais placas-mãe

---

Resposta 30 – Letra A.

3.15.3. POST

Power On Self Test – Autoteste ao ligar. É um firmware executado toda vez que o micro é ligado. Entre outras coisas, ele inicializa o vídeo, conta a memória e, ao seu término, mostra um quadro de configurações com uma lista da configuração de hardware da máquina.

3.16. Variações de ROM

- **PROM** (Programmable Read Only Memory): permite uma única programação, geralmente, feita pela fábrica. É irreversível.
- **EPROM** (Erasable Programmable Read Only Memory): permite programação e pode ser apagada se for submetida a uma forte luz ultravioleta dentro de uma câmara especial.
- **EEPROM** (Electricaly Erasable Programmable Read Only Memory) ou EAROM (Electrically Alterable Ready Only Memory): sua estrutura é semelhante à de uma EPROM, entretanto pode ser apagada eletricamente, podendo ser reprogramada no próprio local, pelo próprio equipamento.
- **MEMÓRIA FLASH**: é um tipo de EEPROM, sendo que a EEPROM convencional apaga os dados Byte a Byte enquanto a FLASH consegue manipular blocos de dados maiores, o que a torna diferente e mais rápida. Costuma ser fabricada em pequenas placas que substituem os discos, podendo atualmente chegar à ordem de dezenas, centenas ou até milhares de GB. São utilizadas atualmente em cartões de memória, pen-drives e SSDs (solid state disks).

Tipo	Categoria	Modo de Apagar	Utilização
ROM	Somente de leitura	Não é possível	Equipamentos
PROM	Grava uma única vez, depois torna-se somente de leitura	Não é possível	Equipamentos
EPROM	Principalmente de leitura	Luz UV	Dispositivos
EEPROM	Principalmente leitura	Elétrico	Dispositivos
Flash	Leitura/Escrita	Elétrico	Pen-drives/cartões de memória

Exercícios

(MP do Rio Grande do Norte – Cesgranrio) A BIOS (Sistema Básico de Entrada e Saída) fica armazenada em que dispositivo de um computador? Resposta 31

a) Memória RAM;
b) Processador;
c) Memória CACHE;
d) Memória ROM;
e) Unidade Ótica.

Resposta 31 – Letra D. O BIOS é um firmware e está armazenado na ROM.

(Op. de Computador – Tocantins – Cesgranrio) O conjunto de rotinas básicas armazenadas na ROM que são utilizadas para verificar o hardware de computadores durante o processo de boot é chamado de: Resposta 32

a) CPU;
b) CRT;
c) LCD;
d) BIOS;
e) EISA.

3.17. Memória Cache

Tipo de memória RAM estática (SRAM) de alta velocidade (compatível com a velocidade dos registradores da UCP), que não necessita de refresh, reduzindo significativamente seu consumo de energia.

Seu alto custo torna sua utilização como memória principal proibitiva, sendo utilizada, portanto, como uma memória intermediária, localizada logicamente entre a UCP e a Memória Principal, reduzindo o tempo de acesso do processador à informação da memória, melhorando o desempenho da máquina.

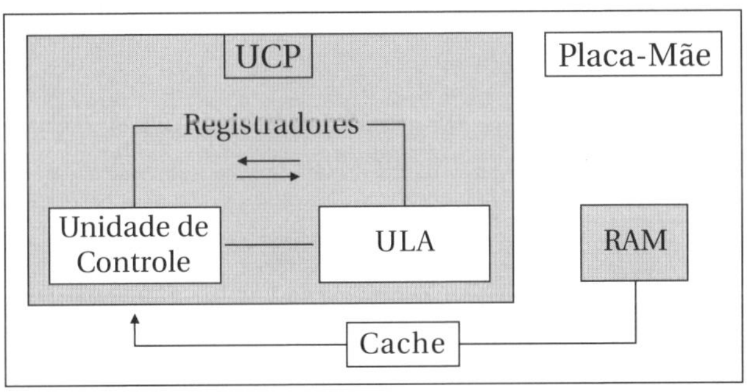

Exercícios

(Unemat – NCE) Em um computador moderno, o termo "cache" pode significar: Resposta 33

a) fazer "overclock" (aumento do relógio, além do recomendado) do processador, visando aumentar o desempenho do sistema;
b) um dispositivo de entrada e saída de dados de alta velocidade;
c) um tipo especial de CPU ou UCP;
d) uma interface de rede para interligar computadores em banda larga;
e) uma memória intermediária entre a memória principal e o processador do computador.

(TRE – RN – FCC) Memória de alta velocidade, normalmente composta por registradores, que contribui para o aumento de velocidade em operações repetidas: Resposta 34

a) Disco ótico;
b) RAM;
c) ROM;
d) HD (Winchester);
e) Cache.

Resposta 32 – Letra D.
Resposta 33 – Cache é um tipo de memória, então, letra E.
Resposta 34 – Alta velocidade e com aumento de velocidade em operações repetidas são características da CACHE, portanto, letra E.

Níveis de Memória Cache

A memória cache é disposta em níveis, quanto menor o nível, maior sua velocidade e menor sua capacidade.

- L1: cache primária – cache contida no próprio processador, cujo tamanho varia de 16 KB a 64KB.
- L2: cache secundária – não está contida no chip da UCP, mas pode estar contida no pacote CPU, seu tamanho varia de 512KB a 12MB.
- L3: cache terciária – contida na placa do processador, pode conter poucos MegaBytes de SRAM.

Exercício

(ARCED – NOVEMBRO) As memórias cache de nível 1 (L1) e de nível 2 (L2) são encontradas nos: Resposta 35

a) processadores;
b) buffers de disco;
c) buffers de memória;
d) slots da placa-mãe;
e) pentes de memória.

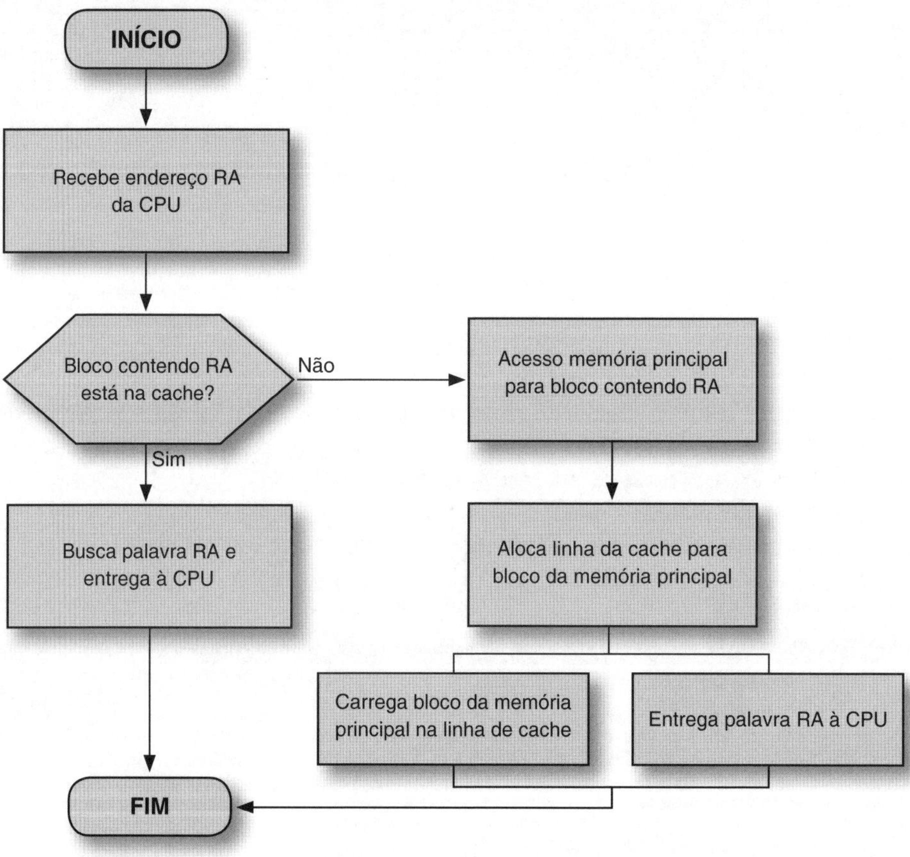

Operação de Leitura de Cache (STALLINGS, p. 97)

Resposta 35 – Letra A. Atualmente os dois níveis de memória cache, L1 e L2 se encontram no processador. Vale ressaltar que quanto menor o nível, menor é a capacidade e maior é a velocidade da cache.

3.18. Memória de Massa ou Secundária

Permite o armazenamento de dados de forma não volátil, possibilitando recuperação da informação em data posterior.

Acesso **SEQUENCIAL** consiste em um mecanismo compartilhado de leitura e escrita com acesso realizado em uma sequência linear específica.

Exemplos:

- cartão perfurado
- fita magnética
- DAT
- DDS
- DLT
- LTO

LTO de 6,25 TB da Sony

Lembre-se, as fitas são consideradas excelentes para Backup (cópia de segurança), possuem alta capacidade e alta velocidade na leitura e gravação dos dados, perdendo para as mídias óticas apenas no quesito durabilidade.

Acesso **DIRETO** consiste em um mecanismo compartilhado de leitura e escrita, porém os blocos ou registros têm um endereço específico baseado no local físico.

Exemplos:

- Disco Flexível
- Disco Rígido
- CD
- DVD
- Blu-Ray

3.18.1. Magnético

- Disco flexível ⇨ 3. ½" HD (alta densidade). Embora esteja atualmente em desuso ainda pode vir a ser citado.

- Hard Disk (HD) ou disco rígido, unidade de memória secundária com a maior capacidade de armazenamento no computador, atualmente na ordem de TB.

3.18.2. Ótico

- Compact Disk:
  - DA: (Digital Audio) CD's de música convencionais.
  - ROM: (Read Only Memory) permite somente leitura de dados.
  - R (Recordable): os dados gravados não podem mais ser apagados.
  - RW (Rew Write ou Read and Write): pode ser gravado e regravado inúmeras vezes (estimado em 1 milhão de acessos).
- DVD (Digital Versatile Disk – Disco Versátil Digital): também nas versões ROM, R e RW.
- BLU-RAY: Sucessor do DVD por permitir maior capacidade de armazenamento. Pode ser encontrado nas versões ROM, R e RW. Possui uma tecnologia interessante, *DurabisII,* que resiste a arranhões e gorduras.

3.19. Capacidade das Unidades de Memória Secundária

- **Disquete** 3. ½" HD: 1.44 MB
- **CD:** 650 ou 700 MB
- **DVD:** 4,7 é o padrão atual, sendo também comercializado o DVD de dupla camada com capacidade de 8,5 GB.

  Há tecnologia para ser produzido DVD de até 17 GB, entretanto, com o advento do Blu-Ray sua comercialização se torna pouco viável até pelo fato do Blu-Ray apresentar maior taxa de transferência dos dados em relação aos DVD's.

  DVD5: 4,7 GB, 133 minutos de vídeo (uma camada, um lado)

  DVD9: 8,5 GB, 240 minutos de vídeo (duas camadas, um lado)

  DVD10: 9,4 GB, 266 minutos de vídeo (uma camada, dois lados)

  DVD18: 17,1 GB, 480 minutos de vídeo (duas camadas, dois lados)

Note que o Modelo do DVD (5, 9, 10 e 18) é sempre o número inteiro da capacidade arredondado para cima.

Exercício

(Tribunal de Justiça do Estado do Amazonas – FJPF) Pelo baixo custo e capacidade de armazenamento, as mídias CD-R de 80 minutos têm sido empregadas na realização de cópias de segurança, com o objetivo de garantir a integridade das informações. Essas mídias permitem armazenar uma quantidade máxima de dados igual a: [Resposta 36]

a) 1,44 MBytes;
b) 4,7 GBytes;
c) 120 GBytes;
d) 512 KBytes;
e) 700 MBytes.

- Blu-Ray: O Blu-ray é o padrão sucessor do DVD, desenvolvido pela SONY como uma mídia removível de alta capacidade de armazenamento apresentando por padrão discos de 50 GB, sendo formados por múltiplas camadas de 25 GB, atualmente podendo chegar a 8 camadas atingindo capacidades de até 200 GB. Recentemente a TDK anunciou a criação de mídias com 33,3 GB por camada, por tratar-se de uma mídia muito recente, pode ser que ainda surjam novos padrões de capacidade.

Blu-ray Disc™

Blu-Ray 200 GB – Regravável – Sony

- **Discos rígidos, Hard Disk (HD):** atualmente pode chegar a até 8 TB comercialmente.

- **Pen-drive:** equipamento que armazena informações numa memória eletrônica (FLASH), apresenta como característica a facilidade de ser portátil, do tamanho de um chaveiro, podendo armazenar até 256 GB atualmente..

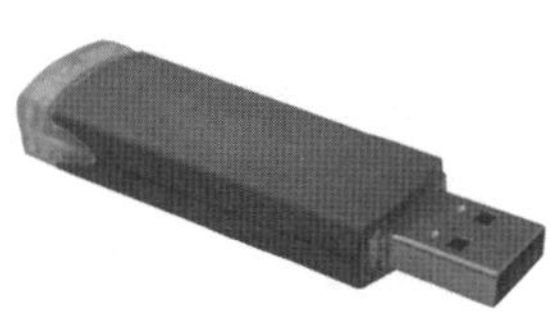

Resposta 36 – A capacidade do CD pode variar entre 650 e 700 MB, logo a única alternativa válida é a E.

O que significa dizer que um CD-ROM, DVD ou BLU-RAY é de 32X?
"24x", "32x", "36x", "40x" etc. é a "velocidade" da unidade de **discos óticos**, baseada na taxa de transferência de suas primeiras unidades.

No caso do CD-ROM, o "X" corresponde a 150 KB/s. Assim, uma unidade 32x possui uma taxa de transferência nominal de 32 x 150 = 4800 KB/s (na prática essa taxa pode variar até a metade).

O "X" do DVD possui taxa de transferência superior, sendo equivalente a 1.3 MB/s.

O Blu-Ray mantém em média 4,5 MB/S de taxa de transferência por "X", podendo hoje chegar a velocidades até "12X", ou seja 54MB/s.

Um disco rígido com tecnologia Ultra-DMA* pode chegar até 133 MB/s e SCSI até 320 MB/s.

- **SSDs (Solid State Disks):** Um SSD é o sucessor do HD magnético, disco que utiliza chips de memória flash no lugar de discos magnéticos. Pode ser conectado a uma porta SATA (interno) ou USB (externo), apresentando como grandes vantagens: melhor desempenho, maior durabilidade, baixo consumo de energia além de ser silencioso. Apresenta como maior desvantagem, atualmente, o alto custo.

Exercício

TJ BA – FGV

Na comparação entre drives HD e SSD, considere os seguintes fatores: Resposta 37

I. custo por GB armazenado;
II. velocidade de leitura;
III. capacidade máxima de armazenagem;
IV. resistência a choques e durabilidade.

Está correto concluir que os drives com tecnologia HD apresentam vantagens:

a) somente no fator I;
b) somente nos fatores I e III;
c) somente no fator IV;
d) somente nos fatores I, II e III;
e) em todos os fatores.

* DMA – Acesso Direto à Memória.

Resposta 37 – Letra B.

Disco magnético (mecânico) e disco sólido (eletrônico).

Exercício

COMPESA – FGV

Na comparação com os discos rígidos, é um dispositivo fabricado com uma memória de armazenamento do tipo Flash RAM, não possui partes mecânicas, apresenta maior resistência a impactos e menor consumo de energia na comparação com os atuais discos rígidos. Por outro lado, é mais caro e não possui grande capacidade de armazenamento.

Esse dispositivo é conhecido pela seguinte sigla: Resposta 38

a) SCSI;
b) AGP;
c) SSD;
d) PCI;
e) HDMI.

3.20. Relação de Capacidade e Velocidade entre Memórias

Entre os tipos de memória vistos até então, podemos afirmar que a velocidade e a capacidade são grandezas inversamente proporcionais. Observe a tabela em ordem decrescente com relação à velocidade.

Memória	Capacidade
Registrador	Bit's
Cache	KiloBytes/MegaBytes
RAM	MegaBytes/GigaBytes
Memória Auxiliar ou de Massa	GigaBytes/TeraBytes

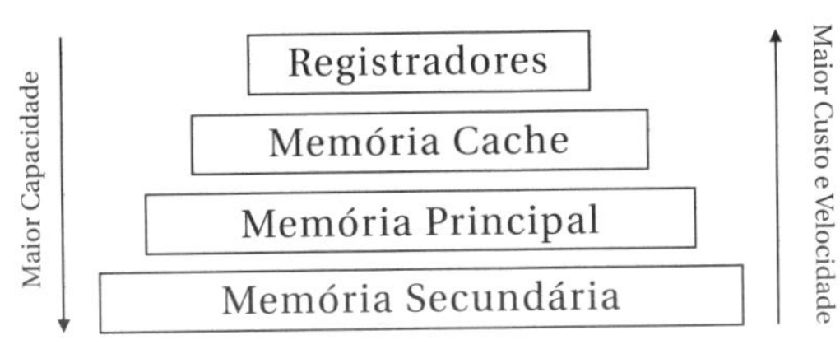

Resposta 38 – Letra C. O examinador citou *flash RAM*, jamais poderemos entender a memória flash como um tipo de RAM pois ela não é volátil, entretanto o que pode justificar o seu uso é o fato do acesso as informações não ser sequencial como nas fitas magnéticas e sim aleatório, direto, ainda que fora de ordem (randômico).

Exercícios

(EPE – Apoio Administrativo – Cesgranrio) Em geral, o dispositivo que apresenta maior capacidade de armazenamento de dados digitais em um microcomputador é o(a): Resposta 39

a) disco flexível;
b) disco rígido;
c) memória RAM instalada;
d) memória ROM instalada;
e) memória cache instalada.

(ESAF/SUSEP) A memória em um computador digital convencional, organizada em uma hierarquia, considerando-se o tempo de acesso da mais rápida para a mais lenta é ordenada como: Resposta 40

a) memória principal; registradores; cache; armazenamento secundário (discos); armazenamento off-line (fitas);
b) memória principal; cache; registradores; armazenamento secundário (discos); armazenamento off-line (fitas);
c) cache; memória principal; registradores; armazenamento secundário (discos); armazenamento off-line (fitas);
d) cache; registradores; memória principal; armazenamento secundário (discos); armazenamento off-line (fitas);
e) registradores; cache; memória principal; armazenamento secundário (discos); armazenamento off-line (fitas).

3.21. Memória Virtual

O nome já diz tudo, é uma pseudomemória. Não se trata de uma memória física e sim de um recurso do sistema operacional que consiste em simular RAM utilizando uma parte do HD (disco rígido), de modo que a UCP não pare de processar e os programas possam continuar em execução.

Exercício

(MP do RIO GRANDE DO NORTE – CESGRANRIO) Que tipo de memória o Sistema Operacional passa a utilizar quando a memória RAM do computador é completamente preenchida? Resposta 41

a) Memória ROM;
b) Memória Flash;
c) Memória Virtual;
d) Memória RAM Estática;
e) Memória RAM Dinâmica.

3.22. Informação

Todas as informações são processadas pelo computador em código binário.

0 ⇨ Desligado (ausente). 1 ⇨ Ligado (presente).

3.23. Bit e Byte

O bit representa a menor quantidade de informação (dígito binário). O Byte é um conjunto de oito bits que representa um caractere.

Resposta 39 – Letra B.

Resposta 40 – Letra E. Os registradores são pequenas unidades de memória contidas no processador e que possuem a maior velocidade, em seguida, vêm a cache, a RAM, o HD e a fita.

Resposta 41 – Letra C. Quando a RAM é preenchida para que o computador não "trave", o sistema operacional simula memória RAM no disco rígido através de arquivos temporários.

3.24. Códigos

Os códigos são utilizados para especificar os caracteres pelos bits. A representação do caractere depende do código utilizado pela máquina. Atualmente, os principais códigos são:

3.24.1. ASCII (Microcomputadores)

Lê-se askiihh – American Standart Code Interchange Information) –, código de 8 bits com 256 caracteres.

Exemplos da tabela ASCII:

A=01000001

B=01000010

C=01000011...

3.24.2. EBCDIC (Mainframes*)

Código de 8 bits com 256 caracteres.

3.24.3. Unicode (idiomas ocidentais e orientais)

Código de 16 bits com 65.536 caracteres.

3.25. Unidades de Medida de Informações - Padrão Binário - Informática (BYTE)

1 bit	0 ou 1
1 Byte	8 Bit's (1 caractere)
1 KiloByte	1024 a 2^{10} Bytes
1 MegaByte	1024 KiloBytes a 2^{20} Bytes
1 GigaByte	1024 MegaBytes a 2^{30} Bytes
1 TeraByte	1024 GigaBytes a 2^{40} Bytes
1 PetaByte	1024 TeraBytes a 2^{50} Bytes
1 ExaByte	1024 PetaBytes a 2^{60} Bytes
1 ZettaByte	1024 ExaBytes a 2^{70} Bytes
1 YottaByte	1024 ZettaBytes a 2^{80} Bytes
1 XentaByte	1024 YottaBytes a 2^{90} Bytes
1 WektaByte	1024 XentaBytes a 2^{100} Bytes

Atualmente só se cobra até o TERABYTE.

* Mainframe = Computador de grande porte.

Exercício

(TRE do Paraná – Analista Judiciário – ESAG)

Quantos bits há em um MegaByte? Resposta 42

a) 1.000.000;
b) 1.048.576;
c) 8.388.608;
d) 1.000.

?

Quantos caracteres podemos representar com um Byte???

2^8 = 256 (base binária elevada à oitava potência, 256 combinações)

Por que 1.024 e não 1.000??? Podemos utilizar 1.000???

O correto, de acordo com as bancas, para a informática ainda é associar o "kilo" a 1.024, por tratar-se da potência binária mais próxima de 1000 (2^{10}), entretanto este padrão tende a mudar conforme veremos adiante com o IEEE 1541.

3.26. Unidades de Medida de Informações – Padrão Binário – Telecomunicações (BIT)

1 bit	0 ou 1
1 Kilobit	1000 bits
1 Megabit	1000 Kilobits ou QuiloBits
1 Gigabit	1000 Megabits
1 Terabit	1000 Gigabits
1 Petabit	1000 Terabits
1 Exabit	1000 Petabits
1 Zettabit	1000 Exabits
1 Yottabit	1000 Zettabits
1 Xentabit	1000 Yottabits
1 Wektabit	1000 Xentabits

Atualmente só se cobra até o GIGABIT.

A velocidade de transmissão dos modems, como em qualquer taxa de transmissão utilizada em rede de computadores, é expressa em bps (bits por segundo).

Uma confusão muito comum é que o "kilo" das telecomunicações **é exatamente** 1000, logo:

1 Kbps = 1.000 bits por segundo.

1 Mbps = 1.000 kilobits por segundo ou 1.000.000 de bits por segundo.

Resposta 42 – Questão tranquila, nem há necessidade de realizar contas, pois só há uma única alternativa começando com 8, portanto letra C.

Por convenção, o "b" minúsculo é usado para representar BITS e o "B" maiúsculo para representar BYTES!!!

Exemplos:

KB = KiloBytes – KB/s = KiloBytes por segundo

Kb = Kilobit – Kbps = Kilobits por segundo

Para as provas é necessário distinguir quando se fala em bit e quando se fala em Byte, lembre-se, pensou em Rede o padrão é o Bit, pensou em Disco/Memória o padrão é o Byte.

Exercício

(Auditor – Niterói – FUNRIO) Qual a unidade de medida usualmente adotada para a velocidade de transmissão de dados entre computadores através de um modem ou de uma conexão em banda larga? Resposta 43

a) bits;
b) Bytes;
c) bps;
d) Hertz;
e) RPM.

3.27. Padrão IEEE 1541

A confusão do Kilo representando 1000 ou 1024 é de fato muito polêmica. Os fabricantes de HD's (discos rígidos), desde o início passaram a representar o Kilo como 1000 (representação decimal), contrariando os conceitos computacionais (representação binária), o que gerou muitos problemas, inclusive processos judiciais de propaganda enganosa.

Mas os fabricantes de discos rígidos ganharam a disputa e em 2005 o IEEE (Institute of Electrical and Electronics Engineers) acabou cedendo à pressão e criando um novo conjunto de medidas para a designação de valores binários. Pelo novo padrão um Kilobyte deixa de ter 1024 bytes e passa a ter 1000 bytes e surge o Kibibyte com 1024 bytes onde o "bi" representa a abreviação de binário.

Padrão Decimal (1000)		Padrão Binário (1024)	
Kilobyte (KB)	Kilobit (Kb)	Kibibyte (KiB)	Kibibit (Kib)
Megabyte (MB)	Megabit (Mb)	Mebibyte (MiB)	Mebibit (Mib)
Gygabyte (GB)	Gigabit (Gb)	Gibibyte (GiB)	Gigabit (Gib)
Terabyte (TB)	Terabit (Tb)	Tebibyte (TiB)	Terabit (Tib)
Petabyte (PB)	Petabit (Pb)	Pebibyte (PiB)	Pibibit (Pib)

Enquanto este assunto ainda não é evidenciado nas provas, devemos considerar o kilobyte como uma potência binária, 2^{10}=1024 bytes, e o kilobit, como uma potência

Resposta 43 – Letra C. Mais precisamente Mbps (megabits por segundo).

decimal, $10^3=1000$ bits, podendo arredondar quando a questão expressar valores genéricos ou aproximados.

3.28. Tipos de Sinais

As informações são consideradas sinais elétricos, e podem ser classificadas como analógicas ou digitais.

- Sinais analógicos: podem assumir no tempo infinitos valores possíveis de amplitude permitidos pelo meio de transmissão (telefonia, televisão).

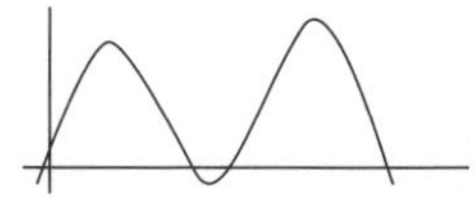

- Sinais digitais: assumem valores de amplitude predeterminados no tempo (telegrafia).

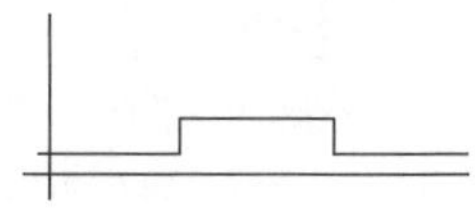

3.29. Tipos de Transmissão

3.29.1. Transmissão serial

Transmissão de 1 bit por vez através de uma única linha de dados, isto é, cada bit de um Byte é transmitido em sequência, um após o outro.

Exemplos: Portas COM são portas seriais, utilizadas no passado em mouse, joystick, modems entre outros. Exemplos são conectores seriais de 9 pinos ou RS232 machos.

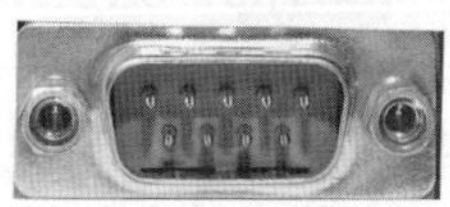

Conector DB (DE-9)

Exercício

(ANS – FCC) Um mouse com conexão serial normalmente é plugado no microcomputador por meio de porta: Resposta 44

a) AGP;
b) LPT;
c) USB;
d) COM;
e) PCI.

3.29.2. Transmissão paralela

Implica a transferência simultânea de todos os bits que compõem o Byte. Método utilizado nas ligações internas do computador e com periféricos bastante próximos. No caso das transmissões distantes este método torna-se inadequado devido à quantidade de fios que necessita, vulnerabilidade a ruídos etc.

As Portas LPT são paralelas, usadas no passado para joystick, zip drive, scanner, CD-ROM externo, impressora, entre outros periféricos que contenham um conector de 25 pinos fêmeos.

Resposta 44 – Letra D.

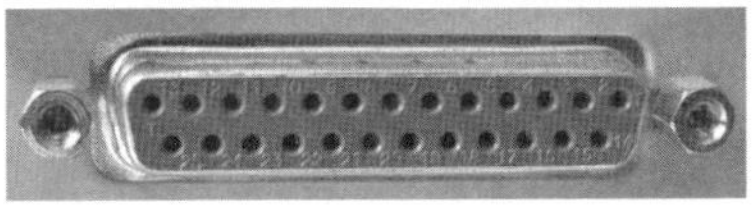

As portas das impressoras antigas também costumam ser chamadas de CENTRONICS, fabricante pioneiro de impressoras nos EUA.

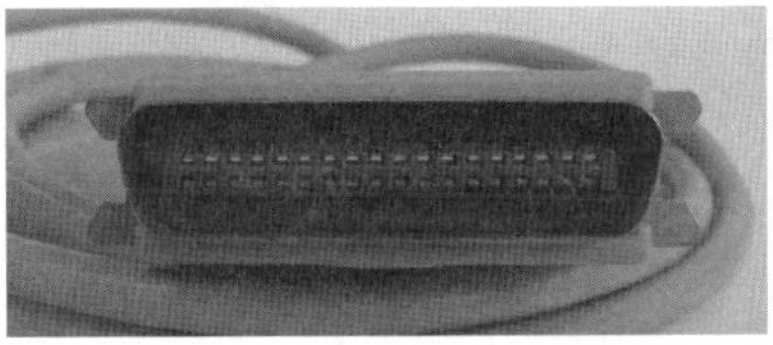

Conector CENTRONICS

Exercício

(MULTIRIO – Assistente Técnico Administrativo) Na configuração dos microcomputadores atuais, as impressoras DeskJet são conectadas por uma das interfaces indicadas em: Resposta 45

a) PS/2 ou SCSI;

b) SCSI ou USB;

c) USB ou CENTRONICS;

d) CENTRONICS ou PS/2.

3.30. Barramentos

São caminhos para troca de dados entre circuitos e normalmente utilizam comunicação paralela. Podemos citar, por exemplo, o barramento **local** que existe na Placa-Mãe e liga a UCP à RAM e outros, como os barramentos I/O (Input/Output) que permitem a conexão de placas adicionais à placa-mãe, interligando componentes, dispositivos. Cada um desses barramentos possui seu tamanho, formato e características. Os barramentos disponíveis na placa-mãe são identificados pelos **slots**, encaixes para inserção das placas **off board**.

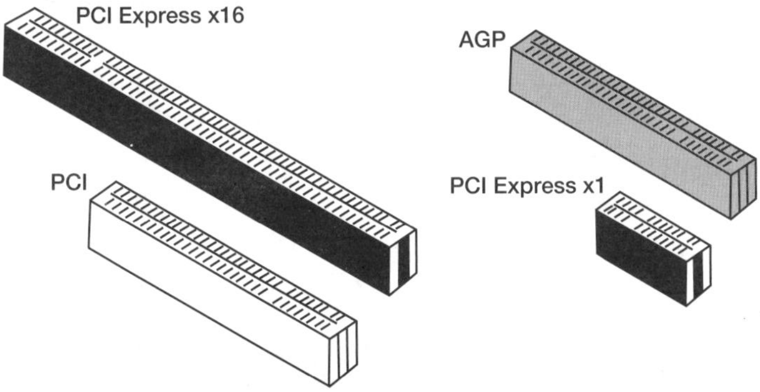

http://www.naplestech.com/shopcart/images/pc_slots.gif

Barramentos de I/O (Entrada e Saída)

Resposta 45 – Letra C. Impressoras antigas em portas paralelas ou CENTRONICS, as novas em portas USB.

3.30.1. ISA (Industry Standard Architecture)

Arquitetura Padrão da Indústria, primeiro tipo de barramento usado nos computadores do tipo PC XT, inicialmente operando a 8 bits e com frequência de 4,77 ou 8,33 Mhz.

Posteriormente com o lançamento do PC AT80286, o slot foi estendido e o barramento passou a operar em 16 bits com a mesma frequência de 8,33 MHz, mantendo-se ainda compatível com as placas ISA de 8 bits. Encontra-se em desuso.

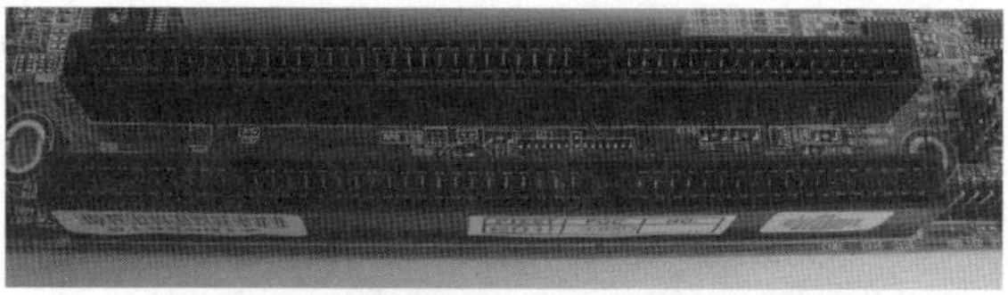

Slot ISA – 16 bits (preto)

3.30.2. EISA (Extended Industry Standart Architecture)

Como o barramentos ISA era "lento" na época dos computadores PC AT80386 (o de 16 bits atingia taxas de até 8,33 MB/s), a IBM acabou criando um novo barramento chamado MCS que era de arquitetura proprietária, ou seja, nenhum outro fabricante poderia utilizá-lo.

Esse barramento proprietário não vingou, mas acabou motivando os concorrentes que, com receio, construíram o padrão EISA. Tal padrão operava em 32 bits com frequências de 10MHz e era totalmente compatível com o ISA, sendo que cerca de 4 vezes mais rápido, atingindo até 32 MB/s. Encontra-se em desuso.

Slot EISA – 32 bits (marrom)

3.30.3. VESA (Video Electronics Standards Association) LOCAL BUS ou VLB

Sucessor do EISA, apresentava total compatibilidade com os padrões anteriores, embora operasse em 32 bits apresentava maior frequência – 33 MHz –, resultando em taxas de transmissão de até 133 MB/s. O maior problema, no entanto, se dava pelo fato de seu barramento ser muito grande fisicamente, ganhando o apelido de "VLB – Very Long Bus" pois apresentava uma terceira extensão do slot ISA. Na prática foi mantido por pouco tempo no mercado, encontrando-se em desuso.

Slot VLB – 32 bits

3.30.4. PCI (Peripheral Component Interconnect)

Interconexão de Componentes Periféricos – padrão atual de barramentos de periféricos desenvolvido pela Intel, rompendo a compatibilidade com o formato ISA, reduzindo fisicamente seu tamanho em relação ao VLB e oferecendo o suporte à tecnologia "Plug And Play". Opera em 32 bits e com frequências nativas de 33 MHz, passíveis de pequenos overclocks (aumento de clock). Atualmente é o tipo de barramento mais popular, mas em passos lentos vai caminhando para a substituição pelo PCI Express.

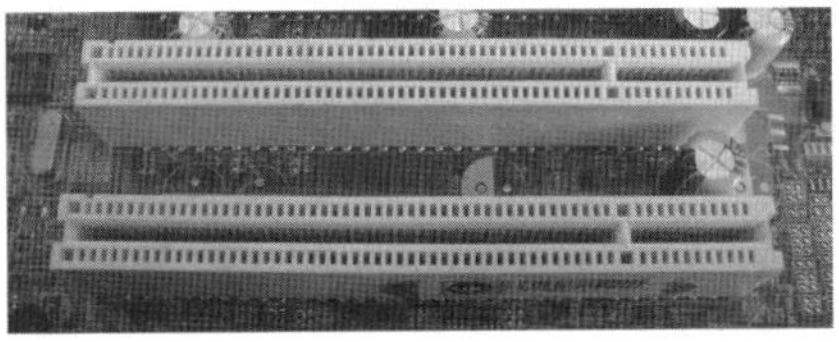

3.30.5. AGP (Accelerated Graphics Port – Porta Gráfica Acelerada)

Conector exclusivo para placa de vídeo 3D de alto desempenho. Inicialmente (AGP 1.0) operava a 66 MHz e atingia taxas de 266 MB/s, tendo implementações que mantinham a frequência, mas multiplicavam a quantidade de transferências por ciclo, sendo assim apresentadas como 2X, 4X ou 8X, podendo atingir taxas teóricas de até 2128 MB/s.

As placas de 4X e 8X necessitavam de maior fornecimento de energia implicando novos padrões (formatos) denominados AGP 2.0, e AGP 3.0 respectivamente. Hoje caminha para o desuso, sendo substituído pelo PCI-Express.

Placa de Vídeo AGP 1.0

Exercício

(Op. de Computador do Tocantins – Cesgranrio) ISA, PCI e AGP são tipos de: [Resposta 46]

a) memória;

b) barramento;

c) sistema operacional;

d) rede de computadores;

e) porta de comunicação.

Resposta 46 – Letra B.

3.30.6. PCI-X

O PCI-X foi uma tentativa de atualizar o PCI, trata-se de um barramento de 64 bits, trabalhando a 133 MHz, com velocidade de até 1024 MB/s, mas que devido ao seu grande número de contatos e tamanho físico se tornou muito dispendioso e saindo de linha.

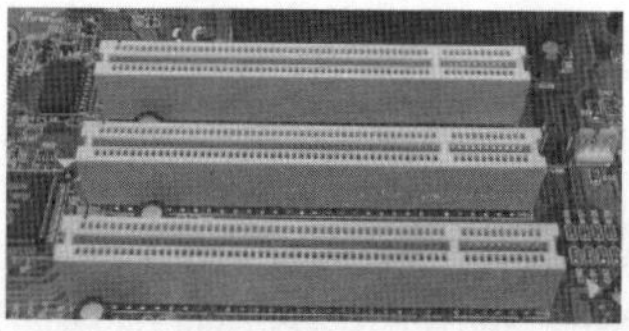

PCI e PCI-X (maior à direita)

3.30.7. PCI Express ou PCIe

A arquitetura PCI Express é uma nova tecnologia de interconexão SERIAL. Observou-se que o aumento de bits na transmissão paralela gerava altas frequências, criando campos eletromagnéticos e problemas de sincronismo tornando muito complexo o aumento das frequências. A solução para o aumento na taxa de transferência do barramento foi passar a investir em barramentos seriais e com controladores muito rápidos, transmitindo um bit por vez. Os barramentos PCI Express podem atingir clocks de até 2.5 GHz e taxas de transmissão reais de até 250 MB/s nos slots 1X, 1GB/s nos 4X, 4GB/s nos slots 16X e 8GB/s nos slots 32X.

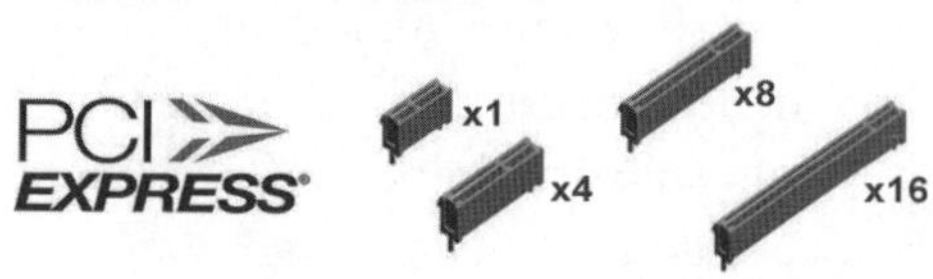

Extraído de www.viperlair.com/articles/editorials/pcie/

3.30.8. PCI Express 2.0

Padrão sucessor do PCI Express, completamente compatível com o padrão antigo, mas com velocidade dobrada, 500 MB/s nos slots 1X, chegando a incríveis 8GB/s nos slots 16X.

3.31. USB (Universal Serial Bus), USB 2.0 e USB 3.0

É um padrão de interconexão de equipamentos ao computador e transfere os dados digitais de forma serial, bidirecionalmente. Através da conexão USB, é possível acoplar ao computador scanners, impressoras, teclado, mouse, HD's externos, câmeras etc.

Logotipo USB

Conector USB

Uma das principais vantagens da conexão USB é permitir que a adição de um novo dispositivo seja feita de forma extremamente simples, bastando conectá-lo com o cabo ao computador (Plug and Play), sem mesmo ter de desligar a máquina (Hot Swap). O sistema operacional detecta automaticamente o dispositivo e disponibiliza-o aos softwares aplicativos.

A distância máxima entre cada periférico e a tomada é de cinco metros e em cada PC é possível a conexão de até 127 periféricos (compartilhando a velocidade), a porta USB permite taxas de transferência de 12 Mbps (1,5 MB/s) e uma pequena quantidade de energia, permitindo que também sejam usadas como carregadores (até 2,5 watts). Existem 4 tipos de conectores USB, todos compatíveis entre si.

Para melhor desempenho, foram desenvolvidos os padrões USB 2.0 (40x mais rápido que o padrão USB 1.0), oferecendo taxas de 480 Mbps (60MB/s), e o padrão USB 3.0 (até 10 vezes mais rápido que o padrão USB 2.0), podendo transmitir a taxas de até 4,8 Gbps (600 MB/s).

Hub USB (centralizador de USB, usado como extensão para agregar periféricos a partir de uma porta USB)

3.32. IDE (Integrated Drive Electronics) ou ATA (Advanced Technology Attachment)

Trata-se de um padrão de interface controladora de discos e drives desenvolvido pela Quantum e Western Digital (empresas fabricantes de discos rígidos) que posteriormente veio a ser certificado pela ANSI dando origem ao padrão ATA. Resumindo IDE e ATA, nas provas, são sinônimos.

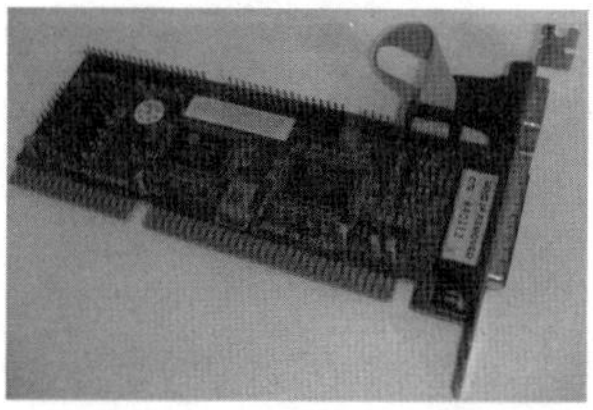

Placa IDE (padrão ISA AT)

Devido ao baixo custo e à necessidade de todas as máquinas conterem uma controladora IDE para interconectar os drives de CD, DVD e discos rígidos, passou a ser um dispositivo On-Board, integrado na própria placa-mãe.

Atualmente os computadores possuem 2 portas IDE, que permitem a conexão de até dois discos cada, totalizando um máximo de 4 discos ATA, seja HD, CD ou DVD. Existe a possibilidade de adquirir placas IDE padrão PCI e expandir a quantidade de discos da máquina, embora isto seja pouco comum.

A velocidade dos padrões ATA teve algumas evoluções, sempre com transmissão paralela de 16 bits, variava de 3,3 MB/s a 16,6 MB/s até que fossem desenvolvidas as tecnologias DMA (Acesso Direto a Memória), que permitem que o disco transfira informações diretamente para a memória sem que o processador precise se envolver diretamente. Implementado em placas a partir do Pentium II apresenta as seguintes velocidades:

Padrão	Velocidade
ATA-4	33 MB/s
ATA-5	66 MB/s
ATA-6	100 MB/s
ATA-7	133 MB/s

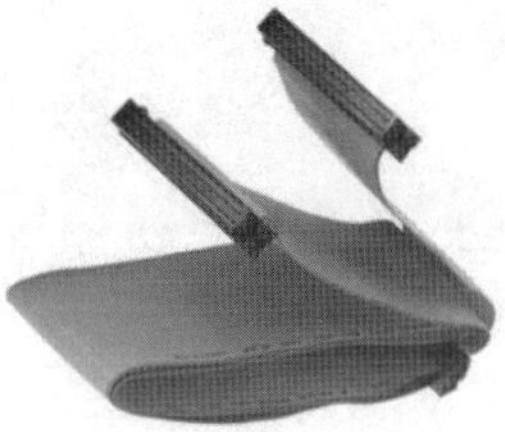

Cabos FLAT (IDE)

Os drives de disquete são presos a uma porta conhecida como FDD, presente em interfaces IDE antigas ou integrados a placas-mãe.

O padrão IDE caminha para o desuso, vindo a ser substituído pelo SATA que veremos a seguir.

3.33. SATA (Serial ATA)

Sucessor Serial do padrão ATA, que por transmitir apenas um bit por vez (em dois canais, um para enviar e outro para receber) elimina os problemas de sincronização e interferência admitindo frequências mais altas e, assim, aumento nas taxas de transmissão. Atualmente existem 3 padrões, são eles: SATA 150, SATA 300 e SATA 600 com taxas de 150MB/s, 300MB/s e 600 MB/s respectivamente.

Entradas para Drives SATA

Conector SATA (até 1 metro)

3.34. SCSI (Small Computer System Interface)

SCSI (pronucia-se scüzi) é um barramento que normalmente não está presente em uma placa-mãe convencional, ao contrário da IDE, apresentando-se através de uma placa adicionada ao computador para a conexão de periféricos específicos para tal tecnologia como discos rígidos, unidades de CD, Zip Drives, Unidade de Fitas e Scanners de Mesa, com transmissão paralela de 8 ou 16 bits apresenta taxas de transferência que podem variar de 5MB/s (SCSI 1) até 320 MB/s (Ultra 320 SCSI).

Cada porta SCSI permite a conexão de até 16 dispositivos (discos/drives). É um padrão que apresentava como maior vantagem a velocidade, mas com o surgimento do SATA deixou de ser atrativo.

Controladora SCSI

Conectores SCSI

3.35. SAS (Serial Attached SCSI)

O SAS é o padrão sucessor do SCSI, com transmissão serial atinge taxas que podem variar de 150 MB/s até 1.2 GB/s e possibilitar a monstruosa conexão com extensores de até 16384 discos e cabos de até 6 metros. O padrão SAS oferece compatibilidade com os HDs SATA, mas a recíproca não é verdadeira, portanto HDs SAS não funcionam em interfaces SATAS embora os conectores sejam iguais.

Exercícios

(Polícia Civil do RJ – Cesgranrio) Indique a opção que apresenta um padrão de conexão de periféricos ao microcomputador: Resposta 47

a) BIOS;
b) CPU;
c) SCSI;
d) FAT;
e) EPROM.

Quanto à arquitetura dos microcomputadores padrão PC, são feitas as afirmativas abaixo: Resposta 48

I. O barramento local liga o processador à memória RAM, enquanto que os barramentos de I/O, como o ISA, permitem a ligação de dispositivos periféricos ao microcomputador.
II. A memória CACHE de um processador permite que ele simule a memória RAM em um arquivo do disco rígido.
III. O canal IDE permite que dispositivos acessem diretamente a memória RAM e a memória ROM do microcomputador, sem a necessidade de usar o processador para essa tarefa.

Está(ão) correta(s) a(s) afirmativa(s):

a) I, apenas;
b) II, apenas;
c) III, apenas;
d) I e II, apenas;
e) I, II e III.

3.36. PnP (Plug and Play)

O plug and play é uma filosofia de projeto e também um conjunto de especificações de arquitetura para computadores pessoais. Seu intuito é fazer com que o usuário não precise se preocupar com chaves, jumpers, conflitos de hardware ou carregamento manual de drivers*. Basta apenas conectar a placa ou o periférico que o sistema o reconhece e habilita para o uso.

3.37. Estudo de outros Periféricos/Componentes

3.37.1. No-Break (UPS – Uninterruptible Power Supply)

Equipamento que evita que seu computador desligue em caso de falta total de energia elétrica, além de protegê-lo contra interferências, picos e baixas nos níveis de energia.

O tempo que ele permanecerá ligado depende da sua capacidade (bateria) – medida em VA (Voltagem Alternada) – e do consumo dos equipamentos a ele ligados.

Resposta 47 – Letra C.

Resposta 48 – A primeira afirmativa está correta; a segunda está errada, pois o conceito apresentado para a CACHE é o da memória **virtual**; a terceira também está errada, não existe acesso direto à memória ROM. Portanto a alternativa correta é a de letra A.

* Driver = Programa que controla (dirige) um equipamento, utilizado durante a instalação para sua habilitação

Existem equipamentos como o **estabilizador**, que equaliza a corrente elétrica e o **filtro de linha**, que apenas protege contra sobrecargas. Observe a definição da questão seguinte:

Exercício

(Multirio – Assistente Técnico Administrativo) Visando garantir a integridade do equipamento e a segurança dos dados, há necessidade de inserir um equipamento de proteção na configuração dos microcomputadores, que equalize a voltagem fornecida pela concessionária de energia elétrica. Esse equipamento é denominado: [Resposta 49]

a) filtro de linha;
b) retificador de corrente;
c) estabilizador de tensão;
d) transformador de potência.

Resposta 49 – Letra C.

ESQUEMA GRÁFICO DE MEMÓRIAS – SÍNTESE

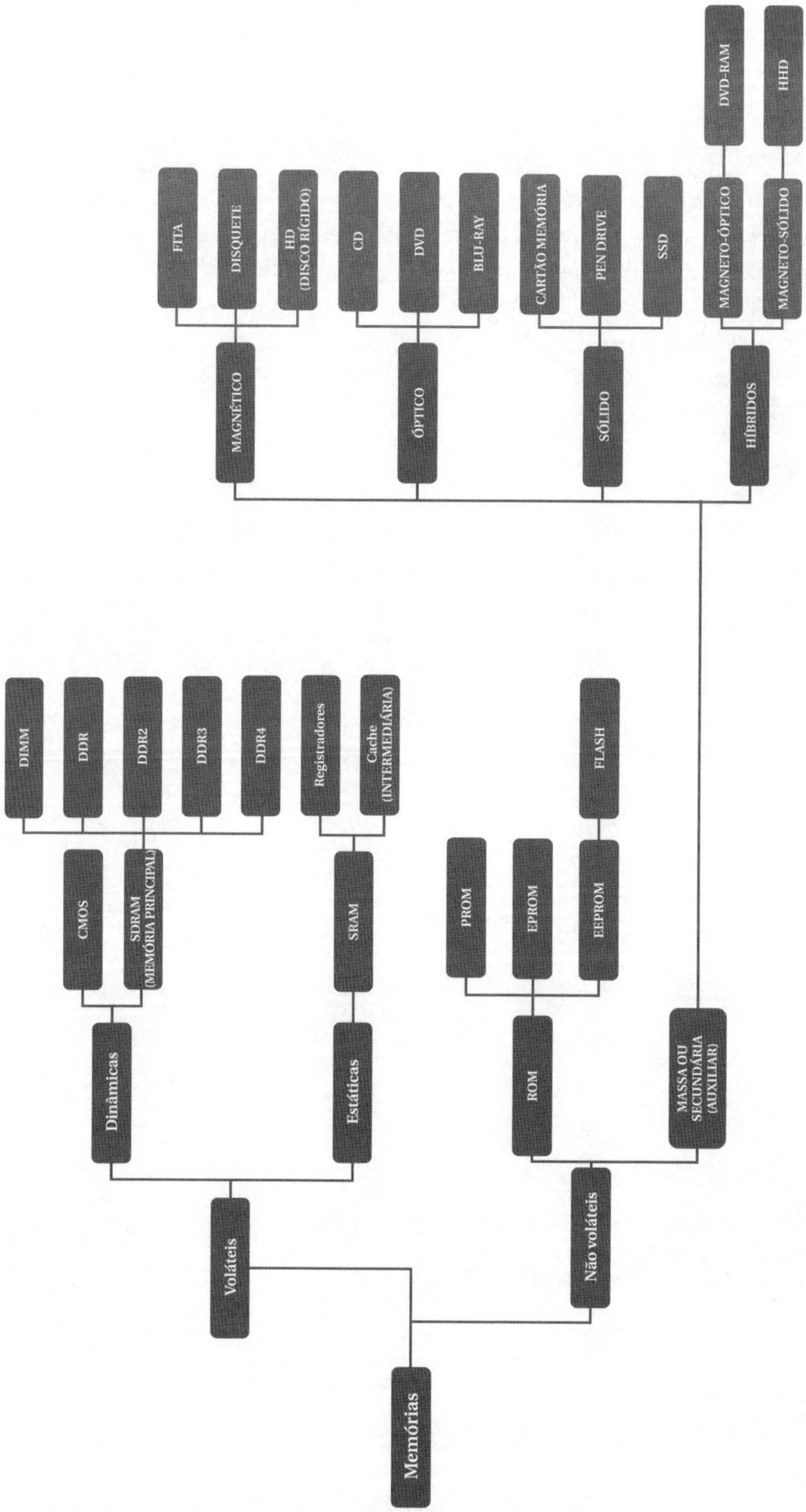

Capítulo 4

Windows 7

4.1. Funcionalidade

É um software básico, um sistema operacional, um conjunto de programas, cujo objetivo é gerenciar os componentes de hardware e fornecer ao usuário uma interface com o hardware fácil e amigável, através, inclusive, de elementos gráficos (ícones/janelas).

4.2. Histórico do Windows

Versões comerciais do Windows para computadores pessoais (estações de trabalho):

Windows 3.0 (ambiente gráfico – dependia do DOS – Sistema Operacional de Disco)
Windows 3.1 (ambiente gráfico – dependia do DOS – Sistema Operacional de Disco)
Windows 3.11 (ambiente gráfico com suporte a redes LAN – dependia do DOS – Sistema Operacional de Disco)
Windows 95 (primeiro Sistema Operacional Gráfico da Microsoft Corporation)
Windows 98
Windows ME (Millenium)
Windows XP
Windows Vista
Windows 7
Windows 8
Windows 8.1
Windows 10

Embora grande parte dos assuntos abordados neste capítulo seja transversal a qualquer versão, iremos priorizar o uso do Windows 7 e, quando necessário, comparar com o Windows XP. O Windows 7 ainda é uma das versões mais populares nos principais certames.

4.3. Edições do Windows 7

O Windows 7 está disponível em 6 edições, sendo que nem todas estão disponíveis para todos os consumidores, vejamos:

4.3.1. Windows 7 Starter

Projetada para pequenos computadores portáteis, como netbooks e mininotebooks. Inclui os recursos básicos do Windows 7, mas, eliminando alguns recursos gráficos (Aero*) exigindo menos memória. Não é comercializada no varejo, sendo distribuída apenas OEM**.

4.3.2. Windows 7 Home Basic

Disponível apenas nos "mercados emergentes": Argentina, Bolívia, Brasil, Chile, Colômbia, Costa Rica, República Dominicana, Equador, El Salvador, Guinea Equatorial, Guatemala, Índia, Indonésia, Jamaica, México, Marrocos, Paraguai, China, Peru, Turquia, Uruguai, Venezuela. Essa edição contém os recursos básicos do Windows 7 e um subconjunto dos recursos da Interface Aero.

4.3.3. Windows 7 Home Premium

Projetada para o típico usuário doméstico. Contém um conjunto impressionante de recursos que serão discutidos ao longo do capítulo, como: Aero, gadgets, listas de salto, controle de conta de usuário, entre outros. É a edição mais básica comercializada no varejo.

4.3.4. Windows 7 Professional

Projetada para o usuário empresarial típico. Inclui todos os recursos do Windows 7 Home Premium, mais suporte para domínios de rede, backups automáticos em locais de rede e Área de Trabalho Remota. É comercializada no varejo.

4.3.5. Windows 7 Ultimate

Disponibiliza todos os recursos do Windows 7 Professional, mais Criptografia de Unidade de Disco Bitlocker e suporte para 35 idiomas. É a versão mais completa comercializada no varejo.

---

* Aero: Consiste em um conjunto de recursos gráficos, como: animações sutis, novas cores de janelas e janelas com a aparência de vidro translúcido.

** OEM: (Original Equipment Manufacturer), vendidos a outras empresas que montam os produtos finais e os vendem ao consumidor final pré-instalados.

4.3.6. Windows 7 Enterprise

Disponível apenas ao mercado corporativo, para licenciamento por volume da Microsoft, possui todos os recursos do Windows 7 além do Microsoft Desktop Optimization Pack (ferramenta para gerenciamento centralizado de computadores em grandes empresas).

Exercícios

(ANAC – Nível Intermediário – Cespe)

Das edições do Windows 7 disponíveis no mercado, apenas três estão disponíveis para instalação em um computador de mesa ou notebook doméstico, as quais são: Windows 7 Home Premium, Windows 7 Professional e Windows 7 Ultimate. [Resposta 1]

(MF – ESAF TÉCNICO ADMINISTRATIVO)

O sistema operacional Windows 7 da Microsoft está disponível em 5 versões. A mais simples delas é a [Resposta 2]

a) Home Premium.
b) Home Basic.
c) Starter.
d) Beginner.
e) Home zero.

4.4. Pacotes x86 e x64

O Windows 7 está disponível em dois pacotes de instalação, o x86 é a versão de 32 bits, cuja principal característica é a limitação de 4GB (*gigabytes*) no suporte a memória RAM, a versão x64 quebra este paradigma, conforme tabela abaixo, entretanto implica um processador compatível.

Edição/Versão	Limite de x86	Limite de x64
Windows 7 Ultimate	4 GB	192 GB
Windows 7 Enterprise	4 GB	192 GB
Windows 7 Professional	4 GB	192 GB
Windows 7 Home Premium	4 GB	16 GB
Windows 7 Home Basic	4 GB	8 GB
Windows 7 Starter	2 GB	Não disponível

http://msdn.microsoft.com/en-us/library/windows/desktop/aa366778(v=vs.85).aspx#physical_memory_limits_windows_7

Resposta 1 – Certo – Questão passível de recurso, a ausência da *Starter* é correta por ser OEM, entretanto ele restringe com o uso do apenas e não cita a versão Home Basic que pode ser comercializada para uso doméstico no Brasil. O excludente poderia ter tornado a questão errada mediante recurso.

Resposta 2 – Letra C. Starter é a mais simples. Embora existam seis observe que no enunciado o examinador cita 5, provavelmente ignorando a *Enterprise* que não está disponível no âmbito doméstico, somente empresarial.

Exercício

(FINEP – APOIO ADMINISTRATIVO – CESGRANRIO) Resposta 3

Qual é o tamanho máximo de memória física (RAM) instalada que é suportada pelas versões Home Basic, Home Premium e Professional do Windows 7 de 32 bits?

a) 3,5 GB
b) 4 GB
c) 8 GB
d) 16 GB
e) 192 GB

4.5. MPA (Microsoft Product Activation) e WGA (Windows Genuine Advantage)

O MPA e o WGA compõem medidas antipiratraria presentes nos produtos Microsoft tendo sido criados para reforçar o licenciamento de software de modo que aqueles programas não ativados e com sua licença invalidada entram em modo de funcionalidade reduzida, tornando-se praticamente inutilizáveis até que sejam devidamente registrados.

No Windows 7 a licença deve ser ativada em até 30 dias após a primeira instalação. É possível verificar o status de ativação a partir da janela *Sistema* no *Painel de Controle*. Se ativada a licença, a informação constará na parte inferior da janela, caso contrário, aparecerá o tempo restante para que seja realizada a ativação.

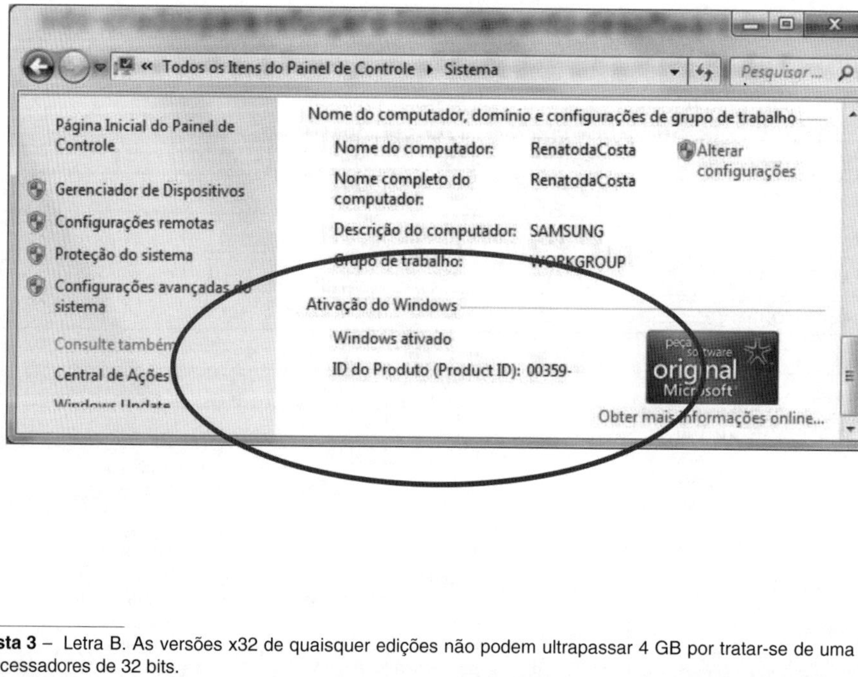

Resposta 3 – Letra B. As versões x32 de quaisquer edições não podem ultrapassar 4 GB por tratar-se de uma limitação dos processadores de 32 bits.

Exercício

(Prefeitura de Tanque/Al – Digitador – Advise)

Durante anos sem apresentar qualquer reação referente à expansão da prática de pirataria de seu SO, a Microsoft lança uma solução "eficiente" para o problema e disponibiliza entre as atualizações automáticas uma ferramenta onde é possível detectar se o seu Windows é original, e possibilita obter uma licença legal. Quando instalado em um computador que usa cópia não registrada, ao iniciar o Sistema apresenta a seguinte caixa:

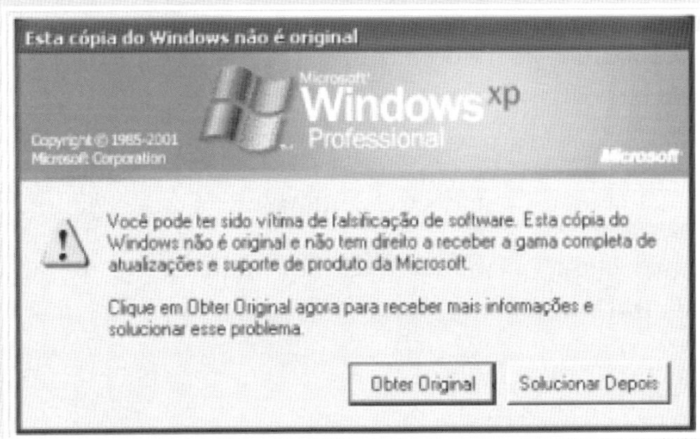

Estamos falando do: Resposta 4

a) WAT;
b) WAV;
c) WAN;
d) WGA;
e) WIN.

4.6. Janelas

O Windows 7 exibe informações em janelas. A dimensão de uma janela pode alternar entre: minimizar, restaurar abaixo e maximizar. Para realizar tais ações é possível utilizar os botões de dimensionamento no canto superior direito das janelas, clicar com o botão direito* sobre a barra de título no topo da janela ou ainda utilizar o menu de controle. Vejamos:

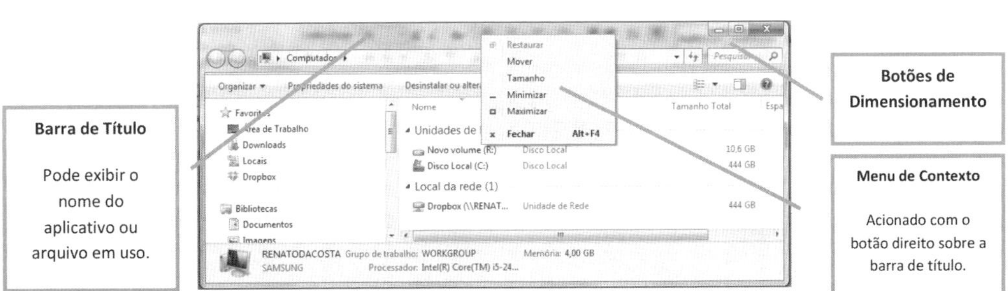

Resposta 4 – Letra D, WGA.

* Considerando a configuração padrão do Windows para usuários destros.

4.6.1. Botões de Dimensionamento

Permitem alterar a dimensão/tamanho das janelas:

Minimizar – Diminui o tamanho da janela de modo que ela passe a ser representada apenas como um botão na barra de tarefas.

Restaurar Tamanho – Exibe a janela com tamanho original, esse botão só aparece quando a janela está maximizada

Maximizar – Aumenta o tamanho da janela de modo que ela preencha toda a área de trabalho. Esse botão só aparece quando a janela está restaurada

OBS: Um duplo clique na barra de título alterna entre os modos de exibição Maximizar e Restaurar Tamanho, somente.

Botão Fechar – Fecha a janela.

OBS: O atalho <Alt+F4> fecha a janela, sendo equivalente ao botão no Windows.

É possível redimensionar as janelas livremente. Para tal é suficiente posicionar o mouse em sua respectiva borda até que o ponteiro assuma o formato de uma seta bidirecional e realizar o arrasto, modificando o tamanho da janela.

Exercício

(Agente de Polícia Federal – Cespe)

Ao se aplicar um clique duplo em um local da barra de título que não contenha botão ou ícone, a janela mostrada será maximizada. [Resposta 5]

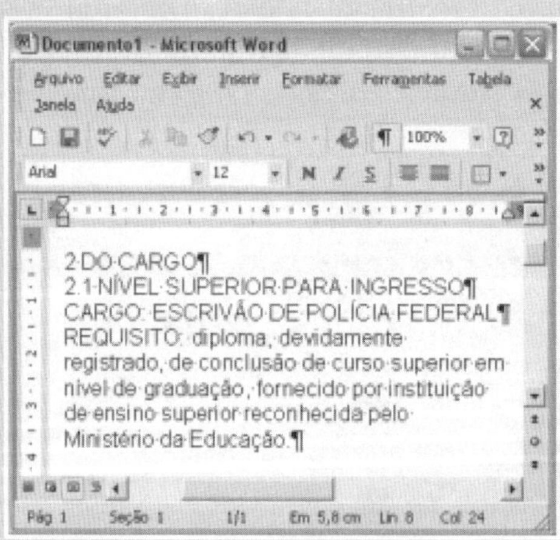

Resposta 5 – Observando-se que a janela apresenta o botão maximizar, constata-se que ela está restaurada, logo o duplo clique na barra de título irá exercer a alternância citada na questão para maximizada.

4.6.2. Botão Direito na Barra de Título ou Menu de Controle

Através de um clique com o botão direito do mouse sobre a barra de título da janela ou através do menu de controle – este que pode ser acessado com um clique simples no canto esquerdo da barra de título ou através do pressionamento do atalho <Alt+Espaço> –, nos deparamos com os seguintes comandos.

As opções mover e tamanho somente se tornam disponíveis quando a janela está restaurada, quando acessadas no menu, permitem a utilização das setas do teclado ou do mouse.

É possível também realizar tais procedimentos somente com o mouse, mover a janela clicando e arrastando a sua barra de título, e mudar o seu tamanho clicando e arrastando uma de suas bordas.

4.6.3. Snap

É uma novidade do Windows 7 acerca de redimensionamento das janelas, permite organizá las rapidamente com a utilização do mouse ou do teclado.

Para maximizar basta arrastar a janela para a parte superior do desktop até que seja expandido um contorno, ou pressionar o atalho <Windows + ↑>. De maneira análoga pode-se arrastar para o canto da direita ou da esquerda do desktop o que seria equivalente aos atalhos <Windows + →> e <Windows +←>, fazendo com que a janela ocupe respectivamente a sua metade da área de trabalho. Vide 4.7.21.

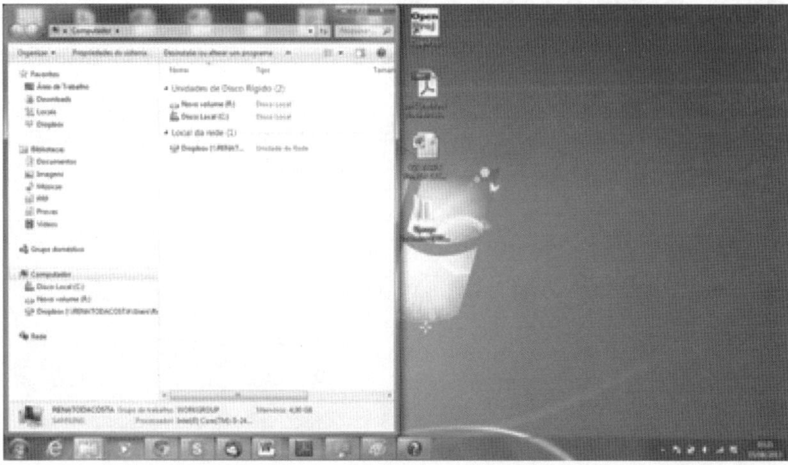

Recurso SNAP em procedimento realizado através do atalho <Windows + ←>

4.6.4. Barra de Menus e Barra de Status

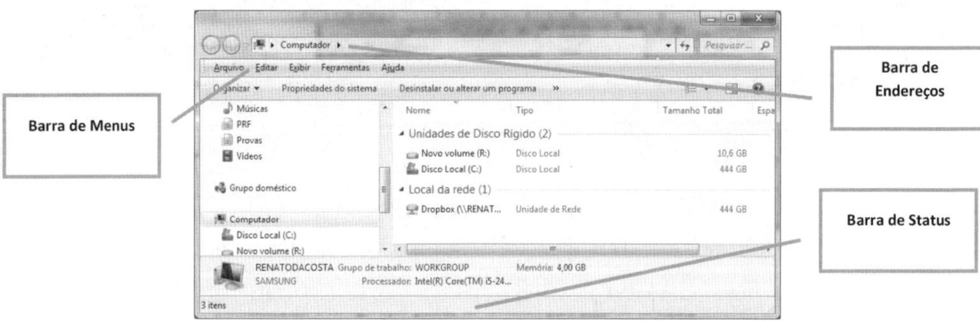

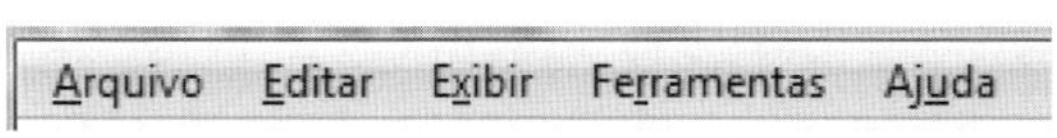

A barra de menus, localizada abaixo da barra de título, fornece listas suspensas com comandos que podem ser acessados com o mouse ou teclado. Pode ser acessada a partir da tecla <Alt>.

A barra de status localizada na parte inferior da janela fornece informações sobre seu conteúdo e seus elementos.

Exercício

(ANTT – Nível Médio – NCE)

Observe a figura a seguir extraída de um aplicativo rodando sobre o Microsoft Windows 2000, versão em Português.

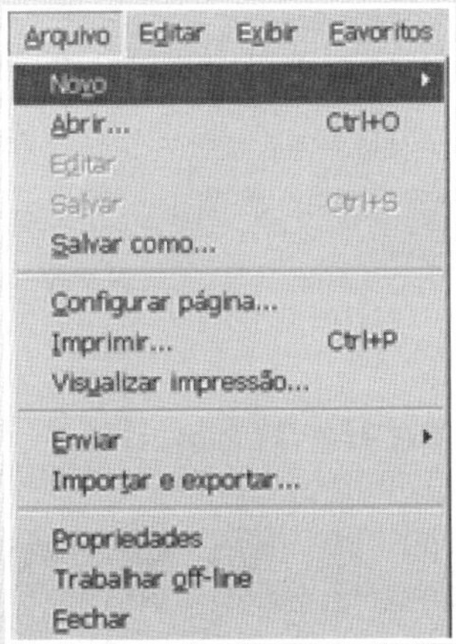

Considere agora as seguintes afirmações:

I) O pequeno triângulo preto ao lado do item Enviar significa que existe uma tecla de atalho definida para este item.

II) Os três pontinhos (...) ao final do item Importar e exportar... indicam que, se este item for selecionado, será aberto um diálogo para que o usuário configure opções adicionais do comando.

III) A combinação de teclas Ctrl+P ao lado do item Imprimir... indica um atalho para a impressão do arquivo.

IV) A letra A sublinhada no menu Arquivo indica que este menu pode ser aberto sem a utilização do mouse, através da combinação de teclas Alt+A.

O número de afirmativas corretas é: Resposta 6

a) 0

b) 1

c) 2

d) 3

e) 4

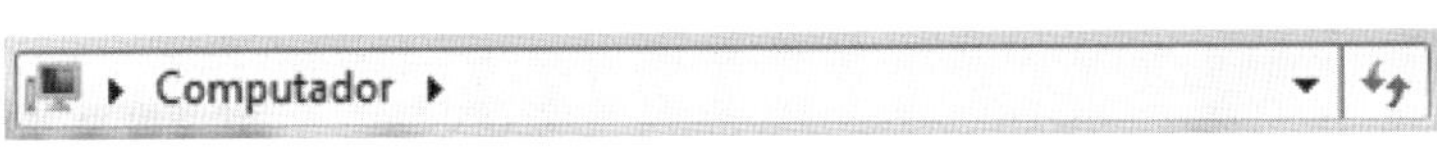

A barra de endereços permite digitar o endereço de um recurso, seja local, da rede, de um servidor FTP ou ainda uma página WWW, neste caso será invocada a execução de uma nova janela no navegador padrão.

Resposta 6 – I – Falsa, o triângulo preto indica a existência de um submenu; II – Verdadeira; III Verdadeira; IV – Verdadeira Letra D. Note ainda que, se o usuário, com o menu aberto, teclar <F> vai fechar o aplicativo e se teclar <ALT+F> vai acessar o menu FAVORITOS.

Exercício

(Analista Judiciário – TRE AM – FCC)

Ao digitar a letra de uma unidade e o nome de uma pasta (por exemplo, C:\Arquivos de programas) na barra de Endereços do INTERNET EXPLORER e pressionar ENTER, Resposta 7

a) o conteúdo da pasta será exibido em uma nova janela.

b) o conteúdo da pasta será exibido na mesma janela.

c) nada acontecerá porque o comando não é reconhecido.

d) uma mensagem de erro será exibida.

e) uma nova janela em branco será aberta.

4.7. Explorando a Área de Trabalho

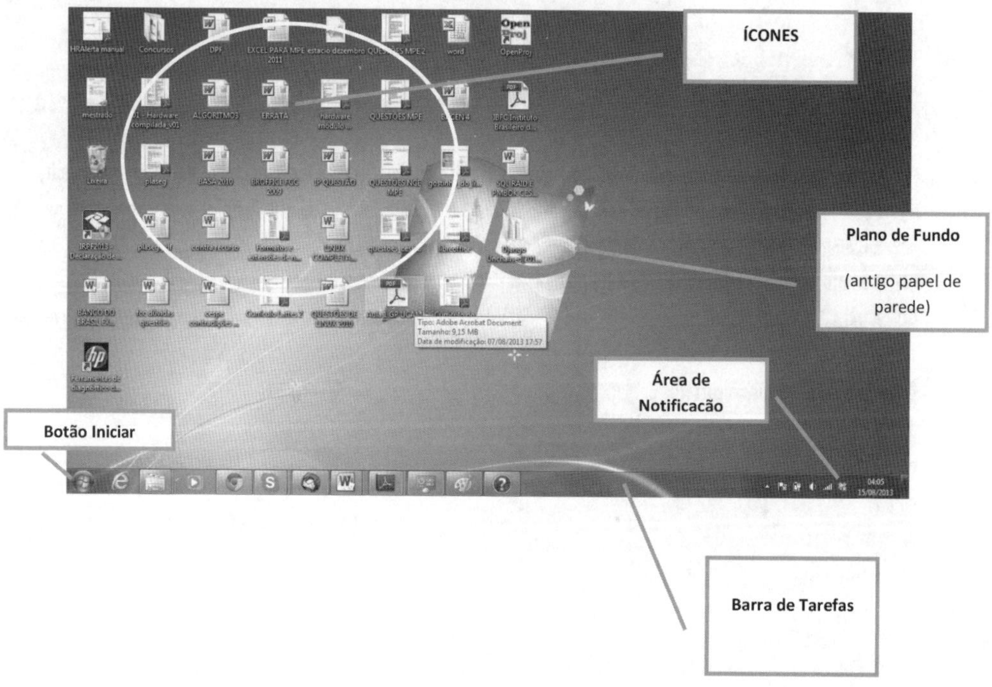

Área de trabalho – desktop – típica do Windows 7

Resposta 7 – Letra A, o contrário também funciona, sendo bilateral quando se trata de Windows Explorer e Internet Explorer.

4.7.1. Ícone

É a representação gráfica de um programa, comando ou arquivo.

Exercício

(Câmara de Franca/SP – Advogado – IBFC)

O nome típico do pequeno símbolo gráfico, usado geralmente para representar um software ou um atalho para um arquivo específico, aplicação ou pasta, é: Resposta 8

a) bit

b) byte

c) ícone

d) menu

4.7.2. Ícones de Atalho

Facilitam o acesso a locais de rede, arquivos, pastas, computadores ou endereços na internet.

Os ícones de atalho são representados com uma característica, uma seta no canto inferior esquerdo.

Exercício

PCERJ – OFICIAL DE CARTÓRIO – NCE

Com relação ao uso de atalhos no Windows Explorer do Sistema Operacional Windows, é correto afirmar que: Resposta 9

a) criar um atalho significa mover um arquivo;

b) atalhos aceleram a execução de um programa;

c) atalhos são tipos de arquivo que ficam usualmente ocultos;

d) criar um atalho significa duplicar um arquivo;

e) atalhos facilitam o acesso a arquivos.

4.7.3. Botão Iniciar/Menu Iniciar

O botão iniciar dá acesso ao menu Iniciar, que é o ponto de partida para operações de gerenciamento, personalizações, acesso a ferramentas, programas e arquivos. Embora semelhante a versões anteriores, possui algumas particularidades, vamos discorrer:

Resposta 8 – Letra C, ícone.

Resposta 9 – Letra E, o tempo de execução é o mesmo, atalhos facilitam o acesso.

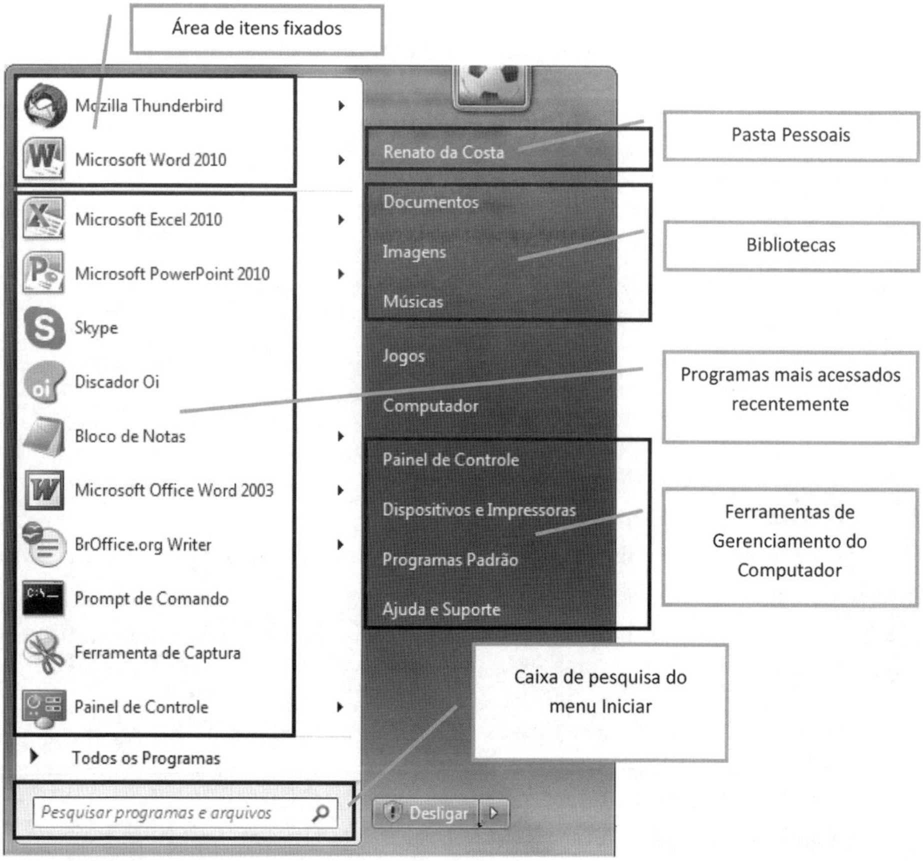

Exercício

Prefeitura de Diamante D'oeste/PR – Orientador Social – EXATUS

9. Estando trabalhando no Windows, que teclas de atalho devem ser pressionadas simultaneamente para que o "Menu Iniciar" seja apresentado na tela? Resposta 10

a) Alt + Del.

b) Caps Lock + Scroll Lock.

c) Ctrl + Esc.

d) Esc + Shift.

Resposta 10 – Letra C. Ctrl+Esc ou tecla Windows.

4.7.4. Área de Itens Fixados

Permite acessar rapidamente programas, pastas ou arquivos. Pode ser personalizada através do clique com o botão direito – menu de contexto – que permite fixar ou desafixar os itens, conforme figura a seguir.

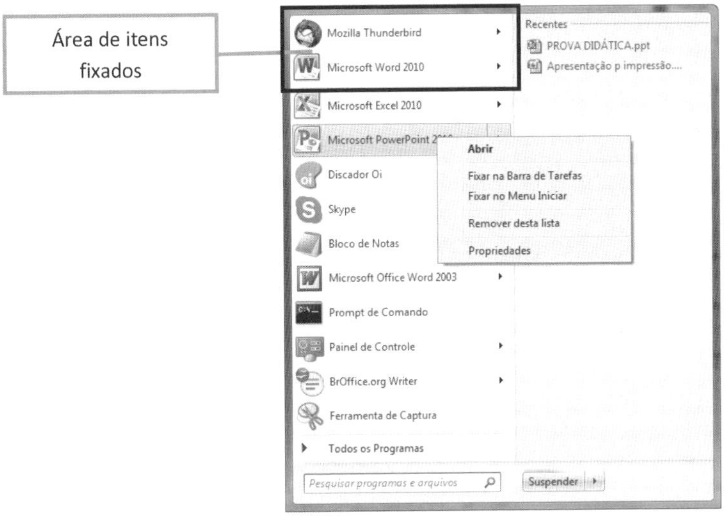

4.7.5. Lista de Programas Abertos Recentemente

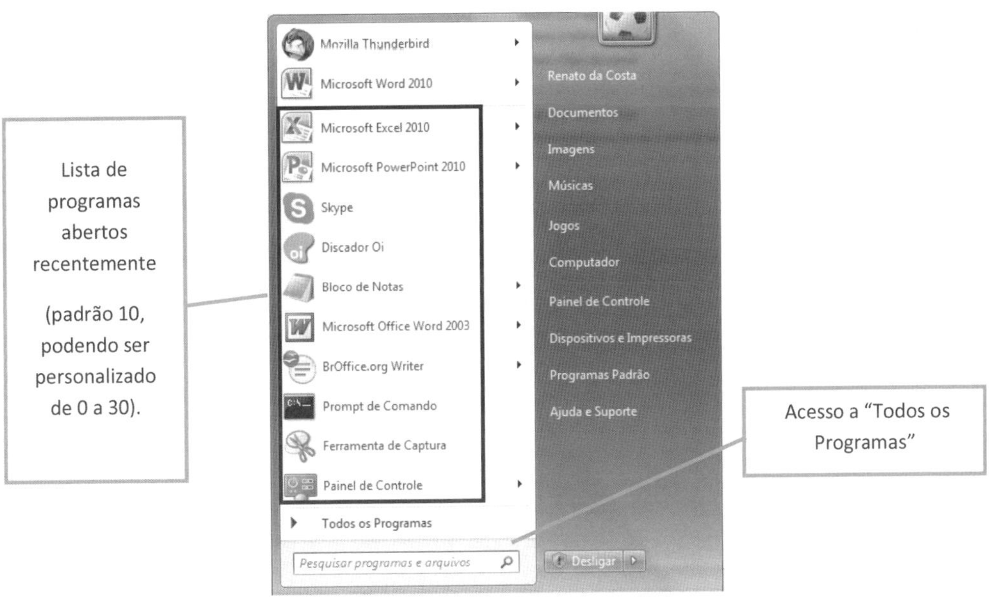

Embora a literatura oficial se refira a estes como os 10 últimos programas que você iniciou, pode-se constatar que de fato são os 10 últimos programas mais utilizados recentemente, diferença sutil e ignorada pela documentação e pelas bancas examinadoras.

A quantidade de programas e arquivos recentes pode ser ajustada ou removida inteiramente através da opção de personalização disponível a partir da janela de Propriedades da Barra de Tarefas e Menu Iniciar que pode ser acessada a partir de um clique com o botão direito do mouse – menu de contexto – sobre o botão Iniciar e em seguida Propriedades ou a partir do item correspondente do Painel de Controle.

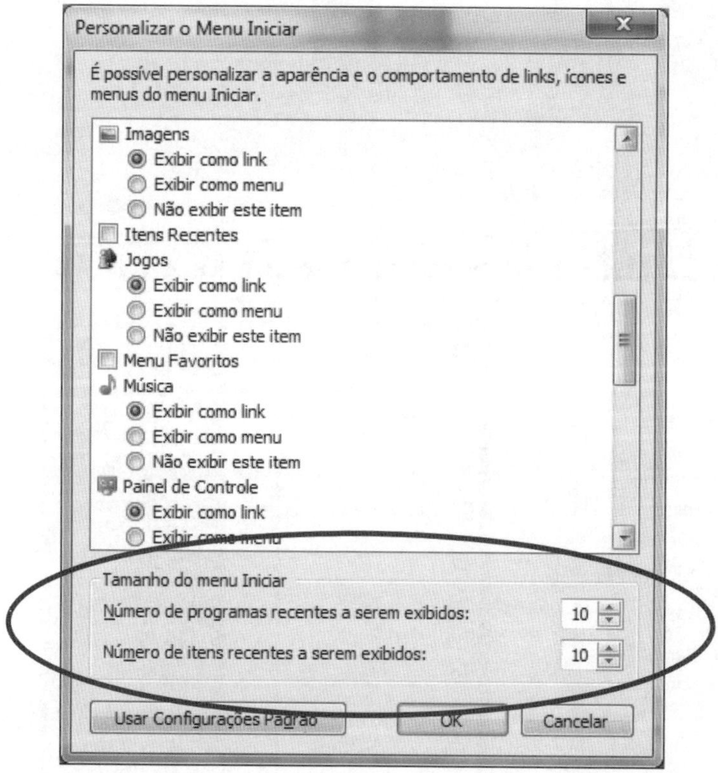

4.7.6. Menu Todos os Programas

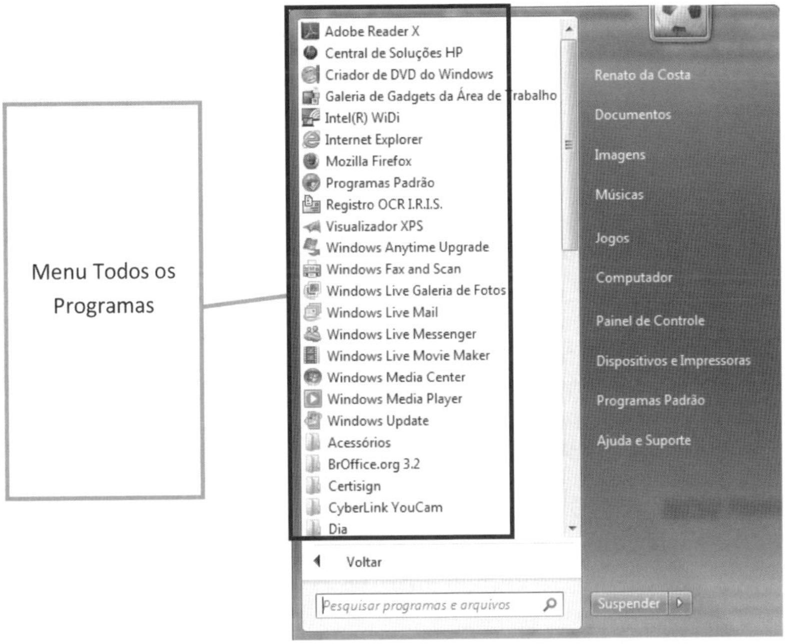

Fornece acesso à maioria dos aplicativos e utilitários instalados no computador, tantos os instalados como parte do Windows 7, quanto pelos instalados pelo fabricante do computador ou ainda os programas que o usuário tenha adicionado.

4.7.7. Listas de Salto

Nas versões anteriores do Windows, uma seta apontando para a direita ao lado de um item apresentava um submenu, com mais opções disponíveis. No menu Iniciar do Windows 7 esta funcionalidade foi expandida para uma lista de salto que exibe arquivos recentemente abertos pelo programa, tarefas relacionadas ou ações comuns que podem ser executadas dentro do programa.

Basta apontar ou clicar sobre o indicador para que ele expanda a lista de salto.

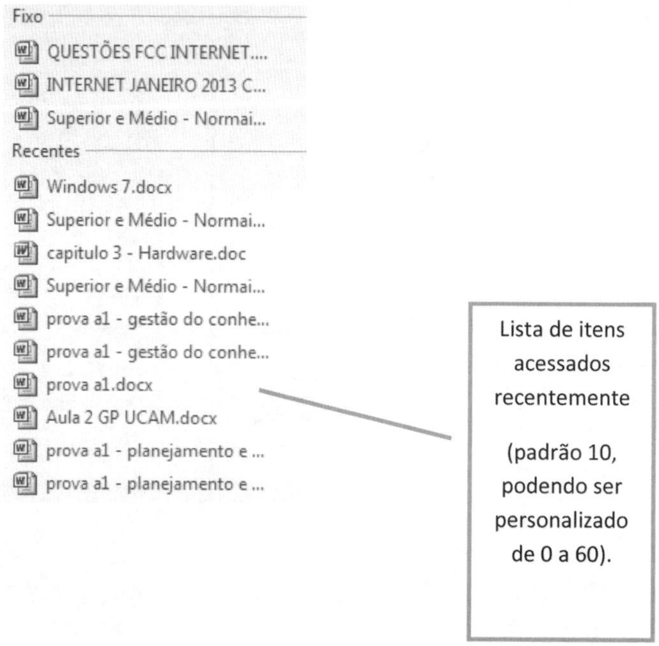

Exercício

AL CE – CESPE

Nas versões de sistemas operacionais anteriores ao Windows 7, uma seta apontando para a direita ao lado de um link ou de item de menu tinha a função de indicar que mais opções estavam disponíveis para essa entrada. No Windows 7, essa funcionalidade foi expandida para criar o recurso denominado listas de salto, no menu Iniciar. Resposta 11

4.7.8. Caixa de Pesquisa do Menu Iniciar

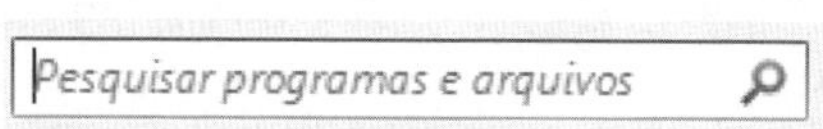

Quando lançada no Windows Vista, mantida no Windows 7, foi uma das principais novidades, acessível diretamente a partir do menu Iniciar permite que digitando poucos caracteres o Windows exiba automaticamente uma lista de programas, itens do painel de controle, documentos, músicas, vídeos e mensagens de e-mail com o texto digitado.

Resposta 11 – Certo. Novidade do Windows 7.

> **Exercício**
>
> TJRR – CESPE
>
> No Microsoft Windows 7, ao se pesquisar um documento na caixa de pesquisa do menu Iniciar, são apresentados itens agrupados por categorias — tais como Documentos, Imagens ou Músicas — que facilitam a busca do documento desejado. Resposta 12

4.7.9. Barra de Tarefas do Windows 7

A barra de tarefas do Windows 7 aparece por padrão na parte inferior da área de trabalho, entretanto, caso não esteja fixada pode ser deslocada para qualquer um dos 4 cantos da tela.

Ela pode ser dividida em 4 partes a saber, respectivamente:

	***Botão Iniciar*** : abre o menu Iniciar, ponto de partida para qualquer operação no Windows.
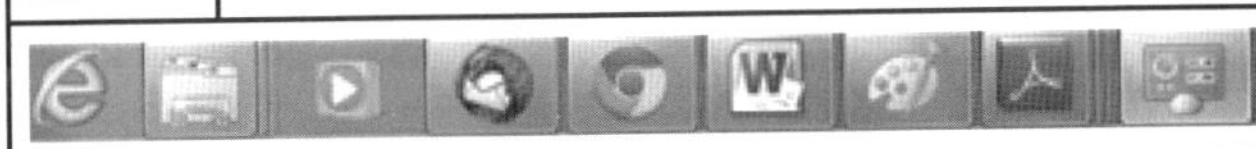	
Botões da barra de tarefas fixados: exibe programas fixos na barra de tarefas (substituindo a barra de ferramentas Início Rápido existente no XP), além de exibir botões de programas em uso. Permite uma rápida alternação entre eles ou ainda rápida inicialização a partir de um único clique. Outra novidade é que os programas podem ser acessados a partir da combinação de teclas Windows + <número>, onde <número> se refere à ordem, a posição do botão na barra de tarefas. No exemplo acima, Windows + 5 vai executar o botão, 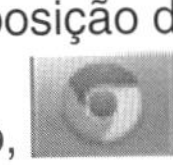, que corresponde ao Google Chrome, aplicativo não originário no Windows mas adicionado na máquina. A quantidade de botões na barra de tarefas varia de acordo com o tamanho do monitor, da resolução da tela e da configuração do tamanho dos ícones.	
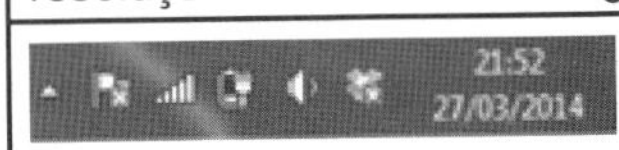	***Área de notificação:*** exibe informações sobre o status dos programas. Inclusive, exibe dados sobre aplicações em back-ground (segundo plano), como o antivírus que é inicializado durante o boot, o gerenciador de impressão, o status da rede, o ícone de status da bateria, sempre notificando o usuário caso necessário e permitindo ao mesmo o monitoramento de tais aplicações.
	***Botão mostrar Área de Trabalho:*** ao passar o mouse sobre esta pequena coluna localizada na extremidade oposta à do botão iniciar (por padrão canto direito) é possível que a tela fique momentaneamente com a aparência de vidro (recurso aero peek), e clicando sobre a coluna as janelas são minimizadas mostrando a área de trabalho, sendo equivalente ao atalho de teclado Windows + D (Desktop).

Resposta 12 – Certo. Novidade a partir do Windows Vista.

Exercício

TJRR – CESPE

No Microsoft Windows 7, ao se clicar com o botão direito do mouse o ícone de um programa na barra de tarefas, serão listados atalhos relacionados a esse programa. Caso o programa Windows Media Player esteja na barra de tarefas, por exemplo, e se clique com o botão direito do mouse o ícone desse programa, serão listados os atalhos de acesso a músicas e vídeos que são acessados diariamente, bem como será habilitada uma lista de tarefas. Resposta 13

4.7.10. Painel de Controle

O Painel de Controle do Windows 7 pode ser exibido em três modos, modo ícones pequenos, modo ícones grandes e modo categoria, sendo este o padrão.

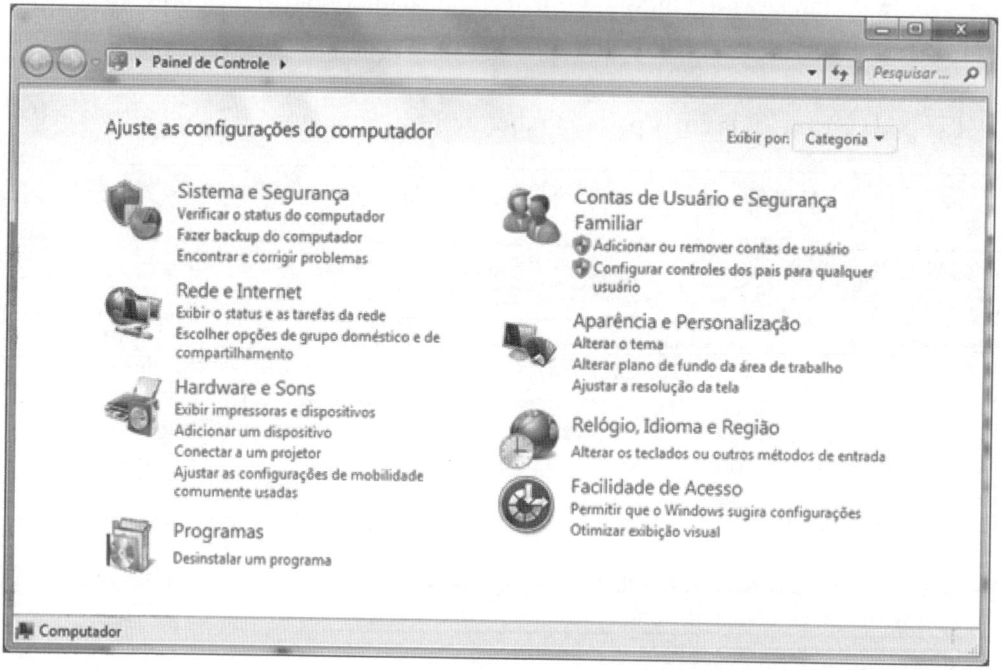

O modo de exibição por categorias apresenta **8 categorias** onde as principais tarefas estão disponíveis sob o nome da respectiva categoria. Cada categoria apresenta suas subcategorias, vejamos:

Resposta 13 – Certo.

Categoria SISTEMA E SEGURANÇA

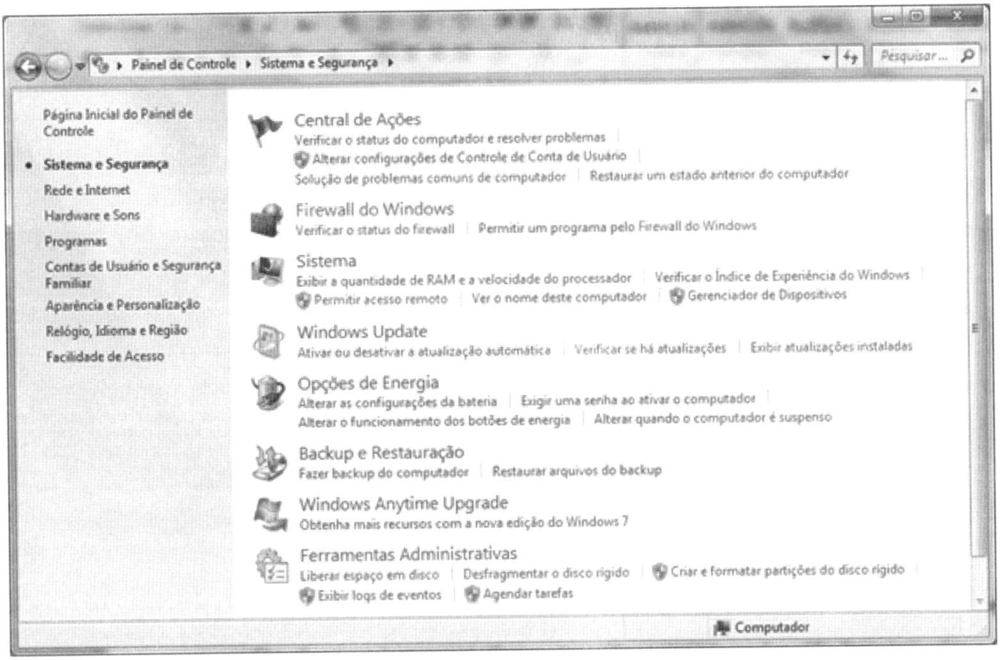

Categoria REDE E INTERNET

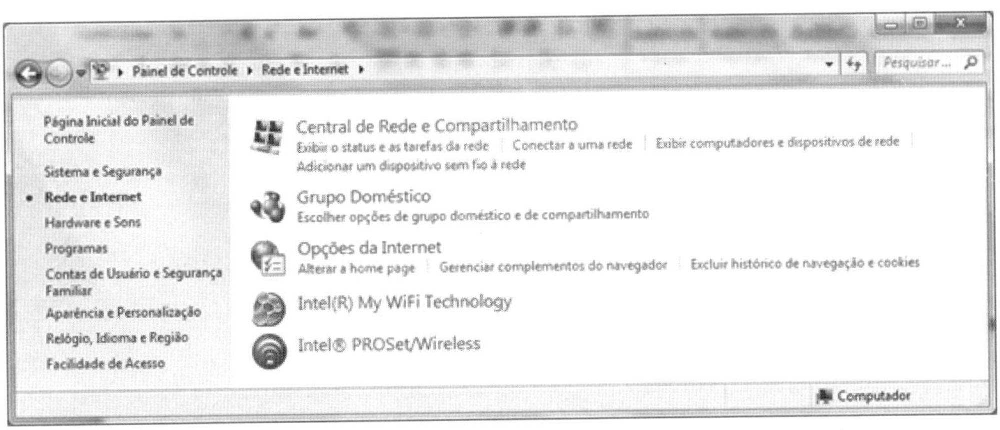

Categoria HARDWARE E SONS

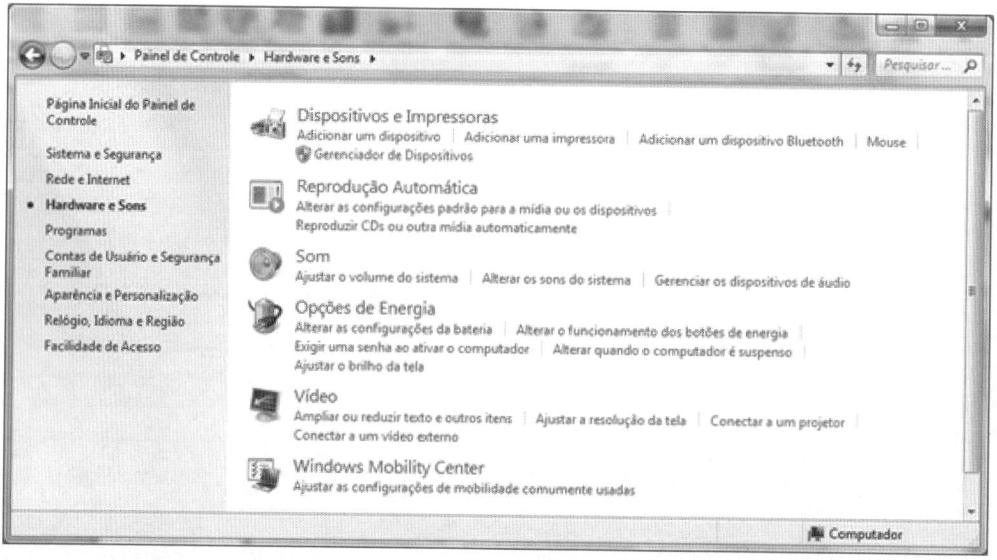

Categoria PROGRAMAS

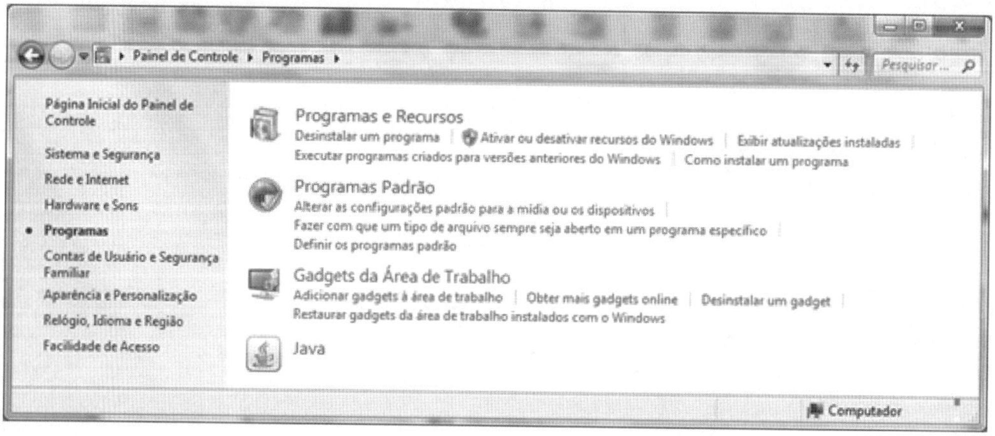

Categoria CONTAS DE USUÁRIO E SEGURANÇA FAMILIAR

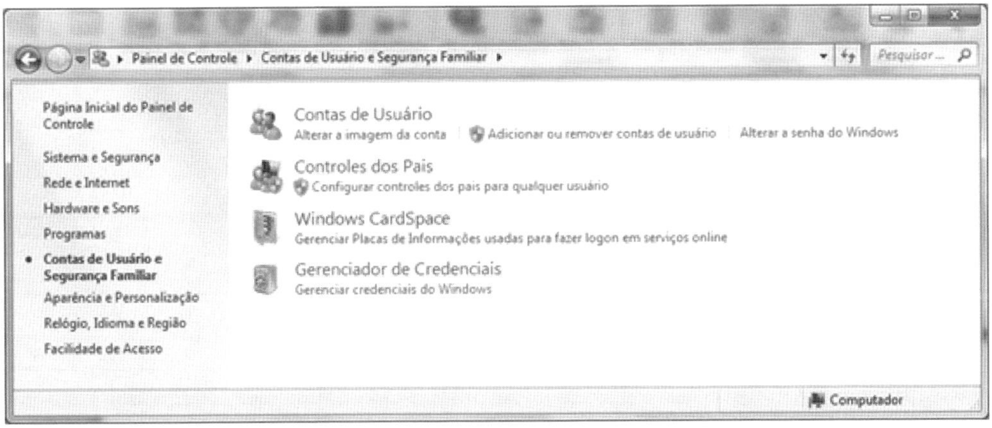

Categoria APARÊNCIA E PERSONALIZAÇÃO

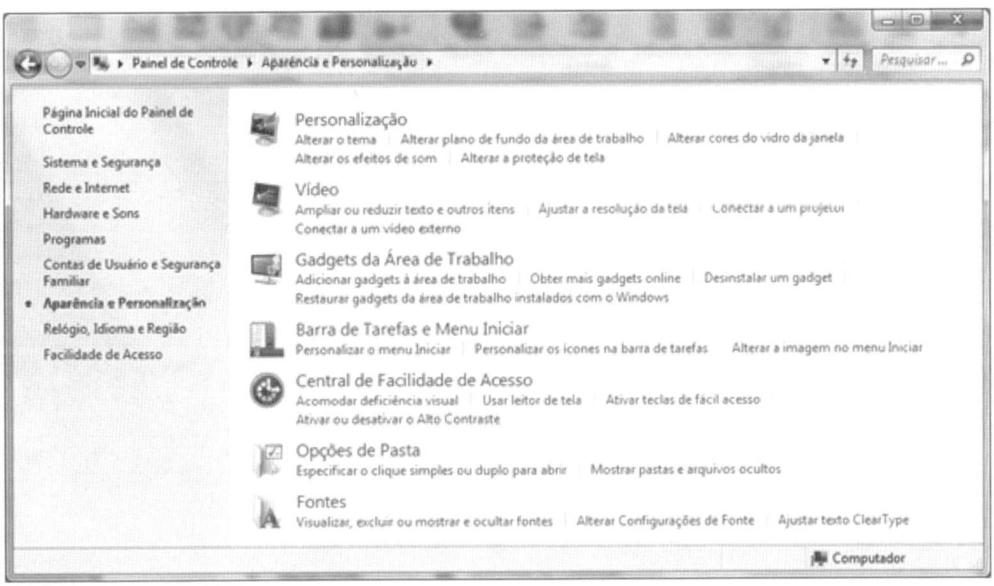

Categoria RELÓGIO, IDIOMA E REGIÃO

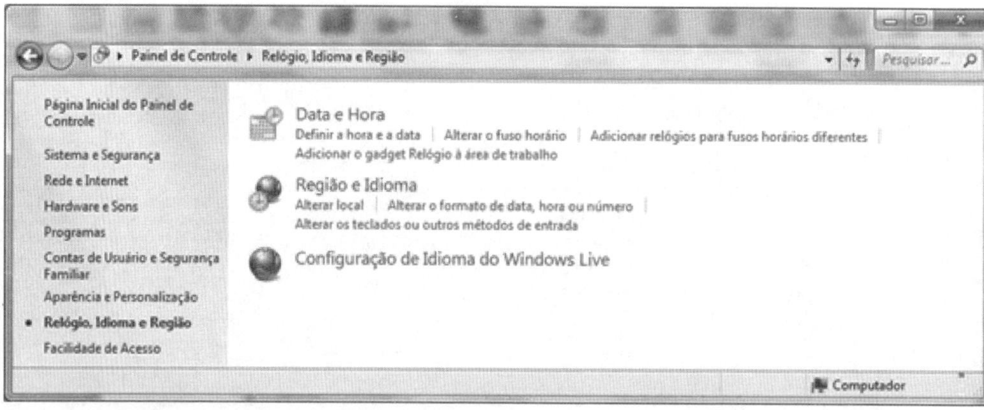

Categoria FACILIDADE DE ACESSO

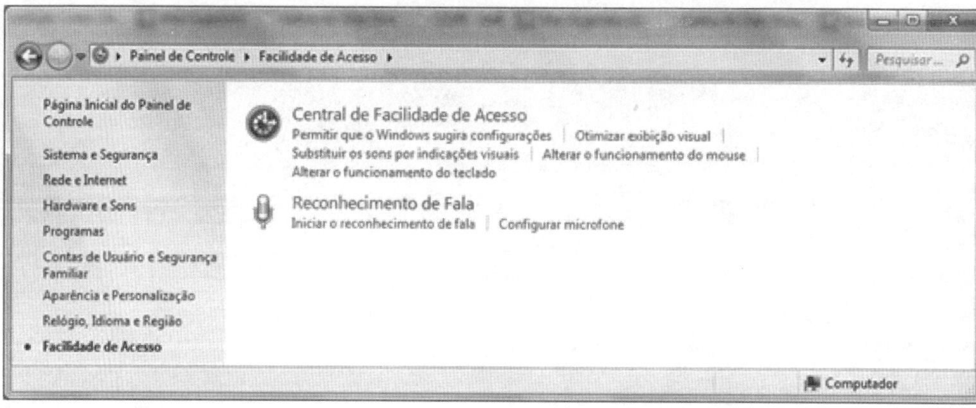

Nos modos de exibição a partir de ícones (grandes ou pequenos), os ícones correspondem às subcategorias, agrupadas em uma única janela, permitindo acesso direto, mas não classificado.

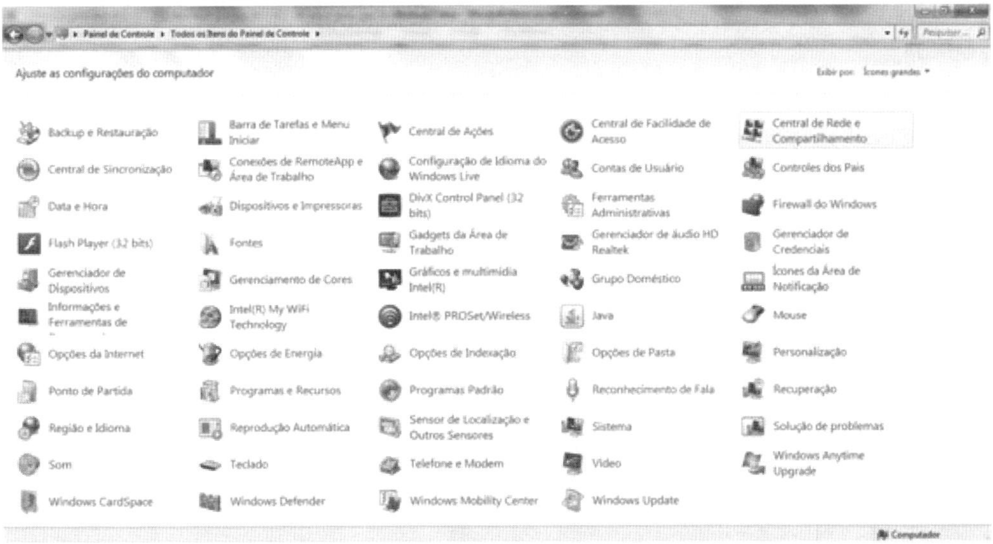

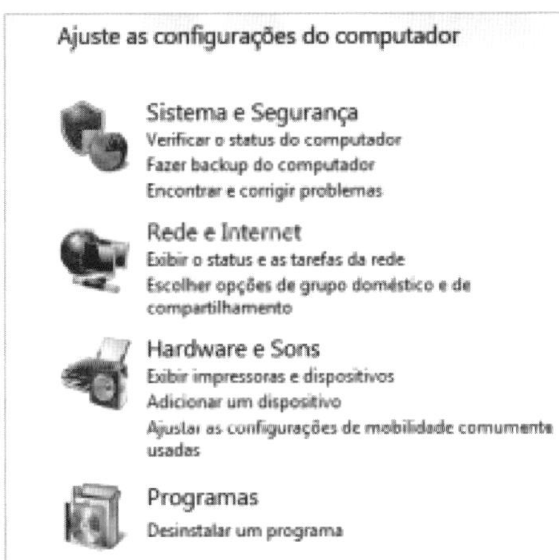

Exercício

PCAL – CESPE

Considerando a figura acima, que ilustra parte do Painel de Controle do sistema Windows 7, julgue o item subsequente.

Ao se clicar o ícone Sistema e Segurança, é possível verificar as configurações do Windows Update. [Resposta 14]

Resposta 14 Certo. Como pode ser constatado na janela o Windows Update corresponde a uma subcategoria de Sistema e Segurança, constata-se, portanto, a necessidade de memorizar os itens do Painel de Controle em suas respectivas categorias para responder a questões sobre possíveis caminhos de acesso aos recursos.

4.7.11. Principais Itens do Painel de Controle e seus Tooltips (Dicas)

Backup e Restauração

"Faça backup e restaure arquivos e o sistema, monitore a configuração e o status mais recente."

Barra de Tarefas e Menu Iniciar

"Personaliza o menu iniciar e a barra de ferramentas: tipos de itens a exibir e a maneira como aparecem."

Central de Ações

"Revise mensagens recentes e resolva problemas com seu computador."

Central de Facilidade de Acesso

"Facilita o uso do computador." Dispõe de ferramentas de acessibilidade para deficientes físicos, tais como:

Iniciar a Lupa

Iniciar o Narrador

Iniciar o Teclado Virtual

Configurar o Alto Contraste

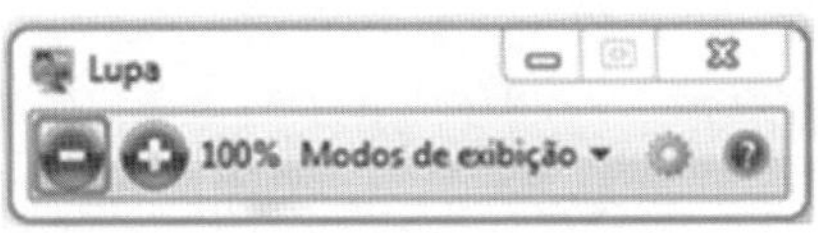

A lupa é um programa que possibilita apresentar a tela da área de trabalho em tamanho ampliado, para exibição de elementos difíceis de ver ou para deficientes visuais.

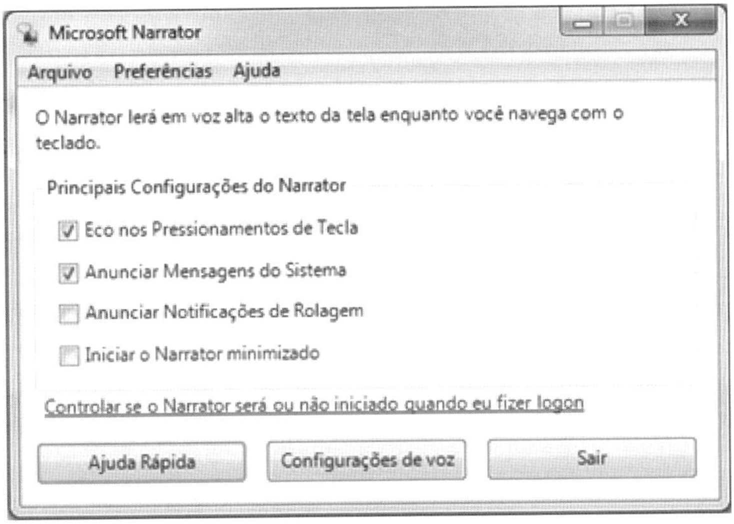

O Narrador (narrator) possibilita ao computador ler em voz alta os textos apresentados na tela, além de advertir sobre alguns eventos como mensagens de erro. Indicado também para deficientes visuais.

Este item permite acesso à janela FACILITAR O USO DO COMPUTADOR que oferece opções como:

Usar o computador sem vídeo
Otimizar para cegueira

Facilitar a visualização no computador
Otimizar exibição visual

Usar o computador sem mouse ou teclado
Configurar dispositivos de entrada alternativos

Facilitar o uso do mouse
Ajustar configurações do mouse ou de outros dispositivos apontadores

Facilitar o uso do teclado
Ajustar configurações do teclado

Usar alternativas visuais ou de texto para sons
Configurar alternativas para sons

Facilitar a concentração em tarefas
Ajustar configurações de leitura e digitação

Através do botão Iniciar/Todos os Programas/Acessórios/Acessibilidade, podemos ter acesso às mesmas funcionalidades.

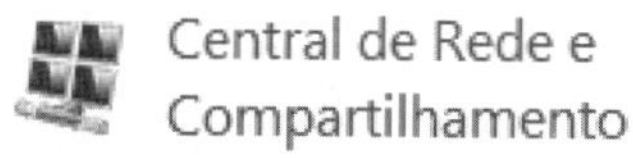

"Verifique o status da rede, altere as suas configurações e altere suas preferências para compartilhar arquivos e impressoras."

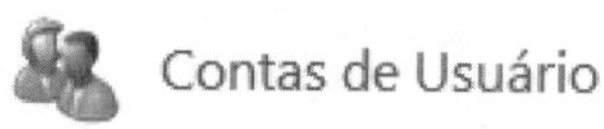

"Altera configurações de contas de usuários e senhas das pessoas que compartilharem este computador."

Cabe destacar que existem 3 tipos de contas, sendo 2 tipos para usuários cadastrados da máquina e 1 para convidados quaisquer:

- Usuário Padrão
- Administrador
- Convidado

Este item do painel de controle pode ser acessado rapidamente a partir de um clique no ícone do usuário que aparece no canto superior direito do menu Iniciar.

"Define a data, a hora e o fuso horário para o computador."

"Exibe e gerencia dispositivos, impressoras e trabalhos de impressão."

Ferramentas Administrativas

"Define configurações administrativas para o computador", tais como:

- Agendador de Tarefas
- Configuração do Sistema
- Diagnóstico de Memória do Windows
- Firewall do Windows com Segurança Avançada
- Fontes de Dados (ODBC)
- Gerenciamento do computador
- Iniciador iSCSI
- Monitor de Desempenho
- Serviços de Componentes
- Serviços
- Visualizador de Eventos
- Windows PowerShell Modules

Firewall do Windows

"Configura opções de segurança do firewall para proteger o computador contra hackers e programas mal intencionados."

Exercício

PF – ESCRIVÃO – CESPE

"... o firewall assinalado como ativado, em sua configuração padrão, possui um conjunto maior de regras para bloqueio de conexões originadas de fora do computador do que para as conexões originadas de dentro do computador." Resposta 15

( ) CERTO ( ) ERRADO

Gadgets da Área de Trabalho

"Exibe os gadgets da área de trabalho instalados no computador."

Resposta 15 – Certo. Mais assuntos acerca de firewall serão abordados no capítulo de segurança da informação.

Gerenciador de Dispositivos

"Exibe e atualiza as configurações de hardware e o driver*."

Gerenciamento de Cores

"Altera as configurações avançadas de gerenciamento de cores para vídeos, scanners e impressoras."

Ícones da Área de Notificação

"Seleciona os ícones e notificações que aparecem na área de notificações."

Mouse

"Personaliza as configurações do mouse: configurações de botões, ponteiros, velocidade de clique duplo e de movimentação."

Ponteiros do Mouse:

Seleção normal

Seleção da 'Ajuda'

Trabalhando em segundo plano

Ocupado

Seleção de precisão

* Driver é um software que acompanha um equipamento, necessário para sua instalação e correto funcionamento.

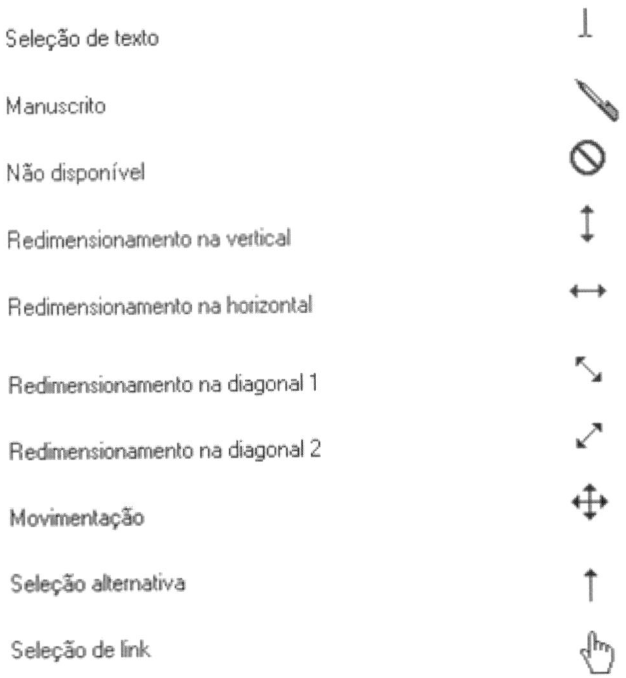

 Opções de Energia

"Conserva a energia ou maximiza o desempenho escolhendo como o computador gerencia a energia.

 Opções de Pasta

"Personaliza a exibição de arquivos e pastas", inclusive permite exibir arquivos ocultos.

O acesso ao ícone Opções de Pastas se encontra disponível de 2 formas:

- Através do ícone no Painel de Controle;
- Através do Windows Explorer, menu ferramentas comando Opções de Pastas.

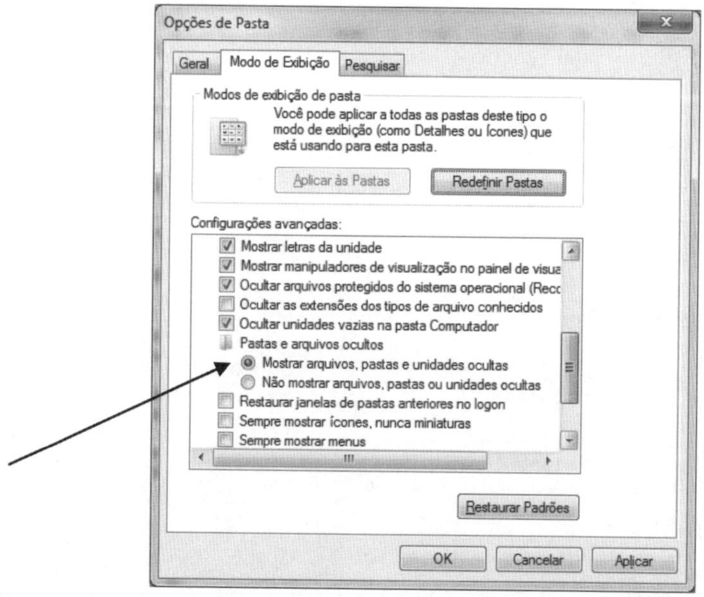

Permite também modificar a forma como os arquivos são executados e selecionados:

- De modo clássico, através de um duplo clique para executar e um clique para selecionar;
- De modo similar ao da web, através de um clique para executar/abrir e bastando apontar para selecionar.

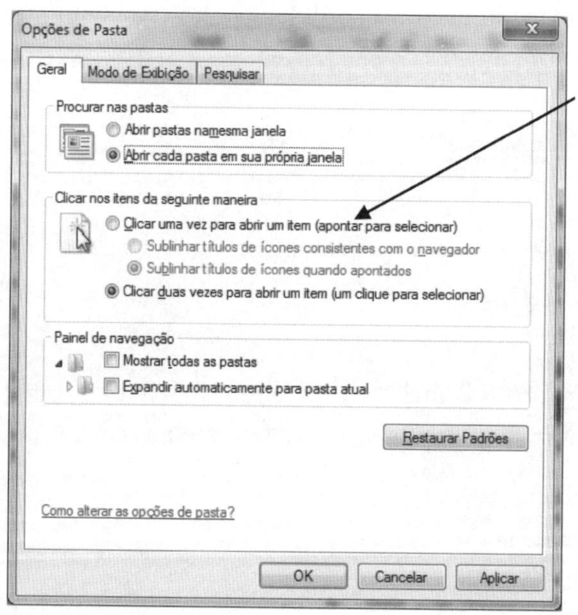

Personalização

"Altera as imagens, as cores e os sons neste computador."

Programas e Recursos

"Desinstala ou altera programas do computador".

Programas Padrão

"Escolha os programas que o Windows deverá usar para atividades como navegação na Web, edição de fotos, envio de e-mails e reprodução de músicas."

Recuperação

"Restaura o sistema sem afetar os arquivos ou substitui algo no computador e reinstala o Windows", ou seja, abre a Restauração do Sistema:

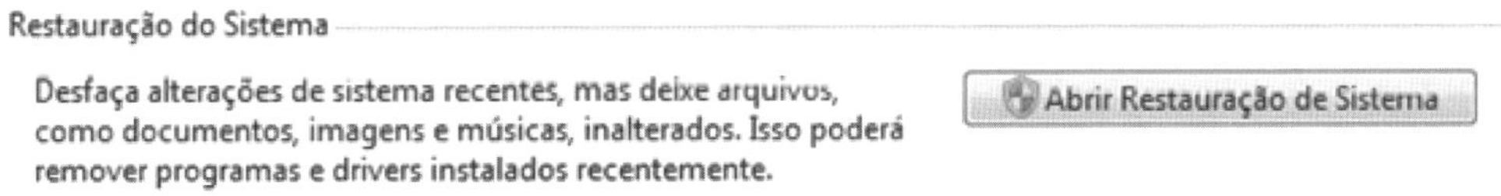

Este procedimento também pode ser realizado através do caminho:
Iniciar/Todos os Programas/Acessórios/Ferramentas de Sistema/Restauração do Sistema
OBS: A restauração do sistema é REVERSÍVEL!

Exercício

PAPILOSCOPISTA PCERJ – IBFC

Recurso do Windows 7, ou do XP, que ajuda a restaurar arquivos do sistema do computador para um ponto anterior do tempo, de tal forma que desfaz as alterações do sistema do computador sem afetar os arquivos pessoais, como e-mail, documentos ou fotos. Identifique o nome técnico denominado pela Microsoft para esse recurso específico do sistema operacional Windows:

Recuperação do Software Básico;
a) Reconstrução das Mídias Magnéticas;
b) Reabilitação do Sistema Operacional;
c) Restauração do Sistema;
d) Restabelecimento Operacional
e) Resposta [Resposta 16]

Resposta 16 – Letra C, Restauração do Sistema.

Região e Idioma

"Personaliza as configurações para exibição de idiomas, números, horas e datas."

Exercício

15. AUX OPERACIONAL SERV DIVERSOS – MIN. DA SAÚDE – NCE – 2005

Usando o Windows XP em Português, para configurar a data como dd/mm/aaaa, deve ser usado o seguinte item do Painel de Controle: Resposta 17

a) Data/Hora
b) Ferramentas Administrativas
c) Opções Regionais e de Idioma
d) Sistema
e) Opções de Pastas

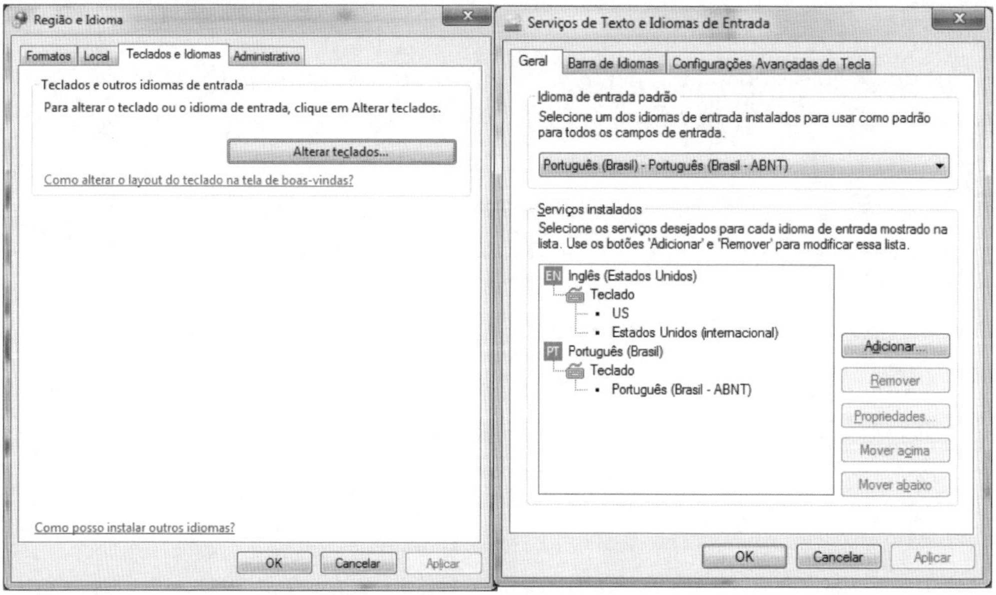

Resposta 17 – Letra C. A pegadinha é que o item Região e IDIOMA está relacionado com o fato de apresentar opções de Layout do Teclado na guia Idioma.

 Sistema

"Exibe informações sobre o computador e altera configurações de hardware, desempenho e conexões remotas."

 Som

"Configura os dispositivos de áudio ou altera o esquema de som do computador."

 Teclado

"Personaliza as configurações do teclado, como a taxa de intermitência do cursor e o intervalo de repetição das teclas."

 Vídeo

"Altera as configurações de vídeo e facilita a leitura dos itens na tela."

 Windows Defender

"Proteção contra spyware e software potencialmente indesejado." A Microsoft desenvolveu uma ferramenta denominada *MS Security Essentials* que adiciona proteção contra vírus.

 Windows Update

"Verifica se há atualizações de software e driver, escolhe configurações de atualização automática ou exibe atualizações instaladas."

4.7.12. Opções de Desligamento

Desligar -> Desliga o computador, implica que todos os programas e arquivos sejam fechados, terminando a sessão em uso e fechando as conexões de rede.

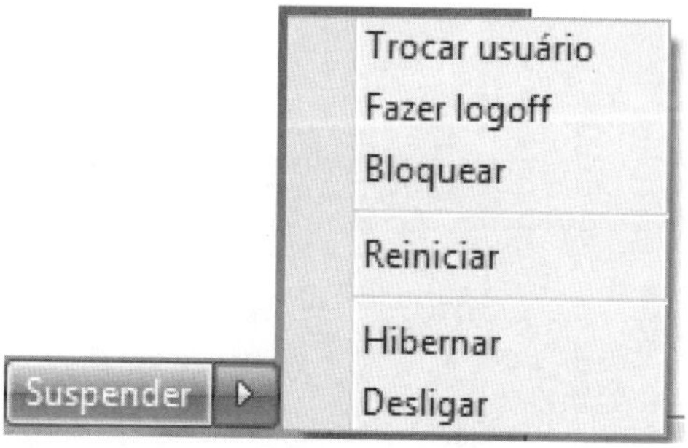

Suspender > Mantém a sessão na memória e coloca o computador em estado de baixo consumo de energia para que possa ser reiniciado rapidamente.

Trocar usuário -> Permite trocar de usuário sem encerrar a sessão vigente, sem fechar programas, permitindo uma alternância entre os estados de sessão carregados na memória.

Exercício

Escrivão PF – CESPE

É possível se configurar o Windows XP para permitir o logon simultâneo em diferentes contas de usuários que estejam definidas. Caso o Windows XP esteja assim configurado, é possível alternar entre "Conta 1" e "Conta 2", e vice-versa, sem necessidade de se realizar o logoff de uma delas, antes de acessar o conteúdo da outra. Dessa forma, não é necessário que sejam finalizadas todas as aplicações que estiverem sendo executadas em uma conta, antes de se realizar o logon ou a comutação entre "Conta 1" e "Conta 2". Fazer Logoff -> Finaliza a sua sessão de uso, finalizando arquivos e programas, deixando o computador disponível para ser utilizado por outro usuário. Resposta 18

Fazer Logoff -> Fecha todos os programas e abre a janela de boas vindas, finalizando a sessão ativa para um novo usuário.

Bloquear -> Bloqueia o computador, exibindo a tela de boas-vindas e exigindo que seja feito novo logon para continuar (seja com a sessão atual ou trocando de usuário). Atalho, tecla Windows + L.

Reiniciar -> Algumas vezes é necessário reinicializar o computador após a instalação de atualizações, softwares ou equipamentos, ainda é possível reinicializar a máquina para resolver problemas técnicos.

Hibernar -> Salva a sessão, toda a área de trabalho, e desliga o computador. Ao ligar o computador novamente a sessão é reaberta, a área de trabalho será apresentada da mesma maneira anterior.

Resposta 18 – Certo. A opção de trocar de usuário foi uma novidade implementada pelo Windows XP, que perdura até as versões atuais.

Exercício

SEEDUC AM – CESPE

Se o recurso Hibernar tiver sido ativado, quando o equipamento voltar a ser utilizado, a área de trabalho precisará ser reinicializada e todos os programas anteriormente ativos estarão fechados e deverão ser novamente inicializados. Resposta 19

4.7.13. Contas de Usuário

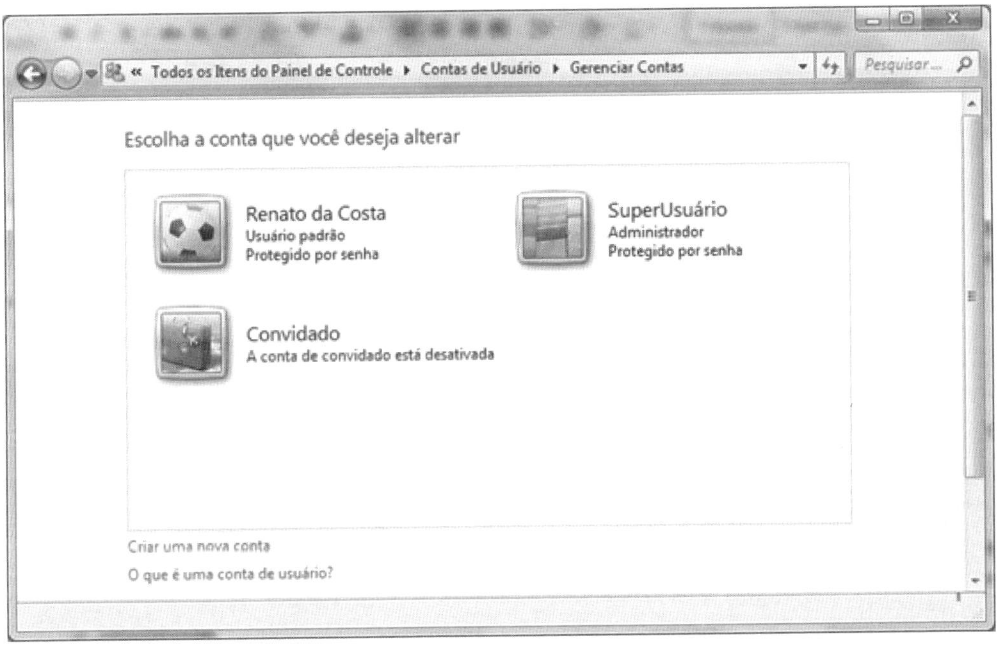

O Windows 7 suporta dois tipos de contas de usuário, conta administrador e conta usuário padrão. Existe ainda uma conta especial denominada convidado que será vista adiante.

A conta de administrador é necessária para:

- Criar, alterar e excluir contas;
- Instalar e remover programas;
- Acessar arquivos de sistema e arquivos em outros perfis de contas de usuários;
- Alterar configurações de segurança;
- Alterar configurações padrões;

A conta especial convidado, inativa por padrão, concede acesso temporário e limitado ao seu computador, sem a necessidade de criar uma conta personalizada a um visitante que venha a utilizar sua máquina.

Resposta 19 – Errada. O recurso Hibernar irá salvar a área de trabalho permitindo que ao reiniciar tudo esteja exatamente da maneira que o computador foi desligado.

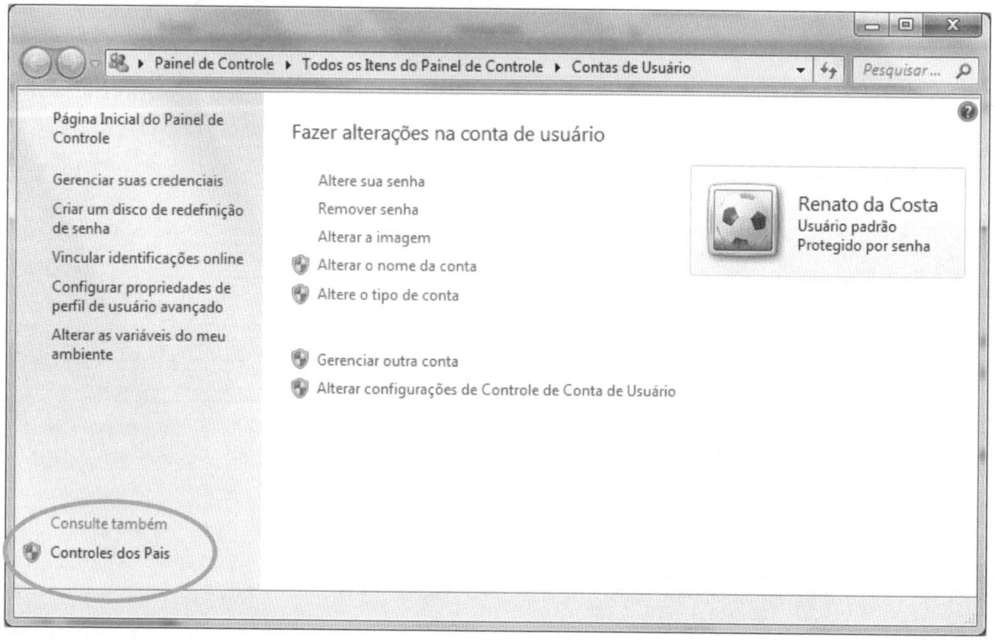

Uma maneira rápida de acessar a conta de usuário é clicando na imagem que identifica o mesmo no canto superior direito do menu iniciar.

A opção de Controles dos Pais permite especificar o período de tempo o qual o computador pode ser utilizado pelo usuário e se jogos ou programas específicos podem ser acessados.

4.7.14. Principais Atalhos com a Tecla Windows

Tecla Windows	Abre o menu Iniciar
Windows + B	Seleciona o primeiro ícone na área de notificações da barra de tarefas
Windows + D	Mostra o Desktop, minimizando todas as janelas e vice-versa.
Windows + E	Abre a janela Computador (Windows Explorer)
Windows + F	Abre a janela de pesquisa
Windows + G	Seleciona Gagdets da área de trabalho
Windows + L	Bloqueia o computador
Windows + M	Minimiza todas as janelas abertas, para exibir novamente o atalho é Windows + Shift + M
Windows + P	Controles de Projeção
Windows + R	Caixa de diálogo Executar
Windows + T	Seleciona botões fixados da barra de tarefas
Windows + Barra de espaço	Aero Peek
Windows + Tab	Aero Flip 3D
Windows + Home	Aero Shake

4.7.15. Alternância entre Janelas

O Windows desde as primeiras versões permite alternar entre janelas de programas abertos através da combinação de teclas ALT+TAB.

Alt+Tab no Windows XP (exibe caixa de diálogo)

Alternância SEM tema do Aero habilitado no Windows 7, janelas opacas exibindo apenas os ícones (Sem FLIP)

OBS: A combinação de teclas ALT + ESC, em qualquer versão, alterna diretamente as janelas, sem exibir caixa de diálogo.

Exercício

TRIBUNAL DE JUSTIÇA DO ESTADO DO AMAZONAS – FJPF

Um funcionário do Tribunal de Justiça do Amazonas está trabalhando no ambiente Windows XP, e com três aplicações abertas: a primeira no Word, a segunda no Excel e a terceira no browser Netscape. Para passar de uma aplicação à outra, o Windows XP oferece um recurso que pode ser executado diretamente por meio de um atalho de teclado, sem mostrar qualquer janela de diálogo na tela do monitor. Esse atalho de teclado é: [Resposta 20]

a) <Alt> + Esc
b) <Alt> + End
c) <Alt> + Tab
d) <Ctrl> + Esc
e) <Ctrl> + Tab

Resposta 20 – O texto "sem mostrar qualquer janela de diálogo..." caracteriza o ALT + ESC que muda entre as aplicações ativas diretamente.

4.7.16. Aero

O Aero é um conjunto de recursos gráficos implementados a partir do Windows Vista nas principais edições do Windows com o objetivo principal de oferecer recursos visuais. Novas cores de janelas, animações sutis e design com aparência de vidro translúcido(*Aero Glass*) fazem parte dos recursos Aero.

4.7.17. Aero Flip (virar)

Com o tema Aero habilitado, ao pressionar a combinação de teclas ALT + TAB executa-se um novo recurso denominado Flip (virar) que exibe as miniaturas das janelas e alterna-as no fundo automaticamente à medida que tecla-se TAB.

Alternância COM tema do Aero habilitado no Windows 7 – Com FLIP

4.7.18. Aero Flip 3D

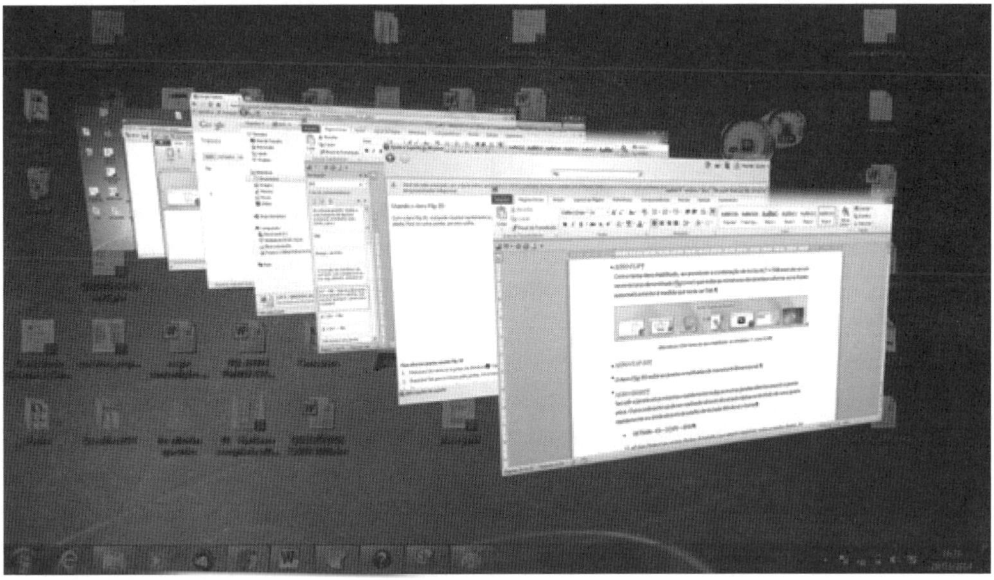

O Aero Flip 3D exibe as janelas empilhadas de maneira tridimensional e é executado a partir da combinação de teclas Windows +TAB.

Exercício

FCC – TRT – 14ª Região (RO e AC) – Analista Judiciário – Execução de Mandados

Windows Flip e Windows Flip 3D são funcionalidades para gerenciar janelas. Em relação aos sistemas operacionais Windows XP e Windows Vista é correto afirmar: Resposta 21

a) Ambos integram as duas funcionalidades.
b) O XP utiliza apenas o Flip por meio da combinação das teclas Alt e Tab.
c) No Vista inexiste o Flip, já que o Flip 3D engloba as duas funcionalidades.
d) No Vista, o Flip 3D é utilizado por meio da combinação das teclas logotipo Windows e Tab.
e) O XP utiliza apenas o Flip por meio da combinação das teclas logotipo Windows e Tab.

4.7.19. Aero Shake (sacudir)

Sacudir a janela ativa minimiza rapidamente todas as outras janelas abertas exceto a janela ativa. O procedimento pode ser realizado através do arrasto da barra de título de uma janela rapidamente ou ainda através do atalho de teclado Windows +home

Resposta 21 – Letra D. Vale ressaltar que no XP não existia o Aero, logo não existia o conceito de Flip, quiçá Flip 3D.

Exercício

DETRAN – ES – CESPE Resposta 22

O Aero Shake é um recurso da área de trabalho que permite minimizar todas as janelas abertas, de forma relativamente rápida, exceto a janela ativa, na qual se deseja trabalhar. Para isso, é suficiente clicar duas vezes o canto superior esquerdo dessa janela.

VUNESP – FUNDUNESP – Técnico Administrativo Resposta 23

Um usuário do MS-Windows 7, em sua configuração padrão, está com várias janelas abertas e não minimizadas. Assinale a alternativa que contém o nome do recurso da Área de Trabalho do Windows que permite ao usuário clicar e arrastar uma janela para um lado e para o outro rapidamente, de modo que todas as janelas, com exceção da que está sendo arrastada, sejam minimizadas de uma vez só.

a) Minimizar todas.
b) Mostrar área de trabalho.
c) Encaixar.
d) Girar.
e) Sacudir.

4.7.20. Aero Peek (espiar)

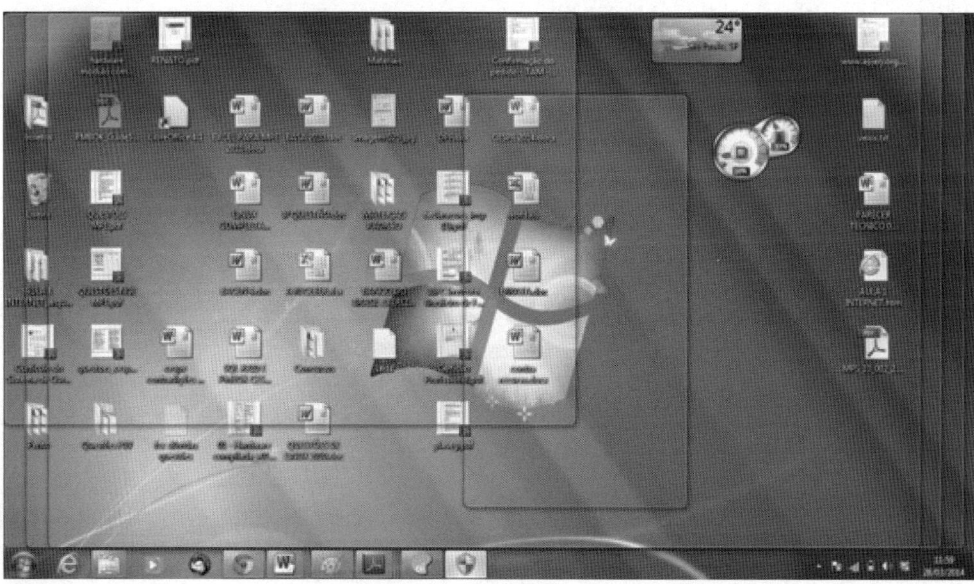

Torna todas as janelas abertas temporariamente transparentes para que você possa ver a área de trabalho através dela. A barra de tarefas, os atalhos da área de trabalho e os *gadgets* permanecem visíveis.

Resposta 22 – Errado. Clicar duas vezes no canto superior esquerdo FECHA a janela.
Resposta 23 – Letra e. Sacudir é a tradução de *shake,* recurso do Aero.

Exercício

CNJ – CESPE Resposta 24

O Windows 7 está disponível nas edições Home Premium, Professional, Ultimate e Enterprise. Dessas opções, apenas as duas primeiras contêm o recurso peek, que permite a visualização de documentos a partir de janelas abertas na área de trabalho.

( ) CERTO ( ) ERRADO

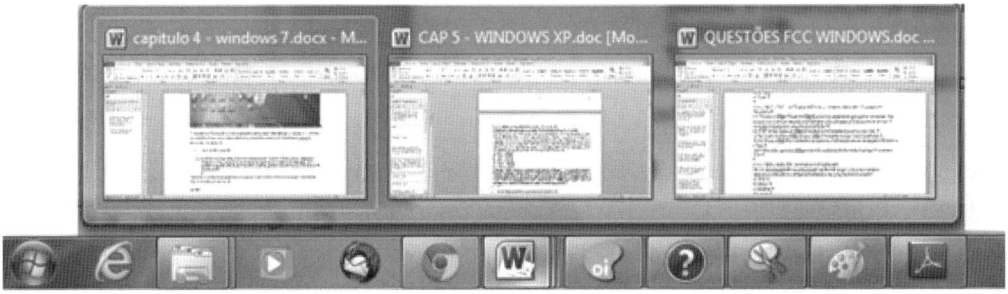

Também é chamado de *peek* o recurso que permite visualizar miniaturas ao passar o mouse sobre os botões de janelas.

4.7.21. Snap (estalo de dedos)

O Snap é uma novidade lançada a partir do Windows 7 presente em todas as edições, representa um novo método de redimensionar as janelas abertas, simplesmente arrastando-as para as bordas da tela. Dependendo de onde você arrastar uma janela, será possível expandi-la verticalmente, colocá-la na tela inteira ou exibi-la lado a lado com outra janela.

Exercício

CNJ – CESPE Resposta 25

19. Para acelerar o processo de navegação e, ao mesmo tempo, aproveitar melhor o sistema, o ambiente Windows 8 disponibiliza o acesso por meio da utilização de gestos (para telas sensíveis ao toque), além dos movimentos para o mouse e dos atalhos para o teclado. Assim, para minimizar a janela de um aplicativo, é suficiente clicar com o mouse ou tocar na barra superior do programa e arrastá-la até a parte inferior da tela.

( ) CERTO ( ) ERRADO

Resposta 24 – Errado, embora estas versões estejam disponíveis, as duas últimas possuem mais recursos que as duas primeiras. É importante ressaltar que a edição Windows que não disponibiliza recursos Aero é a Starter, por ser a mais básica.

Resposta 25 – Certo. Redimensionamento rápido como um estalar de dedos, *snap*.

Também podemos utilizar os seguintes atalhos para o recurso Snap:

- Windows + → (seta para a direita)
- Windows + ← (seta para a esquerda)
- Windows + ↑ (seta para cima)
- Windows + ↓ (seta para baixo)

Vide 4.6.3.

4.7.22. Gadgets (bugiganga/gerigonça)

Os gadgets exibem uma variedade de informações dinâmicas diretamente em sua área de trabalho. Podem ser acessados a partir de um clique com o botão direito do mouse sobre qualquer posição vazia da área de trabalho.

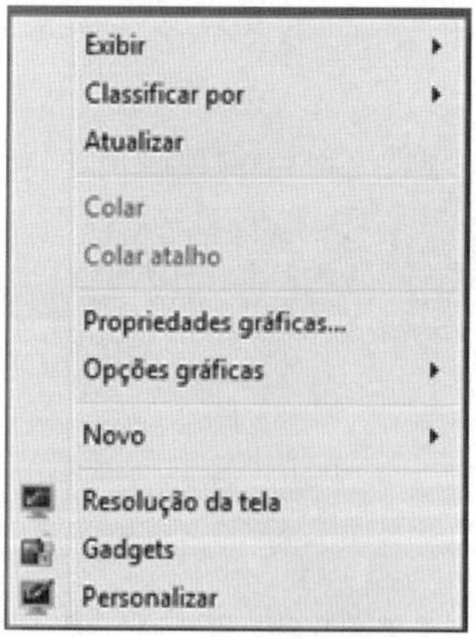

Exercício

TJ PE – FCC[Resposta 26]

Utilidades tais como calendário, temperatura, relógio e medidor de cpu, entre outras, podem ficar fixamente presentes na área de trabalho do MS-Windows 7. Trata-se de

a) painel de controle de serviços.
b) serviços administrativos.
c) *gadgets.*
d) *budgets.*
e) ícones da área de notificação

4.8. Gerenciamento de Arquivos e Pastas

4.8.1. Arquivo

Um arquivo é uma coletânea de dados gravados em uma mídia para restauração posterior.

Existem diferentes tipos de arquivos, imagens, músicas, vídeos, textos, planilhas, bancos de dados, programas, enfim, qualquer informação manipulada pela máquina quando salva torna-se um arquivo.

Os arquivos são representados por nomes, comumente por um nome sugestivo e uma extensão – separada por um ponto (.) – para identificar a origem.

Embora a extensão não seja obrigatória é altamente recomendável pois é ela que estabelece o vínculo do arquivo com o aplicativo de origem, possibilitando sua abertura de forma prática através de um simples clique duplo.

Caso o arquivo armazenado não possua extensão, será representado por um ícone de uma folha em branco para indicar que não foi reconhecido.

Desta maneira, ao tentar se executar o arquivo, como o mesmo é de formato não identificado, o usuário será obrigado a escolher o aplicativo que será executado para abrir o arquivo conforme janela a seguir (Abrir com).

Resposta 26 – Letra C. Se fará necessário memorizar os tipos de gadgets originários do Windows 7.

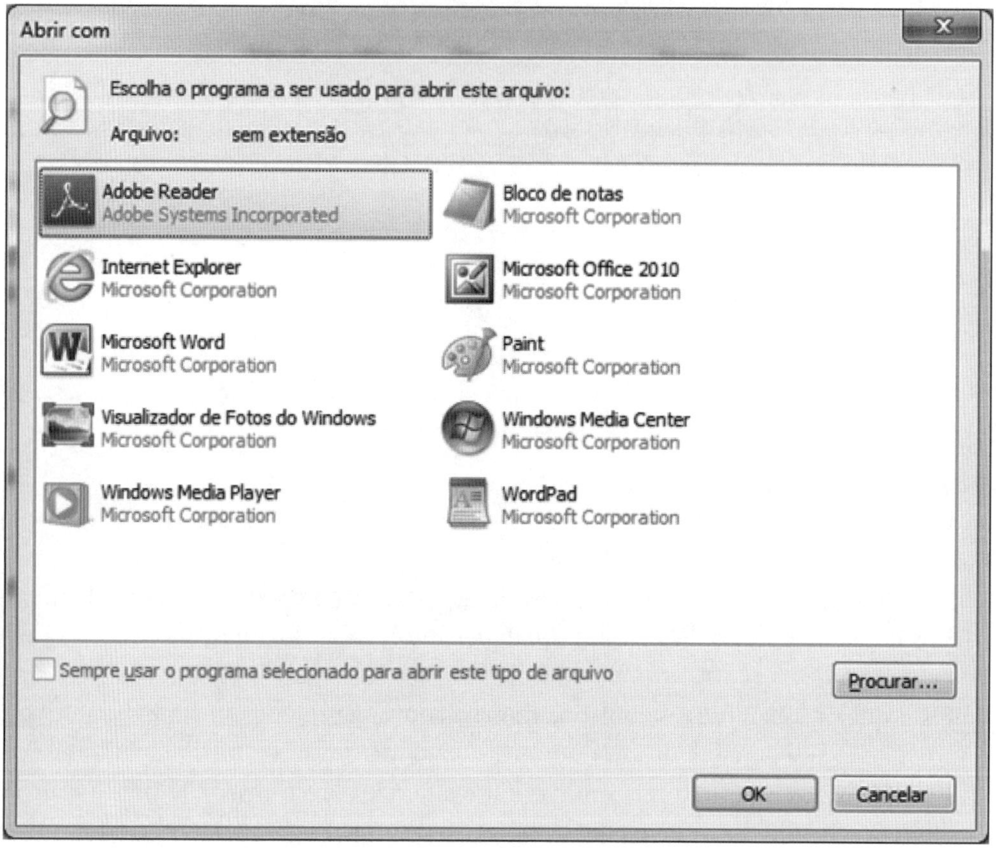

Caso o usuário esqueça qual o aplicativo que originou o arquivo, o tipo de dado do arquivo, o mesmo poderá tornar-se inutilizável, inclusive esta é a advertência que o Windows dá ao excluir uma extensão de um nome de arquivo já existente:

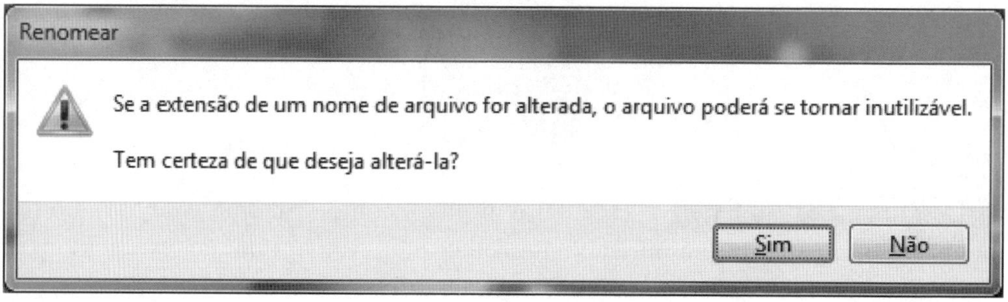

4.8.2. Pastas ou Diretórios

O diretório é uma terminologia mais antiga, oriunda do DOS (Sistema Operacional de Disco – utilizado principalmente nas décadas de 80 e 90, antes do MS Windows), que posteriormente passou a ser tratado como pasta e hoje são equivalentes no MS Windows.

Uma pasta é um local para guardar arquivos, dando origem a uma hierarquia organizada como uma árvore, árvore de diretórios. Cada arquivo dentro da hierarquia de diretórios pode ser especificado fornecendo-se o caminho a partir do topo da hierarquia, o diretório **raiz**.

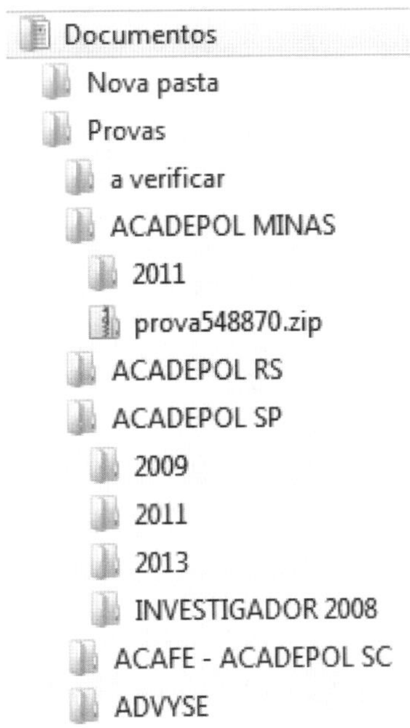

*Representação gráfica de uma **árvore de diretórios**, fragmento extraído da janela do Windows Explorer*

O caminho (path name) forma uma lista de diretórios que deve ser percorrida a partir do diretório raiz para chegar até o arquivo, separados por barra invertida (contra barra ou arrab).

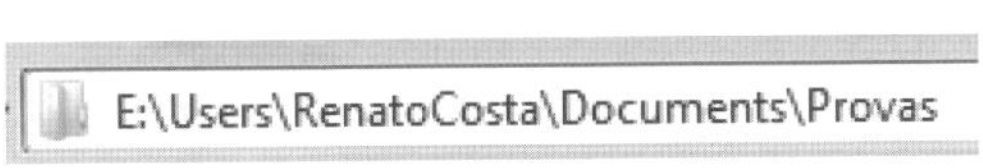

No fragmento extraído da barra de endereços da janela do Windows Explorer podemos visualizar um caminho, onde *E:* representa a pasta raiz, *Users*, uma pasta, *RenatoCosta*, uma subpasta, *Documents* uma subsubpasta e assim sucessivamente até chegarmos ao recurso que estará sendo acessado, pasta ou arquivo.

A pasta raiz, ou diretório raiz, não possuiu um nome e sim uma letra representando a unidade de disco conforme padrão a seguir:

Unidade de Disco (volume)	Mídia padrão
A:	Disquete
B:	Disquete
C:	Disco Rígido
D:	A partir da unidade de disco D: não há um padrão definido, podendo ser uma segunda partição de um disco, um segundo disco, uma mídia ótica ou flash qualquer (CD, DVD, blu-ray, pen-drive, cartão de memória, SSD).

O nome que pode preceder a letra não é utilizado nas representações do sistema de arquivos, servindo apenas como um rótulo (label) para o disco.

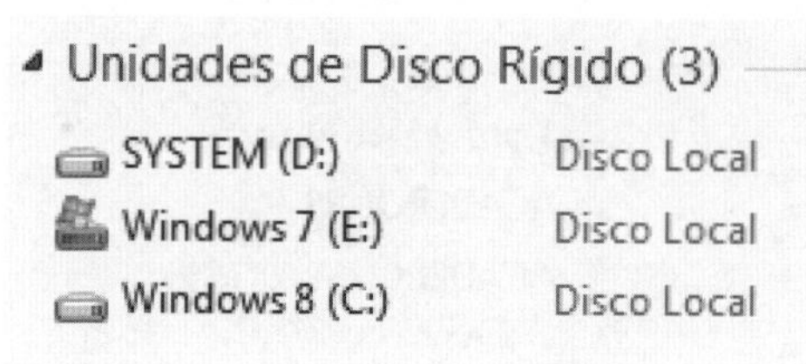

Fragmento extraído da janela do MS Windows Explorer

4.8.3. Limite para os Nomes de Arquivos

Do MS Windows 95 em diante o sistema operacional passou a suportar nomes grandes para representar arquivos e pastas. A limitação até o MS Windows XP era de 255 caracteres, tendo sido cobrado em diversas provas, para cada nome de arquivo ou pasta.

No Windows 7 temos uma novidade, a limitação passou a ser do tamanho do caminho e não mais do tamanho do arquivo. O caminho passou a estar limitado em 260 bytes (caracteres), logo quanto mais interno estiver um arquivo menor a quantidade de caracteres disponíveis para utilização em seu nome.

Ex.

C:\usuários\renato\documentos\	aula1.doc

Neste exemplo o caminho para a pasta representado na primeira célula da tabela já ocupa 30 caracteres, logo o arquivo aula1.doc somente poderia possuir teoricamente um nome de até 230 caracteres (bytes).

Leia mais em: http://windows.microsoft.com/pt-br/windows/file-names-extensions-faq#1TC=windows-7

4.8.4. Caracteres Inválidos para Construção de Arquivos e Pastas

```
 "
 :
 *
<|>
 |
/?\
```

O bonequinho "assexuado" acima normalmente recebe um nome carinhoso em minhas aulas presenciais, ajuda a memorizar os 9 caracteres inválidos, caracteres que não podem ser utilizados em nomes de arquivos e pastas no sistema de arquivos MS Windows:

" aspas (cabelo do boneco)

: dois pontos (olhos do boneco)

* asterisco (boca do boneco, normalmente o asterisco é utilizado como *emoticon* do beijo)

< menor que (braço esquerdo do boneco)

| pipe (corpo do boneco)

> maior que (braço direito do boneco)

/ barra (perna esquerda do boneco)

\ barra invertida (contrabarra ou arrab, perna direita do boneco)

? interrogação (sexo indefinido do boneco)

4.8.5. Manipulando Arquivos no Windows Através de Comandos

O gerenciamento de arquivos no Windows 7 pode se dar por intermédio do **Prompt de Comandos,** onde se faz necessário o conhecimento acerca de comandos do saudoso MS-DOS (primeiro sistema operacional da Microsoft) a serem digitados em uma interface preta, baseada em texto e não muito amigável.

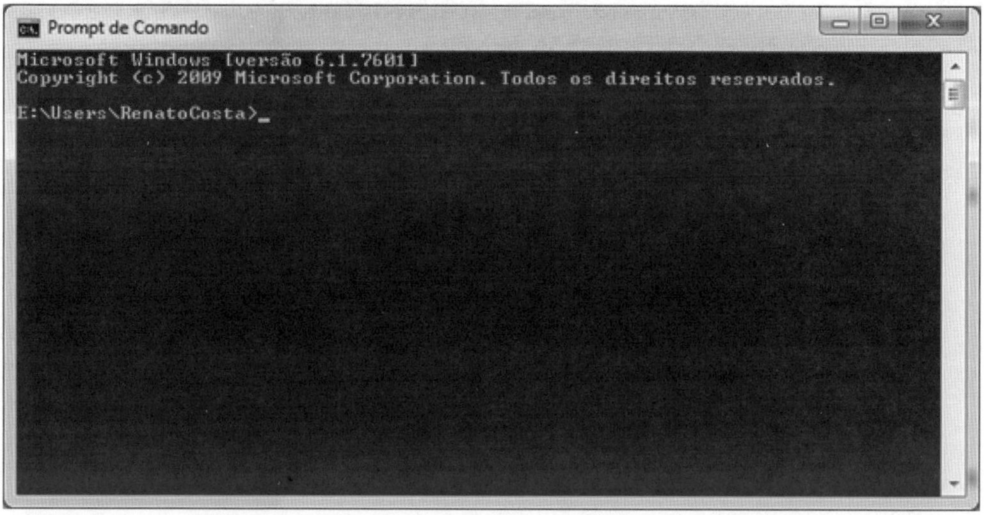

Iniciar/Todos os Programas/Acessórios/Prompt de Comandos

A partir do prompt é possível utilizar comandos, como:

DIR – Lista o conteúdo de um diretório (arquivos e pastas);

COPY – Copia arquivos;

MOVE – Move arquivos;

DEL ou ERASE – Exclui arquivos;

MD – Cria diretórios;

RD – Exclui diretórios vazios;

CD – Troca (entra e sai) de diretório;

REN ou RENAME – Renomeia arquivos;

TREE – Exibe a árvore de diretórios;

DELTREE – Exclui diretórios cheios ou vazios;

Sendo que ainda é utilizado principalmente para comandos de Rede no Windows, tais como:

PING – Testa conectividade entre máquinas, basta digitar **ping** e o endereço de um servidor (URL ou IP) para ver se o mesmo responde, se está conectado, e o tempo de resposta;

Exercício

OFICIAL PMERJ – EXATUS

Disponível no terminal de comandos dos sistemas operacionais, o comando PING é bastante simples, porém muito útil quando se faz necessário determinado o seguinte tipo de teste: Resposta 27

a) Teste de conectividade entre equipamentos.

b) Teste de percurso percorrido entre equipamentos.

c) Teste de consumo de memória.

d) Teste de largura de banda.

IPCONFIG – Exibe configurações básicas de sua rede, como os adaptadores de rede, seus endereços físicos (MAC Adress) e lógicos (IP);

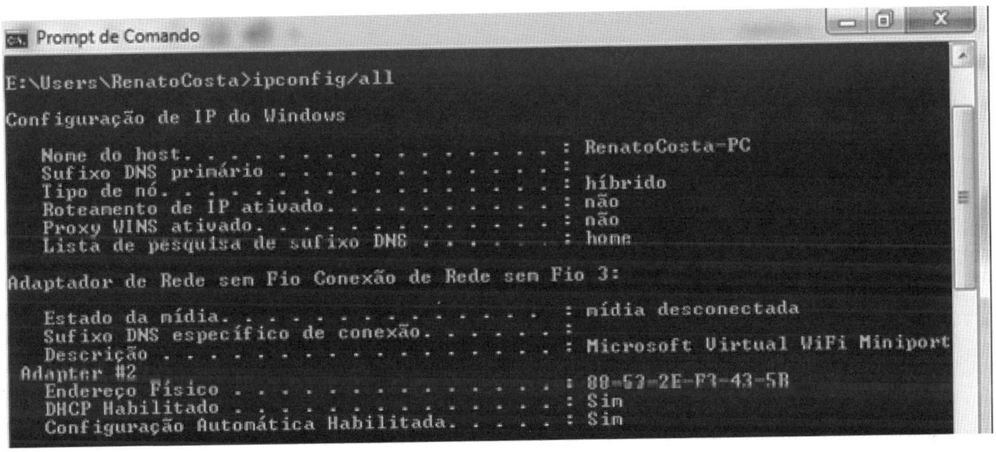

TRACERT – Como o nome sugere, traça a rota de comunicação entre a máquina e o endereço informado (URL ou IP), permite verificar os equipamentos envolvidos no acesso.

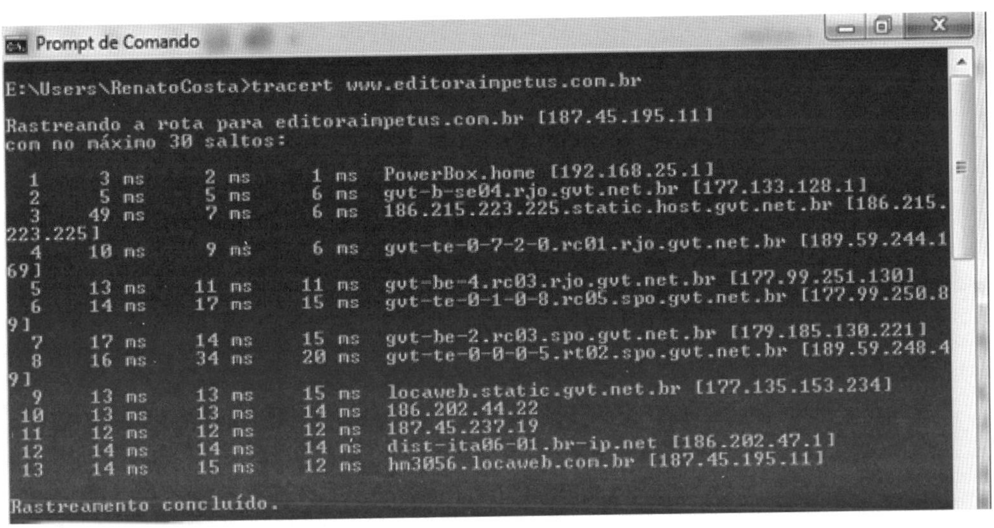

Resposta 27 – Letra A. A letra B refere-se ao comando TRACERT.

4.8.6. Windows Powershell

Semelhante ao Prompt de Comando, o Windows Powershell possui uma interface de linha de comandos que permite que usuários familiarizados com outros sistemas executem comandos. Ele admite sintaxes básicas do MS-DOS, Unix, Linux e Mac OS.

A tela a seguir exibe um comando **DIR** do MS-DOS e um comando equivalente do Linux que é o **ls**.

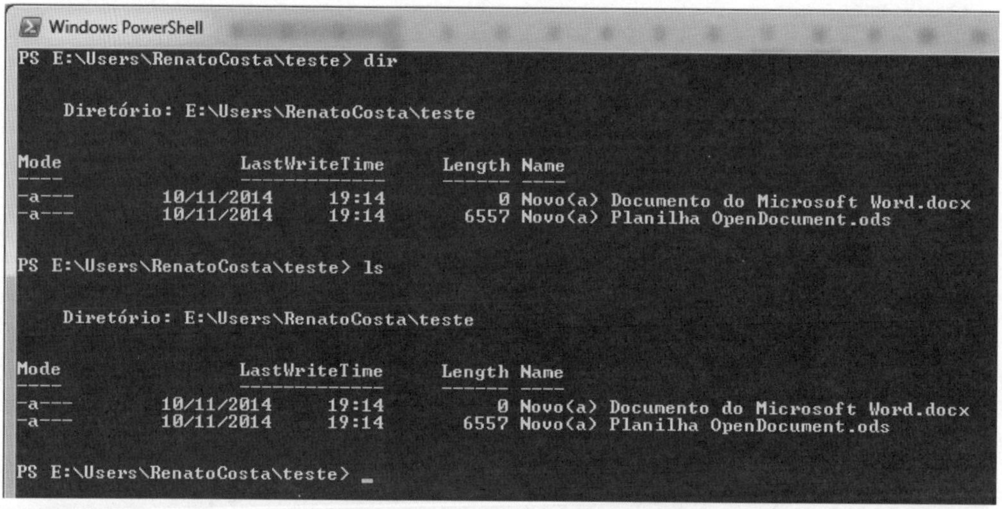

Iniciar/Todos os Programas/Acessórios/Ferramentas do Sistema/Windows PowerShell

4.8.7. Windows Explorer

Iniciar/Todos os Programas/Windows Explorer (Windows+E)
Modos de Exibição

Temos 8 modos de exibição no Windows 7, Ícones (decorei associando as camisas, P, M, G e XG) Pequenos, Médios, Grandes e Extra Grandes, além de Lista, Detalhes, Lado a lado e Conteúdo.

Ícones Extra Grandes

Exibe os arquivos e pastas horizontalmente, em linhas, como o nome do arquivo embaixo, de forma similar a um ícone do desktop (área de trabalho).

Ícones Grandes

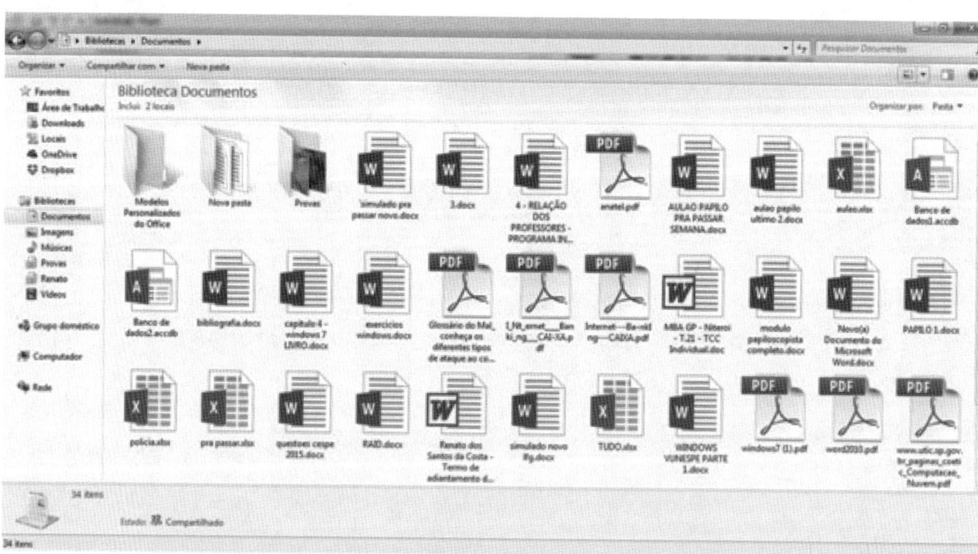

Exibe os arquivos e pastas horizontalmente, em linhas, como o nome do arquivo embaixo, de forma similar a um ícone do desktop (área de trabalho).

Ícones Médios

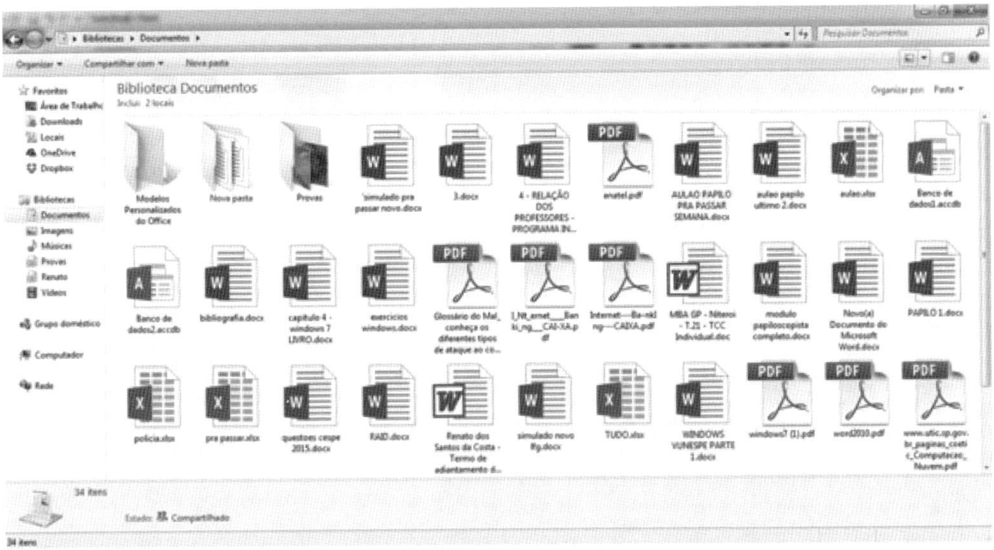

Ícones Pequenos

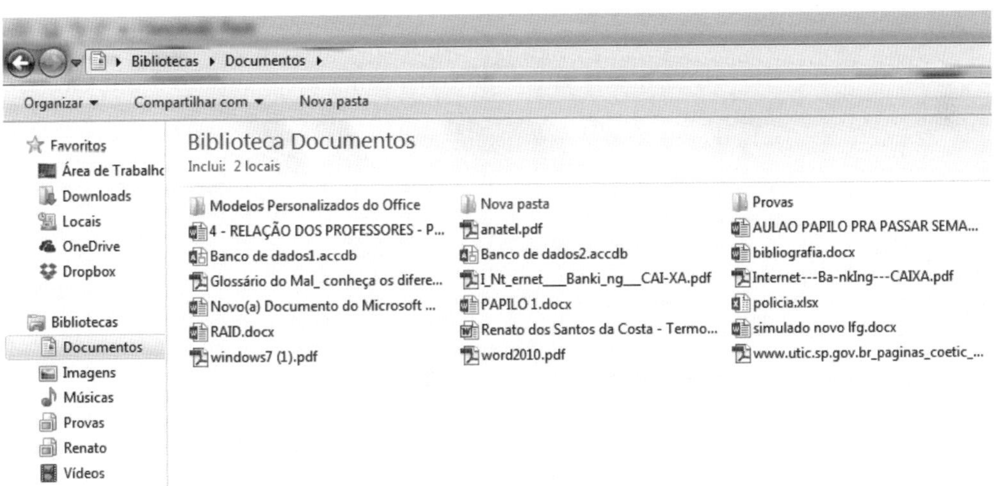

Observe que, embora o Ícones Pequenos seja semelhante ao Lista, os arquivos estão dispostos horizontalmente, em linha.

Lista

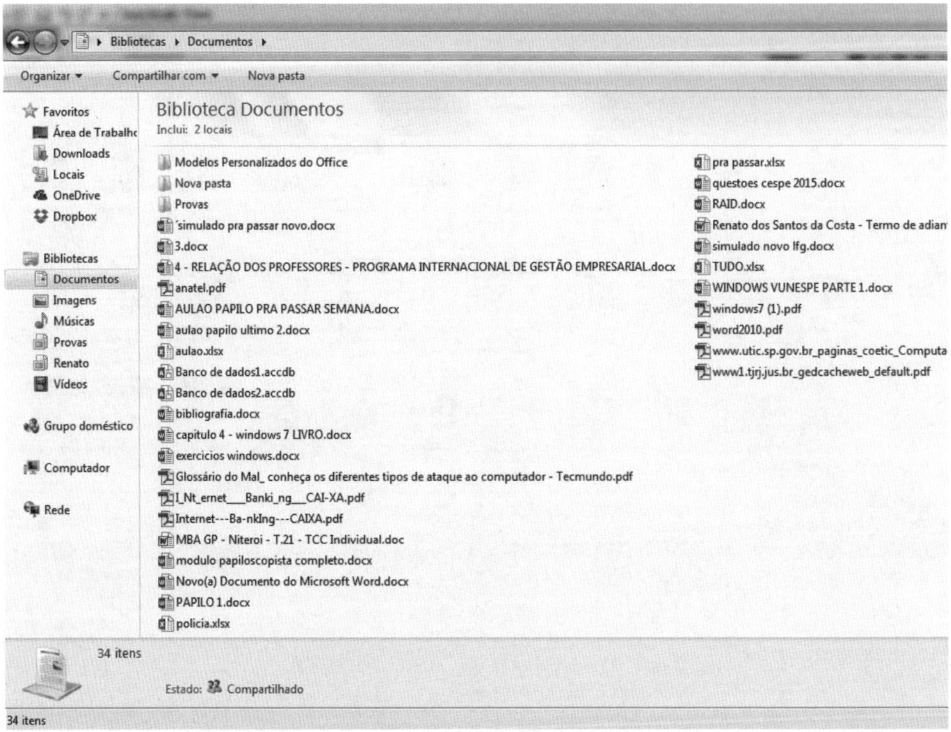

Observe que embora o Lista seja semelhante ao Ícones Pequenos, os arquivos estão dispostos verticalmente, em colunas.

Detalhes

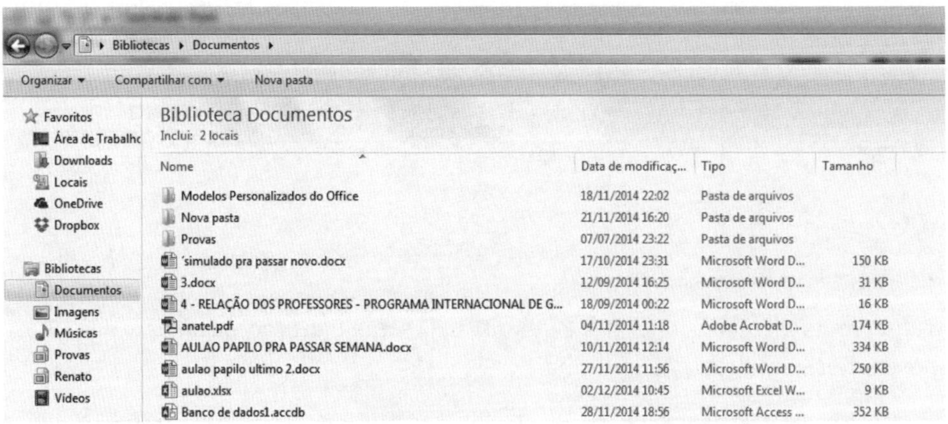

É o mais importante para as provas, modo que exibe informações adicionais, tais como: nome, data de modificação, tipo, tamanho entre outras, além de permitir organizar a exibição dos arquivos por tais campos a partir de um clique no campo correspondente como rótulo da coluna.

Lado a Lado

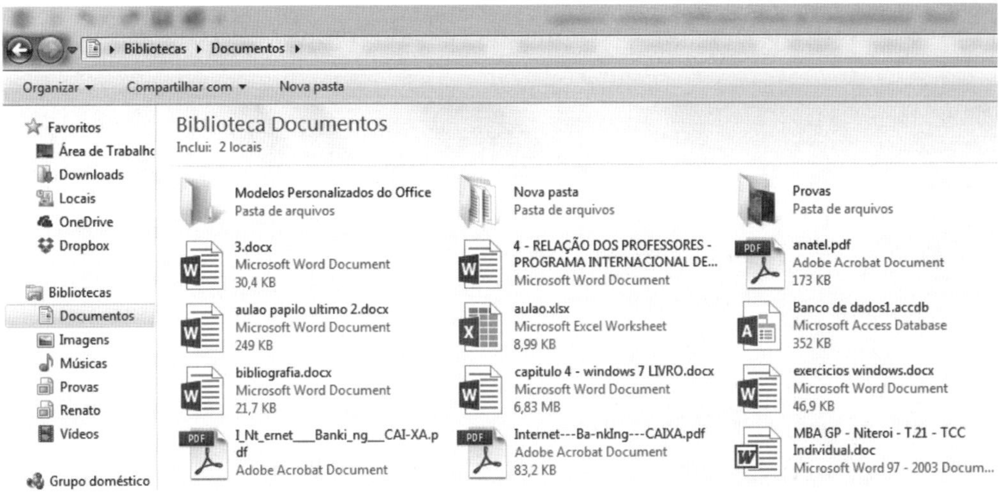

Lista os arquivos horizontalmente, em linha, mostrando **nome, tipo e tamanho** AO LADO do ícone, o que permite distinguir dos modos de exibição Ícones Médios ou Ícones Grandes.

4.8.8. Seleção de Arquivos no Windows Explorer

Para podermos manipular os arquivos ou pastas (abrir, renomear, copiar, mover ou excluir) devemos antes selecioná-los com um clique do mouse ou o uso das setas do teclado de forma que o mesmo fique realçado (selecionado) e assim possa ser trabalhado.

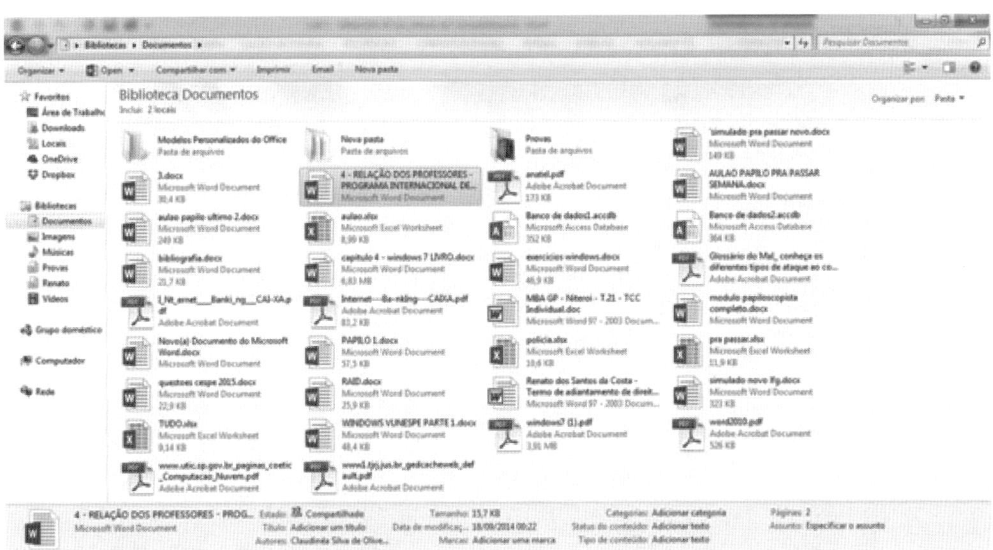

O Windows permite trabalhar com a seleção de múltiplos arquivos através do uso das teclas SHIFT e CTRL.

A tecla SHIFT permite selecionar um intervalo de arquivos adjacentes/sequenciais.

A tecla CTRL permite selecionar arquivos de forma aleatória, não adjacente.

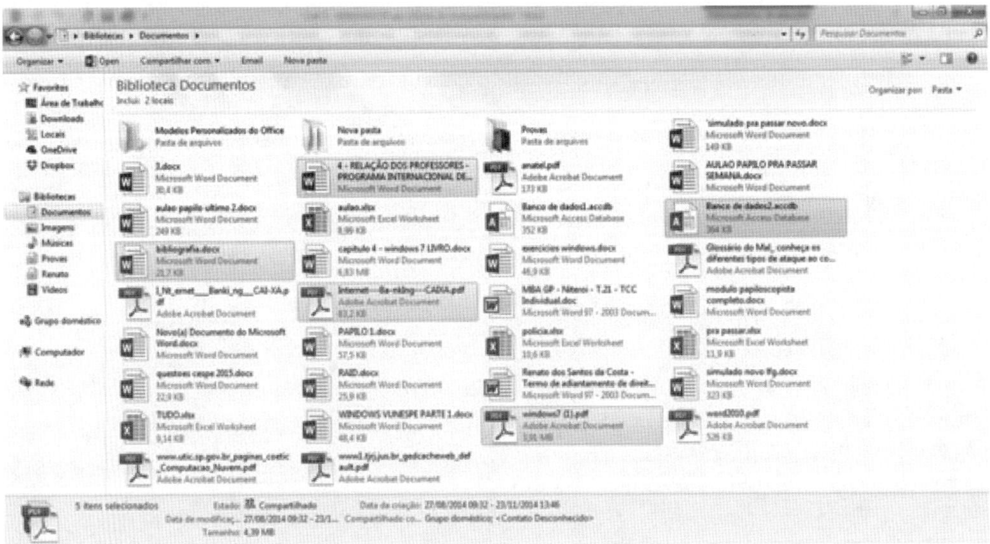

4.8.9. Copiando, Movendo, Criando, Renomeando e Excluindo Arquivos e Pastas

Existem no mínimo 4 formas de realizarmos procedimentos de manipulação de arquivo no Windows Explorer. Logo, em uma questão de prova devemos tomar cuidado com o uso da palavra NECESSÁRIO (indispensável), que pode tornar um item aparentemente verdadeiro em errado.

São elas:

- Pela barra de menus do Windows Explorer, acessada a partir do pressionamento da tecla ALT;
- Pelo menu de contexto do Windows exibido ao se pressionar o botão direito do mouse sobre o ícone ou local correspondente;
- Por um atalho de teclado;
- Por um procedimento prático com o mouse (clique/arrasto).

Logo, para copiarmos um arquivo devemos selecioná-lo e realizar uma das operações abaixo:

- Clicar no menu EDITAR/COPIAR abrir o destino e clicar em EDITAR/ COLAR;
- Dar um clique inverso (botão direito) no arquivo e clicar em COPIAR, em seguida um clique inverso (botão direito) dentro da pasta de destino e COLAR;
- Clicar no arquivo e arrastar até o destino com o auxílio da tecla CTRL (este pressionamento simultâneo implica que o arquivo seja copiado independente da unidade de disco, incondicionalmente).
- Teclar CTRL+C para copiar o arquivo ou pasta selecionada e, em seguida, na pasta de destino clicar em CTRL+V para colar.

4.8.9.1. Mover/Recortar

Para movermos um arquivo devemos selecioná-lo e realizar uma das operações abaixo:

- Clicar no menu EDITAR/RECORTAR abrir o destino e clicar em EDITAR/ COLAR;
- Dar um clique inverso (botão direito) no arquivo e clicar em RECORTAR, em seguida dar um clique inverso (botão direito) dentro da pasta de destino e COLAR;
- Clicar no arquivo e arrastar até o destino com o auxílio da tecla SHIFT (este pressionamento simultâneo implica que o arquivo seja movido independente da unidade de disco, incondicionalmente).
- Teclar CTRL+X para recortar o arquivo ou pasta selecionado e em seguida, no destino clicar em CTRL+V para colar.

Ao recortar um arquivo o mesmo só é excluído do local de origem após a colagem, se o usuário não a fizer, o arquivo permanece integro. Caso o usuário se arrependa de recortar o arquivo, basta teclar ESC (escape) ou não fazer nada.

As questões mais clássicas de concurso se referem ao procedimento de arrasto, é muito importante saber que:

Ao arrastarmos um arquivo dentro da mesma unidade de disco atual, o arquivo por padrão é MOVIDO, ao o arrastarmos para uma unidade de disco diferente da atual, o arquivo por padrão é copiado!

Há lógica para tais procedimentos, imagine se arrastássemos um arquivo de um pen-drive para o computador e ele fosse automaticamente excluído do pen-drive, poderia causar prejuízos ao dono da mídia removível, logo, por padrão, para minimizar erros o arquivo é copiado. Entretanto, se arrastássemos arquivos dentro do mesmo disco e eles permanecessem no disco haveria enorme duplicação, redundância, ocupando recursos de forma desnecessária, logo, por padrão, evitando ocupar o disco desnecessariamente o arquivo é movido.

Exercício

MP DO ESTADO DE SP – IBFC

Ao copiar e mover arquivos, ou pastas, com o método de arrastar e soltar do Windows 7, algumas vezes o arquivo ou pasta é copiado e, outras vezes, ele é movido. O critério para que isso aconteça é: [Resposta 28]

a) Se as pastas estiverem no mesmo disco rígido, os itens serão copiados. Se o item estiver em local diferente (como um local de rede), ou para uma mídia removível, o item será movido.

b) O Windows 7 potencializa a máquina ao escolher a opção melhor de copiar ou mover, para não sobrecarregar a CPU, movendo ou copiando os arquivos entre as diversas mídias locais ou remotas.

c) Se arrastar e soltar segurando com o mouse a tecla do lado direito ele movimenta os arquivos, ou pastas. No entanto, se segurarmos a tecla do lado esquerdo do mouse o Windows 7 saberá automaticamente que deverá copiar, e não mover, os arquivos, ou pastas.

d) Em termos ténicos o Windows 7 na verdade somente copia os arquivos, ou pastas, dando a aparência para o usuário de que ora ele copia, ora ele movimenta os arquivos.

e) Se as pastas estiverem no mesmo disco rígido, os itens serão movidos. Se o item estiver em local diferente (como um local de rede), ou para uma mídia removível, o item será copiado.

Resposta 28 – Letra E (originalmente a questão foi anulada por erro material de impressão).

4.8.9.2. Cópias de Arquivos para Outros Dispositivos

Além dos métodos apresentados anteriormente, temos um método especial para copiar arquivos para outras unidades, através de um clique inverso (botão direito) sobre o arquivo, comando ENVIAR PARA.

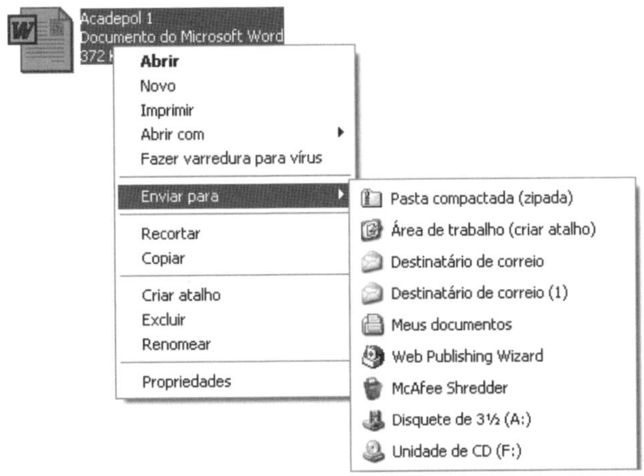

Desta maneira é possível também criar pastas compactadas, visando reduzir o tamanho de arquivos ou pastas selecionadas para transporte. O formato de arquivo compactado nativo (originário) do Windows é o ZIP (extensão .zip).

4.8.9.3. Criar

Para criarmos um arquivo, pasta ou link (atalho), basta realizar uma das operações abaixo no Windows Explorer ou na área de trabalho:

- Clicar no menu ARQUIVO/NOVO e escolher o item desejado no menu de contexto (suspenso) que se abre.
- Dar um clique inverso (botão direito) num local vazio, no menu de contexto que se abre clicar em NOVO e em seguida escolher o item desejado.

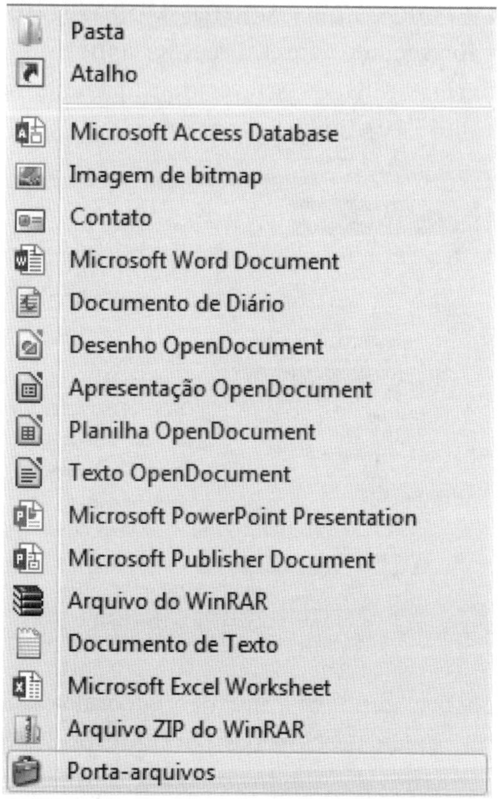

A lista vai variar de acordo com as aplicações existentes no computador. Ao criar pastas, por padrão elas são denominadas por 

, a instalação do Windows 7 em português/Brasil cria automaticamente 3 pastas na unidade, são elas:

- Arquivos de Programas
- Usuários
- Windows

4.8.9.4. Renomear

Para renomear um arquivo ou pasta, basta selecioná-lo e realizar uma das operações abaixo:

- Clicar no menu ARQUIVO/RENOMEAR;
- Dar um clique inverso (botão direito) no arquivo e clicar em RENOMEAR;
- Clicar no arquivo duas vezes não consecutivas, a primeira para selecionar o arquivo e a segunda para renomear; no caso do arquivo já se encontrar selecionado basta efetuar um clique simples.
- Teclar F2.

4.8.9.5. Excluir

Para excluirmos um arquivo ou pasta devemos selecioná-lo e realizar uma das operações abaixo:

- Clicar no menu ARQUIVO/EXCLUIR;
- Dar um clique inverso (botão direito) no arquivo e clicar em EXCLUIR;
- Teclar DELETE com o arquivo ou pasta selecionado.
- Arrastar o arquivo para a lixeira (único procedimento que não abre caixa de diálogo para confirmação quando se trata de arquivos contidos em um disco fixo do computador)

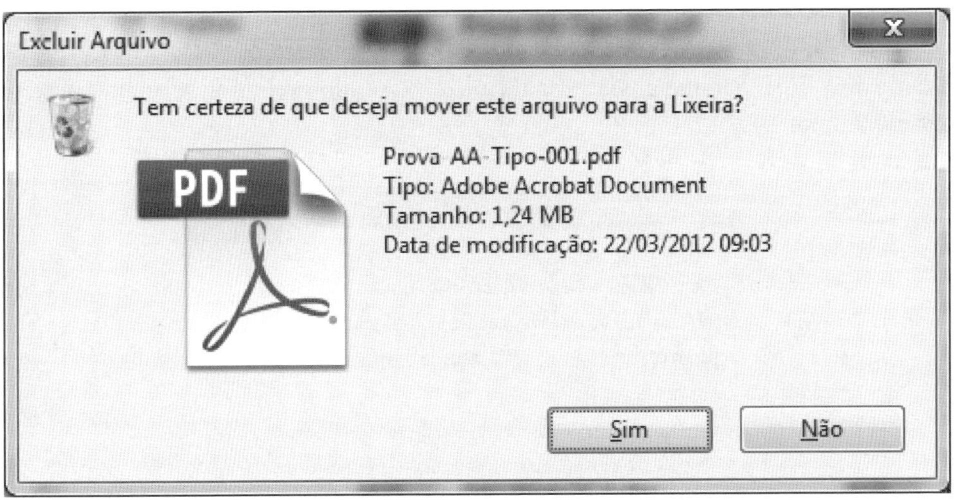

Caixa de diálogo padrão para a exclusão de um arquivo do disco fixo que implica o envio do arquivo para a lixeira.

Para excluirmos um arquivo ou pasta do disco rígido definitivamente, ou seja, sem os enviarmos para a lixeira, devemos pressionar a tecla SHIFT durante o procedimento de exclusão, como, por exemplo, usar a combinação de teclas SHIFT+DELETE, após seleção ou arrastar o arquivo para a Lixeira com a tecla SHIFT pressionada.

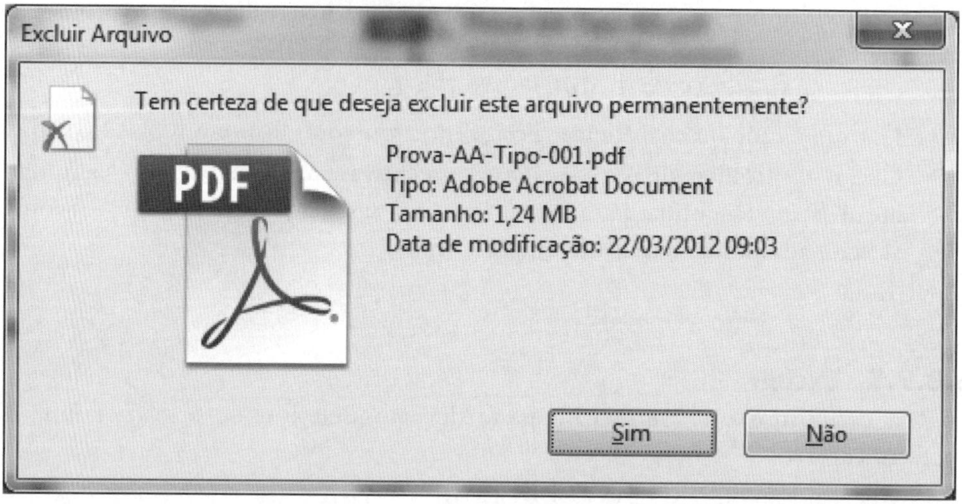

Caixa de diálogo padrão para exclusão de um arquivo permanentemente.

OBS: Se o usuário clicar e arrastar um arquivo para a Lixeira com o auxílio da tecla SHIFT, o arquivo será excluído definitivamente, sem a exibição de nenhuma tela de confirmação, cuidado ao testar!!!

Agora uma questão de suma importância para as provas:

Os itens excluídos de um DISQUETE, CD, DVD, PEN-DRIVE ou uma unidade de REDE não são enviados para a lixeira, sendo excluídos permanentemente/definitivamente.

Exercício

TJ RJ ANALISTA JUDICIÁRIO – FCC

Sobre arquivos e pasta no Microsoft Windows 7, é correto afirmar: [Resposta 29]

a) Por padrão, um arquivo excluído do pen-drive não vai para a lixeira.
b) É possível criar subpastas apenas dentro da pasta meus documentos.
c) Uma pasta deve conter apenas um tipo de arquivo.
d) É possível copiar arquivos de uma pasta para outra, porém, não é possível movê-los.
e) O nome de uma pasta pode conter qualquer caractere possível de se obter por meio do teclado.

4.8.9.6. Lixeira

A lixeira é uma pasta que armazena temporariamente os últimos arquivos excluídos do disco rígido, dentro da plataforma Windows. Enquanto os arquivos se encontram armazenados na mesma, você ainda pode recuperá-los ou apagá-los definitivamente.

Resposta 29 – Letra A.

O Windows aloca uma lixeira para cada partição do disco rígido, que inclusive pode ter o seu tamanho configurado de forma independente. HDs internos ou externos e discos SSD possuem o recurso da Lixeira.

Por ter um tamanho determinado/finito, a lixeira armazena os ÚLTIMOS ARQUIVOS EXCLUÍDOS PELO USUÁRIO, caso ela se encontre cheia, irá apagar definitivamente e de forma AUTOMÁTICA os arquivos excluídos mais antigos necessários e suficientes para a entrada dos mais novos (fila/PEPS).

Podemos acessar a lixeira através de um duplo clique no ícone existente na Área de Trabalho ou através do Windows Explorer.

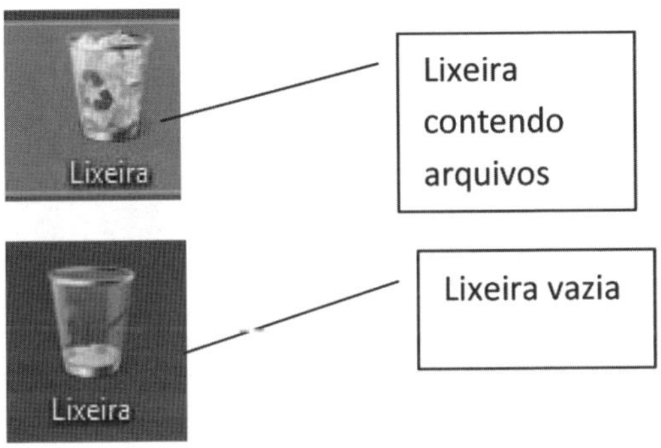

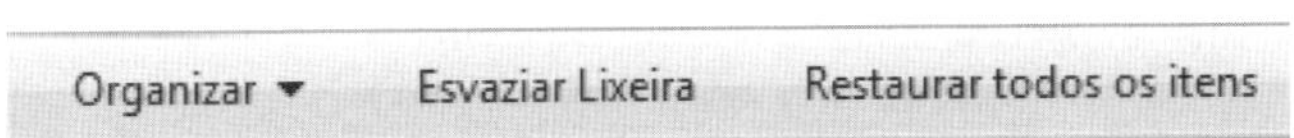

Sem arquivo selecionado

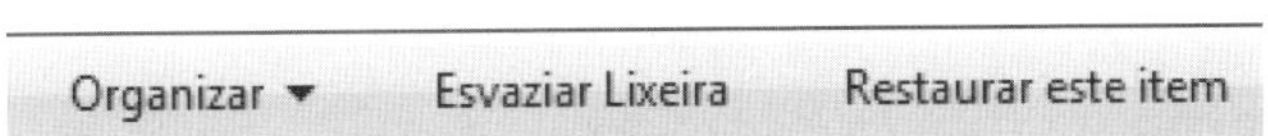

Com arquivo selecionado

Para recuperarmos um arquivo podemos selecioná-lo na lixeira e depois clicar em RESTAURAR ESTE ITEM ou dar um clique inverso e escolher o comando RESTAURAR.

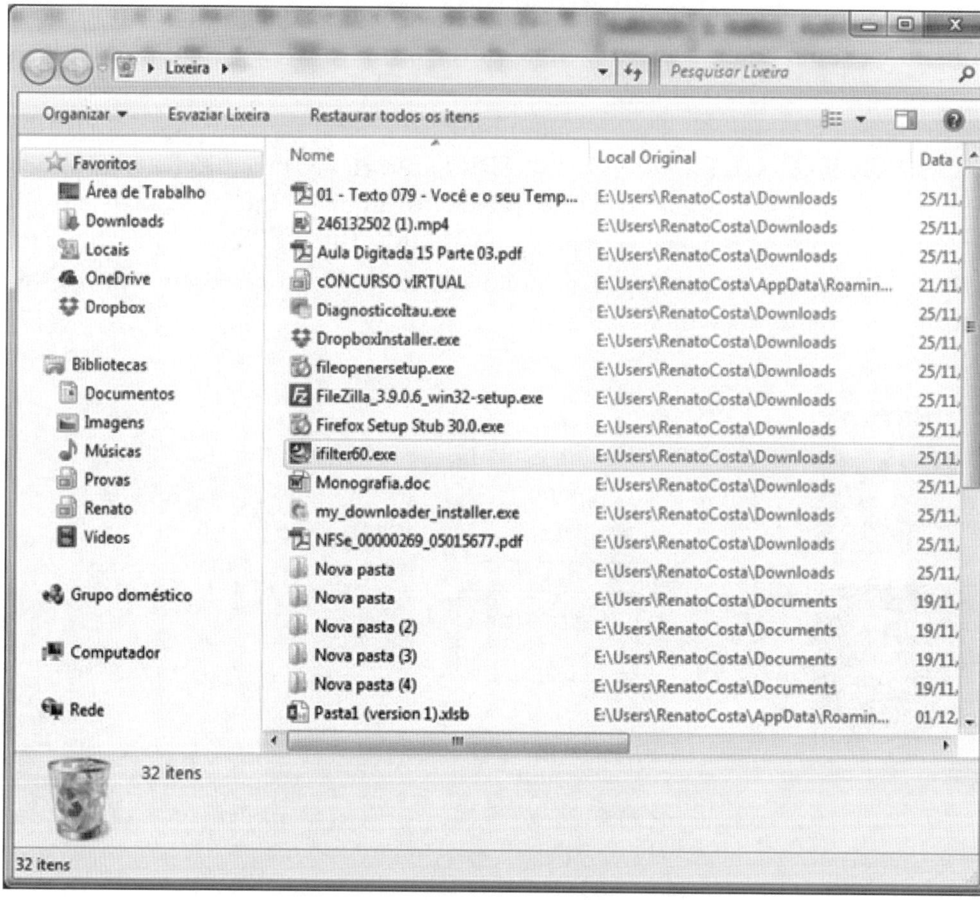

Janela da Lixeira

Ao enviar um programa para a lixeira não se libera espaço em disco enquanto não esvaziá-la ou apagar o arquivo definitivamente.

Para esvaziar a lixeira deve-se clicar no comando ESVAZIAR LIXEIRA disponível no menu ARQUIVO da janela da Lixeira ou a partir do menu de contexto obtido a partir do clique inverso no ícone da Lixeira.

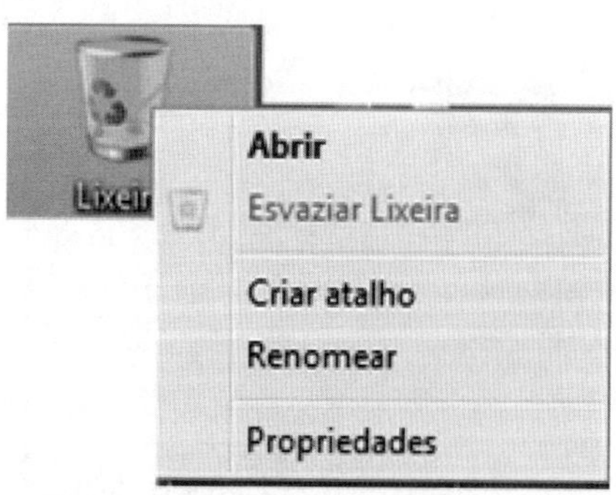

A janela de propriedades da Lixeira, acessada a partir de um clique inverso do mouse sobre a lixeira e em seguida propriedades, permite que o usuário altere principalmente seu tamanho.

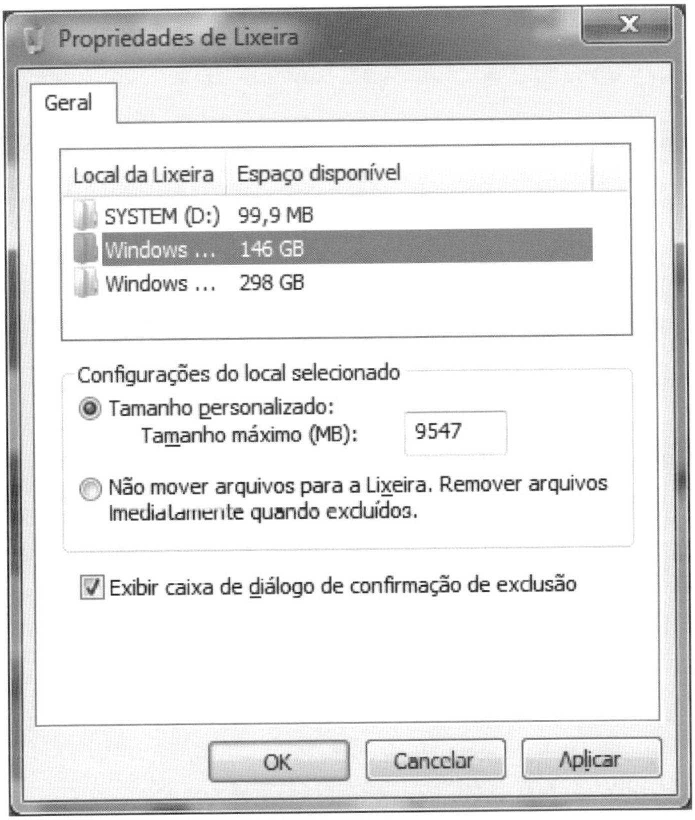

Janela de Propriedades da Lixeira

Uma novidade muito importante da lixeira no Windows 7 está associada a seu tamanho, desde o Windows 95 a Lixeira tinha um tamanho padrão de 10% da capacidade do disco/partição, agora segue a seguinte regra:

10% DOS PRIMEIROS 40 GIGABYTES MAIS 5% DO TAMANHO EXCEDENTE.

Ou seja, se tivermos um HD de aproximadamente (só mostra valores inteiros) 146 GB como mostrado na figura, chegamos ao seguinte cálculo.

10% de 40GB = 4GB

+

4% de aproximados 106 GB (valor excedido de 40) = 5,3GB

Totalizando aproximados 9,3 GB.

Total de 9,3 GB aproximadamente, que pode ser multiplicado por 1024 para chegarmos aos aproximados 9500 MB.

Exercício

CNJ – NIVEL SUPERIOR – CESPE Resposta 30

Por padrão, a lixeira do Windows 7 ocupa uma área correspondente a 10% do espaço em disco rígido do computador.

( ) CERTO ( ) ERRADO

4.8.10. Bibliotecas do Windows 7

A biblioteca é uma novidade do Windows 7 que permite acessar arquivos e pastas de discos fixos diferentes (internos e externos) a partir de um único local. Estão disponíveis no painel de navegação (a esquerda) do Windows Explorer.

São 4 bibliotecas padrão a saber:

O usuário pode criar bibliotecas conforme sua necessidade. As bibliotecas não armazenam as informações, fisicamente elas permanecem em suas pastas/unidades de origem; a biblioteca apenas monitora as informações, facilitando o acesso.

As mídias removíveis como CD e DVD não são compatíveis com as bibliotecas, o pen-drive por padrão também não. Discos Rígidos externos e unidades de rede podem ser referenciadas em uma biblioteca, mas obviamente precisarão estar conectadas para permitirem o acesso aos dados.

Ao excluirmos uma biblioteca ela será movida para a Lixeira mas os arquivos e as pastas não serão excluídos, pois estão em outro local. Caso uma biblioteca padrão seja excluída o estado original dela poderá ser restaurado a partir do botão direito do mouse em Bibliotecas e no menu de contexto que se abre ao clicar em Restaurar bibliotecas padrão.

Resposta 30 – Errado. Embora coubesse recurso pois se o disco tivesse até 40GB a questão estaria certa, embora considerando que os discos rígidos atuais são muito superiores a esta capacidade, percentualmente os valores decrescentemente vão tendendo a 5%.

Se excluirmos arquivos ou pastas dentro de uma biblioteca, eles também serão excluídos de seus locais originais. Para remover um item de uma biblioteca sem excluí-lo do local em que ele está armazenado, remova a pasta que contém o item através das propriedades da Biblioteca, só assim os itens da pasta serão removidos (mas não excluídos).

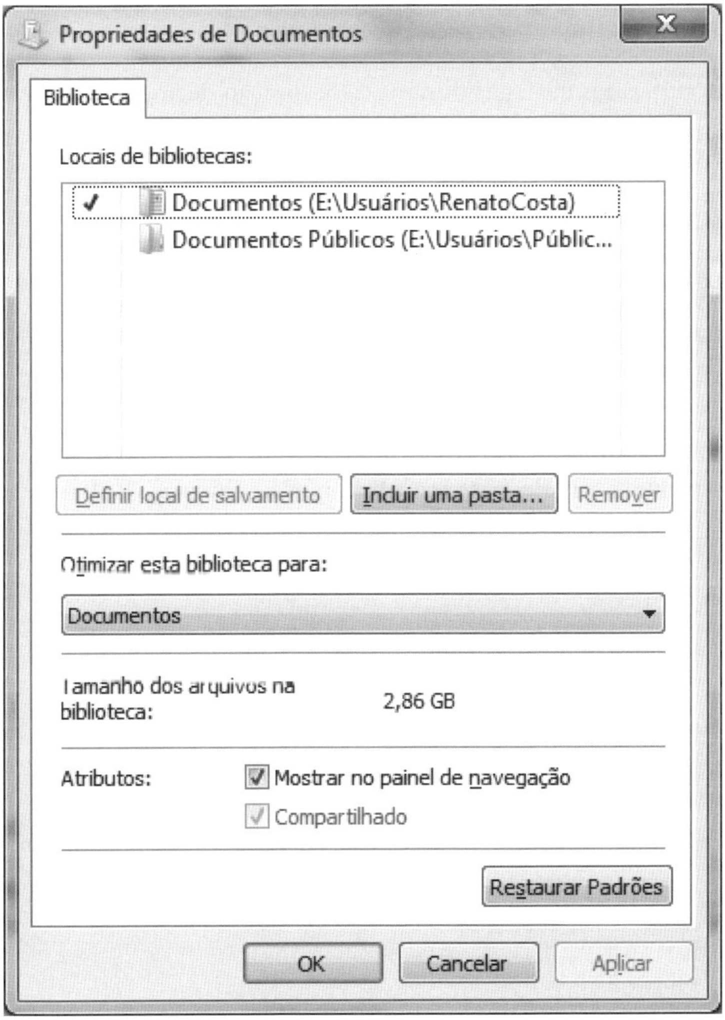

4.8.11. Localizar Arquivos e Pastas

Para localizarmos arquivos ou pastas devemos clicar no botão Iniciar, e no menu iniciar a digitação do item a ser pesquisado na caixa:

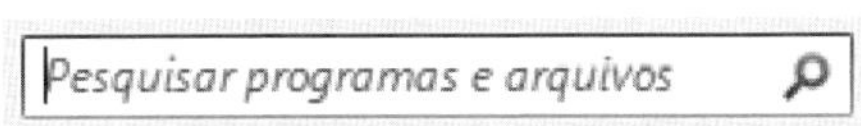

Ou ainda teclar F3 para abrir a janela de Pesquisa:

Podem ser utilizados curingas durante a localização de arquivos ou pastas.

* – O asterisco representa um grupo de caracteres (como se utilizássemos a palavra TODOS).

? – A interrogação representa um único caractere qualquer.

Exemplos:

Representar TODOS os arquivos com extensão DOC:

*.DOC

Representar TODOS os arquivos (quaisquer formatos/extensões) que começam com A e possuem até 5 letras (restringiu) no nome principal.

A????.*

Exercício

ASS. ADMINISTRATIVO. – CASA DA MOEDA – CESGRANRIO

Um usuário do Windows 98 está utilizando a ferramenta Localizar do Windows Explorer para localizar, no seu disco rígido, todos os seus documentos do Word. Sabendo que estes documentos possuem o nome iniciado por "2005" e a extensão "doc", para executar esta pesquisa, o usuário deve preencher o campo "nome" da ferramenta localizar com: [Resposta 31]

a) 2005*.doc
b) 2005&.doc
c) 2005@.doc
d) 2005%.doc
e) 2005#.doc

4.8.12. Formatação de Discos Rígidos

O processo de formatação prepara o disco para ser usado dividindo-o em **trilhas e setores** criando ou preparando **clusters** (unidades de alocação), diretório RAIZ e FAT (tabela de alocação de arquivos), que irão receber as informações para armazenamento.

Resposta 31 – Letra A.

A formatação pode ser utilizada com duas finalidades:

- **Quando o disco é novo a formatação o prepara para ser usado.**
- **Quando o disco é usado e suas informações não são mais importantes, a formatação apaga seus dados de modo que ele fique virgem novamente, excluindo inclusive vírus ou outros tipos de malware existentes.**

Aprofundando um pouco mais sobre o assunto, vejamos o processo de preparação do disco para uso:

Formatação de Baixo Nível ou Física: normalmente realizada pelo fabricante, divide os discos em trilhas, setores e cilindros, gravando as marcações que permitem o correto posicionamento das cabeças de leitura;

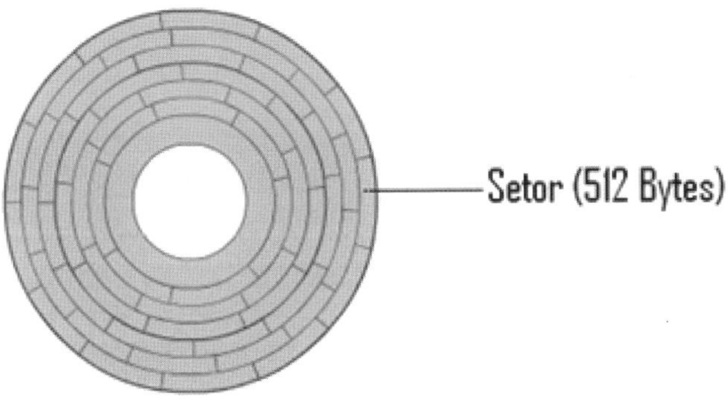

Os discos vêm de fábrica com setores padronizados de 512 Bytes.

Formatação em Alto Nível ou Lógica: realizada pelo sistema operacional, preparando o disco para o recebimento de arquivos. Ao contrário da formatação física, ela é feita via software e pode ser refeita várias vezes, com o único problema de apagar os dados contidos no disco. A formatação lógica do HD é feita após duas etapas, o particionamento e a definição do sistema de arquivos:

4.8.12.1. Particionamento

Divide o disco em partes distintas, onde o tamanho e o sistema de arquivos pode ser definido pelo usuário. As partições são enxergadas pelo sistema operacional como discos diferentes e mesmo que não haja interesse de ter dois sistemas operacionais é interessante que se crie duas partições, uma para o sistema operacional e outra para os dados, desta forma o sistema pode ser reinstalado várias vezes sem implicar a perda dos arquivos pessoais.

Podemos ter até quatro partições primárias em um disco, ou três partições primárias e uma estendida, enfim, podemos combinar até quatro partições primárias ou estendidas devido a uma limitação do BIOS. As partições primárias permitem a instalação de sistemas operacionais, as estendidas funcionam como um container e permitem a criação de até 255 partições lógicas.

4.8.12.2. Sistema de Arquivos (formatação propriamente dita)

Depois de realizado o particionamento (processo obrigatório nos HDs, mesmo em uma única partição), temos que definir um sistema de arquivo, uma estrutura para armazenamento dos dados no disco.

O sistema de arquivos implica dois conhecimentos importantes, o conceito do cluster (unidade de alocação) e o conceito do FAT.

O Cluster é uma divisão lógica do disco que contém dados dos arquivos gravados, é a menor unidade do disco interpretada pelo sistema operacional.

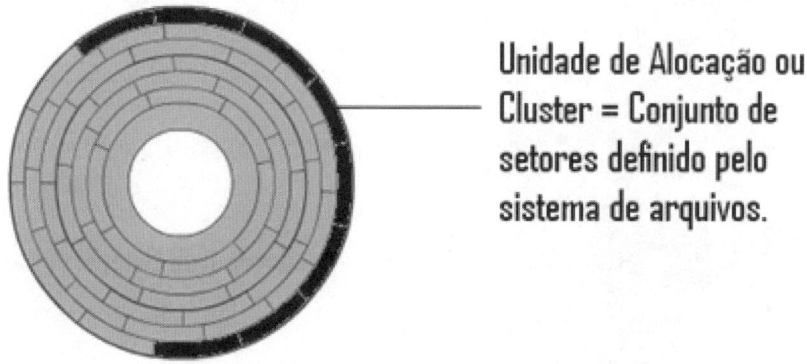

A tabela de alocação de arquivos (FAT) é uma estrutura de dados que o Windows cria quando se formata uma partição cujo objetivo é armazenar informações sobre os arquivos para que possam ser recuperados posteriormente.

Ao gravar um arquivo ele pode estar contido em várias unidades de alocação na FAT, mas uma unidade de alocação nunca poderá conter mais de um arquivo, portanto quanto maior o cluster maior o desperdício quando se trata de arquivos pequenos.

No Windows temos 3 opções de sistemas de arquivos atualmente: FAT16, FAT32 e NTFS.

FAT (File Allocation Table) 16

É o sistema de arquivos usado pelo MS-DOS e outros sistemas operacionais baseados em Windows para organizar e gerenciar arquivos em um disco, atualmente indicado para ser utilizado apenas em discos pequenos (disquetes, cartões de memória e pequenos pen-drives).

Por ser um sistema de arquivos de 16 bits permite a criação de 65536 (2^{16}) endereços que podem variar de 16KB a 64 KB, resultando num limite de 4 GB (65536 x 64KB = 4GB) para as partições. Discos maiores devem ser particionados em múltiplos volumes de 4 GB para poderem ser aproveitados por este sistema de arquivos.

Ainda é utilizado na formatação de disquetes e pequenos discos sólidos, como pen-drives ou cartões de memória. Limita o tamanho dos arquivos a até 2GB.

FAT32

Sucessor do FAT 16, incorporado nas versões do Windows 98 em diante. O FAT32 dá suporte a tamanhos de cluster a partir de 4 KB o que proporciona a alocação de espaço mais eficiente nas unidades e ainda utilização de discos maiores, de até 32 GB, sem a necessidade de particionamentos.

Ainda é utilizado na formatação de mídias *flash* como cartões de memória e pen-drives. Limita o tamanho dos arquivos a até 4GB.

NTFS (New Technology File System)

Sistema de arquivos avançado que fornece desempenho, segurança, confiabilidade e recursos não encontrados em nenhuma versão de FAT, é o padrão atual, utilizado nos Windows XP, Vista, 7 e 8.

O NTFS garante a consistência do volume usando um *log* (registro) de transações padrão e técnicas de recuperação.

Se um sistema falhar, o NTFS usará as informações de seu arquivo de log e de pontos de verificação para restaurar a consistência do sistema de arquivos.

Clusters contendo defeitos são automaticamente marcados como inutilizáveis na tabela de alocação de arquivos, desprezando portanto a necessidade de se utilizar ferramentas como o Scandisk (para verificação de discos).

O NTFS também suporta recursos avançados, como permissões de arquivo e de pasta, cotas de disco e atributos avançados de criptografia EFS e compactação.

Seus clusters por **padrão têm 4 KB**, embora permita a criação de clusters a partir de 512 Bytes a 32 KB, suporta discos de até 2 TB em partições padrão (partições de inicialização ou de boot) podendo ser estendidas com volumes dinâmicos a até 16 TB – 4KB (aproximadamente 16TB). Limita arquivos a praticamente o tamanho da partição (16TB – 64KB).

Exercício

INVESTIGADOR PCERJ – CESGRANRIO

Em um disco rígido, a divisão da superfície da mídia magnética em trilhas e setores constitui a formatação: Resposta 32

a) de particionamento
b) de modularização
c) de alto nível
d) de baixo nível
e) lógica

Resposta 32 – Letra D.

Procedimento para formatar discos:

Meu computador, clique inverso (botão direito) no disco, comando FORMATAR no menu de contexto.

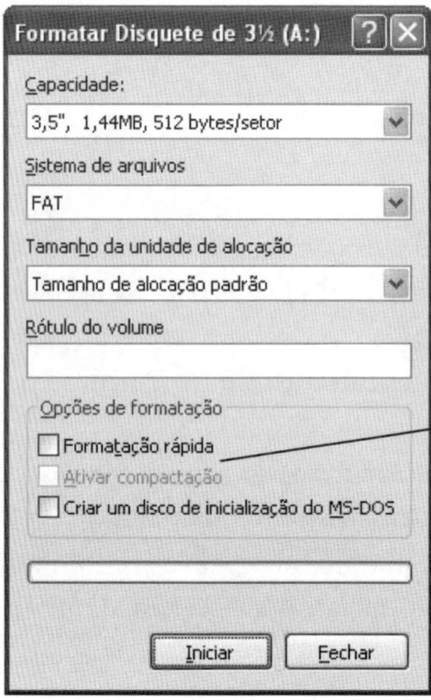

A formatação Rápida, só pode ser usada quando o disco já foi formatado anteriormente.

Procedimento para se manipular partições

Iniciar/Painel de Controle/Ferramentas Administrativas/Gerenciamento do computador

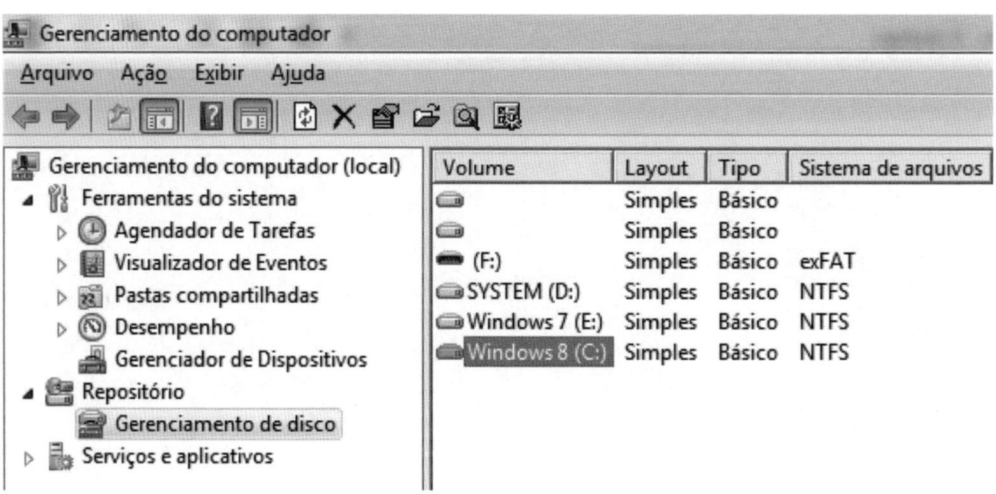

4.8.13. Backup (Becape)

Um Backup é uma cópia de segurança, uma cópia armazenada em uma mídia removível e guardada em um local onde o mesmo incidente não danifique o original e a cópia.

Devemos realizar Backups dos arquivos pessoais, documentos, fotos, planilhas, arquivos que possam gerar impacto (prejuízo financeiro).

O Windows possui um software que gerencia o Backup, facilitando a atualização do mesmo.

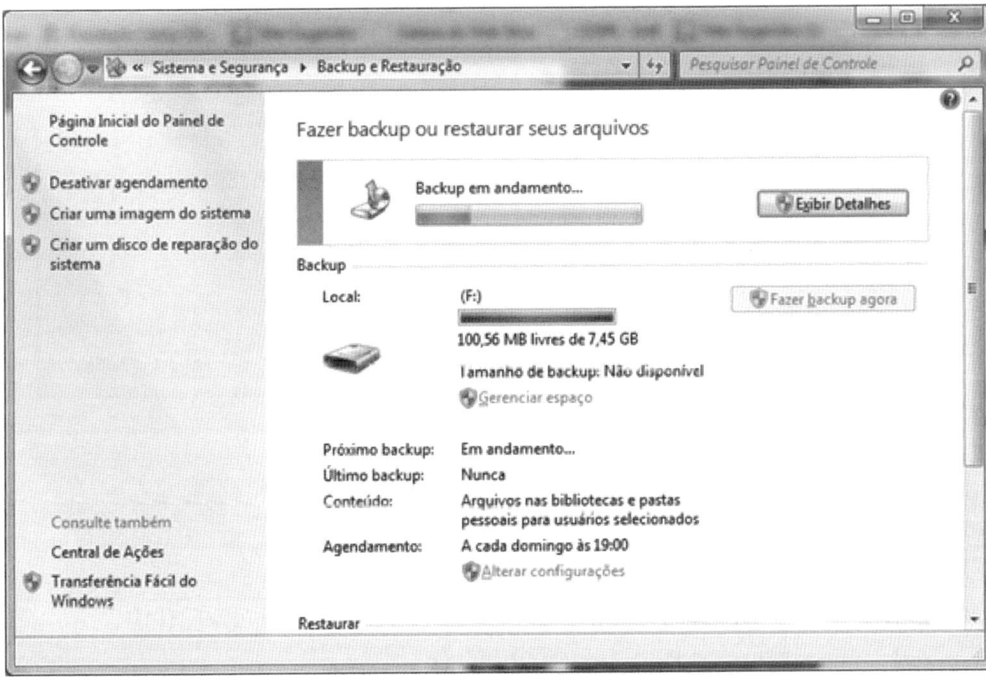

INICIAR / PAINEL DE CONTROLE / SISTEMA E SEGURANÇA / BACKUP E RESTAURAÇÃO

4.8.14. EFS (Encrypting File System) e Atributos Avançados

As versões do Windows 7 Professional, Ultimate e Enterprise, utilizando discos com o sistema de arquivos NTFS permitem compactar ou criptografar arquivos a nível de sistema através de suas propriedades: clique inverso sobre o arquivo ou pasta (botão direito), PROPRIEDADES/ATRIBUTOS/AVANÇADO

A criptografia utilizada (EFS) fornece a tecnologia para armazenar arquivos criptografados (codificados) em volumes do sistema de arquivos do Windows 7.

Quando uma pasta ou um arquivo é criptografado, você trabalha com ele da mesma maneira que em outros arquivos e pastas pois a criptografia é transparente para o usuário, no entanto, um intruso que obtenha acesso físico não autorizado aos arquivos ou pastas criptografadas não conseguirá acessá-las.

Se o intruso tentar abrir ou copiar sua pasta ou arquivo criptografado, verá uma mensagem de acesso negado.

É possível encriptar ou decriptar uma pasta ou arquivo como qualquer outro atributo do Windows (somente leitura, compactado ou oculto).

Ao se criptografar uma pasta com o EFS, todos os arquivos e subpastas criados na pasta criptografada serão automaticamente criptografados.

Os atributos avançados "compactar o conteúdo para economizar espaço em disco" e "criptografar o conteúdo para proteger os dados" são incompatíveis, ou seja, habilitar um implica desabilitar o outro.

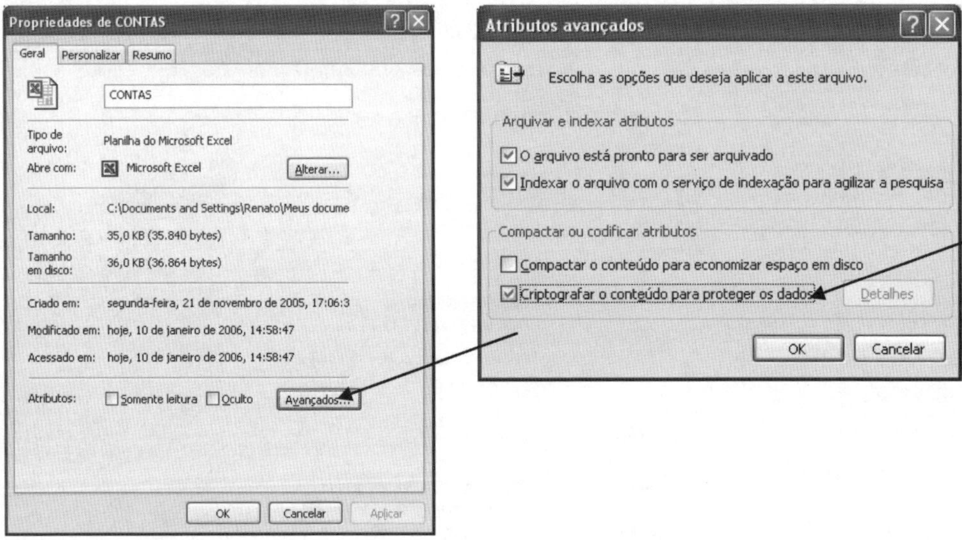

Arquivos ou pastas criptografados são exibidos com o nome em VERDE e arquivos ou pastas compactados são exibidos com o nome em AZUL.

4.8.15. Bitlocker

O Bitlocker é um recurso de criptografia de discos que criptografa toda a unidade de disco, de documentos a senhas, e pode ser implementado na unidade onde o Windows está instalado e demais unidades de disco rígido fixas (internas).

Diferentemente do EFS que permite criptografar arquivos e pastas, o Bitlocker criptografa toda a unidade de disco impedindo que pessoas mal intencionadas vejam o conteúdo do disco em caso de perda/roubo do computador ou ainda em caso de acesso não autorizado ou invasões de hackers.

Tudo que o usuário adiciona no disco – arquivos e pastas – é encriptado de maneira automática e transparente. O Bitlocker não impede o compartilhamento de pastas na rede local ou o envio de arquivos, como por exemplo anexos de e-mails, quaisquer infomações copiadas ou disponibilizadas para meios externos são decriptadas automaticamente ao saírem da unidade de origem.

Caso o computador tenha um Chip TMP (Trusted Plataform Module) nativo na placa-mãe, o Bitlocker irá utilizar suas chaves criptográficas para desbloqueio do disco.

É POSSÍVEL DESATIVAR OU SUSPENDER O BITLOCKER A QUALQUER MOMENTO.

Um novo recurso do Windows 7 é o BitLocker To Go, que permite o bloqueio de dispositivos de armazenamento portátil, como unidades flash USB (pen-drives) e discos rígidos externos. Neste caso será necessário instalar o BitLocker To Go Reader (bitlockertogo.exe) para permitir abrir e exibir o conteúdo de unidades removíveis que tenham sido protegidas (ou criptografadas) com a criptografia de unidade BitLocker no Windows 7.

> *"Observação: O BitLocker To Go Reader não permite a você criptografar unidades usando o BitLocker, nem adicionar arquivos a uma unidade criptografada. Ele só permite que você leia arquivos em uma unidade criptografada conectada a um computador executando o Windows Vista ou o Windows XP."*
>
> http://windows.microsoft.com/pt-br/windows7/what-is-the-bitlocker-to-go-reader

Exercício

STJ – CESPE

O Windows 7 foi lançado em quatro versões, cada uma direcionada a um público específico. A versão Starter possibilita a encriptação de dados mediante o uso do recurso conhecido como BitLocker. [Resposta 33]

( ) CERTO ( ) ERRADO

4.8.16. ReadyBoost

O ReadyBoost é um novo recurso do Windows 7 que permite utilizar uma mídia flash (pen drive) como expansão da memória, acelerando o desempenho do computador.

Ao inserir uma unidade flash suportada em uma USB, a caixa de diálogo reprodução automática inclui a opção Acelerar o meu sistema.

Resposta 33 – Errado.

Clicar nessa opção exibe a guia ReadyBoost da caixa de diálogo Propriedades de Disco removível.

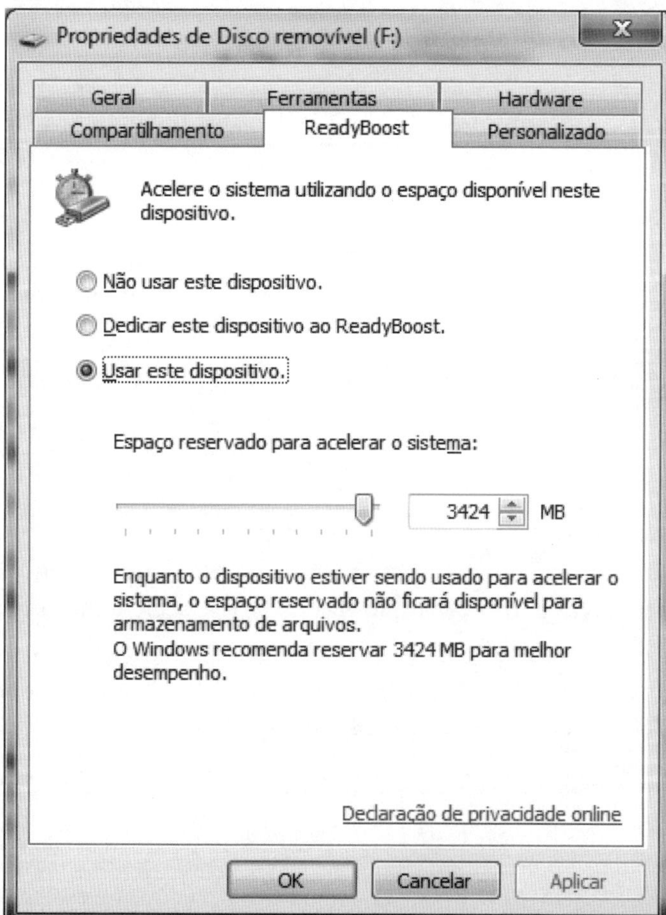

Exercício

TRE/RJ – CESPE

No Windows 7, a funcionalidade Readyboost possibilita a utilização de memórias do tipo flash com a finalidade de melhorar o desempenho do computador. [Resposta 34]

( ) CERTO ( ) ERRADO

4.9. Área de Transferência/Clipboard

A área de transferência é uma funcionalidade do Windows que disponibiliza recursos de memória RAM para armazenar um objeto copiado ou recortado de modo que o mesmo possa ser colado permitindo a troca de informações entre aplicações (arquivos/programas).

A área de transferência do Windows só armazena a última informação copiada ou descartada!

A tecla **PRINT SCREEN** envia uma "fotografia" (snap shot) da tela inteira para a área de transferência e a combinação **ALT+PRINT SCREEN** envia somente a imagem da janela ativa.

Tal recurso permitiu por exemplo a confecção desse livro com as telas do Windows.

O Windows 7 implementou um acessório denominado Ferramenta de Captura que permite copiar partes selecionadas quaisquer de uma tela.

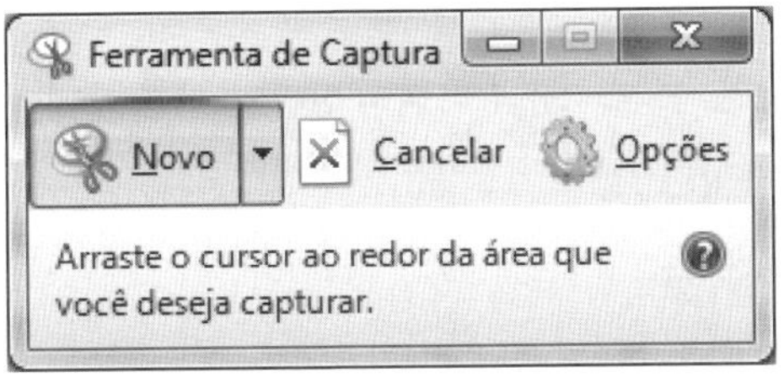

Iniciar/Todos os Programas/Acessórios/Ferramenta de captura

4.10. Grupo Acessórios

Contém os programas que podem ser acessados para tarefas comuns do dia a dia.

Resposta 34 – Certo.

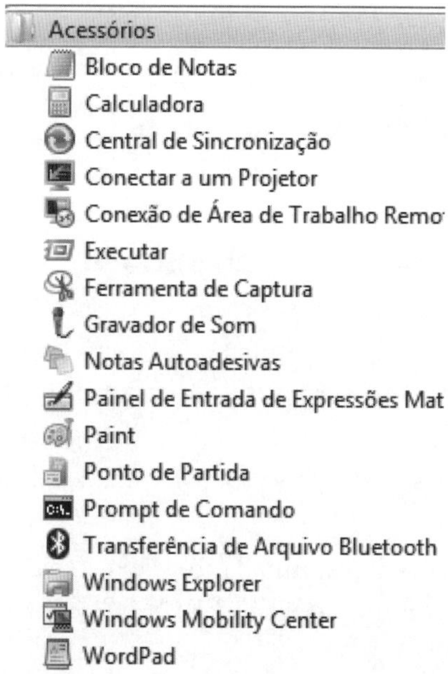

Serão estudados apenas os itens mais relevantes do grupo Acessórios:

Notas Autoadesivas

Simula pequenos blocos de papel (post-it), permitindo fazer lembretes e anotações

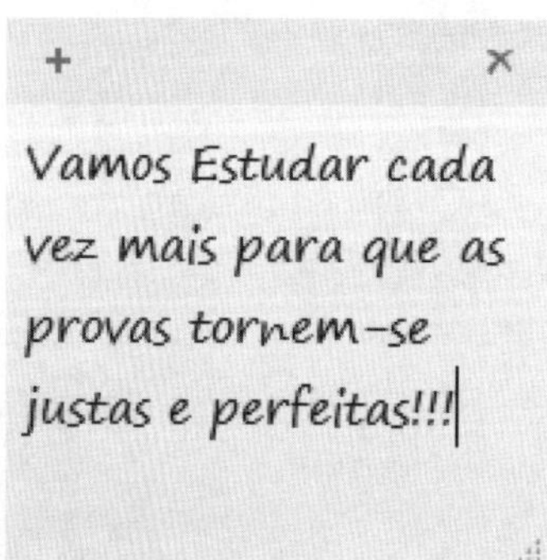

Calculadora

São diferentes tipos de calculadoras que o Windows nos permite trabalhar, a padrão, científica, programadora, estatística, cálculo de data, conversão de unidades, planilhas (hipoteca, leasing, gasto com combustível).

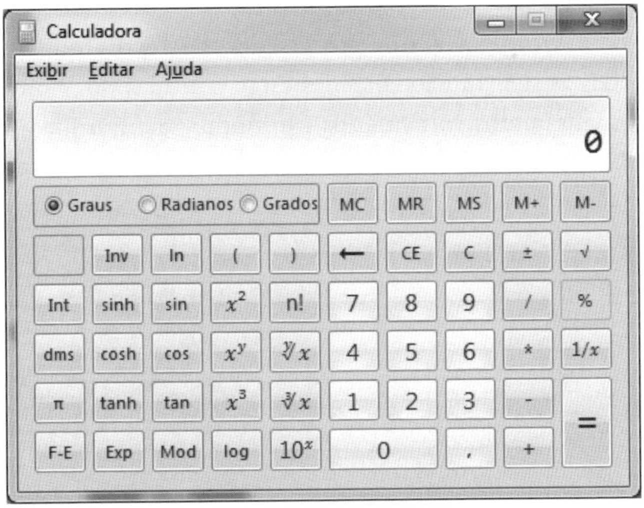

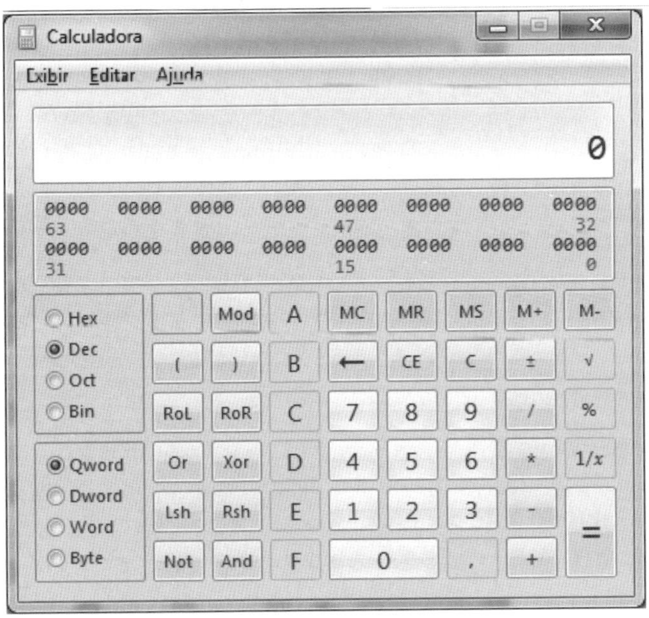

*** Os sinais de divisão e multiplicação são respectivamente a BARRA e o ASTERISCO.

Prompt de comando

Abre uma janela para o ambiente de linha de comandos (MS-DOS), o comando EXIT fecha a janela e retorna ao Windows.

WordPad

O WordPad é um processador de textos que acompanha o Windows, como todas as suas funcionalidades estão contidas no Word (embora muito mais simples), dispensaremos comentários profundos. Seus arquivos por padrão possuem extensão .RTF (Rich Text File), formato que preserva formatação.

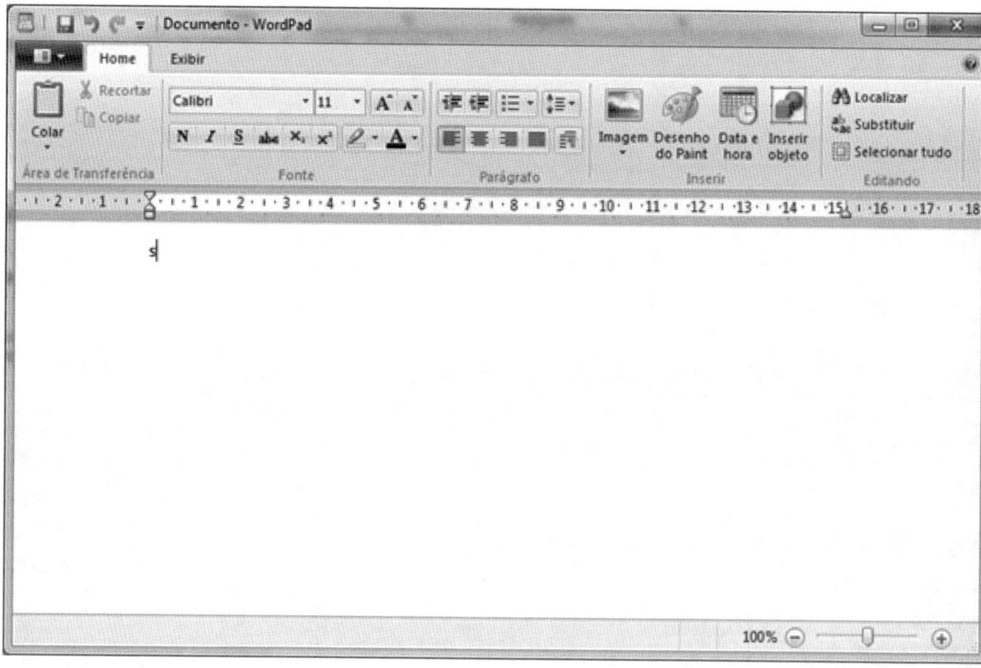

Paint

O Paint é um aplicativo que permite a criação de desenhos, suas ferramentas traçam desde simples linhas até quadros e círculos, bem como são capazes de apagar parte ou todo o desenho, duplicar parte ou todo o desenho, entre outras ações.

Seus arquivos por padrão possuem extensão .PNG, um formato de arquivo sucessor do .BMP (BITMAP).

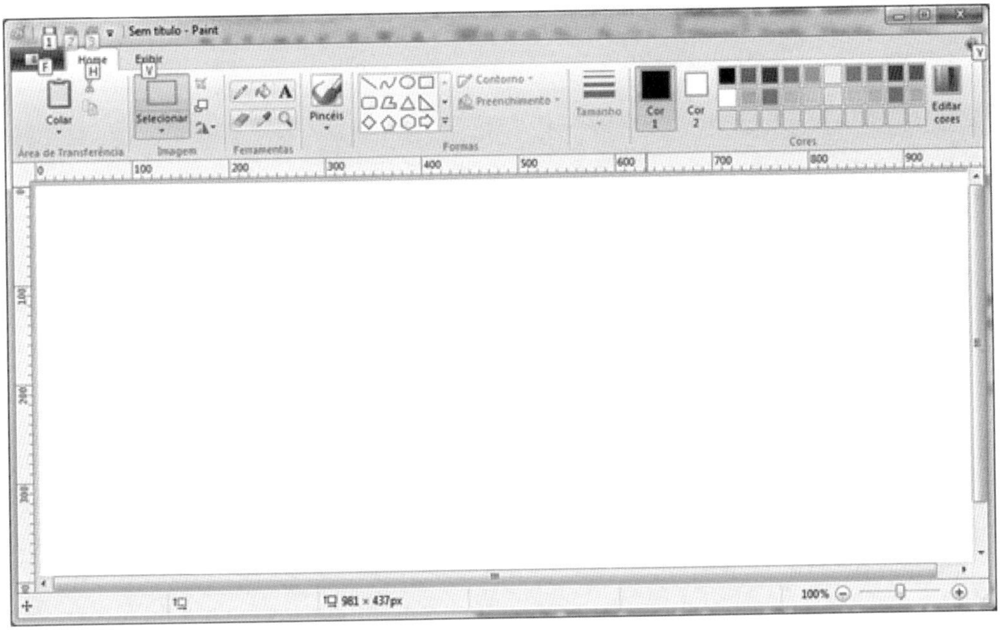

Bloco de notas

O bloco de Notas é um software que permite criar ou editar textos simples, sem recursos de formatação. Permite reparos em arquivos de sistema e também é muito usado para criação de páginas na linguagem html. Seus arquivos por padrão possuem extensão.TXT (somente texto).

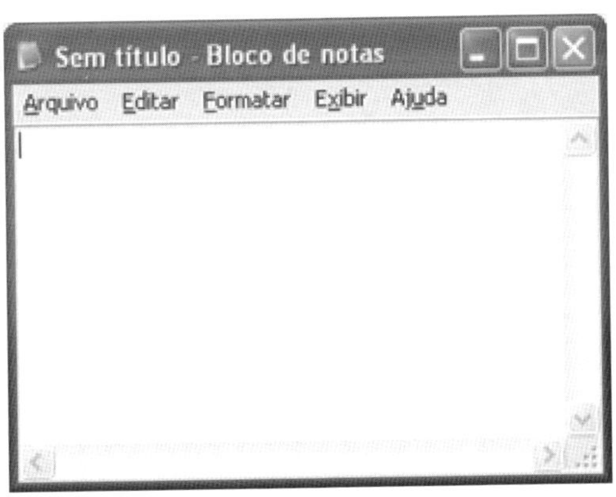

Algumas bancas (como por exemplo a FUNRIO) questionam se há possibilidade de se configurar CABEÇALHO e RODAPÉ no bloco de notas, é interessante ter ciência de que tal operação é possível através do menu ARQUIVO, comando CONFIGURAR PÁGINA.

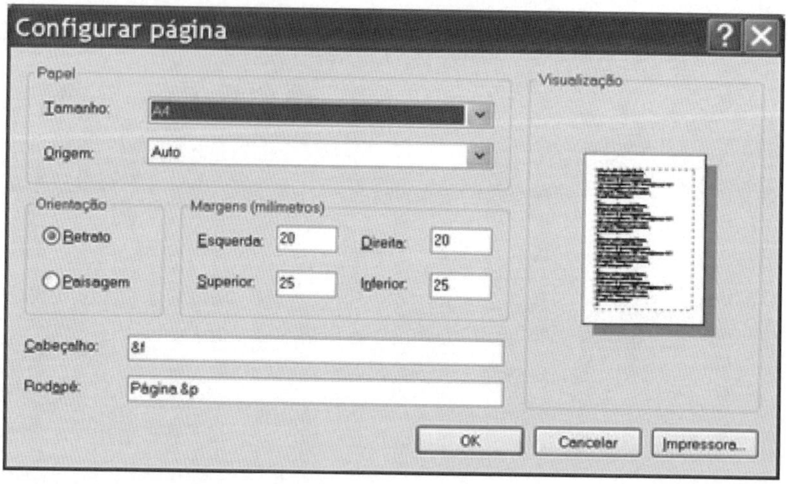

Embora os arquivos TXT não possam preservar formatação, é possível formatar a fonte do bloco de notas, sendo que a formatação será aplicada ao bloco de notas e não ao arquivo, ou seja, todo o texto será visualizado ou impresso com tal formatação incondicionalmente. Os formatos estarão atrelados ao aplicativo e não ao arquivo que são somente texto puro (caracteres da tabela ASCII*).

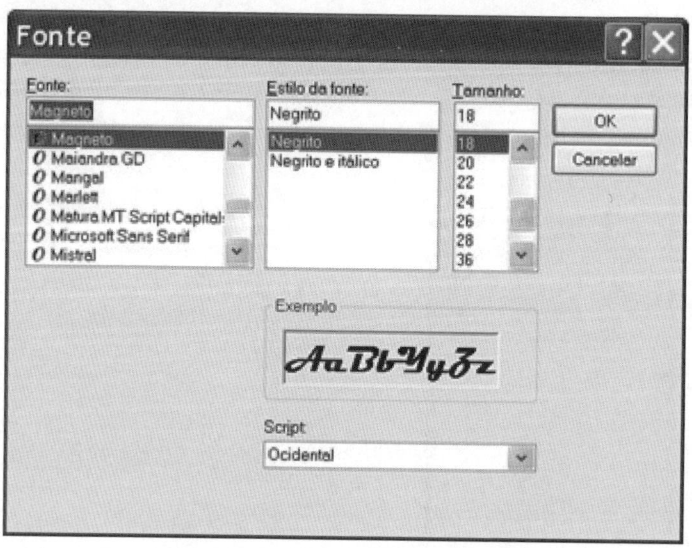

* ASCII (do inglês American Standard Code for Information Interchange; "Código Padrão Americano para o Intercâmbio de Informação") é um código binário (cadeias de bits: 0s e 1s) que codifica um conjunto de 128 sinais: 96 sinais gráficos (letras do alfabeto latino, sinais de pontuação e sinais matemáticos) e 32 sinais de controle. Fonte: http://pt.wikipedia.org/wiki/ASCII

4.11. Ferramentas de Sistema

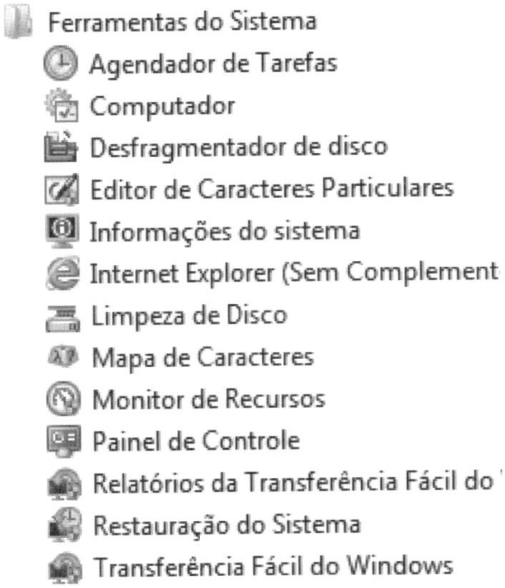

Contidas no grupo acessórios, estas ferramentas ajudam a manter o bom funcionamento da máquina (programas de manutenção e desempenho, comumente chamados de utilitários).

Desfragmentador de disco

A fragmentação é uma consequência da forma como o Windows salva os arquivos no disco, ele identifica a primeira unidade de alocação (cluster) vaga e vai ocupando-as mesmas, ainda que estas não sejam contíguas. Tal processo acaba prejudicando a performance do sistema na hora da execução dos programas ou acesso aos arquivos, tornando o acesso aos programas mais lento.

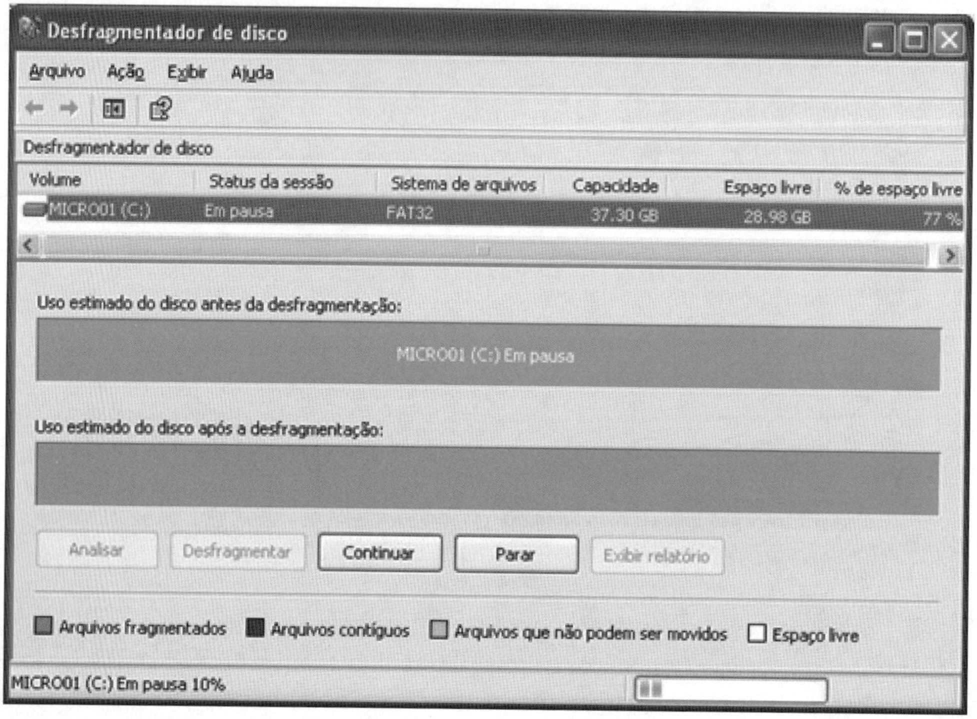

Limpeza de disco

O utilitário para limpeza de disco analisa o disco e identifica quais são os arquivos inúteis para que os mesmos possam ser apagados liberando espaço em disco.

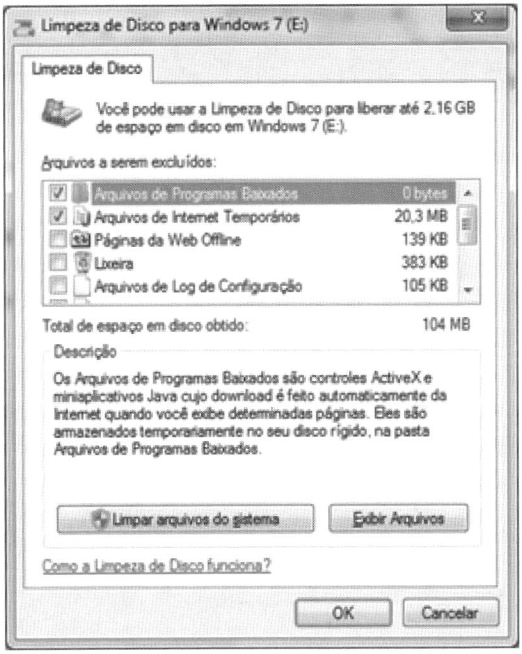

Transferência Fácil do Windows

Transfere arquivos e configurações para outro computador ou para uma nova instalação do sistema operacional no mesmo computador.

Admite transferir:

- Pastas e arquivos;
- Configurações, contatos e mensagens de e-mail;
- Contas e configurações de usuário;
- Configurações e favoritos da Internet.

A transferência poderá ser efetuada através de cabo USB, CD, DVD, HD Externo, pen-drive, ou através da rede local.

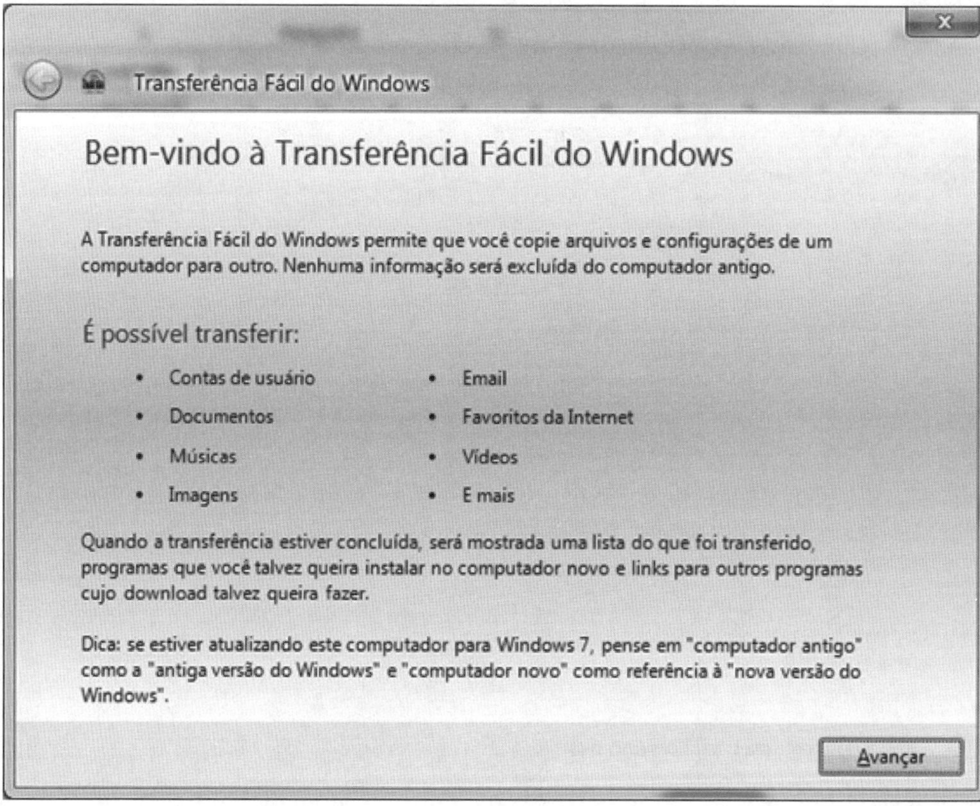

4.12. Winkeys (atalhos com a tecla Windows)

Winkey	Função
Win+E	Abrir o Windows Explorer
Win+D	Minimizar todas as janelas e levar à Área de Trabalho. Caso todas já estejam minimizadas, o atalho abre todas as janelas novamente.
Win+F	Abrir a ferramenta de pesquisa do Windows
Win+L	Bloqueia o computador
Win+M	Minimizar todas as janelas
Win+Shift+M	Maximizar janelas que foram minimizadas com o Win+M
Win+R	Abrir a ferramenta Executar
Win+F1	Abrir Ajuda do Windows
Win+Pause	Abrir Propriedades do Sistema
Win+Tab	Aero Flip 3D
Win+U	Abrir Central de Facilidade de Acesso

Capítulo 5

Windows 8.1

5.1. Funcionalidade

Enquanto o Windows 7 foi desenvolvido para computadores tradicionais, o Windows 8.1, lançado 3 anos após o Windows 7, foi feito para uma variedade mais ampla de dispositivos, como tablets, computadores com telas sensíveis ao toque e híbridos (*surface*) que combinam a versatilidade do Laptop com a mobilidade do Tablet.

5.2. Edições do Windows 8.1

O Windows 8.1 está disponível em 4 edições, sendo 3 edições do Windows 8.1 para uso doméstico, onde apenas 2 são comercializadas no varejo (Windows 8.1 e Windows 8.1 Pro), e 1 para uso empresarial (Enterprise), são elas:

5.2.1. Windows RT

Disponibilizado apenas OEM (pré-instalado em equipamentos novos) com processadores ARM (Advanced RISC Machine) de 32 bits, comuns em equipamentos portáteis como *Smartphones* e *Tablets*.

5.2.2. Windows 8.1

Disponibilizado como sucessor das versões Starter, Home Basic e Home Premium do Windows 7 em versões 32 ou 64 bits, com limites de memória RAM de 4GB e 128 GB, respectivamente.

5.2.3. Windows 8.1 Pro

Disponibilizado como sucessor das versões Professional e Ultimate do Windows 7 em versões 32 ou 64 bits, com limites de memória RAM de 4GB e 512 GB, respectivamente.

5.2.4. Windows 8.1 Enterprise

A edição Enterprise, disponível apenas para o segmento corporativo, assim como o Windows 8.1 Pro, apresenta versões 32 ou 64 bits, com limites de memória RAM de 4GB e 512 GB, respectivamente.

Edição/Versão	Limite de x86	Limite de x64
Windows 8 RT	4 GB	Indisponível
Windows 8	4 GB	128 GB
Windows 8 Pro	4 GB	512 GB
Windows 8 Enterprise	4 GB	

5.3. Novo Layout (leiaute)

5.3.1. Tela Iniciar (Interface Metro*)

O menu Iniciar foi substituído pela Tela Iniciar que utiliza todo o espaço de tela exibindo blocos que podem servir a muitas finalidades, como desde abrir aplicativos (como atalhos), a apresentar informações atualizadas, neste caso, sendo considerados blocos dinâmicos (substituindo os gadgets do Windows 7).

* A Microsoft utilizou "Metro" como um codinome para a nova tipografia/layout do Windows 8.X, indicado para dispositivos touchscreen, sendo este codinome abandonado em agosto de 2012 conforme wikipedia.

É possível remover aplicativos da Tela Iniciar caso não deseje utilizá-los, basta clicar com o botão direito do mouse (menu de contexto) sobre um bloco (também chamado de tile que é azulejo em inglês) e em seguida clicar em "Desafixar da Tela Inicial", ressaltando que este procedimento não desinstala o aplicativo do computador, somente remove o bloco.

Os blocos podem ter seus tamanhos alterados através de um clique com o botão direito (menu de contexto) e em seguida "Redimensionar", no Windows 8.1

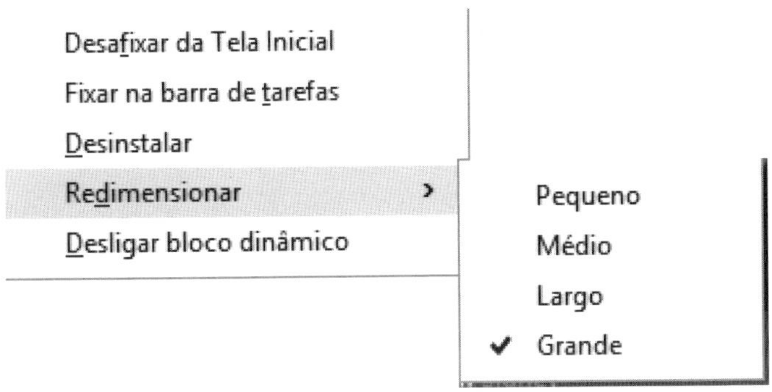

Caso haja mais blocos do que se consegue visualizar na Tela Iniciar é possível chegar até eles usando a barra de rolagem para a esquerda ou direita, ou ainda clicar no sinal de menos que aparece posicionando o mouse no canto inferior direito da tela, o que torna tudo menor, conforme imagem a seguir:

A tecla **Windows** ou o atalho de teclado **Ctrl+Esc** dão acesso à Tela Iniciar.

5.3.2. Botões da *Charm Bar* (barra de charmes)

O Windows 8.1 tem alguns botões padrão, que não mudam, e que são exibidos quando passamos o mouse sobre uma área chamada "canto ativo", localizada na parte inferior direita de qualquer janela, ou ainda através da combinação de teclas **Windows+C**.

Os botões incluem:

- Pesquisar 

Abre o painel de pesquisa que permite procurar por qualquer item (coisa) no computador.

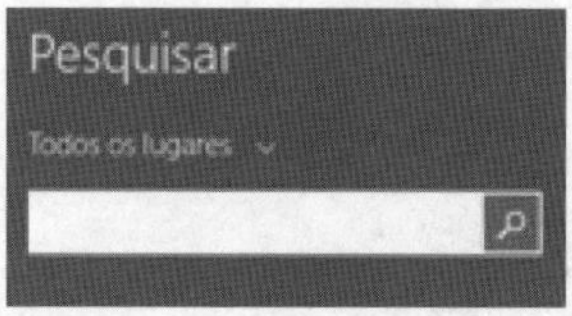

Caso o usuário queira pesquisar especificamente por arquivos pode utilizar o atalho de teclado Windows+F.

Caso o usuário queira pesquisar especificamente por configurações pode utilizar o atalho de teclado Windows+W.

- Compartilhar 

Oferece o acesso a recursos de compartilhamento associadas ao aplicativo que estiver em uso.

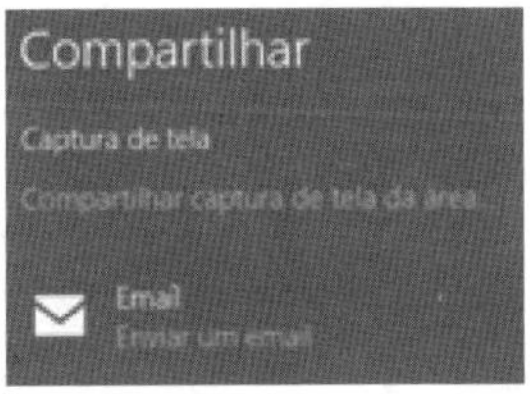

- Iniciar 

Oferece acesso à Tela Inicial.

- Dispositivos 

Acessa configurações relacionadas com dispositivos (vídeo, impressora, data show) de acordo com a tela ou o aplicativo atual.

- Configurações 

Utilize este botão para visualizar o hub (concentrador) de configurações do computador.

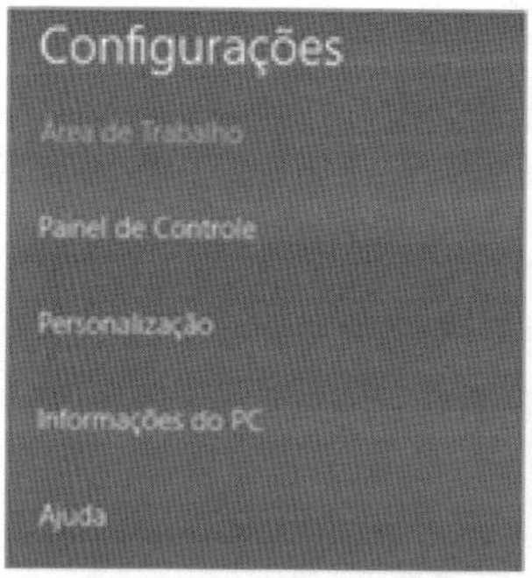

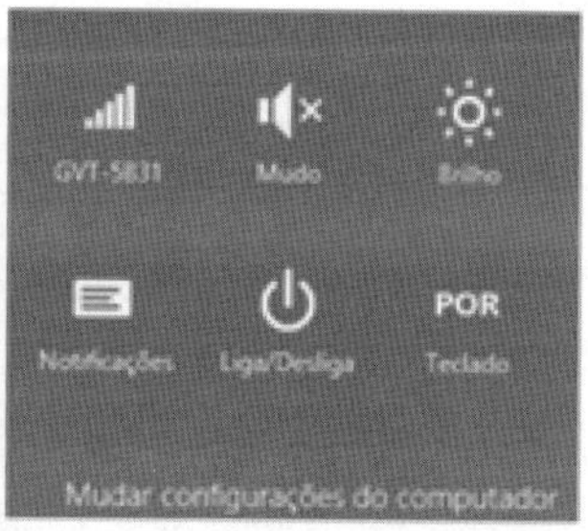

5.3.3. Área de Trabalho Tradicional

Área de trabalho tradicional

A área de trabalho tradicional pode ser acessada através do atalho de teclado Windows+D, ou do bloco Área de Trabalho contido na Tela Inicial.

Essa é a tela em que a lixeira e a barra de tarefas estão presentes, esta continua tendo a área de notificação e apresenta uma diferença muito importante entre o Windows 8.0 e o Windows 8.1.

A versão inicial do Windows 8.0 não apresenta o botão Iniciar na barra de tarefas. A versão atualizada, Windows 8.1 (cujo download é gratuito para usuários do Windows 8.0) **retornou com o Botão Iniciar** que dá acesso à Tela Inicial através de um clique com o botão esquerdo (default*), ou às configurações avançadas a partir de um clique com o botão direito do mouse (menu de contexto).

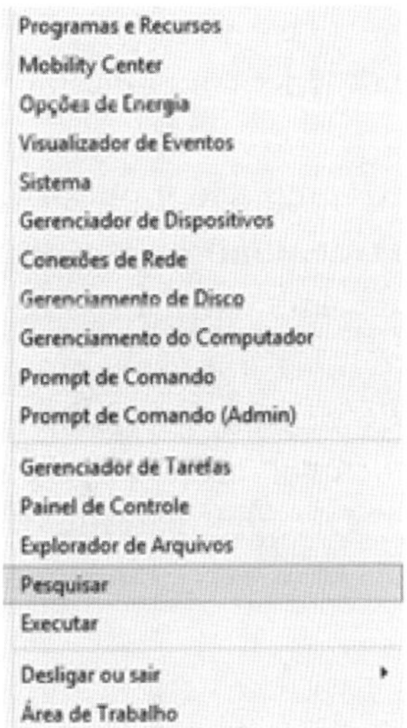

5.3.4. Manipulando Janelas

Embora o Windows 8.1 tenha sido projetado com suporte a telas de toque (touchscreen), em concursos públicos ainda estamos muito associados ao uso de computadores com teclado e mouse, logo questões envolvendo tais dispositivos são muito frequentes.

A terminologia Aero foi descontinuada, os recursos *Aero Glass* (aparência vidro translúcido), *Aero Peek* (que permitia espiar a área de trabalho através das janelas) e o Aero Flip 3D foram desativados. Já o recurso *Aero Shake* continua existindo, mas passa a ser referenciado pela literatura técnica de como SACUDIR ou BALANÇAR A JANELA A MANTER.

* Default=Padrão

O *Snap* continua existindo, recurso para redimensionar as janelas, sendo utilizado para ocupar a metade da tela, maximizar, restaurar ou minimizar por meio da combinação das teclas Windows com as respectivas setas (→, ←, ↑, ↓)

Agora não há problema em deixar diversos aplicativos abertos, agora quando não estão em uso, eles se tornam inativos e consomem poucos recursos do computador. A alternância entre estes programas abertos continua se dando a partir do atalho de teclado ALT+TAB.

5.4. Contas de Usuário

O Windows 8.1 permite utilizar 3 opções de contas de usuário, conta local, conta de domínio e conta da Microsoft.

- Conta local, disponível apenas a partir de seu próprio computador pessoal.
- Conta de domínio, disponível apenas a partir de sua rede Windows baseada em um domínio* do Active Directory**, mais utilizado em ambientes corporativos.
- Conta da Microsoft (recomendada), é uma conta de usuário móvel, armazena informações na nuvem computacional e sincroniza configurações online para que os múltiplos computadores de um usuário tenham a mesma aparência, como o histórico do navegador, a imagem da conta e as cores; permite baixar aplicativos da Windows Store e acessa conteúdos online nos aplicativos da Microsoft automaticamente.

OBS: Vale ressaltar que apenas o perfil do usuário (preferências pessoais) é sincronizado, não sendo possível acessar programas de outras máquinas ou dispositivos, como impressora e webcam, de outros computadores.

As contas de usuário podem ser definidas com os seguintes perfis:

- Administrador
- Usuário padrão
- Filho

* Domínio: Um grupo de computadores que compartilham de uma diretiva de segurança e de um banco de dados de contas de usuário. Um domínio do Windows não é o mesmo que um domínio de Internet.

** Active Directory: Implementado a partir do Windows 2000 Server, integra e utiliza padrões de domínios e segurança em uma rede Windows.

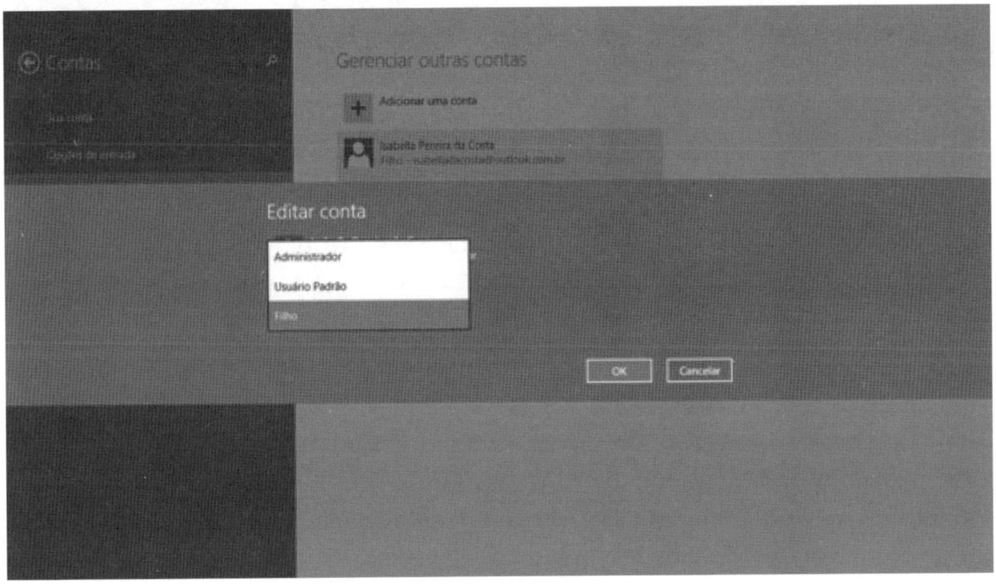

5.4.1. Logon

A identificação para ingresso em um sistema Windows, seja por boot* ou bloqueio, poderá se dar por meio de: Senha, PIN ou Imagem.

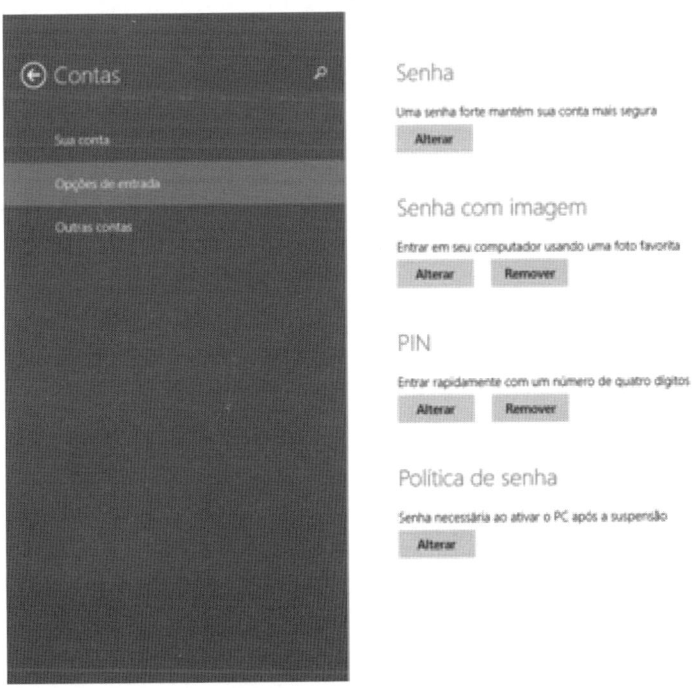

* Boot: Inicialização da máquina, partida a frio, carga do sistema operacional.

Senha: Procure utilizar senhas fortes, formadas por no mínimo 6 caracteres alfanuméricos.

PIN (número de identificação pessoal): Permite o rápido ingresso a partir de um número de 4 dígitos.

Imagem: Essa é uma importante novidade do Windows 8.1, como ele é muito indicado para computadores com telas sensíveis ao toque, e esta inclusive é uma tendência de mercado, o desbloqueio pode se dar a partir de movimentos sobre uma imagem na tela bloqueada (muito comum em smartphones).

OBS: Atalho para bloqueio (ausência temporária) é Windows + L.

5.5. Gerenciamento de Arquivos e Pastas

O tradicional Windows Explorer foi substituído pelo **Explorador de Arquivos**, e não foi só o nome que mudou, seu leiaute foi remodelado, baseado em uma faixa de opções, assim como os demais aplicativos do MS Office. A faixa de opções é contextual, as guias e opções mudam de acordo com o objeto selecionado no painel de navegação.

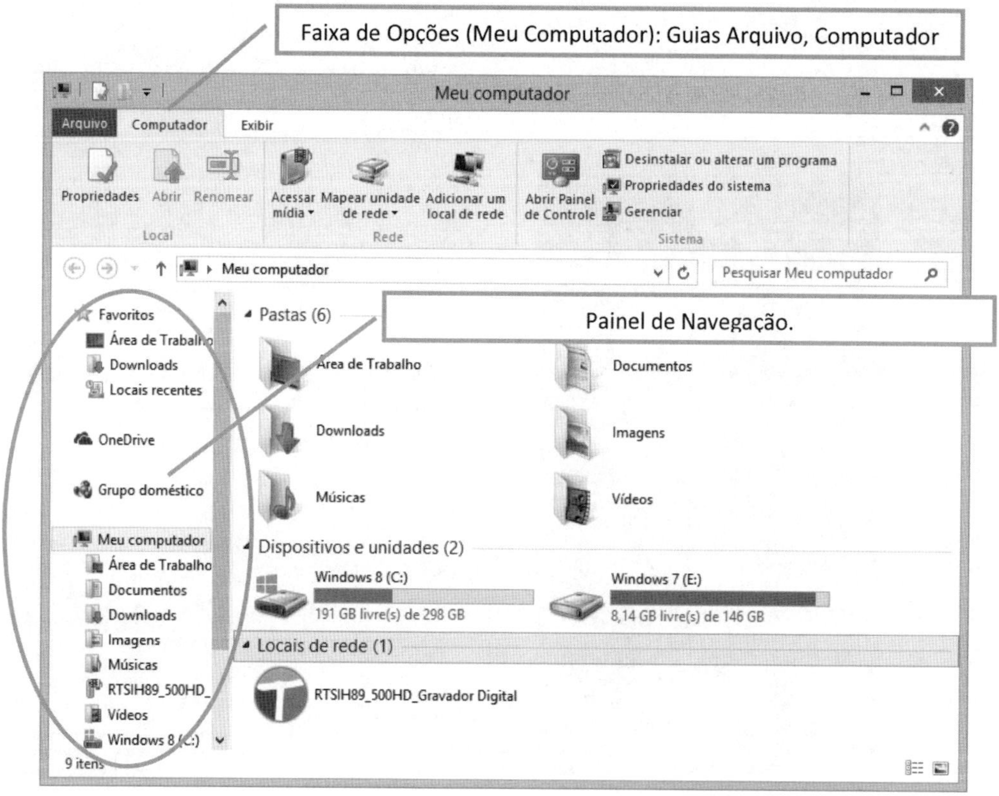

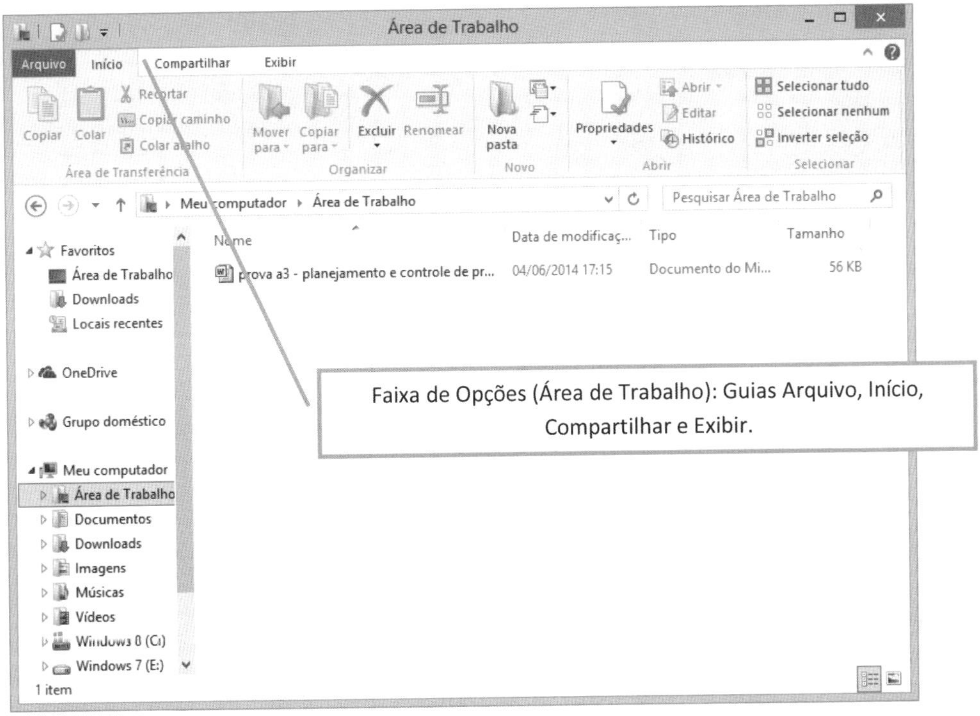

Guia ARQUIVO:

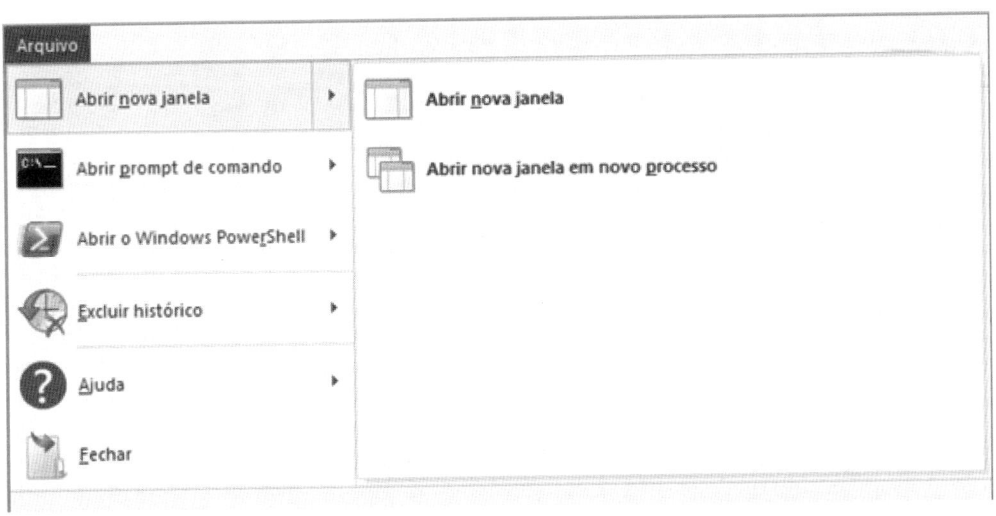

Abre uma nova janela do Explorador de Arquivos, prompt de comandos, limpe o histórico, obtenha ajuda ou acesse seus locais favoritos para armazenar dados.

Guia Computador:

Guia INÍCIO:

Guia que reúne comandos mais utilizados para gerenciamento: copiar, mover, renomear, excluir, selecionar, criar pastas, podendo variar de acordo com o objeto selecionado.

OBS: Sabemos que a lixeira armazena os últimos arquivos excluídos de discos fixos (HD interno ou externo). Os arquivos ao serem excluídos, **quando enviados para a lixeira, não mais exibem caixa de diálogo para confirmação.**

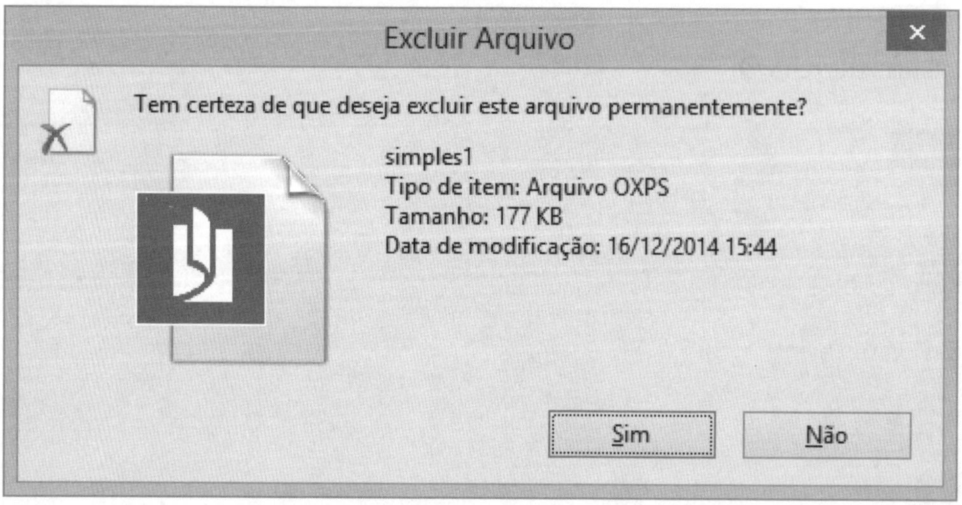

A confirmação agora só aparece quando o arquivo é excluído definitivamente, ou seja, com auxílio da tecla shift durante a exclusão, ou, quando se trata de uma mídia como pen-drive, CD, DVD, pois nestes casos os arquivos são incondicionalmente excluídos permanentemente.

Guia COMPARTILHAR:

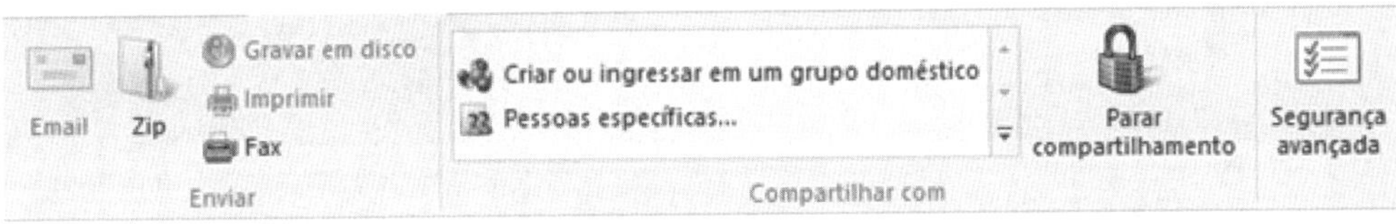

Permite compactar, gravar CD ou DVD, imprimir, enviar Fax, compartilhar com outros usuários da rede doméstica.

Guia EXIBIR:

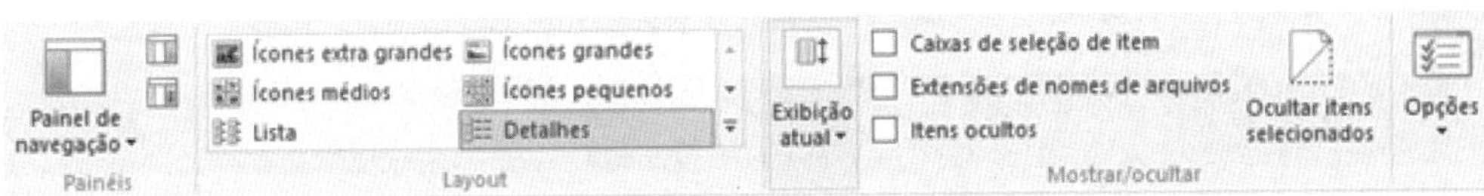

Permite alterar os modos de visualização. Continuamos com 8 modos de exibição, se compararmos com o Windows 7, entretanto o modo ***lado a lado*** foi substituído por ***blocos***.

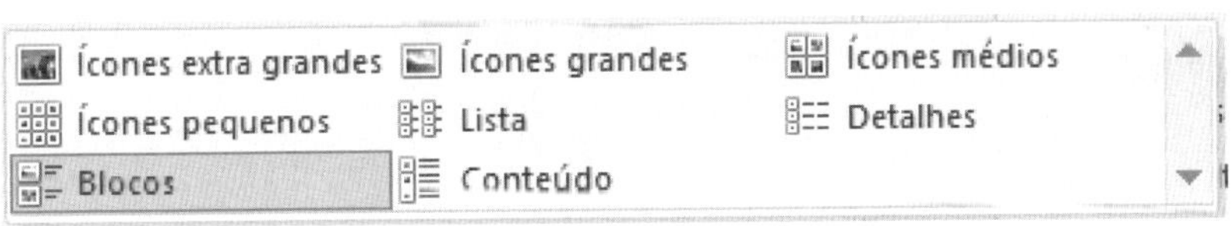

5.6. Novidades do Windows 8

5.6.1. Arquivos

O Windows 8 oferece suporte nativo a arquivos PDF através do aplicativo Leitor.

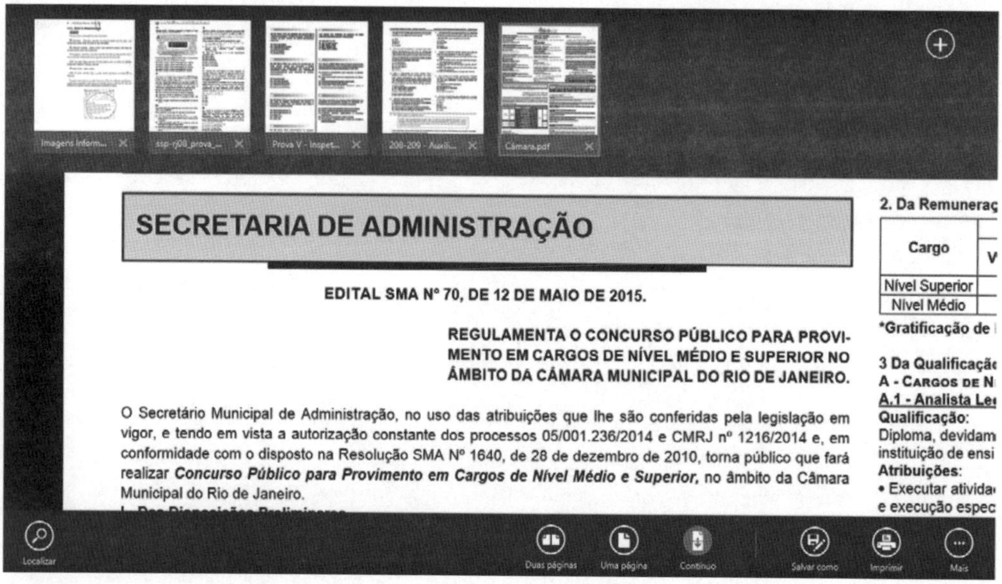

Oferece também suporte nativo a arquivos **ISO** e **VHD** (nas versões anteriores era necessário "gravar imagem do disco" em mídias removíveis por se tratarem de extensões de arquivos de imagens de CD, DVD), bastando selecionar o arquivo através do Explorador de Arquivos, clicar com o botão direito (clique inverso) e em seguida clicar em "**Montar**".

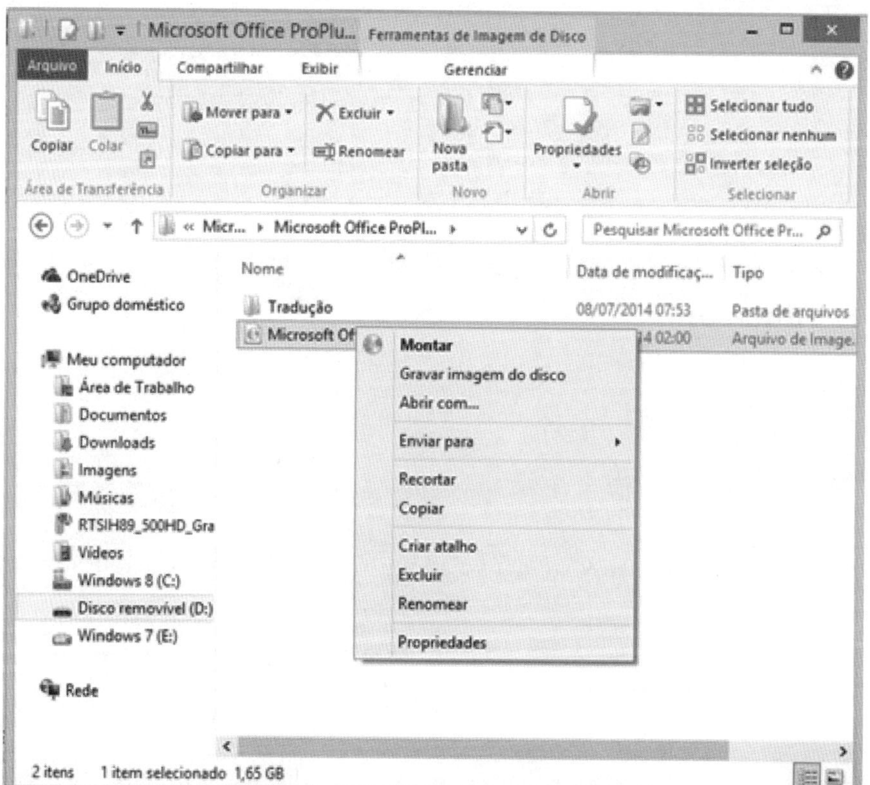

Desta forma será possível manipular os arquivos contidos no ISO ou VHD como se eles fossem uma unidade física (E:, F:, G:) . Para "desmontar" deve-se selecionar a unidade virtual criada e em seguida clicar em **"Ejetar"**.

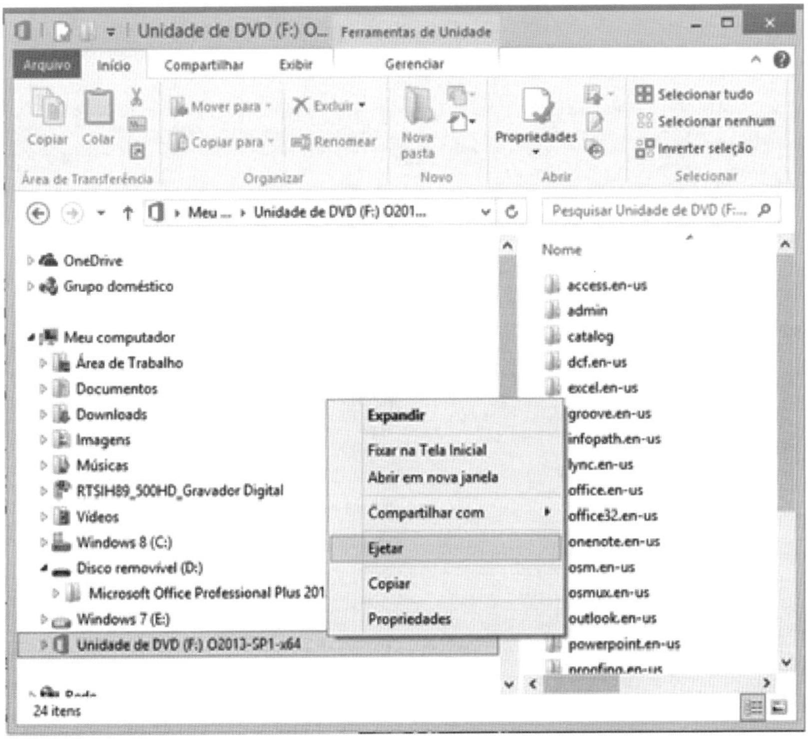

5.6.2. Painel de Controle

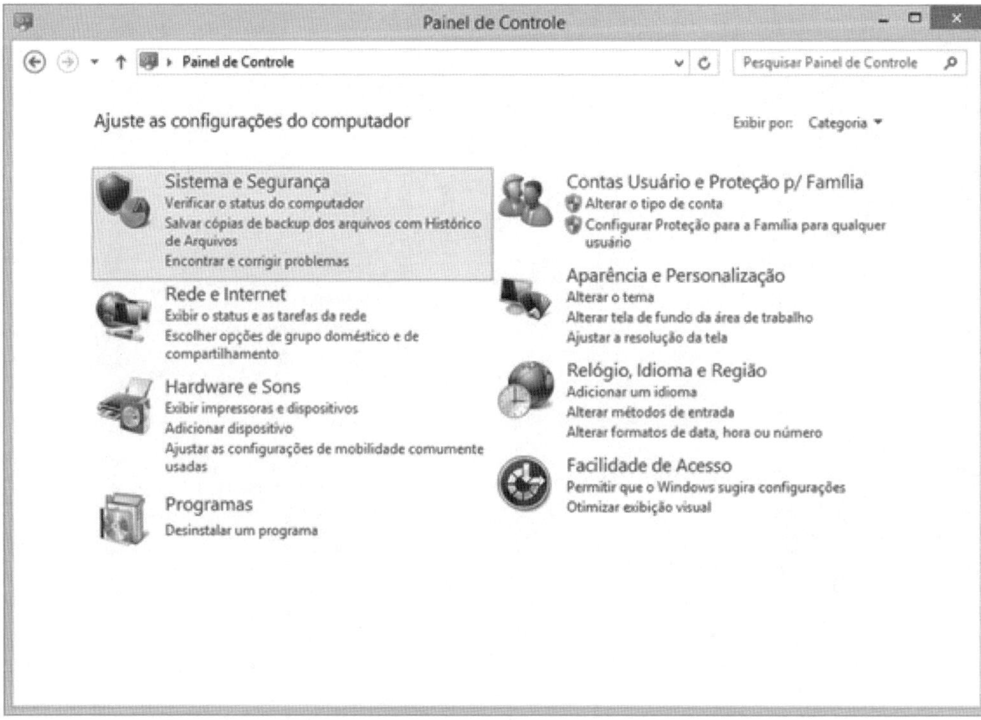

5.6.2.1. Proteção para a Família

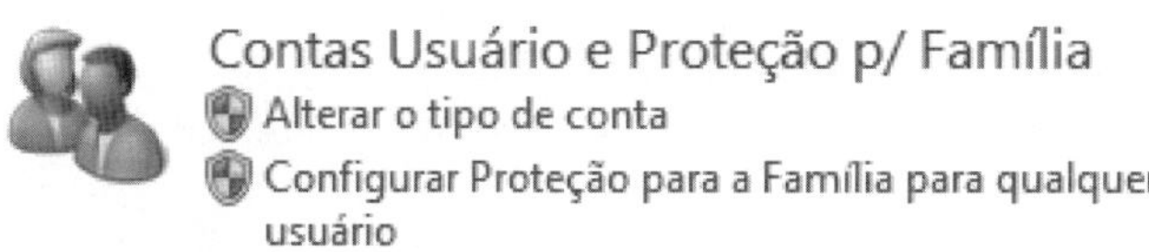

É necessário ter uma conta de usuário definida como “filho” para habilitar a proteção para a família.

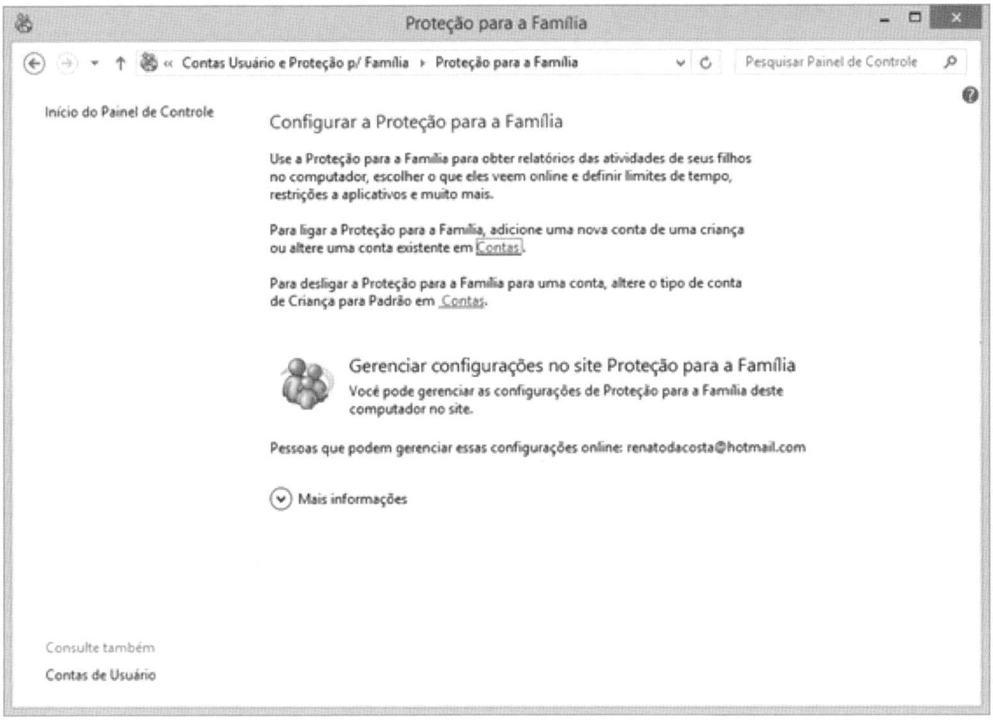

Após habilitar a *Proteção para a Família* é possível estabelecer limites de tempo para utilização do computador e restringir aplicativos, jogos, sites e downloads e gerar relatórios para monitoramento de suas atividades quanto à utilização do computador e recursos.

5.6.3. Aplicativos (ferramentas de sistema e acessórios)

5.6.3.1. Windows Defender

O Windows Defender que originalmente (em versões anteriores) era uma proteção contra Spywares agora também conta com a proteção contra vírus, ou seja, é um Antivírus gratuito do Windows 8.1.

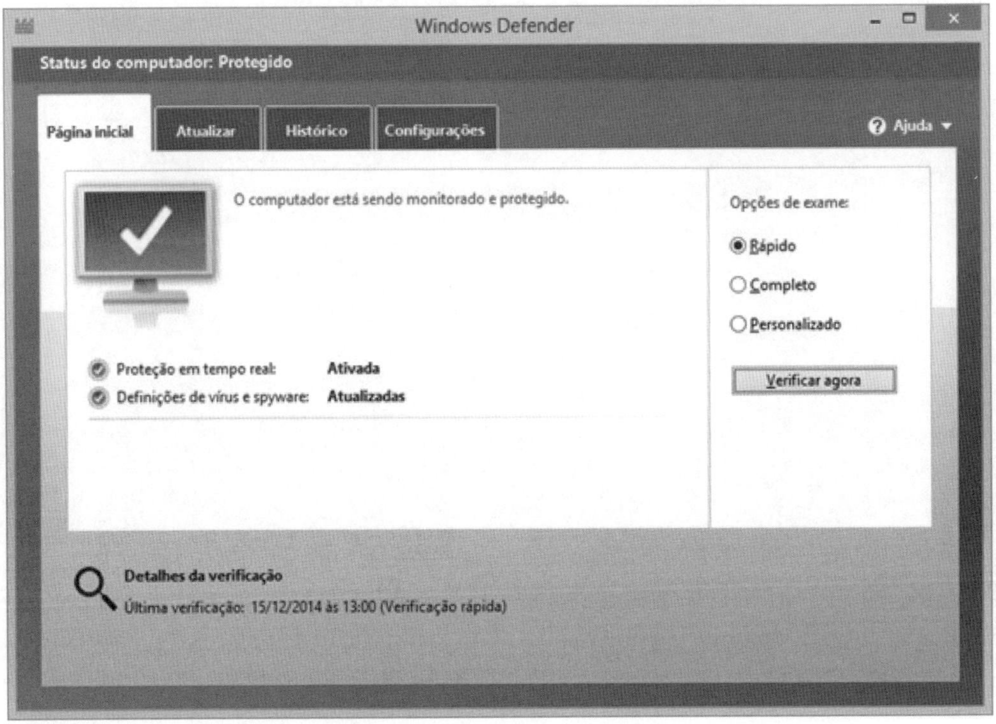

5.6.3.2. Histórico de Arquivos

É uma novidade do Windows 8.1 que permite um backup automático dos arquivos de suas bibliotecas, contatos, favoritos e área de trabalho.

Para isto é necessário ativar o recurso e especificar o local do backup.

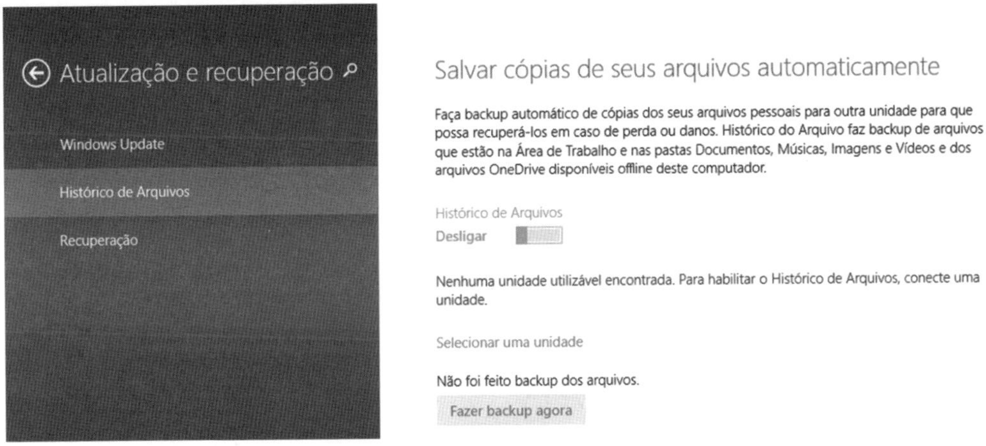

5.6.3.3. Painel de Expressões Matemáticas

Incrível o funcionamento desta ferramenta, ela permite desenhar expressões matemáticas de próprio punho e automaticamente interpreta os caracteres permitindo que a expressão seja inserida em aplicativos quaisquer, como um e-mail ou documento.

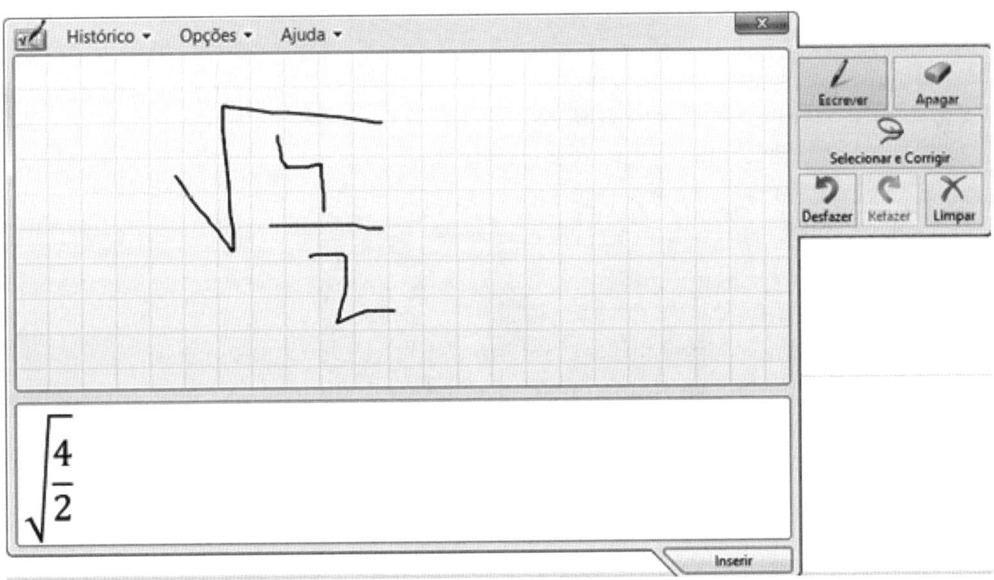

Desgragmentação de Discos

A desfragmentação reorganiza as informações em clusters (unidades de alocação contíguas), melhorando o desempenho de acesso às informações contidas no disco.

Por padrão o Windows 8.1 desfragmenta automaticamente as unidades de disco uma vez por semana, este processo inclui todas as unidades de disco internas, exceto as SSD.

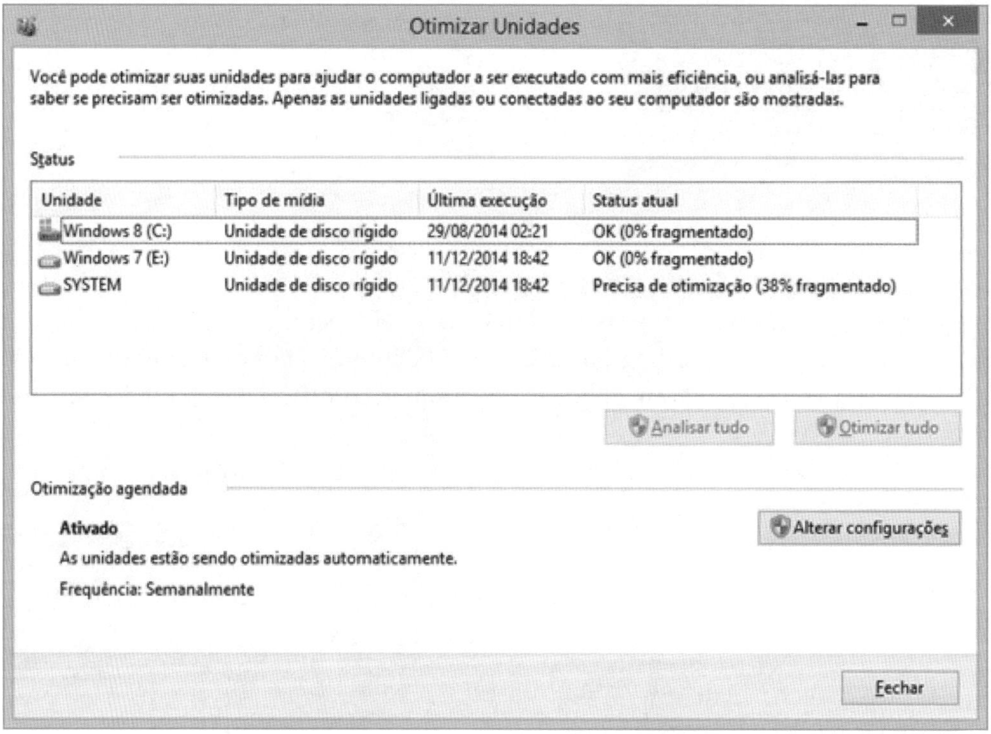

Cartões de memória, pen-drives e SSD (Solid State Disk), ao contrário das mídias magnéticas, não devem ser desfragmentados, tal procedimento, devido à tecnologia que utilizam (flash) reduziria sua vida útil e não traria nenhum tipo de benefício.

5.6.3.4. Gerenciador de Tarefas

O Windows 8 apresenta um novo Gerenciador de Tarefas que pode ser inicializado de 5 maneiras, são elas:

- Ctrl+Alt+Del e em seguida Gerenciador de tarefas;
- Diretamente através de Ctrl+Shift+Esc;
- Windows + X (menu oculto do Windows 8) e em seguida clicar em Gerenciador de tarefas;
- Busca na tela Inicial pela palavra tarefas
- 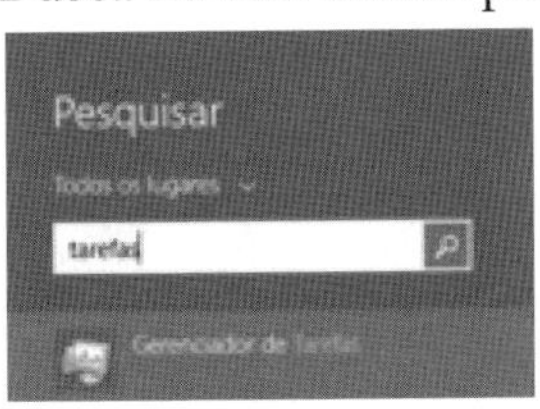

- Na lista todos os Aplicativos

Clicando em (˅) Mais detalhes é aberta a janela a seguir com mais recursos de gerenciamento.

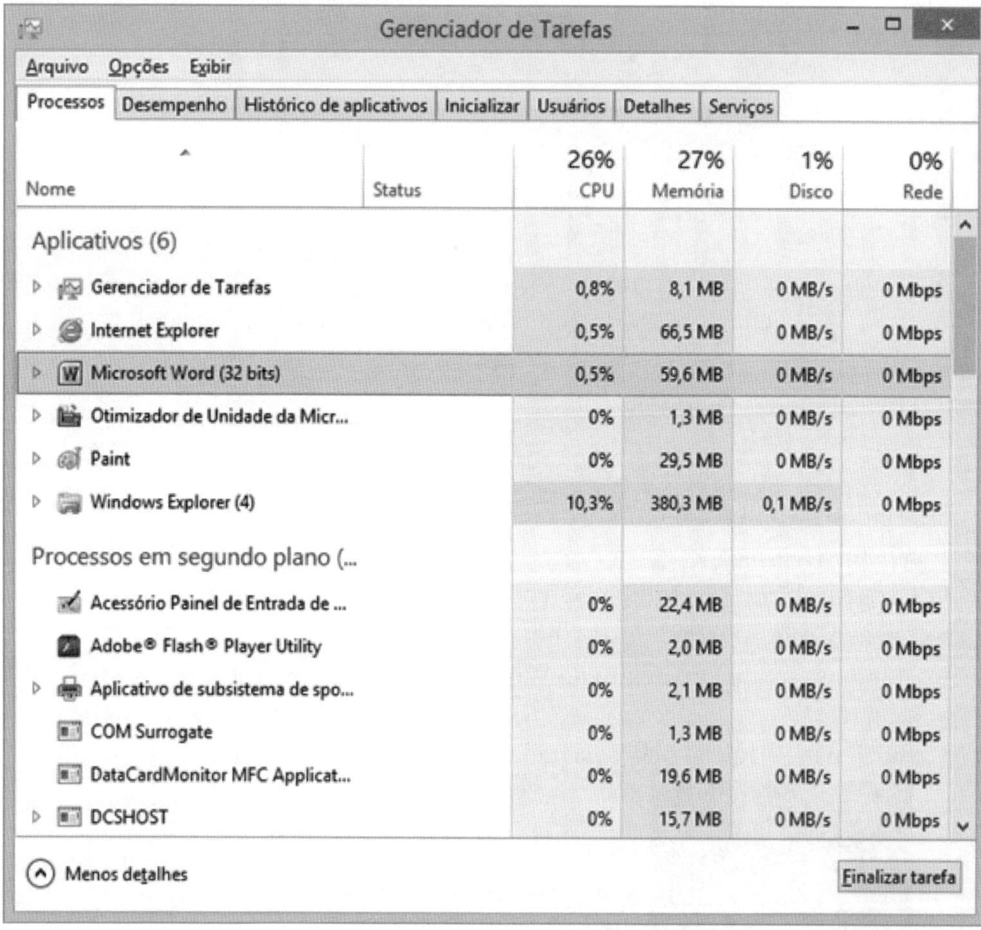

5.6.4. Aplicativos Sociais

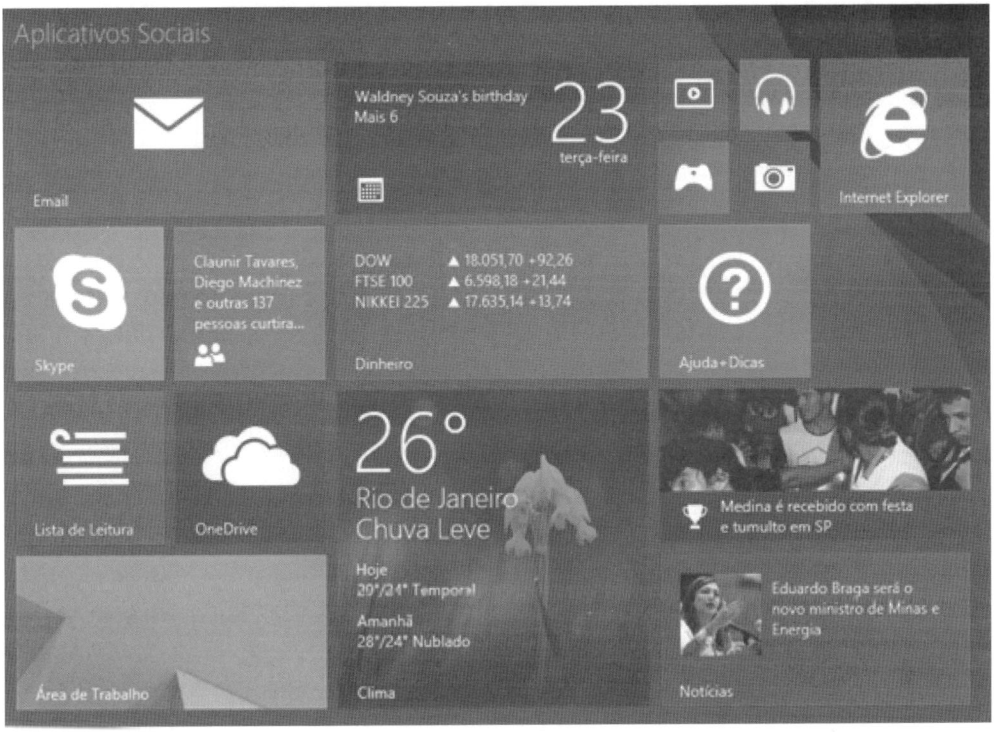

5.6.4.1. Email

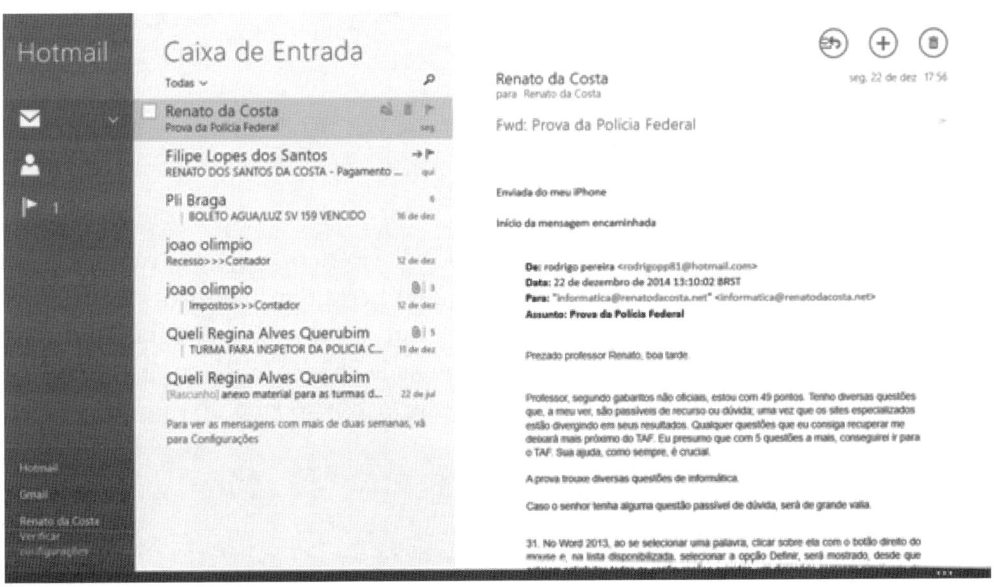

O Windows 8 não possui Outlook Express, seu aplicativo para ler correio eletrônico chama-se Email e permite a manipulação de diferentes contas de correio eletrônico a partir de uma interface minimalista, focando a navegação e leitura das mensagens.

 Responder (dá acesso a Responder/Responder a todos e Encaminhar)

 Novo

 Excluir

Ao clicar em novo, é apresentado o fragmento da janela a seguir:

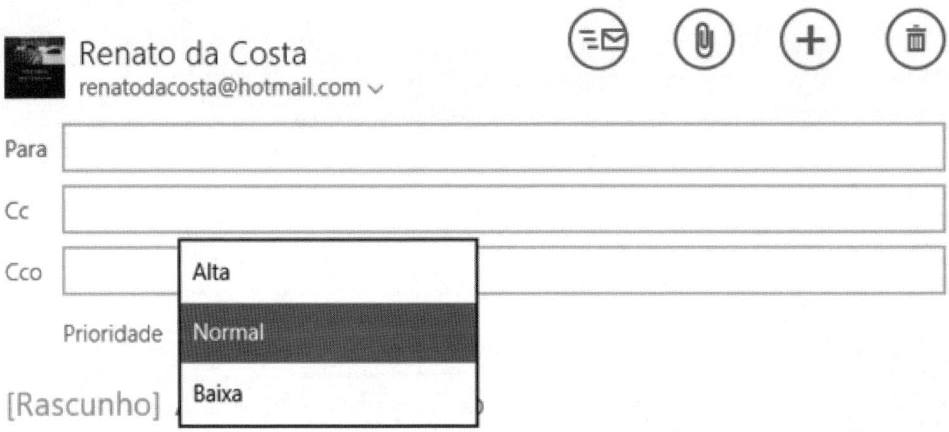

O botão  permite anexar mensagens de correio eletrônico, e os campos Para:, Cc: (cópia carbono) e Cco: (cópia carbono oculta) permitem inserir os destinatários das mensagens, sendo cada destinatário do campo Cco: oculto para os demais destinatários. Enquanto a mensagem não for enviada chama-se Rascunho e pode ser acessada na caixa de entrada com a respectiva informação ao lado do campo assunto.

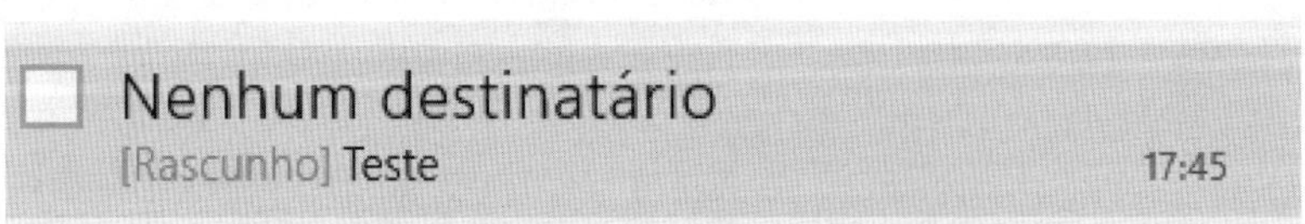

A partir de um clique em  é possível acessar as demais pastas padrão de clientes de e-mail:

5.6.4.2. Skype

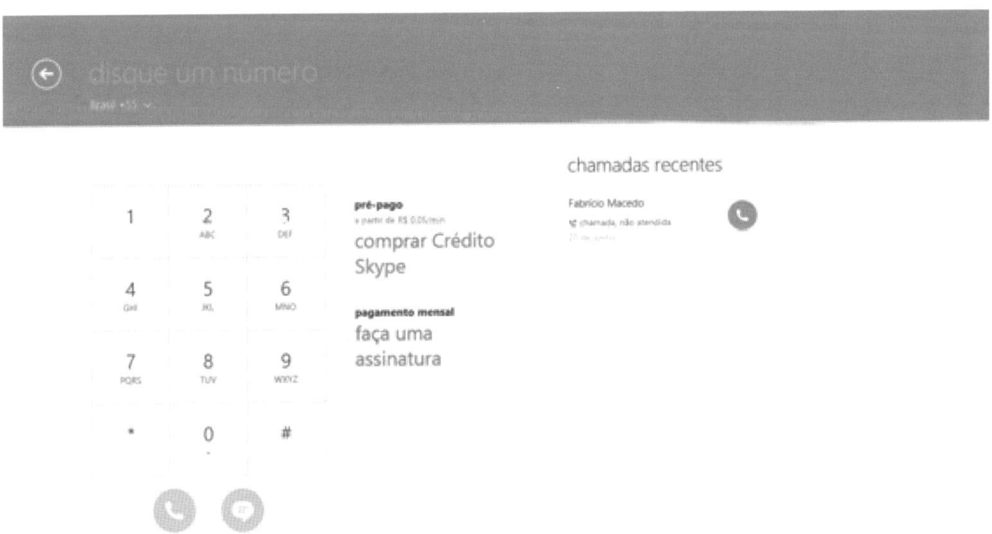

Por ter sido adquirido pela Microsoft, o Skype passou a integrar o Windows 8.1 de maneira nativa, oferecendo comunicação de voz através da Internet (VoIP*), entre computadores e/ou telefones fixos ou celulares, além de permitir a troca de mensagens de texto, realizar videoconferências e transferir arquivos.

* VoIP é um assunto que será melhor abordado no capitulo de Internet.

5.6.4.3. SkyDrive → OneDrive

Caso o logon tenha sido feito com uma conta Microsoft, a pasta SkyDrive que teve seu nome alterado para OneDrive estará disponível automaticamente para que possamos manipular arquivos diretamente na nuvem.

Os arquivos salvos/copiados, renomeados ou excluídos da pasta serão sincronizados na nuvem desde que para isto a conexão com a internet esteja ativa.

5.6.4.4. Pessoas

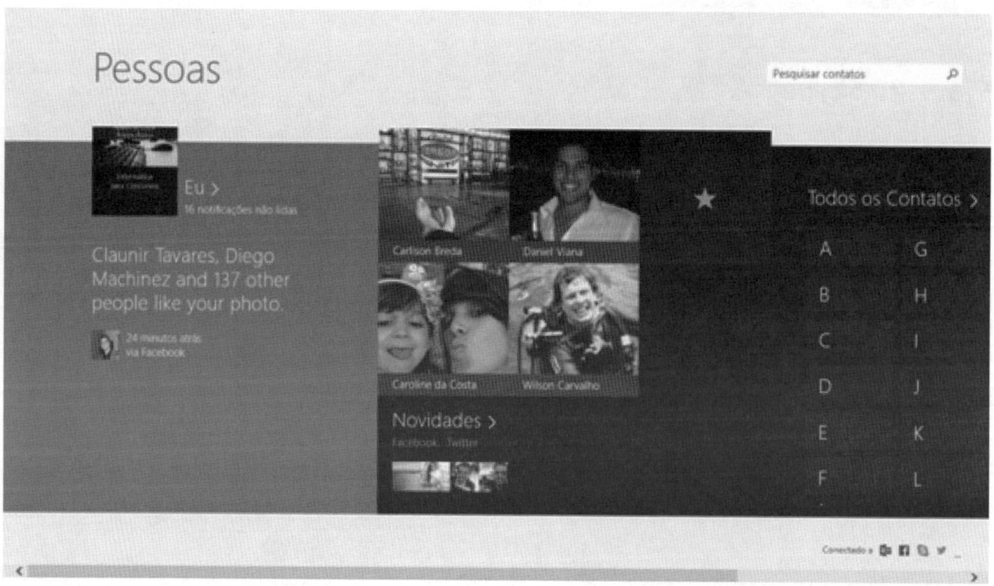

É um aplicativo que integra contatos do Facebook com os contatos do Hotmail e Windows Live Messenger.

5.6.4.5. Calendário

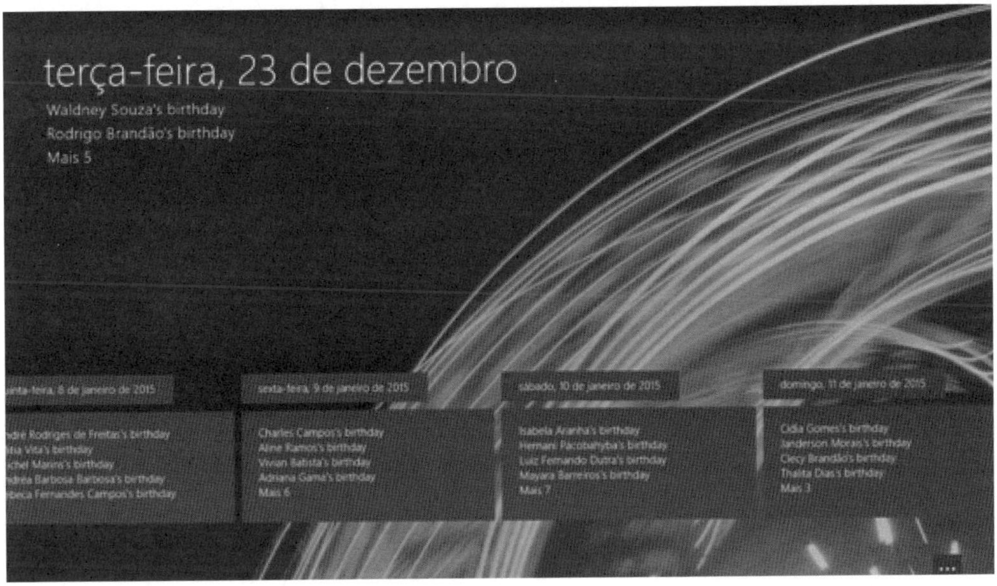

Funciona como uma agenda, permitindo a manipulação de eventos e obtendo automaticamente os dados de calendários de todas as contas adicionadas ao aplicativo Email (os eventos de cada conta são identificados com cores distintas).

5.6.4.6. Loja

Permite a procura e instalação de aplicativos testados, aprovados e garantidos pela Microsoft como funcionais e livres de spywares ou adwares*.

* Spywares e adwares são softwares maliciosos, assunto abordado no capitulo de Segurança da Informação.

Assim como torna-se cada vez mais comum a aquisição de aplicativos em smartphones, a Loja do Windows 8.1 é similar à Apple Store do iOS (sistema operacional do iPhone e do iPad) ou Google Play Store do sistema operacional Android.

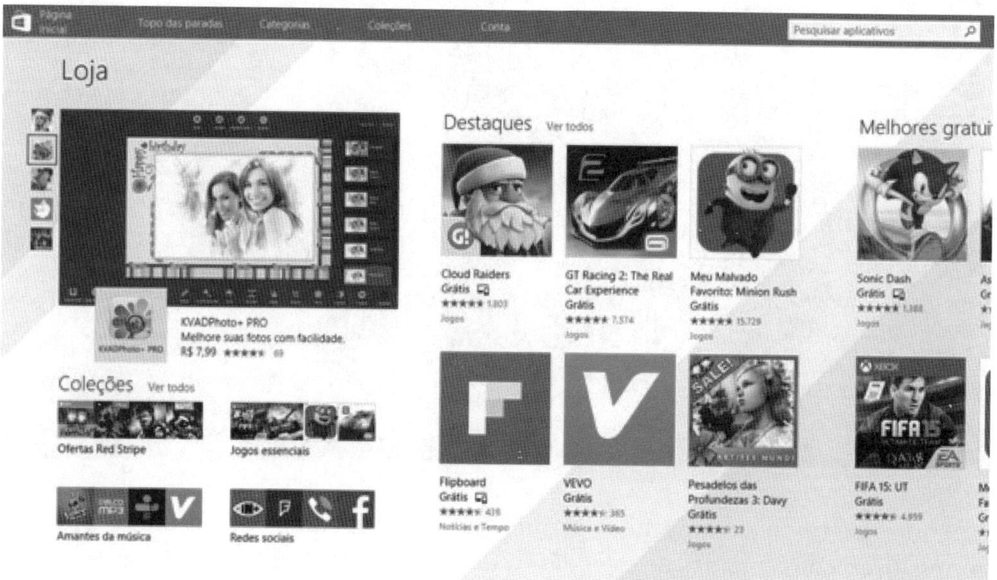

Esta aplicação está disponível desde que o usuário faça login com uma conta Microsoft, algumas aplicações são gratuitas outras pagas.

Caso haja atualizações das aplicações adquiridas na Loja do Windows 8.1 a quantidade irá aparecer no canto inferior direito do ícone para indicar que precisam ser baixadas:

Capítulo 6

Conhecendo o Microsoft Word

6.1. Introdução

O MS Word é um software aplicativo para Windows contido no pacote MS Office, da categoria de "processadores de texto" que permite a criação de diversos tipos de documentos.

É possível carregar/iniciar o MS Word de diversas maneiras, dentre elas, uma não muito convencional, mas importante para provas, se dá a partir da caixa de diálogo Executar, digitando o nome de seu executável: winword.exe

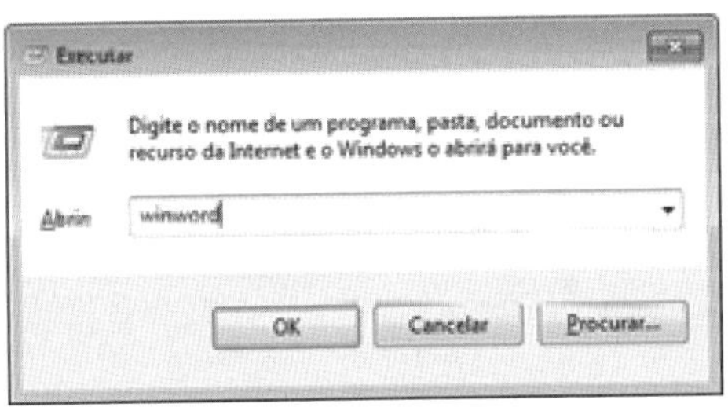

6.2. Histórico

Versões comercializadas do Word:

- 2.0
- 6.0
- 7.0
- 97
- 2000
- XP (2002)
- 2003
- 2007
- 2010
- 2013

Neste capítulo iremos abordar o MS Word de forma genérica, utilizando o layout do MS Word 2013 e ressaltando as diferenças/novidades mais relevantes para as bancas atualmente.

6.3. Interface do MS Word (v.2013)

6.3.1. Barra de Título

A barra que aparece no topo da janela é conhecida como BARRA DE TÍTULO. Ela identifica o aplicativo e o nome do arquivo em uso.

6.3.2. Barra de Ferramentas de Acesso Rápido

Localizado por padrão na extremidade esquerda da barra de título, ao lado do ícone de controle, a barra de ferramentas de acesso rápido oferece por padrão 3 ícones – Salvar, Desfazer e Repetir/Refazer –.

É possível alternar a exibição da barra de ferramentas de acesso rápido entre acima ou abaixo da faixa de opções e ainda personalizar seus botões, inserindo ou removendo ícones, para isto basta clicar na seta que aparece ao lado (⩧) e no menu que se abre, marcar os itens desejados.

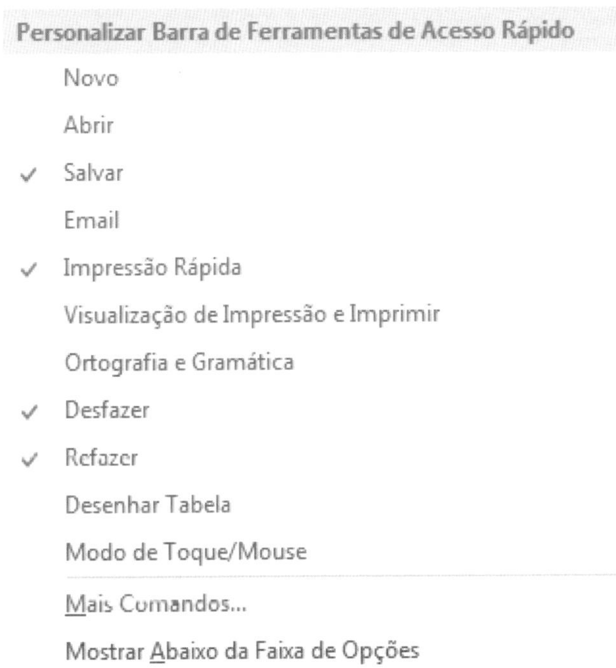

6.3.3. Faixa de Opções (Ribbons Tollbar)

Desde a versão do MS Office 2007 o Word deixou de apresentar a clássica barra de menus*, tendo seu *layout* (leiaute) remodelado, substituindo-a por uma **faixa de opções** conforme imagem a seguir:

A faixa de opções contém Guias ou Abas (em número de 9), que precisam ser memorizadas durante a preparação para as provas de concursos.

* Barra de Menus, até a versão do MS Word 2003;

Guias do MS Word 2013 (P A R E I LA DE CO RE)		
P	ágina Inicial	P A R E I (Página Inicial, Arquivo, Revisão, Exibição e Inserir) Estas são guias comuns ao Word, Excel e PowerPoint (em ambas as versões do MS Office, 2010 e 2013)
A	rquivo	
R	evisão	
E	xibição	
I	nserir	
LA	yout da página	LA (Layout da Página)
DE	sign	DE (Design) Novidade do Word 2013, não existia no Word 2010.
CO	rrespondências	CO RE (Correspondências e Revisão)
RE	ferências	

6.3.4. Faixa de Opções e Barras de Ferramentas

A faixa de opções pode exibir ou esconder sua barra de ferramentas através da combinação de teclas CTRL+F1.

6.4. Guia Arquivo

A guia **Arquivo** dá acesso ao modo de exibição ***backstage***, que não permite visualizar ou editar o documento, apenas manipular o arquivo como um todo (novo, abrir, salvar, imprimir, compartilhar, exportar, fechar, opções...).

Os comandos disponíveis no modo de exibição backstage estão organizados em páginas, as guias de páginas ficam no painel colorido à esquerda, são elas:

- Informações
- Novo
- Abrir
- Salvar
- Salvar como
- Imprimir
- Compartilhar
- Exportar
- Fechar
- Conta
- Opções

A partir da página **Informações** temos acesso a:

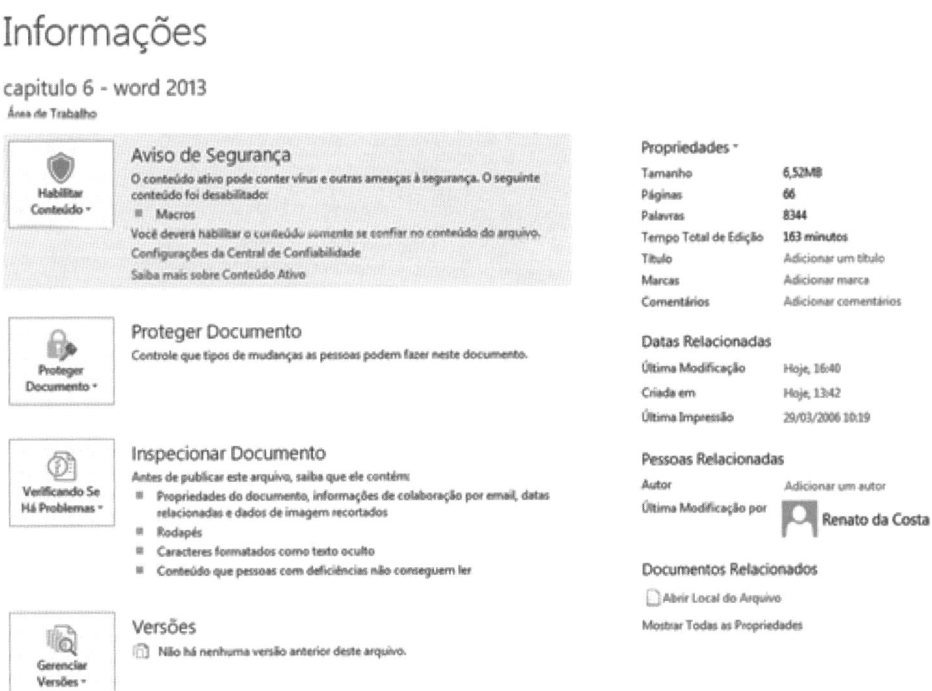

Exercício

FUB – CESPE – 2014

Para adicionar, ao documento, o nome de um autor, é correto adotar o seguinte procedimento: clicar no menu Arquivo e, na lista disponibilizada, clicar na opção Adicionar um autor. [Resposta 1]

( ) Certo   ( ) Errado

Informações	
Habilitar Conteúdo	É um aviso de segurança que permite habilitar conteúdo de um arquivo, se o usuário assim o julgar confiável, como por exemplo macros.
Proteger Documento	**Marcar como Final** Informar aos leitores que o documento é final e torná-lo somente leitura **Criptografar com Senha** Proteger este documento com senha **Restringir Edição** Controlar os tipos de alterações que outras pessoas podem fazer **Restringir Acesso** Conceda acesso às pessoas e as impeça de editar, copiar ou imprimir. **Adicionar uma Assinatura Digital** Garanta a integridade do documento adicionando uma assinatura digital invisível
Verificando Se Há Problemas	**Inspecionar Documento** Verifique se existem propriedades ocultas ou informações pessoais no documento. **Verificar Acessibilidade** Verifique se o documento tem conteúdo que cause dificuldades de leitura para pessoas com deficiência. **Verificar Compatibilidade** Procure recursos sem suporte das versões anteriores do Word.
Gerenciar Versões	**Recuperar Documentos Não Salvos** Procurar arquivos não salvos recentes

Resposta 1 – Certo!

Exercícios

PF ESCRIVÃO – CESPE

Título, assunto, palavras-chave e comentários de um documento são metadados típicos presentes em um documento produzido por processadores de texto como o BrOffice e o Microsoft Office. [Resposta 2]

( ) Certo ( ) Errado

PF AGENTE – CESPE

Se, devido a razões de segurança, o usuário que tiver produzido um arquivo no Word 2013 desejar remover as propriedades e informações desse arquivo — como, por exemplo, autoria, tamanho e data de criação —, ele poderá fazê-lo por meio de funcionalidades do Windows Explorer do Windows 8. [Resposta 3]

( ) Certo ( ) Errado

OBS: Um recurso sempre muito abordado em provas está relacionado com a criptografia por senha, que impede o acesso não autorizado, a partir da guia Arquivo, página Informações, Proteger Documento, Criptografar por senha.

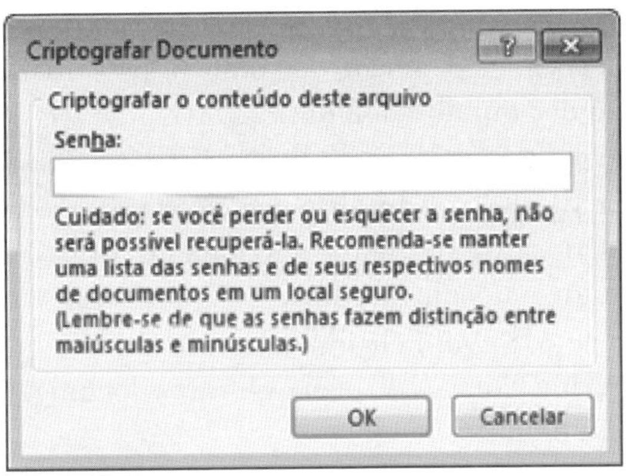

A partir da página 

temos acesso a:

Resposta 2 – Certo! Os metadados (dados sobre dados) são exibidos no painel de propriedades, à direita da página Informações a partir do modo de exibição backstage.

Resposta 3 – Errado! Os metadados (dados sobre dados) podem ser removidos pelo Inspetor de Documentos da Página Informações do modo de exibição Backstage no MS Word 2013 ou pelas propriedades do arquivo através do Windows Explorer. Entretanto a data de criação e o tamanho não são propriedades/metadados que podem ser removidos.

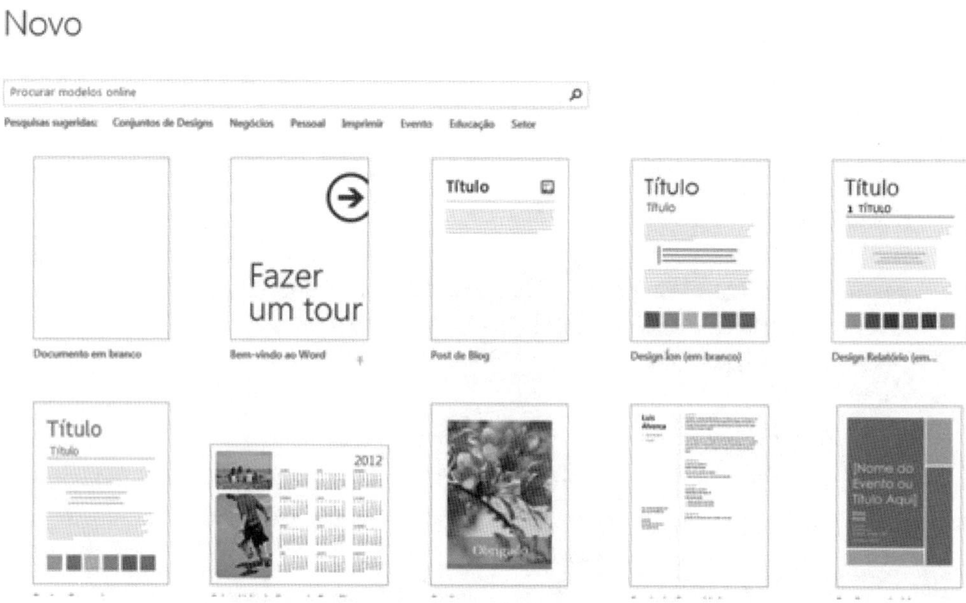

Onde é possível clicar em "Documento em branco" para iniciar a edição ou escolher um arquivo de modelo disponibilizado online.

Modelos são arquivos com extensão **.dotx** ou **.dotm** que já possuem uma estrutura básica, um layout predefinido, composto de elementos gráficos, estilos, macros, textos, tabelas, formulários e que o usuário necessita inserir poucos dados para que ele automaticamente apronte o documento final.

O modelo padrão do MS Word chama-se normal.dotm e quaisquer modificações feitas neste modelo servirão como base para os futuros documentos criados a partir da opção "Documento em branco".

OBS: as extensões dos arquivos do MS Office 2007 em diante receberam novos formatos. No Word, Excel e PowerPoint adotaram os padrões .docx, .xlsx, .pptx, respectivamente. Entretanto estas terminadas com X não suportam macros, o MS Office agora distingue arquivos que não podem conter macros (menos risco de vírus) dos que podem conter macros, estes terminando com M, como .docm, .xlsm e .pptm para o MS Word, MS Excel e MS PowerPoint.

É possível criar modelos pessoais para contratos, procurações, recibos, documentos que possuem um leiaute padrão e são usados costumeiramente. Para criar um arquivo de modelo basta na janela "Salvar Como", escolher o formato: Modelo do Word (.dotx) ou Modelo Habilitado para Macro do Word (.dotm)

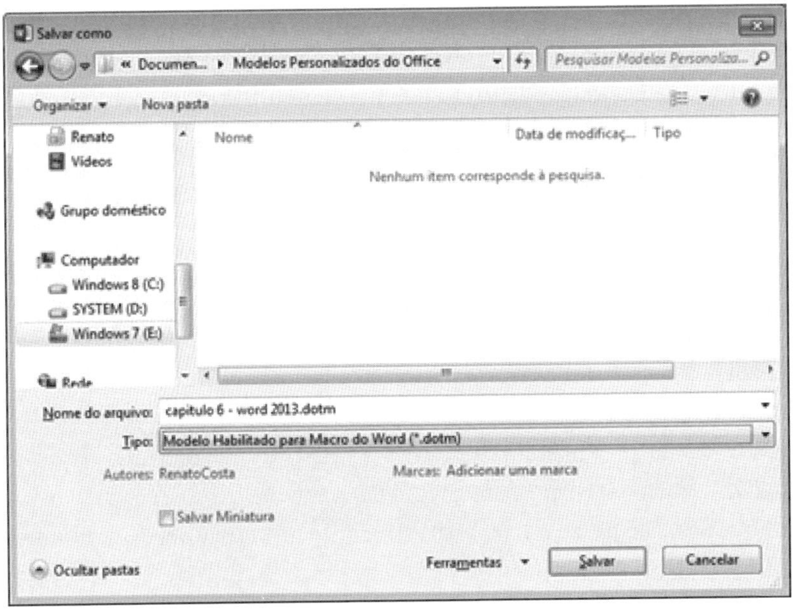

A partir da página  temos acesso a:

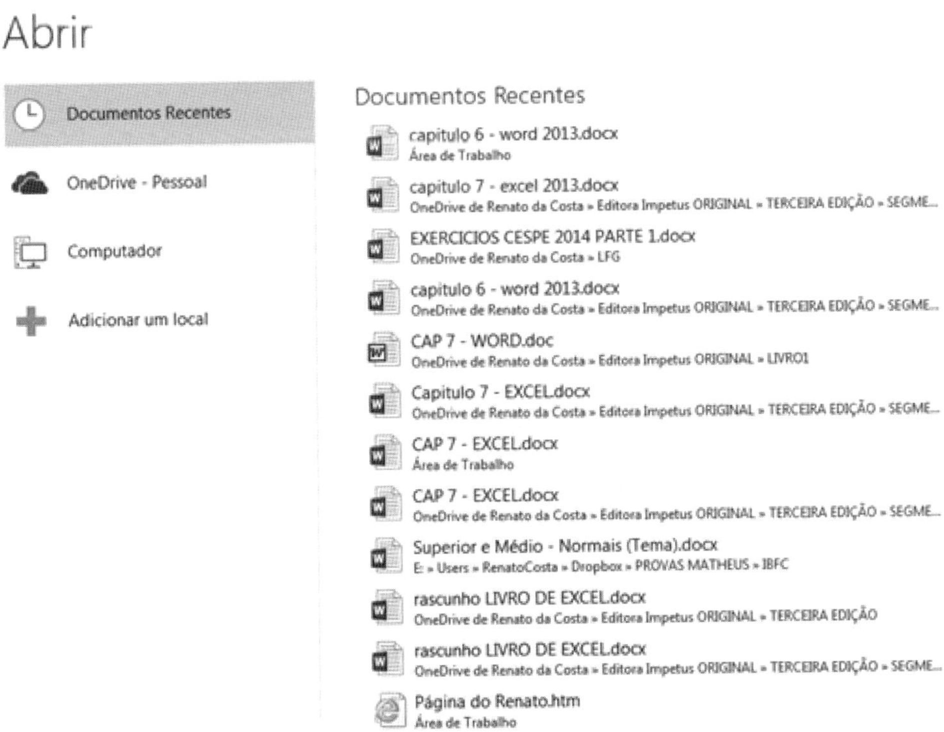

No painel à direita da página Abrir temos uma lista de arquivos editados recentemente (10 por padrão), é possível fixar ou desafixar itens na lista a partir de um clique na tachinha que aparece a direita do nome conforme imagem a seguir.

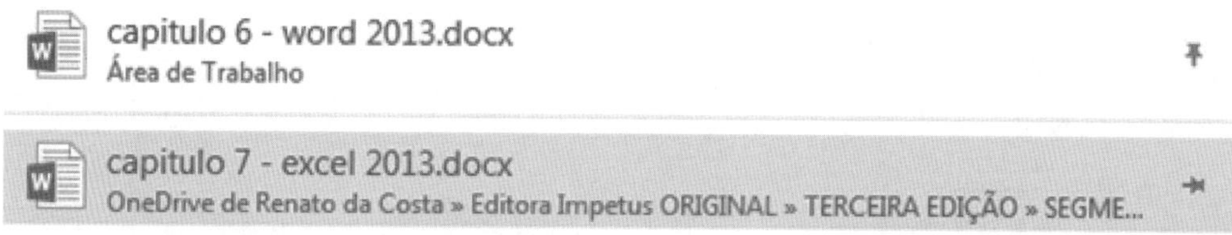

O primeiro arquivo está fixado, o segundo não.

Podemos editar arquivos de dispositivos locais (hd, cd, pen-drive), da rede ou da nuvem. O MS Word 2013 possui integração com o OneDrive nativa (originária), permitindo que se desfrute de recursos da nuvem computacional de forma transparente para o usuário.

Uma das grandes vantagens do MS Word 2013 frente às versões anteriores é o fato de ele poder abrir, isso mesmo, abrir e editar arquivos **.pdf**, este tema deverá ser muito abordado pelas bancas daqui por diante.

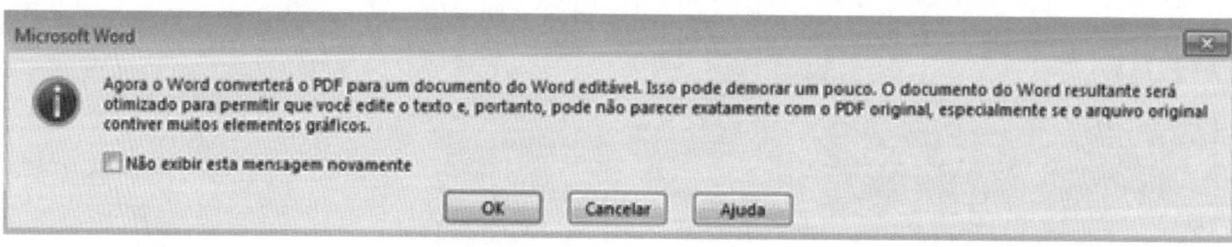

Para aqueles que consideravam que a vantagem do .pdf era não poder ser alterado, este é um conceito equivocado, a vantagem do .pdf (Portable Document Format) é ser um arquivo portátil, que pode ser visualizado em qualquer computador, independente de plataforma, e ser impresso em qualquer impressora, além de ser um arquivo originalmente compactado, o que colabora para sua distribuição na Internet.

O atalho de teclado CTRL+A nos remete à página ABRIR do modo backstage.

A partir da página Salvar como temos acesso a:

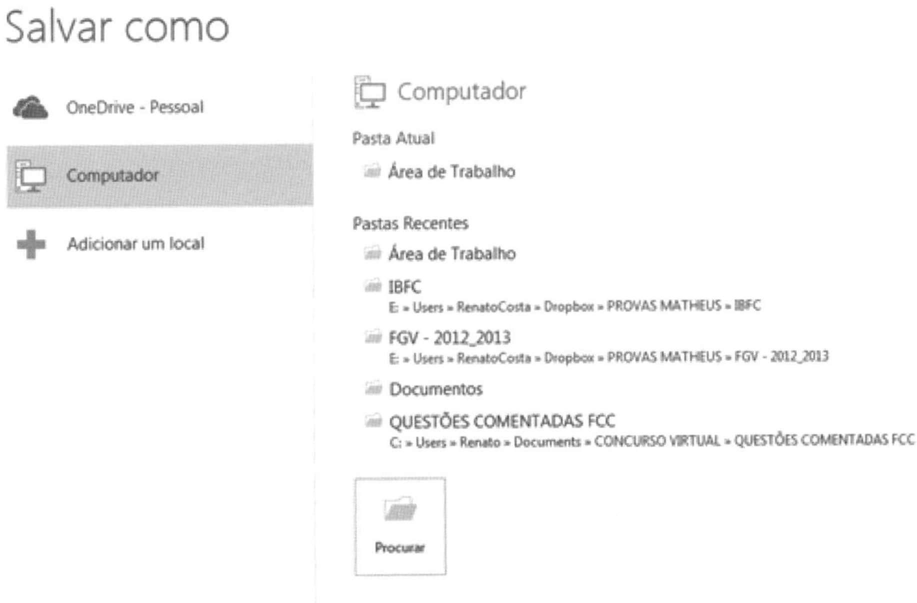

É interessante saber que podemos salvar (e abrir*) arquivos em diferentes formatos, tais como:

- .txt (texto sem formatação)
- .rtf (formato Rich Text)
- .doc (documento do Word até a versão 2003)
- .docx (documento do Word 2007 em diante)
- .docm (documento do Word 2007 em diante habilitado para macro)
- .dot (modelo de documento do Word até versão 2003)
- .dotx (modelo de documento do Word 2007 em diante)
- .dotm (modelo de documento do Word 2007 em diante habilitado para macro)
- .odt (texto do OpenDocument/BrOffice, OpenOffice e LibreOffice Writer)
- .html (página da Web)
- .mhtml (página da Web de arquivo único)
- .xml (documento XML do word)
- .xps (documento XPS/formato da Microsoft similar ao .pdf)
- .wps (documento do Works)
- .pdf (documento PDF)

* Exceto formato .XPS

Caso o usuário queira salvar um documento do Word em um formato que possa ser aberto pela maior variedade de programas (inclusive editores de texto instalados na maioria dos sistemas operacionais), pode utilizar um destes dois formatos:

Formato Rich Text .RTF → Preserva a formatação do documento;

Texto sem formatação .TXT→ Preserva somente o texto do documento;

Caso o usuário queira que outras pessoas possam visualizar o documento exatamente como ele aparece em sua tela, pode utilizar um destes dois formatos.

Portable Document Format .PDF → Os destinatários poderão exibir o arquivo nos programas gratuitos Microsoft Reader ou Adobe Reader, e podem exibir e editar o arquivo no Word 2013 e no Adobe Acrobat.

XML Paper Specification .XPS → Renderiza todas as fontes, imagens e cores (realiza um processo de digitalização do texto, como se o escaneasse). Os destinatários podem exibir o arquivo nos programas gratuitos Microsoft Reader ou Visualizador XPS.

OBS: Arquivos salvos no formato XPS não podem ser editados no Word.

O atalho de teclado F12 nos remete à página SALVAR COMO do modo backstage.

Exercício

INSPETOR PCERJ – FGV

No contexto dos processadores de texto existentes no mercado, existe uma extensão no nome de arquivo como alternativa ao formato .doc, para utilização em casos da necessidade de se transferirem documentos de texto formatados entre aplicativos, mesmo que sejam executados em plataformas diferentes. Tanto o Word 2003 BR do MSOffice como o Writer do pacote BrOffice.org 2.3 permitem o emprego dessa outra extensão, indicada como um formato de arquivo que vários processadores de texto entendem, sendo utilizado com freqüência quando o documento é criado em um processador de texto mas editado em outro. Essa extensão é conhecida por: [Resposta 4]

a) FLA.
b) PDF.
c) RTF.
d) STD.
e) TXT.

Resposta 4 – Letra C!

A partir da página **Imprimir** temos acesso a:

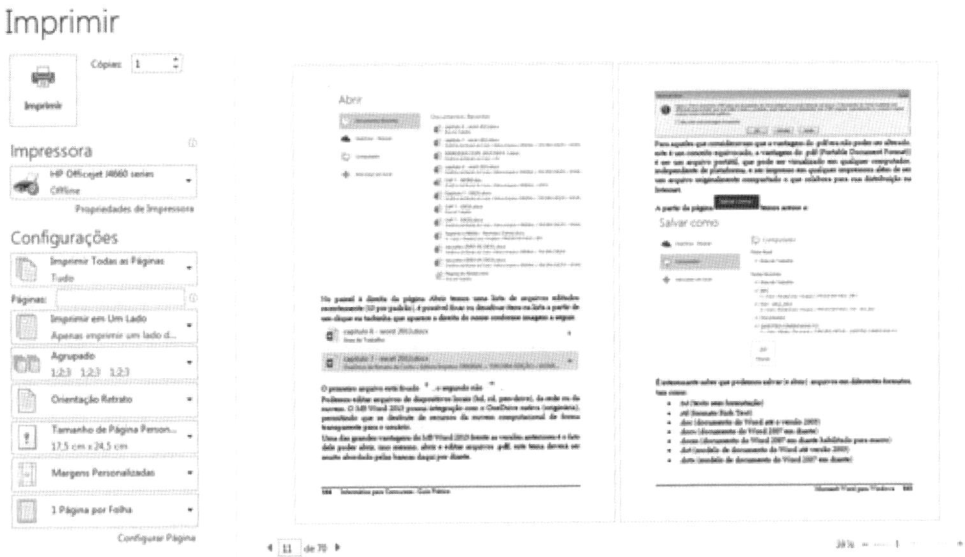

A página Imprimir permite Imprimir, Visualizar Impressão* e Configurar Página a partir de um único local.

O atalho de teclado CTRL+P nos remete à página IMPRIMIR do modo backstage.

Exercício

FUB – CESPE

O ícone , na barra de ferramentas de acesso rápido, indica que o documento em edição foi enviado para uma impressora e a impressão ocorreu sem falhas. Resposta 5

	**O botão "Impressão Rápida", que pode ser inserido e acessado através da barra de ferramentas de acesso rápido envia diretamente todas as páginas para a impressora padrão, independente de seção ou seleção.**

* Não existe mais um comando específico Visualizar Impressão, este foi incorporado ao Imprimir, exibindo a página do lado direito da tela.

Resposta 5 – Errado!

A partir de configurações podemos definir uma impressão personalizada e especificar um intervalo de páginas a serem impressas. Para indicar as páginas destinadas à impressão, podemos utilizar os sinais:

- "-" (hífen) utilizado para um **intervalo** (até);
- ";" (ponto e vírgula) utilizado como um **separador de lista** (e).

Exemplo: 3-7;9-13 (imprime da página 3 **até** 7 **e** da 9 **até** 13).

A partir da página 

temos acesso a:

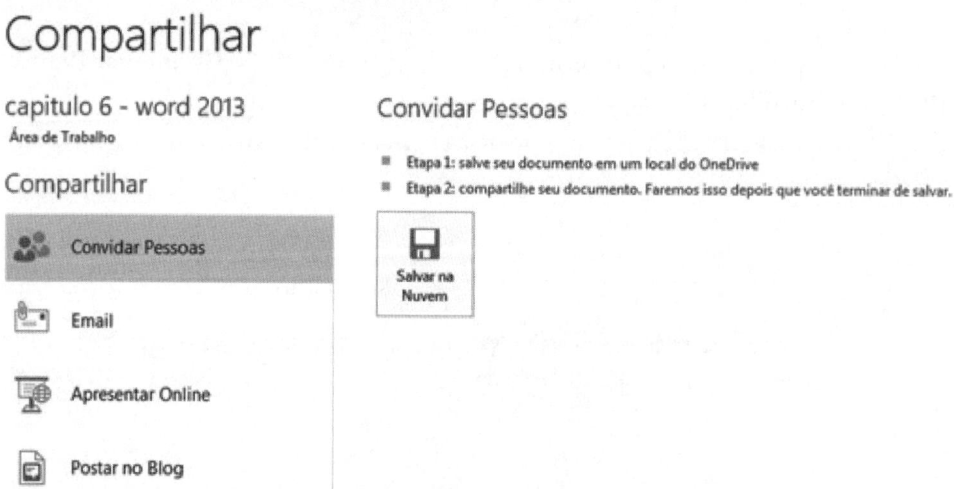

Com a maior integração do MS Office 2013 com a nuvem computacional é possível salvar o arquivo no OneDrive e compartilhar a edição com outros usuários (autorizados) do Office 365 ou Office Web App, facilitando um trabalho compartilhado/colaborativo.

É possível também enviar o arquivo em uma nova mensagem de correio eletrônico como anexo em diferentes formatos.

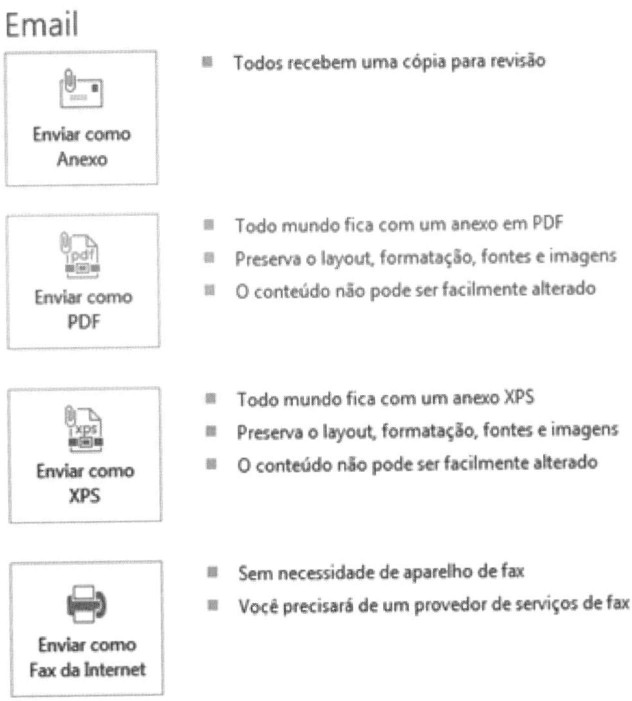

Uma novidade do MS Word 2013 é poder apresentar um arquivo em uso através da internet para outros usuários em tempo real. Através do comando 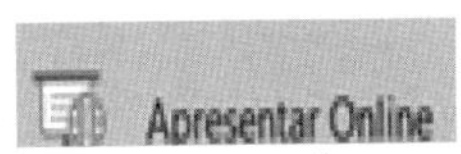

MS Word 2013 cria um link temporário para ser compartilhado com os demais usuários convidados que poderão assistir a apresentação do arquivo através de uma página do browser de sua preferência em tempo real.

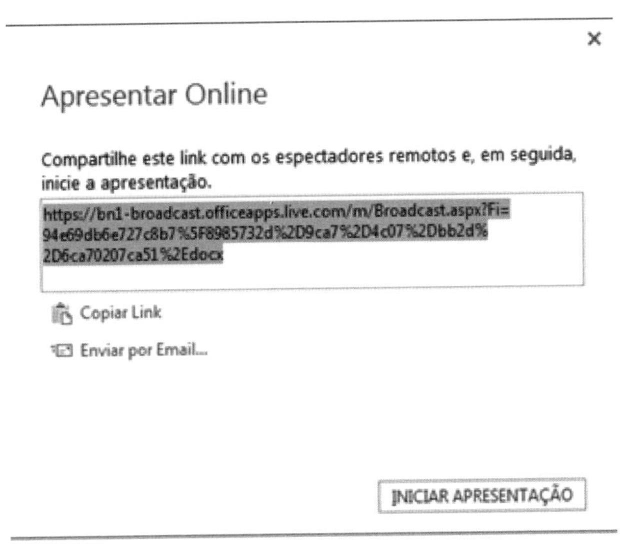

A interface do MS Word 2013 passa a apresentar uma guia contextual "Apresentar Online" e o arquivo passa a ser visualizado pelos usuários convidados.

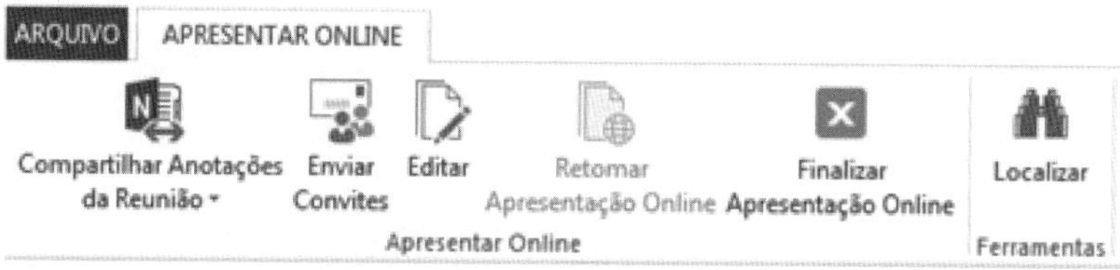

A pessoa que estiver assistindo pode baixar o arquivo durante a apresentação. O emissor da apresentação ao finalizá-la faz com que o link expire instantaneamente.

A partir da página 

temos acesso a:

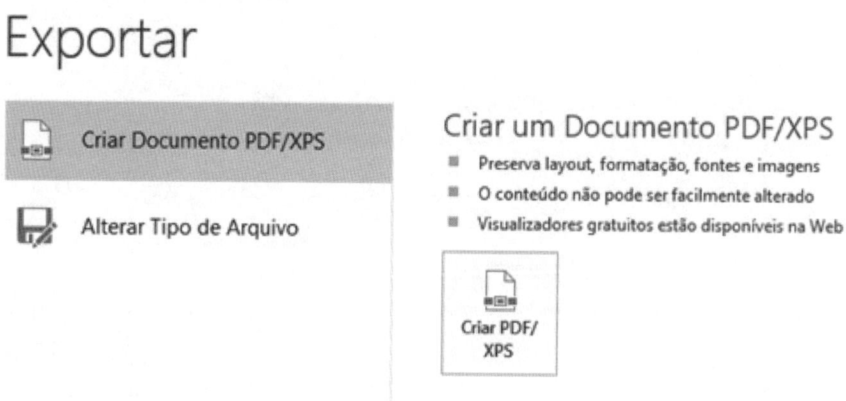

Permite converter arquivos para diferentes formatos, um caminho alternativo ao Salvar Como.

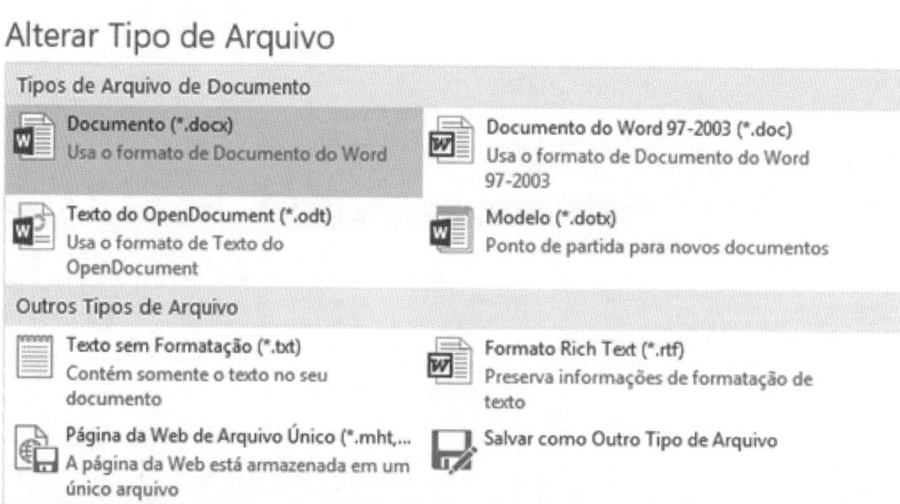

6.5. Guia Página Inicial

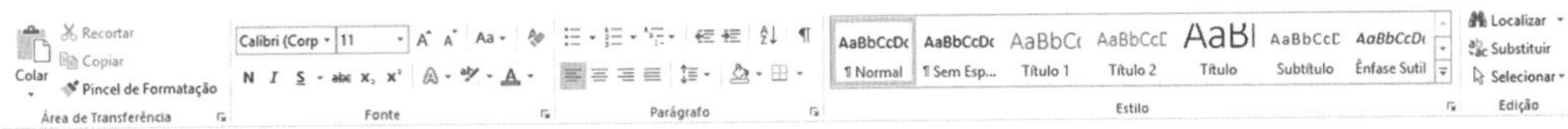

Agrupa os principais comandos de dia a dia para edição de documentos no MS Word 2013. É preciso decorar que a guia Página Inicial contém 5 grupos, são eles:

- Área de Transferência
- Fonte
- Parágrafo
- Estilo
- Edição

6.5.1. Grupo Área de Transferência

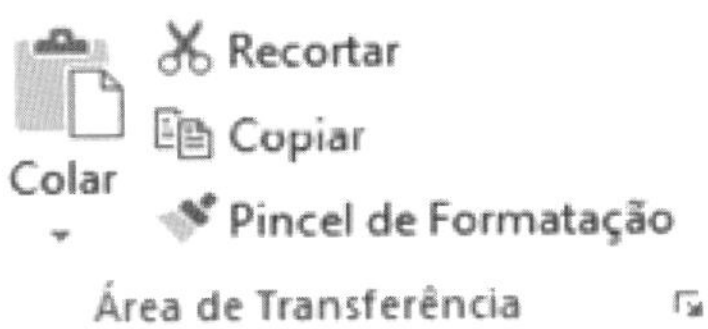

O grupo Área de transferência contém os comandos:

Recortar → Ctrl +X

Copiar → Ctrl +C

Pincel de Formatação → Ctrl+Shift+C para copiar uma formatação e Ctrl+Shift+V para colar uma formatação.

Colar → Ctrl +V

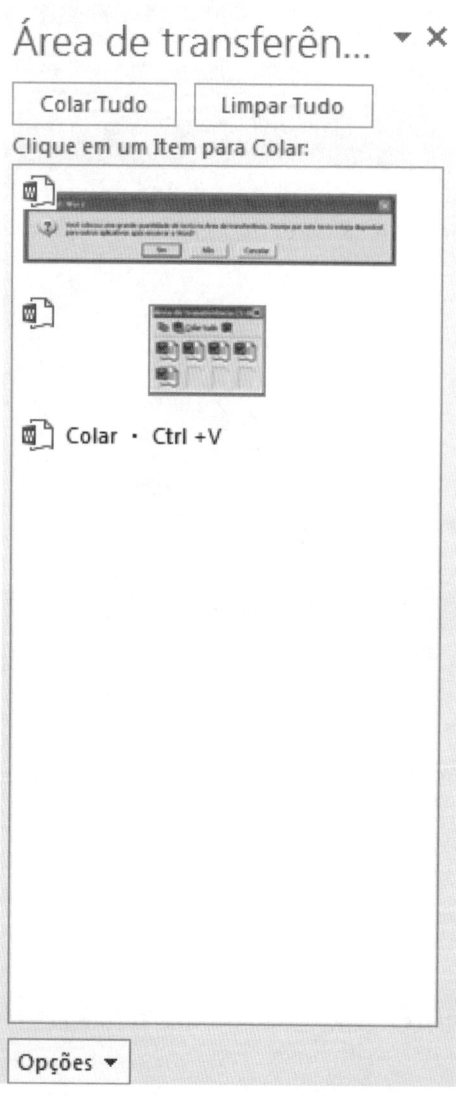

Sempre que realizamos um comando de **recortar** ou **copiar** em qualquer aplicativo do MS Office, a informação vai para a Área de Transferência (clipboard), permitindo movimentar ou duplicar trechos de texto e outros objetos, como figuras, dentro de um documento ou mesmo entre documentos do MS Word ou de aplicativos diferentes, como MS Excel ou MS PowerPoint.

Desde o MS Office 2003 podemos ter múltiplos itens na área de transferência (clipboard). As versões atuais (2007/2010/2013), suportam até 24 objetos recortados ou copiados, podendo ser visualizados pelo usuário através da seta, inicializador de caixa de diálogo, no canto inferior do grupo Área de Transferência.

Ao fechar o aplicativo, caso existam informações na sua área de transferência, ele pergunta se elas precisam ser mantidas. Caso negativo, ele as apaga, liberando memória RAM.

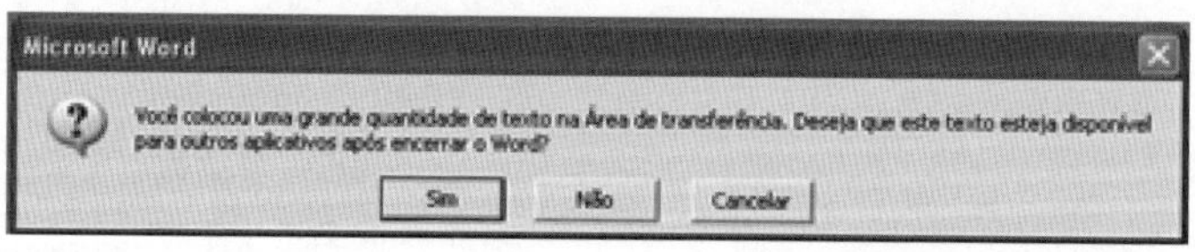

O botão colar merece destaque e necessita de maiores comentários. A seta para baixo localizada em sua parte inferior permite abrir a caixa de opções de colagem.

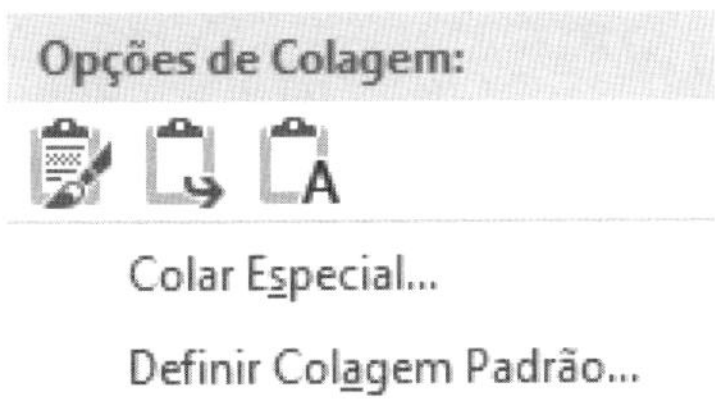

Ao passar o ponteiro do mouse sobre os diferentes tipos de colagem (referentes a itens do Colar Especial) obtém-se uma visualização prévia de como ficará o item colado no ponto de inserção do documento.

Botões de Colagem:

 Manter formatação original

 Mesclar formatação

 Manter somente texto

 Usar tema de destino

 Colar como imagem

Outra funcionalidade importante do Colar Especial é a criação de vínculos entre objetos copiados e colados. Logo, podemos copiar uma tabela do documento A para o documento B, e fazer com que as alterações feitas no documento A sejam reproduzidas no documento B automaticamente, sejam uma tabela do Word, do Excel ou do PowerPoint, é um recurso comum ao MS Office.

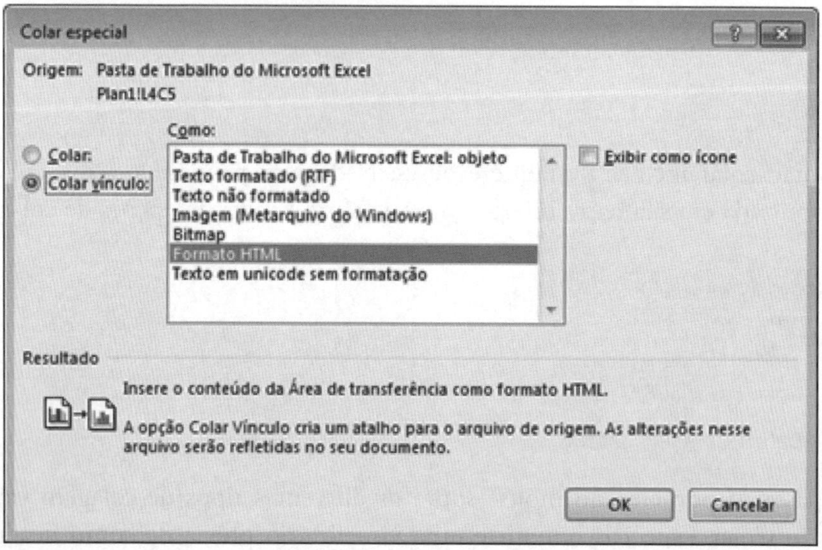

Exercício

CNPQ – CESPE – 2011

Acerca do Microsoft Office, julgue o item seguinte.

Ao se copiar um conjunto de dados de uma planilha Excel para apresentação em PowerPoint, após selecionar as informações, pode-se utilizar o comando Colar especial para transferir os dados em outro formato (por exemplo, objeto de planilha, formato HTML, bitmap, imagem ou formato de texto) ou para colar um vínculo com os dados de origem do Excel. Resposta 6

( ) Certo ( ) Errado

6.5.2. Grupo Fonte

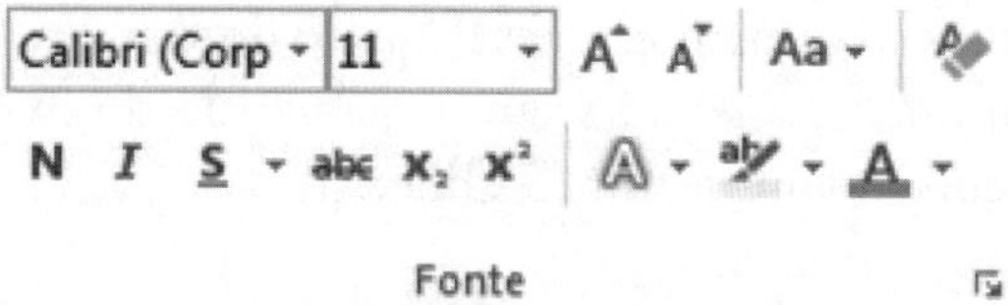

O grupo fonte contém os comandos:

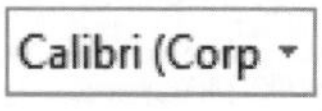 Fonte → Ctrl+Shift+F

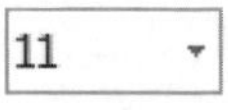 Tamanho da fonte (corpo expresso em pontos) → Ctrl+Shift+P

Resposta 6 – Certo! Trata-se de um conceito válido para quaisquer versões do MS Office.

Aumentar tamanho da fonte → Ctrl+Shift+>

Reduzir tamanho da fonte → Ctrl+<

Maiúsculas e Minúsculas → Shift+F3

Limpar toda a formatação

Negrito → Ctrl+N

Itálico → Ctrl+I

Sublinhado → Ctrl+S

A seta localizada à direita do botão sublinhado permite escolher entre diferentes tipos e cores de sublinhados.

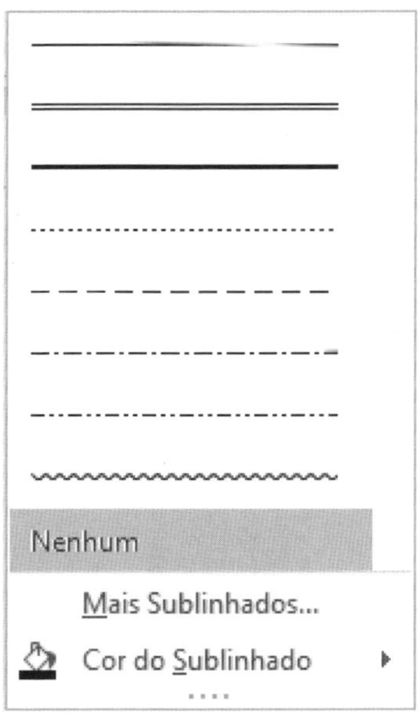

Tachado

Subscrito → Ctrl+=

Sobrescrito → Ctrl+Shift++

Efeitos de Texto e Tipografia (sombra, reflexo, brilho)

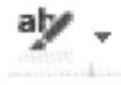 Cor de Realce do Texto

 Cor da Fonte

Exercício

INSPETOR PCERJ – FEC

No MS Word 2010, ao se criar um novo documento por meio do modelo "documento em branco", o documento criado vem por padrão com fonte e tamanho, respectivamente: Resposta 7

a) times new roman e 12.
b) times new roman e 10.
c) arial e 12.
d) calibri e 11.
e) arial e 10.

A partir da seta, inicializador de caixa de diálogo, localizada na parte inferior direita do grupo ou através do atalho de teclado Ctrl+D, temos acesso à janela Formatar Fonte.

Resposta 7 – Letra D! O padrão mudou, antes Times New Roman tamanho 12, agora Calibri tamanho 11.

6.5.2.1. Efeitos

- *Itálico*, **Negrito**, <u>Sublinhado</u>
- ~~Tachado~~
- ~~Tachado duplo~~
- 2^3-----^{Sobrescrito}
- H_2O------$_{\text{Subscrito}}$
- VERSALETE (CAIXA ALTA)
- TODAS MAIÚSCULAS
- <u>Oculto</u> (faz com que o texto não apareça na tela nem na impressão).

Exercício

CEPERJ – ASSISTENTE PREVIDENCIÁRIO APR

Durante a digitação de um texto, um usuário do Word 2007 BR executou, como alternativa ao acionamento do ícone, um atalho de teclado que corresponde a pressionar simultaneamente as teclas Ctrl, Shift e +. Esse atalho de teclado tem por significado: [Resposta 8]

a) aplicar o recurso sobrescrito
b) inserir nota de rodapé no texto
c) acionar o recurso Microsoft Equation
d) alterar texto selecionado para maiúsculas
e) inserir símbolo indicativo do uso de letras gregas

6.5.3. Grupo Parágrafo

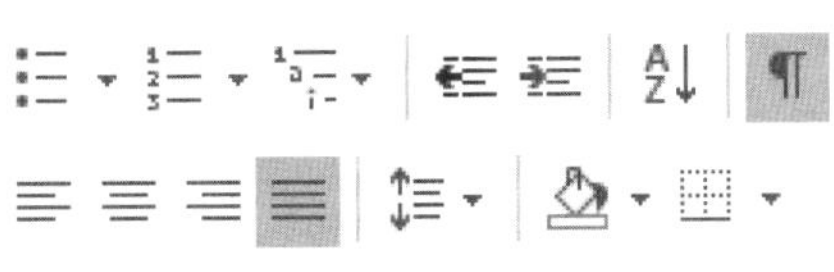

Marcadores

Numeração

Lista de Vários Níveis

Diminuir Recuo

Resposta 8 – Letra A!

Aumentar Recuo → Tab

Classificar

Mostrar Tudo → Ctrl+*

Alinhar à Esquerda → Ctrl+Q

Centralizar → Ctrl+E

Alinhar à Direita → Ctrl+G

Justificar → Ctrl+J

Espaçamento de linha e parágrafo

Sombreamento

Bordas

A partir da seta, inicializador de caixa de diálogo, localizada no canto inferior do grupo, podemos acessar a janela formatar parágrafo:

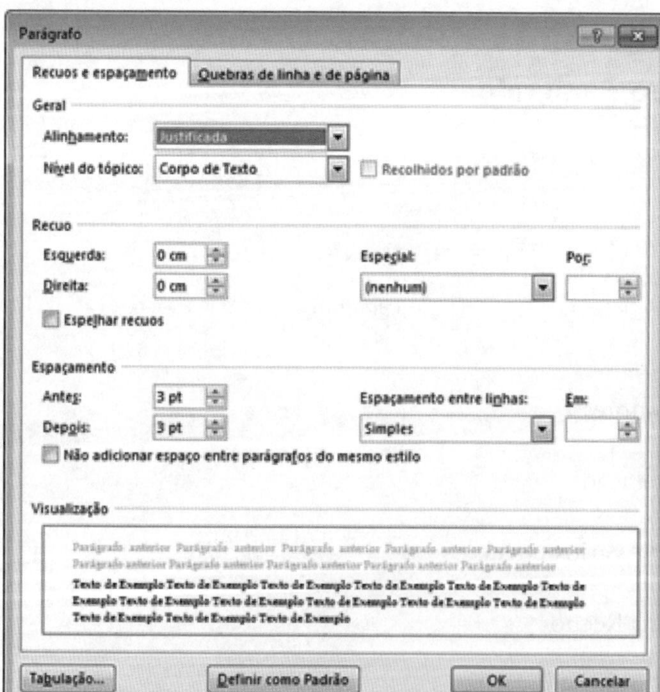

6.5.3.1. Guia Recuos e Espaçamento

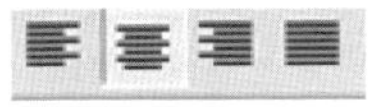

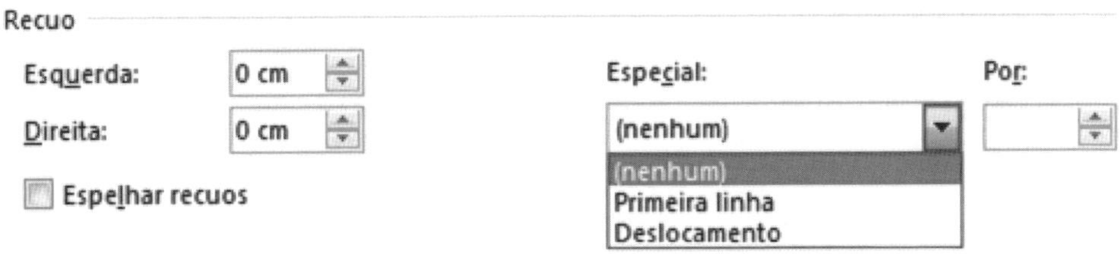

Texto com recuo de primeira linha:

O vídeo fornece uma maneira poderosa de ajudá-lo a provar seu argumento. Ao clicar em Vídeo Online, você pode colar o código de inserção do vídeo que deseja adicionar. Você também pode digitar uma palavra-chave para pesquisar online o vídeo mais adequado ao seu documento. Para dar ao documento uma aparência profissional, o Word fornece designs de cabeçalho, rodapé, folha de rosto e caixa de texto que se complementam entre si.

Por exemplo, você pode adicionar uma folha de rosto, um cabeçalho e uma barra lateral correspondentes. Clique em Inserir e escolha os elementos desejados nas diferentes galerias. Temas e estilos também ajudam a manter seu documento coordenado. Quando você clica em Design e escolhe um novo tema, as imagens, gráficos e elementos gráficos SmartArt são alterados para corresponder ao novo tema.

Quando você aplica estilos, os títulos são alterados para coincidir com o novo tema. Economize tempo no Word com novos botões que são mostrados no local em que você precisa deles. Para alterar a maneira como uma imagem se ajusta ao seu documento, clique nela e um botão de opções de layout será exibido ao lado. Ao trabalhar em uma tabela, clique no local onde deseja adicionar uma linha ou uma coluna e clique no sinal de adição.

Segundo parágrafo com recuo à esquerda

O vídeo fornece uma maneira poderosa de ajudá-lo a provar seu argumento. Ao clicar em Vídeo Online, você pode colar o código de inserção do vídeo que deseja adicionar. Você também pode digitar uma palavra-chave para pesquisar online o vídeo mais adequado ao seu documento. Para dar ao documento uma aparência profissional, o Word fornece designs de cabeçalho, rodapé, folha de rosto e caixa de texto que se complementam entre si.

Por exemplo, você pode adicionar uma folha de rosto, um cabeçalho e uma barra lateral correspondentes. Clique em Inserir e escolha os elementos desejados nas diferentes galerias. Temas e estilos também ajudam a manter seu documento coordenado. Quando você clica em Design e escolhe um novo tema, as imagens, gráficos e elementos gráficos SmartArt são alterados para corresponder ao novo tema.

Quando você aplica estilos, os títulos são alterados para coincidir com o novo tema. Economize tempo no Word com novos botões que são mostrados no local em que você precisa deles.

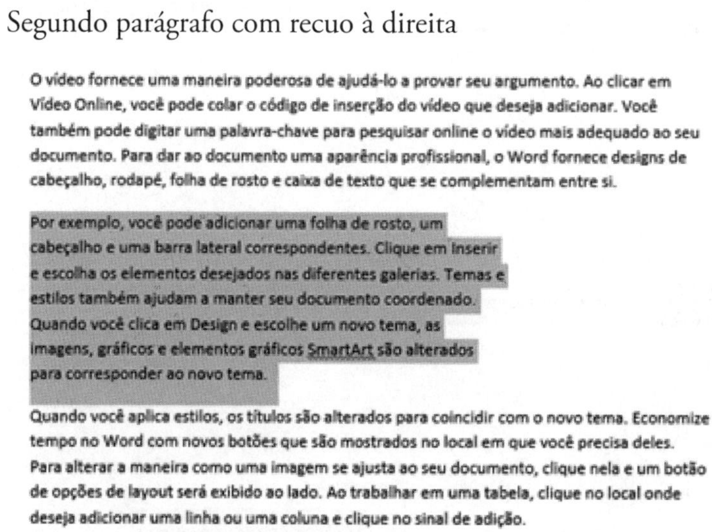

Segundo parágrafo com recuo à direita

O vídeo fornece uma maneira poderosa de ajudá-lo a provar seu argumento. Ao clicar em Vídeo Online, você pode colar o código de inserção do vídeo que deseja adicionar. Você também pode digitar uma palavra-chave para pesquisar online o vídeo mais adequado ao seu documento. Para dar ao documento uma aparência profissional, o Word fornece designs de cabeçalho, rodapé, folha de rosto e caixa de texto que se complementam entre si.

Por exemplo, você pode adicionar uma folha de rosto, um cabeçalho e uma barra lateral correspondentes. Clique em Inserir e escolha os elementos desejados nas diferentes galerias. Temas e estilos também ajudam a manter seu documento coordenado. Quando você clica em Design e escolhe um novo tema, as imagens, gráficos e elementos gráficos SmartArt são alterados para corresponder ao novo tema.

Quando você aplica estilos, os títulos são alterados para coincidir com o novo tema. Economize tempo no Word com novos botões que são mostrados no local em que você precisa deles. Para alterar a maneira como uma imagem se ajusta ao seu documento, clique nela e um botão de opções de layout será exibido ao lado. Ao trabalhar em uma tabela, clique no local onde deseja adicionar uma linha ou uma coluna e clique no sinal de adição.

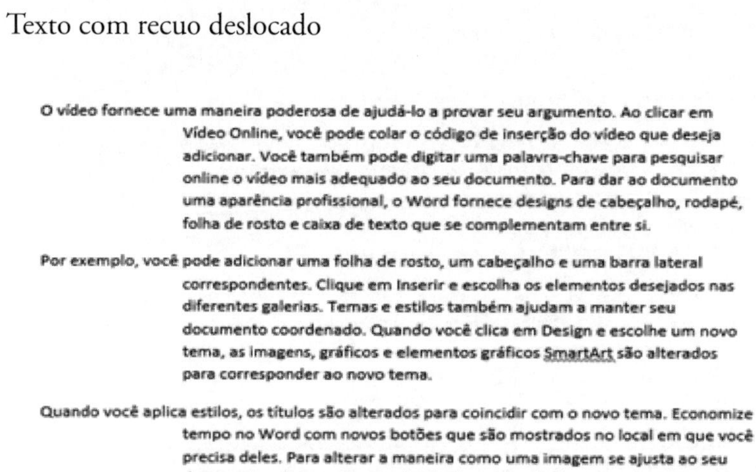

Texto com recuo deslocado

O vídeo fornece uma maneira poderosa de ajudá-lo a provar seu argumento. Ao clicar em Vídeo Online, você pode colar o código de inserção do vídeo que deseja adicionar. Você também pode digitar uma palavra-chave para pesquisar online o vídeo mais adequado ao seu documento. Para dar ao documento uma aparência profissional, o Word fornece designs de cabeçalho, rodapé, folha de rosto e caixa de texto que se complementam entre si.

Por exemplo, você pode adicionar uma folha de rosto, um cabeçalho e uma barra lateral correspondentes. Clique em Inserir e escolha os elementos desejados nas diferentes galerias. Temas e estilos também ajudam a manter seu documento coordenado. Quando você clica em Design e escolhe um novo tema, as imagens, gráficos e elementos gráficos SmartArt são alterados para corresponder ao novo tema.

Quando você aplica estilos, os títulos são alterados para coincidir com o novo tema. Economize tempo no Word com novos botões que são mostrados no local em que você precisa deles. Para alterar a maneira como uma imagem se ajusta ao seu

Os recuos também podem ser manipulados pela barra de régua horizontal, localizada abaixo da faixa de opções, conforme ilustração seguinte:

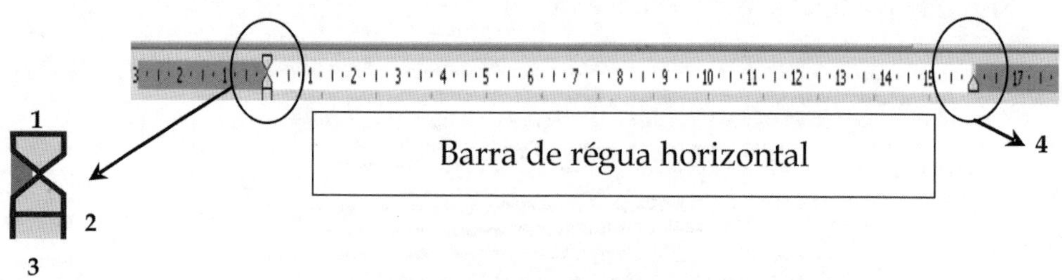

1. Recuo de Primeira Linha
2. Deslocamento
3. Recuo à Esquerda
4. Recuo à Direita

Através de um duplo clique sobre qualquer destes recuos da barra de réguas horizontal é possível a caixa de diálogo Formatar Parágrafo.

Exercício

PREFEITURA DE ALAGOINHAS – ASSISTENTE ADMINISTRATIVO

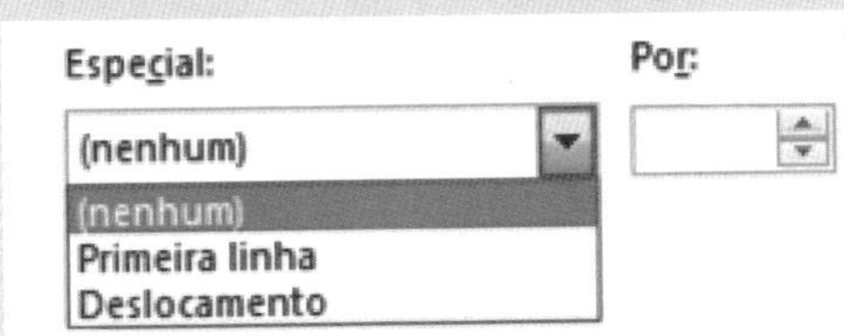

A opção "Deslocamento" do item "Especial" significa que: [Resposta 9]

a) a margem dessa página será modificada pelo valor especificado em "Por";
b) o espaçamento entre caracteres será o valor especificado em "Por";
c) todo o parágrafo, inclusive a primeira linha, será deslocado verticalmente pelo valor especificado em "Por";
d) todo o parágrafo, menos a primeira linha, será deslocado horizontalmente pelo valor especificado em "Por";
e) todo o parágrafo, menos a primeira linha, será deslocado verticalmente pelo valor especificado em "Por".

Outro item relevante é o espaçamento entre linhas:

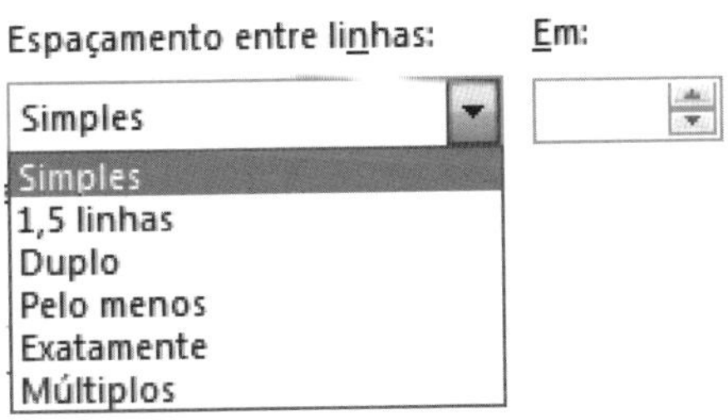

Exercício

IBFC PGE/SP OFICIAL ADMINISTRATIVO

No MS Word 2007 existem as seguintes opções de espaçamento entre as linhas, com EXCEÇÃO: [Resposta 10]

a) Duplo
b) Aproximado
c) Pelo menos
d) Exatamente
e) Múltiplo

Resposta 9 – Letra D!
Resposta 10 – Letra B! Não existe espaçamento entre linhas aproximado.

Quanto a espaçamento entre linhas, são importantes os atalhos a saber

Simples → Ctrl+1

1,5 → Ctrl+5

Duplo → Ctrl+2

6.5.3.2. Guia Quebras de Linha e de Páginas

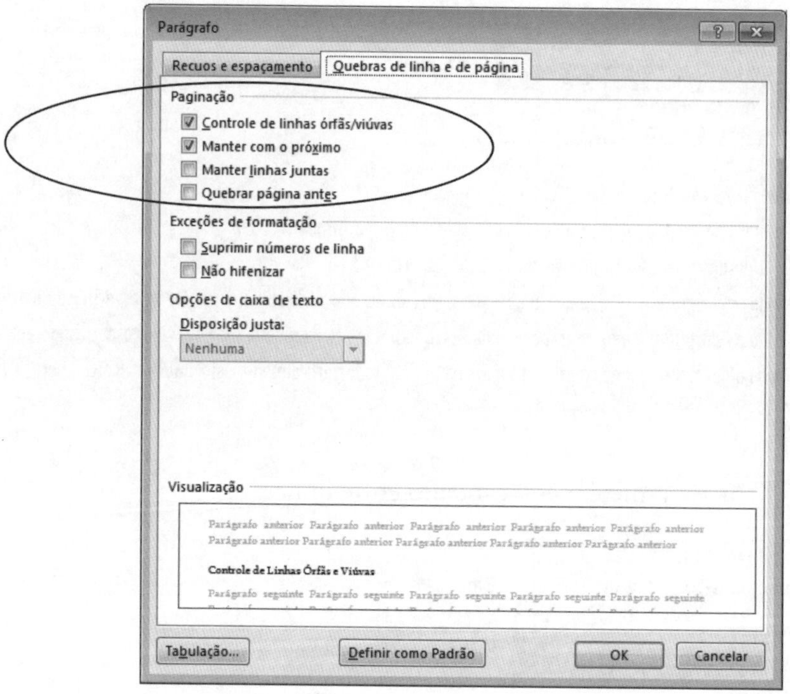

6.5.3.3. Controle de Linhas Órfãs e Viúvas

Evita que o Word imprima a última linha de um parágrafo sozinha no início de uma página (viúva) ou a primeira linha de um parágrafo sozinha no fim de uma página (órfã).

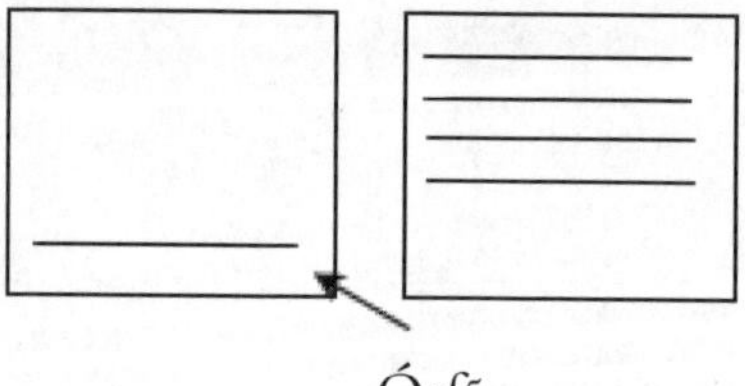

Órfã

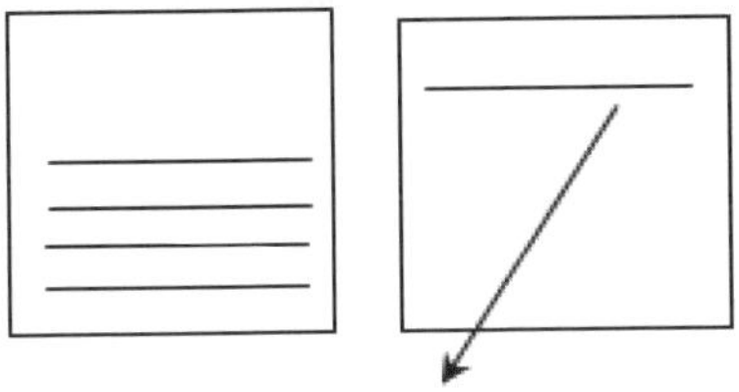

Viúva

Exercício

PREFEITURA DE GRANDES RIOS – EXATUS

No Microsoft Word é possível fazer o controle automático de linhas órfãs e viúvas. As linhas órfãs podem ser definidas como: [Resposta 11]

a) A primeira linha de um parágrafo impressa sozinha na parte inferior de uma página.

b) A última linha de um parágrafo impressa sozinha na parte inferior de uma página.

c) A última linha de um parágrafo impressa sozinha na parte superior de uma página.

d) A primeira linha de um parágrafo impressa sozinha na parte superior de uma página.

6.5.3.4. Manter Linhas Juntas

Evita separar um parágrafo em páginas diferentes.

6.5.3.5. Manter com o Próximo

Evita uma quebra de página entre dois parágrafos.

6.5.3.6. Quebrar Página Antes

Insere uma quebra de página manual antes do parágrafo selecionado, difere de outros métodos de quebra de página por ser uma formatação de parágrafo e poder ser associada a um estilo.

Resposta 11 – Letra A!

Exercício

Secretaria de Estado da Fazenda – AM – NCE

Independente da configuração de fontes, tamanho do papel ou margens, para evitar a quebra de página entre o subtítulo "Resultados de sábado" e o resultado da partida entre o Alavés e o Barcelona, deve-se: [Resposta 12]

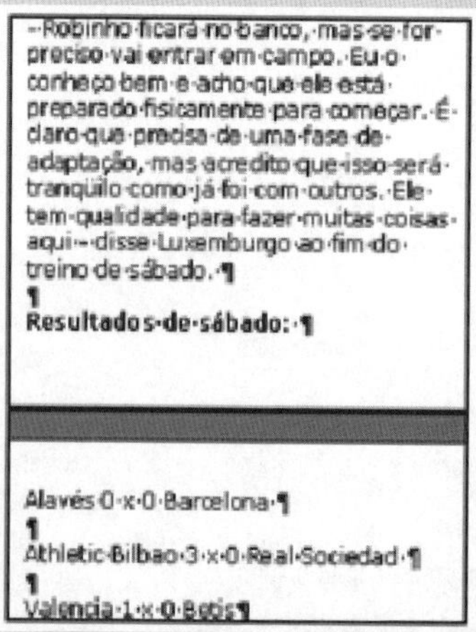
–Robinho ficará no banco, mas se for preciso vai entrar em campo. Eu o conheço bem e acho que ele está preparado fisicamente para começar. É claro que precisa de uma fase de adaptação, mas acredito que isso será tranqüilo como já foi com outros. Ele tem qualidade para fazer muitas coisas aqui – disse Luxemburgo ao fim do treino de sábado.¶
¶
Resultados de sábado:¶

Alavés 0 x 0 Barcelona¶
¶
Athletic Bilbao 3 x 0 Real Sociedad¶
¶
Valencia 1 x 0 Betis¶

a) configurar corretamente o controle de linhas órfãs e viúvas;
b) marcar a opção "Manter linhas juntas" na formatação do parágrafo do subtítulo;
c) marcar a opção "Manter com o próximo" na formatação do parágrafo do subtítulo;
d) inserir uma marca de parágrafo adicional antes do subtítulo;
e) alterar a configuração de página no menu Arquivo.

6.5.4. Grupo Estilo

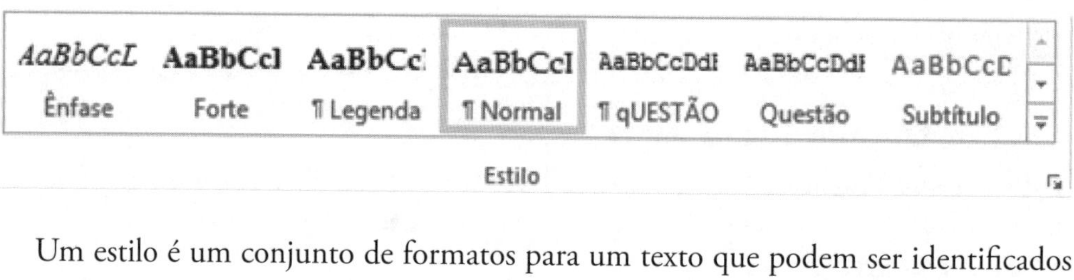

Um estilo é um conjunto de formatos para um texto que podem ser identificados por um nome.

Resposta 12 – Letra C. Observe a marcação de fim de parágrafo após "Resultados de sábado", que descarta a possibilidade de linha órfã e viúva.

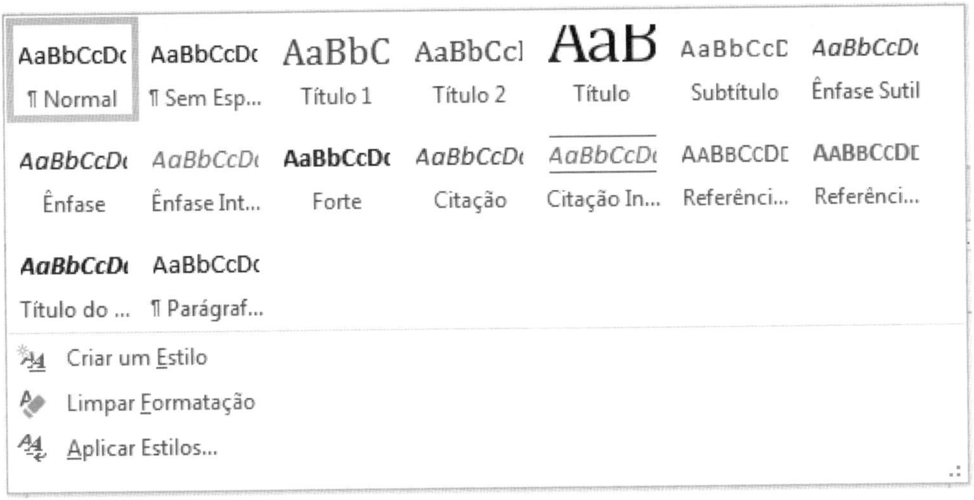

O Word apresenta alguns estilos predefinidos conforme figura anterior e permite que o usuário crie outros estilos para agilizar a edição de documentos.

Os estilos podem ser criados ou acessados através da seta, inicializador de caixa de diálogo, localizada no canto inferior direito do grupo Estilo.

 Novo Estilo

 Inspetor de Estilo

 Gerenciar Estilos

Os estilos podem conter formatação de:

- fonte
- parágrafo
- tabulação
- borda
- idioma
- quadro
- numeração
- tecla de atalho
- efeitos de texto

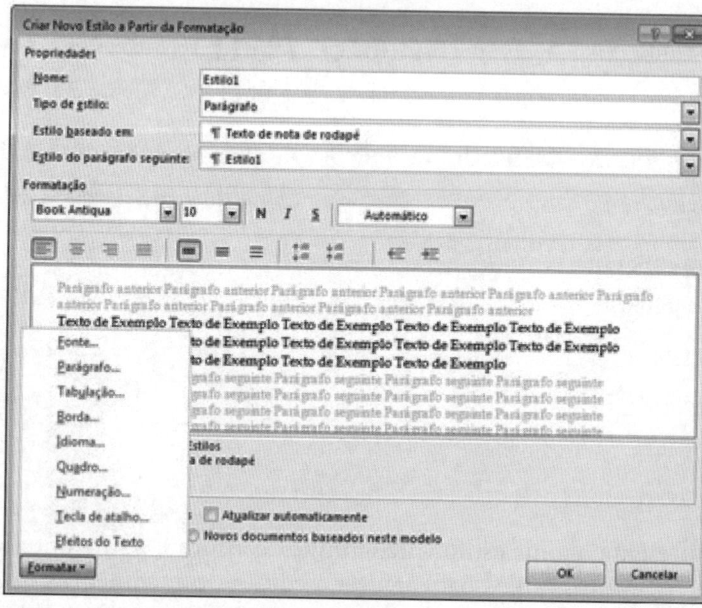

6.5.5. Grupo Edição

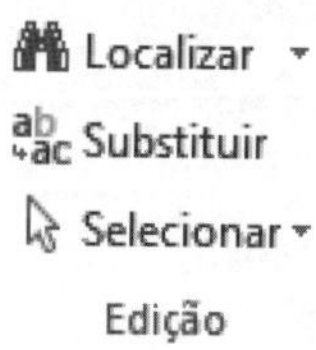

Localizar → Ctrl+L
Substituir → Ctrl+U
Selecionar Tudo →Ctrl+T
Ir Para → F5

A seta ao lado de Localizar dá acesso a:

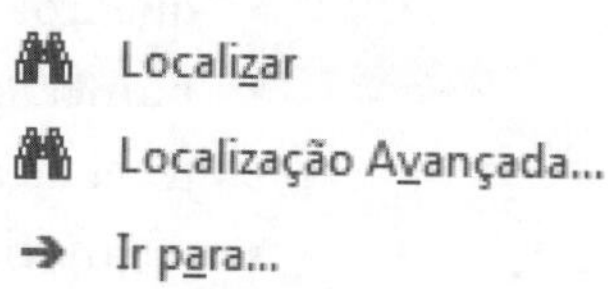

O botão Localizar abre o painel de navegação à esquerda da janela do aplicativo MS Word 2013.

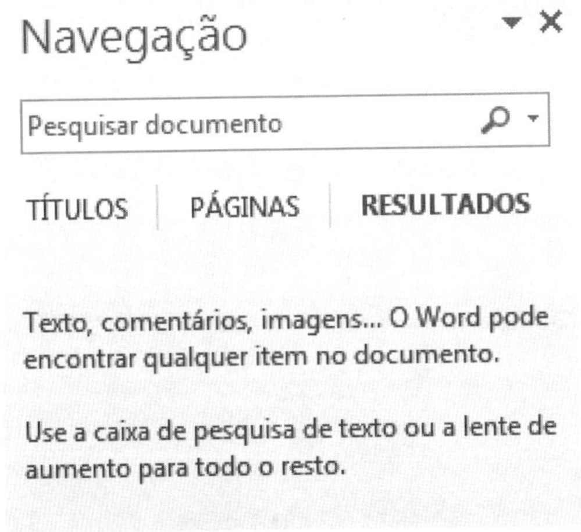

O botão Localização Avançada... abre a caixa de diálogo Localizar:

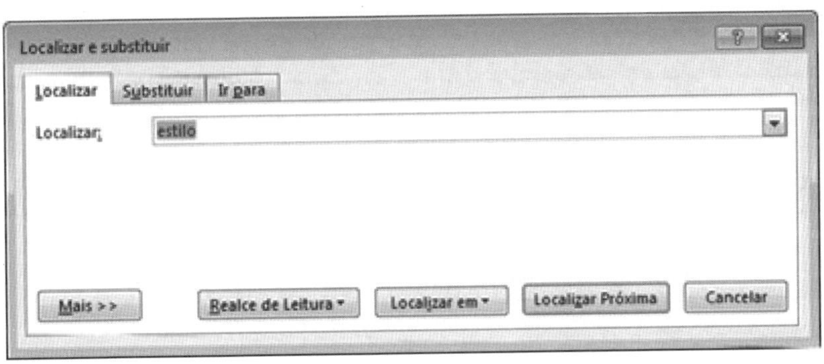

Exercício

SOLDADO BOMBEIRO MILITAR CEARÁ – CESPE

Em um documento em edição no Microsoft Word 2013, é possível localizar o termo SOLDADO apenas se este aparecer, no documento, escrito em letras maiúsculas. [Resposta 13]

( ) Certo ( ) Errado

Resposta 13 – Certo! Clicando em “Mais>>” e assinalando a caixa de verificação Diferenciar maiúsc./minúsc. é POSSÍVEL.

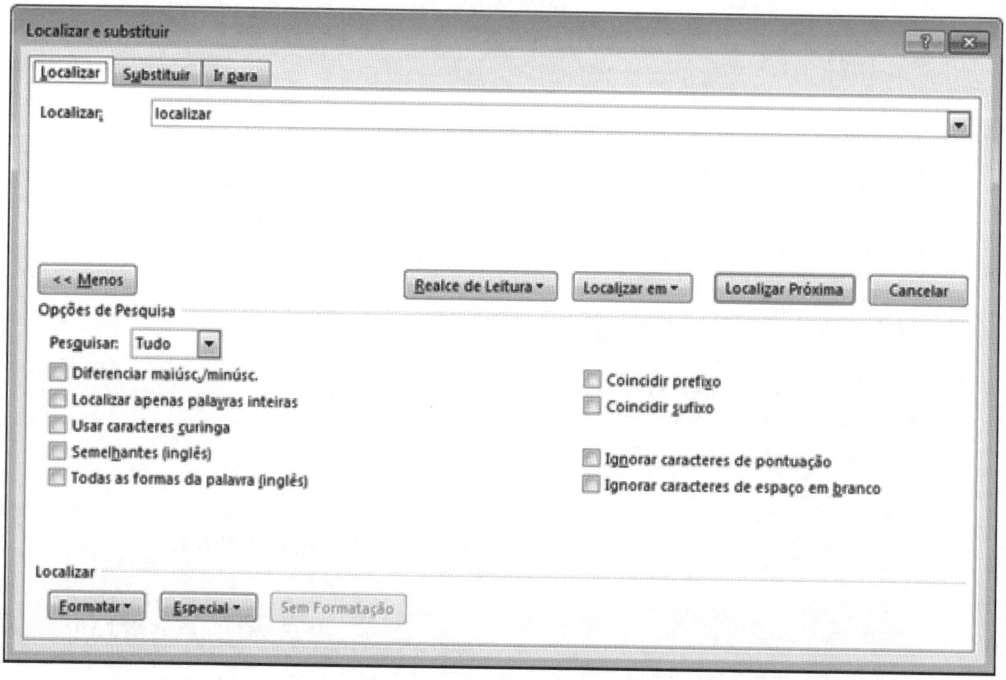

O botão ➔ Ir para... abre a caixa de diálogo:

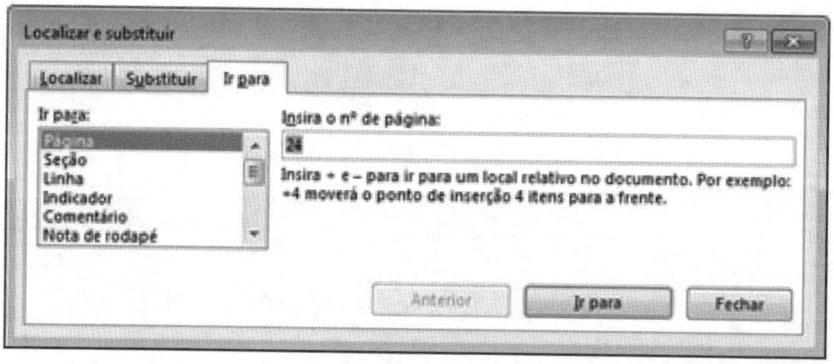

Permite ir diretamente a um item (página, seção, tabela, campo, elemento gráfico, equação, objeto, título, linha, indicador, comentário, nota de rodapé, nota de fim).

Exercício

INSPETOR PCERJ – FEC

No MS Word 2010, após abrir a janela "localizar e substituir", por meio da tecla de atalho Ctrl + U, são apresentadas opções na guia denominada "ir para".

São algumas das opções disponíveis nessa guia as abaixo relacionadas, EXCETO: Resposta 14

a) página.
b) seção.
c) nota de rodapé.
d) comentário.
e) estilo.

6.6. Guia Inserir

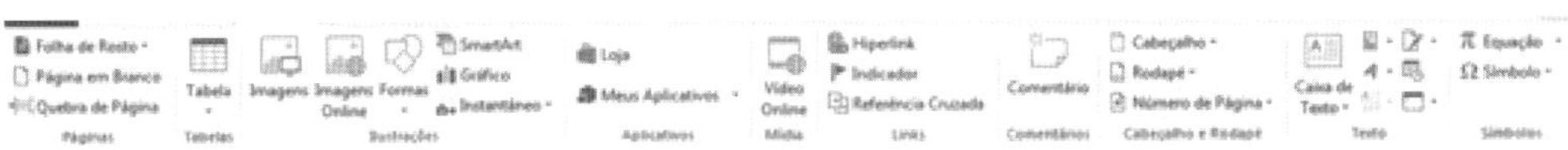

A guia Inserir no MS Word 2013 contém 10 grupos, são eles:

- Páginas
- Tabelas
- Ilustrações
- Aplicativos
- Mídia
- Links
- Comentários
- Cabeçalho e Rodapé
- Texto
- Símbolos

6.6.1. Grupo Páginas

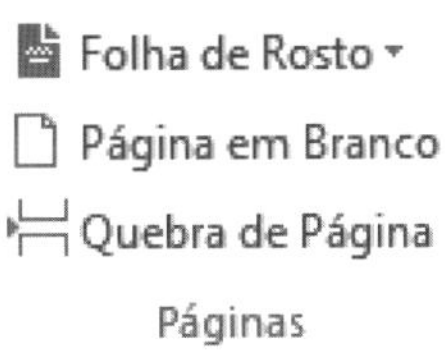

O botão Folha de Rosto permite inserir rapidamente uma capa formatada, uma folha de rosto elegante, em um documento.

O botão Página em Branco permite inserir páginas em branco em qualquer lugar do documento.

O botão Quebra de Página, cujo atalho de teclado é Ctrl+Enter*

Resposta 14 – Letra E! Observe que a mesma caixa de diálogo contém as guias Localizar, Substituir e Ir Para.

* Enter é o mesmo que Return, logo cabe Ctrl+Return

Exercício

INSPETOR PCERJ – FEC

No MSWord, para inserir uma quebra de página de forma manual, ou seja, sem ser gerada automaticamente pelo Word, clica-se no local onde se deseja iniciar uma nova página e seleciona-se a guia: [Resposta 15]

a) inserir, grupo texto e clica-se em quebra de página.

b) página inicial, grupo páginas e clica-se em quebra de página.

c) inserir, grupo páginas e clica-se em quebra de página.

d) layout de página, grupo configurar página e clica- se em quebra de página.

e) página inicial, grupo configurar página e clica-se em quebra de página.

6.6.2. Grupo Tabelas

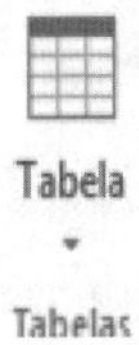

É possível inserir tabelas selecionando a quantidade de linhas e colunas diretamente na janela que se abre ao clicar em Tabelas.

Resposta 15 – Letra C! Atenção ao detalhe da letra D, a quebra de página pode ser inserida por intermédio da guia Layout de Página, entretanto o caminho seria:

➔ layout de página, grupo configurar página e clica-se em QUEBRAS

Uma alternativa é clicar no botão Inserir Tabela... e especificar a quantidade de colunas e linhas. A linhas podem ser inseridas automaticamente quando na última célula do documento for usada a tecla TAB.

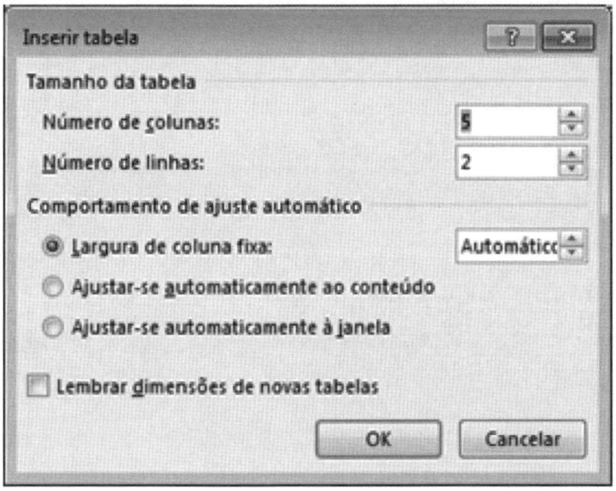

Em uma tabela do Word podemos ter até 63 colunas e 32.767 linhas.

Exercício

ESPP COBRA TECNOLOGIA S.A. TÉCNICO ADMINISTRATIVO

No Word 2007 as tabelas dentro de outras tabelas são chamadas de tabelas: Resposta 16

a) Alinhadas.
b) Aninhadas.
c) Cruzadas.
d) Lineares.

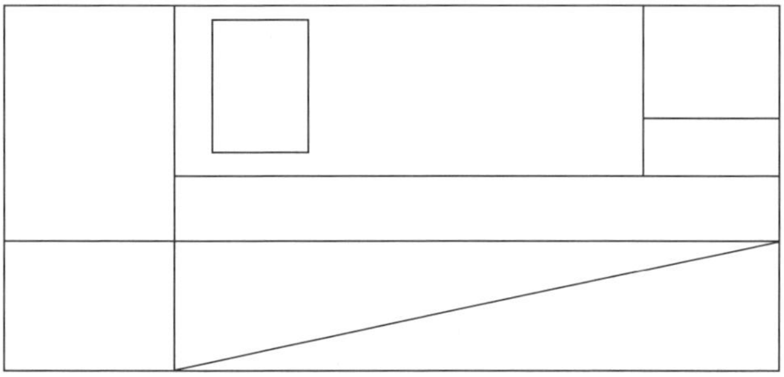

Resposta 16 – Letra B! Um objeto dentro de outro (tabelas dentro de tabelas, funções dentro de funções) recebe o nome de aninhado.

É possível desenhar tabelas com muita flexibilidade utilizando o botão Desenhar Tabela.

Ao editarmos uma tabela surgem guias contextuais:

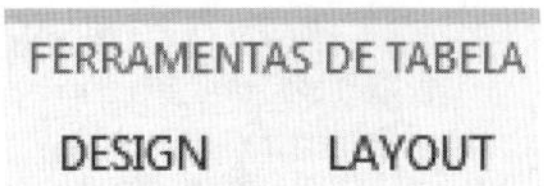

6.6.2.1. Guia Design

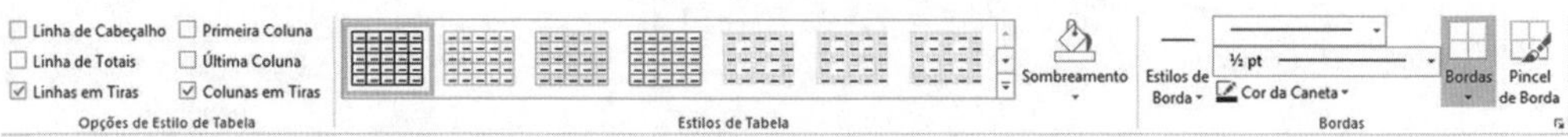

6.6.2.2. Guia Layout

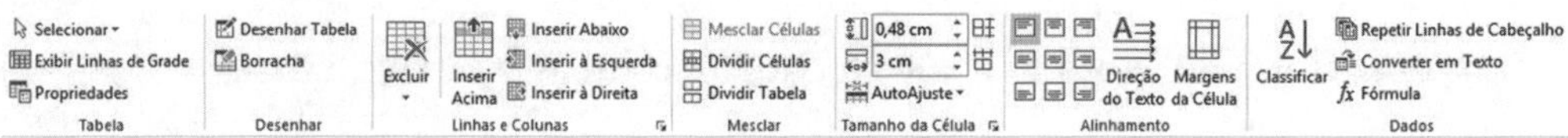

A guia layout merece atenção pois contém comandos para inserção de linhas e colunas, opções de mesclagem, tamanho das células e o botão *fx* Fórmula que poucos conhecem mas que permite utilizar funções para cálculos em uma tabela do MS Word.

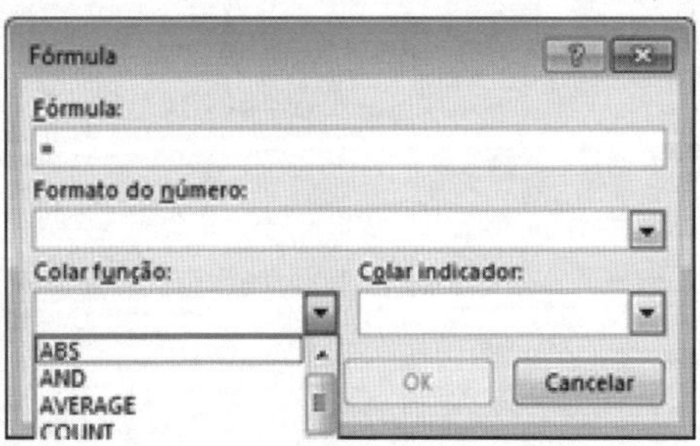

Observe que as funções no MS Word são em inglês, sum() para soma, avg() para média entre outras.

Caso o usuário deseje somar uma linha ele deve posicionar o cursor na última coluna, clicar na guia Layout de Ferramentas da Tabela, fórmula, escolher a função =SUM(LEFT).

Caso o usuário deseje somar uma coluna ele deve posicionar o cursor na última linha, clicar na guia Layout de Ferramentas da Tabela, fórmula, escolher a função =SUM(ABOVE).

As referências utilizadas nas funções do Word são LEFT para esquerda e ABOVE para acima.

Exercício

TRE MA – FCC

Aristoteles está fazendo um documento no editor de textos Word (versão em português) e precisa fazer uma pequena tabela com alguns números. Para não abrir o Excel, ele continua no Word, acessa o menu/Inserir e coloca uma tabela 3x3 com os seguintes valores:

30	40	
1	0	
15	12	

Na coluna à direita, ele insere uma fórmula através do Menu /Ferramentas de Tabelas, no primeiro espaço em branco, primeira linha =SUM(LEFT), na segunda linha =OR(LEFT), terceira linha =MIN(LEFT).

O resultado que aparece na coluna da direita, de cima para baixo encontra-se na alternativa, separado por vírgulas, é: Resposta 17

a) 1200, 1, 12
b) 70, 1, 12
c) 70, erro de sintaxe, 12
d) 10, 1, erro de sintaxe

6.6.3. Grupo Ilustrações

O botão 

permite inserir arquivos gráficos no documento. Arquivos com extensões:

- .emf
- .wmf
- .jpg / .jpeg
- .jfif
- .jpe
- .png
- .bmp
- .dib
- .rle
- .gif
- .emz
- .wmz
- .pcz
- .tif / .tiff
- .cgm
- .eps
- .pict
- .wpg

Resposta 17 – Letra B. A primeira fórmula utiliza a função correspondente à soma da primeira linha resultando em 70, a segunda fórmula utilizada corresponde à função lógica OU e assume verdadeiro para o 1 e falso para o 0, onde 1 OR 0 (verdadeiro OU falso) resulta em verdadeiro (1) em uma lógica binária, a terceira fórmula retorna o menor valor da terceira linha, que é 12.

Ao inserir uma imagem, surge a guia contextual:

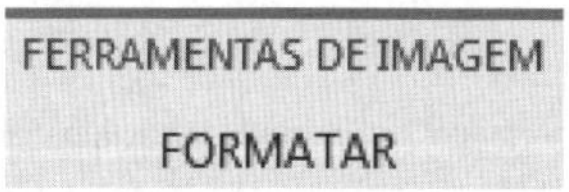

A guia Formatar em Ferramentas de Imagem corresponde a:

E oferece recursos para a edição de imagens no próprio aplicativo

O botão  Imagens Online utiliza a conexão ativa com a web para pesquisar imagens em ferramentas de busca como o Bing*.

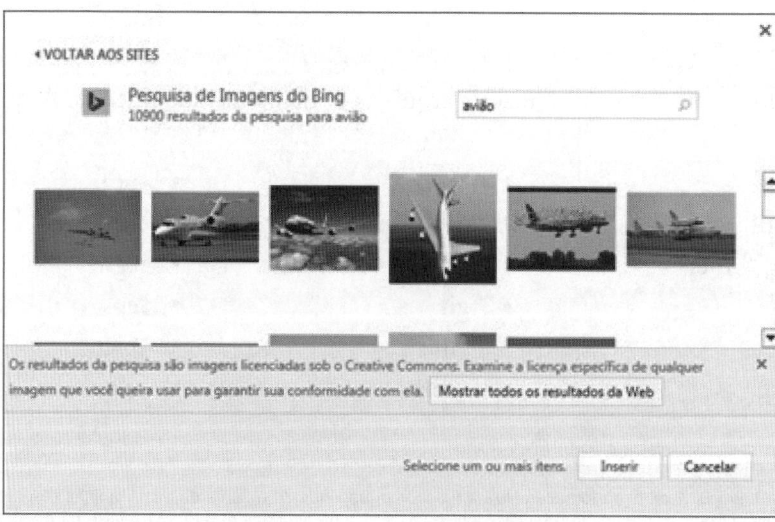

* Ferramenta de busca da Microsoft.

O botão 

permite a inserção de figuras geométricas como círculos, elipses, quadrados, retângulos, setas e formas prontas como raios, flechas, smiles etc.

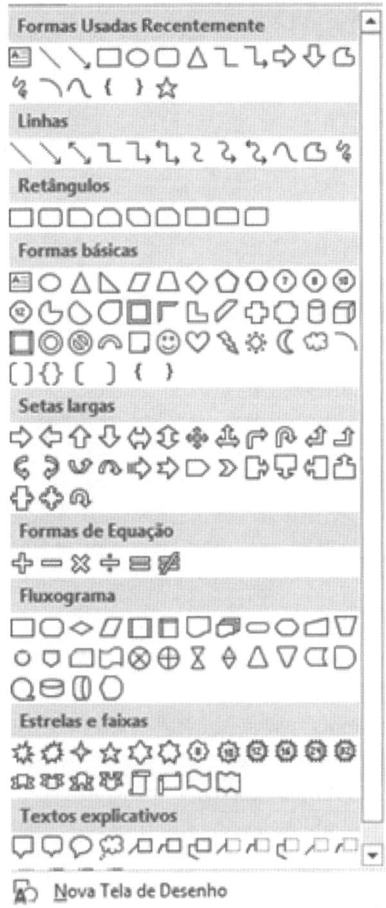

O botão 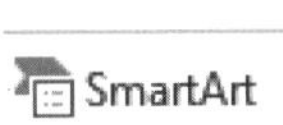

é um recurso novo, implementado na versão 2007, que permite transmitir informações visualmente, combinando textos e elementos gráficos, através de diagramas, organogramas, listas etc.

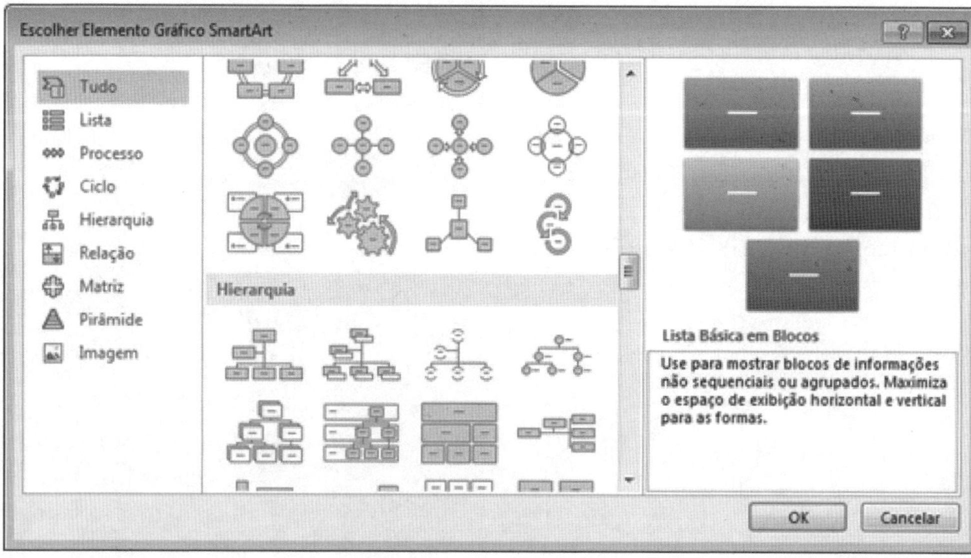

Exercício

PAPILOSCOPISTA PCERJ – IBFC

No pacote Microsoft Office 2010 existe um recurso que possibilita criar elementos gráficos como uma árvore genealógica, como também um organograma, com simples passos. Esse recurso é denominado tecnicamente de: Resposta 18

a) *SmartDesign*
b) *WorkDesign*
c) *SmartArt*
d) *ArtWork*
e) *IntelligentWork*

O botão Gráfico permite inserir diversos* tipos de gráficos (comuns ao MS Word, MS Excel e MS PowerPoint) e será estudado com mais detalhes no capítulo de MS Excel.

Resposta 18 – Letra C!

* 11 na versão MS Office 2010, 10 na versão MS Office 2013.

O botão Instantâneo, outra novidade a partir do MS Word 2010, permite inserir a captura de janelas ou parte delas diretamente no documento em edição.

OBS: Até então para procedimento de captura de tela era necessário a utilização da tecla PrintScreen para tirar um instantâneo da tela (área de trabalho) ou Alt+ PrintScreen para tirar um instantâneo da janela ativa.

Um botão que fez falta no MS Word 2013 foi o Clip-Art. Há quem fale que sua funcionalidade foi substituída pelo botão Imagens Online, entretanto é relevante saber que o botão Clip-Art não vem por padrão (em uma instalação compacta ou típica do MS Office 2013), mas que pode ser incluído* (em uma instalação personalizada ou completa do mesmo pacote). O Clip-Art permite inserir arquivos de mídia em um documento do MS Word 2013.

6.6.4. Grupo Aplicativos

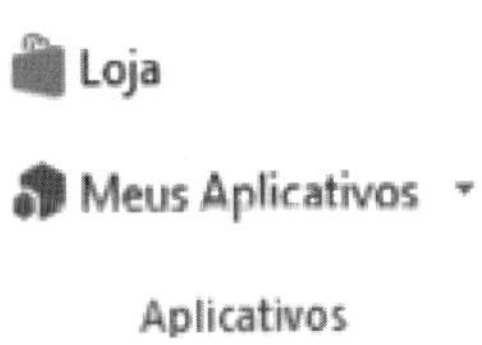

O botão Loja é uma novidade do MS Office 2013, permite aquisição de aplicativos (gratuitamente ou não) através da Office Store**.

Os aplicativos adquiridos ficam disponíveis em Meus Aplicativos.

* Leia mais sobre como instalar o ClipArt em: http://support.microsoft.com/kb/139867/pt-br

** A Microsoft segue a onda dos concorrentes, como a Apple com o AppStore e do Google com o Google Play Store que solidificaram a venda de aplicativos, disponibilizando o Office Store.

6.6.5. Grupo Mídia

Contém o botão 

, mais funcional no MS PowerPoint que é voltado para apresentações, mas permite a inserção de vídeos a partir de uma janela de pesquisa de vídeos.

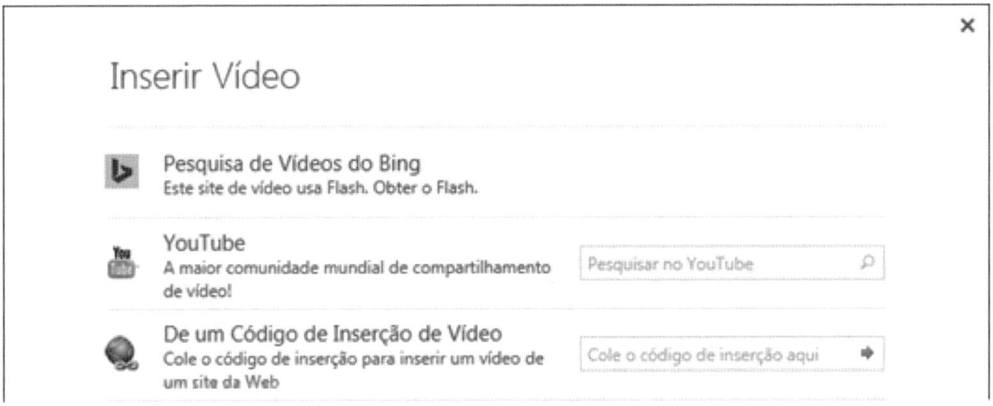

Se o usuário já souber o endereço do vídeo, como uma url no Youtube, pode digitar o código de inserção diretamente no campo.

6.6.6. Grupo Links

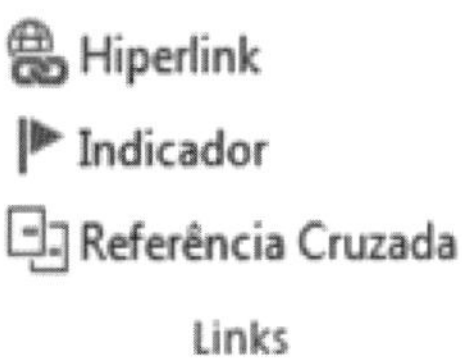

O botão Hiperlink permite criar links para outros trechos de texto (capítulos de um documento), arquivos, páginas da web ou email. Podem existir links de texto ou imagem.

Seu atalho de teclado é Ctrl+K, e para seguir um link em um documento no MS Word é necessário teclar simultaneamente a tecla Ctrl e clicar no link (ponteiro com formato de uma "mãozinha").

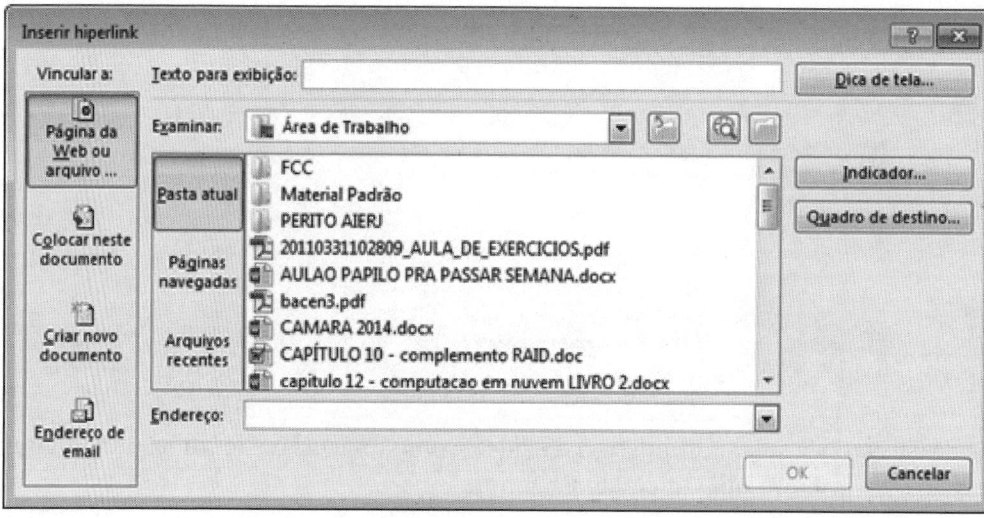

Os hiperlinks assumem por padrão um texto sublinhado em azul.

O botão Indicador permite a criação de links que permitem saltar para um local específico do documento.

O botão Referência Cruzada é um hiperlink para um local relacionado no documento, no qual o rótulo é gerado automaticamente, assim, se o texto no local for alterado, a referência cruzada poderá refletir esta mudança.

6.6.7. Grupo Comentários

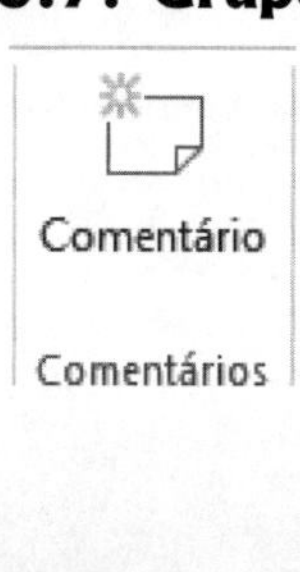

O botão Comentário permite adicionar um comentário a uma parte de um documento.

6.6.8. Grupo Cabeçalho e Rodapé

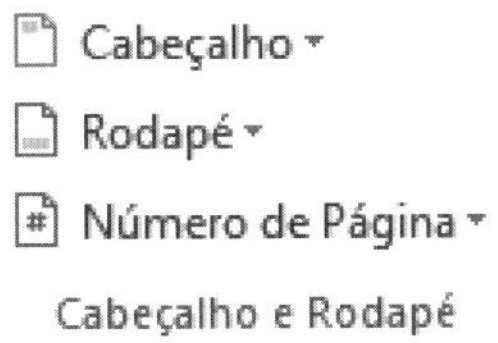

Muitos documentos possuem elementos que se repetem em todas as páginas, geralmente na parte superior (cabeçalho) ou inferior (rodapé), podendo variar entre um texto, um número de página, uma data, ou um elemento gráfico (timbre, logotipo...).

Podemos inserir um cabeçalho ou rodapé através da guia INSERIR, grupo CABEÇALHO E RODAPÉ, ou simplesmente editá-lo a partir de um duplo clique em sua respectiva área na página.

Ao editarmos um cabeçalho ou rodapé o texto do documento fica esmaecido (mais claro), ao editarmos o texto do documento os cabeçalhos e rodapés ficam esmaecidos.

Podemos criar cabeçalhos e rodapés diferentes para a primeira página ou seções do documento, e no caso da impressão frente e verso, criar cabeçalhos distintos para páginas pares e para páginas ímpares.

Ao inserir um cabeçalho ou rodapé, surge uma guia contextual:

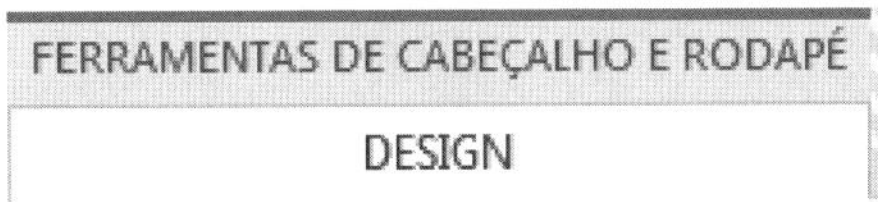

Em Ferramentas de Cabeçalho e Rodapé, na guia DESIGN temos:

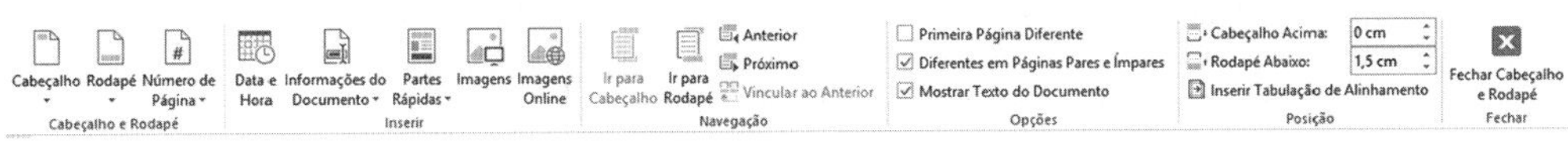

Neste grupo é onde inserimos também a numeração de página a partir do botão Número de Página que não só permite a inserção no início da página (cabeçalho), no final da página (rodapé) como nas margens (esquerda ou direita), além da posição atual do cursor.

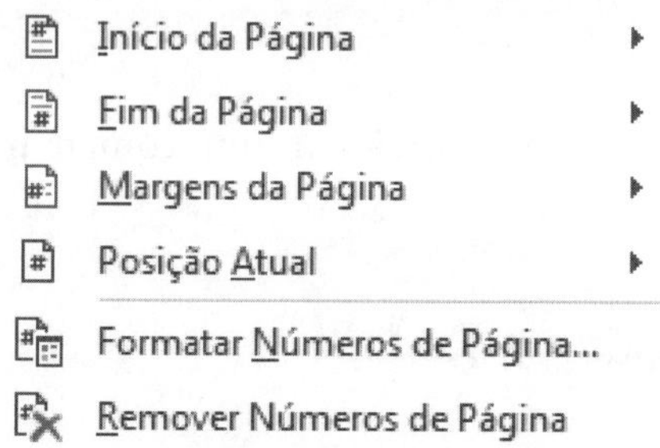

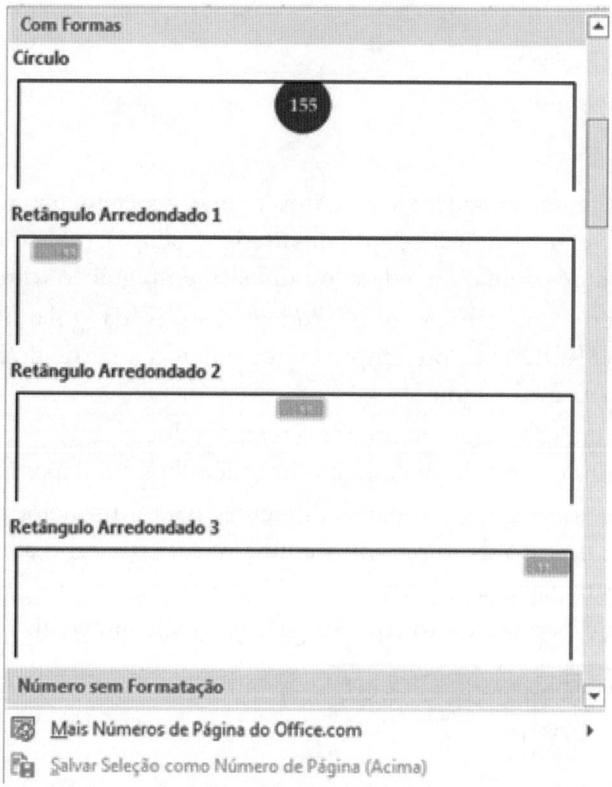

Além dos inúmeros leiautes pré-definidos pelo Word, podemos personalizar a numeração de página, alterar o formato do número (arábico, romano, letras):

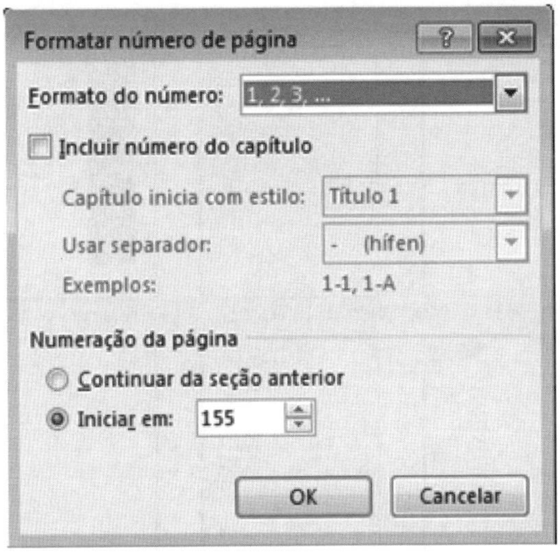

É importante destacar que o mesmo caminho para inserção de números de páginas pode ser utilizado para sua remoção através de  Remover Números de Página .

Pode-se também alterar a numeração da página inicial de documento ou de partes do documento (seções).

Este livro por exemplo tem muitas páginas e precisou ser dividido em capítulos, onde cada capítulo equivale a um arquivo e possui uma numeração de página inicial diferente dando sequência no livro.

Observe na barra de status anterior, extraída de uma janela do Word, que é exibido primeiro o número da página que será impresso (Pág 49), em seguida o número da página em relação ao documento e o número de páginas do documento (49 de 93).

6.6.9. Grupo Texto

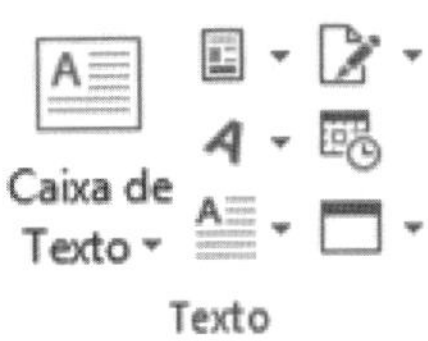

O botão 

do grupo Texto permite inserir caixas de texto mais complexas e estilizadas que o mesmo comando do botão Formas do grupo Ilustrações. A partir da seta no canto inferior direito do botão, temos acesso à seguinte tela:

O botão – Explorar Partes Rápidas – do grupo texto permite a inserção de Autotexto, Propriedade do Documento e Campos.

O botão – WordArt – muito comum em provas, permite a criação de textos artísticos, com *dégradé*, sombras, enfim, muitos efeitos:

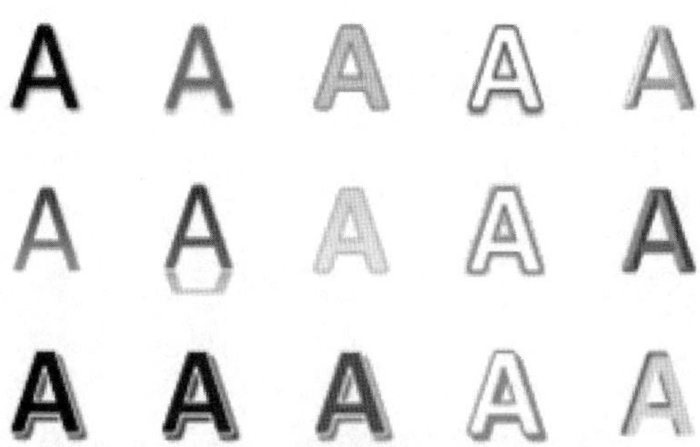

O botão – Adicionar um Capitular – corresponde a um recurso muito utilizado em jornais, revistas, que possibilita a primeira letra de um parágrafo ocupar várias linhas.

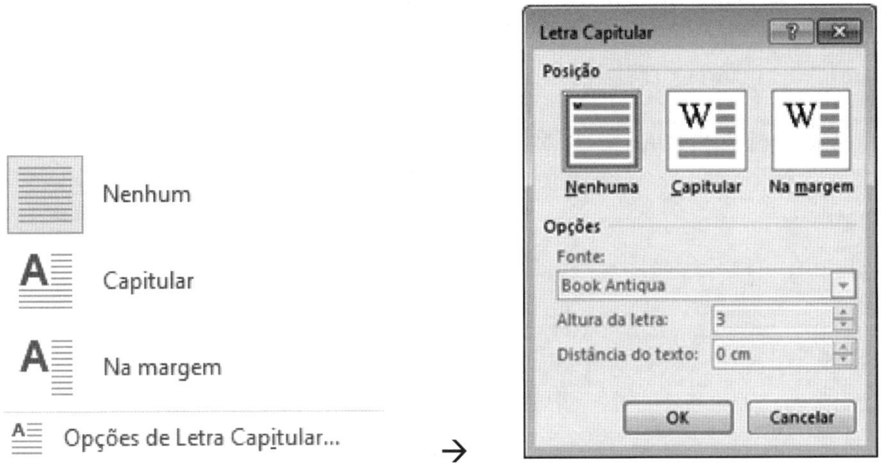

O botão permite a inserção de uma assinatura digital em um documento do MS Word, isto implica por exemplo que o proprietário da assinatura utilize um certificado digital válido para dar autenticidade e integridade ao documento.

Qualquer modificação no mesmo removerá a assinatura e implicará um novo processo.

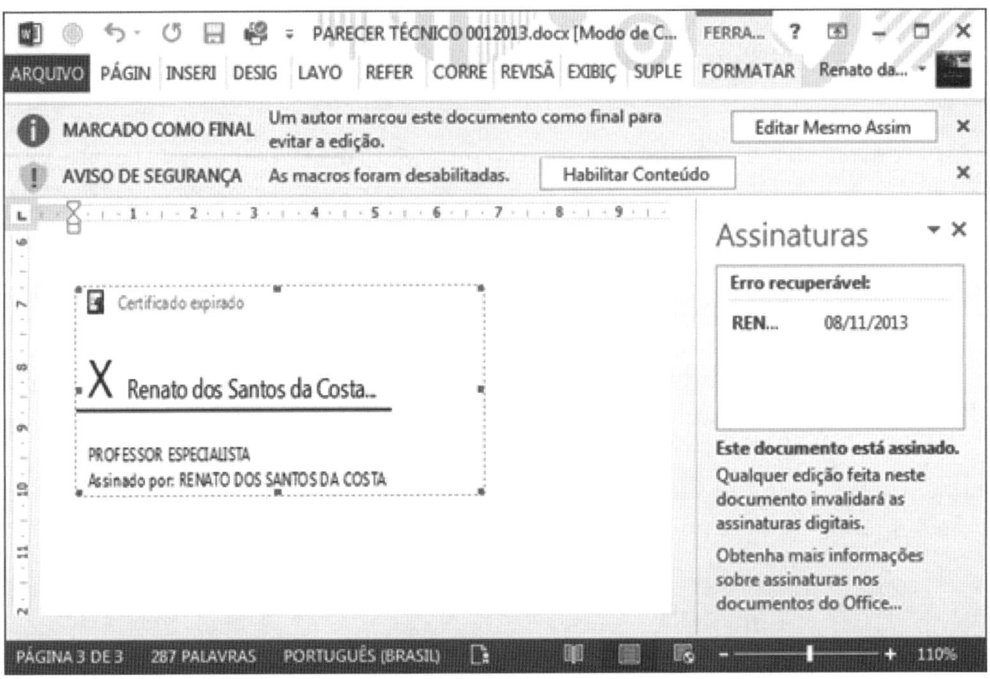

A assinatura é identificada em um documento através do ícone de uma folha com uma medalha na barra de status, exemplificada no fragmento anterior ao lado direito do idioma – português (Brasil).

O botão – Data e Hora – permite inserir a data e/ou a hora em um documento de modo que ela seja atualizada nos eventos de abertura e impressão do arquivo.

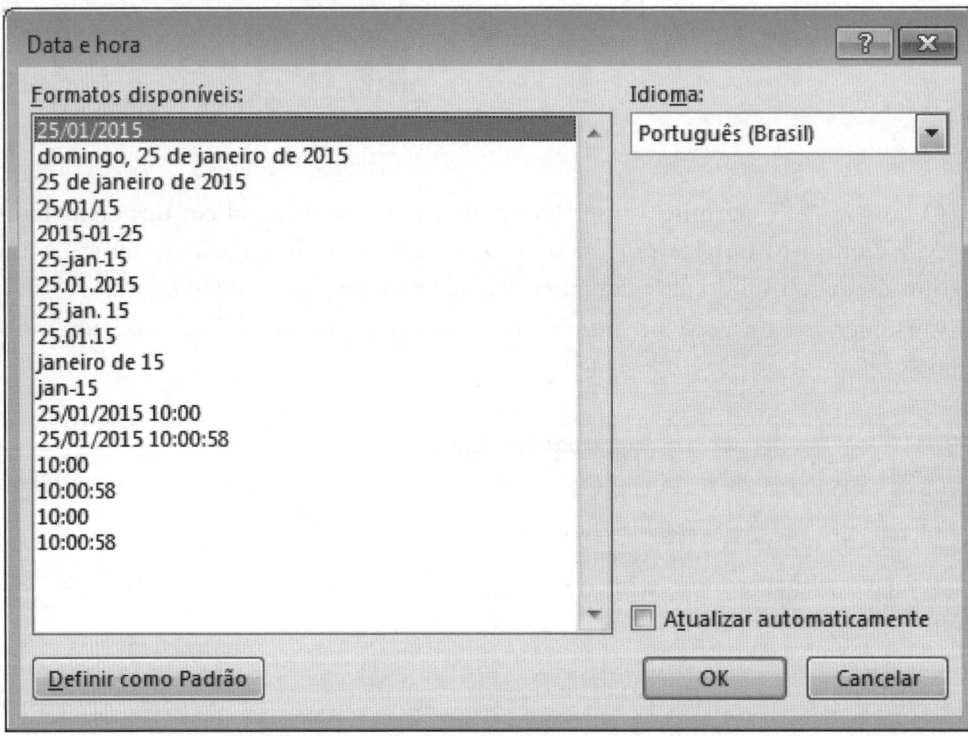

O botão – Objeto – permite inserir objetos/arquivos de outros aplicativos (Paint, planilhas do Excel, entre outros instalados na máquina) no MS Word, tal recurso permite ainda vincular o aplicativo selecionado para que o objeto possa ser editado a partir de um duplo clique, que então vincula e incorpora a aplicação de origem num método conhecido como OLE (Object Linking and Embedding)

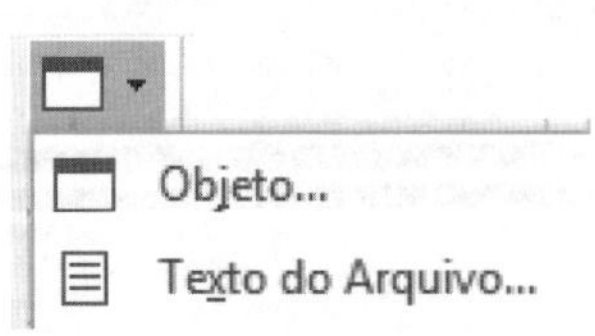

Clicando em Objeto... o usuário pode escolher um aplicativo para criar uma informação e vincular ao arquivo do Word.

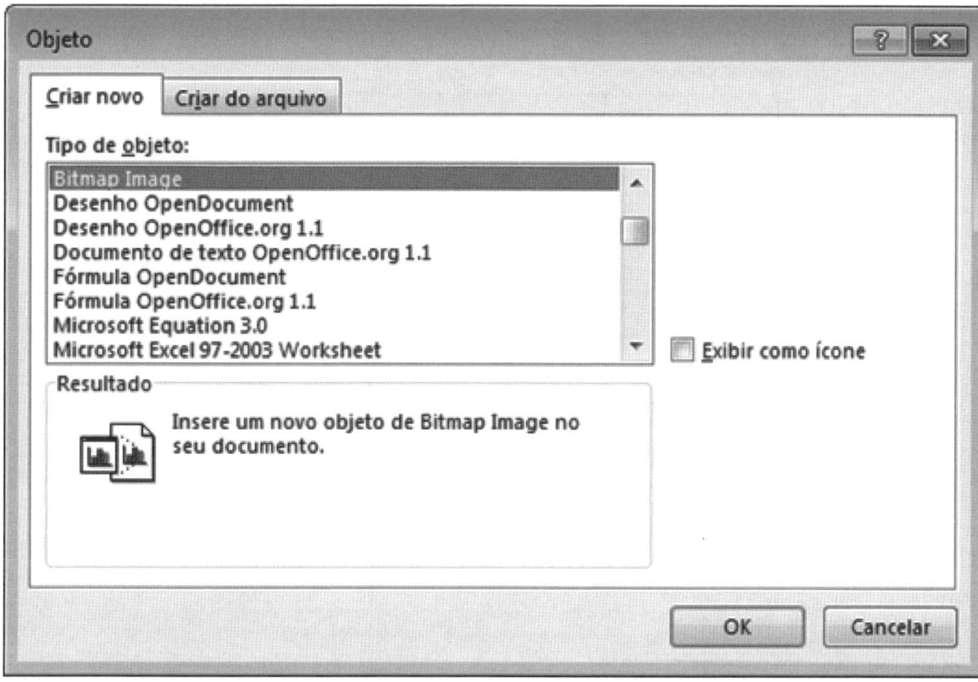

Clicando em Texto do Arquivo... o usuário pode concatenar diferentes documentos em um único arquivo, de maneira automática, sem a necessidade de realizar este procedimento, por exemplo, copiando e colando.

6.6.10. Grupo Símbolos

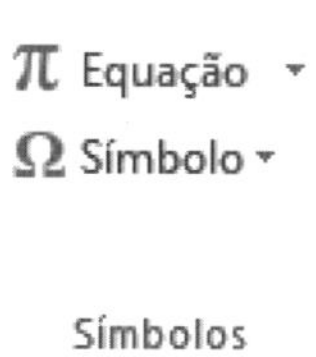

O botão π Equação permite a inserção de fórmulas matemáticas, equivalente ao MS Equation, objeto que podia ser incorporado em versões anteriores para esta finalidade.

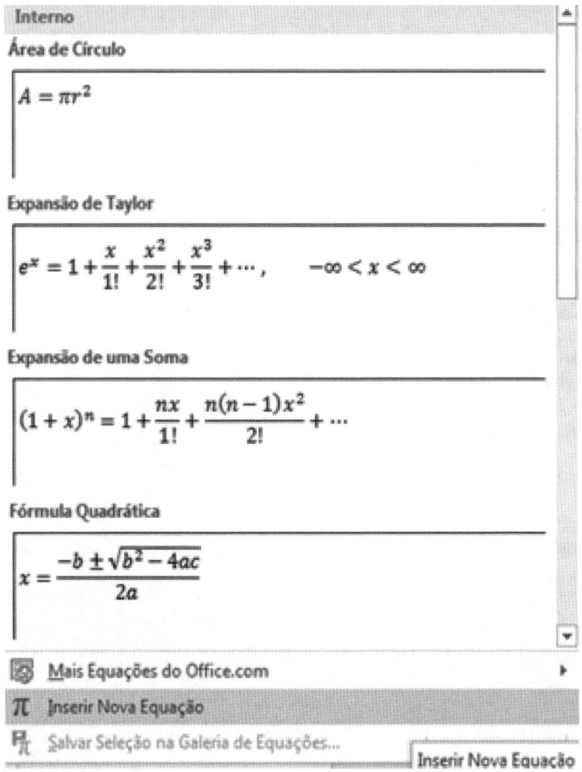

Vale ressaltar que o botão π Equação ▾ não faz contas, não dá resultados, apenas permite criar, editar, fórmulas. Clicando em inserir nova equação ele dá acesso à guia contextual:

Onde na guia DESIGN de Ferramentas de equação temos a barra:

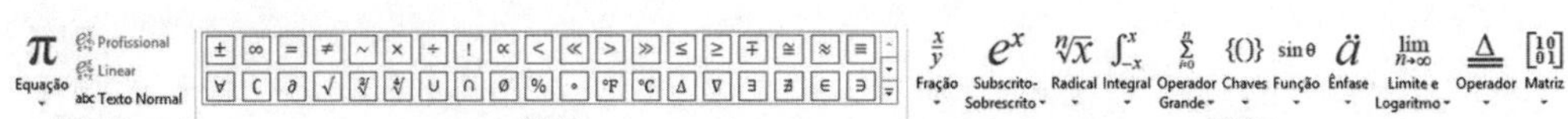

6.7. Guia Design

Esta é uma guia nova no MS Word, inserida na versão correspondente ao pacote MS Office 2013 que contém apenas 2 grupos que eram até a versão MS Office 2010 da guia Layout da Página, são eles:

- Formatação do Documento
- Plano de Fundo da Página

6.7.1. Grupo Formatação do Documento

Permite a utilização de Temas, que são conjuntos de elementos de design que combinam cores, fontes e efeitos para proporcionar uma aparência profissional ao documento.

6.7.2. Grupo Plano de Fundo da Página

O botão 

permite inserir ou remover Marcas D´agua em um documento:

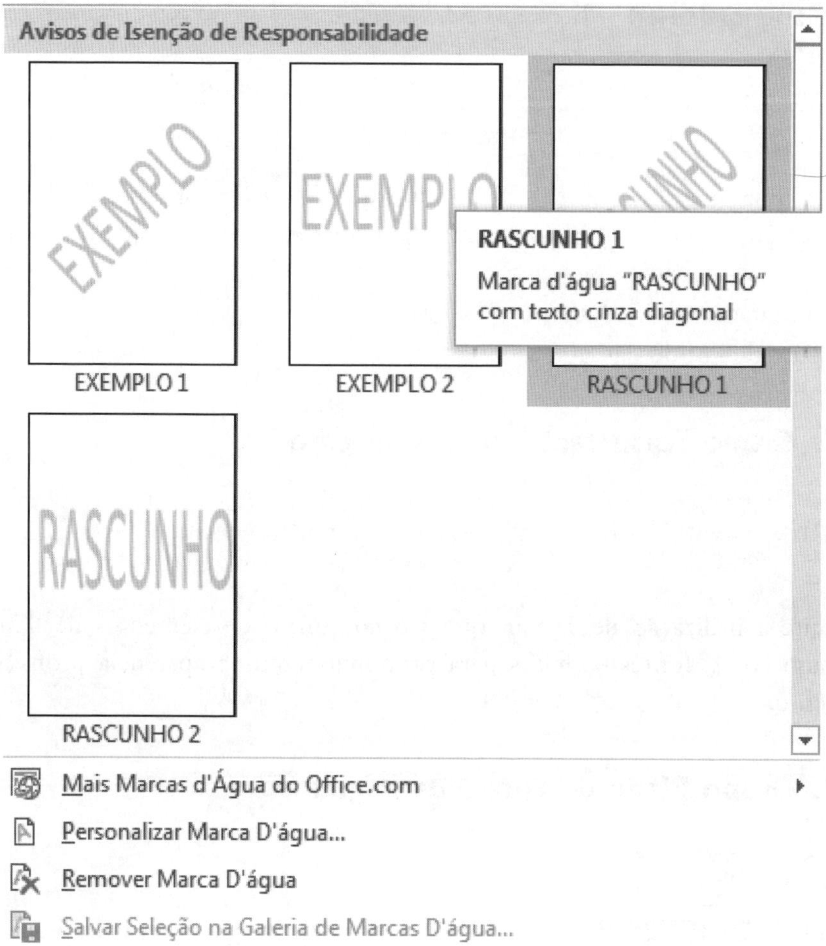

O botão 

permite mudar a cor da página, que por padrão é branca.

O botão 

abre a caixa de diálogo Bordas e Sombreamento que permite inserir bordas a uma seção (parte) ou a todo o documento.

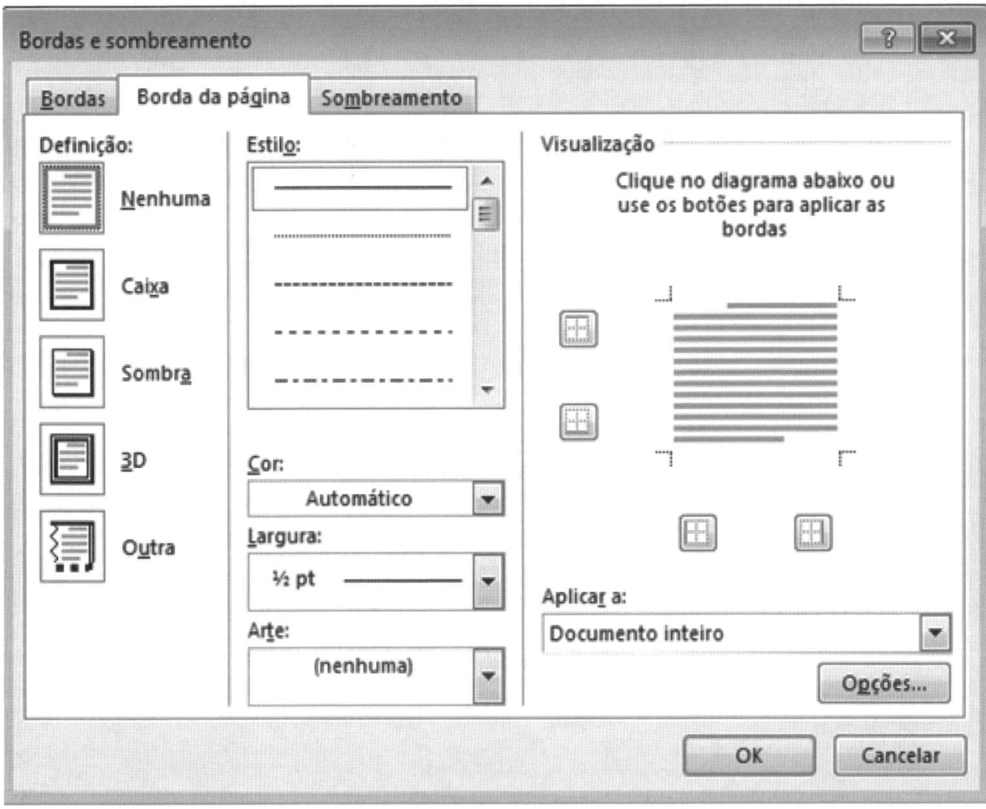

6.8. Guia Layout da Página

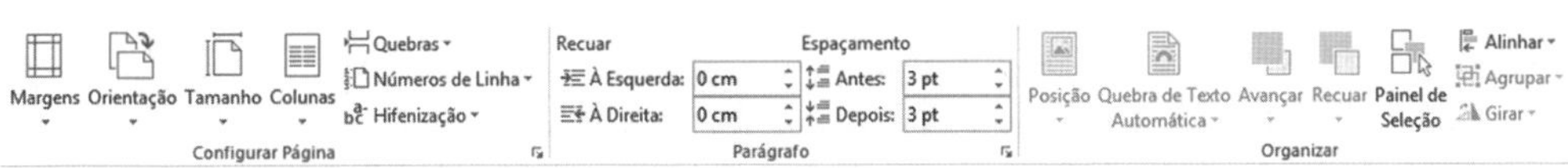

A guia Layout da Página contém 3 grupos, são eles:

- Configurar Página
- Parágrafo
- Organizar

6.8.1. Grupo Configurar Página

O botão 

permite ajustar o documento para impressão ou para melhor apresentação em tela. Pode-se optar por margens predefinidas ou personalizadas:

As margens predefinidas são acessadas a partir de um clique na seta para baixo localizada no botão Margens que dá acesso à janela a seguir:

Clicando em margens personalizadas ou clicando no inicializador de caixa de diálogo (seta no canto inferior direito do grupo), abre-se a janela Configurar Página, onde na guia margens temos:

- Superior
- Inferior
- Esquerda
- Direita

Caso a caixa de combinação "Várias páginas" esteja selecionada com "Margens espelho", as referências de margens esquerda/direita dão lugar a interna/externa, recomendada para impressões frente e verso.

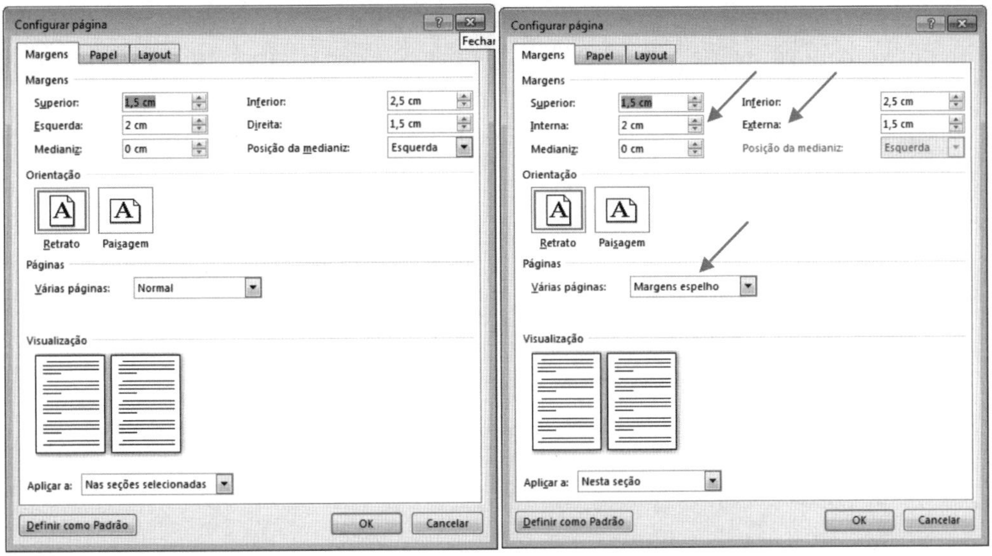

A opção de medianiz determina um espaço para encadernação e pode ser definida do lado esquerdo (caderno) ou na parte superior da folha (bloco).

Exercício

PMERJ – EXATUS

O aplicativo Microsoft Word 2013, voltado ao processamento de textos, permite a adição das margens superior, inferior, esquerda e direita a um determinado documento. No caso de um texto que irá posteriormente necessitar de encadernação, pode ser necessário a reserva de espaço adicional na margen das páginas (de modo que o texto não seja afetado pela encadernação), neste caso o seguinte tipo de margem pode ser utilizado: Resposta 19

a) medianiz

b) mediatriz

c) retrato

d) paisagem

O botão [Definir como Padrão] existente na janela "Configurar Página" é diferente do botão [OK] porque define a configuração de todos os futuros novos documentos, enquanto o botão [OK] torna a configuração válida apenas para o documento em edição.

Resposta 19 – Letra A.

Podemos aplicar tais recursos a todo ou parte do documento, logo é correto afirmar que em um único arquivo do MS Word podemos ter páginas com características diferentes (tamanho, margens, etc.) através de quebras de seção.

Exercício

TRE – ANALISTA JUDICIÁRIO – NCE

Observe a caixa de diálogo ao lado.

A largura em centímetros da área de texto de uma página A4 (21 cm por 29,7cm no modo retrato), configurada de acordo com esta caixa de diálogo, é: Resposta 20

a) 17,5 cm;
b) 17 cm;
c) 13,5 cm;
d) 13 cm;
e) 10,5cm.

O botão 

permite ao usuário escolher se a impressão será vertical (em pé) ou horizontal (deitada).

Resposta 20 – Letra C! A folha tem 21 cm. Como a questão quer saber a largura, devemos ter atenção com as medidas das margens esquerda, direita e medianiz. A soma dessas medidas dá 7,5 cm (4,0+3,0+0,5), então dos 21 cm do papel só poderemos utilizar para texto 13,5 = (21-7,5).

O botão 

permite escolher o tamanho do papel, o padrão é o A4 de (21x29,7 cm), mas podemos optar por diversos tamanhos, inclusive personalizados.

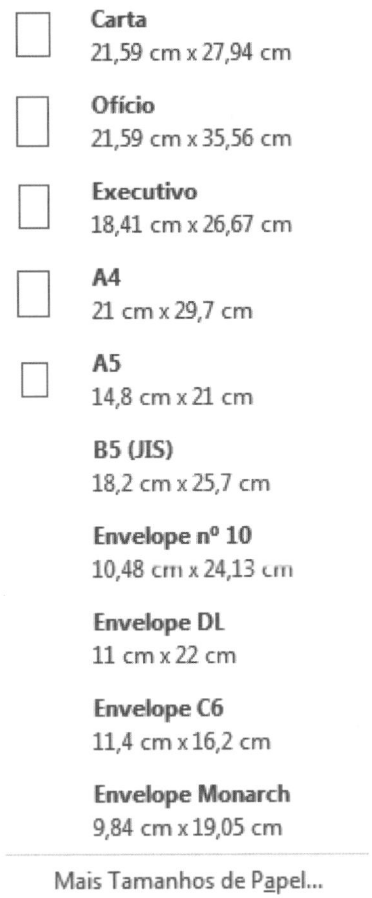

O botão 

permite definir a quantidade de colunas de um texto selecionado ou de uma seção de um documento do MS Word.

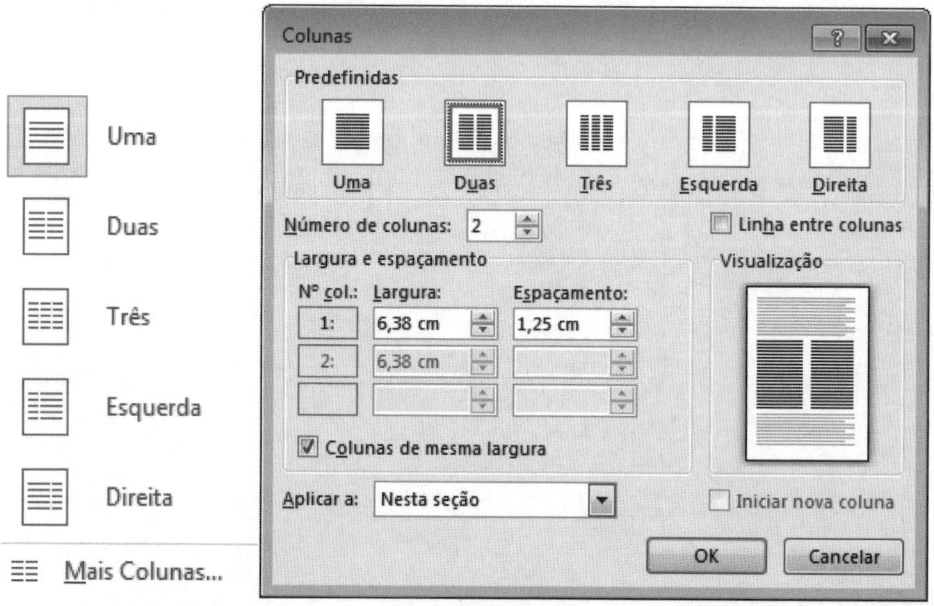

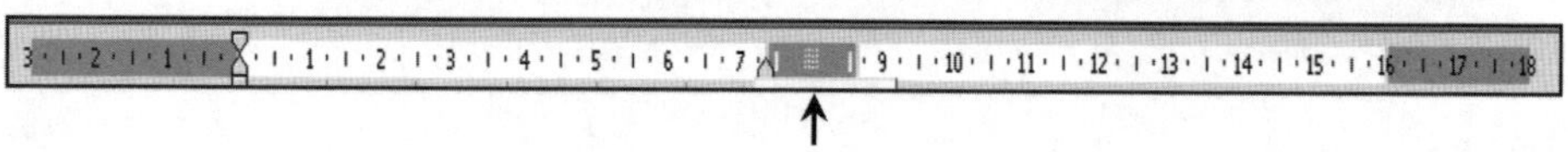

Espaçamento entre colunas.

A largura e o espaçamento são inversamente proporcionais. Com o comando "Mais Colunas" é possível colocar uma linha entre as colunas e teoricamente chegar ao limite de até 45 colunas em uma página.

Quando definimos a quantidade de colunas antes de digitarmos um texto:

- A quebra de coluna é realizada automaticamente quando chegamos ao fim de uma coluna (término da página), deslocando o cursor para o início da próxima.

Quando definimos a quantidade de colunas depois de digitarmos um texto:

- Ao selecionarmos um texto já digitado, o próprio Word se encarrega em quebrar as colunas, equilibrando o texto.
- Ao aplicarmos colunas sem selecionar o texto, o Word coloca toda a seção do documento em colunas.

O botão Quebras permite inserir quebras de página, de coluna, automática de texto e seção.

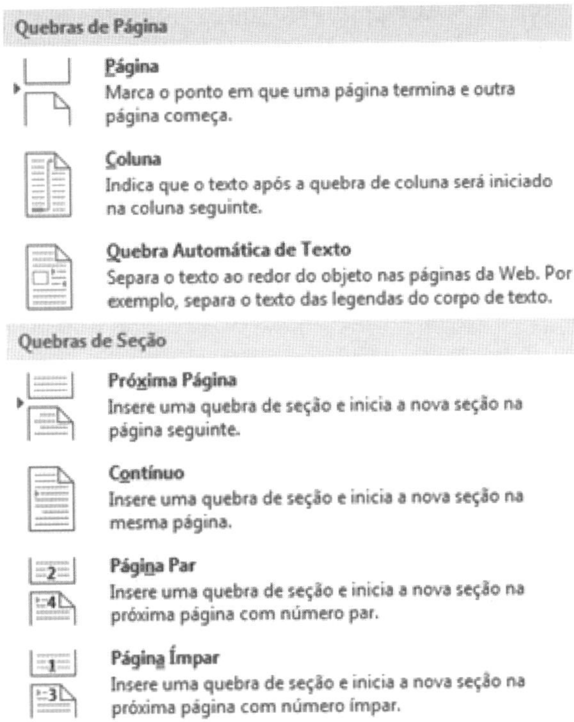

Em muitos trabalhos há necessidade de passar para a próxima página sem concluir a atual, para isto, equivocadamente, alguns pressionam múltiplas vezes a tecla ENTER (procedimento errado), mas o correto é inserir uma QUEBRA DE PÁGINA. Atalho = Ctrl+ Enter

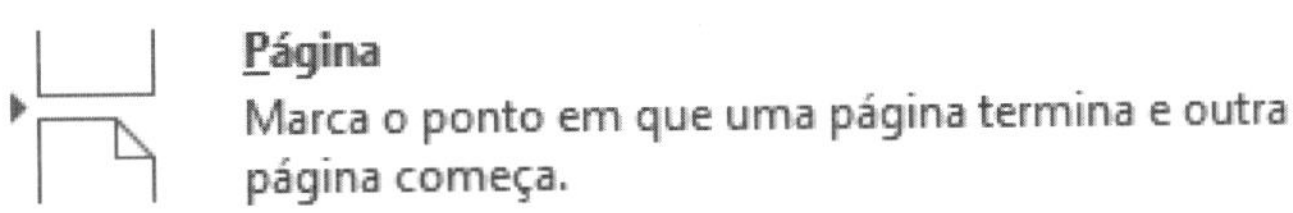

Muitas vezes há necessidade de interromper uma coluna no meio da página e iniciar o texto na coluna seguinte. Isso pode ser feito através do comando QUEBRA DE COLUNA. Atalho = Ctrl+Shift+Enter

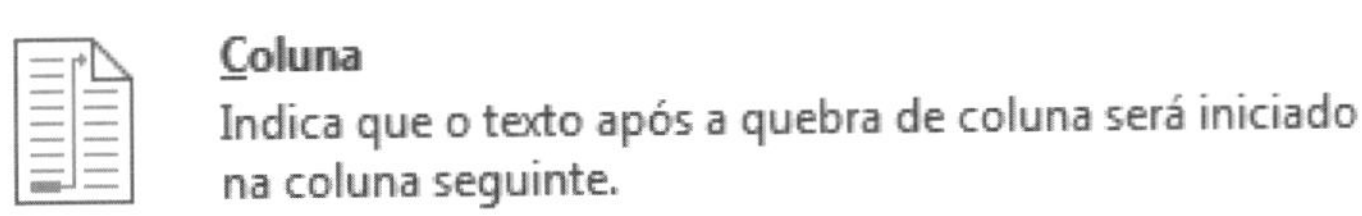

A QUEBRA AUTOMÁTICA DE TEXTO funciona como uma quebra de linha, deslocando o cursor para baixo sem criar um novo parágrafo. Atalho = Shift+Enter

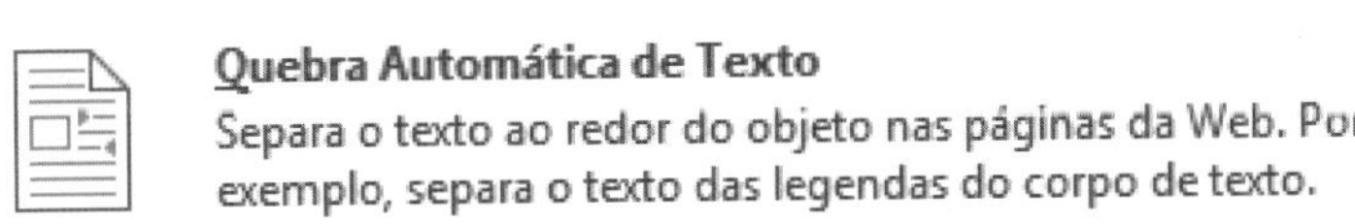

As QUEBRAS DE SEÇÃO permitem que o documento tenha configurações totalmente diferentes para cada seção. Existem diferentes tipos de quebras de seção:

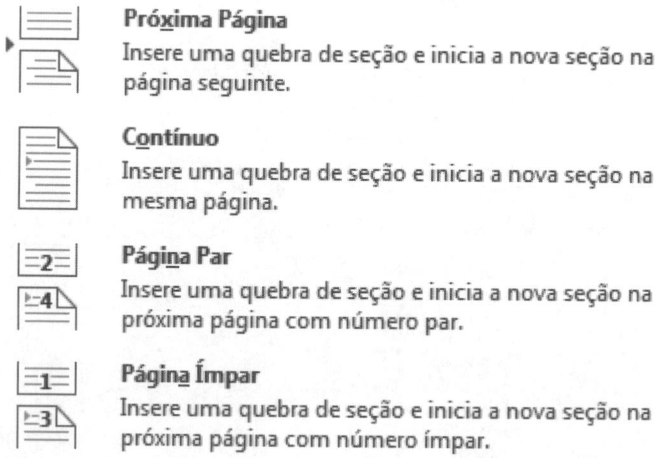

Ao inserirmos quebras, caso a funcionalidade do botão ¶ (mostrar tudo) esteja acionada, as quebras serão representadas no documento por linhas conforme imagem a seguir:

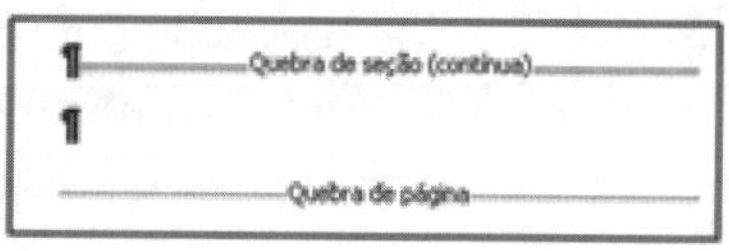

Exercício

INSPETOR PCERJ – FEC

No MSWord, para inserir uma quebra de página de forma manual, ou seja, sem ser gerada automaticamente pelo Word, clica-se no local onde se deseja iniciar uma nova página e seleciona-se a guia: Resposta 21

a) inserir, grupo texto e clica-se em quebra de página.
b) página inicial, grupo páginas e clica-se em quebra de página.
c) inserir, grupo páginas e clica-se em quebra de página.
d) layout de página, grupo configurar página e clica- se em quebra de página.
e) página inicial, grupo configurar página e clica-se em quebra de página.

O botão Números de Linha ▾ permite a inserção de referências com números de linhas na margem de um documento.

Resposta 21 – Letra B. Grande pegadinha, a quebra de página pode ser acessada por meio de 2 guias, tanto a Inserir quanto a Layout da Página, sendo que a letra D está errada pois em Layout da página clica-se em Quebra**S**, no plural, tendo em vista que há diversos tipos de quebras.

O botão Hifenização possibilita ao usuário habilitar o recurso de hifenização automática do documento, separando a sílaba e realizando a translineação corretamente.

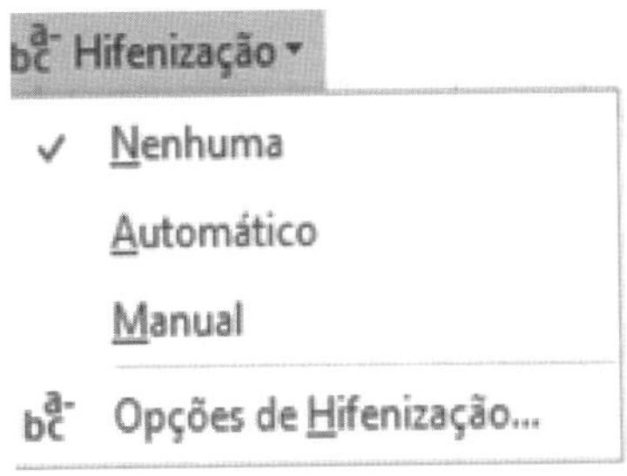

6.8.2. Grupo Parágrafo

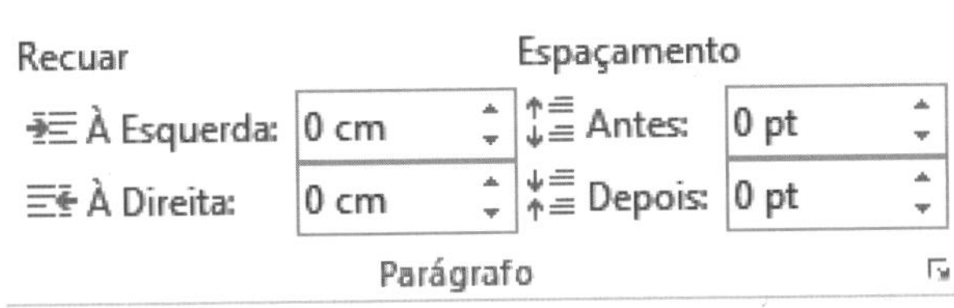

O grupo Parágrafo é redundante, pode ser encontrado tanto na guia Página Inicial (onde inclusive já foi estudado), quanto na guia Layout da Página.

6.8.3. Grupo Organizar

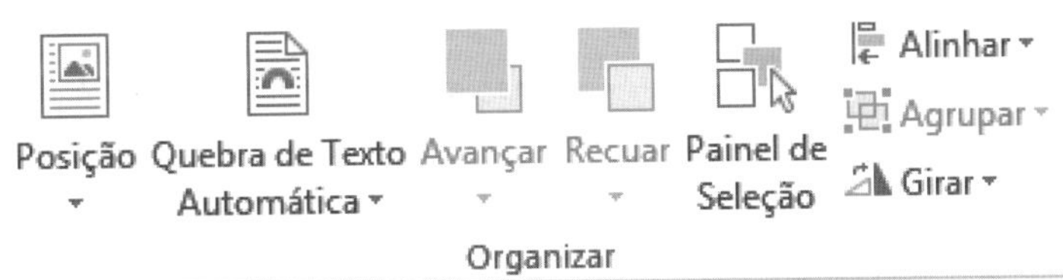

O grupo Organizar contém principalmente comandos para serem utilizados quando selecionamos uma imagem, objeto.

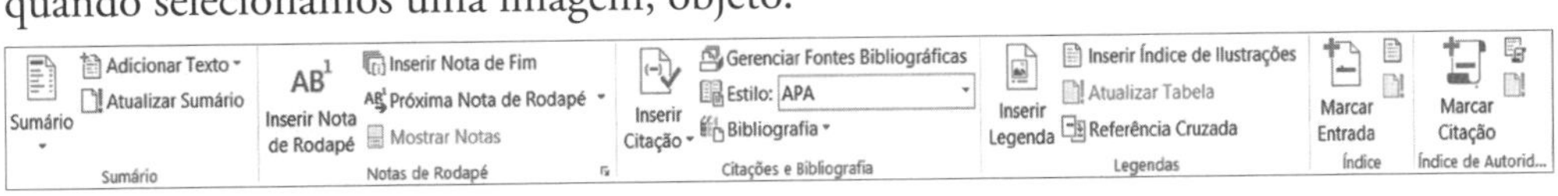

6.9. Guia Referências

A guia Referências contém 6 grupos, são eles:

- Sumário
- Notas de Rodapé
- Citações e Bibliografia

- Legendas
- Índice
- Índice de Autoridades

6.9.1. Grupo Sumário

Permite a criação de sumários rapidamente baseados automaticamente nos estilos de títulos (Título1, Título2, Título3...) utilizados em um documento ou marcações a partir do botão Adicionar Texto.

6.9.2. Grupo Notas de Rodapé

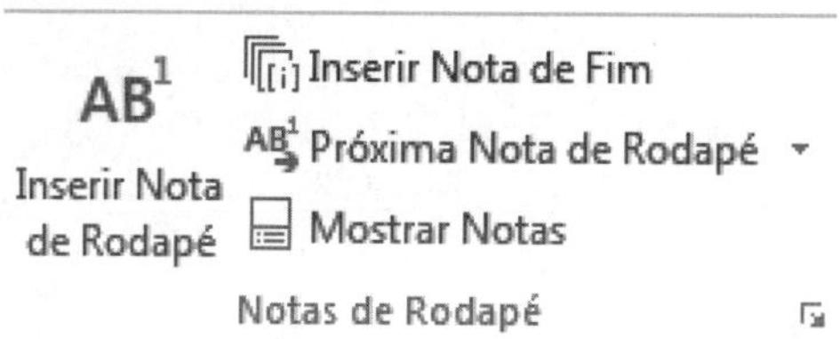

Permite a inserção de notas de rodapé e notas de fim, a diferença é que as notas de rodapé acompanham a página de sua inserção enquanto as notas de fim são inseridas no final do documento. Atalho para inserir Nota de Rodapé no final do documento = Alt+Ctrl+F.

Exercício

ASSEMBLEIA LEGISLATIVA BA – FGV

Para inserir uma nota de rodapé em um texto digitado no Word 2010 BR para Windows, há duas possibilidades, por meio de dois atalhos de teclado diferentes: o primeiro insere a nota no rodapé da folha corrente que está no modo de edição, e o segundo, no rodapé da última folha do documento.

Esses atalhos são, respectivamente,[Resposta 22]

a) Alt + Ctrl + E e Alt + Ctrl + P.
b) Alt + Ctrl + P e Alt + Ctrl + F.
c) Alt + Ctrl + F e Alt + Ctrl + D.
d) Alt + Ctrl + D e Alt + Ctrl + R.
e) Alt + Ctrl + R e Alt + Ctrl + E.

Resposta 22 – Letra C.

6.9.3. Grupo Citações e Bibliografia

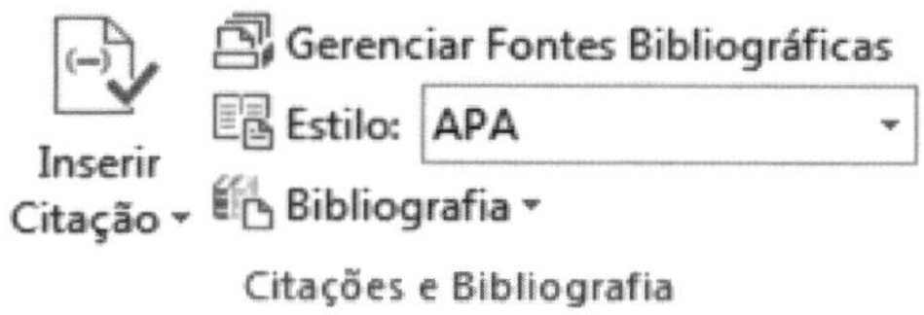

Meio que uma novidade, inserido a partir da versão 2007, o grupo Citações e Bibliografia é bastante interessante.

A partir do botão Inserir Citação é possível dar o crédito de uma fonte de informação citando o livro, artigo ou outro material de onde ela se origina.

A partir do botão Gerenciar Fontes Bibliográficas é possível catalogar uma bibliografia que poderá ser utilizada para o documento atual e que estará disponível inclusive para documentos futuros.

O botão Bibliografia insere na posição atual do cursor uma lista contendo a referência bibliográfica selecionada em Gerenciar Fontes Bibliográficas de acordo com o estilo selecionado em Estilo: APA.

Uma bibliografia é uma lista de fontes, normalmente colocada no final de um documento, que você consultou ou citou na criação do documento. No Microsoft Office Word 2007, é possível gerar automaticamente uma bibliografia com base nas informações sobre a fonte fornecidas para documento.

Exercício

SOLDADO PM/SC – IOBV

Para adicionar uma nova citação e fonte bibliográfica a um documento, o primeiro passo é: Resposta 23

a) Na guia Referências, clique no Iniciador de Caixa de Diálogo Citações e Bibliografia.
b) Na guia Referências, no grupo Notas de Rodapé, clique em Inserir Bibliografia.
c) Na guia Referências, no grupo Citações e Bibliografia, clicar na seta ao lado de Estilo.
d) Na guia Referências, no grupo Notas e Bibliografia, clicar na seta ao lado de Inserir.

Resposta 23 – Letra C.

6.9.4. Grupo Legendas

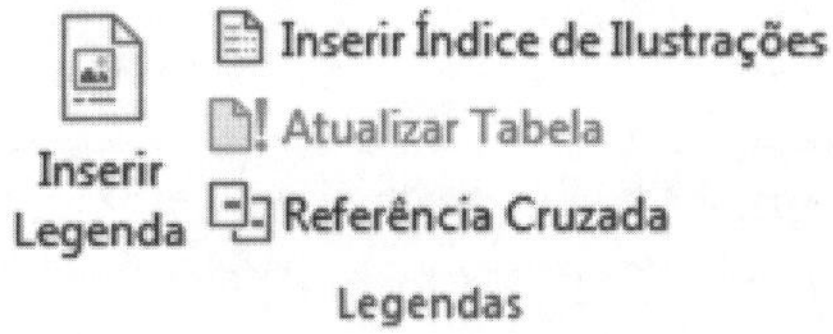

Permite a inserção de Legendas em imagens/objetos para que possam ser referenciadas em qualquer local no documento, inserindo uma referência cruzada.

6.9.5. Grupo Índice

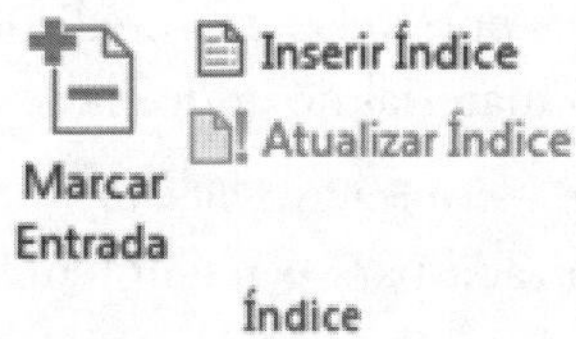

Permite a inserção de um Índice contendo palavras-chave, marcadas pelo botão 

, e os números de página onde elas aparecem.

6.9.6. Grupo Índice de Autoridades

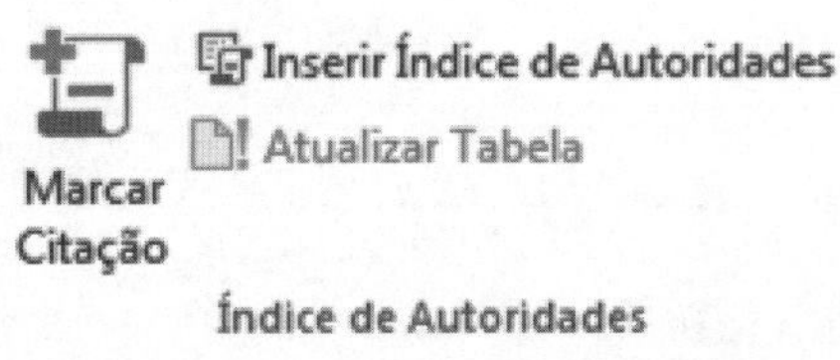

Permite a inserção de um Índice contendo casos, estatutos, marcados pelo botão 

, e os números de página onde eles aparecem.

6.10. Guia Correspondências

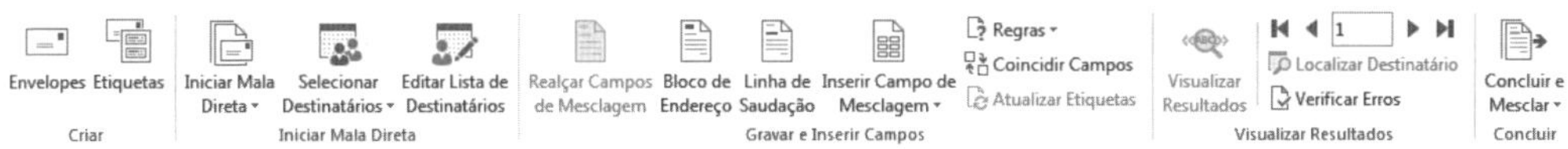

A guia Correspondências contém 5 grupos:

- Criar
- Iniciar Mala Direta
- Gravar e Inserir Campos
- Visualizar Resultados
- Concluir

Esta guia contém comandos exclusivos para o processo de criação de Mala Direta.

Uma mala direta mescla um documento do Word com um Arquivo de Dados (que pode ser uma tabela do Word, um banco de dados do Access, uma planilha do Excel ou uma lista de contatos do Outlook) e possibilita a confecção de um texto padrão com algumas variáveis para impressão (nome, endereço, data de nascimento, etc.) que serão os registros dos campos de mesclagem da fonte de dados.

No documento principal, os campos da mala direta aparecem cercados pelos sinais de << e >>.

<<CAMPO>>

Exercício

INSPETOR PCERJ – FGV

No Word, para utilizar o recurso de mala direta é necessária uma referência de um campo de arquivo de dados em um documento principal. Para fazer referência a um campo *identificação_policial*, o campo de arquivo de dado deve empregar delimitadores.

Nesse caso, a sintaxe a ser empregada é: Resposta 24

a) /* identificação_policial */
b) << identificação_policial >>
c) && identificação_policial &&
d) %% identificação_policial %%
e) $$ identificação_policial $$

Resposta 24 – Letra B.

PaqTcPB – IPSEM

No Microsoft Word é possível usar a mala direta para criar um conjunto de documentos personalizados, tais como: uma carta modelo ou um conjunto de etiquetas de endereçamento. Sobre a ferramenta de mala direta é correto afirmar: [Resposta 25]

a) Uma fonte de dados em uma Mala Direta é um arquivo que contém as informações a serem mescladas em um documento. No Microsoft Word não é possível usar uma fonte de dados preexistente, sendo necessária a criação da mesma para cada novo documento.

b) O Microsoft Word gera uma cópia do documento principal para cada item ou registro da fonte de dados, não sendo possível restringir a impressão para um grupo determinado de registros.

c) Ao inserir um campo de uma Mala Direta no documento principal, o nome do campo sempre é cercado por sinais de divisas (« »), entretanto, estes sinais não aparecem nos documentos mesclados.

d) Apesar de a ferramenta de Mala Direta ser bastante útil, ainda não é possível combinar dois ou mais campos, sendo sempre necessário separá-los com sinais de pontuação.

e) As fontes de dados, além das informações referentes aos campos, armazenam também as formatações destes campos.

6.11. Guia Revisão

A guia Revisão contém 7 grupos, são eles:

- Revisão de Texto
- Idioma
- Comentários
- Controle
- Alterações
- Comparar
- Proteger

6.11.1. Grupo Revisão de Texto

Resposta 25 – Letra C.

O botão 

permite localizar, verificar e corrigir possíveis erros ortográficos e gramaticais (concordância, crase, regência, pontuação, uso das vírgulas, etc).

Aqui temos um ponto muito importante para concurso, até o MS Word 2010 os indicativos de erro são:

- Sublinhado ondulado vermelho → Erro Ortográfico
- Sublinhado ondulado verde → Erro Gramatical

Agora, no MS Word 2013 percebemos que houve uma grande mudança:

- Sublinhado ondulado vermelho → Erro Ortográfico
- Sublinhado ondulado AZUL → Erro Gramatical ou Contextual

"O Word indica possíveis erros de ortografia com um sublinhado vermelho ondulado, possíveis erros de gramática com um sublinhado verde ondulado e possíveis erros de formatação com um sublinhado azul ondulado."
(Microsoft Word 2013 Passo a Passo, Joan Lambert e Joyce Cox, Ed. Bookman, 2014 – Pág. 86)

Como observado na citação anterior, o assunto, teoricamente, ainda era divergente. Entretanto a Microsoft já atualizou o seu help e sacramentou:

"Depois de ativar a verificação gramatical automática, o Word sinaliza potenciais erros de gramática, estilo e contexto com uma linha ondulada azul sob a palavra, o termo ou a frase enquanto você trabalha no seu documento."
(https://support.office.com/pt-br/article/Verificar-a-ortografia-e-gram%C3%A1tica-5890dfce-0903-4241-a933-a4043c6e326d, em 09/02/2015 às 12:00)

Atalho para verificar a ortografia e gramática = F7.

Exercício

GUARDA CIVIL METROPOLITANO SP – MS CONCURSOS

As palavras grifadas em vermelho pelo Word significam: [Resposta 26]

a) Que as palavras não fazem parte da Língua Portuguesa.
b) Que as palavras são grifadas como enfeite.
c) Que o usuário sempre está digitando errado.
d) Que as palavras grifadas não são reconhecidas pelo Dicionário do Word.
e) Erros de formatação.

Resposta 26 – Letra D.

Para utilizar os comandos Definir e Dicionário de Sinônimos é necessário instalar um dicionário a partir da Loja do Office previamente, há vários dicionários gratuitos.

O botão Definir, cujo atalho de teclado é Ctrl+F7, permite encontrar definições, funcionando como um dicionário de fato.

O botão Dicionário de Sinônimos, cujo atalho de teclado é Shift+F7, permite encontrar palavras com mesmo significado.

O botão ABC 123 Contar Palavras retorna uma estatística do texto, conforme a imagem a seguir:

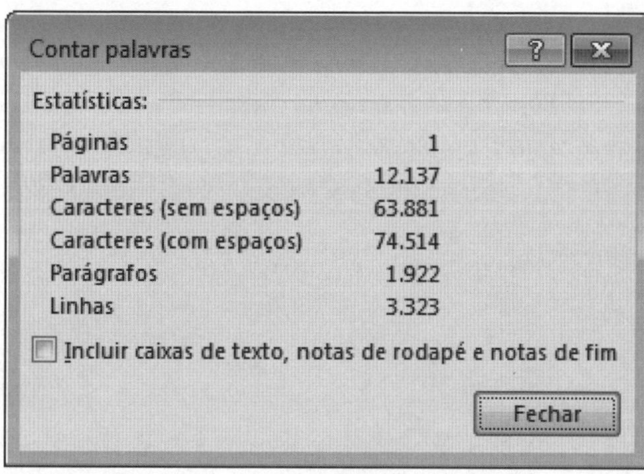

6.11.2. Grupo Idioma

A partir do botão , o MS Word oferece ferramentas integradas e online para traduzir palavras ou frases selecionadas ou ainda documentos inteiros para outros idiomas.

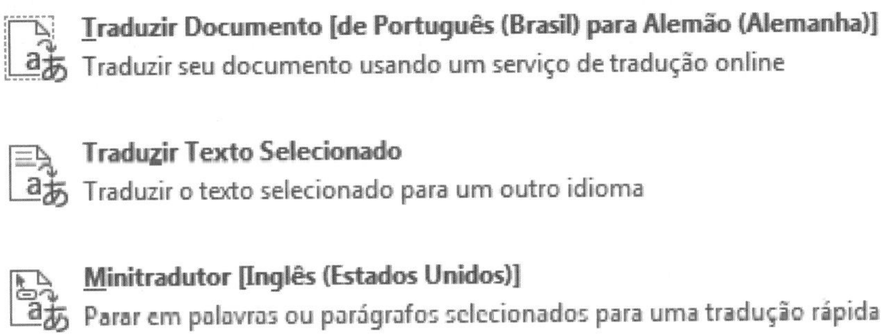

A partir do botão  podemos definir o idioma que será utilizado para revisão do texto pela ferramenta .

6.11.3. Grupo Comentários

Permite adicionar, excluir e visualizar anotações para revisão sobre trechos do documento.

6.11.4. Grupo Controle

Quando se está trabalhando em um documento coletivamente, ou ainda em um documento que será revisado por outra pessoa como um orientador, supervisor, é bastante interessante controlar as modificações para aprovação ou recusa.

Com o controle de alterações ativado, as exclusões serão tachadas (linha no meio), as inserções sublinhadas, ambas com letras vermelhas no texto.

6.11.5. Grupo Alterações

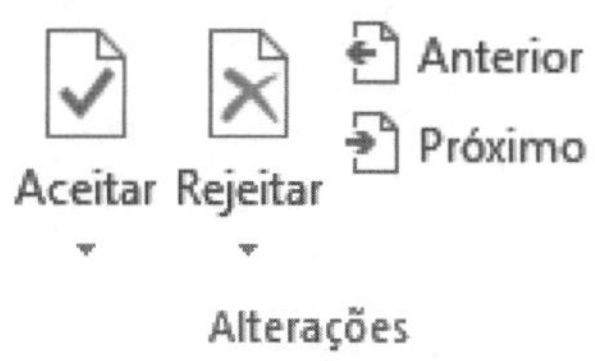

Com o Controle de Alterações ativado a partir do grupo Controle, já é sabido que as modificações aparecerão em destaque, sendo assim poderão ser aceitas ou não a partir do grupo Alterações.

6.11.6. Grupo Comparar

Permite comparar ou combinar versões diferentes de um mesmo documento.

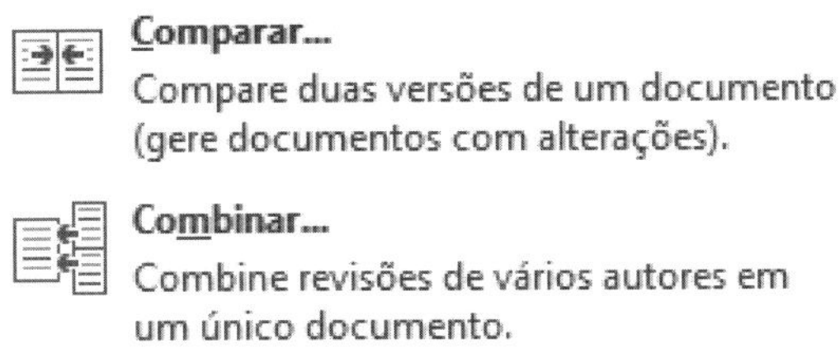

6.11.7. Grupo Proteger

Permite restringir a edição de arquivos, tanto no que tange a formatação quanto a edição.

Restrições quanto a formatação:

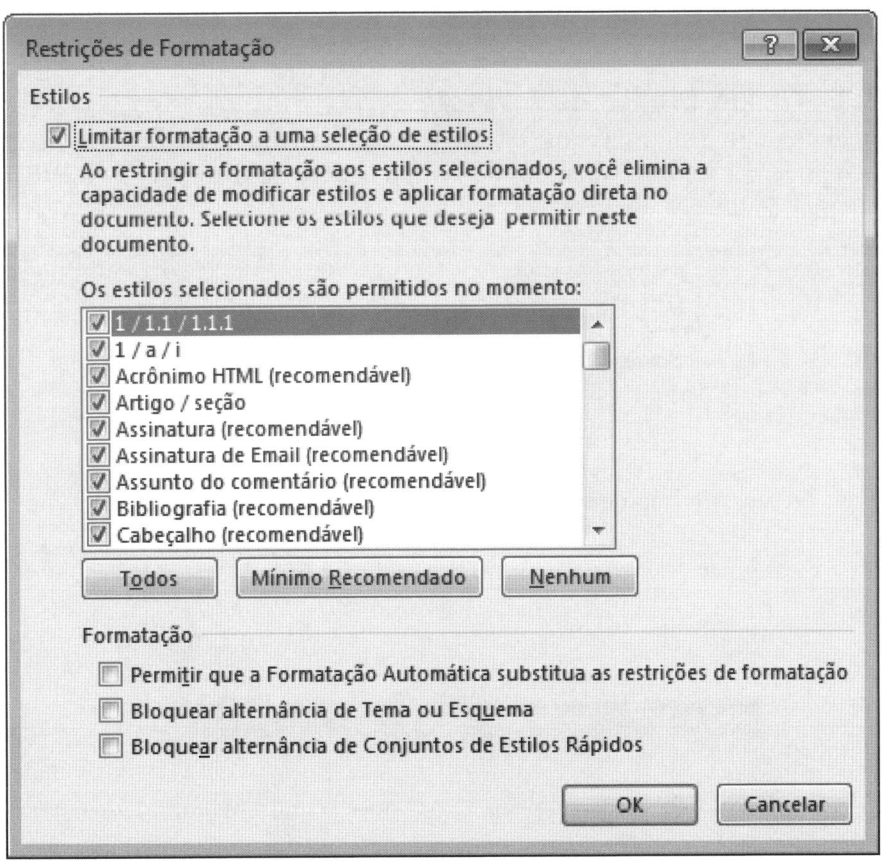

Como observado é possível por exemplo restringir a edição da formatação a estilos existentes no documento.

Restrições quanto a edição, é possível escolher entre:

- Alterações controladas;
- Comentários;
- Preenchendo formulários;
- Sem alteração (somente leitura);

6.12. Guia Exibição

A guia exibição contém 5 grupos, são eles:

- Modos de exibição
- Mostrar
- Zoom
- Janela
- Macros

6.12.1. Grupo Modos de Exibição

Podemos alternar a forma como o texto é visualizado durante a digitação ou edição. Para isso podemos usar os comandos do Grupo Modos de Exibição da Guia Exibição ou os botões da barra status.

A seguir temos um fragmento do canto inferior direito da janela do MS Word, onde encontramos 3 botões de modos de exibição: modo de leitura, layout de impressão e layout da web respectivamente, além do botão de zoom.

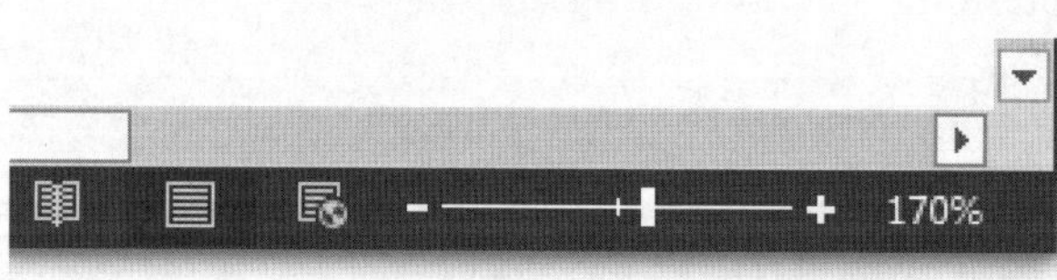

São 5 modos de exibição a saber:

6.12.1.1. Modo de Leitura

Substitui o modo de exibição Layout de Leitura da versão 2003 e Leitura em tela Inteira da versão 2010. Ele oculta as barras de ferramentas desnecessárias exibindo apenas botões para navegação no texto além de dimensionar automaticamente o conteúdo do documento de forma que sua apresentação seja confortável para leitura. Através do modo de leitura é possível visualizar comentários mas **não é possível editar o documento.** Observe que este modo de exibição não exibe cabeçalhos, rodapés e números de página.

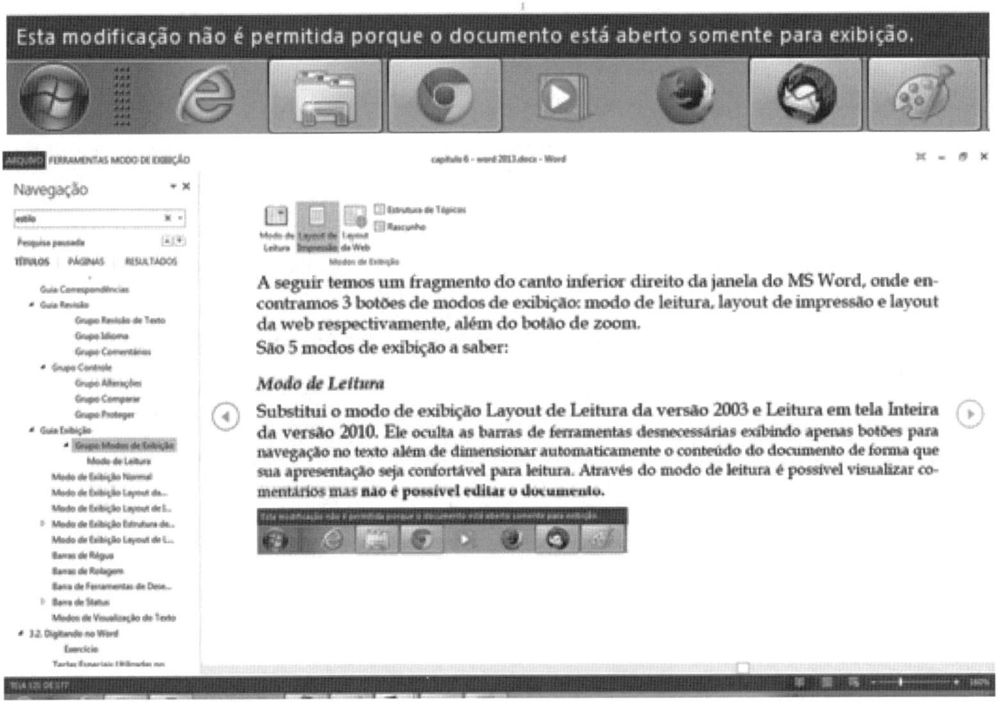

A tecla ESC pode ser utilizada para sair/ESCapar deste modo de visualização.

6.12.1.2. Modo Layout de Impressão

É o modo que apresenta melhor a característica WYSYWYG (What You See Is What You Get – o que você vê é o que você tem). Este é o modo padrão do MS Word.

Exercício

TRE CE – FCC

A forma do Word apresentar documentos como um verdadeiro WYSIWYG (What You See Is What You Get) é utilizando-se o modo de exibição [Resposta 27]

a) zoom.
b) de layout de impressão.
c) de layout da Web.
d) tela inteira.
e) normal.

6.12.1.3. Layout da Web

Deve ser usado quando estamos criando documentos HTML – páginas para web – no Word, assim é possível verificar como o texto é quebrado de forma automática para caber na janela, plano de fundo e outros efeitos. Observe que este modo de exibição não exibe cabeçalhos, rodapés e números de página.

6.12.1.4. Modo de Exibição Estrutura de Tópicos

Mostra a organização de tópicos de seu documento, exibindo títulos, subtítulos e texto normal, permitindo diversas operações, como promover ou rebaixar texto (de texto normal para subtítulo ou de título para subtítulo).

É interessante trabalhar com estilos para aproveitar melhor esse modo de visualização através dos níveis.

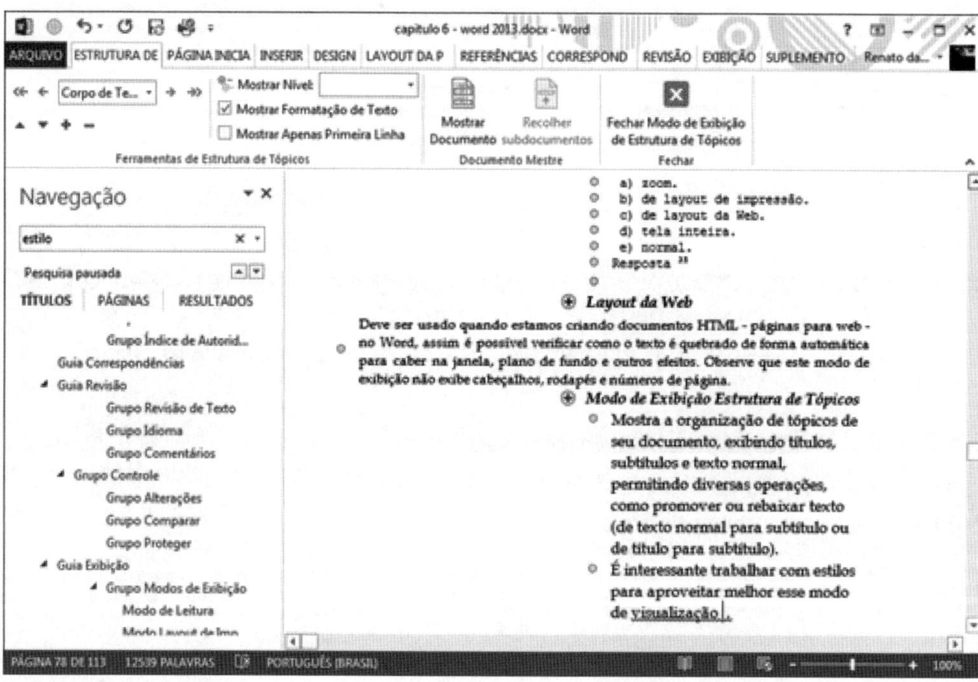

Resposta 27 – Letra B.

Exercício

Radiobrás – Produção Executiva (Superior) – NCE

O texto extraído do Ms Word mostrado na figura a seguir está no modo: Resposta 28

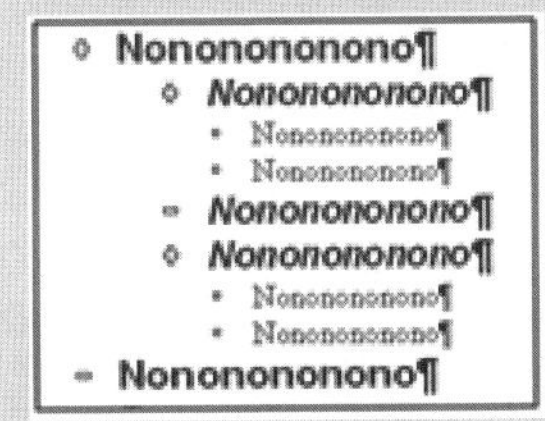

a) de estrutura de tópicos;

b) de exibição de layout da web;

c) de exibição de layout de impressão;

d) de verificação de sintaxe;

e) normal.

6.12.1.5. Modo de Exibição Rascunho

Antigo modo de exibição Normal, exibe o texto com um layout simplificado, como uma folha de papel de formulário contínuo, sem margens, cabeçalhos, rodapés ou colunas, representando o início e/ou fim da página apenas por uma linha, enfim sem se preocupar em mostrar como o documento será impresso.

É mais leve, utiliza menos recursos do sistema, normalmente usado apenas para digitação do texto.

6.12.2. Grupo Mostrar

☑ Régua

O Word apresenta duas barras de régua, uma horizontal e outra vertical. Ambas permitem medir o tamanho do papel, visualizar e modificar as margens e recuos.

Resposta 28 – Letra A.

☑ Linhas de Grade

As linhas de grade permitem posicionar formas e objetos com maior precisão.

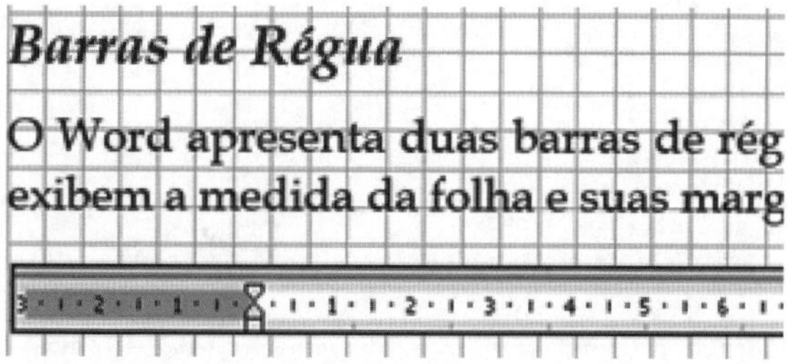

☑ Painel de Navegação

Exibe um painel à esquerda da janela do MS Word servindo como um guia para deslocamento pelo texto através de títulos, páginas ou resultados de pesquisa.

6.12.3. Grupo Zoom

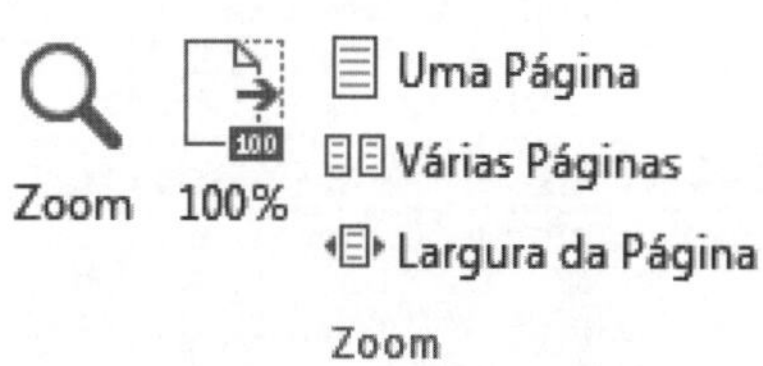

Aumenta ou diminui a visualização da página, não interferindo na impressão.
O Zoom no Word tem que compreender um valor entre 10% e 500%.

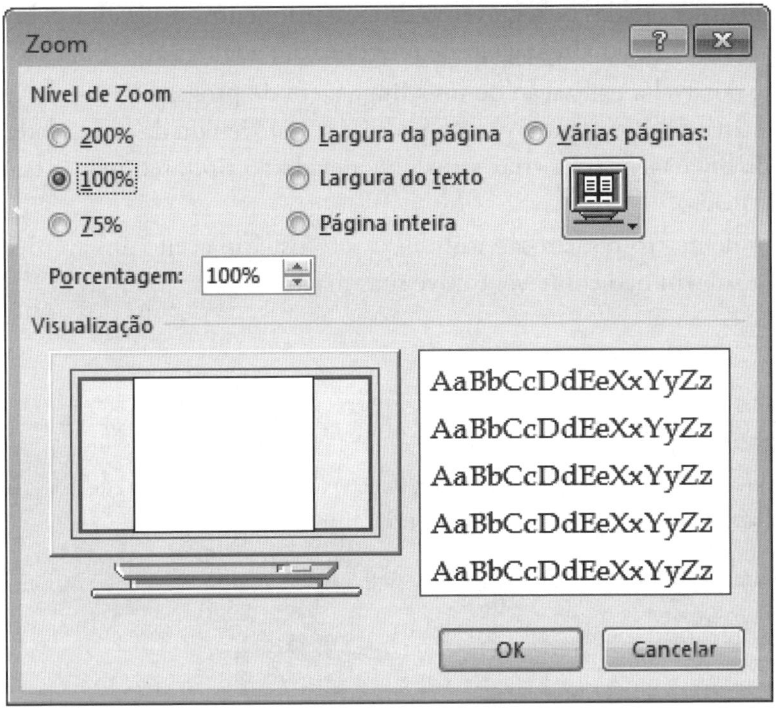

6.12.4. Grupo Janela

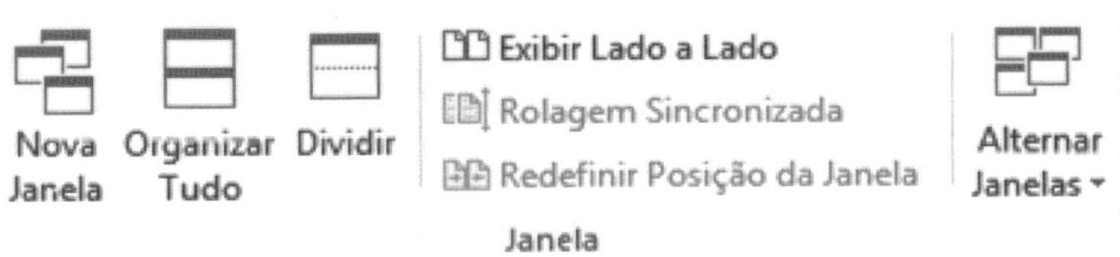

Permite organizar a visualização dos documentos abertos simultaneamente, além de permitir dividir a janela de um mesmo documento para visualizar trechos do texto diferentes, simultaneamente.

6.12.5. Grupo Macros

As macros são utilizadas para gravar sequências de cliques/teclas ou comandos usados frequentemente pelo usuário, de forma a minimizar seu trabalho.

Elas podem ser criadas pela gravação dos procedimentos realizados pelo usuário ou editadas em Word Basic, linguagem de programação análoga ao Visual Basic.

Como é possível a utilização de uma linguagem de programação para desenvolver macros dentro do Word, alguns programadores se aproveitam da capacidade de criação ilimitada da linguagem para criar vírus que, devido ao tipo, recebem a denominação de vírus de macro.

Os vírus de macro podem ser ativados caso o usuário aceite um arquivo do Word ou Excel de origem não confiável e ative suas macros.

Exercício

FUNART – FGV – 2014

Observe um trecho da tela que aparece quando João abre uma de suas pastas de trabalho Excel 2007 e escolhe a opção Visual Basic na guia "Desenvolvedor" (ou digita Alt + F11). Resposta 29

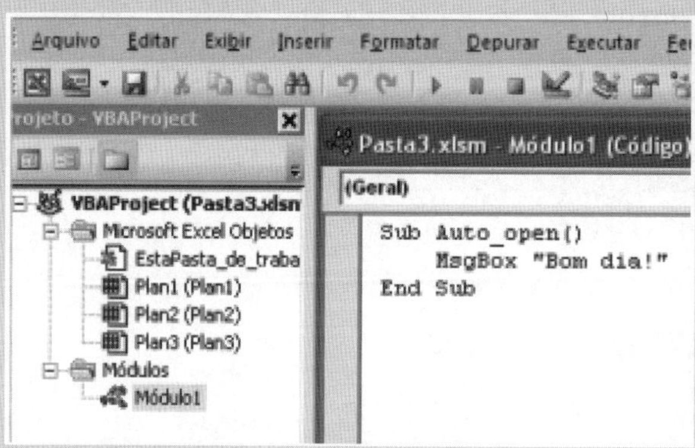

Isso significa que a mensagem "Bom dia!" é produzida sempre que:

a) a senha da pasta de trabalho é digitada;

b) uma nova planilha é selecionada;

c) a pasta de trabalho é aberta;

d) uma nova fonte de dados é definida;

e) a pasta de trabalho é gravada.

Resposta 29 – Letra C, embora seja uma questão atípica, cobrando um comando em VBA, o mesmo é de fácil inferência a partir da observação da janela.

OBS: O novo padrão de extensões do MS Word permite distinguir um arquivo que não possui macro, logo não possui risco, daquele que pode conter macros.

.docx → Extensão de documento padrão, não suporta macros.

.docm → Extensão de documento habilitada para macros.

Assim funciona para os demais arquivos do MS Office, terminando com X, não suportam macros (.xlsx, .pptx), terminando com M suportam macros (.xlsm, .pptm)

Ao salvar uma macro no arquivo de modelo NORMAL.DOT, ela passa a ser incorporada ao MS Word, ficando disponível para qualquer documento novo.

As macros gravadas com o nome de AutoExec são executadas automaticamente ao abrir o MS Word e as gravadas com o nome de AutoOpen são executadas ao abrir o documento em questão.

6.13. Explorando a Área de Trabalho do MS Word

6.13.1. Tabulações

A criação de tabelas pode ser feita também pelas tabulações. Alguns documentos, como cardápios, listas de preços, acabam tendo uma disposição melhor com esse recurso.

O ícone de tabulação é encontrado na interseção das barras de régua, o clique sobre o ícone alterna entre os 4 tipos de tabulação:

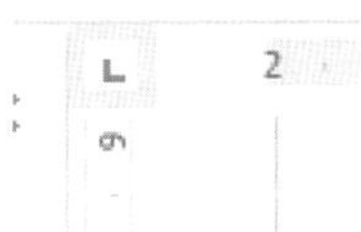

 Tabulação à Esquerda

 Tabulação Centralizada

 Tabulação à Direita

 Tabulação Decimal

Após selecionar a tabulação, elas podem ser inseridas em um documento a partir de um clique na barra de réguas. Com um duplo clique em um caractere de tabulação já contido na barra de régua, abre-se a janela seguinte:

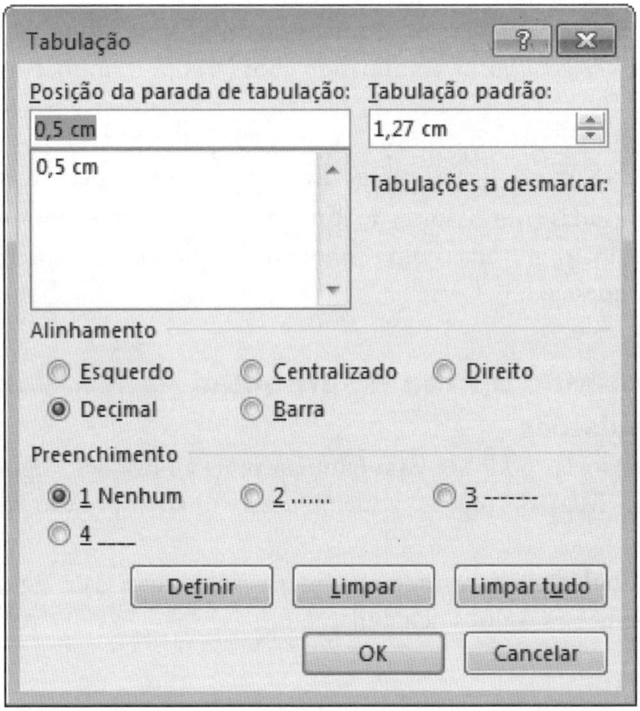

Para excluir uma tabulação, basta arrastá-la para fora da barra de réguas.

6.13.2. Barra de Status

Fornece informações auxiliares sobre o teclado, texto ou sobre a ação do usuário sobre o documento.

Neste caso está apresentando o número da página atual, a quatidade de páginas do documento, de palavras, a presença ou não de erros ortográficos ou gramáticais (a partir dos ícones e , respectivamente), o idioma selecionado, os modos de exibição do texto e o zoom (150%)

6.13.3. Digitando no Word

Comece a digitar sem se preocupar com o fim de cada linha. O Word passa as palavras para a linha seguinte automaticamente. Ao fim de cada parágrafo pressione ENTER.

Exercício

Polícia Civil – Papiloscopista – NCE

Em relação ao Ms Word é incorreto afirmar que: [Resposta 30]

a) é possível gerar documentos HTML usando o Ms Word;

b) pode-se, em um único documento, utilizar mais de um tamanho de papel;

c) a mudança de linha dentro de um mesmo parágrafo é obtida digitando-se a tecla <ENTER>;

d) é possível usar várias fontes diferentes (Times New Roman, Arial, Courier, etc) em uma mesma linha de texto;

e) para o perfeito funcionamento da ferramenta "visualizar impressão", é importante configurar corretamente o tamanho do papel a ser utilizado na impressão do documento.

6.13.4. Teclas Especiais Utilizadas no Word

Tecla	Função
Ctrl	Control, em conjunto com outras teclas, cria atalhos para determinadas funções (teclas de atalho).
Alt	Alternate, pressionada uma vez podemos alternar entre a área de trabalho de uma janela e sua barra de menus. Pode ser executada também em conjunto com outras teclas para executar funções.
Enter	Indica o fim do parágrafo. Adiciona linhas em branco.
Shift	Aciona a caixa-alta das teclas.
Caps Lock	Ativa ou desativa a digitação de LETRAS MAIÚSCULAS.
Num Lock	Ativa ou desativa o teclado numérico.
Esc	Escape, cancelar.
Insert	Permite ou não a inserção de caracteres em um texto sem sobrescrevê-los. Ou seja, ativado, empurra os caracteres do texto para inserir o que está sendo digitado, desativado sobrescreve-os, passa por cima. Esta função por padrão vem desabilitada no MS Word 2013, para habilitar tal recurso é necessário clicar na Guia Arquivo, Opções e em avançado selecionar a opção correspondente em opções de edição. ☑ Usar a tecla Insert para controlar o modo Sobrescrever ☑ Usar modo Sobrescrever

Resposta 30 – Letra C. Quando pressionamos ENTER, criamos um novo parágrafo!

Tecla	Função
Tab	Insere uma Tabulação (padrão de 1 cm), passa para a próxima tabulação ou muda de célula em uma tabela.
Backspace	Apaga os caracteres à esquerda do cursor.
Delete	Apaga os caracteres à direita do cursor.
Home	Vai para o início da linha.
End	Vai para o final da linha.
Page Up	Sobe uma parte do documento que está sendo visualizado na tela.
Page Down	Desce uma parte do documento que está sendo visualizado na tela.
Setas ←↑→↓	Permitem a movimentação pelo texto, caractere por caractere, linha por linha.

6.13.5. Navegando pelo Texto Digitado

Podemos percorrer o texto digitado com a barra de rolagem, das teclas especiais estudadas anteriormente ou através de combinações de teclas (teclas de atalho) ou de funções, conforme veremos a seguir:

Atalho ou Tecla de Função	Descrição
<Ctrl+Home>	Desloca o cursor para o início do documento.
<Ctrl+End>	Desloca o cursor para o final do documento.
F5	IR PARA, equivalente ao comando de menu EDITAR/IR PARA. 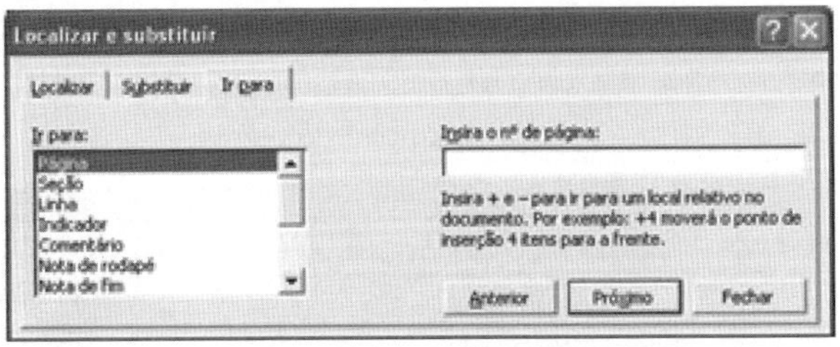
<Ctrl + ↓>	Desloca o cursor para o início do próximo parágrafo.
<Ctrl + ↑>	Desloca o cursor para o início do parágrafo atual ou anterior.
<Ctrl + →>	Desloca o cursor para o início da próxima palavra.
<Ctrl + ←>	Desloca o cursor para o início da palavra atual ou anterior.
<Ctrl + Page Up>	Desloca o cursor para o início da página anterior.
<Ctrl + Page Down>	Desloca o cursor para o início da próxima página.
<Ctrl + Backspace>	Apaga a palavra à esquerda do cursor.
<Ctrl + Delete>	Apaga a palavra à direita do cursor.

6.13.6. Selecionando Texto

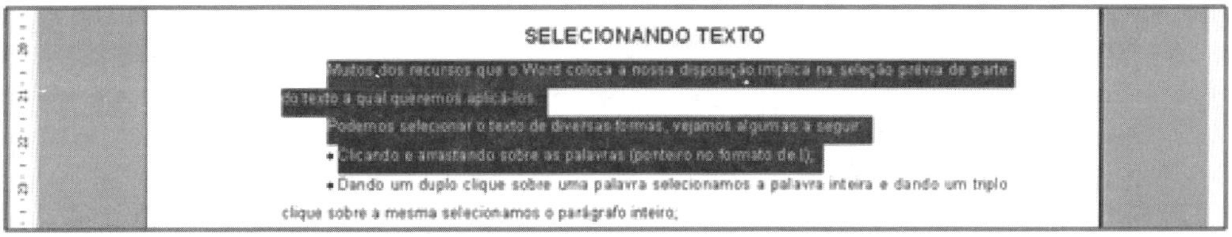

Muitos dos recursos que o Word coloca à disposição implicam a seleção prévia de parte do texto na qual queremos aplicá-los.

Pode-se selecionar o texto de diversas formas. Veja algumas a seguir:

- clicando e arrastando sobre as palavras (ponteiro no formato de I);
- um duplo-clique sobre uma palavra seleciona a palavra inteira;
- um triplo-clique sobre uma palavra seleciona o parágrafo inteiro;

Posicionando o cursor à esquerda do texto (na área de seleção contida na margem esquerda), automaticamente ele vira uma seta para a direita, desta forma:

- com um clique selecionamos a linha inteira,
- com um duplo clique selecionamos o parágrafo inteiro
- com um triplo clique selecionamos o documento inteiro;

Exercício

SINE/RJ – FESP

Observe a figura ao lado extraída do Word: Resposta 31

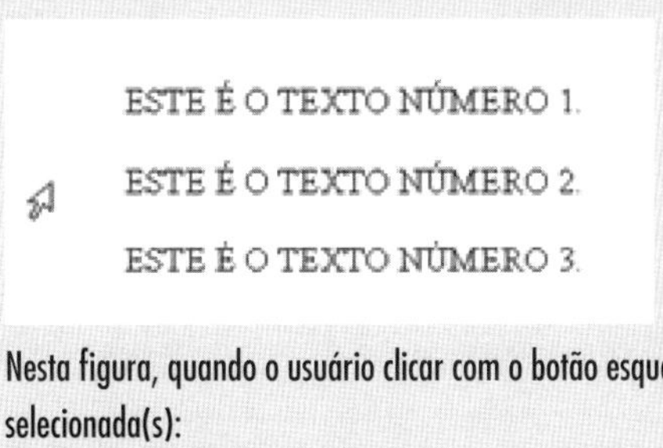

Nesta figura, quando o usuário clicar com o botão esquerdo do mouse, será(ão) selecionada(s):

a) todas as frases;
b) somente a palavra "este";
c) somente a frase "Este é o texto número 1";
d) somente a frase "Este é o texto número 2";
e) somente a frase "Este é o texto número 3".

Resposta 31 – Letra D.

Outros assuntos relevantes quanto à seleção de texto são:

- Para selecionar o texto caractere por caractere, podemos utilizar <SHIFT> + <setas de movimentação>;
- Para selecionar o texto todo, podemos utilizar o atalho de teclado <CTRL+T> ou o comando SELECIONAR TUDO através da Guia Página Inicial, Grupo Edição.
- Mantendo a tecla SHIFT pressionada e clicando em uma palavra, a seleção será estendida da palavra onde está o cursor até a palavra onde houve o clique do mouse.

6.13.6.1. Seleção Vertical ou em Bloco

Podemos selecionar um texto verticalmente utilizando o auxílio da tecla **ALT**, clicando e arrastando com o mouse.

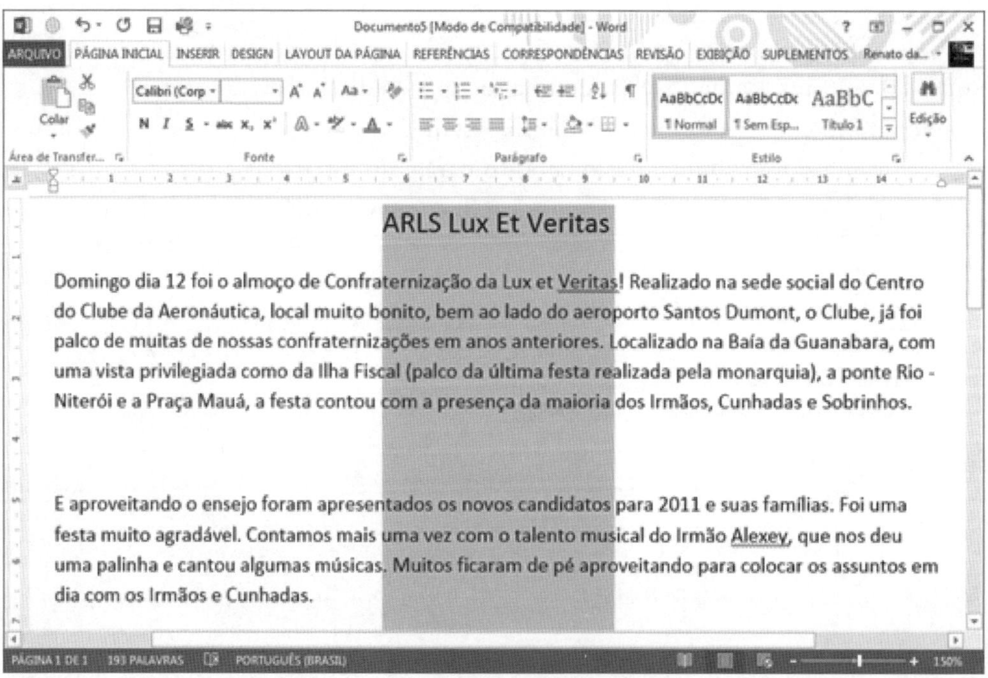

6.13.6.2. Usando o Recurso de Arrastar e Largar

Podemos mover uma parte do texto de forma rápida clicando na seleção e arrastando-o para outro ponto do documento.

Com o auxílio da tecla CTRL o texto selecionado arrastado passa a ser copiado, ou seja, mantido na origem e criado no destino.

Durante essas operações o ponteiro do mouse passa a apresentar um retângulo e uma linha acinzentada durante o arrasto, e na cópia ainda apresenta um sinal de "+".

6.14. Atalhos

6.14.1. Principais Atalhos

6.14.1.1. Teclas de Função

Tecla	Função
F1	Help
Shift+F1	Revelar Formatação
Ctrl+F1	Exibe/Oculta barra de ferramentas
Shift+F3	Maiúsculas e Minúsculas
F4	Repetir
Ctrl+F4	Fechar
Alt+F4	Sair
Shift+F5	Para uma revisão anterior, deslocar o cursor para a posição onde estava trabalhando ao teclar pela última vez
F5	Ir Para
Shift+F7	Dicionário de sinônimos
Ctrl+F7	Definição
F7	Ortografia e Gramática
F8	Seleção Estendida
F10	Ativa as teclas de acesso
Shift+F12	Salvar
Ctrl+F12	Abrir
F12	Salvar Como

6.14.1.2. Atalhos de Sequência de Alfabeto

Atalho		Função
Ctr+l	A	Abrir
	B	Salvar
	C	Copiar
	D	Formatar Fonte
	E	Alinhamento Centralizado
	G	Alinhamento à Direita
	I	Itálico
	J	Justificado
	K	Inserir Hiperlink
	L	Localizar
	N	Negrito
	O	Novo
	P	Imprimir
	Q	Alinhamento à Esquerda
	R	Refazer/Repetir

Atalho		Função
	S	Sublinhar
	T	Selecionar Tudo
	U	Substituir
	V	Colar
	W	Fechar
	Z	Desfazer

6.14.2. Todos os Atalhos do Word

Para obter uma lista com todos os atalhos do Word, basta clicar na Guia Exibição, Grupo Macros, comando Macro, em seguida clicar em Exibir Macros.

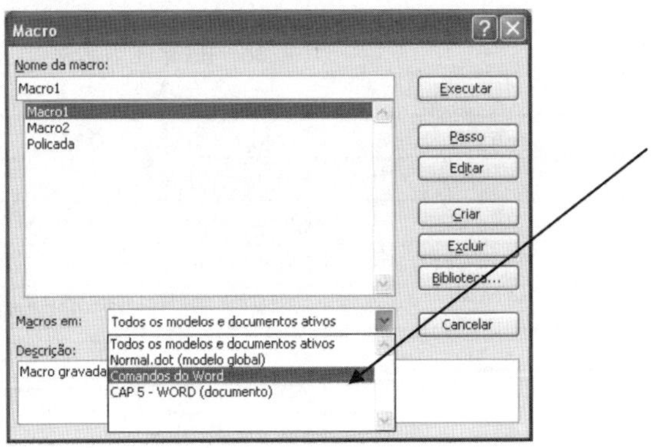

Após selecionar Macros em: Comandos do Word, digitar a macro Listar Comandos e finalmente clicar em EXECUTAR.

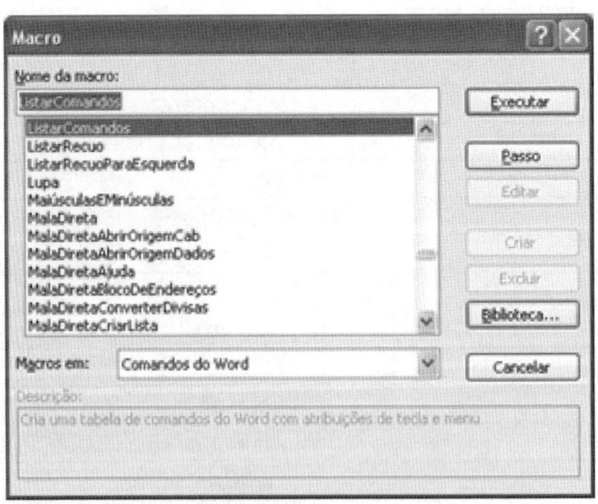

Assim o próprio Word irá lhe exibir uma lista com todos os comandos e seus respectivos atalhos.

Nome do comando	Modificadores	Tecla
Abrir	Ctrl+	F12
Abrir	Alt+Ctrl+	F2
Abrir ou Fechar Parágrafo Acima	Ctrl+	0
Abrir Usando Backstage	Ctrl+	A
Ajuda		F1
Alinhamento de Parágrafo	Ctrl+	G
Alinhamento de Parágrafo	Ctrl+	E
Alinhamento de Parágrafo	Ctrl+	J
Alinhamento de Parágrafo	Ctrl+	Q
Alternar Exibição de Campo	Shift+	F9
Alternar Exibição Marca XML	Ctrl+Shift+	X
Alternar Faixa de Opções	Ctrl+	F1
Alternar Subdocumentos Mestre	Ctrl+	\
Apl Restaurar	Alt+	F5
Arquivo – Fechar ou Sair	Alt+	F4
Ativar/Desativar Código de Caractere	Alt+	X
Ativar/Desativar Equação	Alt+	=
Atualizar Campos		F9
Atualizar Campos	Alt+Shift+	U
Atualizar Fonte	Ctrl+Shift+	F7
Atualizar Formatação Automática	Alt+Ctrl+	U
Aumentar Fonte	Ctrl+Shift+	.
Aumentar Fonte em um Ponto	Ctrl+	]
Bloquear Campos	Ctrl+	3
Bloquear Campos	Ctrl+	F11
Campo Anterior	Shift+	F11
Campo Anterior	Alt+Shift+	F1
Campo de Data	Alt+Shift+	D
Campo de Hora	Alt+Shift+	T
Campo de Mesclagem	Alt+Shift+	F
Campo de Página	Alt+Shift+	P
Campo Formulário de Lista	Alt+Ctrl+	L
Cancelar		Esc
Caractere à direita		Direita
Caractere à esquerda		Esquerda
Clique no Campo	Alt+Shift+	F9

Nome do comando	Modificadores	Tecla
Códigos de campo	Alt+	F9
CódigoVB	Alt+	F11
Colar	Ctrl+	V
Colar	Shift+	Insert
Colar Especial	Alt+Ctrl+	V
Colar Formato	Ctrl+Shift+	V
Copiar	Ctrl+	C
Copiar	Ctrl+	Insert
Copiar Formato	Ctrl+Shift+	C
Copiar para/de	Shift+	F2
Criar AutoTexto	Alt+	F3
Definir	Ctrl+	F7
Desbloquear Campos	Ctrl+Shift+	F11
Desfazer	Ctrl+	Z
Desfazer	Alt+	Backspace
Desfazer Recuo	Ctrl+Shift+	M
Desvincular Campos	Ctrl+	6
Desvincular Campos	Ctrl+Shift+	F9
Dicionário de Sinônimos RR	Shift+	F7
Diminuir Recuo Deslocado	Ctrl+Shift+	T
Distribuir Parágrafo	Ctrl+Shift+	J
Dividir Doc	Alt+Ctrl+	S
Documento – Fechar	Ctrl+	W
Documento – Fechar	Ctrl+	F4
Duplo Sublinhado	Ctrl+Shift+	D
Editar	Alt+Shift+	R
Espaçamento entre Parágrafos	Ctrl+	2
Espaçamento entre Parágrafos	Ctrl+	5
Espaçamento entre Parágrafos	Ctrl+	1
Especial	Ctrl+	F3
Estender caractere à direita	Shift+	Direita
Estender caractere à esquerda	Shift+	Esquerda
Estender Fim Doc	Ctrl+Shift+	End
Estender Fim Janela	Alt+Ctrl+Shift+	Page Down
Estender Fim Linha	Shift+	End
Estender Início Doc	Ctrl+Shift+	Home
Estender Início Janela	Alt+Ctrl+Shift+	Page Up
Estender Início Linha	Shift+	Home

Nome do comando	Modificadores	Tecla
Estender linha abaixo	Shift+	Abaixo
Estender linha acima	Shift+	Acima
Estender página abaixo	Shift+	Page Down
Estender página acima	Shift+	Page Up
Estender palavra à direita	Ctrl+Shift+	Direita
Estender palavra à esquerda	Ctrl+Shift+	Esquerda
Estender parágrafo abaixo	Ctrl+Shift+	Abaixo
Estender parágrafo acima	Ctrl+Shift+	Acima
Estender Seleção		F8
Estilo	Ctrl+Shift+	1
Estilo	Ctrl+Shift+	3
Estilo	Ctrl+Shift+	L
Estilo	Ctrl+Shift+	2
Estilo Normal	Ctrl+Shift+	Y
Estilo Normal	Alt+Shift+	Limpar (Núm 5)
Estrutura de Tópicos	Alt+Ctrl+	O
Estrutura de Tópicos – Elevar	Alt+Shift+	Esquerda
Estrutura de Tópicos – Mover para Baixo	Alt+Shift+	Abaixo
Estrutura de Tópicos – Mover para Cima	Alt+Shift+	Acima
Estrutura de Tópicos – Rebaixar	Alt+Shift+	Direita
Excluir Palavra	Ctrl+	Del
Excluir Palavra Anterior	Ctrl+	Backspace
Expandir Título	Alt+Shift+	=
Expandir Título	Alt+Shift+	Núm +
Fechar Painel	Alt+Shift+	C
Fim da Coluna	Alt+	Page Down
Fim da Coluna	Alt+Shift+	Page Down
Fim da janela	Alt+Ctrl+	Page Down
Fim da linha		End
Fim da Linha	Alt+	End
Fim da Linha	Alt+Shift+	End
Fonte	Ctrl+Shift+	F
Fonte Símbolo	Ctrl+Shift+	Q
Formatação Automática	Alt+Ctrl+	K
Formatação de Fonte	Ctrl+	D
Formatação de Parágrafo	Ctrl+	F
HHC	Alt+Ctrl+	F7

Nome do comando	Modificadores	Tecla
Hiperlink	Ctrl+	K
Imprimir	Ctrl+	P
Imprimir	Ctrl+	F2
Imprimir	Ctrl+Shift+	F12
Imprimir	Alt+Ctrl+	I
Indicador	Ctrl+Shift+	F5
Informações do sistema Microsoft	Alt+Ctrl+	F1
Início da Coluna	Alt+	Page Up
Início da Coluna	Alt+Shift+	Page Up
Início da janela	Alt+Ctrl+	Page Up
Início da linha		Home
Início da Linha	Alt+	Home
Início da Linha	Alt+Shift+	Home
Início do documento	Ctrl+	Home
Inserir Bloco de Construção		F3
Inserir Bloco de Construção	Alt+Ctrl+Shift+	V
Inserir Campo	Ctrl+	F9
Inserir Comentário	Alt+Ctrl+	A
Inserir Especial	Ctrl+Shift+	F3
Ir Para	Alt+Ctrl+	G
Ir Para		F5
Itálico	Ctrl+	I
Itálico	Ctrl+Shift+	I
Janela Anterior	Ctrl+Shift+	F6
Janela Anterior	Alt+Shift+	F6
Limpar		Del
Linha abaixo		Abaixo
Linha acima		Acima
Lista de Contagem de Palavras	Ctrl+Shift+	G
Macro	Alt+	F8
Maiúsculas e Minúsculas	Shift+	F3
Mala Direta – Editar Fonte de Dados	Alt+Shift+	E
Mala Direta – Mesclar para Documento	Alt+Shift+	N
Mala Direta – Mesclar para Impressora	Alt+Shift+	M
Mala Direta – Verificar	Alt+Shift+	K
Marcar Citação	Alt+Shift+	I
Marcar Entrada de Índice Remissivo	Alt+Shift+	X
Marcar Entrada de Sumário	Alt+Shift+	O

Nome do comando	Modificadores	Tecla
Marcas de Revisão – Alternar	Ctrl+Shift+	E
MaximizarDoc	Ctrl+	F10
Mostrar Cabeçalho1	Alt+Shift+	1
Mostrar Cabeçalho2	Alt+Shift+	2
Mostrar Cabeçalho3	Alt+Shift+	3
Mostrar Cabeçalho4	Alt+Shift+	4
Mostrar Cabeçalho5	Alt+Shift+	5
Mostrar Cabeçalho6	Alt+Shift+	6
Mostrar Cabeçalho7	Alt+Shift+	7
Mostrar Cabeçalho8	Alt+Shift+	8
Mostrar Cabeçalho9	Alt+Shift+	9
Mostrar todos os títulos	Alt+Shift+	A
Mostrar todos os títulos	Alt+Shift+	A
Mostrar Tudo	Ctrl+Shift+	8
Mover		F2
Negrito	Ctrl+	N
Negrito	Ctrl+Shift+	N
No fim do documento	Ctrl+	End
Normal	Alt+Ctrl+	N
Nota de Fim	Alt+Ctrl+	D
Nota de rodapé	Alt+Ctrl+	F
Novo Padrão	Ctrl+	O
Objeto Anterior	Alt+	Acima
Oculto	Ctrl+Shift+	H
OlharDesaprovadorDeComentáriosDoOffice	Alt+Ctrl+	8
Página	Alt+Ctrl+	P
Página Abaixo		Page Down
Página Acima		Page Up
Painel Anterior	Shift+	F6
Painel de Aplicação de Estilo	Ctrl+Shift+	U
Painel de Formatação	Alt+Ctrl+Shift+	S
Painel de Tradução	Alt+Shift+	F7
Palavra à direita	Ctrl+	Direita
Palavra à esquerda	Ctrl+	Esquerda
Palavra Sublinhada	Ctrl+Shift+	W
Parágrafo abaixo	Ctrl+	Abaixo
Parágrafo acima	Ctrl+	Acima
Personalizar Atalho do Teclado	Alt+Ctrl+	Núm +

Nome do comando	Modificadores	Tecla
Pesquisa Painel Nav	Ctrl+	L
Procurar – Anterior	Ctrl+	Page Up
Procurar – Próximo	Ctrl+	Page Down
Procurar – Selecionar	Alt+Ctrl+	Home
Procurar em Pesquisa	Ctrl+Shift+	O
Propriedades de Formatação	Shift+	F1
Próxima Janela	Ctrl+	F6
Próxima Janela	Alt+	F6
Próximo Campo		F11
Próximo Campo	Alt+	F1
Próximo Erro Ortográfico	Alt+	F7
Próximo objeto	Alt+	Abaixo
Próximo Painel		F6
Quebra de Coluna	Ctrl+Shift+	Return
Quebra de Página	Ctrl+	Return
Realce	Alt+Ctrl+	H
Recolher Título	Alt+Shift+	-
Recolher Título	Alt+Shift+	Núm -
Recontar Contagem de Palavras	Ctrl+Shift+	R
Recortar	Ctrl+	X
Recortar	Shift+	Del
Recuo Deslocado	Ctrl+	H
Redefinir Caractere	Ctrl+	Espaço
Redefinir Caractere	Ctrl+Shift+	Z
Reduzir Fonte	Ctrl+Shift+	,
Reduzir Fonte em um Ponto	Ctrl+	[
Reduzir seleção	Shift+	F8
Refazer	Alt+Shift+	Backspace
Refazer ou Repetir	Ctrl+	R
Refazer ou Repetir		F4
Refazer ou Repetir	Alt+	Return
Repetir Localizar	Shift+	F4
Repetir Localizar	Alt+Ctrl+	Y
RestaurarDoc	Ctrl+	F5
Retroceder	Shift+	F5
Retroceder	Alt+Ctrl+	Z
Revisão de Texto		F7
Salvar	Ctrl+	B

Nome do comando	Modificadores	Tecla
Salvar	Shift+	F12
Salvar	Alt+Shift+	F2
Salvar Como		F12
Selecionar coluna	Ctrl+Shift+	F8
Selecionar Tabela	Alt+	Limpar (Núm 5)
Selecionar Tamanho da Fonte	Ctrl+Shift+	P
Selecionar Tudo	Ctrl+	T
Selecionar Tudo	Ctrl+	Limpar (Núm 5)
Selecionar Tudo	Ctrl+	Núm 5
Separador de Estilo	Alt+Ctrl+	Return
Sobrescrito	Ctrl+Shift+	=
SorrisoDeComentáriosDoOffice	Alt+Ctrl+	7
Sublinhado	Ctrl+	S
Sublinhado	Ctrl+Shift+	S
Subscrito	Ctrl+	-
Substituir	Ctrl+	U
Tamanho Doc	Ctrl+	F8
Todas em Maiúsculas	Ctrl+Shift+	A
Tópicos Exibir Primeira Linha	Alt+Shift+	L
Versalete	Ctrl+Shift+	K
Web – Avançar	Alt+	Direita
Web – Voltar	Alt+	Esquerda

CAPÍTULO
7

Conhecendo o Microsoft Excel

7.1. Introdução

O MS Excel é um software aplicativo para Windows contido no pacote Office, que permite a criação de gráficos, a manipulação de bancos de dados e a utilização de planilhas eletrônicas.

Será abordado cada um destes tópicos a seguir:

Exercício

CODRA TECNOLOGIA CETRO

1. Assinale o item abaixo que NÃO faz referência ao produto MS-Excel. [Resposta 1]
   a) É um produto da suíte MS-Office.
   b) Não deve ser utilizado para a criação de gráficos.
   c) Sua área de trabalho é formada por linhas e colunas.
   d) Sua área de trabalho é formada por células.
   e) É excelente para a manipulação de planilhas de cálculo.

7.2. Histórico

Versões comercializadas do MS Excel:

- 4.0
- 5.0
- 7.0
- 97
- 2000
- XP
- 2003

Resposta 1 – Letra B. Permite a criação de 10 tipos de gráficos e muitos subtipos.

- 2007
- 2010
- 2013

Neste capítulo iremos abordar o MS Excel de forma genérica, utilizando o layout do MS Excel 2013 e ressaltando as diferenças/novidades mais relevantes para as bancas atualmente.

7.3. Interface do MS Excel (v. 2013)

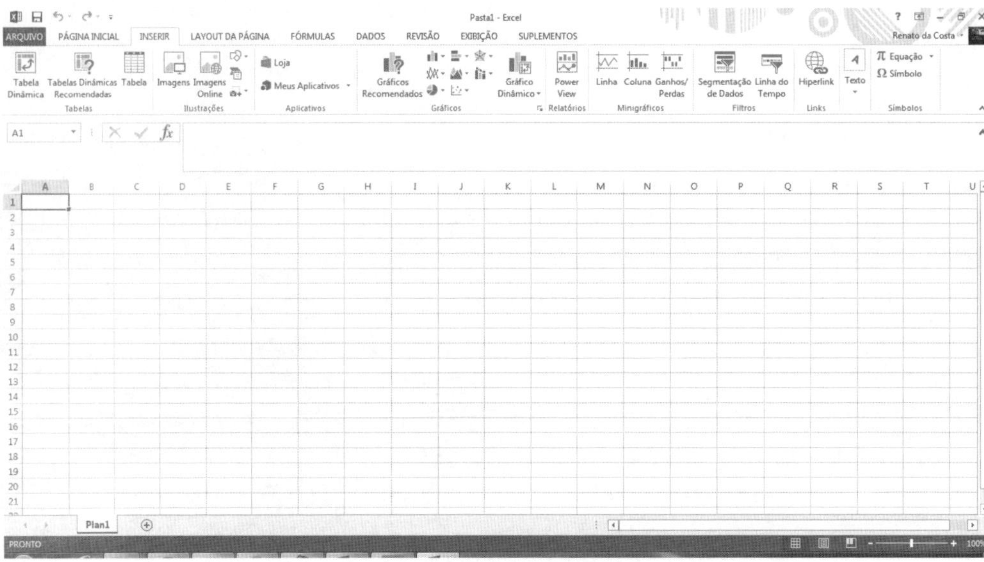

7.3.1. Barra de Título

A barra que aparece no topo da janela é conhecida como BARRA DE TÍTULO. Ela identifica o aplicativo e o nome do arquivo em uso.

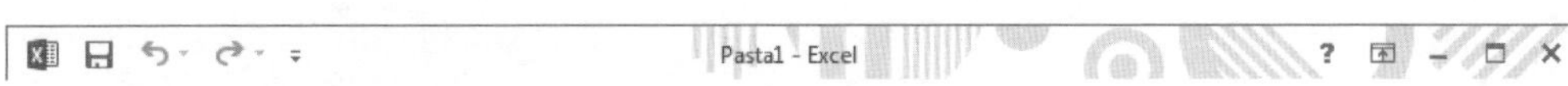

Exercício

BANCO DO BRASIL – CESPE/UnB

2. Para se maximizar a janela mostrada, é suficiente clicar o ícone , na barra de título, e, na lista de opções que aparece em decorrência dessa ação, clicar MAXIMIZAR. Resposta 2

( ) CERTO ( ) ERRADO

Resposta 2 – Certo.

Essa questão da Cespe/UnB tem a maldade de confundir o usuário com o ícone de controle. No caso do Excel, o ícone de controle tem a forma de um X, mas não pode ser confundido com o botão FECHAR (×), pois são bastante diferentes, tanto na forma quanto na função.

O ícone de controle permite acessar o MENU DE CONTROLE, tal menu oferece comandos para manipular a janela e pode ser acessado através de um clique no mouse ou através da combinação de teclas ALT+ ESPAÇO.

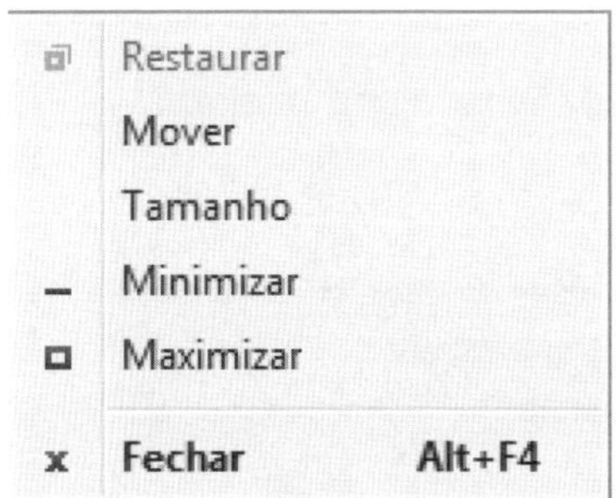

Menu de Controle

Se o usuário der um duplo clique no ícone de controle, a janela é fechada, e se o duplo clique for aplicado na barra de título, a janela será maximizada ou restaurada.

Exercício

TRE – MA – CESPE

3. Ao se aplicar um clique duplo sobre a barra de título da janela mostrada, esta será fechada.[Resposta 3]

( ) CERTO ( ) ERRADO

7.3.2. Barra de Ferramentas de Acesso Rápido

Localizado por padrão na extremidade esquerda da barra de título, ao lado do ícone de controle, a barra de ferramentas de acesso rápido oferece por padrão 3 ícones – Salvar, Desfazer e Refazer.

Resposta 3 – Errada. Será maximizada ou restaurada.

Exercício

PAPILOSCOPISTA PCERJ – IBFC

A Barra de Ferramentas de Acesso Rápido do Microsoft Office 2010 vem com comandos previamente estabelecidos que são: [Resposta 4]

(1) Desfazer
(2) Imprimir
(3) Salvar
(4) Refazer
(5) Inserir

Da relação apresentada, por padrão, existem somente os comandos:

a) 1, 2 e 3.
b) 1, 3 e 4.
c) 1, 2 e 4.
d) 2, 3 e 4.
e) 3, 4 e 5.

É possível alternar a exibição da barra de ferramentas de acesso rápido entre acima ou abaixo da faixa de opções e ainda personalizar seus botões, inserindo ou removendo ícones, para isto basta clicar na seta que aparece ao lado ( ) e no menu que se abre, marcar os itens desejados.

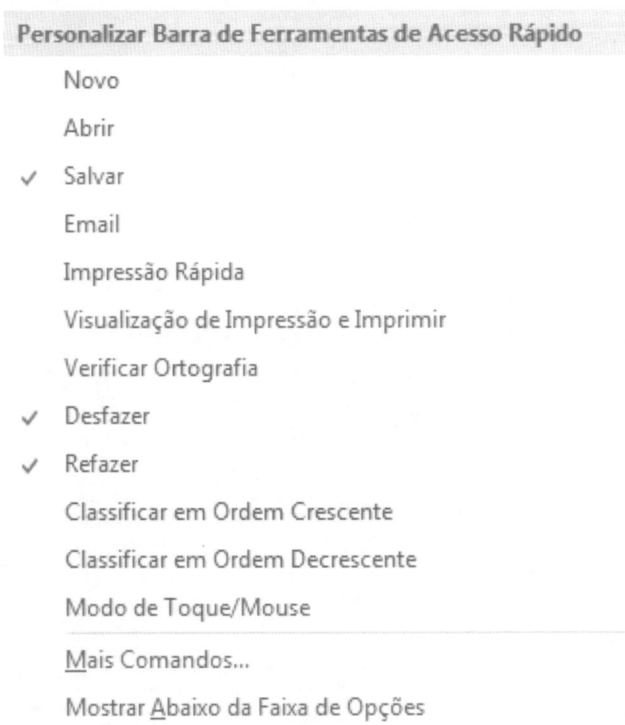

Resposta 4 – Letra B.

Uma alternativa para personalizar a barra de ferramentas de acesso rápido se dá através da guia Arquivo comando Opções:

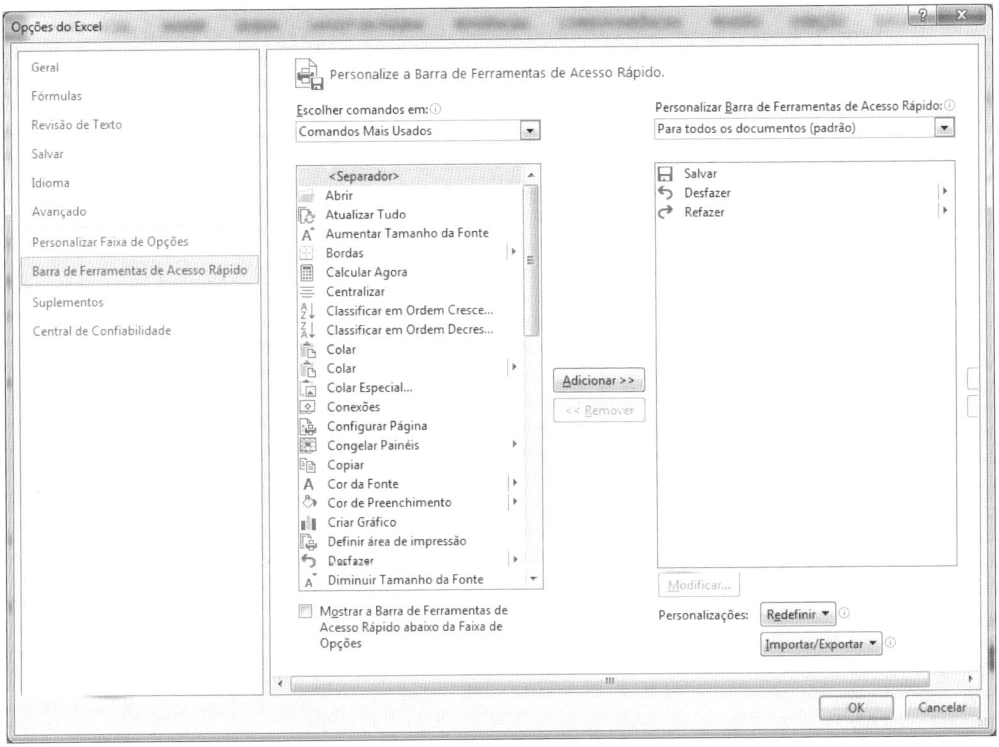

7.3.3. Faixa de Opções (Ribbons Tollbar)

Desde a versão do MS Office 2007 o Excel deixou de apresentar a clássica barra de menus*, tendo seu *layout* (leiaute) remodelado, substituindo-a por uma **faixa de opções** conforme imagem a seguir:

A faixa de opções contém Guias ou Abas (em número de 8), que precisam ser memorizadas durante a preparação para as provas de concursos.

* Barra de Menus, até a versão do MS Excel 2003:

<table>
<tr><th colspan="3">Guias do MS Excel 2013 (P A R E I LA FO DA)</th></tr>
<tr><td>P</td><td>ágina Inicial</td><td rowspan="5">P A R E I
(Página Inicial, Arquivo, Revisão, Exibição e Inserir)
Estas são guias comuns ao Word, Excel e PowerPoint (em ambas as versões do MS Office, 2010 e 2013)</td></tr>
<tr><td>A</td><td>rquivo</td></tr>
<tr><td>R</td><td>evisão</td></tr>
<tr><td>E</td><td>xibição</td></tr>
<tr><td>I</td><td>nserir</td></tr>
<tr><td>LA</td><td>yout da página</td><td>LA
(Layout da Página)</td></tr>
<tr><td>FÓ</td><td>rmulas</td><td rowspan="2">FÓ DA
(fórmulas e dados)</td></tr>
<tr><td>DA</td><td>dos</td></tr>
</table>

7.3.4. Faixa de Opções e Barras de Ferramentas

A faixa de opções pode exibir ou esconder sua barra de ferramentas através da combinação de teclas CTRL+F1.

7.3.4.1. Guia Arquivo

A guia **Arquivo** dá acesso ao modo de exibição ***backstage***, que não permite visualizar ou editar a planilha, apenas manipular o arquivo como um todo (novo, abrir, salvar, imprimir, compartilhar, exportar, fechar, opções...).

As demais guias dão acesso às respectivas barras de ferramentas, observe o layout da versão do MS Excel 2013:

7.3.4.2. Guia Página Inicial

A guia página inicial apresenta 7 grupos:

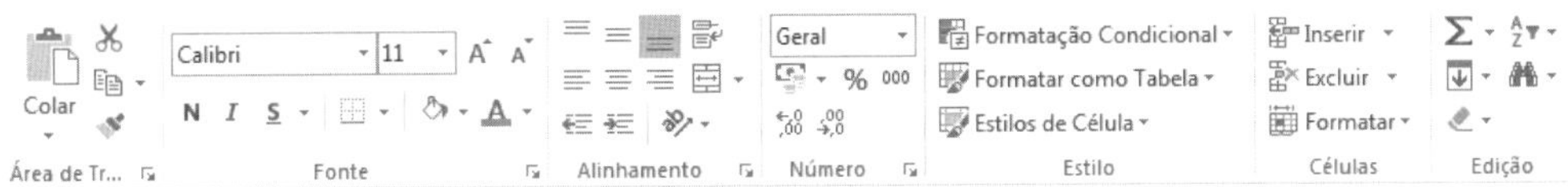

- Área de Transferência
- Fonte
- Alinhamento
- Número
- Estilo
- Células
- Edição

7.3.4.3. Guia Inserir

A guia inserir apresenta 10 grupos:

- Tabelas
- Ilustrações
- Aplicativos
- Gráficos
- Relatórios
- Minigráficos
- Filtros
- Links
- Texto
- Símbolos

7.3.4.4. Guia Layout da Página

A guia layout da página apresenta 5 grupos:

- Temas
- Configurar Página
- Dimensionar para Ajustar
- Opções de Planilha
- Organizar

7.3.4.5. Guia Fórmulas

A guia fórmulas apresenta 5 grupos:

- Biblioteca de Funções
- Nomes Definidos
- Auditoria de Fórmulas
- Janela de Inspeção
- Cálculo

7.3.4.6. Guia Dados

A guia dados apresenta 5 grupos:

- Obter Dados Externos
- Conexões
- Classificar e Filtrar
- Ferramentas de Dados
- Estrutura de Tópicos

7.3.4.7. Guia Revisão

A guia revisão apresenta 4 grupos:

- Revisão de Texto
- Idioma
- Comentário
- Alterações

7.3.4.8. Guia Exibição

A guia exibição apresenta 5 grupos:

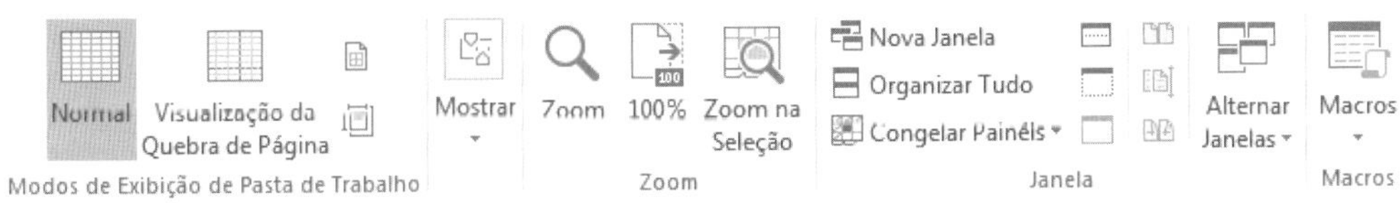

- Modos de Exibição de Pasta de Trabalho
- Mostrar
- Zoom
- Janela
- Macros

7.3.5. Barra de Fórmulas

Abaixo das barras de ferramentas aparece a BARRA DE FÓRMULAS:

A BARRA DE FÓRMULAS apresenta agregada, no início, à esquerda, a CAIXA NOME – 

– que exibe o nome da célula ativa, ou do intervalo selecionado, e à direita, de fato, exibe as fórmulas, ou seja, exibe o conteúdo das células.

Os botões  representam, Cancelar, Inserir (enter) e Inserir Função, respectivamente.

Abaixo da barra de fórmulas surge a planilha propriamente dita, que será nosso objeto de estudo adiante.

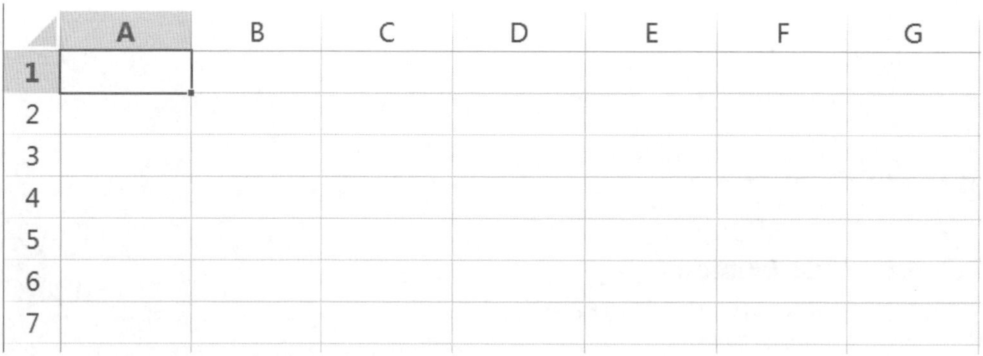

7.3.6. Barra de Status

A BARRA DE STATUS fica posicionada abaixo das guias de planilhas, ela dá informações auxiliares sobre a planilha.

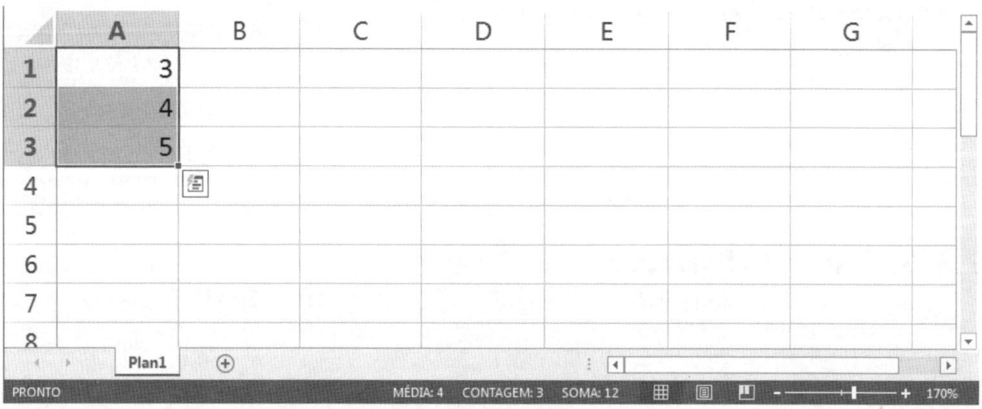

A janela acima, por exemplo, nos dá a média, a contagem e a soma do intervalo selecionado devido ao recurso AUTOCÁLCULO contido na barra de status além de permitir manipular o *zoom* e acompanhar informações sobre a planilha.

7.4. Gráficos

7.4.1. Tipos de Gráficos

Um gráfico é um desenho que representa um numeral de forma amigável, auxiliando na transmissão de uma informação.

O MS Excel 2013 apresenta 10 tipos de gráficos, conforme abaixo, além de muitos subtipos:

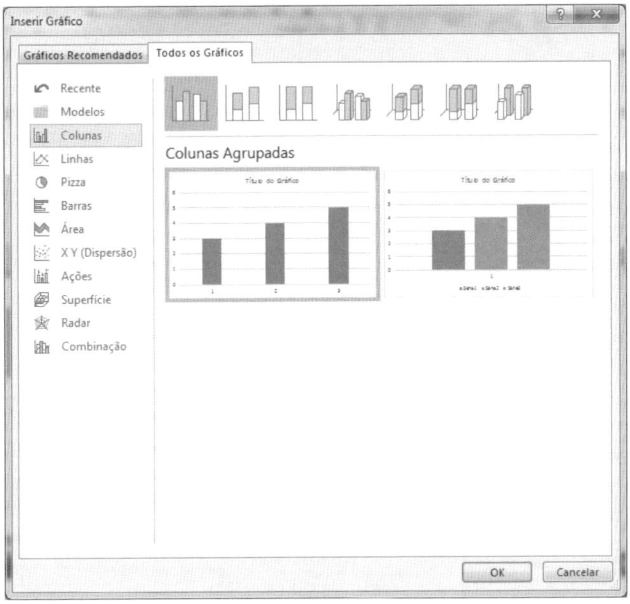

- Ações
- Área
- Barras
- Colunas
- Combinação
- Linha
- Pizza
- Radar
- Superfície
- X,Y Dispersão

Sendo que os tipos de gráfico que aparecem com maior freqüência nas provas de concurso público, são colunas, barras, linhas e pizza.

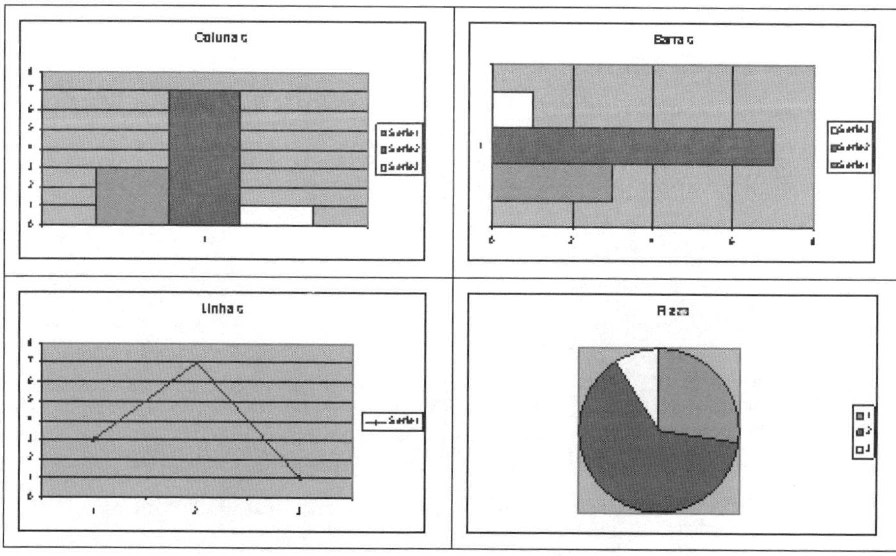

Exercícios

CESGRANRIO

Analise o gráfico a seguir:

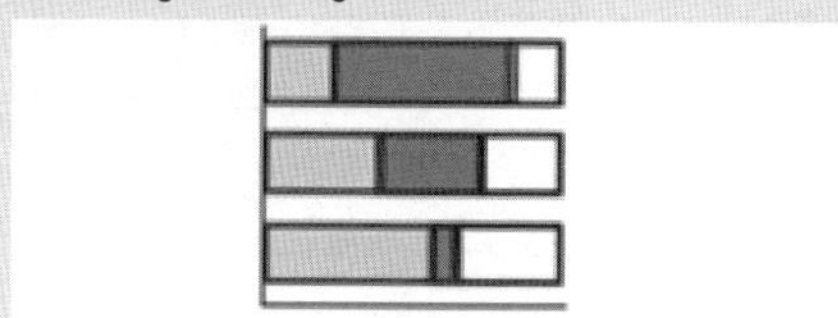

No Excel a figura acima apresenta um gráfico do tipo: [Resposta 5]

a) área
b) barras
c) dispersão
d) linha
e) superfícies

PETROBRAS – CESGRANRIO – 2014 – TÉCNICO ADMINISTRATIVO

Um profissional liberal que está trabalhando em determinada planilha Excel deseja gerar um gráfico de seus dados financeiros.

Para tanto, ele tem a possibilidade de selecionar, no Excel, alguns tipos, como os gráficos de [Resposta 6]

a) colunas, linhas, pizza ou barras
b) colunas, diapasão, Laplace ou Pitágoras
c) colunas, Pitágoras, barras ou diapasão
d) barras, Pitágoras, espirais ou Fourier
e) Laplace, linhas, pizza ou Fourier

Resposta 5 – Letra B. Obviamente outros tipos de gráficos podem ser cobrados, logo é interessante aprofundar o assunto visualizando os demais tipos diretamente no Excel.

Resposta 6 – Letra A!

7.4.2. Inserindo Gráficos

Para criação de gráficos, deve-se utilizar a guia INSERIR, e clicar no gráfico correspondente ou na seta localizada no canto inferior do grupo para inicializar a caixa de diálogo Inserir Gráfico.

Com o gráfico selecionado surgem 2 novas guias contextuais, design e formatar:

A guia design apresenta a seguinte barra de ferramentas:

Uma opção importante é o botão mover gráfico no grupo local, esta permite inserir o gráfico que até então era um objeto na planilha existente como uma nova planilha, uma folha de gráfico.

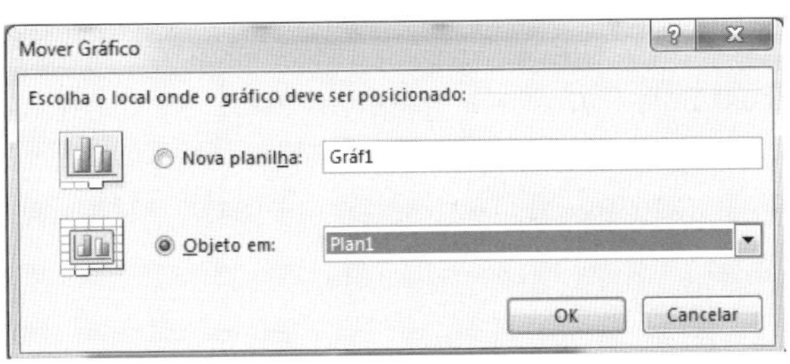

A guia formatar apresenta a seguinte barra de ferramentas:

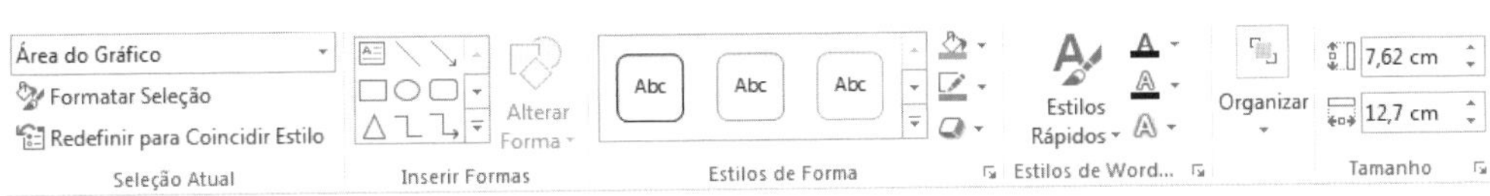

7.5. Bancos de Dados

Um banco de dados é um arquivo que contém um conjunto de informações organizadas. Os programas que gerenciam Bancos de Dados são chamados de SGBD (Sistema Gerenciador de Bancos de Dados).

Alguns exemplos de bancos de dados: dicionário, cadastro de alunos de um curso, lista telefônica, catálogo de produtos...

Será que uma história em quadrinhos pode ser considerada um banco de dados?

Não, porque em uma história em quadrinhos as informações não estão classificadas.

Um banco de dados é composto por uma ou mais tabelas, em uma ou mais planilhas:

	A	B
1	Nome	Telefone
2	Carol	999-9999
3	Renato	393-1000
4	Áquila	564-0022
5	Alexander	121-0001

As tabelas são compostas de linhas e colunas, as LINHAS são chamadas de REGISTROS ou TUPLAS e as COLUNAS de CAMPOS ou DOMÍNIOS.

Os campos determinam o tipo de informação que vai ser inserido na coluna.

Os registros são informações exclusivas e relacionadas aos campos. Cada registro é uma informação única, referente a uma pessoa, produto, ocorrência, transação...

Na tabela exibida anteriormente podemos visualizar 2 campos na primeira linha, a linha que contém os campos é chamada de LINHA DE CABEÇALHO.

Os campos apresentados são NOME e TELEFONE e os registros são os nomes e telefones de quatro pessoas distintas.

Existem programas mais complexos para gerenciar bancos de dados, atualmente a Microsoft oferece o MS Access que é um SGBDR, um Sistema Gerenciador de Bancos de Dados Relacional, permitindo a criação e manipulação de arquivos contendo várias tabelas integradas.

7.5.1. Tipos de Dados

- Número = alinhamento à direita
- Texto = alinhamento à esquerda
- Valor Lógico (boolean) = alinhamento centralizado
- Data = alinhamento à direita (é associada a uma contagem, uma numeração)

7.5.2. Classificação de Dados

Guia Dados, Grupo Classificar e Filtrar, um grupo exclusivo para esta finalidade.

Guia Página Inicial, Grupo Edição, Botão Classificar e Filtrar, um botão sintético para esta finalidade.

Vejamos os botões para classificação comumente abordados nas provas.

Classificação Crescente

Classificação Decrescente

Utilizando o banco de dados anterior, observe os resultados da aplicação dos comandos de classificação respectivamente:

	A	B
1	Alexander	121-0001
2	Áquila	564-0022
3	Carol	999-9999
4	Nome	Telefone
5	Renato	393-1000

	A	B
1	Renato	393-1000
2	Nome	Telefone
3	Carol	999-9999
4	Áquila	564-0022
5	Alexander	121-0001

Que problema heim!!!

Compreenda que ele classificou inclusive a linha de cabeçalhos, devido ao fato de todas as linhas serem de texto.

Note que embora os telefones contenham números, o sinal de menos utilizado para separar o prefixo do sufixo telefônico transforma a célula em um texto, alinhando seu conteúdo à esquerda.

Para sanar tal problema o usuário vai ter que recorrer à classificação através do comando *Personalizar Classificação* em Classificar e Filtrar do grupo Edição da Guia Página Inicial ou diretamente no botão  Classificar no Classificar e Filtrar do grupo Dados (2 caminhos, mesma função).

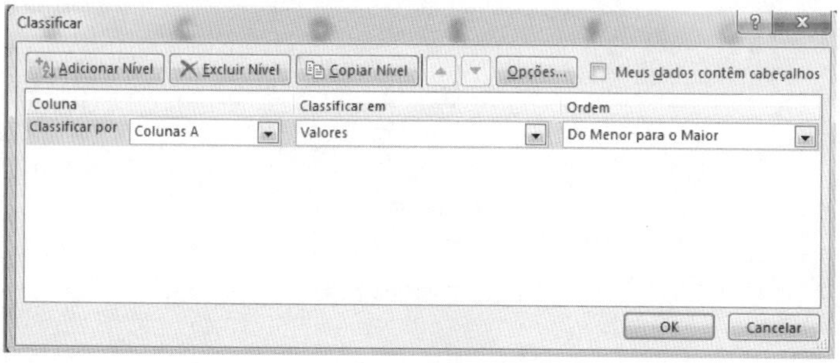

Observe que a janela de classificação apresenta as opções:

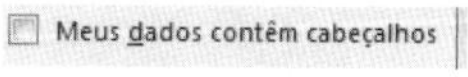

Marcando a LINHA DE CABEÇALHO, a primeira linha ficará inalterável, efetuando a classificação de maneira correta.

Agora observe a tabela abaixo:

	A	B
1	Nome	Telefone
2	Carol	9999999
3	Renato	3931000
4	Áquila	5640022
5	Alexander	1210001
6		

A diferença entre a tabela atual e a apresentada anteriormente é a ausência do sinal de menos utilizado no número do telefone.

A ausência do caractere "-", faz com que o conteúdo da célula seja classificado como um número e não um texto, note o alinhamento à direita.

Vamos realizar agora os mesmos procedimentos de classificação utilizando os botões A↓Z e Z↓A, respectivamente.

	A	B
1	Nome	Telefone
2	Alexander	1210001
3	Áquila	5640022
4	Carol	9999999
5	Renato	3931000
6		

	A	B
1	Nome	Telefone
2	Renato	3931000
3	Carol	9999999
4	Áquila	5640022
5	Alexander	1210001

Xiiiiiiiii, agora deu certo!!! Por quê?

Observe que os números de telefone estão sem os sinais de menos, portanto, estão alinhados à direita.

O MS Excel entendeu que pelo fato de a primeira linha ter tipos de dados diferentes das demais, a mesma foi selecionada como linha de cabeçalho.

Texto	Texto
Texto	Número
Texto	Número
Texto	Número
Texto	Número

Vamos a mais um exemplo:

Exercício

SIMULADO

Observe a planilha a seguir:

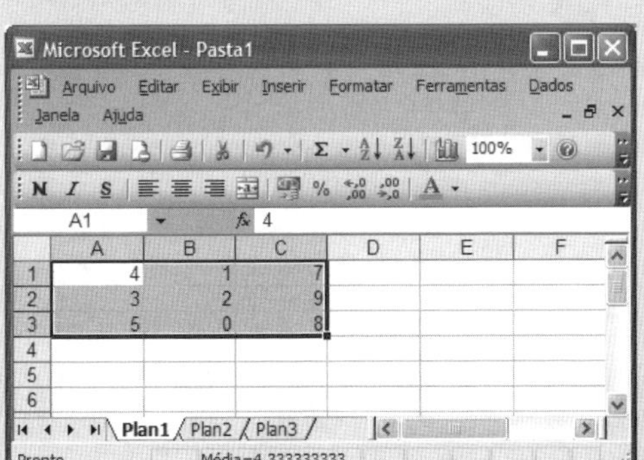

Com o intervalo A1:C3 selecionado, ao se clicar no botão A↓Z qual será o resultado?[Resposta 7]

a)

1	5	0	8
2	4	2	9
3	3	1	7

b)

1	3	2	9
2	4	1	7
3	5	0	8

c)

1	3	1	7
2	4	2	9
3	5	0	8

d)

1	0	3	7
2	1	4	8
3	2	5	9

e)

1	4	0	8
2	3	2	9
3	5	1	7

Vamos aos comentários!

A questão apresentada não contém linha de cabeçalhos, pois não apresenta campos, ela apresenta somente registros, dispostos em linhas.

O botão A↓Z sempre classifica o banco de dados pela COLUNA QUE CONTÉM A CÉLULA ONDE INICIOU A SELEÇÃO. Logo, a primeira coluna vai ser classificada, 3,4,5 e os valores do lado dos respectivos números vão acompanhar a mudança. Como cada linha é um REGISTRO, quando o número 3 vai para a primeira linha leva consigo as informações que estavam ao lado, ou seja, 2 e 9.

Agora cabe ressaltar que, se fosse selecionado apenas o intervalo A1:A3 (primeira coluna), o resultado seria a letra C.

Agora vamos estudar um pouquinho mais a janela de classificação, obtida por meio da guia DADOS, comando CLASSIFICAR:

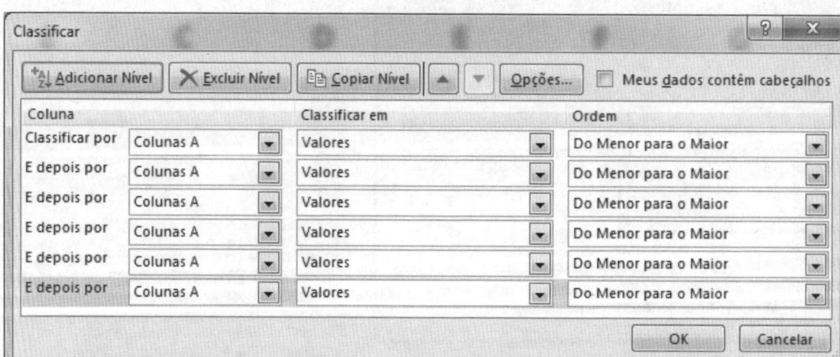

Resposta 7 – Letra B.

Esta janela apresenta N campos para classificação, à medida que se clica em [Adicionar Nível], sendo que a prioridade obedece exatamente à disposição na janela.

O campo que prevalece é o primeiro -"Classificar por"-, o segundo campo para classificação -"E depois por"- só é usado como critério de desempate no caso de haver registros com a informação do primeiro campo repetida, e o terceiro campo -"E depois por"- só é de fato relevante em caso de os dois registros anteriores terem informações iguais (empatadas) tanto em "Classificar por" quanto em "E depois por", e assim por diante.

7.5.3. Validação

Através da guia DADOS, grupo Ferramentas de Dados, comando Validação de Dados ▾, é possível aumentar a integridade das informações contidas em uma tabela, evitando erros de digitação na entrada de dados pelo usuário em uma célula.

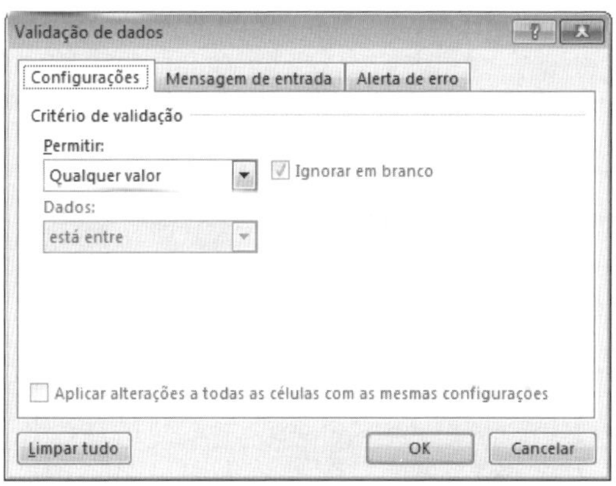

Observe a tabela a seguir:

	A	B
1	Produto	Preço
2	Ovo Rosa	R$ 5,00
3	Cachaça	R$ 1,50
4	Cerveja	
5	Torresmo	

A mesma apresenta um cardápio para um botequim. A regra de validação a seguir foi aplicada a esta tabela.

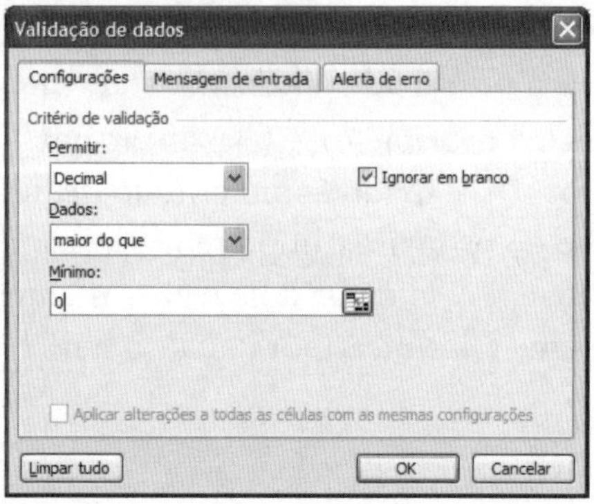

Ao tentar digitar um valor que não seja um número na coluna de preços, o MS Excel, automaticamente, fornece a seguinte mensagem:

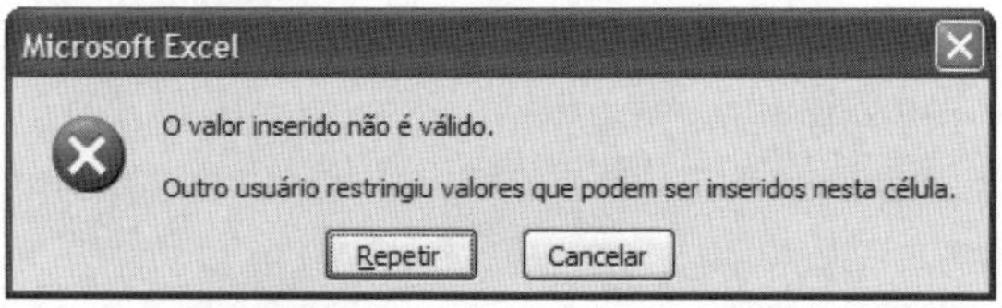

O MS Excel ainda permite que o usuário configure a mensagem de erro, conforme abaixo:

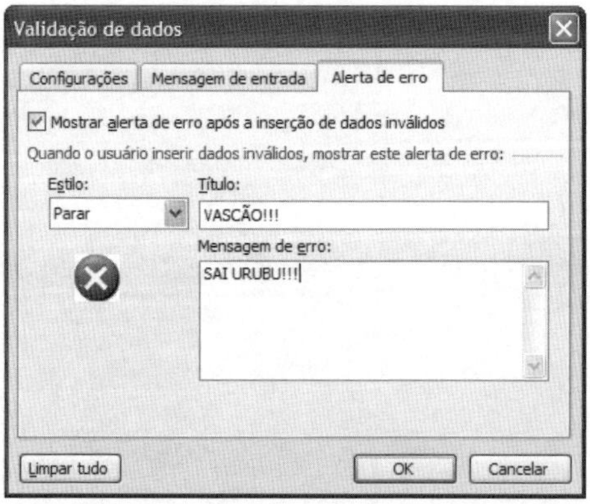

(Sinceramente, morri de rir com a tela de erro personalizada a seguir!!!)

Exercício

CEEE – CESPE/UnB

Considere que o usuário recebeu a mensagem mostrada na figura a seguir, após digitar o número 32 na célula B1 e teclar <<ENTER>>. Nessa situação, é correto afirmar que foi utilizada a opção Validação, encontrada na guia DADOS, para restringir os valores que podem ser inseridos na referida célula. [Resposta 8]

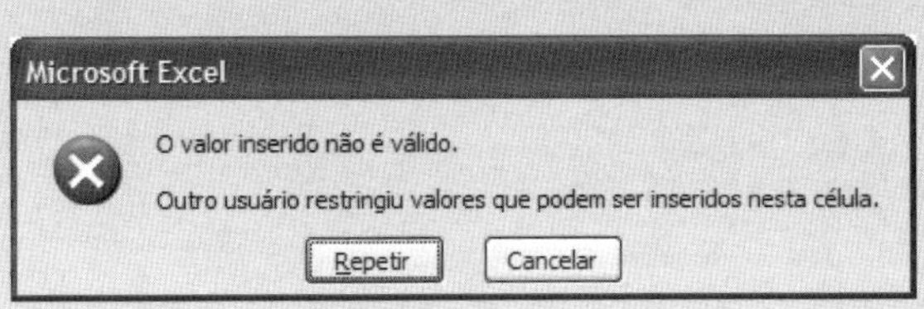

7.5.4. Filtro

O recurso de Filtro pode ser acessado através da guia DADOS, grupo Classificar e Filtrar, comando 

, ou ainda através da guia Página Inicial, Grupo Edição, botão 

e na lista que se abre comando Filtro. O Filtro permite que se visualize apenas uma parte dos dados de uma tabela, através de critérios estabelecidos nos campos.

Através do Filtro podemos consultar informações com agilidade.

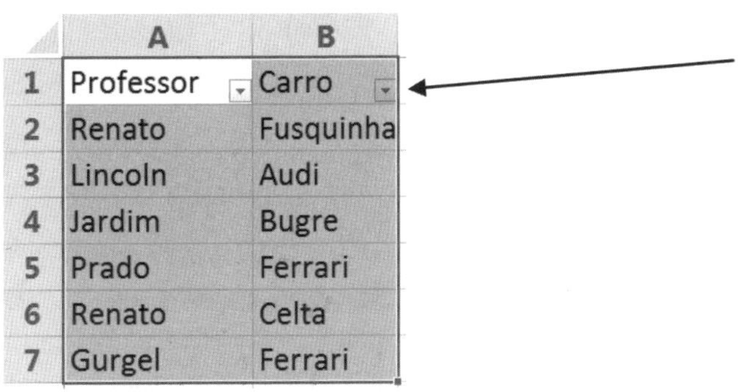

	A	B
1	Professor	Carro
2	Renato	Fusquinha
3	Lincoln	Audi
4	Jardim	Bugre
5	Prado	Ferrari
6	Renato	Celta
7	Gurgel	Ferrari

Resposta 8 – Certa!

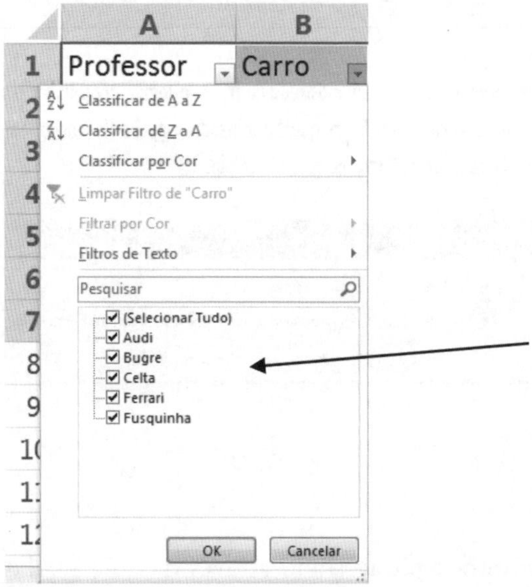

Desativando o (selecionar tudo) e ativando apenas a caixa de verificação de Ferrari, visualizaremos somente registros que contenham no campo CARRO a informação FERRARI.

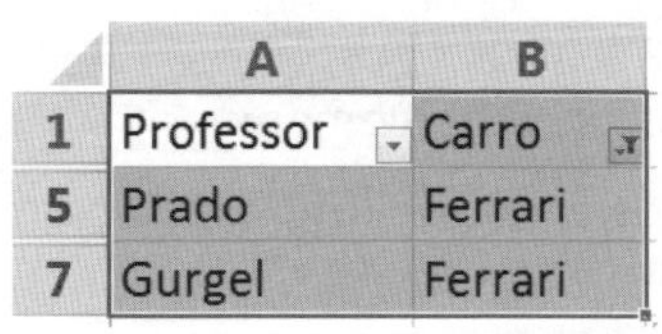

Observe que as outras linhas continuam existindo (salto na numeração e ícone de filtro no campo carro são indícios), só não estão sendo visualizadas, e consequentemente não serão impressas.

Exercício

TJ BA – FGV

Um filtro aplicado a uma coluna X é usado para: [Resposta 9]

a) impedir a digitação, nas células da coluna X, de valores fora dos limites superior e inferior determinados por meio do filtro;

b) limitar os valores permitidos nas células da coluna X a uma lista especificada por meio do filtro;

c) exibir na planilha apenas as linhas que contenham, na coluna X, algum dos valores escolhidos por meio do filtro;

d) remover da planilha todas as linhas que não contenham, na coluna X, algum dos valores escolhidos por meio do filtro;

e) remover da planilha as linhas que contenham, na coluna X, valores que se repetem.

Resposta 9 – Letra C.

7.5.5. Obter Dados Externos

O MS Excel permite que o usuário importe dados de outros arquivos de dados, inclusive de outros aplicativos, como por exemplo o MS Access.

Tal opção encontra-se disponível através da guia DADOS, grupo Obter Dados Externos.

Exercício

ELETROBRAS – ADMINISTRAÇÃO – NCE

A opção "Obter dados externos", na guia "Dados" do Microsoft Excel 2000, permite:[Resposta 10]

a) ordenar a apresentação dos dados em uma planilha (ordenação crescente ou decrescente);

b) a exibição, em uma planilha, dos dados existentes em um Banco de Dados;

c) a entrada de dados pelo usuário via teclado;

d) a importação de dados de outras planilhas Excel;

e) obter dados sobre a configuração do computador, tais como quantidade de memória, velocidade do processador, etc.

7.5.6. Operações de Busca e Troca (Localizar e Substituir)

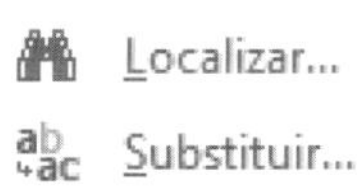

Para localizar uma informação em um banco de dados, em uma planilha em geral,

deve-se utilizar o comando Localizar no botão Localizar e Selecionar, contido na guia Página Inicial, no grupo Edição ou ainda o atalho de teclado CTRL+L.

*OBS: Podemos utilizar o curinga * (asterisco) para representar um grupo de caracteres em uma busca.*

Resposta 10 – Letra B! O gabarito oficial traz como resposta a letra D, embora, ache a questão muito mal formulada. No item dado B a dúvida para o candidato gira em torno da palavra exibição, pois o termo correto seria importação, a exibição é uma consequência. No item D, podemos importar dados de outros arquivos, inclusive as planilhas de pastas do Excel.

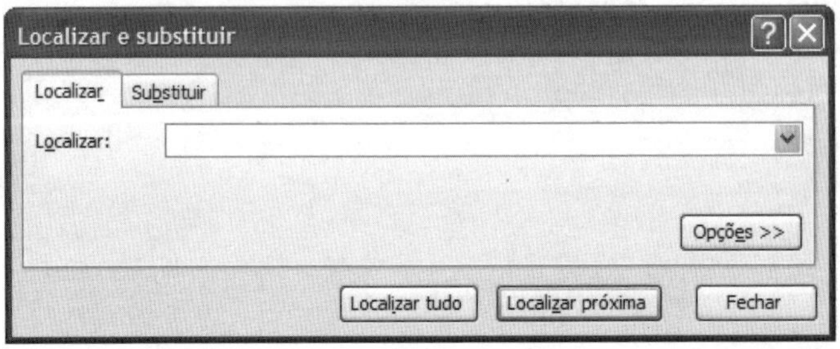

Se em uma planilha o usuário digitou uma palavra errada diversas vezes, ele pode utilizar o comando SUBSTITUIR localizado no mesmo botão 

, ou ainda o atalho de teclado CTRL+U.

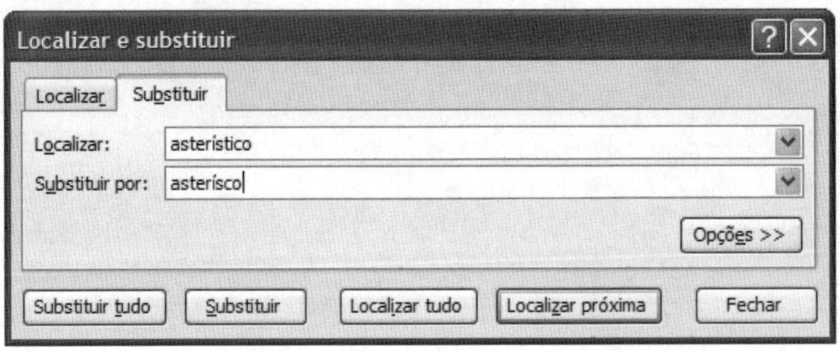

7.6. Planilhas Eletrônicas

Quando pensamos numa planilha automaticamente surge na mente a imagem de uma tabela. Ambos são dispostos em linhas e colunas, a principal diferença é que as tabelas (como as de um editor de textos) apenas armazenam os dados para consulta, enquanto que as planilhas processam os dados, utilizando fórmulas e funções matemáticas complexas, gerando resultados precisos e informações mais criteriosas.

No MS Excel 2013 ao se criar um arquivo novo este arquivo é chamado de PASTA.

Isso já inicia uma enorme confusão para os candidatos, pois no MS Windows uma pasta é sinônimo de diretório, local que armazena arquivos, mas no MS Excel este conceito não tem nada a ver.

Observe a barra de título de uma janela do MS Excel contendo um arquivo NOVO.

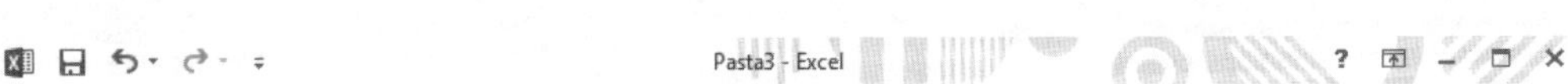

* Deve-se ter atenção, pois até a versão 2010 o MS Excel inicializava as pastas (arquivos) com 3 planilhas, logo este torna-se um detalhe relevante, uma pegadinha!

Esta barra está indicando o nome do arquivo Pasta3, ou seja, esta é a terceira pasta que estou criando com o Excel ativo nesta seção de uso.

Para facilitar o entendimento vamos fazer uma analogia com o MS Word:

MS WORD 2013	MS EXCEL 2013
DOCUMENTO	PASTA
PÁGINA	PLANILHA
DOCX	XLSX (EXTENSÃO PADRÃO)
DOTX	XLTX (ARQUIVO DE MODELO)

Podemos entender que as planilhas estão para uma pasta do Excel, assim como as páginas estão para um documento do Word.

Por padrão ao se criar uma pasta no Excel 2013 o arquivo é inicializado com 1 (uma) planilha*.

Este padrão pode ser alterado para qualquer valor entre 1 e 255 através da guia ARQUIVO, comando OPÇÕES.

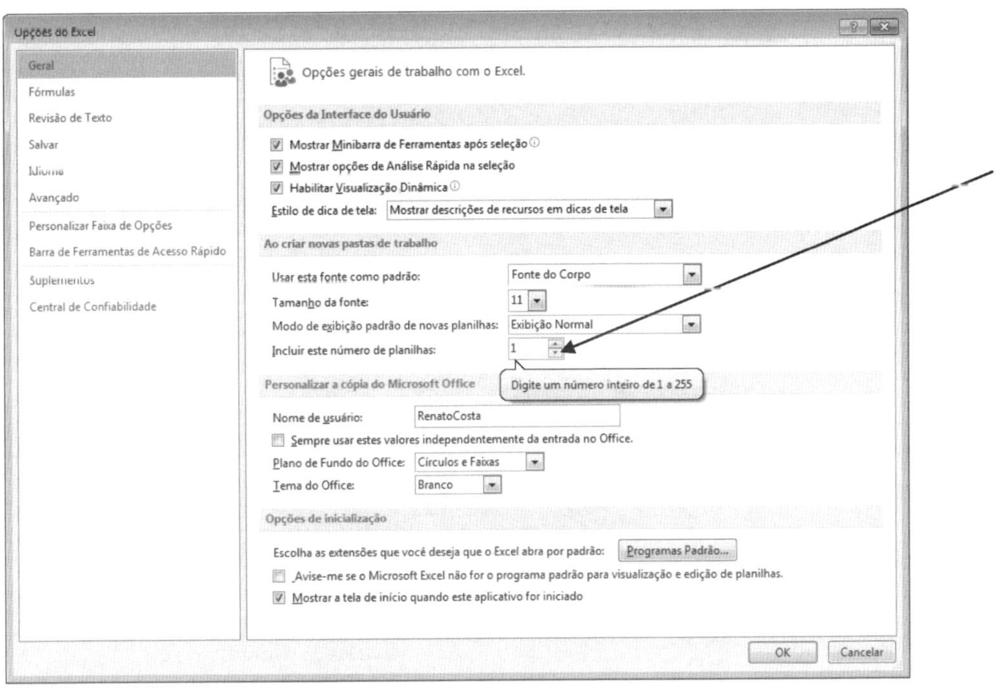

As versões atuais do Excel (2000, XP, 2003, 2007, 2010, 2013) permitem que o usuário insira INFINITAS PLANILHAS EM UMA PASTA, a limitação estará associada à memória da máquina.

As planilhas podem ser inseridas através da guia Página Inicial, grupo Células, botão  , comando Inserir Planilha, do atalho SHIFT+F11 ou ainda a partir do ícone ⊕ localizado ao lado do nome da última planilha.

O nome da planilha é exibido na GUIA DE PLANILHA.

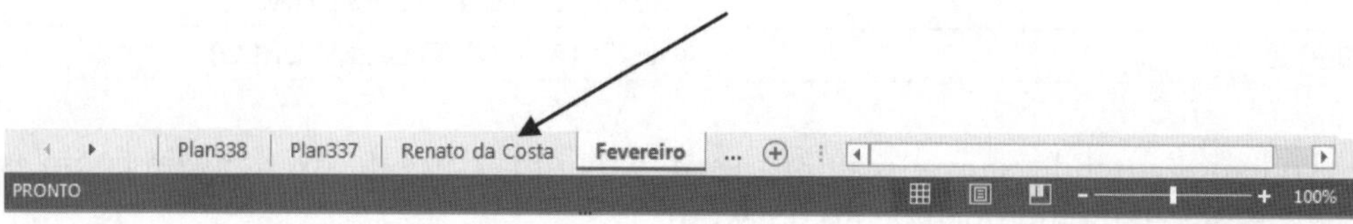

Por padrão o MS Excel 2013 coloca o nome "Plan", seguido da quantidade de planilhas.

O nome pode ser alterado a qualquer momento, através de um duplo clique na guia de Planilha, através do menu de Contexto (acessado por um clique com o botão direito do mouse sobre a guia de Planilha), ou ainda da guia Página Inicial, grupo Células, botão Formatar.

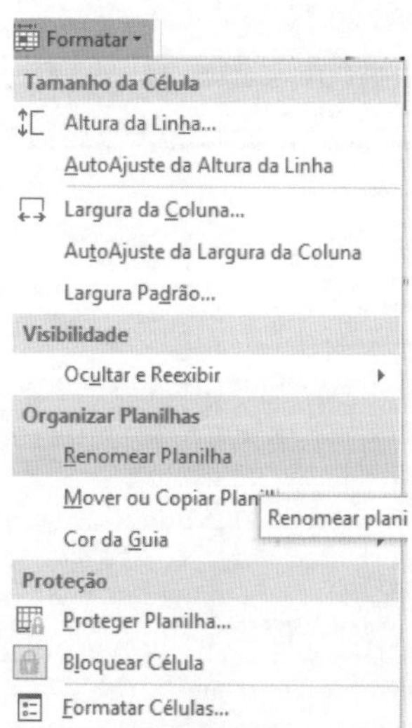

Com relação aos nomes que as planilhas podem receber, precisamos ter atenção às regras:

- Certifique-se de que o nome digitado não excede o limite de 31 caracteres.
- Certique-se de que o nome não contém um destes caracteres: : / ? * [ou]
- Certiique-se de que não deixou o nome em branco.

Pode-se alternar entre planilhas existentes em uma pasta através dos atalhos CTRL+PAGE DOWN e CTRL + PAGE UP.

Cada planilha agora possui 16384 colunas, variando de A até **XFD** (lembre-se, Xiiiiiii FuuuD%$#?);

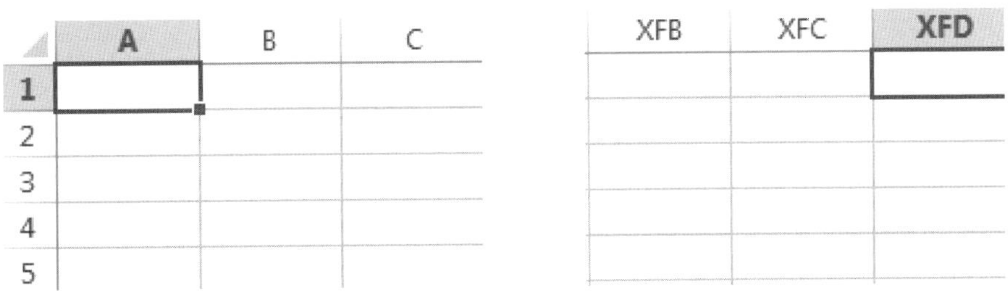

A quantidade de linhas também é relevante, agora são 1.048.576 (semelhante ao megabyte, onde temos 1024^2).*

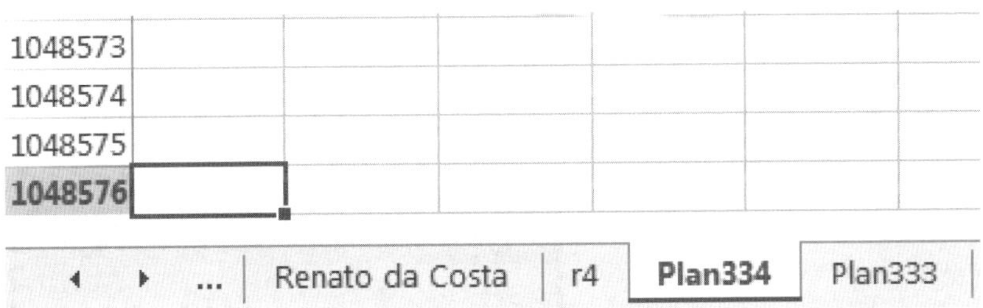

Exercício

ANALISTA TRF – FCC

7) Uma novidade muito importante no Microsoft Office Excel 2007 é o tamanho de cada planilha de cálculo, que agora suporta até [Resposta 11]

a) 131.072 linhas.

b) 262.144 linhas.

c) 524.288 linhas.

d) 1.048.576 linhas.

e) 2.097.152 linhas.

---

* A versão do MS Excel 2013 de 64 bits permite ao usuário, se necessário, armazenar centenas de milhões de linhas em uma planilha, graças ao fato do maior suporte de memória RAM (principal).

Resposta 11 – Letra D, observe que o enunciado da FCC ressalta, muito importante...

A interseção entre as linhas e colunas forma as células, que são sempre representadas pela letra da coluna seguida do número da linha.

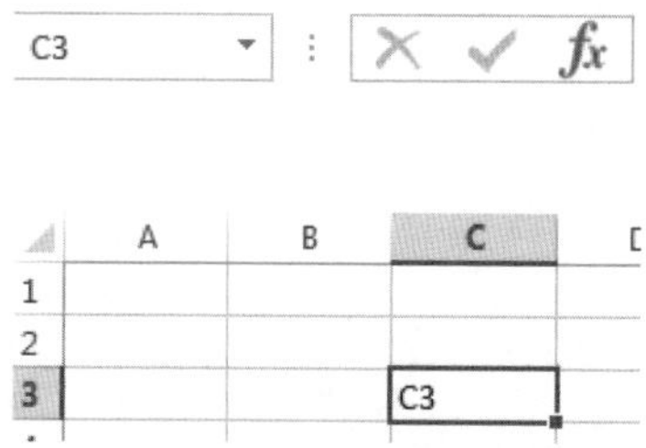

Cada célula em uma planilha do Excel pode conter até 32000 caracteres.

Para se movimentar dentro de uma planilha é possível utilizar as setas do teclado, as teclas PAGE UP, PAGE DOWN, ou alguns atalhos que veremos a seguir.

Para ir de forma rápida a um endereço específico dentro de uma planilha, pode-se digitar o endereço da célula na CAIXA DE NOME, localizado à esquerda da barra de Fórmulas, ou clicar o comando ➔ Ir para... a partir do botão  Localizar e Selecionar ▾ , da guia Página Inicial, do grupo Edição, ou ainda utilizar o atalho de teclado F5.

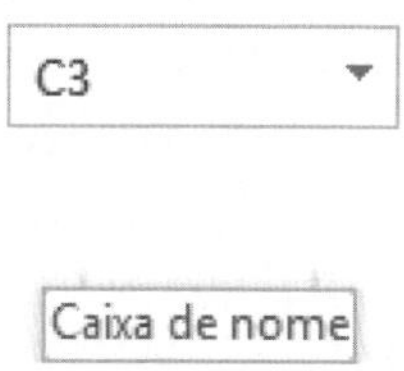

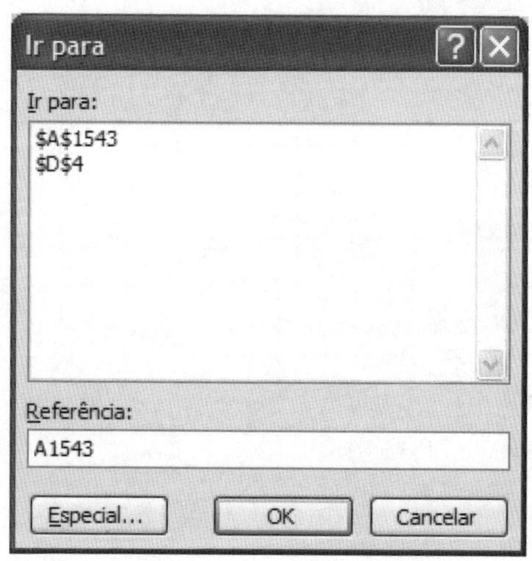

Alguns atalhos relevantes para movimentação nas planilhas:

- CTRL+HOME = posiciona a célula ativa no endereço A1
- CTRL + END = posiciona a célula ativa no endereço correspondente à última coluna digitada, combinada com a última linha digitada.

Exemplo:

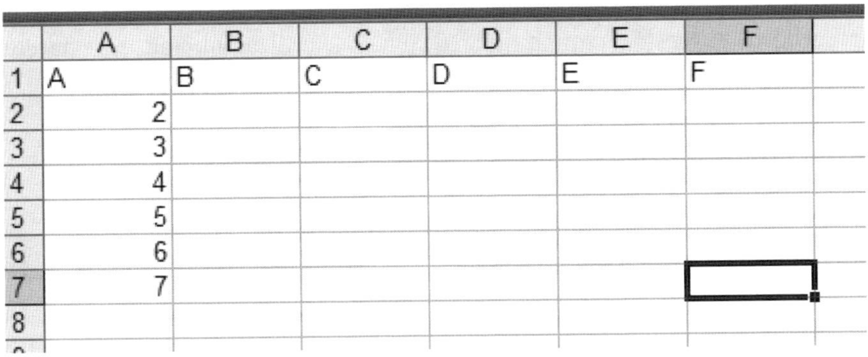

- <CTRL + →> = Desloca a célula ativa para a última coluna (XFD);
- <CTRL + ←> = Desloca a célula ativa para a primeira coluna (A);
- <CTRL + ↑> = Desloca a célula ativa para a primeira linha (1);
- <CTRL + ↓> = Desloca a célula ativa para a última linha (1.048.576);
- <CTRL + PAGE UP> = Alterna para a próxima planilha da pasta atual;
- <CTRL + PAGE DOWN> = Alterna para a planilha anterior da pasta atual;

7.7. Modelos

Os modelos são arquivos que possuem uma estrutura básica, ou seja, um conjunto de formatações, informações, macros, e que a partir disto permite a criação de novos arquivos.

Devemos trabalhar com modelos ao invés de ficarmos abrindo arquivos que são constantemente alterados e gravados com outro nome.

Para a criação de modelos basta salvar como XLTX, e para a criação de novos arquivos a partir do modelo, não se deve utilizar o comando ABRIR e sim o comando NOVO.

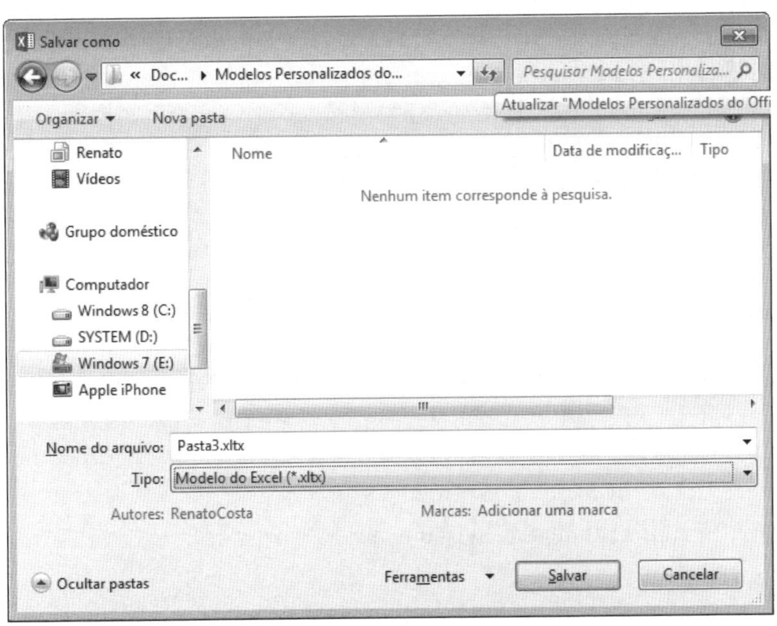

7.8. Fórmulas

O MS Excel permite a realização de cálculos dentro de uma célula, para tal basta preceder a expressão com o sinal de igual e utilizar operadores matemáticos computacionais.

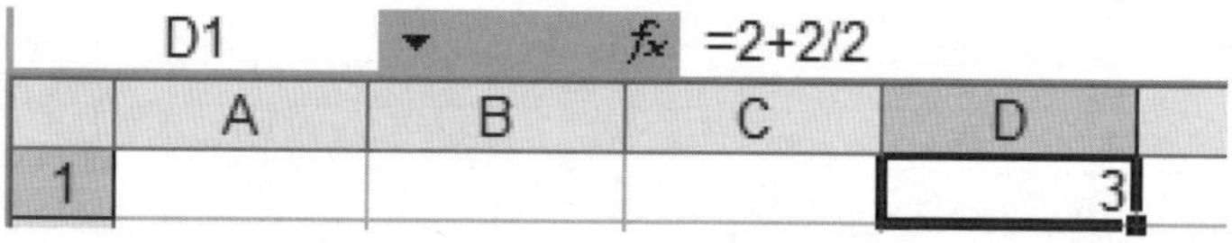

Note que a célula D1 exibe o número 3 que é resultado da fórmula =2+2/2

Cabe ressaltar que o Excel admite que se inicie uma expressão matemática também com os sinais de + ou –, desta forma automaticamente o Excel insere o caráter = antes da expressão digitada. Essa "correção automática" se dá devido à compatibilidade do aplicativo com o antigo programa de planilha eletrônica Lótus 123.

7.8.1. Operadores Matemáticos

^ Exponenciação
* Multiplicação
/ Divisão
% Porcentagem
\+ Adição
\- Subtração

Exercício

Analista – TRT 2ª Região – FCC

Dadas as células de uma planilha eletrônica: A1 = 8,B1 = 32 e C1 = 4, o valor resultante na célula D1, que contém a fórmula A1+B1/C1^2, será: [Resposta 12]

a) 2,5
b) 10
c) 72
d) 100
e) 256

Deve-se atentar à prioridade dos operadores matemáticos, devemos sempre realizar as potências, depois a multiplicação e divisão e por último a soma e a subtração.

Logo, na questão do TRT anterior, A1+B1/C1^2 vai ser resolvido como:

8+32/4^2 → prioridade da exponenciação

8+32/16 → prioridade da divisão

Resposta 12 – Letra B!

8+2 → soma
10 → Resultado

7.8.2. Linearização de Sentenças Matemáticas

As expressões aritméticas no MS Excel devem ser linearizadas, ou seja, inseridas nas células em uma única linha.

Não se usam colchetes nem chaves para determinar prioridade, somente parênteses, logo, diferentemente da matemática, podemos ter parênteses dentro de parênteses.

Exemplo:

$$\left[\frac{2}{3}+(5-3)\right]+1=$$

Matemática

$$=(2/3+(5-3))+1$$

Informática

7.9. Referência Relativa

Utilizar o MS Excel como uma calculadora não é grande coisa. O interessante é explorar os recursos da planilha eletrônica, e uma das maneiras é utilizar referências relativas para a construção de fórmulas, observe:

D2 ▾ *fx* =(10+8)/2

	A	B	C	D
1	Nome	Nota1	Nota2	Média
2	Áquila	10	8	9
3	Renato	7	9	9
4	Rogerinho	8	7	9
5	Lincoln	2	4	9
6	Alexandre	5	6	9

Na planilha anterior a célula D2 contém a fórmula =(10+8)/2, quando copiada para as células D3, D4, D5 e D6, seu valor continuou inalterável, pois em todas as células aparece a fórmula =(10+8)/2.

Quando se trabalha com referência relativa, não se usa os valores das células e sim seus endereços, a vantagem é que, ao se copiar a fórmula para outras células, relativamente elas terão seus endereços incrementados ou decrementados relativamente de acordo com o passo.

D2 | fx =(B2+C2)/2

	A	B	C	D
1	Nome	Nota1	Nota2	Média
2	Áquila	10	8	9
3	Renato	7	9	8
4	Rogerinho	8	7	7,5
5	Lincoln	2	4	3
6	Alexandre	5	6	5,5

Quando se copiou a célula D2 que contém a fórmula =(B2+C2)/2 para a linha de baixo, a célula D3 passou a conter a fórmula incrementada em uma linha, tornando-se =(B3+C3)/2, exibindo a média correta para o registro correspondente ao Renato.

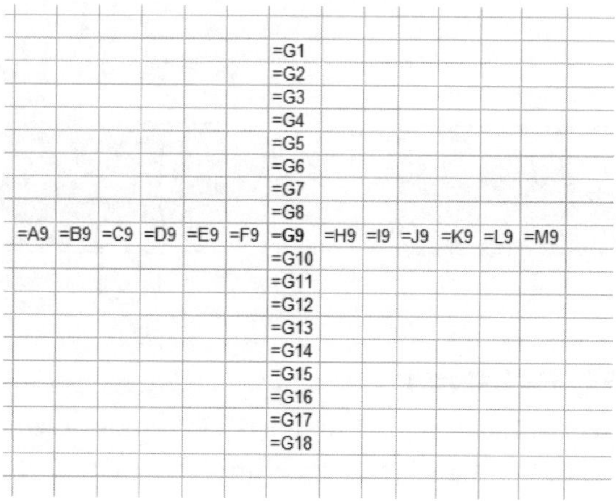

- Quando copiamos uma fórmula para a direita, incrementamos os endereços relativos coluna a coluna;
- Quando copiamos a célula para a esquerda, decrementamos os endereços relativos coluna a coluna;
- Quando copiamos a célula para baixo, incrementamos os endereços relativos linha a linha.
- Quando copiamos a célula para cima, decrementamos os endereços relativos linha a linha.

A cópia pode ser realizada através de qualquer operação de copiar e colar convencional, ou seja, guia, contexto, ícones da barra de ferramentas padrão.

Uma outra maneira muito comum de se copiar no MS Excel é utilizando a ALÇA DE SELEÇÃO ou ALÇA DE PREENCHIMENTO (nomes equivalentes).

A alça de preenchimento está contida no canto inferior direito da célula selecionada. Quando se posiciona o ponteiro que tem a forma de um sinal de adição (mais gordinho) sobre a Alça, observa-se que o cursor assume o formato de uma cruz (mais magrinho).

Portanto, o sinal de "mais gordinho" permite a seleção de um intervalo, enquanto o sinal de "mais magrinho" indica que a célula será copiada.

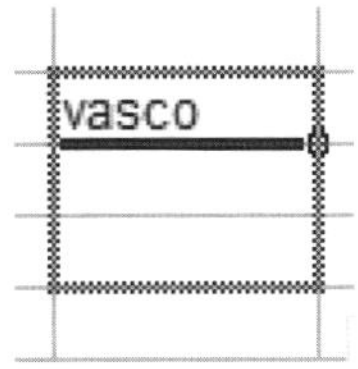

A questão a seguir apresenta uma armadilha clássica da Fundação Carlos Chagas:

Exercício

TÉCNICO – TRE CE – FCC

A fórmula =B11+B12, contida na célula B10, quando movida para a célula A10 será regravada pelo Excel como[Resposta 13]

a) =A10+A11

b) =A11+A12

c) –B10+B11

d) =B11+B12

e) =C10+C11

A questão traz no enunciado: "... quando movida...", essa é a armadilha da banca. Pode sorrir, pois QUANDO MOVIDA NÃO MUDA NADA!!! Então, o gabarito está no próprio enunciado.

Agora, se a célula estivesse sendo copiada..., aí sim, seria decrementada em uma coluna, tornando-se =A11+A12

Exercício

ASSEMBLEIA LEGISLATIVA DO ES – AGOSTO – NCE

Considere a planilha Excel na figura abaixo:

	A	B
1	1	5
2	2	
3	3	
4	4	
5	5	

O conteúdo da célula B1 é dado por:
=A1+2*A2

Resposta 13 – Letra D!

Se o conteúdo da célula B1 for copiado (Ctrl+C) para a célula B4 (Ctrl+V) o resultado esperado é: Resposta 14

a) 5

b) 8

c) 10

d) 13

e) 14

Quando copiamos a célula B1 para a célula B4 estamos deslocando +3 linhas, logo basta pegar o endereço relativo da fórmula original e incrementar 3 linhas na fórmula:

=A4+2*A5

Resolve-se primeiro a multiplicação e depois a soma, resultando 14.

7.10. Referência Absoluta

Em algumas situações, ao criarmos uma fórmula, temos um endereço que não pode ser alterado.

Observe a planilha de despesas do meu amigo, Prof. Leandro Antunes:

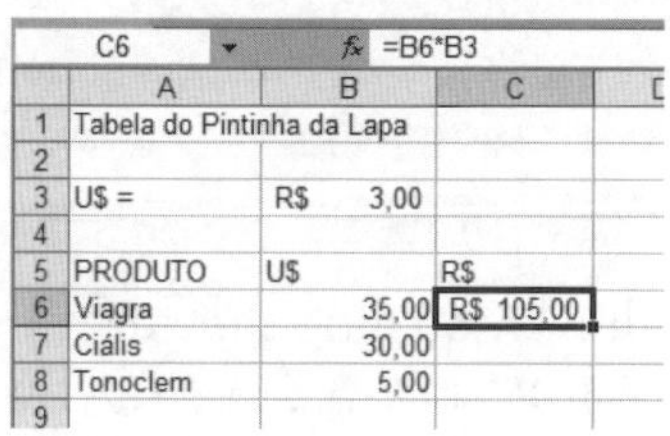

Quando a fórmula da célula C6 for copiada para as células C7 e C8, os valores não vão estar corretos.

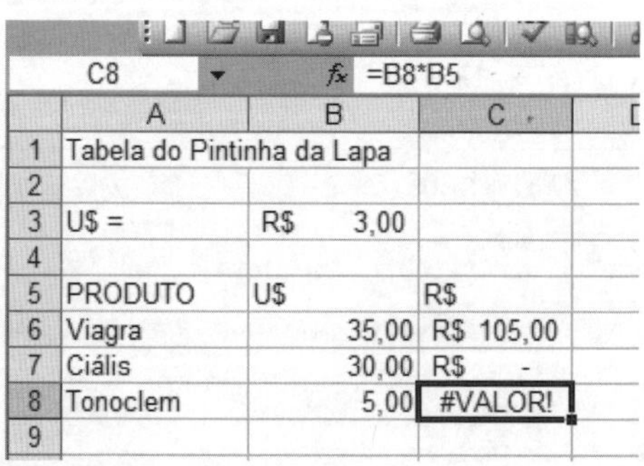

Quando copiamos as célula de C6 para C8, a cópia incrementa duas linhas na fórmula, passando a conter =B8*B5

Resposta 14 – Letra E!

Note que a célula B3 contida na fórmula =B6*B3 da célula C6 não pode ser incrementada, pois o valor do U$ está fixo na célula B3.

O uso do $ congela, fixa, um endereço. Neste caso, aplicando o $ na frente do 3 de B3 a fórmula vai fixar a linha quando copiada, informando os valores corretos dos produtos em R$.

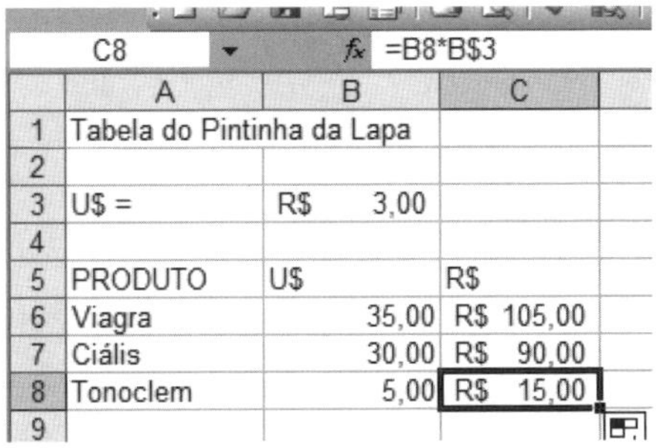

$ na frente da linha: (fixando a linha)

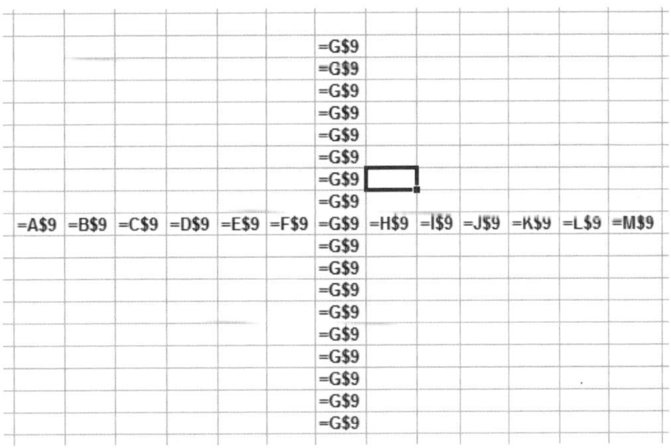

$ na frente da coluna: (fixando a coluna)

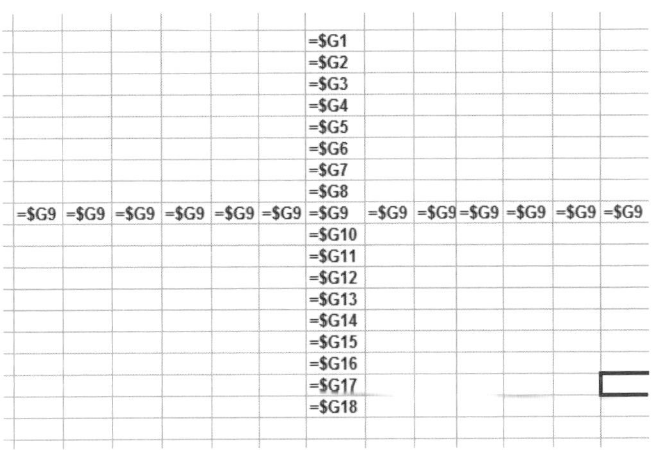

$ na frente da coluna e da linha: (referência absoluta = linha e coluna fixadas)

						=$G$9						
						=$G$9						
						=$G$9						
						=$G$9						
						=$G$9						
						=$G$9						
						=$G$9						
						=$G$9						
=$G$9	=$G$9	=$G$9	=$G$9	=$G$9	=$G$9	=$G$9	=$G$9	=$G$9	=$G$9	=$G$9	=$G$9	=$G$9
						=$G$9						
						=$G$9						
						=$G$9						
						=$G$9						
						=$G$9						
						=$G$9						
						=$G$9						
						=$G$9						
						=$G$9						

Exercício

Analista – TRE CE – FCC

A fórmula =$A$11+A12, contida na célula A10, quando movida para a célula B10 será regravada pelo Excel como: [Resposta 15]

a) =$B$12+B12

b) =$A$11+B12

c) =$B$12+A12

d) =$A$11+A12

e) =$A$10+A11

Ah não? Caiu de novo???

Pode sorrir, pois QUANDO MOVIDA NÃO MUDA NADA!!! Então, o gabarito está no próprio enunciado (tomara que caia!!!).

Exercício

MPU – FCC

....	A	B
1	do mês	acumulado
2	3	3
3	18	21
4	4	25
5	2	**27**
6	**27**	

Resposta 15 – Letra D!

Considere os dados da planilha eletrônica exemplificada acima. Está correta a fórmula inserida em B3 e pronta para ser propagada para B4 e B5 se for igual a: [Resposta 16]

a) =B3+A2

b) =B$2+A3

c) =B2+A3

d) =B2+A2

e) =B2+A$3

7.11. Cópia Lógica

Quando são copiados valores adjacentes em uma planilha através da ALÇA DE PREENCHIMENTO, o MS Excel realiza uma cópia lógica, incrementando ou decrementando os valores conforme a razão obtida através da diferença entre as duas células selecionadas antes do arrasto.

- Arrastando para baixo ou para a direita incrementa;
- Arrastando para cima ou para a esquerda decrementa;

Vamos verificar alguns exemplos:

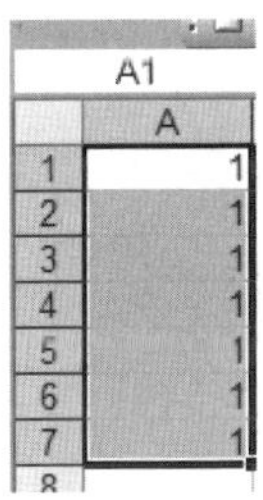

Digitando em A1 o valor 1, selecionando A1 e copiando até A7 temos como resultado 1,1,1,1,1,1,1. Pois não há nenhuma diferença na cópia para ocorrer o incremento.

Detalhe, se fosse utilizado o auxílio da tecla CTRL durante o arrasto, o resultado seria diferente, a tecla CTRL faz com que a célula seja incrementada ou decrementada pela razão 1, mesmo que só haja uma célula selecionada durante o arrasto.

Vamos a outro exemplo:

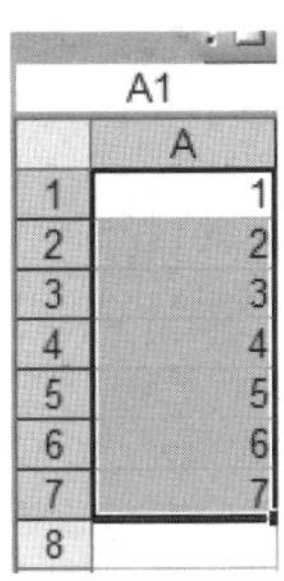

Resposta 16 – Letra C!

Quando são digitados dois valores e se realiza a cópia lógica com ambas as células selecionadas o MS Excel pega a diferença dos dois valores (no nosso caso, 2-1=1) e incrementa por tal diferença.

Logo, conforme a planilha acima, digitando em A1 o valor 1, em A2 o valor 2, selecionando-se A1 e A2, copiando até A7 temos como resultado 1,2,3,4,5,6,7.

A planilha a seguir teve os dois primeiros valores de cada coluna inseridos via teclado e as demais células foram obtidas através do arrasto. Observe:

	A	B	C	D	E	F	G
1	1		1		0		2
2	3		5		-1		4
3	5		9		-2		6
4	7		13		-3		8
5	9		17		-4		10
6	11		21		-5		12
7	13		25		-6		14
8	15		29		-7		16
9	17		33		-8		18
10	19		37		-9		20

Agora, imagine o que vai acontecer quando a alça de seleção da planilha a seguir for arrastada para baixo:

	A
1	2
2	4
3	8
4	

Bem, o importante é saber que o MS Excel não entende a progressão geométrica, realizando, portanto uma cópia com cálculo de tendência linear.

A1

	A
1	2
2	4
3	8
4	10,66667
5	13,66667
6	16,66667
7	19,66667
8	22,66667
9	25,66667
10	

Nenhuma banca vai cobrar este cálculo, logo, você candidato, só precisa lembrar que o MS Excel, NÃO vai preencher as células com 16, 32, 64, 128...

Exercícios

TRF 1ª REGIÃO – FCC

Dadas as seguintes células de uma planilha do Excel, com os respectivos conteúdos.

A1=1

A2=2

A3=3

A4=3

A5=2

A6=1

Selecionando-se as células A1, A2 e A3 e arrastando-as simultaneamente, pela alça de preenchimento, sobre as células A4, A5 e A6, os conteúdos finais das células A1, A2, A3, A4, A5 e A6 serão, respectivamente, Resposta 17

a) 1,2,3,4,5 e 6

b) 1,2,3,1,1 e 1

c) 1,2,3,1,2, e 3

d) 1,2,3,3,2 e 1

e) 1,2,3,3,3 e 3

MPU – TÉCNICO DE CONTROLE INTERNO – ESAF

Em uma planilha inicialmente vazia do Excel, um usuário preencheu as células A1 e A2 com os valores inteiros positivos 10 e 20, respectivamente. Ao selecionar as duas células e arrastar o pequeno quadro que surgiu no canto inferior direito da seleção para a célula A5 ele observará que Resposta 18

a) o intervalo das células A1:A5 será preenchido com o valor igual a 10

b) a célula C5 será preenchida com o valor igual a 20

c) a célula A4 será preenchida com o valor igual a 40

d) o intervalo das células A1:A5 será preenchido com o valor igual a 20

e) o intervalo das células A1:A5 será preenchido com o valor igual a 30

7.11.1. Listas Personalizadas

Ao se realizar uma cópia através do arrasto, com textos, é normal certa confusão, analise:

	A	B	C	D	E	F	G
1	1		vasco		vasco1		1 vasco
2	1		vasco		vasco2		2 vasco
3	1		vasco		vasco3		3 vasco
4	1		vasco		vasco4		4 vasco
5	1		vasco		vasco5		5 vasco
6	1		vasco		vasco6		6 vasco
7	1		vasco		vasco7		7 vasco
8	1		vasco		vasco8		8 vasco
9	1		vasco		vasco9		9 vasco
10	1		vasco		vasco10		10 vasco
11							

Resposta 17 – Letra A!

Resposta 18 – Letra C!

Observe:

- Na coluna A, foi digitado o número “1” e arrastado para as células abaixo.
- Na coluna C, foi digitado o texto “vasco” e arrastado para as células abaixo.
- Na coluna E, foi digitada a combinação de texto e número “vasco1” e arrastada para as células abaixo.
- Na coluna G foi digitada a combinação de número e texto “1 vasco” e arrastada para as células abaixo.

Perceba que as células que contêm texto e número, o MS Excel entende que se trata de uma lista e incrementa automaticamente o número mais à esquerda.

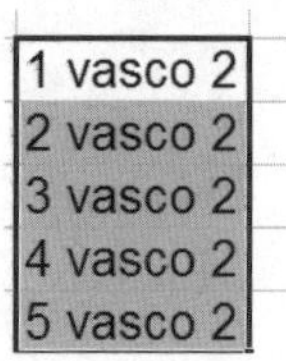

Mais um exemplo:

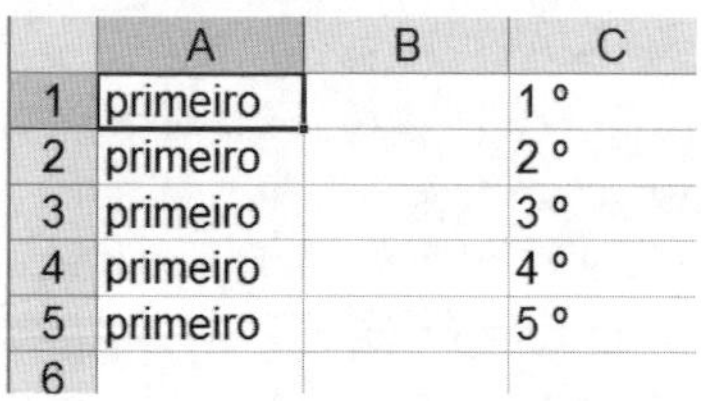

“Primeiro” não foi incrementado porque não faz parte de nenhuma lista do MS Excel, mas “1 º” funcionou, por que tem texto e número juntos na mesma célula!!!

Vamos então às listas personalizadas predefinidas do MS Excel:

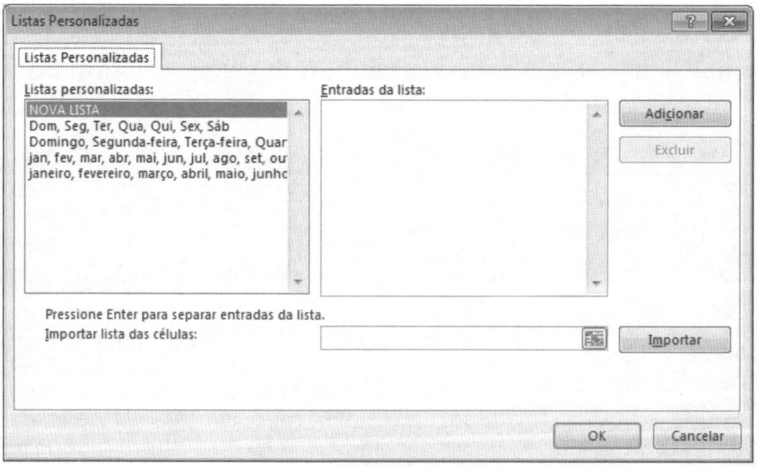

Só existem 4 listas, duas referentes aos dias de semana e duas correspondentes aos meses, sendo uma de cada abreviada e por extenso, respectivamente.

Quando utilizamos o arrasto através da alça de preenchimento, com um destes valores, eles são incrementados de acordo com a lista.

Agora verifique por que no caso abaixo não funcionou:

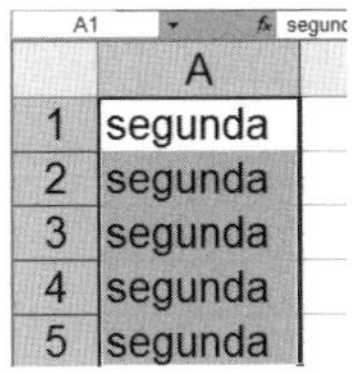

Essa é uma grande pegadinha!!! Note, "segunda" não existe por padrão na lista personalizada, existe "segunda-feira". A ausência da "feira" faz com que a cópia não incremente os valores da lista.

OBS: Cuidado que "sábado" e "domingo" não têm feira... ☺

Cabe ressaltar que o usuário pode criar novas listas personalizadas ou manipular as já existentes através da guia Arquivo, comando OPÇÕES no item Avançado.

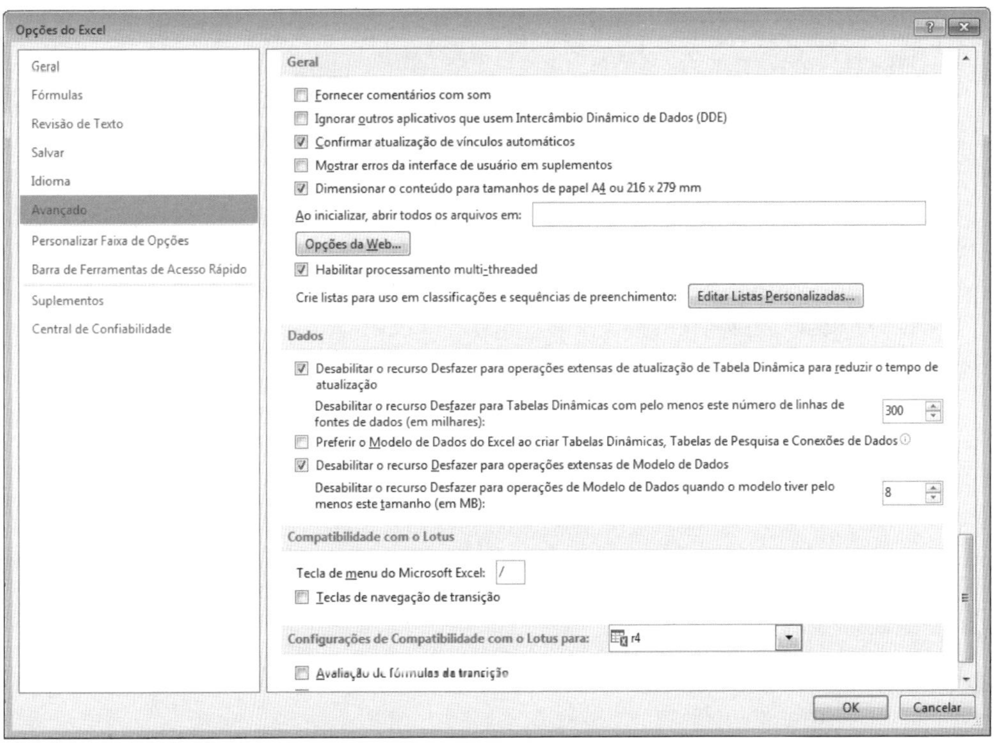

Exercício

Técnico – TRE CE – FCC

As células B1 e C1 de uma planilha Excel contendo, respectivamente "Jan" e "Abr", quando arrastadas pela alça de preenchimento para as células D1, E1 e F1, estas últimas ficarão, respectivamente, com os conteúdos. Resposta 19

a) Jan, Abr e Jan.

b) Jan, Abr e Jul.

c) Fev, Mai e Ago.

d) Mar, Jun e Set.

e) Jul, Out e Jan.

7.11.2. Listas com Datas

As datas são incrementadas durante o arrasto pela alça de seleção, por dia, ou no caso da ausência do dia, por mês.

	A	B	C
1	1/4/2007		abr/07
2	2/4/2007		mai/07
3	3/4/2007		jun/07
4	4/4/2007		jul/07
5	5/4/2007		ago/07

Exercício

TRF – ESAF

Um usuário do MS Excel, ao trabalhar com uma planilha inicialmente sem nenhum dado, preencheu as células D1 a D12 com o número 1. Em seguida preencheu a célula E1 com jan/98 e a célula F1 com fev/98. Continuando seu trabalho, selecionou a célula F1 e deu um clique duplo sobre o pequeno quadrado que surgiu no canto inferior direito da célula selecionada. Em seguida selecionou a célula E1 e repetiu o mesmo procedimento que havia executado para a célula F1. Após essa sequência de ações, os valores contidos nas células E12 e F12 eram: Resposta 20

a) Dez/98 para a célula E12 e Jan/99 para a célula F12.

b) "em branco" para ambas as células

c) Jan/98 para a célula E12 e Fev/98 para a célula F12

d) Dez/98 para a célula E12 e "em branco" para a célula F12

e) Nov/99 para a célula E12 e Dez/99 para a célula F12

Resposta 19 – Letra E!
Resposta 20 – Letra A!

7.11.3. Referências de Outra Planilha ou Outra Pasta (Importação)

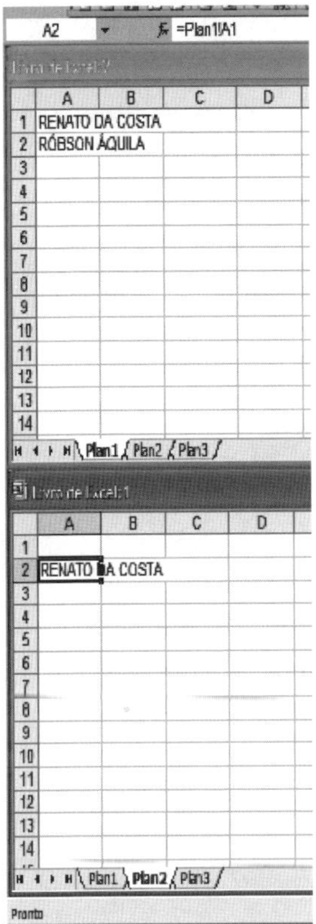

Para fazer referência a uma célula de outra planilha do mesmo arquivo, basta utilizar a sintaxe:

=planilha!célula

Na janela anterior foram dispostas lado a lado duas planilhas do arquivo "Livro de Excel", observe que na planilha plan2 está aparecendo o valor da célula A1 da planilha plan1. Para isso foi digitado =plan1!a1, conforme exibido na barra de fórmulas.

Vejamos como obter dados de outras pastas de trabalho:

Se o dado desejado estiver em outro arquivo que esteja aberto, ou faça parte do mesmo diretório do arquivo atual, a sintaxe muda só um pouquinho:

=[pasta]planilha!célula

Se a pasta estiver em um arquivo que não está aberto e pertença a outro diretório, é necessário especificar o caminho da origem, utilizando a seguinte sintaxe:

='unidade:\diretório\[arquivo.xls]planilha'!célula

Exercícios

SECRETARIA DE ESTADO DA FAZENDA – AAFE – NCE

Com relação à equação (fórmula) do Microsoft Excel mostrada na linha a seguir, é correto afirmar que: [Resposta 21]

=[Pasta2]Plan3!B4

a) os colchetes indicam algum tipo de erro de referência;

b) ela faz referência a uma célula localizada em um arquivo chamado Pasta2, em uma planilha chamada Plan3. O endereço da célula é coluna B e linha 4;

c) ela faz referência a uma célula localizada em um arquivo chamado Pasta2, em uma planilha chamada Plan3. O endereço da célula é linha B e coluna 4;

d) ela faz referência a uma célula localizada em uma planilha chamada Pasta2, em um arquivo chamado Plan3. O endereço da célula é coluna B e linha 4;

e) a exclamação indica algum tipo de erro de referência.

Resposta 21 – Letra B!

Analista – TRE CE – FCC

Na planilha eletrônica Excel, uma "Planilha1" da "Pasta2" tem um conteúdo na célula C3 que, se referenciado na "Planilha2" da "Pasta1", será usada a referência Resposta 22

a) =[C3}Planilha1!Pasta2

b) =[Planilha1]Pasta2!C3

c) =[Planilha2]Pasta1!C3

d) =[Pasta1]Planilha2!C3

e) =[Pasta2]Planilha1!C3

IDAF/ES – SUPORTE ADMINISTRATIVO – NCE

O conteúdo de uma célula no MS Excel 2000 é mostrado a seguir: Resposta 23

=[P2.xls]Q1!$A$1+'C:\[P3.xls]Q3'!$A$1

Observe agora as seguintes afirmativas referentes a esta fórmula:

i. A pasta de trabalho P2 encontra-se aberta e a pasta de trabalho P3 fechada.

ii. A pasta de trabalho P3 encontra-se aberta e a pasta de trabalho P2 fechada.

iii. Um dos termos da soma é a célula A1 da planilha Q1 da pasta P2.

iv. Um dos termos da soma é a célula A1 da planilha P3 da pasta Q3.

v. Se esta fórmula for copiada (Ctrl+C) e colada (Ctrl+V) em outra célula qualquer da planilha, o conteúdo desta célula será diferente do conteúdo da célula de origem.

O número de afirmativas corretas é:

a) 0

b) 1

c) 2

d) 3

e) 4

7.12. Funções

Uma função é um instrumento (programa) que tem como objetivo retornar um valor, uma informação, dentro de uma planilha.

A chamada de uma função é feita através da citação do seu nome seguido obrigatoriamente por um par de parênteses, que opcionalmente contém argumento inicial (parâmetro).

As funções podem ser predefinidas ou criadas pelo programador de acordo com o seu interesse.

O MS Excel apresenta mais de 220 funções predefinidas.

Resposta 22 – Letra E!

Resposta 23 – Letra C, **i = V; ii = F; iii = V; iv = F; v = F.**

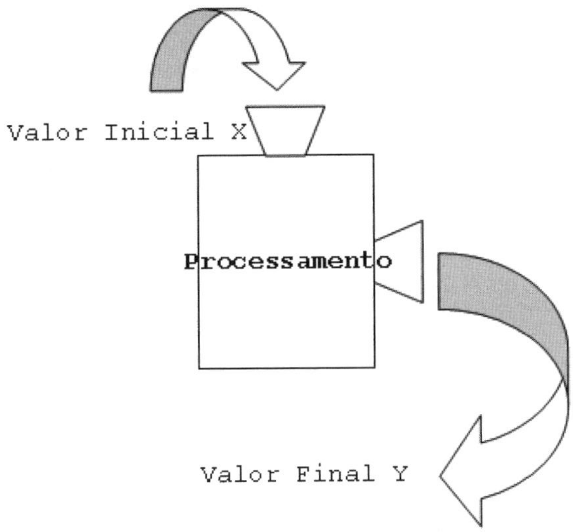

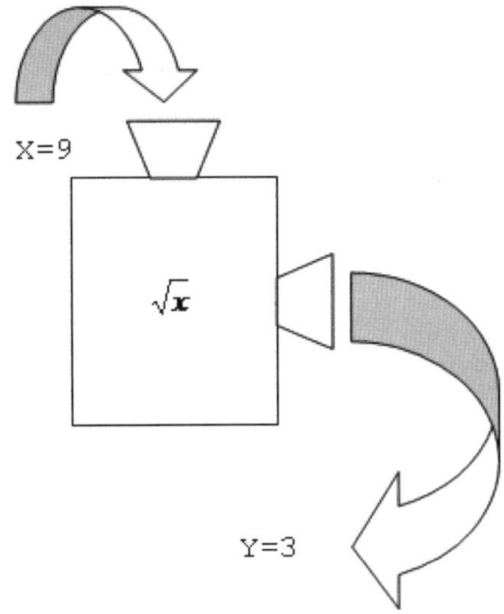

Podemos ter uma função sem parênteses?
R: Não!

Podemos ter uma função sem argumento dentro dos parênteses?
R: Sim! Exemplos: Aleatório(); Agora(); Pi(), entre outras...

Sintaxe de uma função: =nomedafunção(argumento)

As funções devem ser precedidas pelo sinal de igualdade "=", podendo também começar com os sinais de arroba "@, + ou -".

O arroba "@" é permitido apenas diante de funções, esta compatibilidade se dá por ser uma sintaxe do Lotus 123 (planilha eletrônica utilizada na década de 90 desenvolvida para o sistema operacional MS DOS que precedeu o MS Excel), logo, o MS Excel automaticamente entende e corrige a sintaxe convertendo o "@" em "=".

OBS: Nas provas, o caractere padrão é sem dúvida o sinal de igualdade "=", porém, o @ pode aparecer apenas como uma pegadinha.

Exercícios

CESGRANRIO

No Excel as fórmulas devem iniciar com o sinal: Resposta 24

a) =
b) #
c) $
d) &
e) @

Resposta 24 – Letra A, por mais que haja o @ na letra E este tipo de questao objetiva requer a resposta padrão, sinal de igual, adotado por toda literatura de MS Excel.

ABIN – CESPE

No Excel, os sinais de @ (arroba), + (soma), – (subtração) e = (igual) indicam ao programa o início de uma fórmula. [Resposta 25]

( ) CERTO ( ) ERRADO

A passagem dos argumentos para a função pode ser feita por valor, constante, ou por referência de célula.

	A	B	C
1		=RAIZ(9)	POR VALOR - 9
2	9	=RAIZ(A2)	POR REFERÊNCIA - A2
3			

Quando uma função contém como argumento outra função dizemos que se trata de uma fórmula com FUNÇÕES ANINHADAS.

Exemplo: =RAIZ(RAIZ(81)) → 3

No exemplo acima temos a raiz quadrada da raiz quadrada de 81, resolvendo a mais interna chegamos à raiz quadrada de nove que resulta em 3.

Só podem ser aninhados até sete níveis de funções em uma fórmula.

Exercício

TRE – MS – FCC

No MS Excel, a fórmula

=se(média(f5:f10)>50;soma(g5:g10);0)

É uma função: [Resposta 26]

a) aninhada, onde cada função independe da outra.
b) aninhada, onde uma das funções utiliza a outra como argumento.
c) simples de arredondamento, onde uma das funções utiliza a outra como argumento.
d) simples de arredondamento, onde cada função independe da outra.
e) aninhada e de arredondamento, onde uma das funções independe da outra.

Para inserirmos uma função podemos:

- simplesmente digitar a sua sintaxe correta em qualquer célula;
- utilizar a guia FÓRMULAS, grupo Biblioteca de Funções:

Resposta 25 – Certo! As fórmulas podem ser iniciadas pelos sinais de =, @, + e – .

Resposta 26 – Letra B!

- o atalho SHIFT+F3;
- ou ainda o botão *fx* contido na barra de fórmulas.

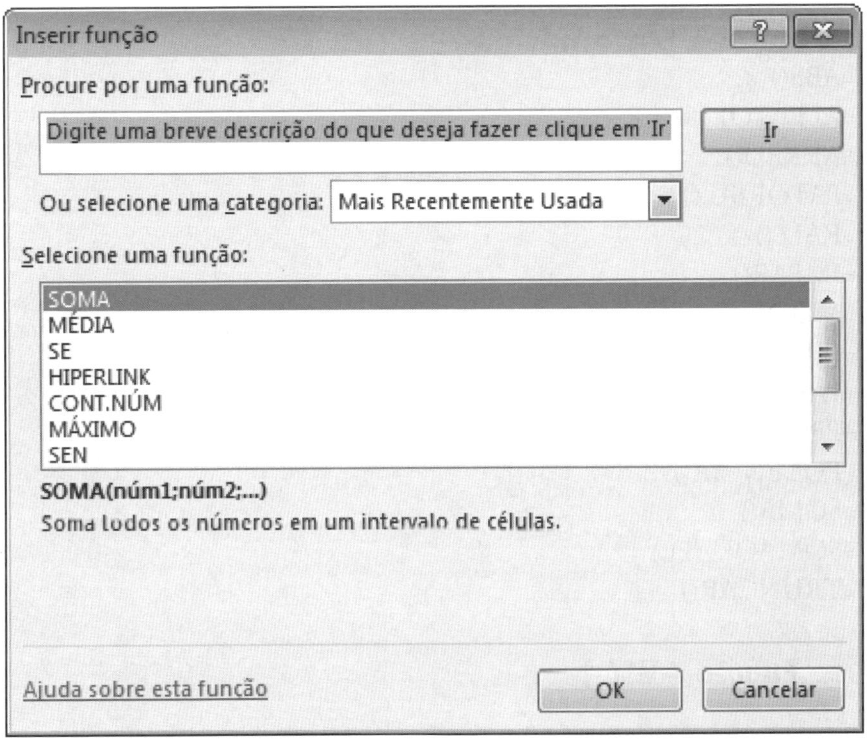

Na janela "Inserir Função", podemos procurar uma função pelo seu nome, descrição do objetivo ou categoria.

Iremos nos limitar adiante a estudar as principais funções para os concursos públicos, haja vista que o aplicativo em questão possui mais de 200 funções e a relação custo-benefício não justifica estudar todas elas.

Para revisarmos conceitos:

Exercício

ISS NITEROI – FISCAL DE POSTURAS – FGV

Uma fórmula do MS Excel 2010 pode conter funções, operadores, referências e/ou constantes, conforme ilustrado na fórmula a seguir. [Resposta 27]

=PI()*A2^2

Sobre a fórmula do MS Excel ilustrada, é correto afirmar que:

(A) PI() é um operador que retorna o valor de pi: 3,142...;

(B) A2 é uma referência que retorna o valor da célula A2;

Resposta 27 – Letra B. PI() é uma função e não um operador, referências são endereços de células mas para serem absolutas implicam o uso do $, que inexiste na fórmula, o * e o ^ embora representem respectivamente a multiplicação e a exponenciação, são operadores e não funções.

(C) referências absolutas são números inseridos diretamente em uma fórmula como, por exemplo, o 2;
(D) a função ^ (circunflexo) eleva um número a uma potência;
(E) a função * (asterisco) multiplica números.

7.13. Funções Matemáticas

- =ABS()
- =ALEATORIO()
- =ARRED()
- =FATORIAL()
- =RAIZ()
- =IMPAR()
- =MOD()
- =MULT()
- =PAR()
- =PI()
- =POTENCIA()
- =SOMA()
- =SOMAQUAD()
- =TRUNCAR()

7.13.1. Função ABS( )

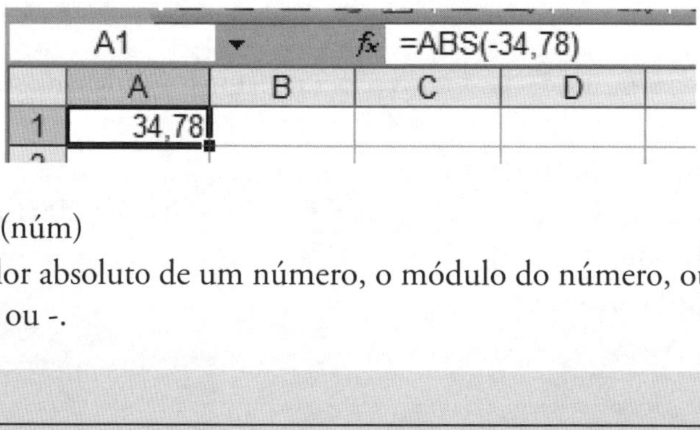

Sintaxe: =abs(núm)

Retorna o valor absoluto de um número, o módulo do número, ou seja, o número sem o sinal de + ou -.

Exercício

IDAF/ES – SUPORTE ADMINISTRATIVO – NCE – 2006 (fragmento/item) Resposta 28

iii. O valor de ABS(-8752) e ABS(8752) é o mesmo.

7.13.2. Função Aleatório( )

Sintaxe: =aleatório()

Retorna um número maior ou igual a zero e menor do que 1 (modificado quando recalculado), distribuído uniformemente.

Resposta 28 – Certo!

Função sem argumentos e que apresenta resultado volátil.

> **Exercício**
>
> **IDAF/ES – SUPORTE ADMINISTRATIVO – NCE – 2006 (fragmento/item)** Resposta 29
>
> i. A cada modificação na planilha, o resultado da função ALEATÓRIO é alterado.

7.13.3. Função Arred( )

Sintaxe: = arred(núm;núm_dígitos)

Arredonda um número até uma quantidade específica de dígitos.

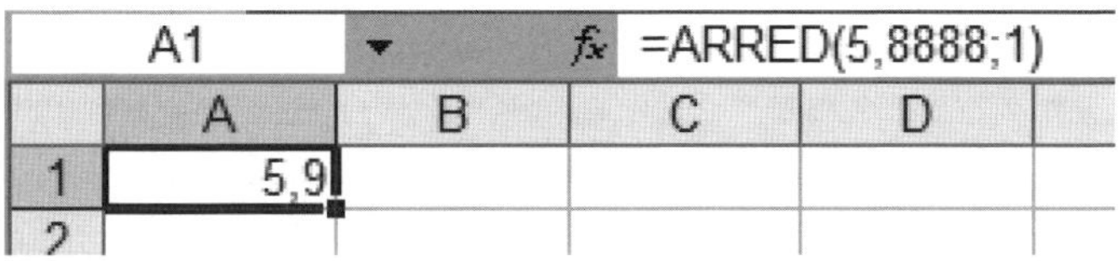

No exemplo acima, o número 5,888 foi arredondado com 1 dígito decimal, sendo exibido como 5,9.

O arredondamento é simples e segue o seguinte critério:

Pega-se o dígito contido na posição que será preservada e se verifica o primeiro dígito consecutivo; se ele for maior ou igual a 5, arredonda para cima, e, se o número for menor que 5, arredonda para baixo.

=arred(7,149;1) terá como resultado 7,1.

=arred(7,1500;1) terá como resultado 7,2

Base decimal (o 5 não está no meio!!!)	
9	
8	
7	METADE DE CIMA ARREDONDA PARA CIMA
6	
5	
4	
3	
2	METADE DE BAIXO ARREDONDA PARA BAIXO
1	
0	

Resposta 29 – Certo!

> Exercício
>
> **IDAF/ES – SUPORTE ADMINISTRATIVO – NCE – 2006** Resposta 30
>
> iv. O valor de ARREDONDAR.PARA.BAIXO(5,5;1) é 5.

Função análoga (sintaxe similar) e sugestiva, arredondando 5,5 com uma casa decimal, mantém-se o resultado 5,5 (para baixo).

7.13.3.1. Função Fatorial( )

Retorna o fatorial de um número.

Sintaxe: =fatorial(núm)

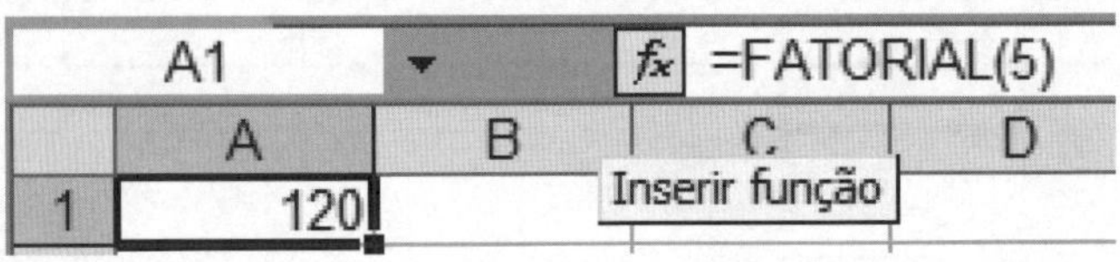

Exemplo: =fatorial(5) → 5 * 4 * 3 * 2 * 1 = 120

7.13.4. Função Raiz( )

Retorna a raiz quadrada de um número

Sintaxe: =raiz(núm)

B11 — =RAIZ(A11)

	A	B
1	QUADRADOS PERFEITOS	RAIZ QUADRADA
2	1	1
3	4	2
4	9	3
5	16	4
6	25	5
7	36	6
8	49	7
9	64	8
10	81	9
11	100	10
12		

Resposta 30 – Errada!

7.13.5. Função Ímpar( )

Arredonda um número positivo para cima e um número negativo para baixo até o número ímpar inteiro mais próximo.

Sintaxe: =ímpar(núm)

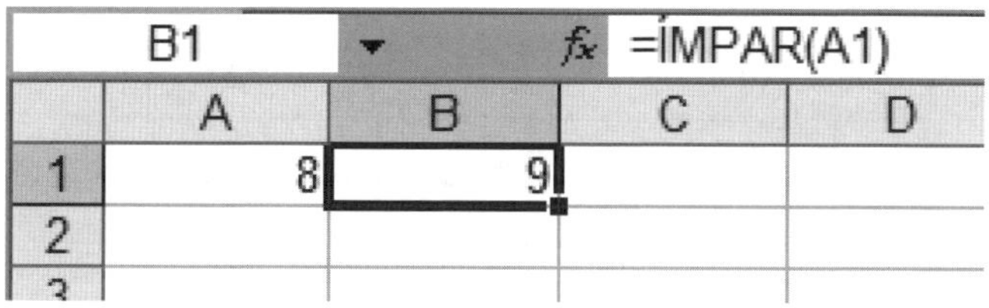

7.13.6. Função Mod( )

Retorna o resto da divisão entre 2 números inteiros.

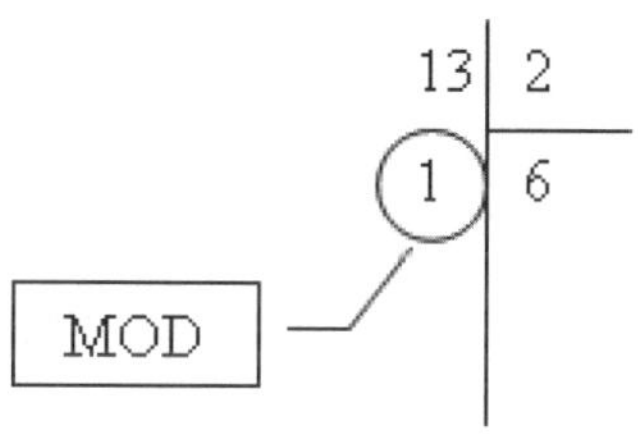

Sintaxe: =mod(núm;divisor)

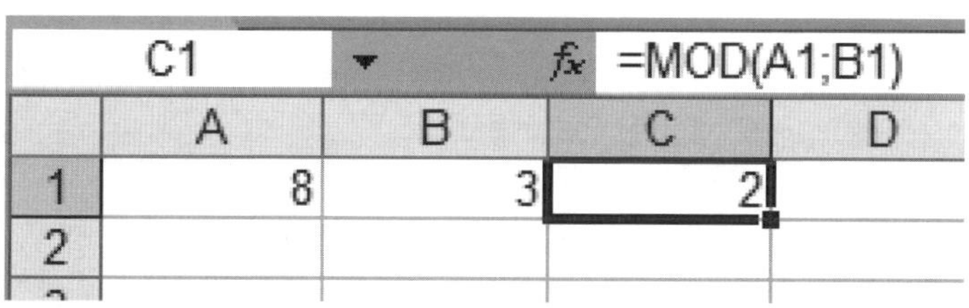

7.13.7. Função Mult( )

Multiplica todos os números dados como argumentos.

Sintaxe: =mult(núm1;núm2;númN)

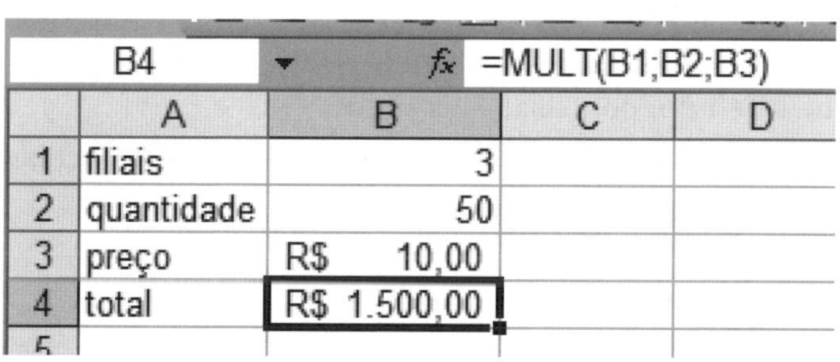

7.13.8. Função Par( )

Arredonda um número positivo para cima e um número negativo para baixo até o número par inteiro mais próximo.

Sintaxe: =par(núm)

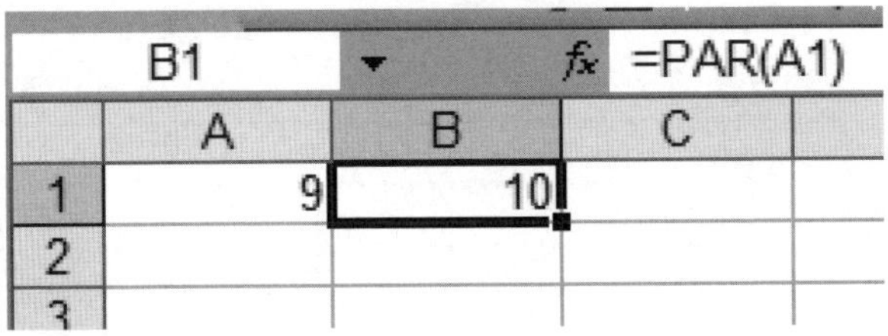

7.13.9. Função PI( )

Retorna o valor de PI.

Sintaxe: =pi()

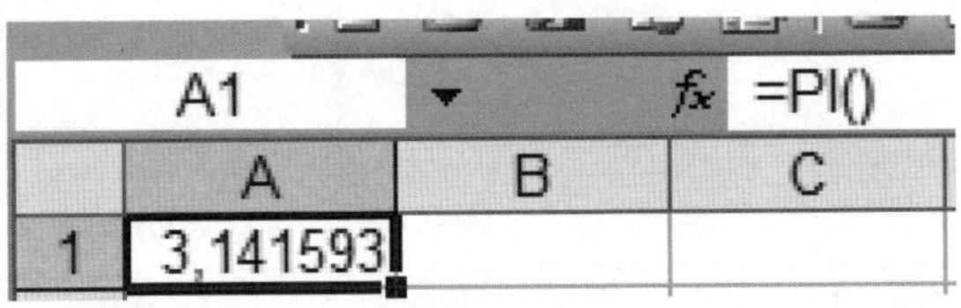

Exercício

IBFC – FUNDAÇÃO HEMOMINAS – AUXILIAR ADMINISTRATIVO

Questão 110

Se tivermos na célula A2 o valor 1, obteremos na fórmula =PI()*A2+3^2 o seguinte valor: [Resposta 31]

a) 37,719 ...
b) 31,415 ...
c) 12,141 ...
d) 50,265 ...

7.13.10. Função Potência()

Retorna o resultado de um número elevado a uma potência.

Sintaxe: =potência(núm;potência)

Não é uma função muito usada, devido ao fato de existir operador matemático equivalente (^).

Resposta 31 – Letra C!

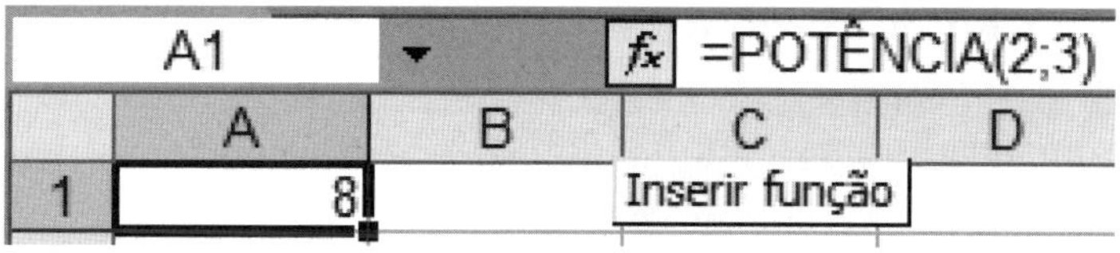

A1 | fx =POTÊNCIA(2;3)

	A	B	C	D
1	8		Inserir função	

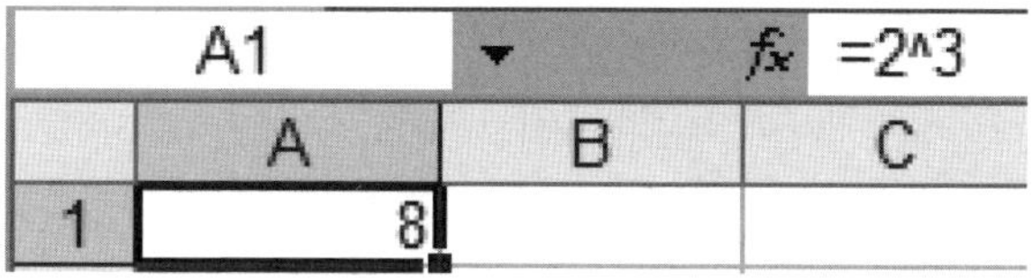

A1 | fx =2^3

	A	B	C
1	8		

7.13.11. Função Soma( )

Esta é sem dúvida a função mais cobrada nos concursos públicos.

Soma todos os números em um intervalo de células.

Sintaxe: =soma(núm1; núm2; númN)

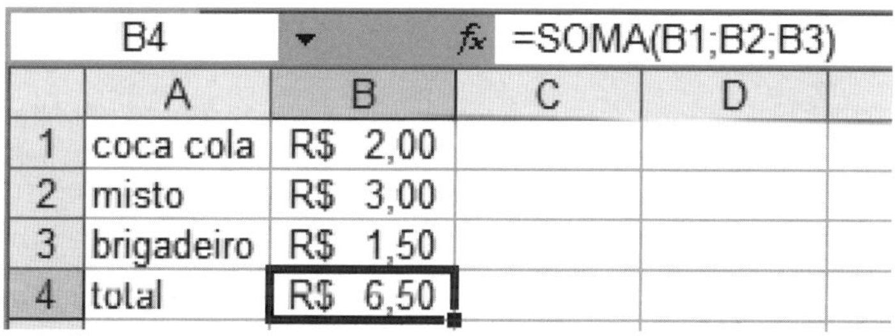

B4 | fx =SOMA(B1;B2;B3)

	A	B	C	D
1	coca cola	R$ 2,00		
2	misto	R$ 3,00		
3	brigadeiro	R$ 1,50		
4	total	R$ 6,50		

Note que o operador de referência ";" (ponto e vírgula) é utilizado para enumerar os itens a serem somados, mas, imagine se tivesse 20 itens, 200...

; – E

Existe um operador de referência ":" (dois pontos) usado para interpretar um intervalo de células.

: – ATÉ

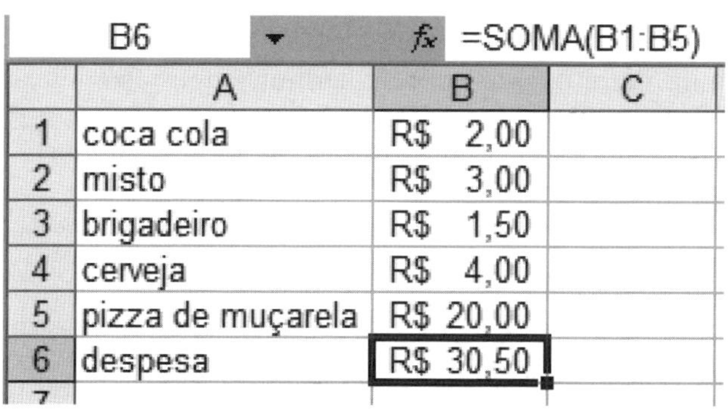

B6 | fx =SOMA(B1:B5)

	A	B	C
1	coca cola	R$ 2,00	
2	misto	R$ 3,00	
3	brigadeiro	R$ 1,50	
4	cerveja	R$ 4,00	
5	pizza de muçarela	R$ 20,00	
6	despesa	R$ 30,50	

Falaremos um pouco mais sobre a representação de Intervalos no item 7.14.

7.13.12. Função Somaquad( )

Retorna a soma dos quadrados dos argumentos.

Sintaxe: =somaquad(núm1, núm2, númN)

Exercício

CEFET – CESGRANRIO – ASSISTENTE ADMINISTRATIVO

Considere que a fórmula =SOMAQUAD(A1:A4) foi inserida na célula A5 do trecho de planilha CALC transcrito abaixo. Resposta 32

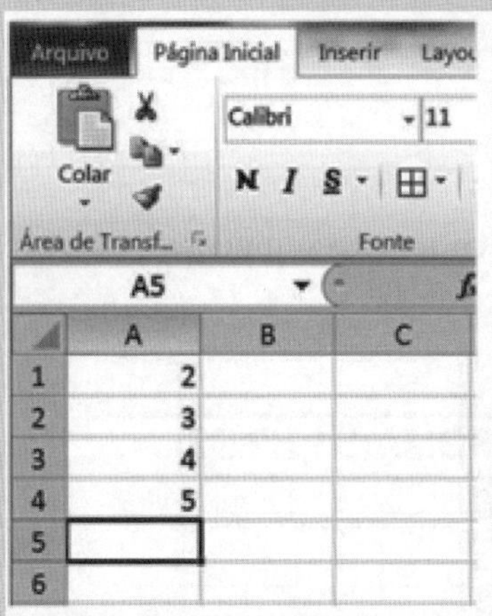

O resultado obtido na célula A5 será

a) 14
b) 29
c) 49
d) 54
e) 196

7.13.13. Função Truncar( )

Sintaxe: =truncar(núm;núm_dígitos)

Trunca um número até um número inteiro, removendo a parte decimal ou fracionária de um número. Não arredonda nenhum dígito, só descarta, ignora.

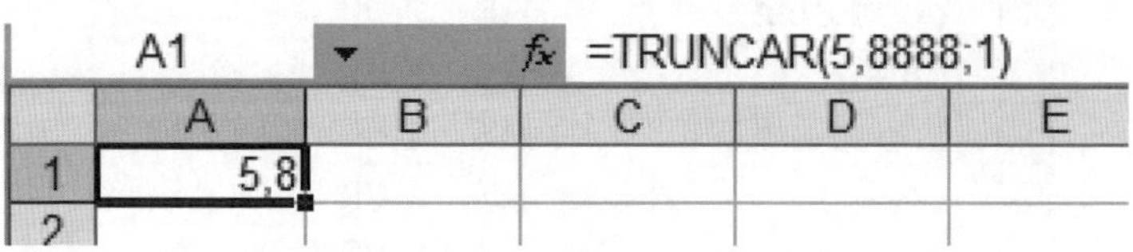

=truncar(7,149;1) terá como resultado 7,1.

=truncar(7,1500;1) terá como resultado 7,1.

Resposta 32 – Soma dos quadrados, logo: 4+9+16+25 que resulta em 54, letra D!

7.14. Intervalos de Células

Tamanha a importância de se compreender os intervalos que decidi dedicar um capítulo ao assunto.

Como visto anteriormente, um intervalo é um conjunto de células adjacentes, representado pelo operador de referência ":" (dois pontos).

Observe os intervalos a seguir:

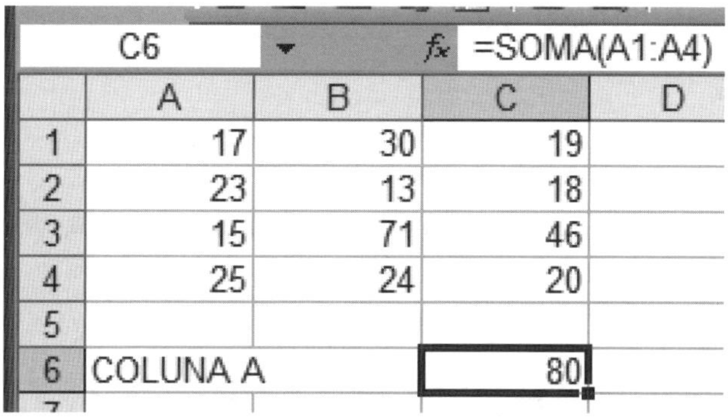

C6 fx =SOMA(A1:A4)

	A	B	C	D
1	17	30	19	
2	23	13	18	
3	15	71	46	
4	25	24	20	
5				
6	COLUNA A		80	

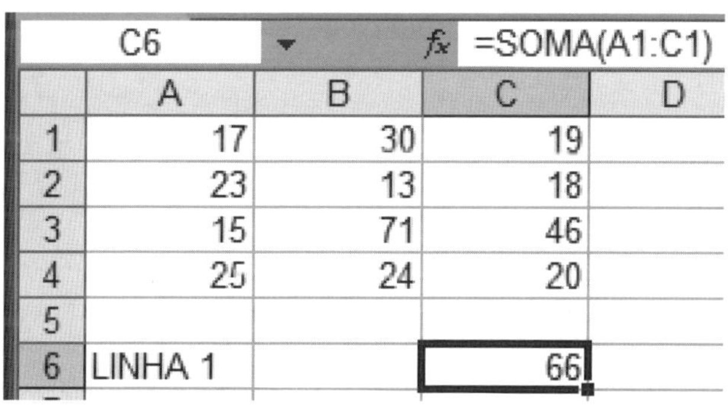

C6 fx =SOMA(A1:C1)

	A	B	C	D
1	17	30	19	
2	23	13	18	
3	15	71	46	
4	25	24	20	
5				
6	LINHA 1		66	

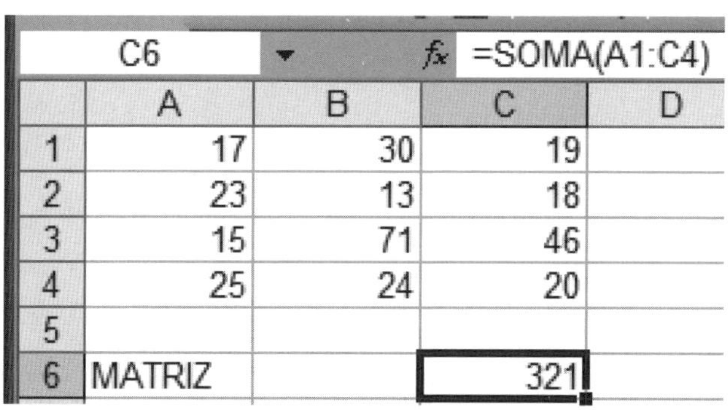

C6 fx =SOMA(A1:C4)

	A	B	C	D
1	17	30	19	
2	23	13	18	
3	15	71	46	
4	25	24	20	
5				
6	MATRIZ		321	

Podemos selecionar vários intervalos mesclando a utilização dos operadores ":" e";". Observe:

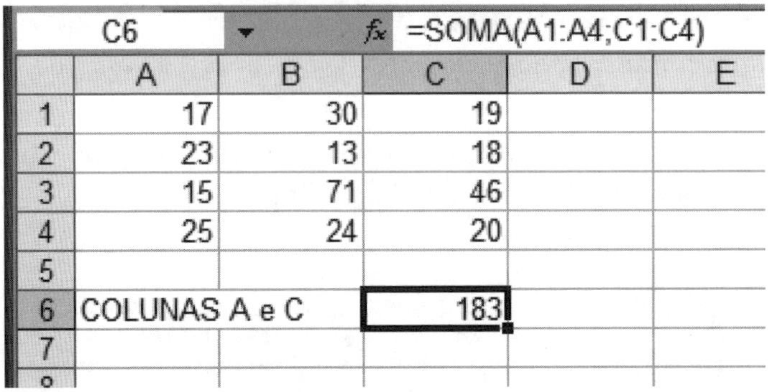

7.14.1. Nomeando e representando Intervalos de células

Podemos ainda dar nomes a um intervalo. Para isto basta selecionar o intervalo e digitar o nome desejado na CAIXA NOME, ou utilizar a guia INSERIR, comando NOME.

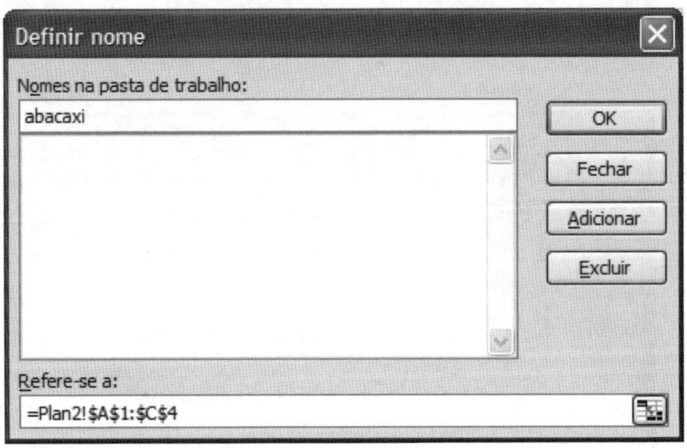

Observe o nome da seleção na CAIXA NOME.

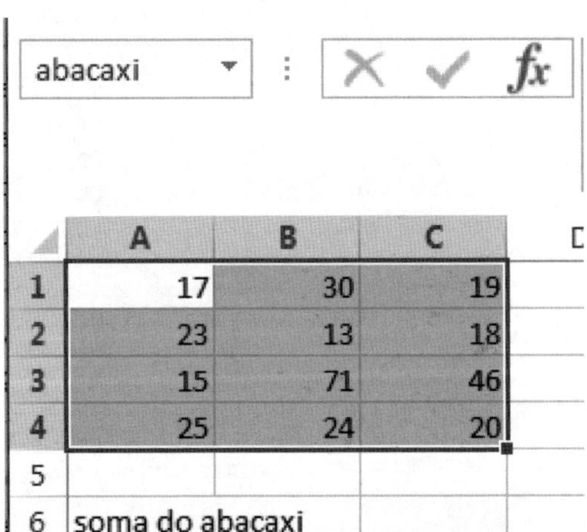

Observe agora a utilização de uma função tendo como argumento um nome de intervalo.

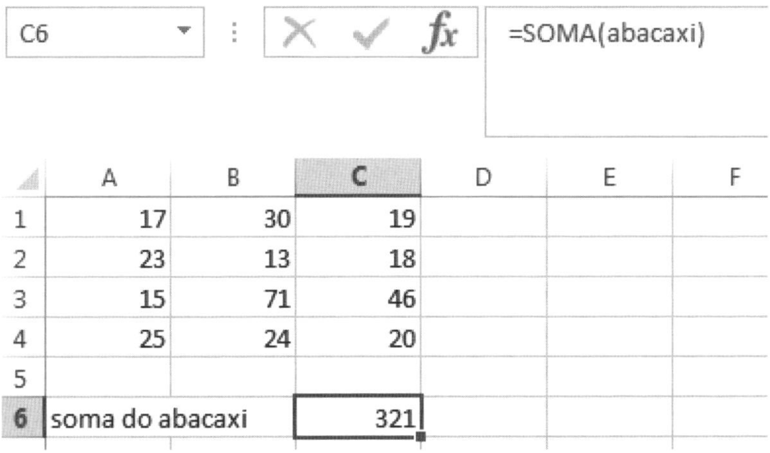

Exercícios

ARQUIVO NACIONAL – NCE

As duas figuras a seguir foram extraídas do MS-Excel em português:

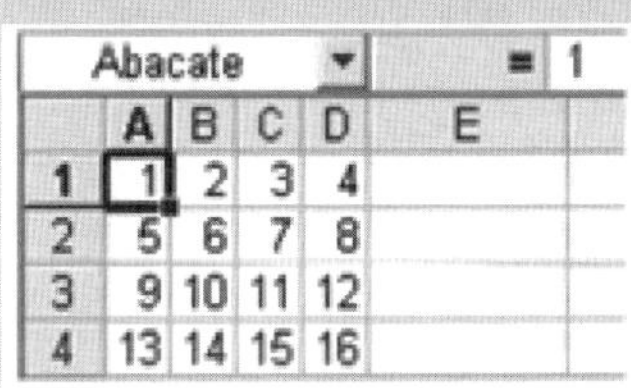

A expressão "=soma(Abacate; Abacaxi)" (sem as aspas) terá como resultado: [Resposta 33]

a) 17
b) 34
c) 46
d) 73
e) 136

Resposta 33 – Letra A, de acordo com as imagens abacate vale 1 e abacaxi vale 16, somados resultam em 17.

TECNICO SECRETARIADO – GOVERNO DO MS – NCE

Observe o trecho de uma planilha MS-Excel 2000 na figura a seguir onde a opção "Exibir Fórmulas" foi habilitada. Se o conteúdo da célula C1 for copiado (Ctrl+C) para a célula C4 (Ctrl+V) o valor da célula C4 será: Resposta 34

Base = 8

	A	B	C
1	8	3	=B1+Base
2	7	6	
3	5	5	
4	2	2	

a) #NOME?
b) 4
c) 10
d) 11
e) 38

Uma pegadinha do NCE em 2007 recordou a compatibilidade com o já citado Lotus 123, que representava o intervalo em sua sintaxe com o uso de "..".

Observe a questão a seguir:

Exercício

PREFEITURA DE MESQUITA – NCE

Suponha que a célula C2 de uma planilha MS Excel está selecionada quando o usuário inicia a digitação de uma fórmula que produza a soma das células A1, A2, A3 e B5.

A alternativa de fórmula que estaria correta para essa hipótese é: Resposta 35

a) =A$1..3 + B$5
b) = soma(A1 + 2) + soma(B5 + 0)
c) = soma(A1..B5)
d) =soma(A1..A3) + $B$5
e) =soma(A1,A2, A3, B5)

Resposta 34 – Letra C! Intervalos nomeados não são incrementados nem decrementados quando se realiza a cópia. Questão muito interessante do NCE.

Resposta 35 – Letra D!

Exercício

GM NITEROI – COSEAC – UFF-RJ

No MS Excel 2007, considere que existam valores não nulos do tipo numérico nas células B1, B2, B3, B4 e B5. Nesse caso, a função SOMA (B1:B5) equivale à função: [Resposta 36]

a) SOMA (B1&B5)

b) SOMA (B1#B5)

c) SOMA (B1;B5)

d) SOMA (B1...B5)

e) SOMA (B1@B5)

Ao pressionar Enter, o ".." ou "..." é automaticamente corrigido para o sinal de ":", representando um intervalo (até).

7.14.2. Intervalos de Linhas ou Colunas

Embora seja uma representação atípica, já foi assunto de prova.

Podemos representar intervalos especificando somente o número das linhas ou a letra das colunas.

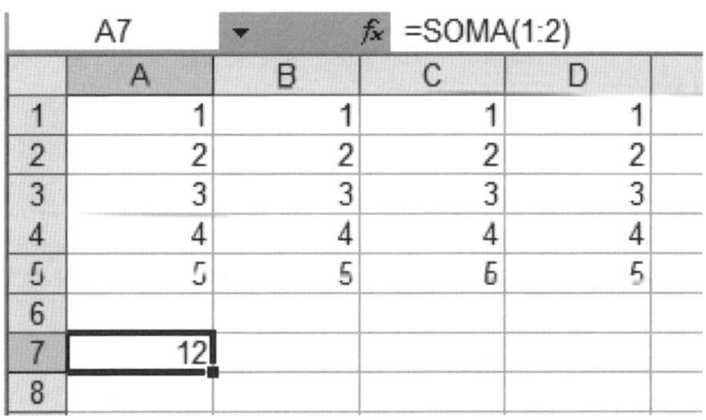

A7 =SOMA(1:2)

	A	B	C	D
1	1	1	1	1
2	2	2	2	2
3	3	3	3	3
4	4	4	4	4
5	5	5	5	5
6				
7	12			
8				

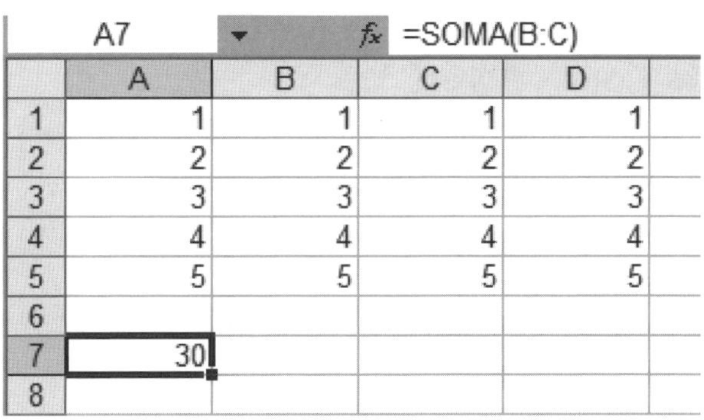

A7 =SOMA(B:C)

	A	B	C	D
1	1	1	1	1
2	2	2	2	2
3	3	3	3	3
4	4	4	4	4
5	5	5	5	5
6				
7	30			
8				

Resposta 36 – Letra D! 1, 2, 3, quantos pontos forem utilizados o MS Excel entende como um intervalo ":".

Exercício

Técnico – TRE AM – FCC

A referência 15:20 utilizada em planilha MS Excel 2000 identifica todas as células [Resposta 37]

a) entre as colunas 15 até 20, inclusive.

b) entre as linhas 15 até 20, inclusive.

c) das colunas 15 e 20.

d) das linhas 15 e 20.

e) da linha 15 e da coluna 20.

7.15. Funções Estatísticas

- =CONT.NÚM()
- =CONT.VALORES()
- =CONTAR.VAZIO()
- =CONT.SE()
- =SOMASE()* ← Esta é da categoria de funções Matemáticas e Trigonométricas
- =MÉDIA()
- =MED()
- =MODO()
- =MÍNIMO()
- =MÁXIMO()
- =MENOR()
- =MAIOR()

7.15.1. Função Cont.núm( )

Conta quantas células dentro de um intervalo têm como conteúdo um número.

Sintaxe: =cont.num(valor1; valor2; valorN)

7.15.2. Função Cont.valores( )

Conta quantas células dentro de um intervalo não estão vazias, ou seja, possuem algum valor, independente do tipo de dado.

Sintaxe: =cont.valores(valor1; valor2; valorN)

Resposta 37 – Letra B!

* Embora a função somase() seja da categoria *Matemática e Trigonométrica*, de acordo com a classificação do MS Excel, decidi introduzi-la logo após a função cont.se() devido a sua semelhança sintática.

Exercício

IBFC – CÂMARA DE FRANCA/SP – ADVOGADO

Se membros de sua equipe digitam horas trabalhadas em uma planilha do EXCEL, seria necessário contar as células não vazias para saber quantos membros da equipe já preencheram esta planilha. Para isso, você deveria usar a função: [Resposta 38]

a) FREQUÊNCIA

b) MÁXIMO

c) CONTAR.VAZIO

d) CONT.VALORES

7.15.3. Função Contar.vazio( )

Conta quantas células dentro de um intervalo estão vazias.

Sintaxe: =contar.vazio (intervalo)

7.15.4. Função Cont.Se( )

Conta quantas células dentro de um intervalo satisfazem a um critério ou condição. Ignora as células em branco durante a contagem.

Sintaxe: =cont.se(intervalo;"critério")

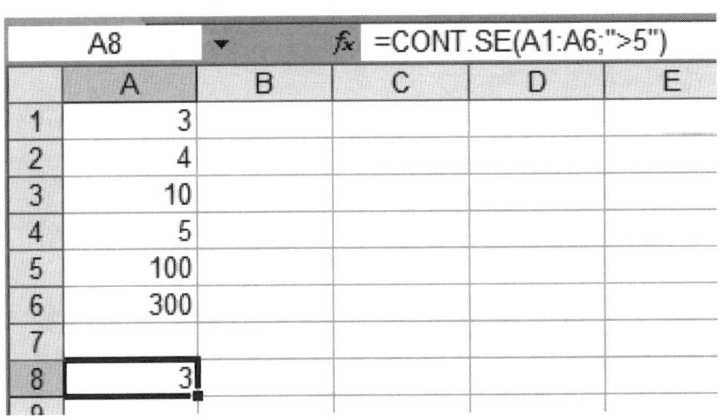

Na figura acima, observe a sintaxe =CONT.SE(A1:A6;">5"), podemos traduzir tal comando da seguinte maneira: CONTE no intervalo de A1 até A6 SE maior que 5. O resultado foi 3, porque 10, 100 e 300 são maiores que 5.

Resposta 38 – Observe, contar células NÃO VAZIAS, logo a resposta é letra D!

Exercício

IBFC FUNDAÇÃO HEMOMINAS ADMINISTRADOR

Identifique a alternativa abaixo que preencha os espaços em branco da função do Microsoft Excel com a sintaxe correta:

CONT.SE(________;________) Resposta 39

a) Critérios – intervalo.

b) Intervalo – parágrafo.

c) Intervalo – critérios.

d) Critérios – texto.

7.15.5. Função Somase( )

A função somase(), como o nome sugere, soma, acumula, os valores de um intervalo que atendam a determinado critério ou condição.

Sintaxe: =somase(intervalo;"critério")

Observe o exemplo a seguir.

A8 fx =SOMASE(A1:A6;">5")

	A	B	C	D	E
1	3				
2	4				
3	10				
4	5				
5	100				
6	300				
7					
8	410				

A célula A8 somou os valores maiores que 5 do intervalo A1:A6.

Sintaxe: =somase(intervalo;"critério";intervalosoma)

F3 fx =SOMASE(A2:A9;"Ricardinho";B2:B9)

	A	B	C	D	E	F
1	Vendas	Valor			Total por vendedor	
2	Ricardinho	R$ 1.000,00				
3	Cocoy	R$ 345,00			Ricardinho	4097
4	Bruno BPM	R$ 5.000,00				
5	Alexandre Bomba	R$ 678,00				
6	Ricardinho	R$ 2.597,00				
7	Cocoy	R$ 670,00				
8	Bruno BPM	R$ 455,00				
9	Ricardinho	R$ 500,00				

Resposta 39 – Letra C!

7.16. Operadores de Relação de Ordem (COMPARAÇÃO)

- > maior que
- < menor que
- = igual
- >= maior ou igual
- <= menor ou igual
- <> diferente

7.16.1. Função Média( )

A função média calcula a média aritmética dos argumentos fornecidos.

Entendeu??? Tudo bem, se você não lembrar o conceito da média, aí vai:

A média é calculada determinando-se a soma dos valores de um conjunto e dividindo-se esta soma pelo número de valores no conjunto.

Sintaxe: =média(núm1;númN)

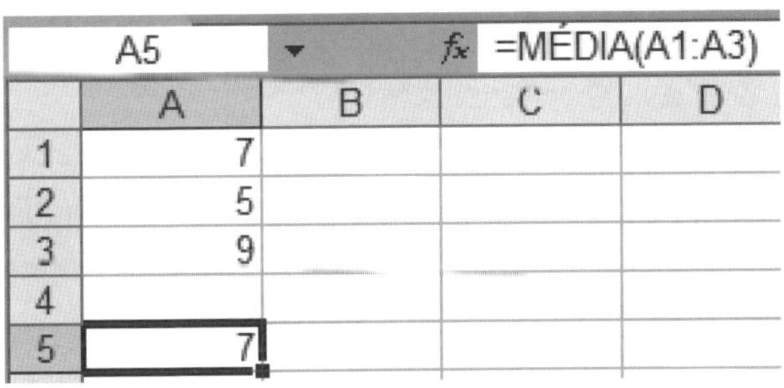

Exercício

CESGRANRIO

Em uma planilha do **Excel** as células apresentam os seguintes valores: A1 = 2, A2 = 5, B1 = 3 e B2 = -2. O valor que a célula C1 exibirá se contiver a fórmula =MÉDIA(A1:B2)^A1 é: [Resposta 40]

a) 2
b) 3
c) 4
d) 5
e) 6

Observe que a questão anterior eleva o resultado da média ao quadrado, nessa expressão a prioridade é da função, em seguida será realizada a potência.

Resposta 40 – Letra C!

7.17. Prioridade dos Operadores

1º	PARÊNTESES E FUNÇÕES
2º	EXPONENCIAL
3º	MULTIPLICAÇÃO E DIVISÃO
4º	SOMA E SUBTRAÇÃO
5º	OPERADORES DE RELAÇÃO DE ORDEM

Exercício

Técnico – TRT 24ª Região – FCC

Em uma fórmula em que se combina diversos operadores, o Excel primeiramente executa os operadores [Resposta 41]

a) de referência.

b) de comparação.

c) de concatenação.

d) de exponenciação.

e) de multiplicação e divisão.

A questão apresentada acima da FCC é uma verdadeira armadilha!

Todos os candidatos respondem letra D – exponenciação –, entretanto as funções têm prioridade e elas utilizam os operadores de referência ":" e ";".

7.17.1. Função Med( )

Retorna a mediana, ou o número central de um determinado conjunto, intervalo.

Relaxa, vou explicar: Para calcular a mediana devemos pegar o conjunto numérico e ordenar, tanto faz ordenar de forma crescente ou decrescente, pois queremos o valor do meio.

A mediana entre {7,2,0,1,9} é 2. Vamos colocar o conjunto em ordem {0,1,2,7,9}, observe que o 2 passou a ser o valor central!

Quando a quantidade de números é ímpar fica fácil visualizar, entretanto, se a quantidade de números for par, a mediana será a média dos dois valores do meio, depois de ordenar o conjunto, é claro!

Sintaxe: =med(núm1; núm2;,númN)

Resposta 41 – Letra A.

Exercício

TÉCNICO LEGISLATIVO REZENDE – FESP

Em uma planilha, elaborada por meio do Excel 2002 BR, foram digitados os números 18, 20, 31, 49 e 97 nas células C3, C4, C5, C6 e C7. Em seguida, foram inseridas as fórmulas =MED(C3:C7) em E4 e =MOD(E4;9) em E6. Se a célula C4 tiver seu conteúdo alterado para 22, os valores mostrados nas células E4 e E6 serão, respectivamente: [Resposta 42]

a) 26 e 8
b) 31 e 4
c) 42 e 6
d) 43 e 7

7.17.2. Função Modo( )

Retorna o valor que ocorre com maior freqüência em um intervalo de dados. Calcula a MODA.

Sintaxe: =modo(núm1; núm2; númN)

A5 ▾ fx =MODO(A1:C3)

	A	B	C	D
1	2	3	9	
2	4	7	3	
3	5	8	3	
4				
5	3			

7.17.3. Função Mínimo( )

Retorna o menor valor de um conjunto de células.

Sintaxe: =mínimo(núm1; núm2; númN)

A5 ▾ fx =MÍNIMO(A1:C3)

	A	B	C	D
1	2	3	9	
2	4	7	3	
3	5	8	3	
4				
5	2			
6				

Resposta 42 – Letra B, não confunda mod() que é o resto com modo() que é a moda.

7.17.4. Função Máximo( )

Retorna o maior valor de um conjunto de células.

Sintaxe: =máximo(núm1; núm2; númN)

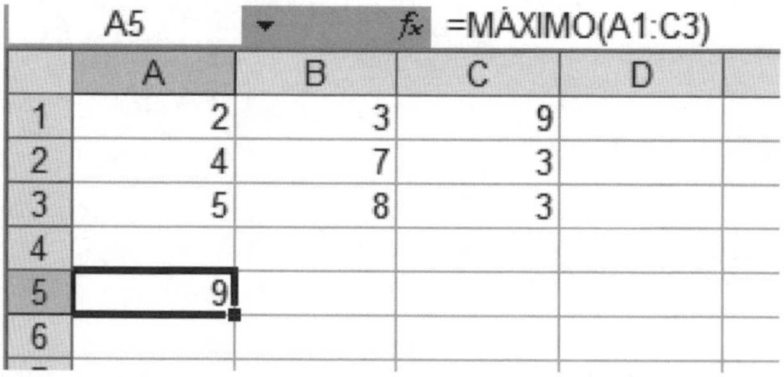

7.17.5. Função Menor( )

Papo de maluco não é? Se existe a função mínimo, para que criaram a menor? Claro que há diferença entre a mínimo() e a menor(). A função menor retorna o k-ésimo menor do conjunto de dados, ou seja, o terceiro menor, o segundo menor...

Sintaxe: =menor(núm1:númN;k)

Evidente que se o "k" for igual a 1 a função será equivalente à função mínimo(), mas vale ressaltar que o "k" é um argumento indispensável, para a função, se omitido ao pressionar <<ENTER>>, a função irá gerar o erro:

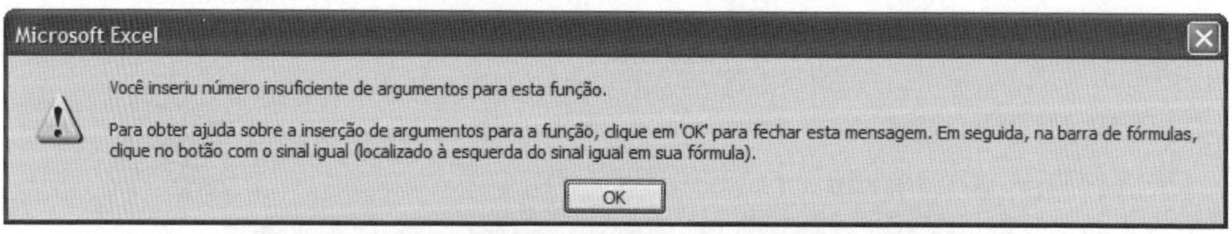

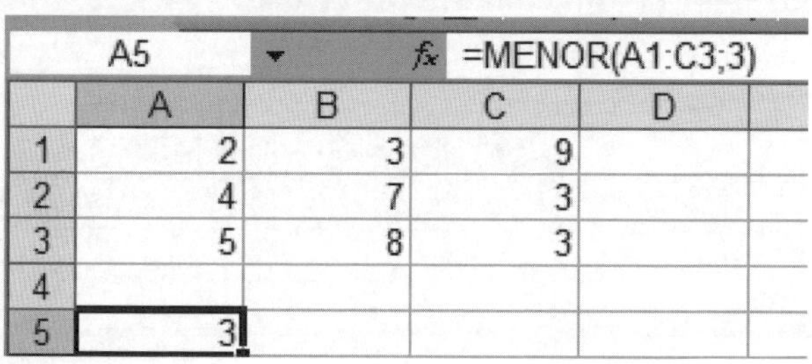

7.17.6. Função Maior( )

A relação entre as funções máximo() e maior() é idêntica entre as funções mínimo() e menor(). A função maior retorna o k-ésimo maior do conjunto de dados, ou seja, o terceiro maior, o segundo maior...

Sintaxe: = Maior (núm1:númN;k)

A5 fx =MAIOR(A1:C3;3)

	A	B	C	D
1	2	3	9	
2	4	7	3	
3	5	8	3	
4				
5	7			
6				

7.18. Funções de Procura e Referência

- ProcV()
- ProcH()

7.18.1. Função ProcV( )

Procura um valor na coluna à esquerda de uma tabela e retorna o valor na mesma linha de uma coluna especificada.

Muito utilizado para reduzir o trabalho de digitação e aumentar a integridade dos dados através da utilização de tabelas relacionadas.

PROCURA VERTICAL.

Sintaxe: =procv(valorprocurado;intervalo;colunaderetorno)

C16 fx =PROCV(B16;$A$3:$C$6;2)

	A	B	C	D	E
1	Tabela de Cargos				
2					
3	código	cargo	salário		
4	1	recepcionista	450		
5	2	coordenador	5000		
6	3	professor	10		
7					
8					
9	Tabela de funcionários				
10					
11	nome	código			
12	Renato	3	professor		
13	Ana	2	coordenador		
14	Bruno	1	recepcionista		
15	Simone	1	recepcionista		
16	Sinthia	2	coordenador		
17					
18					

Observe que foram criadas duas tabelas na planilha, sendo que a segunda utiliza dados da primeira, o objetivo da função procv() é permitir que na tabela de funcionário seja digitado apenas o código e os outros dados sejam relacionados à tabela de cargos, assim, reduz-se o trabalho, minimiza-se a margem de erros de digitação e aumenta-se a integridade do banco de dados. Amanhã ou depois se o cargo recepcionista vier a ser substituído por "aspone", por exemplo, basta realizar a alteração na tabela de cargos, que ela será refletida na tabela de funcionários automaticamente, observe:

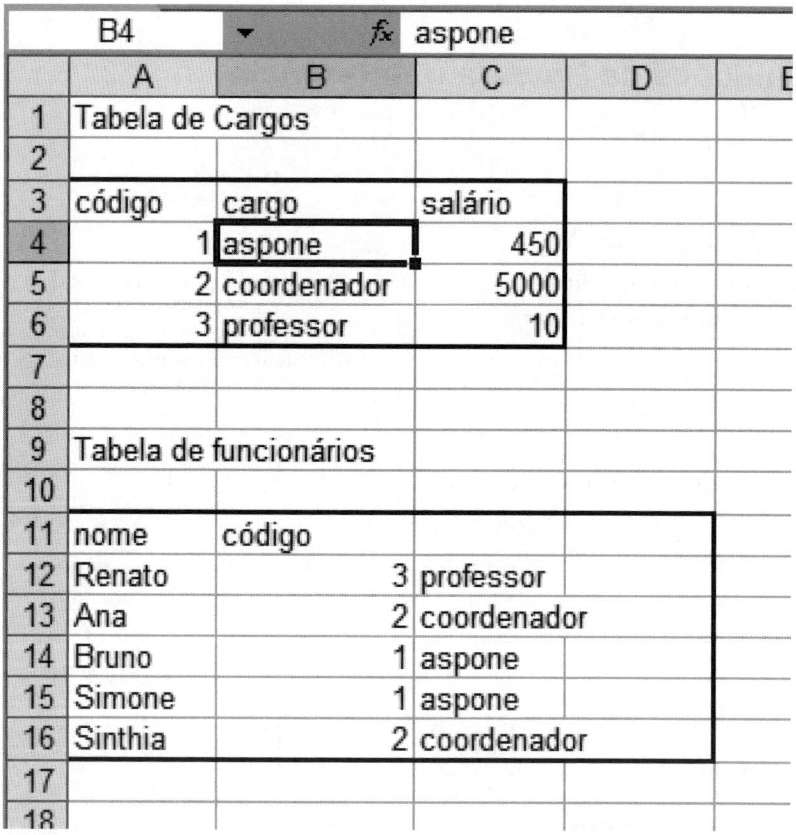
B4 fx aspone

	A	B	C	D
1	Tabela de Cargos			
2				
3	código	cargo	salário	
4	1	aspone	450	
5	2	coordenador	5000	
6	3	professor	10	
7				
8				
9	Tabela de funcionários			
10				
11	nome	código		
12	Renato	3	professor	
13	Ana	2	coordenador	
14	Bruno	1	aspone	
15	Simone	1	aspone	
16	Sinthia	2	coordenador	
17				
18				

7.18.2. Função ProcH( )

Procura um valor na linha do topo de uma tabela e retorna o valor na mesma coluna de uma linha especificada.

PROCURA HORIZONTAL.

Sintaxe: =proch(valorprocurado;intervalo;linhaderetorno)

7.19. Função de Informação

- Énúm()

7.19.1. Função Énúm( )

Verifica se o valor contido na célula é um número, retornando um valor lógico (verdadeiro ou falso).

7.20. Funções Lógicas

- E()
- Ou()
- Não()
- Se()

7.20.1. Lógica

Qual a definição de lógica?

Para a informática, a lógica compreende tudo que retorna um resultado verdadeiro ou falso.

Bem, vamos a alguns exemplos:

Você já tomou um choque? Com certeza o resultado é lógico, pois ninguém nunca tomou meio choque...

5<2 Essa proposição retorna FALSO

O Vasco é o melhor time do mundo? VERDADEIRO

Brincadeiras à parte, vamos à utilização da lógica no Excel.

7.20.2. Tabela Verdade

As funções lógicas atuam sobre expressões lógicas retornando resultados do tipo Falso ou Verdadeiro.

E()	Se tiver um FALSO é FALSO
OU()	Se tiver um VERDADEIRO é VERDADEIRO
NÃO()	Inverte o estado, de VERDADEIRO PASSA PARA FALSO E VICE-VERSA.

Prioridades das funções e(), ou() e não():
NÃO → Negação
E → Conjunção
OU → Disjunção

Supondo A e B como proposições lógicas vamos verificar os estados de cada linha da tabela abaixo:

A	B	E(A;B)	OU(A;B)	NÃO(A)
V	V	V	V	F
V	F	F	V	F
F	V	F	V	V
F	F	F	F	V

Exemplos:

2+5>4 E 3<>3 ➔ Falso

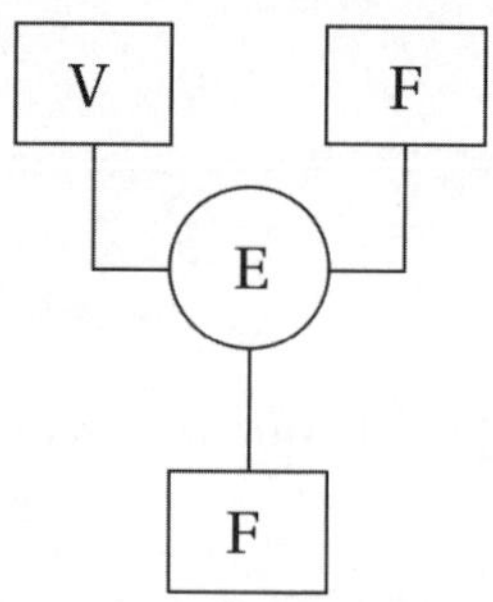

2+5>4 OU 3<>3 ➔ Verdadeiro

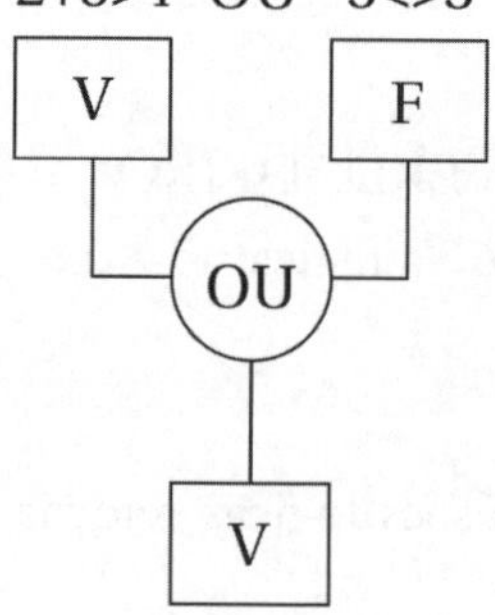

NÃO (3<>3) → Verdadeiro

Devido ao fato de este não ser um assunto exclusivo do Excel, pode ser cobrado com abordagens diferentes mas com mesmo conceito.

Veremos agora algumas questões da ESAF que abordam a utilização de tabelas verdade.

Exercício

TTN – ESAF

Sendo A e B variáveis lógicas, a expressão ((not A) and B) or (A and (not(B)) assume o valor verdadeiro: [Resposta 43]

a) para todos os valores de A e de B
b) Sempre que A é igual a B
c) Sempre que A é diferente de B
d) Sempre que A é falso
e) Sempre que B é falso

Vejamos a resolução através da tabela verdade:

A	B	Not A	((not A) and B	Not B	A and (not(B))	((not A) and B) or (A and (not(B))
V	V	F	F	F	F	F
V	**F**	**F**	**F**	**V**	**V**	**V**
F	**V**	**V**	**V**	**F**	**F**	**V**
F	F	V	F	V	F	F

Resposta 43 – Letra C!

Olha a viagem da questão abaixo:

Exercício

TRF – ESAF

Considere os operadores lógicos AND/OR e os valores binários X=00111000 e Y=11110011. Neste caso, a operação: [Resposta 44]

a) X AND Y resulta 00111000

b) X AND Y resulta 11111011

c) X AND Y resulta 00000100

d) X OR Y resulta 00000100

e) X OR Y resulta 00110000

Nesta questão devemos montar uma tabela verdade associando o 0 a falso e o 1 a verdadeiro:

X	Y	**X and Y**	X or Y
0	1	**0**	1
0	1	**0**	1
1	1	**1**	1
1	1	**1**	1
1	0	**0**	1
0	0	**0**	0
0	1	**0**	1
0	1	**0**	1

7.20.3. Função E( )

Como visto anteriormente, implica que todos os argumentos sejam verdadeiros para resultar em verdadeiro, se tiver um falso retorna falso.

Sintaxe: =e(proposição1; proposiçãoN)

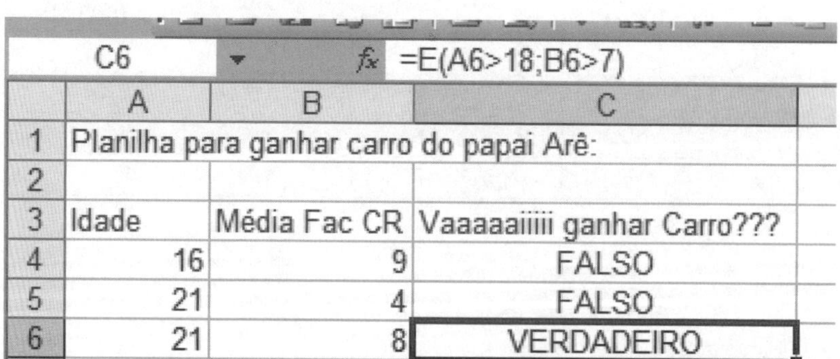

C6 | =E(A6>18;B6>7)

	A	B	C
1	Planilha para ganhar carro do papai Arê:		
2			
3	Idade	Média Fac CR	Vaaaaaiiiii ganhar Carro???
4	16	9	FALSO
5	21	4	FALSO
6	21	8	VERDADEIRO

Resposta 44 – Letra C!

Para ficar mais fácil de entender, imagine essa tabela fictícia do personagem Arenildo, ela só retorna verdadeiro se a idade for maior que 18 **E** o coeficiente de rendimento da faculdade for maior que 7.

7.20.4. Função Ou( )

Basta que um argumento seja verdadeiro para retornar verdadeiro.

Sintaxe: =ou(proposição1; proposiçãoN)

Minha imaginação está horrível, observe o exemplo:

E11 fx =OU(B11:D11)

	A	B	C	D	E
1	Planilha de acesso a faculdade da vida				
2					
3	Nome	Portador de diploma	vestibular	transferência	Situação regular?
4	Renato	VERDADEIRO	FALSO	FALSO	VERDADEIRO
5	Áquila	FALSO	VERDADEIRO	FALSO	VERDADEIRO
6	Wagner	FALSO	FALSO	VERDADEIRO	VERDADEIRO
7	Rogérinho	VERDADEIRO	FALSO	FALSO	VERDADEIRO
8	Alexander Pacheco	FALSO	VERDADEIRO	FALSO	VERDADEIRO
9	Zé das Couves	FALSO	FALSO	FALSO	FALSO
10	Jesus	FALSO	FALSO	FALSO	FALSO
11	Roberto Andrade	VERDADEIRO	VERDADEIRO	FALSO	VERDADEIRO
12					

No intervalo selecionado como argumento para a função ou(), basta que uma célula seja VERDADEIRA, para que retorne VERDADEIRO.

7.20.5. Função Não( )

Inverte o estado. Verdadeiro passa para falso e falso para verdadeiro.

Sintaxe: =não(proposição)

Observe o diálogo:

Renato diz: Meu amigão, você entendeu?

Tio Jardim diz: Não, não entendi!

Renato diz: Beleza, então vamos para a próxima dúvida.

*Tio Jardim diz: Seu *&%$#@!@*, não quer explicar muda de profissão, vai trabalhar num açougue!!!*

Nessa conversa, observe que o "Tio Jardim" negou duas vezes, logo, como bom matemático, o "Renato" entendeu que o primeiro NÃO negava o segundo, tornando-se um SIM. Por isso achou que o "Tio Jardim" havia entendido.

Papo de maluco???

Xiiiiiii, tá bom, vamos ao MS Excel.

B1 | f_x =NÃO(A1)

	A	B	C
1	FALSO	VERDADEIRO	

7.20.6. Função Se( )

A função Se() é uma função condicional, de acordo com um determinado critério ela verifica se a condição foi satisfeita e retorna um valor se verdadeiro e retorna um outro valor se for falso.

Sintaxe: = se(testelógico;"valorverdadeiro";"valorfalso")

Para tentar esclarecer, qual o resultado da fórmula:

=se(5<2;7;9)

Resposta: 9

Por quê??? Porque a sintaxe é (teste lógico ; valor verdadeiro ; valor falso), logo o teste lógico é 5<2, e ele retorna falso então a resposta é último valor, 9!

Vai dar certo, confia em mim!!!

Vamos lá

Planilha escolar, padrão em provas:

G5 | f_x =SE(F5>=6;"Aprovado"; "Reprovado")

	A	B	C	D	E	F	G	H	I
1	Nome	N1	N2	N3	N4	Média	Situação		
2	Renato	9	5	5	9	7	Aprovado		
3	Aquila	8	6	6	8	7	Aprovado		
4	Roberto	9	4	6	1	5	Reprovado		
5	Marcio Assis	2	10	5	3	5	Reprovado		

Planilha de melhor local

D6 | f_x =SE(B6<C6;$B$3;$C$3)

	A	B	C	D
1	Melhor Preço - Comparativo de Supermercados			
2				
3	Produto	Sensacional	ExtraOrdinário	Melhor Local
4	Cerveja	R$ 1,50	R$ 0,90	ExtraOrdinário
5	Amendoim	R$ 2,00	R$ 1,40	ExtraOrdinário
6	Uísque	R$ 60,00	R$ 80,00	Sensacional
7				

7.21. Funções de Texto

- =concatenar()
- =esquerda()
- =direita()
- =maiúscula()
- =minúscula()
- =pri.maiúscula()

7.21.1. Função Concatenar( )

Agrupa/junta várias cadeias de texto em uma única sequência de texto.

Sintaxe: =concatenar(texto1;texto2;textoN...)

Exercício

PETROBRAS – CESGRANRIO – TÉCNICO ADMINISTRATIVO

Um funcionário do Departamento de Marketing de uma empresa deseja criar uma fórmula no Excel para que determinada célula apresente a junção de textos de duas outras células. Para atingir esse objetivo, a função do Excel a ser utilizada é a seguinte: Resposta 45

a) DESC
b) MÉDIA
c) CARACT
d) BDSOMA
e) CONCATENAR

7.21.2. Operador de Concatenação

& Concatenação, junção

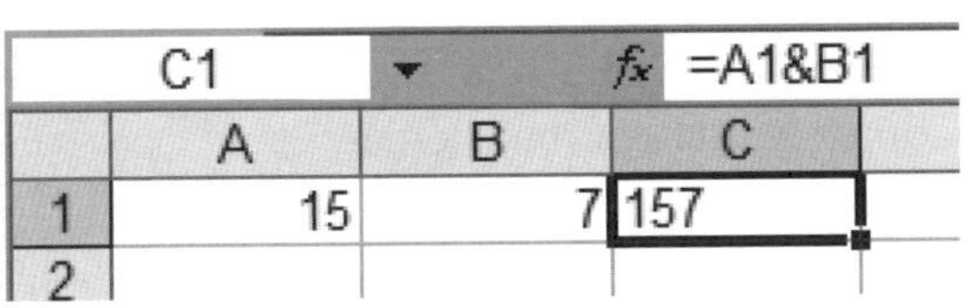

Equivalente à função concatenar().

Note que no exemplo acima o & não somou nada, ele juntou o conteúdo das duas células, e observe o alinhamento à esquerda, indicando que o número 157 será tratado como um texto.

Resposta 45 – Letra E!

> **Exercício**
>
> **CESGRANRIO**
>
> No Excel, o operador de junção de texto é o: [Resposta 46]
>
> a) @
>
> b) #
>
> c) %
>
> d) &
>
> e) $

7.21.3. Função Esquerda( )

Retorna o número especificado do início de uma cadeia de texto.

Sintaxe: =esquerda(texto;número de caracteres)

7.21.4. Função Direita( )

Retorna o número especificado do final de uma cadeia de texto.

Sintaxe: =direita(texto;número de caracteres)

> **Exercício**
>
> IBFC – FUNDAÇÃO HEMOMINAS – AUXILIAR ADMINISTRATIVO
>
> Ao colocarmos numa célula do Microsoft Excel a seguinte fórmula =DIREITA("ABCDEF";3) teremos como resultado: [Resposta 47]
>
> a) DEF.
>
> b) CDEF.
>
> c) CDE.
>
> d) ABC.

7.21.5. Função Maiúscula( )

Converte o conteúdo da célula em maiúsculas.

Sintaxe: =maiúscula(texto)

7.21.6. Função Minúscula( )

Converte o conteúdo da célula em minúscula.

Sintaxe: =minúscula(texto)

Resposta 46 – Letra D!
Resposta 47 – Letra A!

7.21.7. Função Pri.Maiúscula( )

Converte a primeira letra de cada palavra de uma cadeia de texto em maiúscula.

Sintaxe: =pri.maiúscula(texto)

Exercício

IBFC – PGE/SP – OFICIAL ADMINISTRATIVO

No MS Excel 2007, se for atribuído o texto "josé da SILVA" para a célula A1, o resultado da fórmula =PRI.MAIÚSCULA(A1) será: [Resposta 48]

a) José Da Silva
b) JOSÉ DA SILVA
c) José da Silva
d) JOSÉ DA silva
e) JOSÉ da SILVA

7.22. Funções de Data e Hora

- =hoje()
- =agora()
- =dia()
- =mês()
- =ano()

7.22.1. Função Hoje( )

Retorna a data atual. Data dinâmica, obtida através do sistema operacional, logo a função dispensa argumentos.

Sintaxe: =hoje()

Exercício

IBFC – PGE/SP – OFICIAL ADMINISTRATIVO

A fórmula =HOJE()utilizada no MS Excel tem como resultado apenas: [Resposta 49]

a) o dia atual
b) a data atual
c) o dia e hora atuais
d) a hora atual
e) o dia da semana atual

Resposta 48 – Letra A!
Resposta 49 – Letra B!

7.22.2. Função Agora( )

Retorna a **data e a hora** atual. Data e hora dinâmica, obtida através do sistema operacional, logo a função dispensa argumentos.

Sintaxe: =agora()

OBS: Podemos inserir a data em uma célula através do atalho de teclado "Ctrl + ;" e a hora através do atalho de teclado "Ctrl+Shift+:", entretanto, estes inserem dados estáticos, que não se atualizam, como se tivessem sido digitados diretamente na célula.

7.22.3. Função Dia( )

Retorna o número correspondente ao dia (1 a 31 de acordo com o mês) de uma data.

Sintaxe: =dia(data)

7.22.4. Função Mês( )

Retorna o número correspondente ao mês (1 a 12) de uma data.

Sintaxe: =mês(data)

7.22.5. Função Ano( )

Retorna o número correspondente ao ano de uma data.

Sintaxe: =ano(data)

Exercício

IBFC – CÂMARA DE FRANCA/SP – ADVOGADO

Se você souber que alguém nasceu em 1963, poderá usar a seguinte fórmula para descobrir a idade dessa pessoa a partir do ano de aniversário: Resposta 50

a) =ANO(HOJE())-1963
b) =HOJE(ANO()-1963)
c) =HOJE()-1963
d) =HOJE()-ANO(1963)

Resposta 50 – Letra C!

7.23. Formatação Condicional

O recurso de formatação condicional permite que se aplique um conjunto de formatos (negrito, itálico, sublinhado, tipo, tamanho e cor da fonte...) a um conjunto de células, a partir de um critério, condição.

Por exemplo, em um boletim, um professor pode automaticamente aplicar vermelho às notas inferiores a uma determinada média.

O recurso de FORMATAÇÃO CONDICIONAL está disponível através da guia Página Inicial do grupo Estilo.

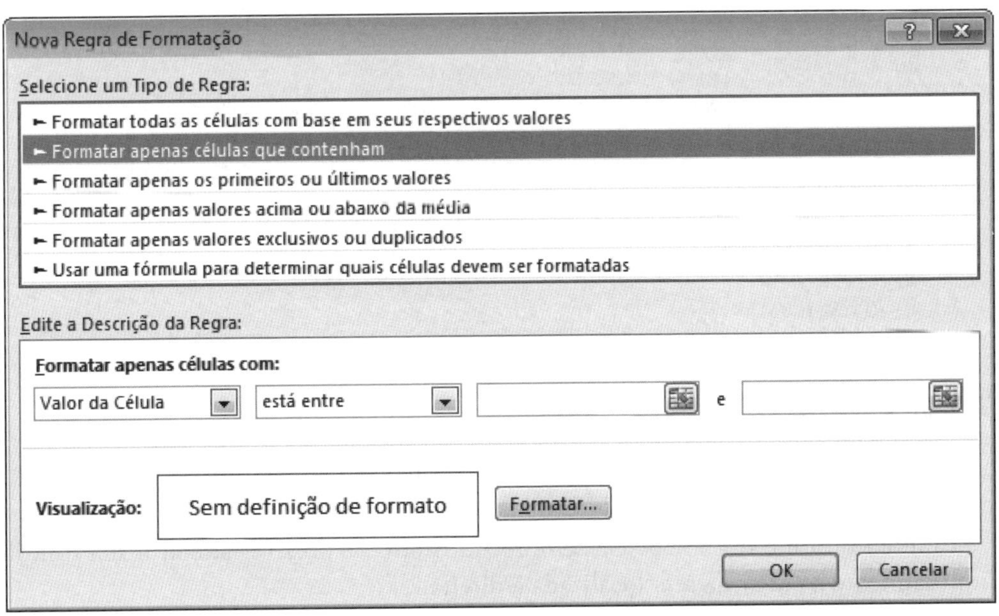

Ainda sobre a formatação condicional, é importante saber que ela realiza somente a primeira condição verdadeira, ou seja, encontrando um critério que seja verdadeiro ela executa a formatação e depois sai, não executando nenhuma condição posterior.

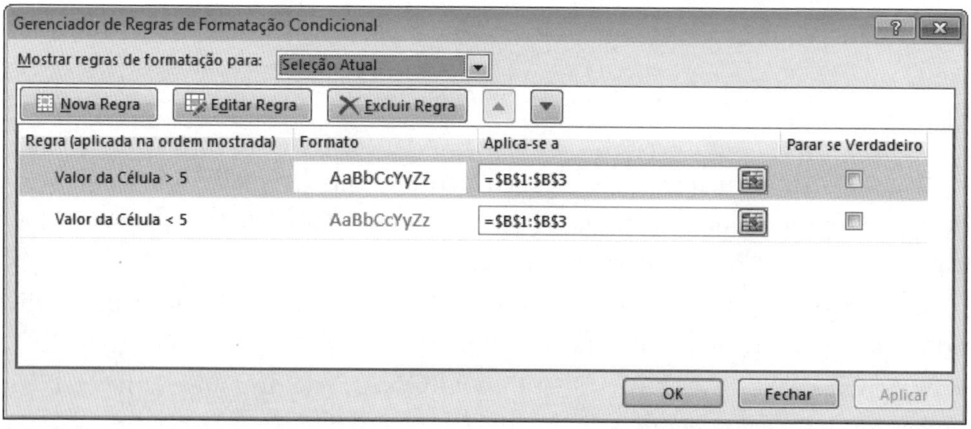

Exercício

OFICIAL DE CARTÓRIO – PCERJ – IBFC

No Excel, quando se quer formatar células que estão ACIMA DA MÉDIA em um intervalo selecionado com preenchimento, por exemplo, vermelho claro e texto vermelho escuro, pode-se utilizar diretamente o recurso chamado: [Resposta 51]

a) formatar como tabela;
b) autopreenchimento;
c) formatação condicional;
d) formatação de preenchimento;
e) formatar células.

7.24. Autosoma

O botão AUTOSOMA Σ AutoSoma ▾ trabalha com a função SOMA() por padrão, calculando os valores de intervalos automaticamente.

Embora o nome do botão seja sempre Autosoma, é possível alterar a sua função pontualmente a partir da seta localizada à direita.

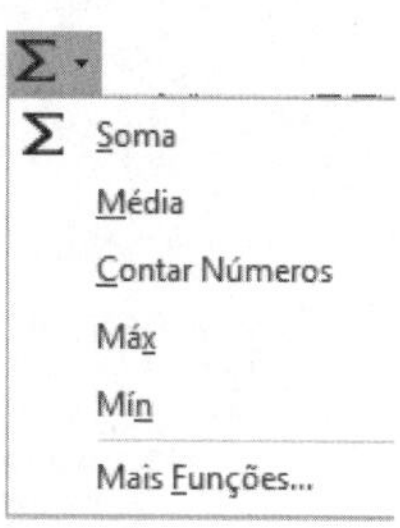

OBS: O atalho para autosoma é Alt+=.

Resposta 51 – Letra C.

SIMULADO

Observe a planilha abaixo:

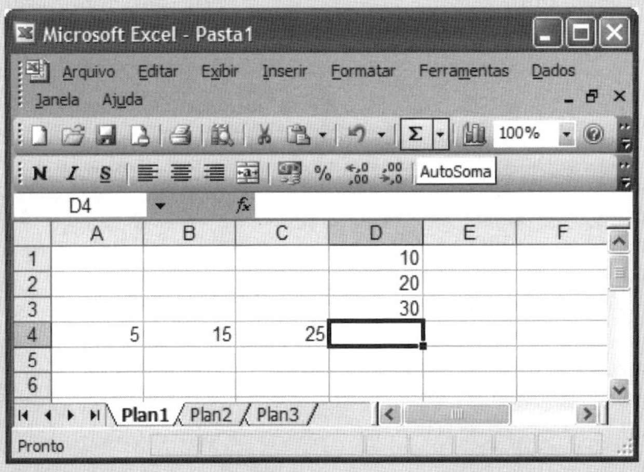

De acordo com a figura acima, caso o usuário dê um clique no botão Σ, qual será o resultado exibido na célula D4? [Resposta 52]

a) 45

b) 60

c) 105

d) 0

e) #NOME?

Vale ressaltar que a seleção realizada pelo botão AUTOSOMA tem como prioridade a coluna ACIMA ou a linha à ESQUERDA, respectivamente.

O botão AUTOSOMA nunca seleciona valores à direita ou abaixo.

7.25. Cabeçalho e Rodapé

Cabeçalhos são informações que aparecem no início de todas as páginas, já os rodapés, entretanto, aparecem sempre no final.

É relevante destacar que para se definir o cabeçalho e o rodapé no Excel deve-se clicar na guia Layout da Página e inicializar a caixa de diálogo CONFIGURAR PÁGINA a partir da seta no canto inferior direito do grupo.

Resposta 52 – Letra B.

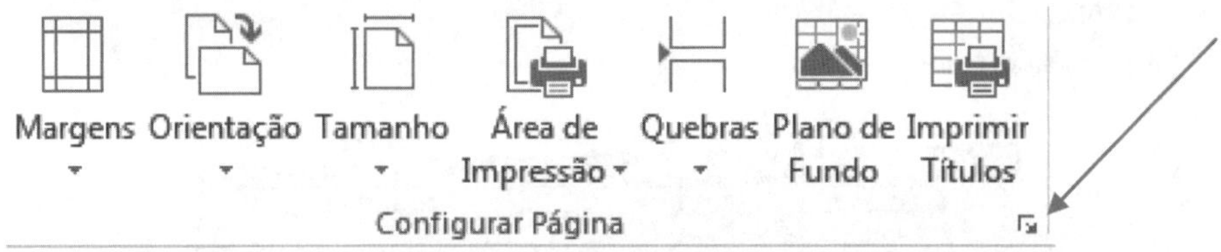

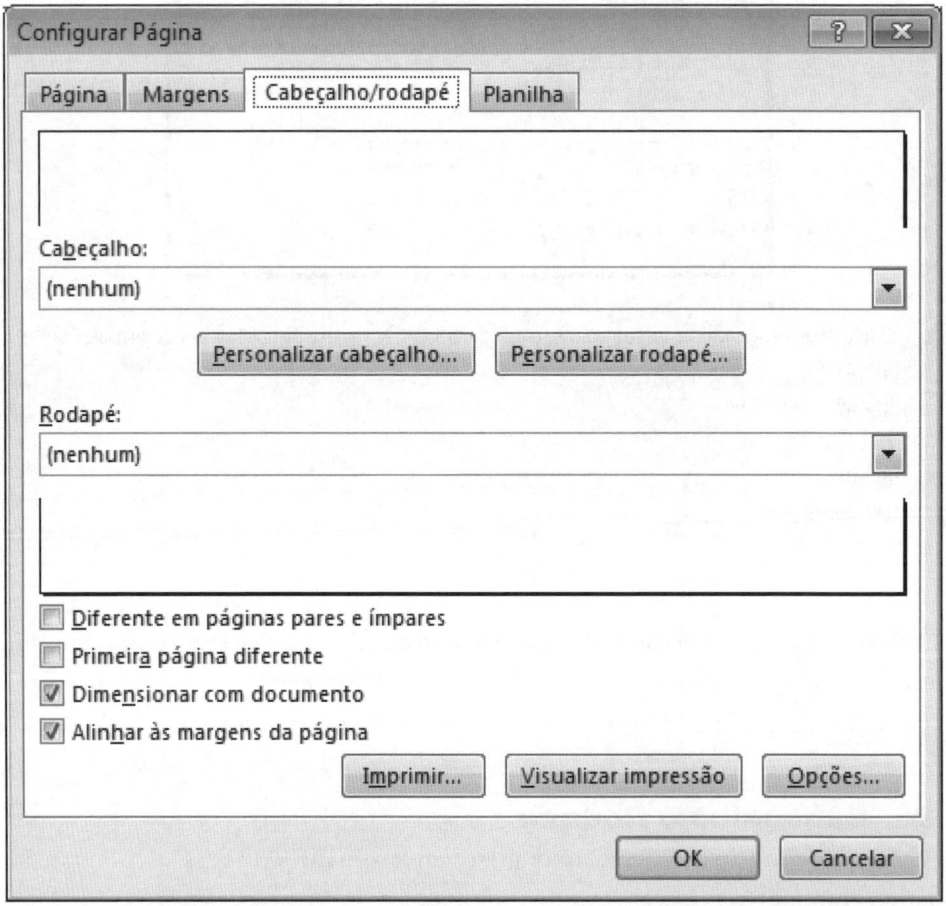

Ambos possuem 3 seções que podem ser definidas de forma independente (esquerda, central e direita).

Assim como no Word o cabeçalho de uma planilha pode conter funções do sistema – como data, hora –, ou do arquivo – como número da página e total de páginas –, entre outras.

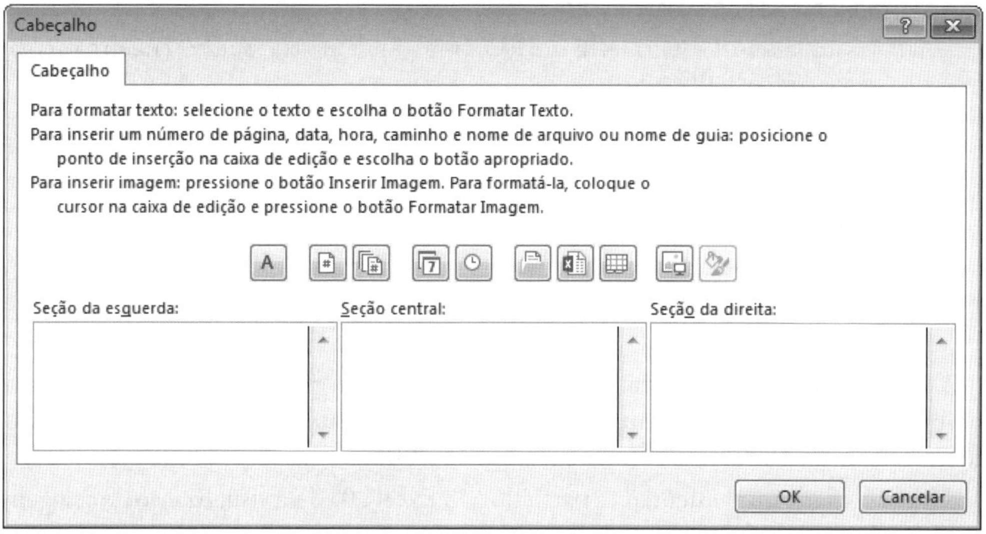

7.26. Edição (Copiar e Recortar)

Os comandos de edição já devem ser de conhecimentos de todos que já chegaram até aqui, mas não custa ratificar tal conhecimento.

Bem, para copiar ou recortar uma informação temos várias possibilidades, que variam do arrasto, passando pela guia EDITAR, menu de contexto, atalhos de teclado aos ícones da barra de ferramentas padrão.

Então, o que há de novo, ou de interessante nos concursos sobre assunto tão corriqueiro?

Exercícios

COBRA – CETRO

Para efetuar as ações de copiar, cortar e colar no MSWord e no MS-Excel pode-se utilizar as teclas de atalho Ctrl-C, Ctrl-X e Ctrl-V, respectivamente. Assinale a alternativa que possua outras teclas de atalho que efetuem as funções citadas acima. [Resposta 53]

a) Alt-C, Alt-X e Alt-V.
b) Ctrl-F10, Ctrl-F11 e Ctrl-12.
c) Ctrl-Ins, Shift-Del e Shift-Ins.
d) Shift-C, Shift-X e Shift-V.
e) Shift -F10, Shift -F11 e Shift -12.

Auditor fiscal do tesouro municipal de nova Iguaçu – RJ – ipdep

Resposta 53 – Letra C!

ELETRONORTE – PROGRAMADOR – NCE

82) Após recortar uma célula (Ctrl+X) no MS Excel 2000, a tecla que pode ser usada para colar o conteúdo desta célula em uma nova célula é: [Resposta 54]

a) Barra de Espaços
b) End
c) Enter
d) Shift
e) Tab

E o clipboard (área de transferência), vale a pena estudar? Sim, é importante lembrar que o MS Office permite trabalhar com até 24 objetos concomitantes na área de transferência. Note, este é um recurso do MS Office e não do Windows.

Uma novidade implementada a partir do MS Excel 2010 é a visualização de colagem, que permite visualizar como os dados serão exibidos na planilha antes de confirmar a operação de colagem dentre os diversos ícones da paleta Opções de Colagem.

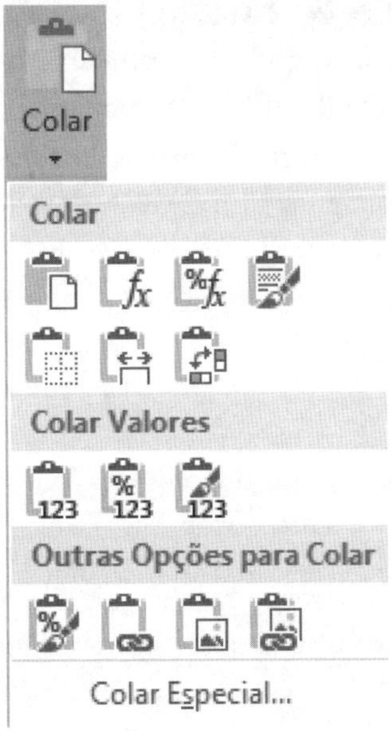

7.27. Atingir Meta

O recurso "Atingir meta" permite uma análise hipotética.

É usado quando você conhece o resultado desejado de uma fórmula única, mas não conhece o valor de entrada que a fórmula precisa para determinar o resultado.

Resposta 54 – Letra C!

Para atingir a meta, o Excel varia o valor em uma célula específica até que uma fórmula dependente daquela célula retorne o resultado desejado.

Esta ferramenta está disponível a partir do guia DADOS; vejamos alguns exemplos de prova:

Exercícios

ANALISTA DE RECURSOS FINANCEIROS – SERPRO – ESAF

No Excel quando uma planilha possui muitos dados e fórmulas, muitas vezes depara-se com a seguinte situação: precisa-se testar vários valores em uma célula até que uma outra célula com fórmulas exiba o valor desejado. Para esta situação, usa-se o recurso: [Resposta 55]

a) Atingir Metas, no guia Ferramentas
b) Controlar Alterações no guia Ferramentas
c) Formatação Condicional no guia Formatar
d) Auditoria no guia Ferramentas
e) Autocorreção no guia Ferramentas

SEFAZ – PIAUÍ – ESAF

O recurso Atingir Meta do Excel permite: [Resposta 56]

a) trabalhar com mais de uma planilha ao mesmo tempo
b) que se faça a soma de vários valores em um só comando
c) que se alcance um valor desejado a partir da variação de um elemento em sua planilha
d) que se faça a soma dos dados de uma linha
e) que se faça a soma dos dados de uma coluna

Observe:

Resposta 55 – Letra A!
Resposta 56 – Letra C!

7.28. Outras observações relevantes sobre Células

Uma célula pode conter comentários, inseridos a partir da guia Revisão, grupo Comentários:

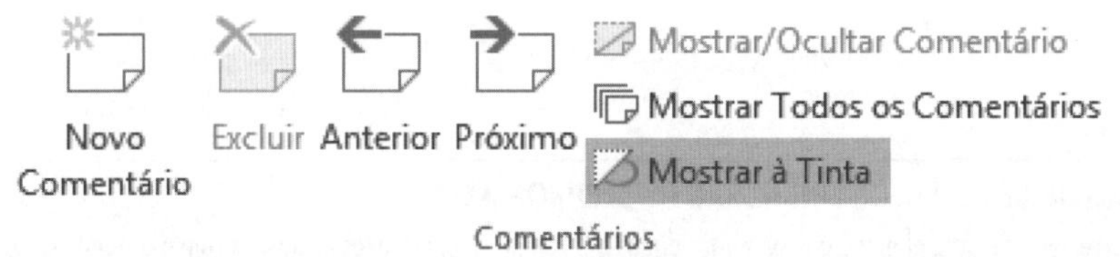

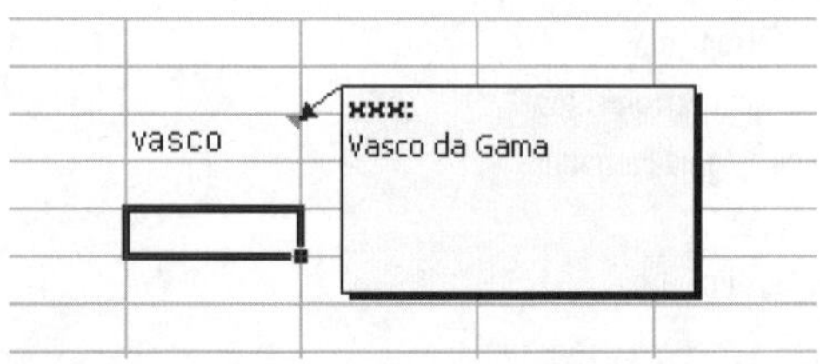

Quando o valor é muito grande para ser exibido na tela, o Excel preenche seu conteúdo com tralhas ######, observe a questão a seguir:

Exercício

CESGRANRIO

Para indicar que um valor numérico é muito longo para ser exibido em uma célula, devendo esta ser dimensionada, o Excel: Resposta 57

a) apresenta o número na cor vermelha
b) apresenta o texto #N/A no lugar do número
c) exibe no lugar do número uma série de sinais "#"
d) exibe todo o número sobrescrevendo a célula à esquerda
e) preenche a célula com a cor amarela

Para dimensionar uma célula de forma prática basta clicar e arrastar sobre a linha que separa o cabeçalho das colunas.

Para selecionar uma coluna basta clicar na letra da coluna, para selecionar uma linha, clicar no número da linha.

Com o auxílio da tecla CTRL, podemos selecionar intervalos não adjacentes:

Resposta 57 – Letra C!

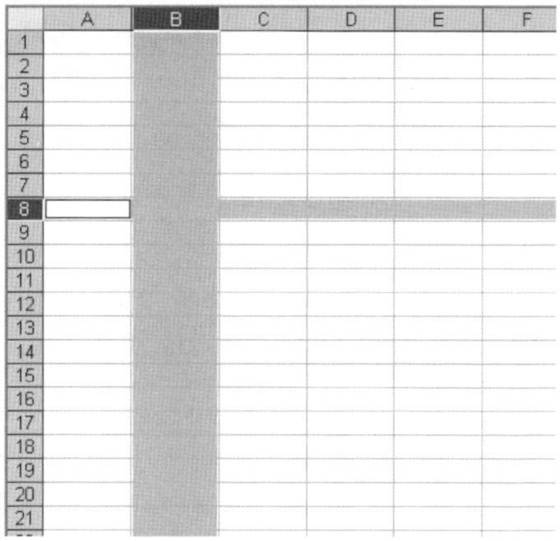

Para selecionar o documento inteiro, clicar na interseção da linha e coluna.

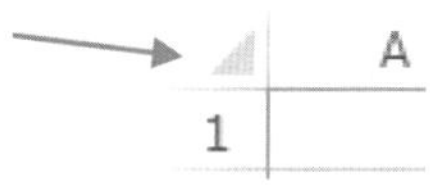

7.28.1. Principais Códigos de Erro

Código	Descrição
#####	A coluna não é suficientemente larga para exibir o valor.
#VALOR!	A fórmula contém um tipo de argumento incorreto (como um texto onde se espera um número)
#NOME?	A fórmula contém um texto nomeado incorretamente, como o nome de uma função ou intervalo nomeado inexistente.
#REF!	A fórmula se refere a uma célula inexistente (como em uma fórmula copiada que tem suas referências relativas alteradas, não existe coluna antes do A, não existe linha antes do 1, implicando erro).
#DIV/0!	A fórmula tenta dividir por zero.

7.28.2. Mesclar e Dividir Células

A partir do botão 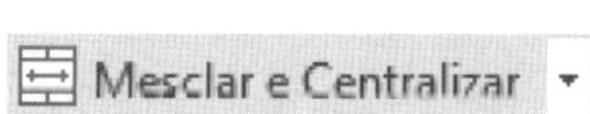

, acessado através do grupo Alinhamento da guia Página Inicial.

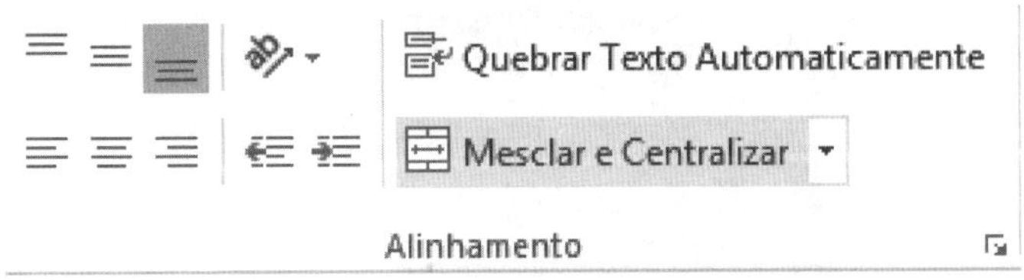

É possível combinar um intervalo de células, processo chamado de mesclagem, muito utilizado para criar títulos para as tabelas da planilha.

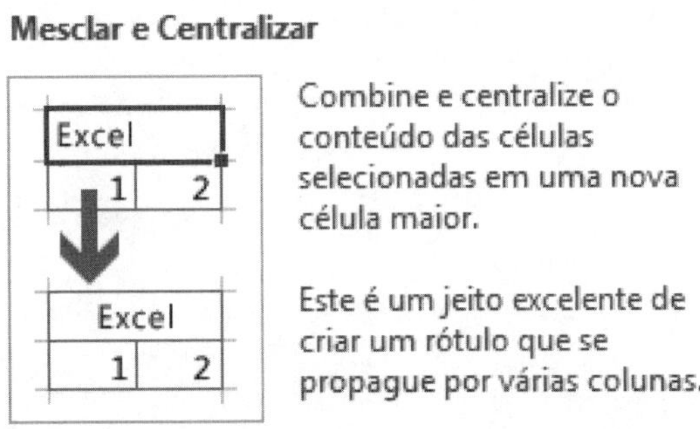

É importante sabermos que ao selecionar um intervalo de células já preenchidas e realizar o procedimento de mesclagem, o MS Excel preservará apenas o canto superior esquerdo.

	A	B	C
1	17	30	19
2	23	13	18
3	15	71	46
4	25	24	20

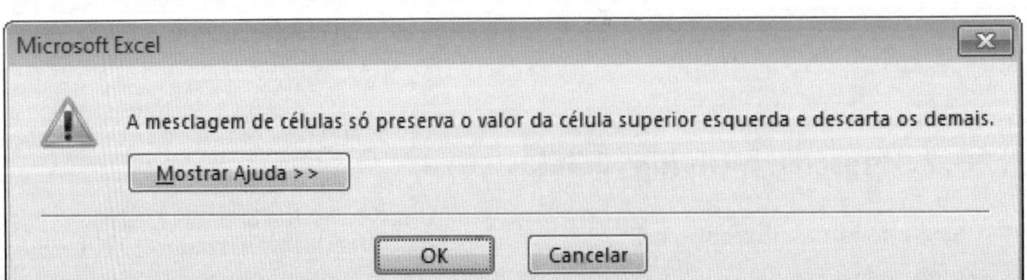

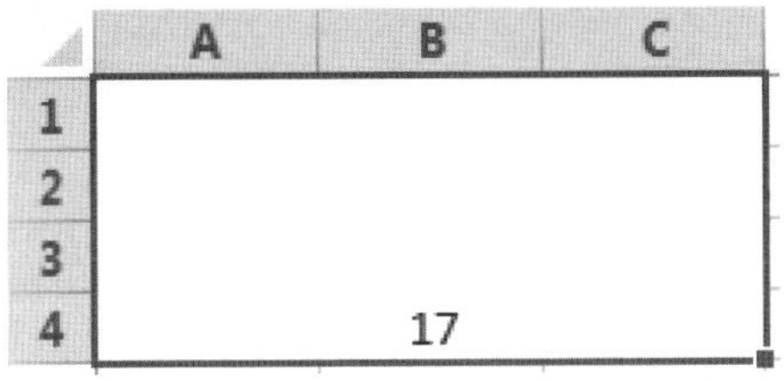

Para dividir as células mescladas basta clicar na seta do botão 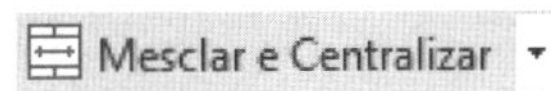

e escolher a opção correspondente:

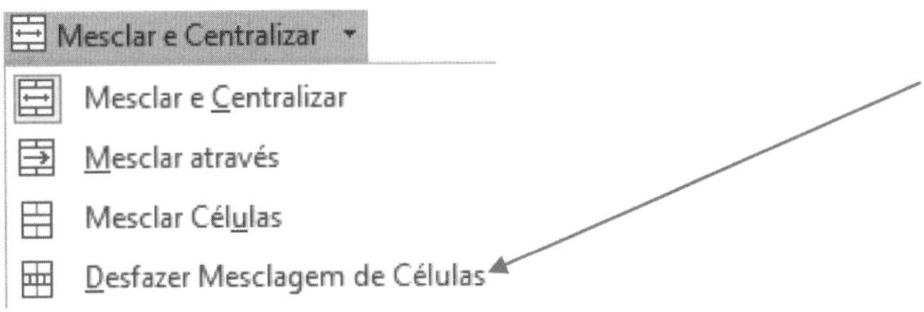

7.29. Minigráficos

Os minigráficos são uma novidade implementada a partir da versão 2010 do MS Excel e permitem a inserção de gráficos simples, combináveis com palavras, resumindo dados em UMA ÚNICA CÉLULA.

Para inserir minigráficos devemos selecionar os valores, clicar na guia Inserir, grupo Minigráficos e selecionar o tipo desejado :

Especificar o local de destino e clicar em OK.

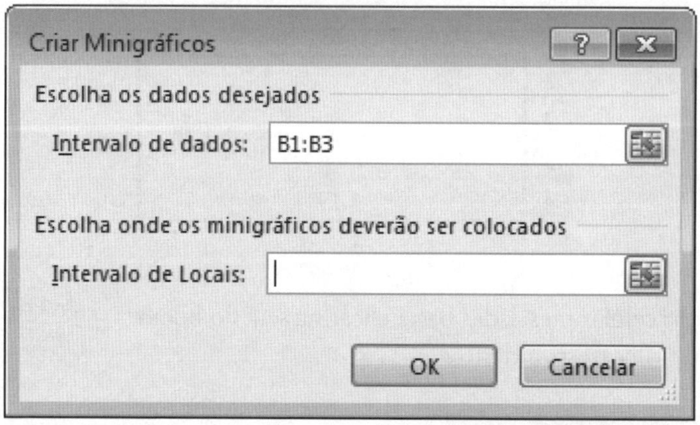

Abaixo segue um exemplo de minigráfico criado na célula C6.

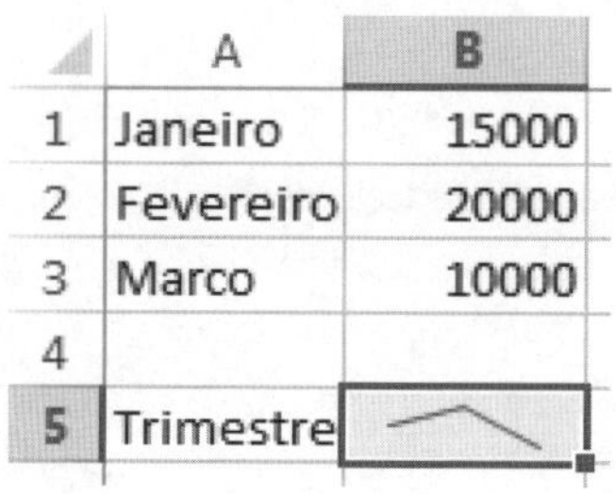

Exercício

INSPETOR PCERJ – FEC

São alguns dos novos recursos presentes no MS Excel 2010, e não presentes em suas versões anteriores: [Resposta 58]

a) minigráficos e segmentações de dados.
b) autossoma e classificação de dados.
c) autocorreção e assistente de pesquisa.
d) validação de dados e filtro de pesquisa .
e) formatação condicional e autossoma.

Resposta 58 – Letra A, um acréscimo à questão é o conceito do recurso de segmentação de dados que indica visualmente quais valores constam em uma tabela dinâmica e quais estão ocultos.

Capítulo 8

Conhecendo o Microsoft Powerpoint

8.1. Introdução

O Microsoft Powerpoint 2013 é um software aplicativo para Windows, contido no pacote MS Office, da categoria de "Apresentações" que permite a criação de apresentações dinâmicas com aparência profissional. Seu objetivo é permitir a exposição de ideias, produtos, processos, propostas, através de slides contendo números, gráficos, imagens, formas, tabelas estilizadas, enfim, recursos necessários para conferir um visual exclusivo.

Como muitos assuntos de Interface, grupos e arquivos são comuns ao MS Word e MS Excel, neste capítulo não seremos redundantes, estaremos omitindo conhecimentos transversais adquiridos em outros capítulos de aplicativo do MS Office.

8.2. Histórico

Versões comercializadas do PowerPoint:

- 4.0
- 5.0
- 7.0
- 97
- 2000
- 2002 = XP
- 2007
- 2010
- 2013

Neste capítulo iremos abordar o MS PowerPoint de forma genérica, utilizando o layout do MS PowerPoint 2013 e ressaltando as diferenças/novidades mais relevantes para as bancas atualmente.

Muitos ícones/imagens por corresponderem a funcionalidades já abordadas em outros capítulos serão exibidos mas não necessariamente comentados.

8.3. Interface do MS PowerPoint (v.2013)

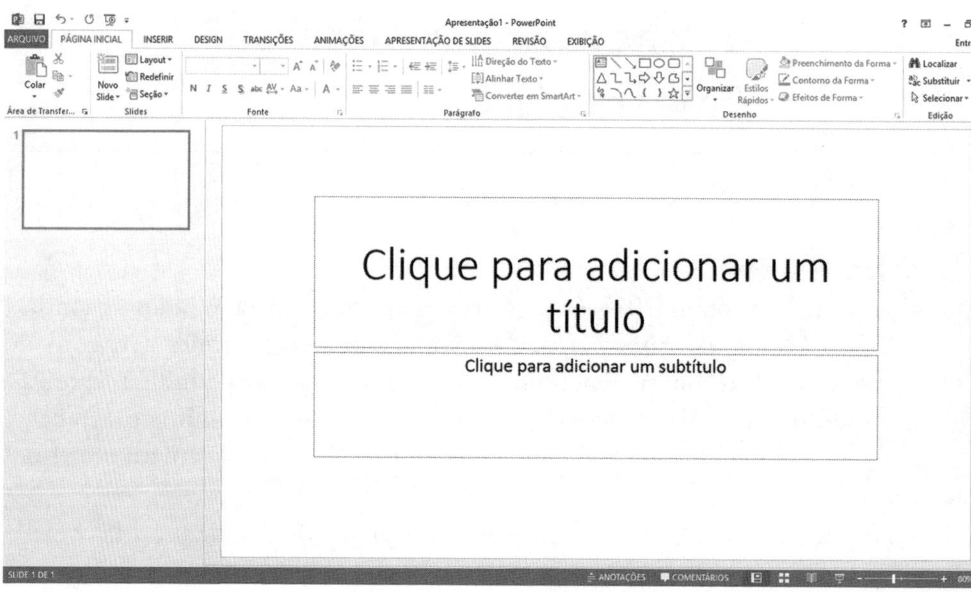

8.3.1. Faixa de Opções (Ribbons Tollbar)

Desde a versão do MS Office 2007, o PowerPoint deixou de apresentar a clássica barra de menus*, tendo seu *layout* (leiaute) remodelado, substituindo-a por uma **faixa de opções** conforme imagem a seguir:

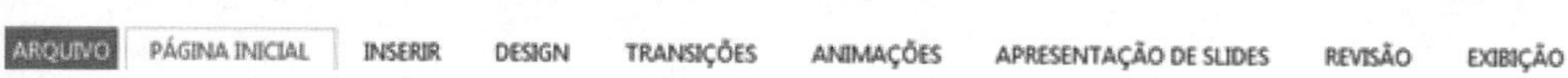

A faixa de opções contém Guias ou Abas (em número de 9), que precisam ser memorizadas durante a preparação para as provas de concursos.

* Barra de Menus, até a versão do MS PowerPoint 2003:

Guias do MS Word 2013 (P A R E I D A T A)		
P	ágina Inicial	P A R E I (Página Inicial, Arquivo, Revisão, Exibição e Inserir) Estas são guias comuns ao Word, Excel e PowerPoint (em ambas as versões do MS Office, 2010 e 2013)
A	rquivo	
R	evisão	
E	xibição	
I	nserir	
D	sign	D A T A (Design, Animações, Transições, Apresentação de Slides)
A	nimações	
T	ransições	
A	Apresentação de Slides	

8.4. Guia Arquivo

A guia **Arquivo** dá acesso ao modo de exibição ***backstage***, que não permite visualizar ou editar a apresentação, apenas manipular o arquivo como um todo (novo, abrir, salvar, imprimir, exportar, fechar, opções, sair...).

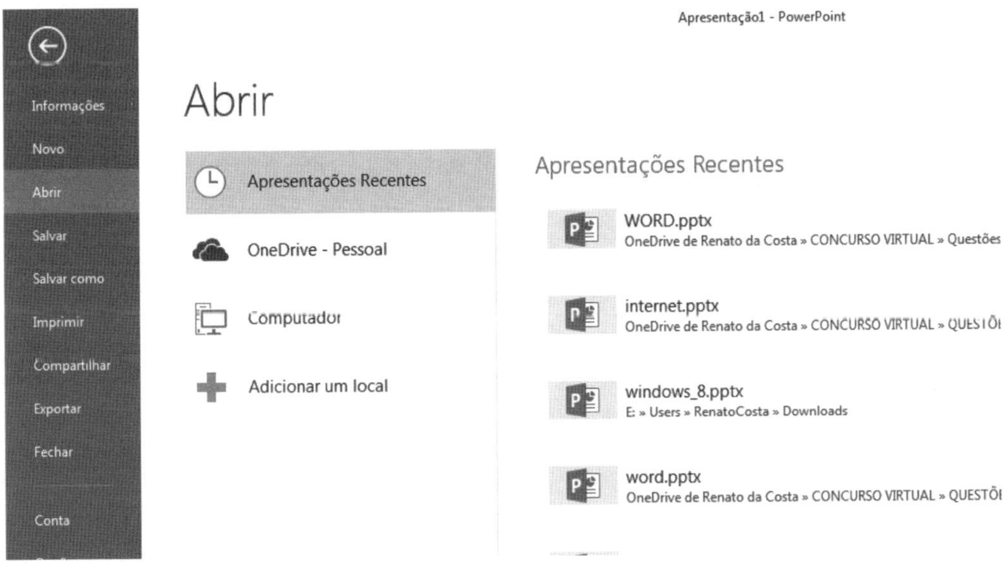

Alguns comandos disponíveis no modo de exibição backstage estão organizados em páginas, as guias de páginas ficam no painel colorido à esquerda, são elas:

Guias de Páginas

- Informações
- Novo
- Abrir
- Salvar
- Salvar como

- Imprimir
- Compartilhar
- Exportar
- Conta
- Opções

A partir do botão 

, podemos salvar arquivos em diferentes formatos, tais como:

- .ppt
- **.pptx**
- .pptm
- .pot
- .potx
- .potm
- .thxm
- .pps
- .ppsx
- .ppsm
- .ppam
- .ppa
- .xml
- .wmv
- .gif
- .tif
- .jpg
- .png
- .bmp
- .wmf
- .emf
- .rtf
- .odb
- .xps
- .pdf

Uma novidade implementada a partir do MS PowerPoint 2010 é poder salvar como vídeo, com extensão .wmv para poder visualizar diretamente no Windows Media Player.

8.5. Guia Página Inicial

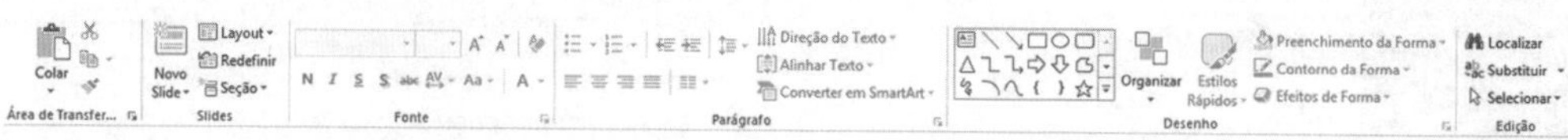

Agrupa os principais comandos de dia a dia para edição de apresentações no MS PowerPoint 2013. É preciso decorar que a guia Página Inicial contém 6 grupos, são eles:

- Área de Transferência
- Slides
- Fonte
- Parágrafo
- Desenho
- Edição

8.5.1. Grupo Área de Transferência

8.5.2. Grupo Slides

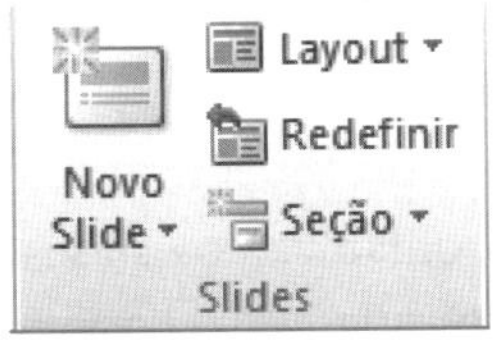

O botão  permite inserir slides na apresentação atual.

Atalho de teclado = Ctrl + M.

Podemos selecionar um tema para o slide:

- Antes de inserir o slide clicando na seta do botão 
- Após a inserção clicando no botão 

Em ambos os procedimentos, abre-se a janela a seguir:

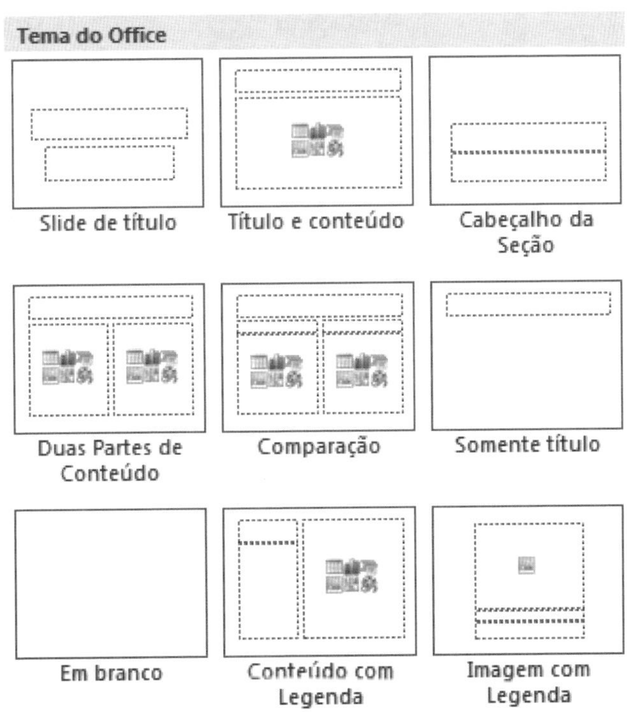

O botão 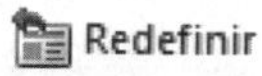

restabelece a configuração padrão, formatação, dos espaços reservados de acordo com o tema do slide.

O botão 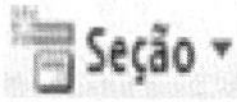

permite organizar os slides em seções para que possam ter inclusive formatações distintas em cada fase da apresentação.

8.5.3. Grupo Fonte

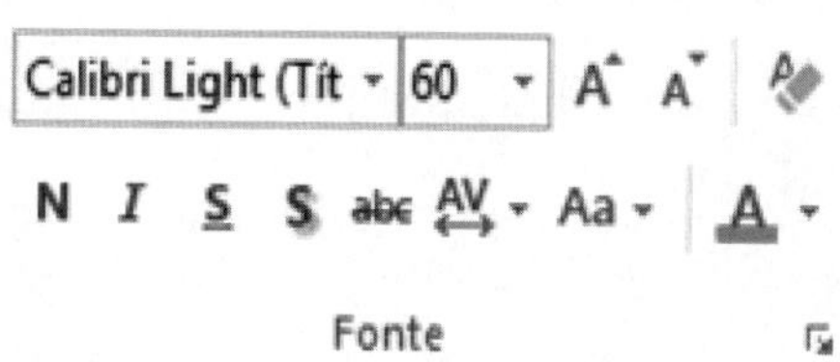

Vejamos os botões ainda não comentados em capítulos anteriores:

 Sombra

 Espaçamento de caracteres. Clicando na seta temos acesso a:

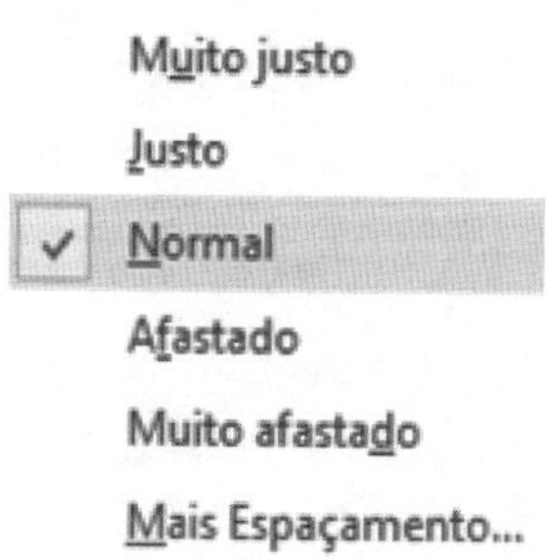

8.5.4. Grupo Parágrafo

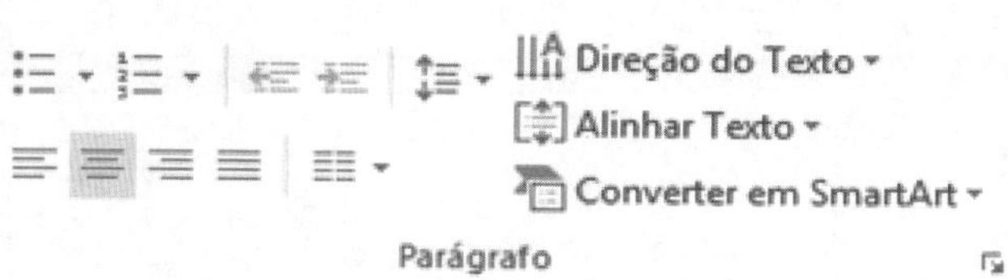

Observe que funcionalidades como  (colunas) e  (converter em SmartArt) estão disponíveis neste grupo.

8.5.5. Grupo Desenho

8.5.6. Grupo Edição

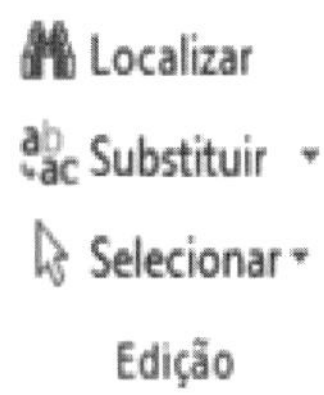

8.6. Guia Inserir

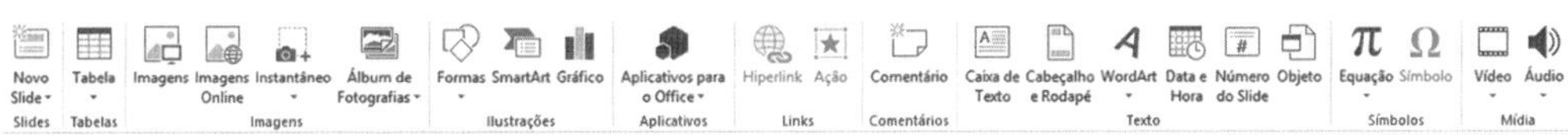

É preciso decorar que a guia Inserir contém 10 grupos, são eles:

- Novo Slide
- Tabelas
- Imagens
- Ilustrações
- Aplicativos
- Links
- Comentários
- Texto
- Símbolos
- Mídia

8.6.1. Grupo Novo Slide

Apresenta funcionalidade redundante, a inserção de um novo slide pode ser feita de duas formas:

- Guia Página Inicial, grupo Slides, comando Novo Slide;
- Guia Inserir, Grupo Novo Slide, comando Novo Slide.

8.6.2. Grupo Tabelas

8.6.3. Grupo Imagens

O botão 

é exclusivo do MS PowerPoint e permite criar um tipo específico de apresentação na qual é possível inserir e organizar coleções de imagens digitais.

Inserindo as fotografias a partir do botão [Arquivo/disco...] e em seguida clicando no botão [Criar] é gerada a apresentação automaticamente, conforme imagem a seguir.

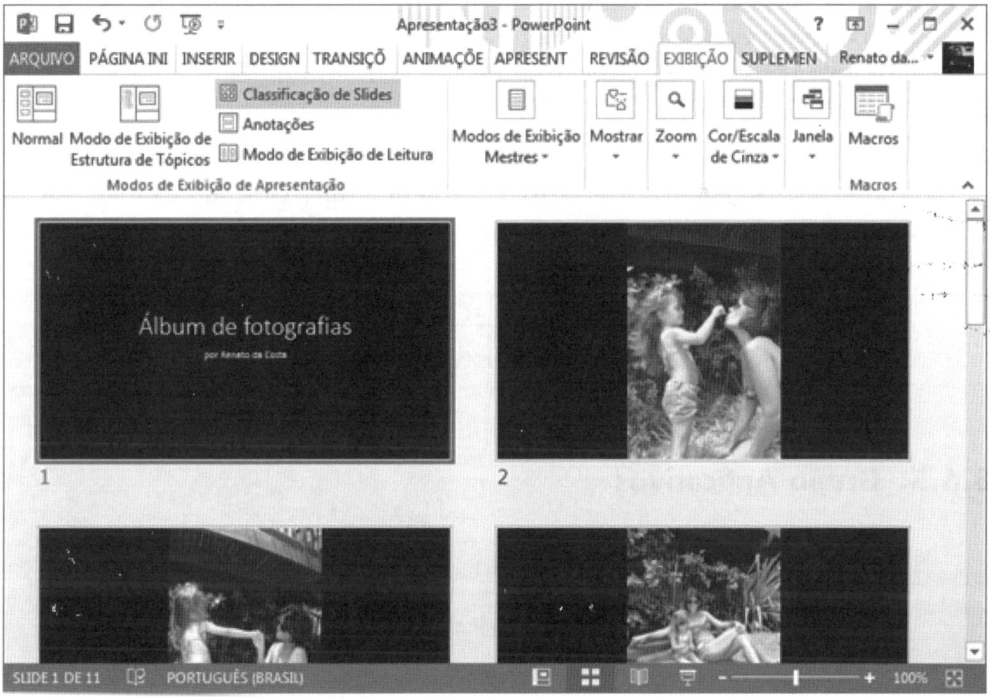

8.6.4. Grupo Ilustrações

A partir do ícone Formas é possível inserir botões de ação, um botão predefinido pelo PowerPoint cujos formatos variam desde setas para direita e para esquerda, até ícones intuitivos de ações, como ir para o anterior, próximo, primeiro e último slide.

Exercício

IBFC-IDECI-ADVOGADO

Os botões de ação do Microsoft PowerPoint 2007, no modo de apresentação de slides, além de executarem filmes ou sons, contêm formas como setas para direita e para esquerda e símbolos de fácil compreensão referentes às ações: [Resposta 1]

a) De finalização de toda a apresentação.

b) De temporização de cada slide da apresentação.

c) De transição entre cada slide da apresentação.

d) De ir para o próximo, anterior, primeiro e último slide.

OBS: Este recurso também é acessível através do grupo Desenho da Guia Página Inicial:

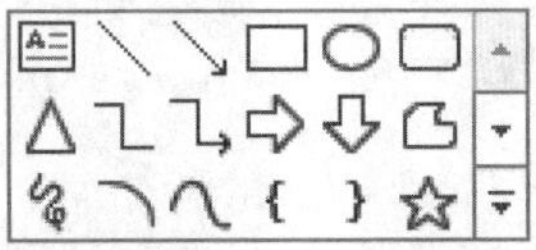

8.6.5. Grupo Aplicativos

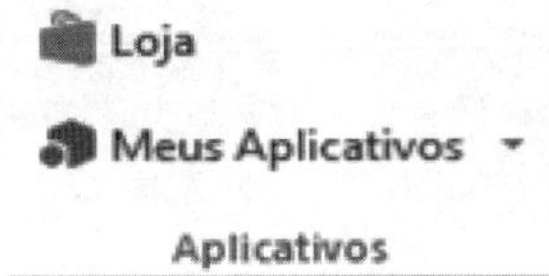

8.6.6. Grupo Links

O botão  permite executar uma ação como mudar de slide ou abrir um programa ao passar o mouse ou clicar sobre um objeto.

Resposta 1 – Letra D.

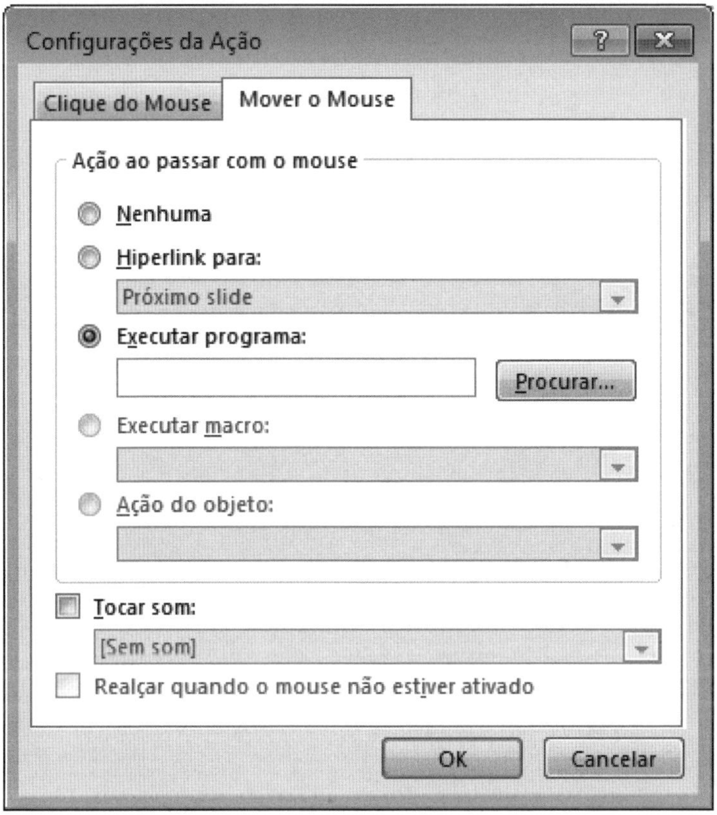

8.6.7. Grupo Comentários

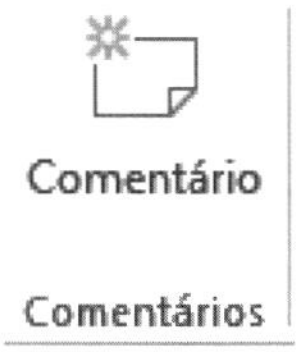

8.6.8. Grupo Texto

8.6.9. Grupo Símbolos

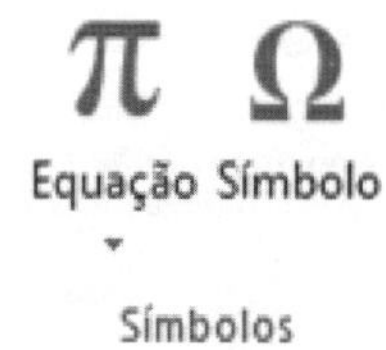

8.6.10. Grupo Mídias

O botão 

permite inserir diversos formatos de vídeos em sua apresentação, como:

- .avi
- .mov
- .mp4
- .mpeg
- .wmv

O botão 

permite inserir diversos formatos de áudio em sua apresentação, como:

- .mid
- .mp3
- .wav
- .wma

8.7. Guia Design

É preciso decorar que a guia Design contém 3 grupos, são eles:

- Temas
- Variantes
- Personalizar

8.7.1. Grupo Temas

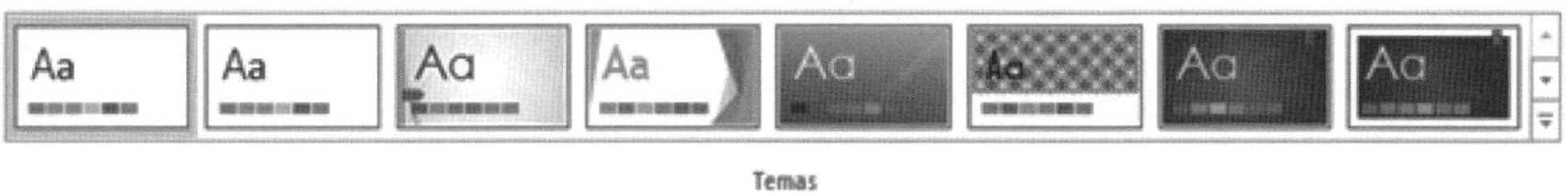

Um tema corresponde a uma combinação de cores, fontes, formatação, gráficos e outros elementos referentes à aparência de uma apresentação.

8.7.2. Grupo Variantes

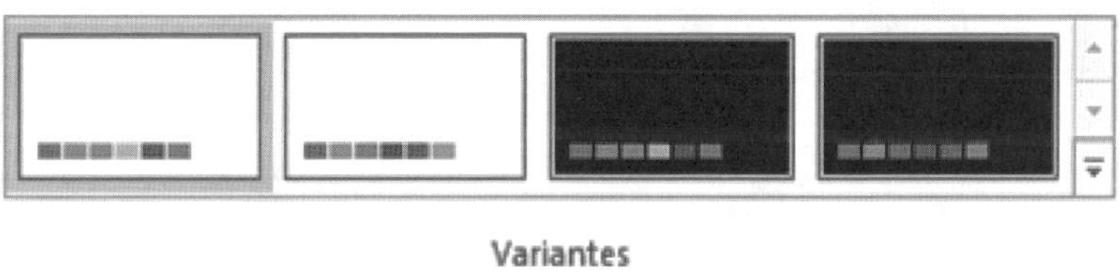

Variantes de um tema selecionado.

8.7.3. Grupo Personalizar

O botão 

é interessante, pois o *layout* do monitor (padrão) e o de uma televisão moderna (widescreen) são diferentes, logo dependendo de onde a apresentação for exibida é necessário alternar entre:

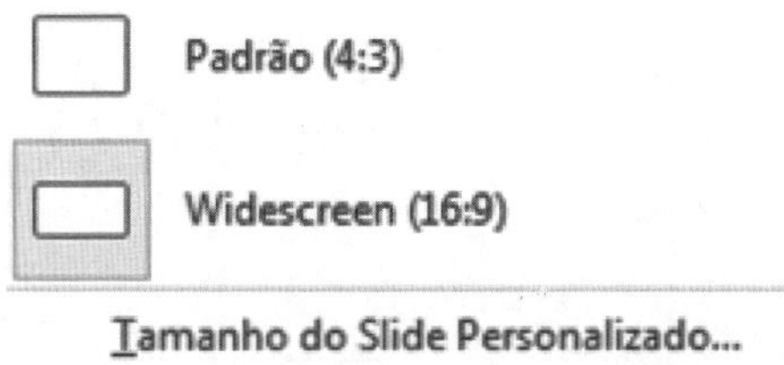

O botão 

permite personalizar o plano de fundo de um slide adicionando uma cor sólida, um gradiente* de cores, uma textura ou uma imagem.

8.8. Guia Transições

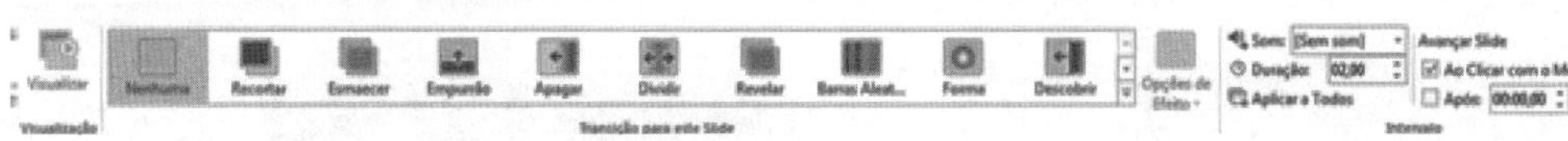

É preciso decorar que a guia Transições contém 3 grupos, são eles:

- Visualização
- Transição para este Slide
- Intervalo

Uma transição é um efeito que especifica como a exibição será modificada quando passarmos de um slide para outro.

8.8.1. Grupo Visualização

* Efeito visual no qual uma cor sólida faz transição gradativa de tom claro para escuro ou vice versa (degrade)

8.8.2. Grupo Transição para este Slide

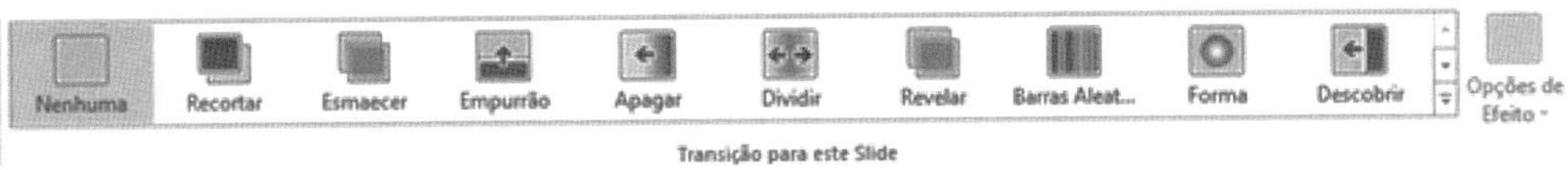

> **Exercício**
>
> Liquigás – Cesgranrio
>
> No aplicativo PowerPoint, qual o tipo de efeito de animação em que o slide é apresentado por meio de um efeito do tipo padrão quadriculado ou de exibição gradativa? [Resposta 2]
>
> a) Extensão
> b) Marcação
> c) Transição
> d) Trajetória da animação
> e) Ênfase ou esmaecimento

8.8.2.1. Efeitos de Transição

Resposta 2 – Letra C. Na versão 2013 os efeitos de transições mencionadas no enunciado não existem mais, entretanto, a questão ratifica a necessidade de conhecermos os nomes dos principais efeitos de transição. Observe que Recortar, Esmaecer, Empurrão são alguns exemplos de nomes de efeito de transição.

8.8.3. Grupo Intervalo

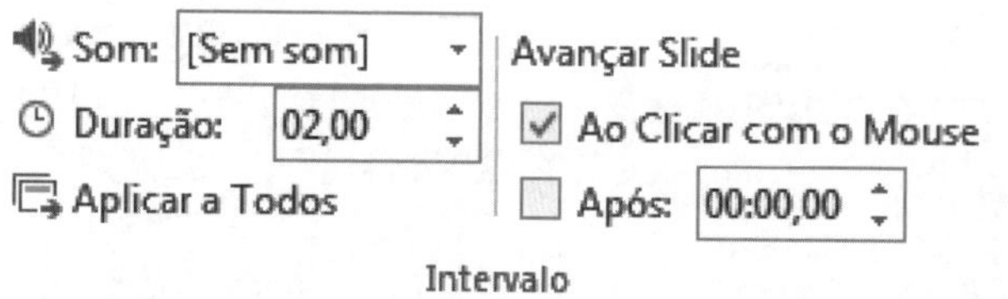

Tempo de exibição de um slide na tela antes que o MS PowerPoint passe para o próximo slide.

8.9. Guia Animações

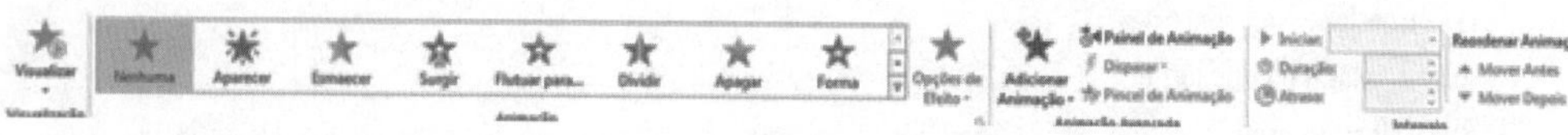

É preciso decorar que a guia Animações contém 4 grupos, são eles:

- Visualização
- Animação
- Animação Avançada
- Intervalos

8.9.1. Grupo Visualização

8.9.2. Grupo Animação

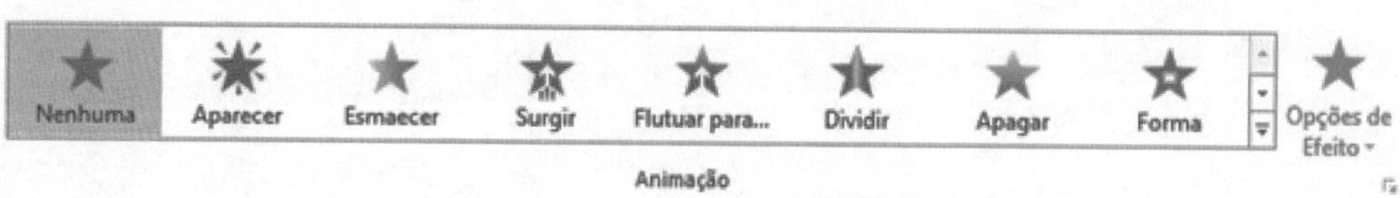

Permite aplicar efeitos a um texto ou objeto para dar a impressão de movimento.

8.9.2.1. Efeitos de Animações

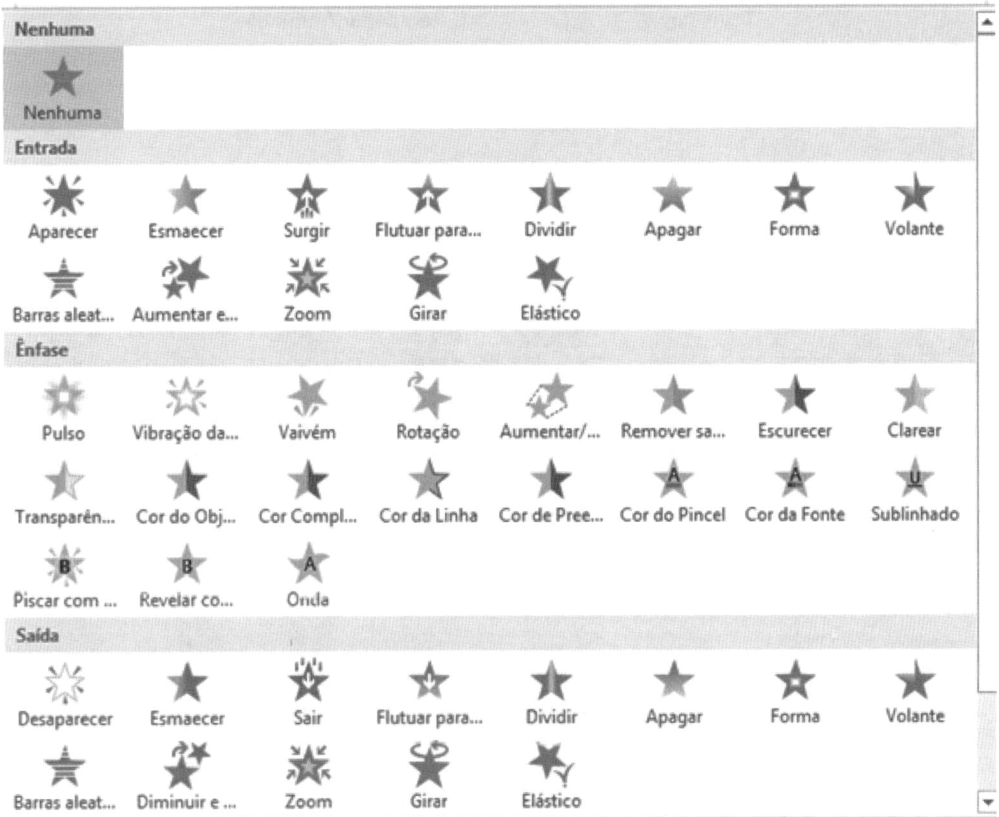

8.9.3. Grupo Animação Avançada

O botão Pincel de Animação implementado a partir da versão 2010 do MS PowerPoint permite copiar configurações de animação para outros objetos rapidamente. Atalho Alt+Shift+C.

8.9.4. Grupo Intervalo

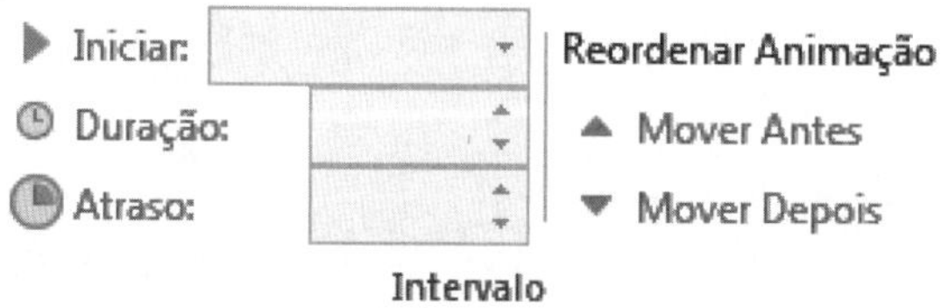

8.10. Guia Apresentação de Slides

É preciso decorar que a guia Apresentação de Slides contém 3 grupos, são eles:

- Iniciar Apresentação de Slides
- Configurar
- Monitores

8.10.1. Grupo Iniciar Apresentação de Slides

Este grupo contém os botões correspondentes aos atalhos mais frequentes em questões de PowerPoint.

O botão 

corresponde ao atalho de teclado F5, utilizado para iniciar uma apresentação do 1º slide em diante.

O botão 

corresponde ao atalho de teclado Shift+F5, utilizado para iniciar uma apresentação do slide atual em diante.

O botão 

permite selecionar quais os slides devem constar na apresentação, permitindo encurtá-la ou adaptá-la para públicos diferentes.

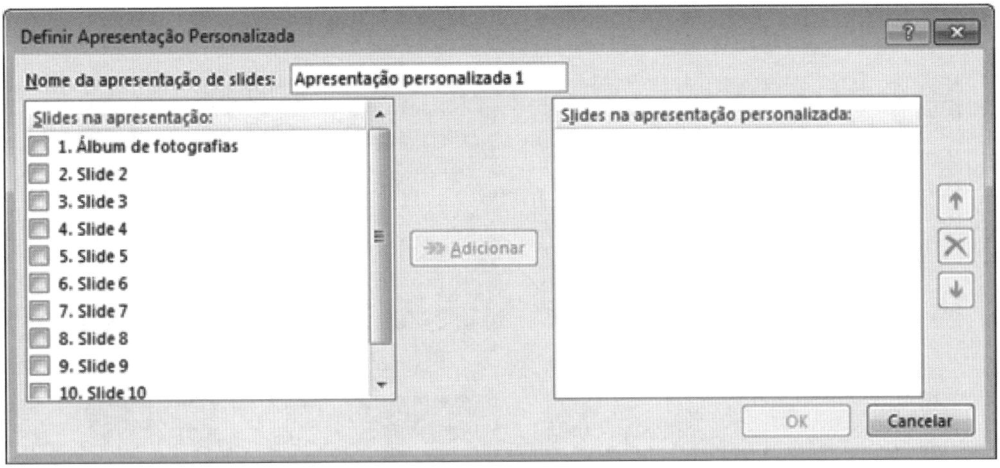

8.10.2. Grupo Configurar

É interessante perceber que ao ocultar um slide - 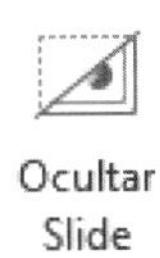

- em uma apresentação o mesmo aparece no modo de exibição classificação de slides com um risco sobre o número do slide -  - no canto inferior esquerdo, e ao determinar intervalos - 

- os mesmos são cronometrados e exibidos no canto inferior direito - 00:03 -.

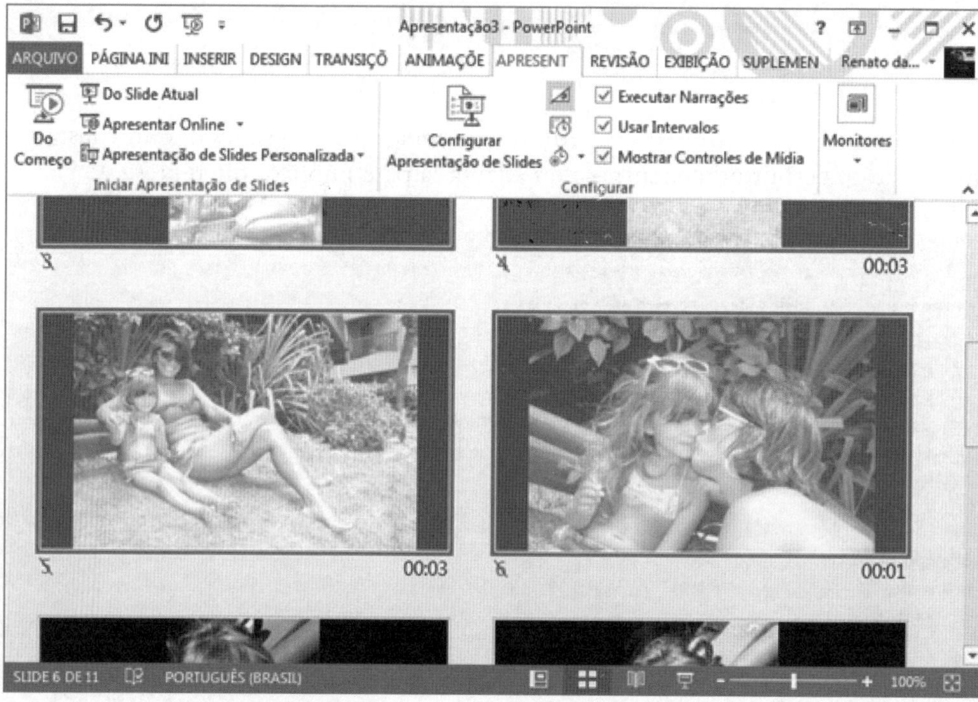

8.10.3. Grupo Monitores

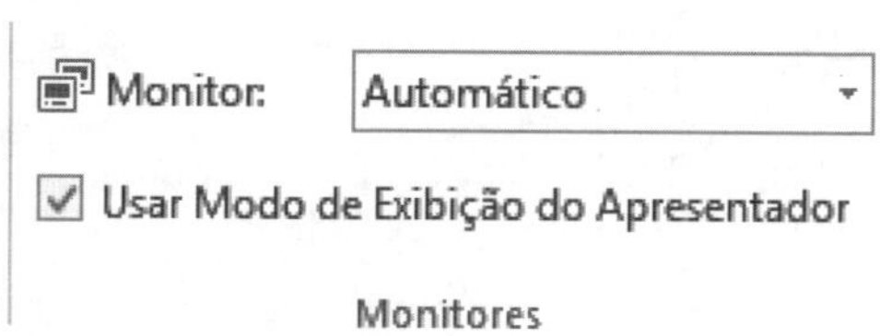

8.11. Guia Revisão

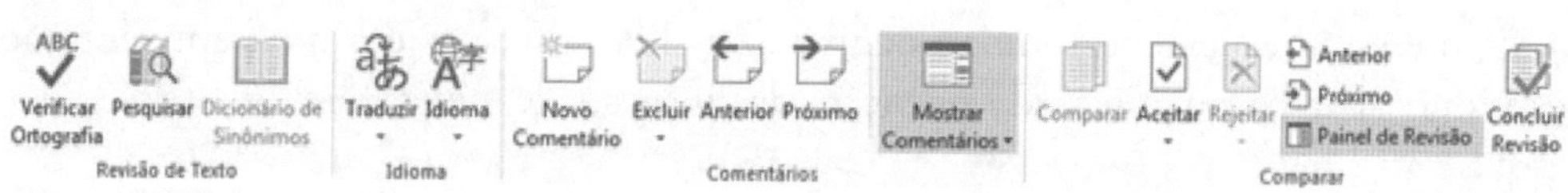

É preciso decorar que a guia Revisão contém 4 grupos, são eles:

- Revisão de Texto
- Idioma
- Comentários
- Comparar

8.11.1. Grupo Revisão de Texto

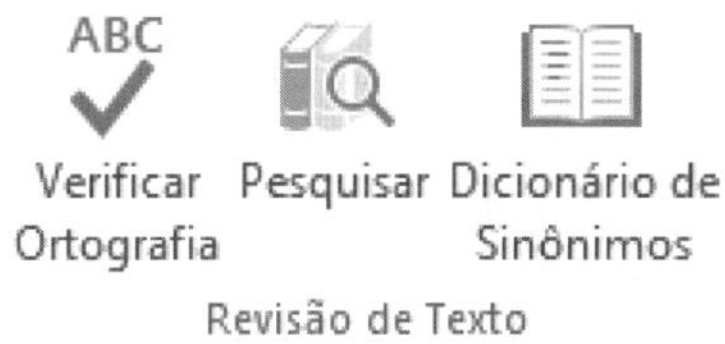

8.11.2. Grupo Idioma

8.11.3. Grupo Comentários

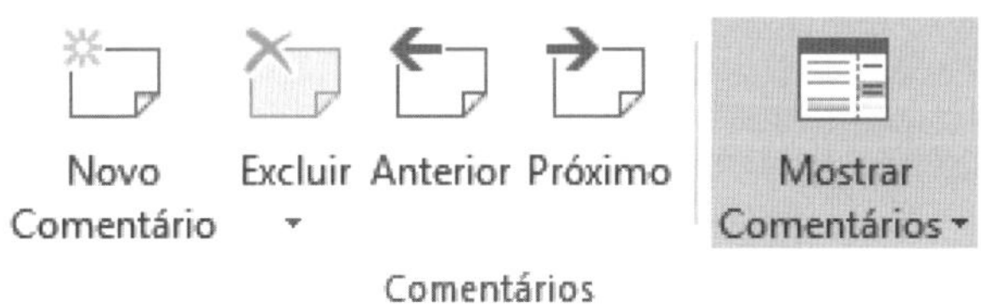

8.11.4. Grupo Comparar

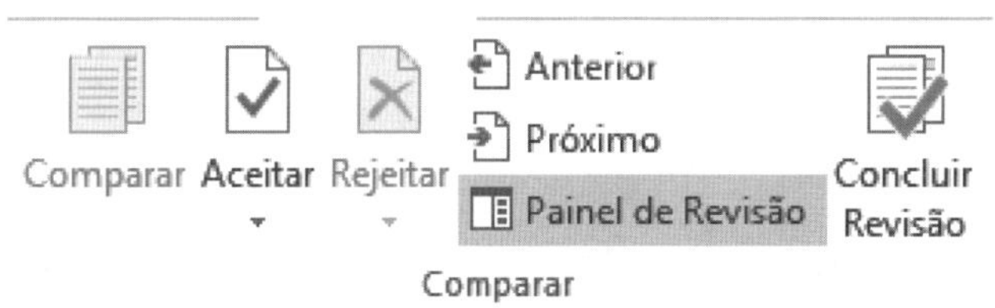

8.12. Guia Exibição

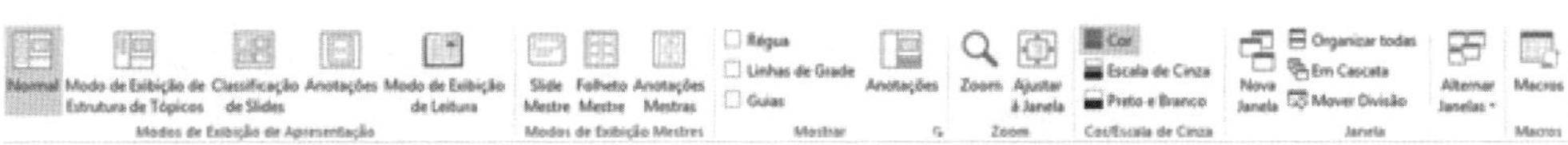

É preciso decorar que a guia Exibição contém 7 grupos, são eles:

- Modos de Exibição de Apresentação
- Modos de Exibição Mestres
- Mostrar
- Zoom
- Cor/Escala de Cinza
- Janela
- Macros

8.12.1. Grupo Modos de Exibição de Apresentação

O MS PowerPoint apresenta 5 modos de exibição a saber:

- Normal
- Modo de Exibição Estrutura de Tópicos
- Classificação de Slides
- Anotações
- Modo de Exibição de Leitura

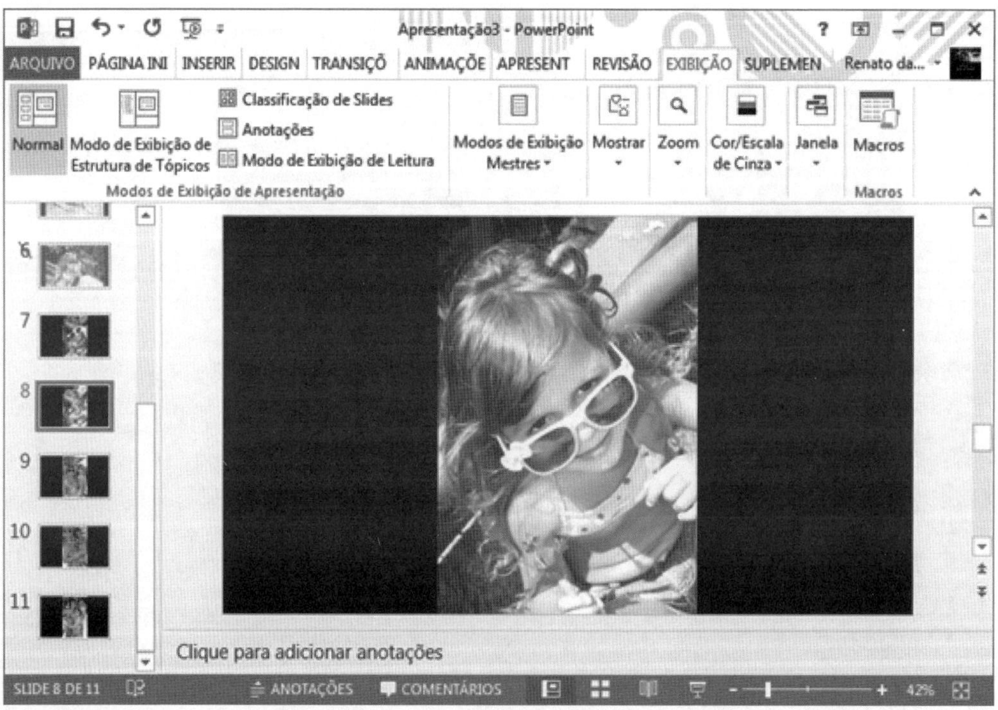

Este modo de exibição, padrão do MS PowerPoint, consiste em 3 painéis e trabalha em um único slide:

- Visão Geral, exibido do lado esquerdo da janela do programa, e exibe miniaturas de todos os slides contidos na apresentação. Um duplo clique sobre um slide permite alternar o slide atual.
- Slide, ocupa a maior parte da tela e corresponde ao slide propriamente dito.
- Anotações, encontra-se abaixo do painel Slide e permite inserir notas sobre o slide atual.

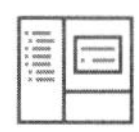

Modo de Exibição de Estrutura de Tópicos

Permite digitar o texto de uma apresentação facilmente, criando níveis para identificar hierarquicamente novos slides, títulos, subtítulos, itens etc.

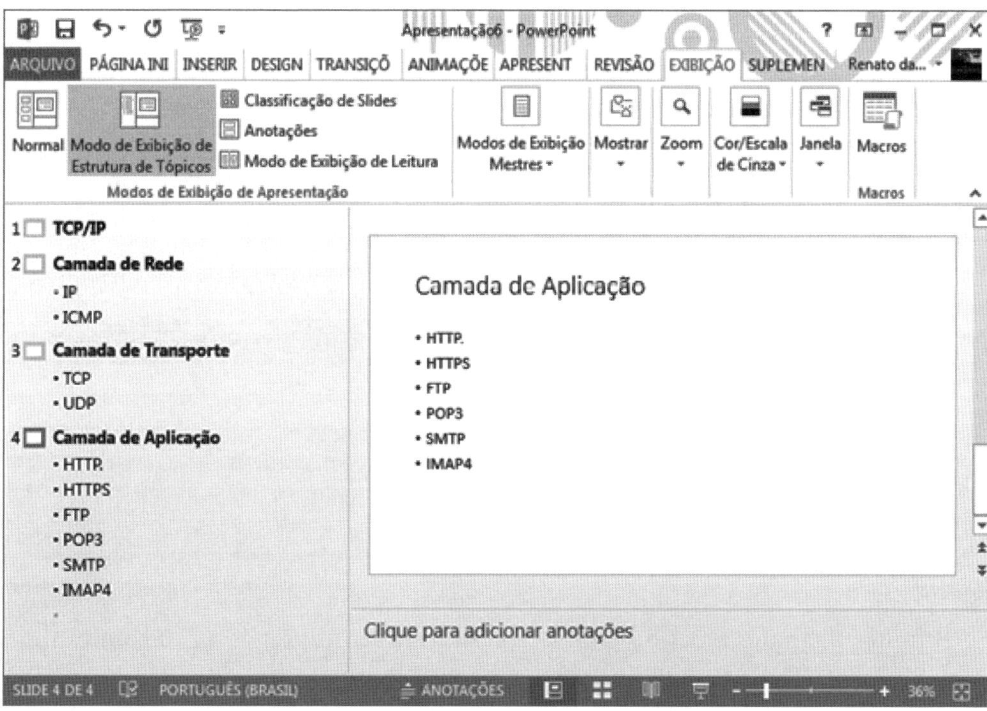

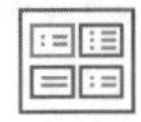

Classificação de Slides

Exibe os slides da apresentação como miniaturas, indicado para organizar slides da apresentação e aplicar transições e intervalos de tempo para cada slide.

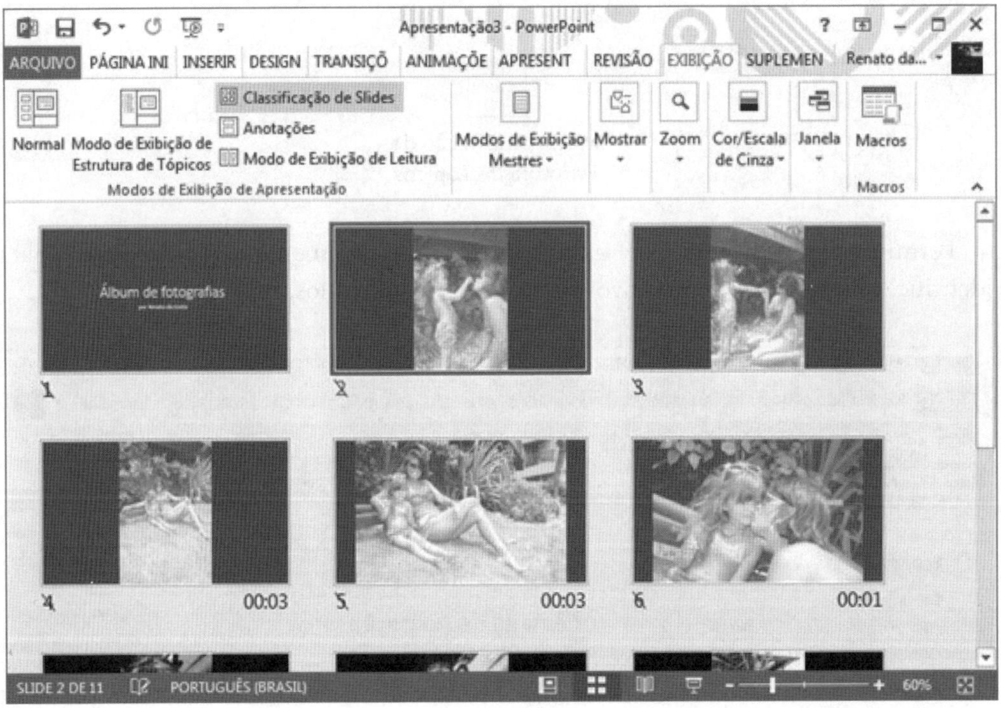

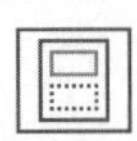

Anotações

Permite editar anotações do orador que poderão ser impressas junto com os slides para os ouvintes da apresentação acompanharem.

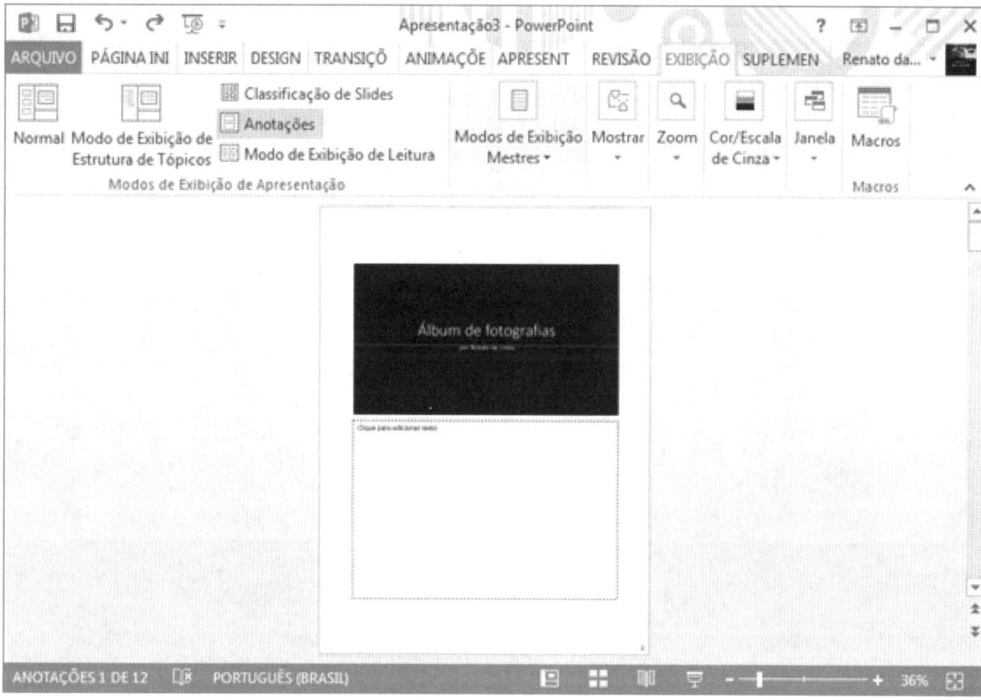

Modo de Exibição
de Leitura

Ideal para visualizar a apresentação, o slide preenche a janela do MS PowerPoint.

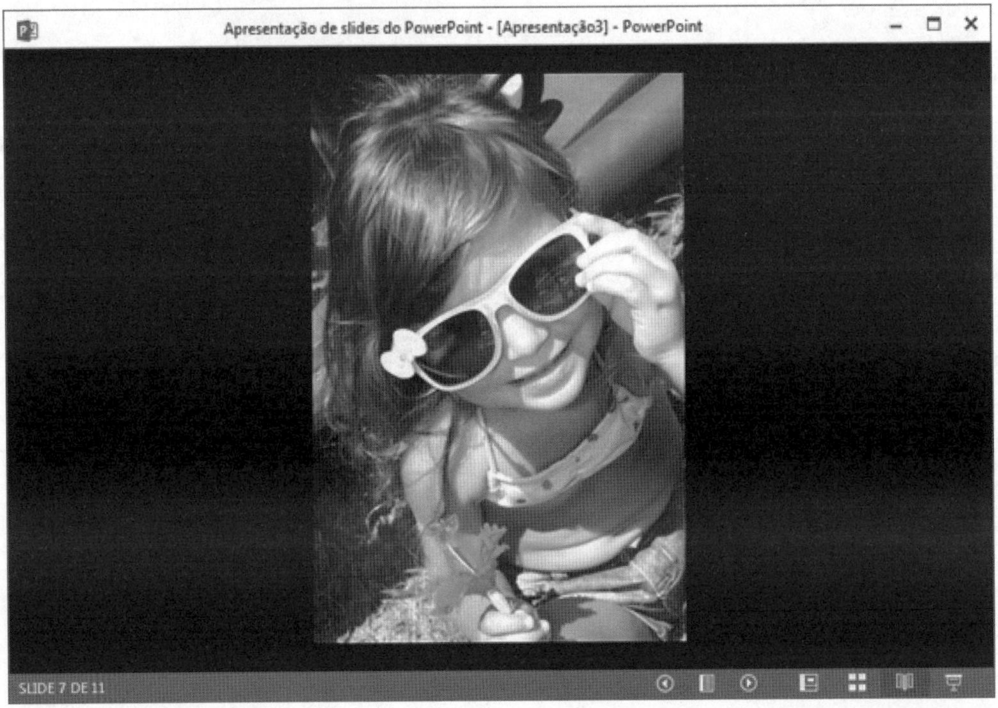

8.12.1.1. Modos de Exibição na Barra de Status

Na última barra da janela, ao lado do zoom, aparecem 4 ícones de atalhos correspondentes aos modos de exibição mais básicos, que são respectivamente:

- Normal
- Classificação de Slides
- Modo de Exibição de Leitura
- Apresentação de Slides

8.12.2. Grupo Modos de Exibição Mestres

Chegamos ao assunto mais cobrado em questões de PowerPoint:

O Slide Mestre controla a aparência da apresentação: cores, fontes, segundo plano, efeitos.

Clicando neste botão é possível formatar o Mestre para que todos os slides da seção atual sigam o Mestre quanto a aparência.

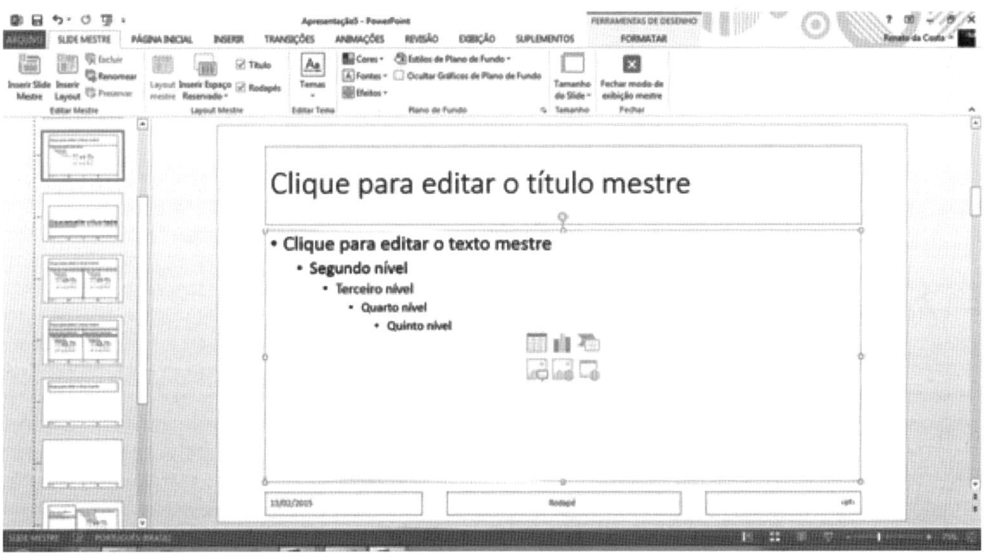

Ao editar o Slide Mestre o PowerPoint cria uma guia contextual Ferramentas de Desenho/Formatar:

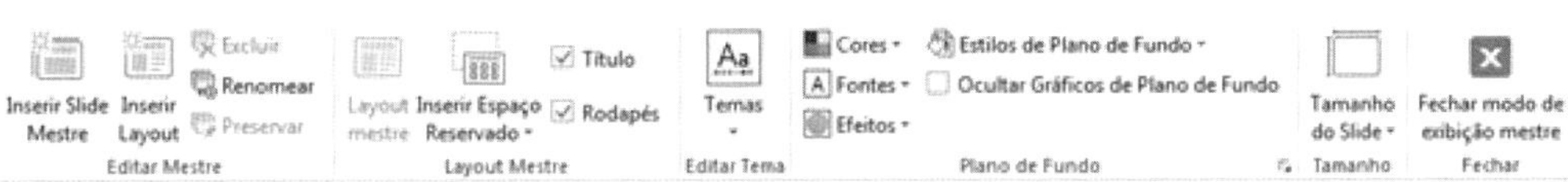

A formatação aplicada irá refletir em toda seção/apresentação.

Exercício

IBFC – FUNDAÇÃO HEMOMINAS – AUXILIAR ADMINISTRATIVO

Conforme o Ajuda do Microsoft PowerPoint 2007 este slide é parte de um modelo que armazena informações, incluindo o posicionamento de texto e de objetos em um slide, tamanhos de espaços reservados de texto e objeto, estilos de texto, planos de fundo, temas de cor, efeitos e animação. Tecnicamente, dentro dos menus do Microsoft PowerPoint, denomina-se: [Resposta 3]

a) slide mestre.

b) slide principal.

c) slide mor.

d) slide modelo.

8.12.3. Grupo Mostrar

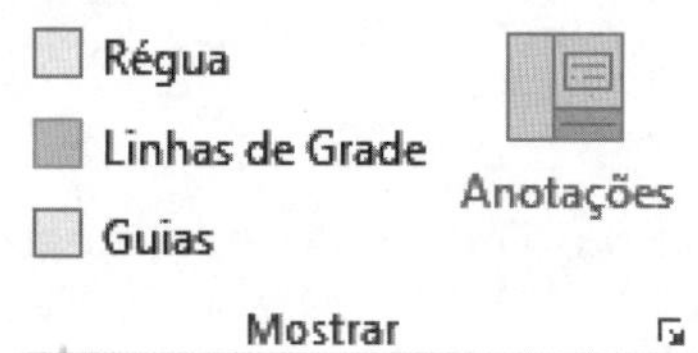

8.12.4. Grupo Zoom

8.12.5. Grupo Cor/Escala de Cinza

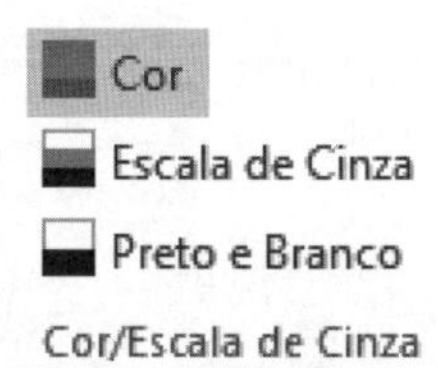

8.12.6. Grupo Janela

Resposta 3 – Letra A.

8.12.7. Grupo Macros

8.13. Principais Atalhos de Apresentação de Slides

Comando	Função
F5	Inicia uma apresentação
P, Enter, Page Down, Seta para a direita, Seta para baixo ou barra de espaços	Avança para o próximo slide
A, Page UP, Seta para esquerda, Seta para cima ou Backspace	Retrocede para o slide anterior
Número + Enter	Ir para um slide específico
E ou Ponto "."	Exibe um slide preto vazio ou retorna para a apresentação.
C ou Vírgula ","	Exibe um slide branco vazio ou retorna para a apresentação.
S	Interrompe ou inicia uma apresentação
Esc ou Hifen "-"	Encerra uma apresentação
E	Apaga as anotações em tela
H	Ir para o próximo slide se este estiver oculto

Capítulo 9

Noções de Software Livre

9.1. Histórico

É impossível falar de software livre sem antes discorrer um pouco sobre o conhecimento de direitos autorais.

A antiguidade nos apresenta textos que não possuem proteção de direitos autorais, seja por não se conhecer a fonte, a data ou a linha de sucessão, estes textos encontram-se portanto em domínio público, sem nenhuma restrição de utilização.

Em 1449 tivemos os primeiros privilégios de edição cedidos pelo Senado da Sereníssima República de Veneza, e daí em diante o mundo vem criando legislações para proteger a propriedade intelectual.

No Brasil há disposição proibindo a reprodução de obras compostas ou traduzidas por cidadãos brasileiros desde o Código Criminal de 1830, passando pela primeira Constituição da República em 1891, por alguns outros decretos e leis até a lei vigente, 9.610, de 19 de fevereiro de 1998 (LDA).

Os programas de computador são regidos por lei específica, trata-se da 9.609/98.

9.2. Software de Domínio Público

Um software de Domínio Público é um software sem copyright, cujos direitos econômicos não são de exclusividade de nenhum indivíduo ou entidade tornando-se um bem disponível para toda a comunidade. Este software NÃO TEM AUTORIA, portanto NÃO TEM RESTRIÇÕES.

Símbolo, de reconhecimento legal, utilizado para indicar que uma obra está no domínio público.

9.3. Copyright - Softwares Proprietários

O Copyright garante todos os direitos ao autor.

Símbolo do Copyright

O Software proprietário é aquele que possui copyright. Seu uso, redistribuição ou modificação é proibido, ou requer que você peça permissão, ou é restrito de tal forma que você não possa efetivamente fazê-lo livremente.

9.3.1. Freeware

O termo "freeware"' se refere ao software proprietário GRATUITO, se refere a pacotes que permitem redistribuição, mas não modificação (seu código fonte não está disponível). Estes pacotes não são software livre, portanto não use "freeware" para referir-se a software livre.

9.3.2. Shareware

Shareware é software proprietário que vem com permissão para redistribuir cópias, mas diz que qualquer um que continue usando uma cópia deve pagar por uma licença.

Shareware não é software livre. O shareware é um programa que possui algum tipo de limitação de uso, seja um determinado período, quantidade de vezes que possa ser utilizado, disponibilidade de ferramentas...

9.3.3. Beta

A versão beta de um **software é aquela** que ainda se encontra em fase de desenvolvimento e testes, e é disponibilizada para que os usuários possam **avaliar** e, eventualmente, reportar bugs para os desenvolvedores.

Exercício

MINISTÉRIO DA JUSTIÇA – FUNRIO

Existem diversas categorias comerciais de software. Aquela que é disponibilizada, ainda não acabada, para avaliação e testes é chamada de uma versão de software [Resposta 1]

a) Trial.
b) Freeware.
c) ShareWare.
d) Beta.
e) Demo.

Resposta 1 – Letra D.

9.4. Software Livre (Free Software)

Bem, no passado era muito comum a troca de programas, a colaboração entre os programadores, então muitos códigos e até mesmo sistemas operacionais eram de domínio público, tal como o UNIX (sistema operacional).

No final da década de 70 algumas empresas começaram a se apropriar de programas de domínio público, realizar modificações e posteriormente redistribuir tais programas, sem oferecer acesso às modificações, ou seja, tornando programas que antes eram de domínio público em programas proprietários.

Para que mal-intencionados não se aproveitassem de programas que deveriam originalmente ser disponíveis para todos, Richard Stallman criou uma Fundação de Software Livre (FSF), se fazendo valer da lei de direitos autorais para ceder liberdades irrevogáveis, garantindo portanto a preservação de propósitos.

O conceito de Software Livre é atrelado ao de um programa que é distribuído com seu código-fonte, podendo ser estudado, alterado, executado, copiado e até mesmo ser redistribuído.

A definição de "Software Livre" nos proporciona:

0. A liberdade de executar um programa, seja qual for o propósito;
1. A liberdade de modificar um programa para adaptá-lo às suas necessidades e, para que isso ocorra, você deve ter acesso ao código-fonte.
2. A liberdade de redistribuir cópias, gratuitamente ou mediante uma taxa*.
3. A liberdade de construir versões modificadas do programa e, nesse caso, toda a comunidade poderá beneficiar-se dos aperfeiçoamentos.

Vejamos então: O Linux é o principal exemplo de software livre (Free Software) na atualidade, trata-se de um sistema operacional baseado em tal filosofia que pode ser comercializado por seus distribuidores que acabam oferecendo, além do CD, manuais, suporte etc.

Exercício

CNJ – Cespe – 2013

O kernel do Linux está constantemente em desenvolvimento por uma comunidade de programadores, mas, para garantir a sua qualidade e integridade, existem mantenedores do kernel, como o Linus Torvalds, que analisam e julgam a pertinência das alterações. [Resposta 2]

( ) Certo ( ) Errado

* Uma grande confusão é a associação errônea do software livre com o software gratuito. Um *Software Livre* não precisa ser gratuito. O Software Livre traz consigo o código-fonte, pode ser vendido e ser livremente alterado, adaptado e redistribuído. Já o Freeware (não confunda com Free Software) é obrigatoriamente de graça, mas não traz consigo o código-fonte, logo, não pode ser alterado.

Resposta 2 – Certo.

Todo software livre obrigatoriamente possui código aberto, mas nem todo software de código aberto é livre.

9.5. Projeto GNU

O projeto GNU foi desenvolvido por Richard Stallman. GNU, originalmente, refere-se a um ruminante semelhante a um búfalo, que vive em liberdade na África, tal nome provém de um trocadilho com o Unix e outros softwares que eram livres e que deixaram de ser (GNU's Not Unix).

Para continuar mantendo o projeto, Ricchard Stallman fundou uma instituição chamada Free Software Foundation (FSF) que visava arrecadar fundos através de doações e venda de CDs e manuais.

GNU

9.6. Licença GNU GPL (General Public License)

A licença GNU GPL foi desenvolvida pela Free Software Foundation para especificar se um software é livre ou não. Tal licença é um acordo entre as partes (desenvolvedor e usuário), portanto tem validade no Brasil, mesmo que não na sua totalidade.

> *"Copyright (C) 1989, 1991 Free Software Foundation, Inc. 675 Mass Ave, Cambridge, MA 02139, USA*
>
> *A qualquer pessoa é permitido copiar e distribuir cópias desse documento de licença, desde que sem qualquer alteração.*
>
> *Introdução*
>
> *As licenças de muitos software são desenvolvidas para restringir sua liberdade de compartilhá-lo e mudá-lo. Contrária a isso, a Licença Pública Geral GNU pretende garantir sua liberdade de compartilhar e alterar softwares livres – garantindo que o software será livre e gratuito para os seus usuários. Esta Licença Pública Geral aplica-se à maioria dos softwares da Free Software Foundation e a qualquer outro programa cujo autor decida aplicá-la. (Alguns outros softwares da FSF são cobertos pela Licença Pública Geral de Bibliotecas, no entanto.)*
>
> *Você pode aplicá-la também aos seus programas.*

Quando nos referimos a software livre, estamos nos referindo a liberdade e não a preço. Nossa Licença Pública Geral foi desenvolvida para garantir que você tenha a liberdade de distribuir cópias de software livre (e cobrar por isso, se quiser); que você receba o código-fonte ou tenha acesso a ele, se quiser; que você possa mudar o software ou utilizar partes dele em novos programas livres e gratuitos; e que você saiba que pode fazer tudo isso.

Para proteger seus direitos, precisamos fazer restrições que impeçam a qualquer um negar estes direitos ou solicitar que você deles abdique. Estas restrições traduzem-se em certas responsabilidades para você, se você for distribuir cópias do software ou modificá-lo.

Por exemplo, se você distribuir cópias de um programa, gratuitamente ou por alguma quantia, você tem que fornecer aos recebedores todos os direitos que você possui. Você tem que garantir que eles também recebam ou possam obter o código-fonte. E você tem que mostrar-lhes estes termos para que eles possam conhecer seus direitos.

Nós protegemos seus direitos em dois passos: (1) com copyright do software e (2) com a oferta desta licença, que lhe dá permissão legal para copiar, distribuir e/ou modificar o software.

Além disso, tanto para a proteção do autor quanto a nossa, gostaríamos de certificar-nos que todos entendam que não há qualquer garantia nestes softwares livres. Se o software é modificado por alguém mais e passado adiante, queremos que seus recebedores saibam que o que eles obtiveram não é original, de forma que qualquer problema introduzido por terceiros não interfira na reputação do autor original.

Finalmente, qualquer programa é ameaçado constantemente por patentes de software. Queremos evitar o perigo de que distribuidores de software livre obtenham patentes individuais, o que tem o efeito de tornar o programa proprietário. Para prevenir isso, deixamos claro que qualquer patente tem que ser licenciada para uso livre e gratuito por qualquer pessoa, ou então que nem necessite ser licenciada.

Os termos e condições precisas para cópia, distribuição e modificação se encontram abaixo:

LICENÇA PÚBLICA GERAL GNU

TERMOS E CONDIÇÕES PARA CÓPIA, DISTRIBUIÇÃO E MODIFICAÇÃO

0. Esta licença se aplica a qualquer programa ou outro trabalho que contenha um aviso colocado pelo detentor dos direitos autorais informando que aquele pode ser distribuído sob as condições desta Licença Pública Geral. O "Programa" abaixo refere-se a qualquer programa ou trabalho, e "trabalho baseado no Programa" significa tanto o Programa em si como quaisquer trabalhos derivados, de acordo com a lei de direitos autorais: isto quer dizer um trabalho que contenha o Programa ou parte dele, tanto originalmente ou com modificações, e/ou tradução para outros idiomas. (Doravante o processo de tradução está incluído sem limites no termo "modificação".) Cada licenciado é mencionado como "você".

Atividades outras que a cópia, a distribuição e modificação não estão cobertas por esta Licença; elas estão fora de seu escopo. O ato de executar o Programa não é restringido e o resultado do Programa é coberto apenas se seu conteúdo contenha trabalhos baseados no Programa (independentemente de terem sido gerados pela execução do Programa). Se isso é verdadeiro depende do que o programa faz.

1. Você pode copiar e distribuir cópias fiéis do código-fonte do Programa da mesma forma que você o recebeu, usando qualquer meio, desde que você conspícua e apropriadamente publique em cada cópia um aviso de direitos autorais e uma declaração de inexistência de garantias; mantenha intactos todos os avisos que se referem a esta Licença e à ausência total de garantias; e forneça a outros recebedores do Programa uma cópia desta Licença, junto com o Programa.

Você pode cobrar pelo ato físico de transferir uma cópia e pode, opcionalmente, oferecer garantia em troca de pagamento.

2. Você pode modificar sua cópia ou cópias do Programa, ou qualquer parte dele, assim gerando um trabalho baseado no Programa, e copiar e distribuir essas modificações ou trabalhos sob os termos da seção 1 acima, desde que você também se enquadre em todas estas condições:

a) Você tem que fazer com que os arquivos modificados levem avisos proeminentes afirmando que você alterou os arquivos, incluindo a data de qualquer alteração.

b) Você tem que fazer com que quaisquer trabalhos que você distribua ou publique, e que integralmente ou em partes contenham ou sejam derivados do Programa ou de suas partes, sejam licenciados, integralmente e sem custo algum para quaisquer terceiros, sob os termos desta Licença.

c) Se qualquer programa modificado normalmente lê comandos interativamente quando executados, você tem que fazer com que, quando iniciado tal uso interativo da forma mais simples, seja impresso ou mostrado um anúncio de que não há qualquer garantia (ou então que você fornece a garantia) e que os usuários podem redistribuir o programa sob estas condições, ainda informando os usuários como consultar uma cópia desta Licença. (Exceção: se o Programa em si é interativo mas normalmente não imprime estes tipos de anúncios, seu trabalho baseado no Programa não precisa imprimir um anúncio.)

Estas exigências aplicam-se ao trabalho modificado como um todo. Se seções identificáveis de tal trabalho não são derivadas do Programa, e podem ser razoavelmente consideradas trabalhos independentes e separados por si só, então esta Licença, e seus termos, não se aplicam a estas seções quando você distribuí-las como trabalhos em separado. Mas quando você distribuir as mesmas seções como parte de um todo que é trabalho baseado no Programa, a distribuição como um todo tem que se enquadrar nos termos desta Licença, cujas permissões para outros licenciados se estendem ao todo, portanto também para cada e toda parte independente de quem a escreveu.

Desta forma, esta seção não tem a intenção de reclamar direitos ou contestar seus direitos sobre o trabalho escrito completamente por você; ao invés disso, a intenção é a de exercitar o direito de controlar a distribuição de trabalhos, derivados ou coletivos, baseados no Programa.

Adicionalmente, a mera adição ao Programa de outro trabalho não baseado no Programa (ou de trabalho baseado no Programa) em um volume de armazenamento ou meio de distribuição não faz o outro trabalho parte do escopo desta Licença.

3. Você pode copiar e distribuir o Programa (ou trabalho baseado nele, conforme descrito na Seção 2) em código-objeto ou em forma executável sob os termos das Seções 1 e 2 acima, desde que você faça um dos seguintes:

a) O acompanhe com o código-fonte completo e em forma acessível por máquinas, que tem que ser distribuído sob os termos das Seções 1 e 2 acima e em meio normalmente utilizado para o intercâmbio de software; ou,

b) O acompanhe com uma oferta escrita, válida por pelo menos três anos, de fornecer a qualquer um, com um custo não superior ao custo de distribuição física do material, uma cópia do código-fonte completo e em forma acessível por máquinas, que tem que ser distribuído sob os termos das Seções 1 e 2 acima e em meio normalmente utilizado para o intercâmbio de software; ou,

c) O acompanhe com a informação que você recebeu em relação à oferta de distribuição do código-fonte correspondente. (Esta alternativa é permitida somente em distribuição não comercial, e apenas se você recebeu o programa em forma de código-objeto ou executável, com oferta de acordo com a Subseção b acima.)

O código-fonte de um trabalho corresponde à forma de trabalho preferida para se fazer modificações. Para um trabalho em forma executável, o código-fonte completo significa todo o código-fonte de todos os módulos que ele contém, mais quaisquer arquivos de definição de "interface", mais os "scripts" utilizados para se controlar a compilação e a instalação do executável. Contudo, como exceção especial, o código-fonte distribuído não precisa incluir qualquer componente normalmente distribuído (tanto em forma original quanto binária) com os maiores componentes (o compilador, o "kernel" etc.) do sistema operacional sob o qual o executável funciona, a menos que o componente em si acompanhe o executável.

Se a distribuição do executável ou código-objeto é feita através da oferta de acesso a cópias de algum lugar, então ofertar o acesso equivalente a cópia, do mesmo lugar, do código-fonte equivale à distribuição do código-fonte, mesmo que terceiros não sejam compelidos a copiar o código-fonte com o código-objeto.

4. Você não pode copiar, modificar, sub-licenciar ou distribuir o Programa, exceto de açordo com as condições expressas nesta Licença. Qualquer outra tentativa de cópia, modificação, sub-licenciamento ou distribuição do Programa não é valida, e cancelará automaticamente os direitos que lhe foram fornecidos por esta Licença. No entanto, terceiros que de você receberam cópias ou direitos, fornecidos sob os termos desta Licença, não terão suas licenças terminadas, desde que permaneçam em total concordância com ela

5. Você não é obrigado a aceitar esta Licença já que não a assinou. No entanto, nada mais lhe dará permissão para modificar ou distribuir o Programa ou trabalhos derivados deste. Estas ações são proibidas por lei, caso você não aceite esta Licença. Desta forma, ao modificar ou distribuir o Programa (ou qualquer trabalho derivado do Programa), você estará indicando sua total aceitação desta Licença para fazê-los, e todos os seus termos e condições para copiar, distribuir ou modificar o Programa, ou trabalhos baseados nele.

6. Cada vez que você redistribuir o Programa (ou qualquer trabalho baseado nele), os recebedores adquirirão automaticamente do licenciador original uma licença para copiar, distribuir ou modificar o Programa, sujeitos a estes termos e condições. Você não poderá impor aos recebedores qualquer outra restrição ao exercício dos direitos então adquiridos. Você não é responsável em garantir a concordância de terceiros a esta Licença.

7. Se, em consequência de decisões judiciais ou alegações de infringimento de patentes ou quaisquer outras razões (não limitadas a assuntos relacionados a patentes), condições forem impostas a você (por ordem judicial, acordos ou outras formas) e que contradigam as condições desta Licença, elas não o livram das condições desta Licença. Se você não puder distribuir de forma a satisfazer simultaneamente suas obrigações para com esta Licença e para com as outras obrigações pertinentes, então como consequência você não poderá distribuir o Programa. Por exemplo, se uma licença de patente não permitirá a redistribuição, livre de «royalties», do Programa, por todos aqueles que receberem cópias direta ou indiretamente de você, então a única forma de você satisfazer a ela e a esta Licença seria a de desistir completamente de distribuir o Programa.

Se qualquer parte desta seção for considerada inválida ou não aplicável em qualquer circunstância particular, o restante da seção se aplica, e a seção como um todo se aplica em outras circunstâncias.

O propósito desta seção não é o de induzi-lo a infringir quaisquer patentes ou reivindicação de direitos de propriedade outros, ou a contestar a validade de quaisquer dessas reivindicações; esta seção tem como único propósito proteger a integridade dos sistemas de distribuição de software livres, o que é implementado pela prática de licenças públicas. Várias pessoas têm contribuído generosamente e em grande escala para os software distribuídos usando este sistema, na certeza de que sua aplicação é feita de forma consistente; fica a critério do autor/doador decidir se ele ou ela está disposto a distribuir software utilizando outro sistema, e um licenciado não pode impor qualquer escolha.

Esta seção destina-se a tornar bastante claro o que se acredita ser consequência do restante desta Licença.

8. Se a distribuição e/ou uso do Programa são restringidos em certos países por patentes ou direitos autorais, o detentor dos direitos autorais original, e que colocou o Programa sob esta Licença, pode incluir uma limitação geográfica de distribuição, excluindo aqueles países de forma a tornar a distribuição permitida apenas naqueles ou entre aqueles países então não excluídos. Nestes casos, esta Licença incorpora a limitação como se a mesma constasse escrita nesta Licença.

9. A Free Software Foundation pode publicar versões revisadas e/ou novas da Licença Pública Geral de tempos em tempos. Estas novas versões serão similares em espírito à versão atual, mas podem diferir em detalhes que resolvem novos problemas ou situações.

A cada versão é dado um número distinto. Se o Programa especifica um número de versão específico desta Licença que se aplica a ele e a "qualquer nova versão", você tem a opção de aceitar os termos e condições daquela versão ou de qualquer outra versão publicada pela Free Software Foundation. Se o programa não especifica um número de versão desta Licença, você pode escolher qualquer versão já publicada pela Free Software Foundation.

10. Se você pretende incorporar partes do Programa em outros programas livres cujas condições de distribuição são diferentes, escreva ao autor e solicite permissão. Para o software que a Free Software Foundation detém direitos autorais, escreva à Free Software Foundation; às vezes nós permitimos exceções a este caso. Nossa decisão será guiada pelos dois objetivos de preservar a condição de liberdade de todas as derivações do nosso software livre, e de promover o compartilhamento e reutilização de software em aspectos gerais.

AUSÊNCIA DE GARANTIAS

11. UMA VEZ QUE O PROGRAMA É LICENCIADO SEM ÔNUS, NÃO HÁ QUALQUER GARANTIA PARA O PROGRAMA, NA EXTENSÃO PERMITIDA PELAS LEIS APLICÁVEIS. EXCETO QUANDO EXPRESSADO DE FORMA ESCRITA, OS DETENTORES DOS DIREITOS AUTORAIS E/OU TERCEIROS DISPONIBILIZAM O

PROGRAMA "NO ESTADO", SEM QUALQUER TIPO DE GARANTIAS, EXPRESSAS OU IMPLÍCITAS, INCLUINDO, MAS NÃO LIMITADO A, AS GARANTIAS IMPLÍCITAS DE COMERCIALIZAÇÃO E AS DE ADEQUAÇÃO A QUALQUER PROPÓSITO. O RISCO TOTAL COM A QUALIDADE E DESEMPENHO DO PROGRAMA É SEU. SE O PROGRAMA SE MOSTRAR DEFEITUOSO, VOCÊ ASSUME OS CUSTOS DE TODAS AS MANUTENÇÕES, REPAROS E CORREÇÕES.

12. EM NENHUMA OCASIÃO, A MENOS QUE EXIGIDO PELAS LEIS APLICÁVEIS OU ACORDO ESCRITO, OS DETENTORES DOS DIREITOS AUTORAIS, OU QUALQUER OUTRA PARTE QUE POSSA MODIFICAR E/OU REDISTRIBUIR O PROGRAMA CONFORME PERMITIDO ACIMA, SERÃO RESPONSABILIZADOS POR VOCÊ POR DANOS, INCLUINDO QUALQUER DANO EM GERAL, ESPECIAL, ACIDENTAL OU CONSEQUENTE, RESULTANTES DO USO OU INCAPACIDADE DE USO DO PROGRAMA (INCLUINDO, MAS NÃO LIMITADO A, A PERDA DE DADOS OU DADOS TORNADOS INCORRETOS, OU PERDAS SOFRIDAS POR VOCÊ OU POR OUTRAS PARTES, OU FALHAS DO PROGRAMA AO OPERAR COM QUALQUER OUTRO PROGRAMA), MESMO QUE TAL DETENTOR OU PARTE TENHAM SIDO AVISADOS DA POSSIBILIDADE DE TAIS DANOS.

FIM DOS TERMOS E CONDIÇÕES"

Exercício

PCMG – FUMARC

Assinale a sigla que identifica a designação da licença pública para *software* livre:

a) FSF
b) GNU
c) GPL
d) GSL

9.7. Copyleft

Copyleft é um conceito atrelado a um programa protegido por uma licença de software livre que contenha cláusula garantindo a liberdade permanente*, inclusive de modificações, onde o programa redistribuído tenha que disponibilizar, de fácil acesso, o código fonte contendo as modificações.

Note que Copyleft é visto como o contrário do Copyright, embora só possa ser atribuído pelo autor através de uma licença com tal restrição, portanto se faz valer do copyright, da lei de direitos autorais para impor tal regra de utilização.

* Como a GPL.

Exercício

PCDF – PAPILOSCOPISTA – FUNIVERSA

A maioria das licenças usadas na publicação de software livre permite que os programas sejam modificados e redistribuídos. Estas práticas são geralmente proibidas pela legislação internacional, que tenta justamente impedir que alterações e cópias sejam efetuadas sem a autorização do(s) autor(es). Que nome se dá às licenças que acompanham o software livre e fazem uso da legislação para impedir utilização não autorizada, definindo clara e explicitamente as condições sob as quais cópias, modificações e redistribuições podem ser efetuadas, bem como garantindo as liberdades de modificar e redistribuir o software assim licenciado? Resposta 3

a) Licença de domínio público
b) copyleft
c) copyright
d) freeware
e) shareware

9.8. BSD (Berkeley Software Distribution)

A licença BSD é outra licença de software livre, que entretanto apresenta menos restrições que a GPL, garante a autoria do código original mas permite inclusive que as versões modificadas utilizem licenças GPL ou proprietárias, sendo portanto mais liberal.

As modificações, ao contrário da GPL não precisam ser divulgadas, portanto trata-se de licença MENOS RESTRITIVA que a GPL.

Tradução da BSD

Direitos autorais (C) <ANO>, <TITULAR>

Todos os direitos reservados.

A redistribuição e o uso nas formas binária e código-fonte, com ou sem modificações, são permitidos contanto que as condições abaixo sejam cumpridas:

• Redistribuições do código-fonte devem conter o aviso de direitos autorais acima, esta lista de condições e o aviso de isenção de garantias subsequente.

• Redistribuições na forma binária devem reproduzir o aviso de direitos autorais acima, esta lista de condições e o aviso de isenção de garantias subsequente na documentação e/ou materiais fornecidos com a distribuição.

• Nem o nome da <ORGANIZAÇÃO> nem o nome dos contribuidores podem ser utilizados para endossar ou promover produtos derivados deste software sem autorização prévia específica por escrito.

ESTE SOFTWARE É FORNECIDO PELOS DETENTORES DE DIREITOS AUTORAIS E CONTRIBUIDORES "COMO ESTÁ", ISENTO DE GARANTIAS EXPRESSAS OU

Resposta 3 – Letra B.

TÁCITAS, INCLUINDO, SEM LIMITAÇÃO, QUAISQUER GARANTIAS IMPLÍCITAS DE COMERCIABILIDADE OU DE ADEQUAÇÃO A FINALIDADES ESPECÍFICAS. EM NENHUMA HIPÓTESE OS TITULARES DE DIREITOS AUTORAIS E CONTRIBUIDORES SERÃO RESPONSÁVEIS POR QUAISQUER DANOS, DIRETOS, INDIRETOS, INCIDENTAIS, ESPECIAIS, EXEMPLARES OU CONSEQUENTES, (INCLUINDO, SEM LIMITAÇÃO, FORNECIMENTO DE BENS OU SERVIÇOS SUBSTITUTOS, PERDA DE USO OU DADOS, LUCROS CESSANTES, OU INTERRUPÇÃO DE ATIVIDADES), CAUSADOS POR QUAISQUER MOTIVOS E SOB QUALQUER TEORIA DE RESPONSABILIDADE, SEJA RESPONSABILIDADE CONTRATUAL, RESTRITA, ILÍCITO CIVIL, OU QUALQUER OUTRA, COMO DECORRÊNCIA DE USO DESTE SOFTWARE, MESMO QUE HOUVESSEM SIDO AVISADOS DA POSSIBILIDADE DE TAIS DANOS.

9.9. Copycenter

A licença BSD não possui clausula de copyleft, sendo criticada pelo projeto GNU por não proteger a continuidade da liberdade do programa. A ausência do copyleft à licença de software livre nos dá o conceito de Copycenter, mais amplo, que oferece inclusive a liberdade de ele deixar de ser livre.

9.10. Código Aberto (Open Source)

Essa nomenclatura foi criada pela OSI (Open Source Initiative)

Programa que tem código fonte disponível, que tem as liberdades do software livre, mas não discute questões éticas.

"A definição do Open Source foi criada pela Open Source Iniciative (OSI) e determina que um programa de código aberto deve garantir:

- *Distribuição livre*
  A licença não deve restringir de nenhuma maneira a venda ou distribuição do programa gratuitamente, como componente de outro programa ou não.

- *Código-fonte*

  O programa deve incluir seu código fonte e deve permitir a sua distribuição também na forma compilada. Se o programa não for distribuído com seu código-fonte, deve haver algum meio de se obter o mesmo seja via rede ou com custo apenas de reprodução. O código deve ser legível e inteligível por qualquer programador.
- *Trabalhos Derivados*

  A licença deve permitir modificações e trabalhos derivados, e deve permitir que eles sejam distribuídos sobre os mesmos termos da licença original.
- *Integridade do autor do código fonte*

  A licença pode restringir o código fonte de ser distribuído em uma forma modificada apenas se a licença permitir a distribuição de arquivos patch (de atualização) com o código fonte para o propósito de modificar o programa no momento de sua construção. A licença deve explicitamente permitir a distribuição do programa construído a partir do código fonte modificado. Contudo, a licença pode ainda requerer que programas derivados tenham um nome ou número de versão diferentes do programa original.
- *Não discriminação contra pessoas ou grupos*

  A licença não pode ser discriminatória contra qualquer pessoa ou grupo de pessoas.
- *Não discriminação contra áreas de atuação*

  A licença não deve restringir qualquer pessoa de usar o programa em um ramo específico de atuação. Por exemplo, ela não deve proibir que o programa seja usado em um empresa, ou de ser usado para pesquisa genética.
- *Distribuição da Licença*

  Os direitos associados ao programa devem ser aplicáveis para todos aqueles cujo programa é redistribuído, sem a necessidade da execução de uma licença adicional para estas partes.
- *Licença não específica a um produto*

  Os direitos associados ao programa não devem depender que o programa seja parte de uma distribuição específica de programas. Se o programa é extraído desta distribuição e usado ou distribuído dentro dos termos da licença do programa, todas as partes para quem o programa é redistribuído devem ter os mesmos direitos que aqueles que são garantidos em conjunção com a distribuição de programas original.
- *Licença não restrinja outros programas*

  A licença não pode colocar restrições em outros programas que são distribuídos juntos com o programa licenciado. Isto é, a licença não pode especificar que todos os programas distribuídos na mesma mídia de armazenamento sejam programas de código aberto.

  Licença neutra em relação a tecnologia

  Nenhuma cláusula da licença pode estabelecer uma tecnologia individual, estilo ou interface a ser aplicada no programa."

  http://pt.wikipedia.org/wiki/C%C3%B3digo_aberto – Em 10/02/2015 as 2:00

Capítulo 10

Redes de Computadores

10.1. Introdução

As principais conquistas tecnológicas do último século se deram no campo da Informação. Vimos a instalação das redes telefônicas, a invenção do rádio e da televisão, o nascimento e o crescimento dos processadores e o lançamento de satélites de comunicação.

10.2. Processamento Centralizado

Até a década de 80 os sistemas computacionais ocupavam grandes andares, salas, de universidades ou grandes empresas.

Para que as informações não tivessem que ser manipuladas diretamente em um CPD (centro de processamento de dados), o que implicaria um deslocamento físico das informações ao mainframe, surgiram os terminais "burros".

Os terminais eram unidades sem capacidade de processamento, que dispondo de um monitor, um teclado e uma placa ligada a um fio de cobre permitiam o envio da informação para o mainframe* processar.

A este sistema damos o nome de *"Time-Sharing"*, onde uma única máquina é responsável por rodar todos os programas e gerenciar todos os recursos, compartilhando seu tempo para atender a muitos processos. O tempo de processamento é compartilhado pelos programas, simulando uma execução em paralelo.

A confiabilidade** nesta arquitetura era pequena, pois não havia fontes alternativas, se o mainframe parasse de funcionar prejudicaria todos os processos, todos os terminais deixariam de funcionar. Quando se atingia o limite de capacidade do processador os sistemas tinham que ser substituídos o que implicava altos custos e um grande aborrecimento para os usuários.

Os computadores de grande porte (mainframe), apesar de possuírem capacidade de processamento dezenas de vezes mais rápidas do que os computadores pessoais, eram milhares de vezes mais caros.

---

* Mainframe = computador de grande porte.

** A confiabilidade é inversamente proporcional ao tempo para se recuperar de uma falha.

Com o objetivo de reduzir os custos, aumentar a confiabilidade e a escalabilidade, as redes de computadores foram ganhando espaço.

Exercício

CEF – ACRE – CESGRANRIO

Mainframe é um tipo de computador de [Resposta 1]

a) pequeno porte, ideal para uso doméstico, assim como os PC.
b) pequeno porte, utilizado na computação móvel.
c) grande porte, com clientes avançados, utilizado na gerência de banco de dados.
d) grande porte, com terminais utilizados para processar o quadro principal de uma rede intranet.
e) grande porte, capaz de oferecer serviços de processamento a múltiplos usuários.

10.3. Processamento Distribuído

Em redes de computadores utilizamos um processamento distribuído, onde ao invés de um único mainframe ser responsável por todos os aspectos de um processo, computadores distintos (um PC ou uma estação de trabalho – workstation), processam um subconjunto de processos.

10.4. Redes de Computadores

Uma rede é um conjunto de dispositivos (normalmente conhecido como nós) conectados por links de comunicação. Um nó pode ser um computador, uma impressora, um *smartphone*, um *tablet* ou algum outro dispositivo de envio ou recepção de dados, que esteja conectado a outros nós da rede.

A rede tem como objetivo o compartilhamento de recursos, deixando equipamentos, programas e principalmente dados ao alcance de múltiplos usuários, sem falar na possibilidade de servir como meio de comunicação entre pessoas através da troca de mensagens de texto, áudio ou vídeo entre os dispositivos.

Exercício

ASSEMBLEIA DE GOIAS – UEG

Um conjunto de unidades processadoras interconectadas que permite, inclusive, o compartilhamento de recursos tais como impressoras, discos, entre outros, denomina-se: [Resposta 2]

a) Time Sharing
b) Redes de computadores
c) Compartilhamento do Windows
d) Interligação de redes de computadores

Resposta 1 – Letra E.
Resposta 2 – Letra B, "um conjunto de unidades processadoras", ou seja, autônoma, um conjunto de computadores.

10.5. Tipos de Conexão

Sabendo que uma Rede é um conjunto de dispositivos interconectados através de links, um link é definido como um caminho para comunicação que transfere dados de um equipamento a outro. Há dois tipos de conexões, enlaces, ponto a ponto e multiponto.

- Ponto a Ponto – Oferece um link dedicado entre dois dispositivos
- Multiponto – Mais de dois dispositivos compartilham um único link.

10.6. Tipos de Redes Quanto ao Tamanho

As redes de computadores podem ser classificadas quanto ao tamanho em:

LAN (Local Area Network) – Redes locais, são redes privadas onde os computadores estão compreendidos dentro do mesmo espaço geográfico (mesmo terreno, mesmo prédio). Apresentam como características: tamanho, tecnologia de transmissão e topologia.

* Dezenas ou centenas de Metros

MAN (Metropolitan Area Network) – Redes metropolitanas, uma versão ampliada da LAN, os computadores estão ligados remotamente, mas entre distâncias pequenas, normalmente dentro da mesma cidade.

* Quilômetros

WAN (Wide Area Network) – Redes Extensas, geograficamente distribuídas, os computadores estão ligados entre diferentes estados, países ou continentes.

* Centenas de Quilômetros.

PAN (Personal Area Network) – Redes pessoais, termo criado para representar conexões de rede muito próximas umas das outras (normalmente associadas a dispositivos periféricos que utilizam *bluetooth*).

* Metros

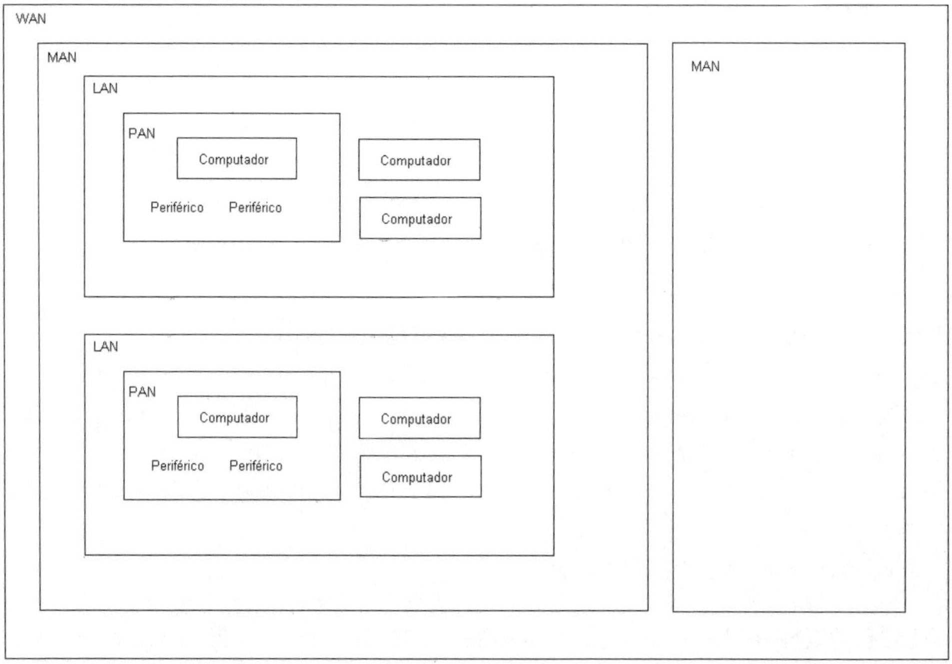

Exercícios

SOLDADO PM – MINAS GERAIS

As redes de computadores podem ser classificadas quanto ao seu tamanho. Dentre as alternativas abaixo, indique a opção que representa essa classificação. [Resposta 3]

a) Grande porte, Locais e Regionais.
b) Metropolitanas, Locais e Internacionais.
c) MAN, LAN, WAN.
d) Intranet, Internet e Extranet.

TRT SP – ANALISTA JUDICIÁRIO – FCC

A configuração de rede mais adequada para conectar computadores de [Resposta 4]

- um pavimento
- um estado
- uma nação

é, respectivamente:

a) LAN, WAN, WAN.
b) LAN, LAN, WAN.
c) LAN, LAN, LAN.
d) WAN, WAN, LAN.
e) WAN, LAN, LAN.

Resposta 3 – Letra C. Note que na letra B, Wan não é necessariamente internacional e sim extensa.
Resposta 4 – Letra A.

ANALISTA JUDICIARIO – TRT RJ – FCC

Sabendo que uma intranet utiliza a infraestrutura de rede da empresa e fazendo uso das informações contidas no texto, considere que o computador de Paulo pode se comunicar com o computador servidor do Tribunal porque os recursos necessários estão fisicamente localizados em um raio de até 500 metros dentro do prédio do Tribunal, incluindo o computador de Paulo e o servidor. Isso significa que a rede utilizada é do tipo [Resposta 5]

a) WAN.
b) CAN.
c) LAN.
d) MAN.
e) ADSL.

10.7. Unicast, Multicast e Broadcast

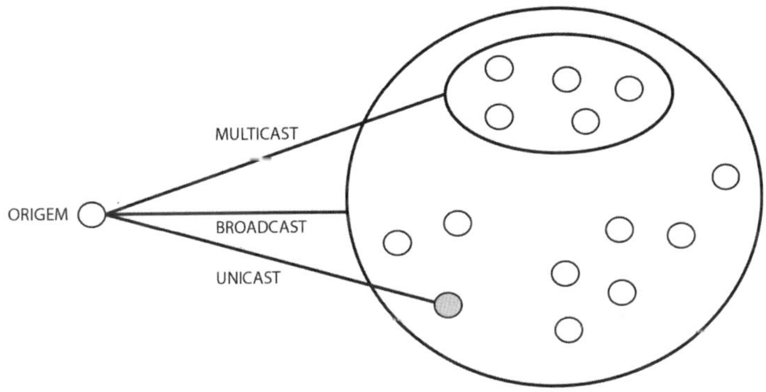

https://pt.wikipedia.org/wiki/Endereço_MAC

Uma mensagem pode ser *Unicast*, *Multicast* ou *Broadcast*. É necessário esclarecermos estes termos que serão utilizados durante as definições das topologias empregadas nas redes de computadores.

- Unicast – nesta comunicação existe apenas uma origem e um destino (um para um).
- Multicast – nesta comunicação existe apenas uma origem e um grupo de destinos (um para muitos).
- Broadcast – nesta comunicação existe apensa uma origem e todos os demais são o destino (um para todos).

10.8. Topologias (TOPO=forma + LOGIA=estudo)

Uma topologia representa a forma como os computadores estão interconectados. Existem dois tipos de topologias: física e lógica.

A topologia física corresponde ao LAYOUT da rede, é a representação geométrica da relação de todos os links e nós de uma rede.

Resposta 5 – Letra C.

A topologia lógica corresponde ao FLUXO da rede, de como as informações percorrem os links, como as mensagens transitam entre dispositivos (nós).

Exercício

MP RS – FCC

Os dispositivos de rede de computadores que são interconectados física e logicamente para possibilitar o tráfego de informações pelas redes compõem layouts denominados Resposta 6

a) protocolos.
b) topologias.
c) roteamentos.
d) arquiteturas.
e) cabeamento.

Existem 4 tipos de topologias físicas básicas, são elas:

- Barramento
- Anel
- Malha
- Estrela

10.8.1. Topologia de Barramento

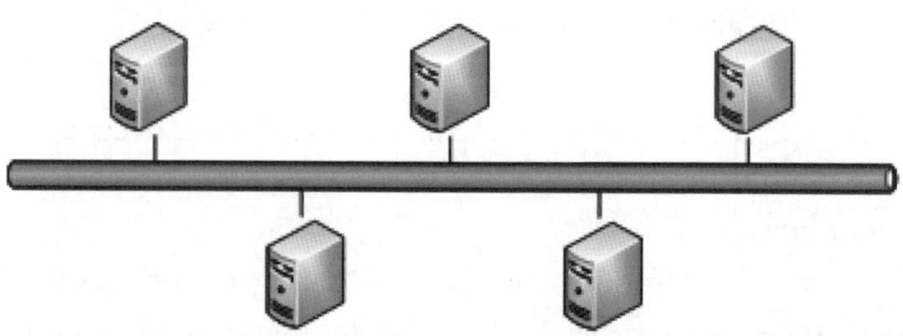

Neste tipo de topologia todas as estações ficam ligadas ao mesmo meio de transmissão (conexão multiponto), um único cabo (backbone*) onde os nós são ligados através de conectores (transceptores).

Uma vantagem é a facilidade de instalação e economia de cabeamento, já a desvantagem é o isolamento de falhas tendo em vista que uma ruptura no backbone implica a interrupção da comunicação, sem falar que como o link é compartilhado, quanto maior o número de máquinas, maior o atraso (delay) na comunicação, menor será o desempenho da rede.

Resposta 6 – Letra B.

* Espinha dorsal da rede.

10.8.2. Topologia de Anel

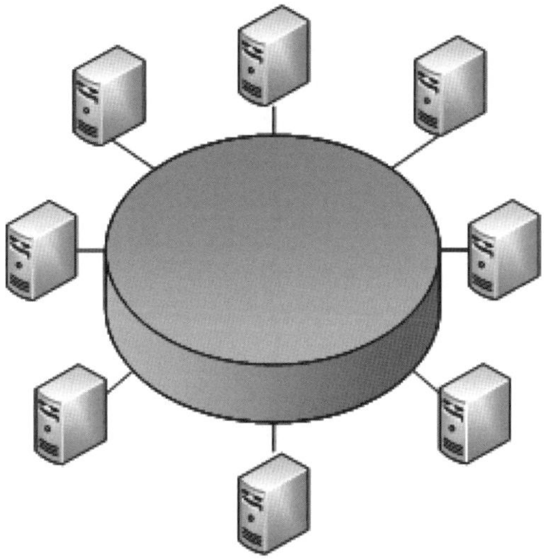

Neste tipo de topologia cada dispositivo possui uma conexão ponto a ponto dedicada com outros dois dispositivos conectados lado a lado, e fazendo uso de uma comunicação com transmissão unidirecional (simplex).

Neste caso a mensagem circula o anel, sendo regenerada e retransmitida a cada nó, passando pelo dispositivo de destino que copia a informação enviada, até retornar ao emissor original quando aí o link é liberado para que possa ser utilizado pelo nó seguinte. Uma interrupção no anel pode derrubar toda a rede.

Exercício

SEFAZ MS – FGV

Na implementação de redes locais de computadores padrão Token Ring, uma topologia apresenta como características que:

I. as estações funcionam como repetidores;

II. um sentido unidirecional é utilizado para transmissão da informação.

Esta topologia é conhecida por: [Resposta 7]

a) barramento.

b) anel.

c) estrela.

d) radial.

e) distribuída.

Resposta 7 – Letra B.

10.8.3. Topologia de Estrela

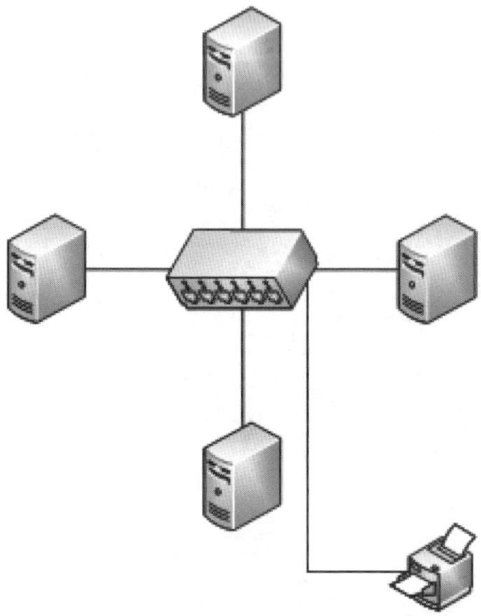

Nesta topologia as estações estão ligadas através de uma conexão ponto a ponto dedicada (segmentos de cabos) a um nó central (hub ou switch) controlador, pelo qual passam todas as mensagens, não havendo tráfego direto entre os dispositivos.

É a topologia mais usada atualmente por facilitar a identificação e o isolamento de falhas, apresentando maior confiabilidade, pois se uma conexão se romper não afetará a comunicação da rede.

Exercício

PROFESSOR SEEDUC – FESP

Observe a figura abaixo, que mostra o emprego de uma topologia típica na implementação de redes de computadores, padrão Ethernet 10/100 Mbps.

Sob o ponto de vista físico, essa topologia é denominada: [Resposta 8]

a) anel
b) barramento
c) hierárquica
d) distribuída
e) estrela

Resposta 8 – Letra E.

10.8.4. Topologia de Malha

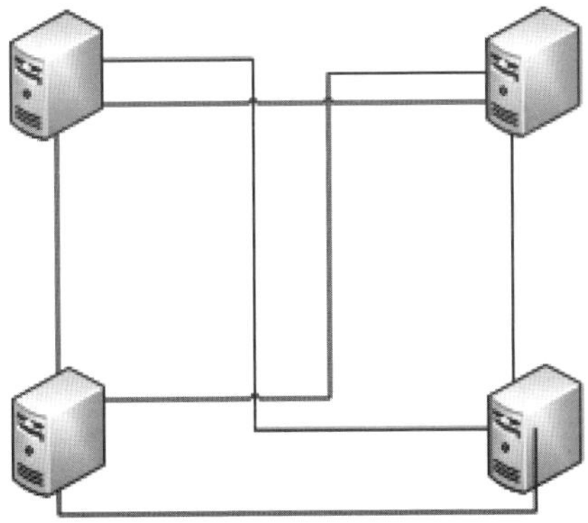

Esta topologia tem como característica cada dispositivo possuir um link ponto a ponto dedicado com transmissão bidirecional (duplex) entre cada um dos demais dispositivos.

n.(n-1)/2

Precisamos de n.(n-1)/2 links em uma rede malha, logo, uma rede com quatro computadores utiliza, 4.(4-1)/2 = 6, seis segmentos de cabo.

Como as estações estão ligadas diretamente uma com as outras, apresentam como vantagem privacidade, segurança, desempenho. Entretanto são de difícil implementação física, seja pelo custo proibitivo, e pelo volume de cabeamento e placas de I/O* para as conexões ponto a ponto.

10.8.5. Topologia Híbrida

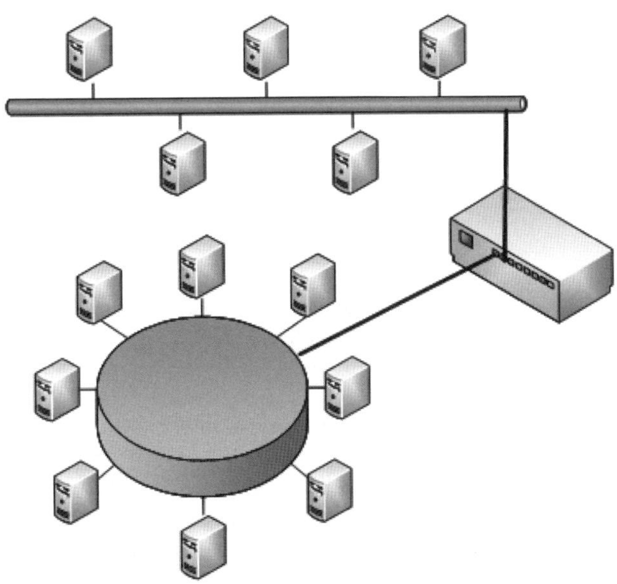

* Input e Output, entrada e saída.

Uma rede pode ser híbrida, quando combina duas ou mais topologias físicas distintas.

10.9. Redes Cabeadas

Atualmente são apresentadas 3 alternativas de cabeamento:

10.9.1. Coaxial

Consiste em um fio central de cobre, envolvido por uma blindagem de metálica. Isolantes de plástico flexível separam os condutores internos e externos e outras camadas do revestimento que cobrem a malha externa.

Utilizam conectores BNC nas conexões, conectores do tipo T (transceptores) nas placas para o enlace dos computadores e terminadores nas 2 pontas da topologia física de barramento.

Conector BNC

Conector BNC em T para interligar o micro anterior, a placa do micro atual e o próximo micro da Barra.

Terminador usado nas extremidades da Barra.

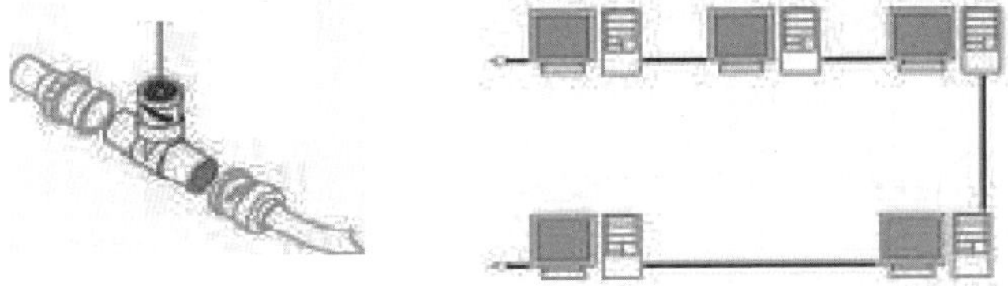

Esquema de cabeamento Coaxial com conectores BNC em uma topologia Barramento.

O cabo coaxial de 50Ω (ohm) pode ser utilizado em uma topologia barramento, com até 200 ou 500 metros de comprimento e até 30 estações. Apresenta como vantagem o baixo custo de implementação, entretanto atualmente encontra-se em desuso devido a diversas desvantagens, tais como: suportar baixa taxa de transmissão, apenas de 10Mbps, e de poder ser utilizado somente em uma topologia barramento que por trabalhar com difusão (broadcast) implica altos índices de colisões que reduzem o desempenho de redes com muitas estações, além de possuir baixa confiabilidade, pois caso uma parte do cabo seja rompida acarretará a indisponibilidade de toda a rede.

10.9.2. Par-Trançado

Cabo Par Trançado cat5

É o tipo de cabo mais utilizado atualmente. Existem basicamente dois tipos de cabo par trançado: sem blindagem, UTP (Unshielded Twisted Pair), ou com blindagem, STP (Shielded Twisted Pair).

O mais popular é o UTP, que utiliza um conector chamado RJ-45 e é largamente utilizado em redes de topologia Estrela.

RJ45

Os cabos par-trançado de categoria 1 e 2 são utilizados por sistemas de telefonia, junto com conectores RJ11 e os de categoria 3, 4, 5 e 6 são empregados em redes locais.

Par trançado com conector RJ45

Categoria 3 (cat3)	Até 16Mbps	16 MHz
Categoria 4 (cat4)	Até 20Mbps	20 MHz
Categoria 5 (cat5)	Até 1000 Mbps	100 MHz
Categoria 5 enhanced (cat5e)	Até 1000 Mbps	110, 125 ou 155 MHz
Categoria 6 (cat6)	Até 10000 Mbps (10G)	Até 250 MHz
Categoria 6 (cat6a)	Até 10000 Mbps (10G)	Até 600 MHz

Os cabos par trançado possuem 4 pares de fios, onde apenas dois são utilizados, sendo um par para transmissão e outro para recepção, permitindo uma comunicação duplex (em duplo sentido ao mesmo tempo).

Para identificação os pares são coloridos e a ordem dos fios dentro do conector é padronizada. O padrão mais comum é o EIA568B.

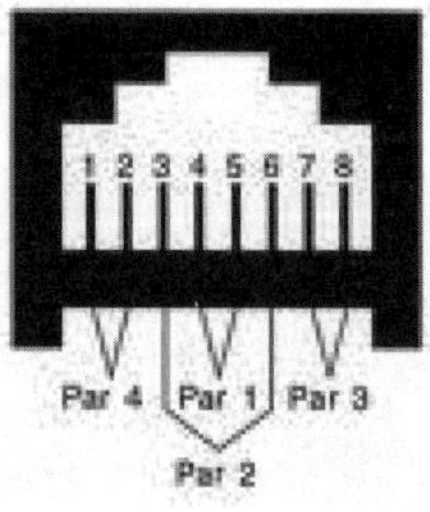

1 – Branco com laranja

2 – Laranja

3 – Branco com verde

4 – Azul

5 – Branco com azul

6 – Verde

7 – Branco com marrom

8 – Marrom

O cabo crimpado com a mesma disposição em ambos os lados é o cabo reto ou "straigth" que pode ser conectado a um equipamento centralizador (Hub, Switch ou roteador), entretanto se o objetivo é interligar diretamente a uma outra máquina deve-se inverter a posição de uma das pontas, cruzando os cabos, técnica denominada de "*cross-over*".

A distância máxima de cada segmento de cabo, como no caso de uma topologia Estrela, entre a estação e o nó central é de 100 metros.

Exercício

MEC/FGV

As redes de microcomputadores implementadas para apoiar as atividades de negócio das empresas utilizam os padrões Ethernet e Fast Ethernet, empregando hub e switch como equipamentos e cabo de par trançado UTP, além de conectores padronizados internacionalmente.

Nesse caso, por padronização, os conectores utilizados na implementação dessas redes são conhecidos pela sigla: Resposta 9

a) BNC.
b) USB.
c) RJ-45.
d) RJ-11.
e) RG-58.

10.9.3. Fibra Óptica

As fibras ópticas transmitem informação através de luz, apresentando como grande vantagem o fato de ser imune a interferências eletromagnéticas, o que possibilita transmissões mais rápidas sem implicar retransmissões. Outra grande vantagem da fibra óptica é que permite ligar distâncias maiores sem a necessidade de repetidores.

Apresenta como desvantagens o fato de não fazer curvas acentuadas e ser muito cara em relação ao par trançado, sendo utilizada na prática para criação de BackBones.

Existem dois tipos de fibra óptica relevantes para as provas, as monomodo (SMF = SingleMode Fibre) e as multímodo (MMF=MultiMode Fibre). As monomodo possuem um núcleo mais fino, são mais caras e possuem instalação mais complexa, em contrapartida podem alcançar distâncias de até 80 KM enquanto as multímodo alcançam somente até 550M.

A fibra óptica trabalha com um único par de fibras sendo uma fibra para enviar e outra para receber dados. O conector mais utilizado atualmente é o LC (Lucent Connector).

Resposta 9 – Letra C, UTP é par trançado, conector RJ-45 é o padrão (ethernet).

Conector LC extraído de www.gdhpress.com.br

Exercícios

EMBASA – CESPE

A fibra ótica é composta basicamente de um núcleo de cobre e uma casca de plástico ou fibra de vidro concêntricos entre si. A transmissão de dados por meio de fibra ótica é realizada pelo envio de um sinal de luz codificado imune a ruídos eletromagnéticos. Resposta 10

( ) CERTO ( ) ERRADO

PROFESSOR SEEDUC – FESP

Um analista de redes recebeu o encargo de implementar uma rede de micromputadores em uma empresa que utiliza uma quantidade significativa de máquinas elétricas na linha de produção. Na coleta das informações, foi detectado que o emprego das máquinas elétricas gera um nível de ruído bastante alto. Considerando-se as características do ambiente, na escolha do meio de transmissão mais adequado, esse analista deve optar pelo emprego de um dos meios de transmissão indicados na alternativa: Resposta 11

a) fibra óptica ou par trançado STP
b) par trançado STP ou coaxial fino BNC
c) coaxial fino BNC ou link rádio 802.11g
d) link rádio 802.11g ou par trançado UTP
e) par trançado UTP ou fibra óptica

10.10. Equipamentos de Redes

10.10.1. Placa NIC (Network Interface Card)

Uma NIC nada mais é do que uma placa de rede, atualmente podendo ser on-*-board*, ou off-*board* (acoplada a um slot da placa-mãe como pci ou ainda a uma porta USB).

Resposta 10 – Certo.
Resposta 11 – Letra A

As placas de rede possuem um endereço físico denominado MAC adress (Medium Access Control) que representa um serial do dispositivo. Sua representação se dá através de 48 bits, divididos em 6 octetos representados em hexadecimal separados por hífens.

Sintaxe exemplo: FF-FF-FF-FF-FF-FF.

Onde os três primeiros bytes são administrados pelo IEEE* e identificam o fabricante da placa de rede, os três últimos bytes são definidos e controlados pelo fabricantes para confecção do serial utilizado para numeração das placas de rede.

DEFINIDO PELO IEEE			DEFINIDO PELO FABRICANTE		
1 BYTE	1 BYTE	1 BYTE	1 BYTE	1 BYTE	1 BYTE

(TORRES, página 64)

> **Exercício**
>
> PERITO CRIMINAL PCERJ – IBFC
>
> Os dispositivos de camada de Enlace tais como Switches aprendem juntos aos dispositivos conectados o endereço físico, conhecido por Mac Address. O endereço físico Mac Address é composto em redes Ethernet por: [Resposta 12]
>
> a) 6 Bytes;
> b) 48 Bytes;
> c) 32 Bytes;
> d) 32 bits;
> e) 64 bits.

10.10.2. HUB

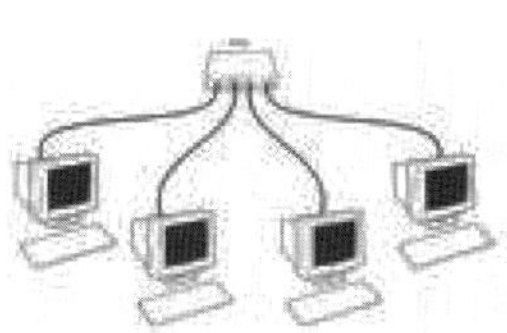

Hub com estações interconectadas em uma topologia estrela

Um HUB é um centralizador de conexões utilizado em uma rede de topologia física Estrela.

---

* IEEE, lê se I3E, refere-se ao *Institute of Electrical and Electronics Engineers.*

Resposta 12 – Letra A.

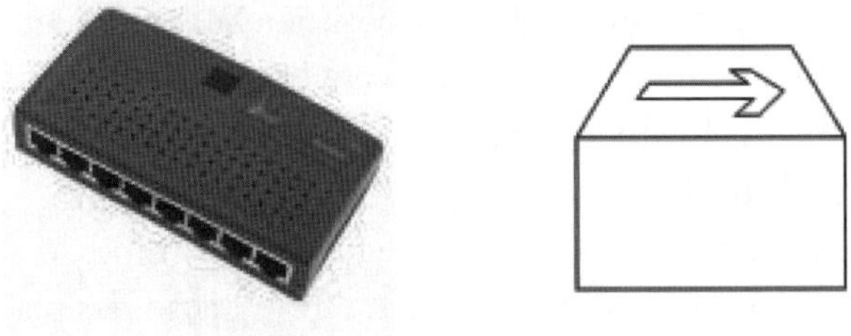

Imagem e diagrama de um Hub

Este equipamento disponibiliza várias portas físicas para que os nós sejam interligados, por exemplo, através de cabos par trançado com conectores RJ45. Podemos citar como vantagem da utilização deste equipamento o ganho na confiabilidade da rede, pois caso um cabo se parta somente a estação em questão ficará "fora do ar", e outra vantagem é o aumento da escalabilidade da rede tendo em vista que podemos interconectar até 7 HUBs em cascata somando-se o número de portas.

O HUB, já obsoleto, é considerado "burro" por trabalhar com difusão (BROADCAST*), ou seja, ao intermediar o envio de uma informação da rede o HUB recebe o pacote e distribui para todas as outras máquinas, sem ser capaz de transmitir somente para a máquina de destino, implicando que apenas uma máquina transmita de cada vez.

Essa transmissão em difusão faz com que uma rede com HUB possua uma topologia física de Estrela e lógica de Barra.

10.10.3. Switch

Os Switchs são a evolução dos HUBs, aparelhos mais "inteligentes", permitem fechar canais exclusivos de comunicação entre a máquina que está enviando e a que está recebendo. Esta segmentação possibilita que diferentes pares possam conversar simultaneamente na rede, sem colisões.

Fisicamente os dois são iguais, mas atualmente o HUB praticamente não é mais comercializado.

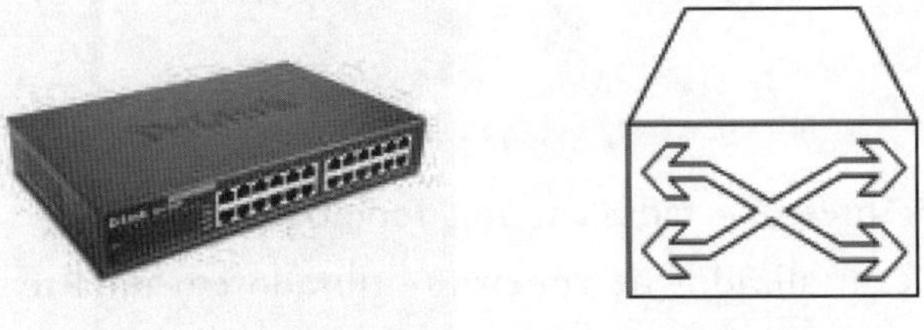

Imagem e diagrama de um Switch

Uma rede com Switch possui topologia física e lógica de Estrela.

* Broadcast no contexto da informática é uma terminologia associada a transmissão de uma informação a todos os dispositivos da rede.

10.10.4. Roteadores (Routers)

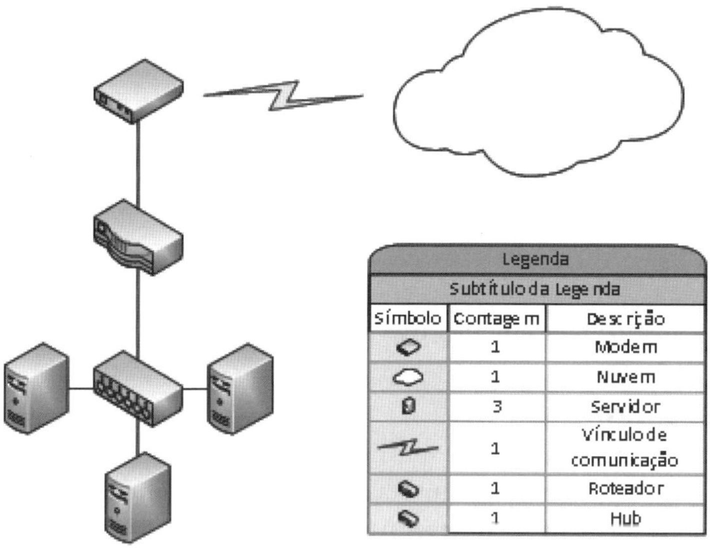

Os roteadores são equipamentos que permitem interligar várias redes e escolher a rota mais rápida para que a informação chegue ao destino.

Hoje são muito comuns em residências para permitir que a rede LAN doméstica possa acessar outra rede, por exemplo, a INTERNET (WAN).

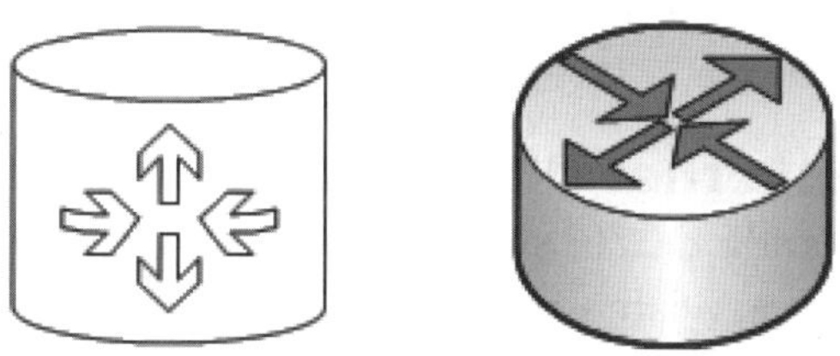

Diagramas de Roteadores

10.10.5. Pontes (Bridges)

Permitem interligar dois segmentos de uma rede com topologias e meios de transmissão diferentes, tais como a interligação de um segmento com cabo coaxial, outro com cabo par trançado ou ainda wireless (sem fio).

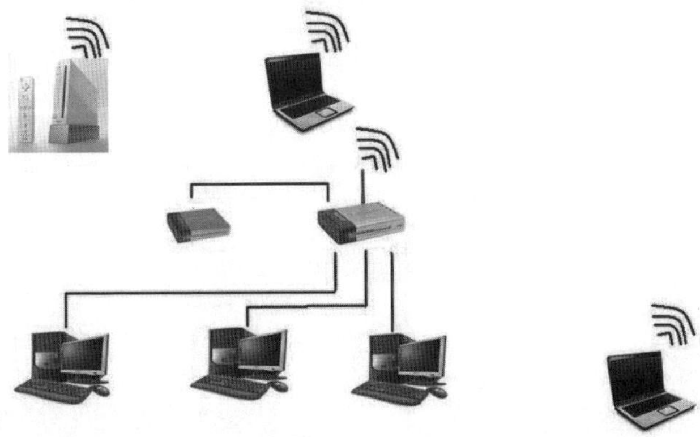

Ponte ligando uma rede ethernet e wi-fi

10.11. IEEE comitê 802

O IEEE (Institute of Electrical and Electronics Engineers), fundado nos EUA, é a maior organização profissional sem fins lucrativos do mundo. O IEEE (lê-se I3E) mantém o comitê 802 para estabelecer padrões de redes de computadores.

Padrões IEEE 802 que precisamos conhecer:

802.3	Ethernet (LAN)
802.5	Token Ring (LAN)
802.11	Wi-Fi (WLAN)
802.15	Bluetooth (WPAN)
802.16	WiMax (WMAN)
802.20	Mobile-Fi (WWAM)

10.12. Padrão Ethernet (IEEE 802.3)

Desenvolvido na década de 70, suas derivações são as mais utilizadas em redes locais cabeadas atualmente, vejamos:

EVOLUÇÃO DOS PADRÕES ETHERNET	
PADRÃO (CABO COAXIAL)	VELOCIDADE BASE – DISTÂNCIA
Ethernet	10BASE-5 Utiliza cabos coaxiais, permite taxa de transmissão de 10 Mbps e alcance de até 500 metros.
Ethernet	10BASE-2 Utiliza cabos coaxiais, permite taxa de transmissão de 10 Mbps e alcance de até 185 metros.

PADRÃO (CABO PAR TRANÇADO)	VELOCIDADE BASE T (TWISTED)
Ethernet	10 BASE – T Utiliza cabos Par Trançado (T) e permite taxa de transmissão de 10 Mbps.
Fast Ethernet	100 BASE – T Utiliza cabos Par Trançado (T) e permite taxa de transmissão de 100 Mbps.
Gigabit Ethernet	1000BASE – T Utiliza cabos Par Trançado (T) e permite taxa de transmissão de 1000 Mbps, ou seja 1gbps.
10G Ethernet	10GBASE – T Utiliza cabos Par Trançado (T) e permite taxa de transmissão de 10 gbps.

O padrão ETHERNET trabalha com uma técnica de detecção de colisão muito importante denominada CSMA/CD. Uma colisão ocorre quando duas máquinas tentam transmitir ao mesmo tempo pelo mesmo canal de comunicação.

10.12.1. CSMA/CD (Carrier Sense Multiple Access with Collision Detection)

As redes Ethernet possuem máquinas que compartilham o meio de transmissão, e para que todas possam transmitir elas devem escutar o canal de comunicação, escutar a portadora, se estiver ocupado a estação esperará até que ele fique inativo.

Pode ocorrer de duas ou mais máquinas perceberem o canal desocupado e iniciarem simultaneamente a transmissão, o que ocasionará uma colisão que, se não fosse detectada, iria implicar uma enorme perda na comunicação.

Para detectar as colisões e remediar tal problema na comunicação foi desenvolvida a técnica CSMA/CD que identifica uma colisão e interrompe imediatamente a transmissão de todas as estações, aguardando uma fração aleatória de tempo para reiniciar a transmissão.

Exercício

SEFAZ RJ – FGV

Uma rede de microcomputadores opera com base no padrão Ethernet IEEE-802.3 e utiliza o protocolo CSMA/CD. No momento em que uma colisão é detectada, as máquinas que estão transmitindo executam o seguinte procedimento: [Resposta 13]

a) aceleram o ritmo de transmissão.
b) param imediatamente de transmitir.
c) passam a transmitir em modo half-duplex.
d) retransmitem os frames que provocaram a colisão.
e) enviam pacotes de sincronismo para as demais máquinas.

Resposta 13 – Letra B.

10.13. Padrão Token Ring (IEEE 802.5)

O Token Ring é outro padrão cabeado, inicialmente propriedade da IBM e posteriormente (1985) aberto para o IEEE. Era o principal concorrente do padrão Ethernet até o início da década de 90, apresentava taxas de transmissão de 4 Mbps, possuía comunicação simplex e ponto a ponto.

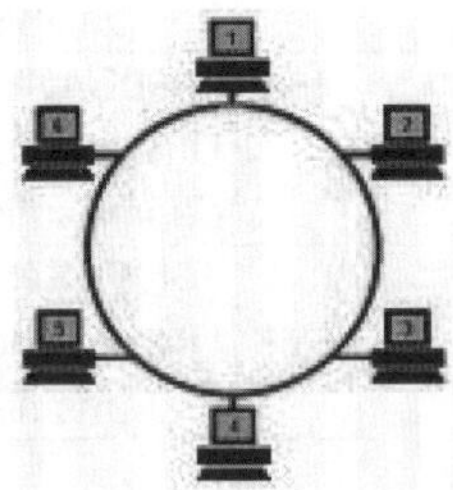

Tinha como grande vantagem a inexistência de colisões devido à utilização de um token, um padrão de bit especial que circulava em torno do anel sempre que todas as estações estavam ociosas. Quando uma estação desejava transmitir um quadro, ela se apoderava do token e o removia do anel, iniciando a transmissão que percorria todo o anel para que o token fosse novamente disponibilizado para a próxima estação. Mesmo que não houvesse transmissão a máquina aguardava a chegada do token para transmitir.

O funcionamento do Token é similar ao de uma corrida de revezamento, onde somente um, o da vez, carrega o bastão (token).

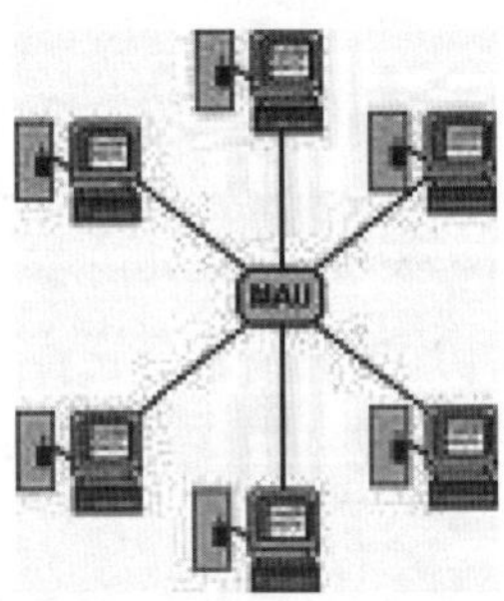

Um dos problemas da rede com topologia física anel é que, se o cabo for rompido em algum lugar, o anel morrerá. Esse problema foi resolvido pela IBM com um centro de cabeamento (Wire Center) denominado MAU (Multistation Access Unit), que embora fisicamente similar a um HUB continuava mantendo a transmissão lógica de anel.

Assim as redes Token Ring fisicamente podiam ser confundidas com as redes Ethernet, pois já usavam Par Trançado, RJ45 e com os MAUs possuíam uma topologia física de Estrela e lógica de Anel. As redes Token Ring estão obsoletas, mas ainda podem ser cobradas em concursos.

MAU IBM

10.14. Redes Wireless (Sem Fio)

10.14.1. Infravermelho – IrDA (Infrared Data Association)

Técnicas utilizando infravermelho para transmissão de dados entre computadores foram precursoras, mas apresentam como desvantagem baixas taxas de transmissão, curto alcance (1 metro) e necessitam de campo de visão entre o emissor e o receptor, sem que haja nenhum obstáculo (que tenha linha de visada).

Atualmente ainda estão em desenvolvimento padrões de infravermelho, mas seus objetivos se limitam a dispositivos pessoais (controles remotos, comunicação entre periféricos).

Exemplos de padrões e suas velocidades:
SIR (Serial InfraRed) – 115.2 Kbps
MIR (Médium InfraRed) –1152 Kbps
FIR (Fast InfraRed) – 4 Mbps
VFIR (Very Fast InfraRed) – 16 Mbps
UFIR (Ultra Fast InfraRed) – 100 Mbps

Exercício

MP SE – FCC

Para transmitir informações, os sistemas de comunicação que utilizam .... trabalham em frequências muito altas, localizadas um pouco abaixo do espectro de luz visível. Comunicam-se utilizando LEDs e suas transmissões podem ser full-duplex ou half-duplex. Os dispositivos que utilizam este sistema podem ter um transmissor e um receptor, separadamente, ou um transceptor (combinação de transmissor e receptor em um único dispositivo). Para usar esta tecnologia não é necessária autorização do governo. Por atingir alguns poucos metros e não penetrar em objetos opacos, geralmente é utilizada em Redes Pessoais (PANs).

Preenche corretamente a lacuna: [Resposta 14]

Resposta 14 – Letra B.

a) Tecnologia 2G
b) Infravermelho
c) Microondas
d) Radiofrequência
e) Bluetooth

10.14.2. Radiodifusão

A Radiodifusão alavancou as transmissões sem fio, além de permitir o envio de informações entre distâncias maiores, permite a transferência de dados mesmo sem campo de visão através de fenômenos físicos como reflexão, refração, difração e espalhamento.

Vale lembrar que é muito interessante que haja linha de visada, por isso normalmente as antenas são instaladas no alto, mas, caso contrário, vai ocorrer perda e consequentemente diminuir as taxas de transmissão, mas, ainda assim, será ao menos possível a comunicação sem linha de visada.

A transmissão via rádio emite ondas eletromagnéticas através do ar em altas frequências. Embora pareça mágica, lembre-se que o som é transmitido através do ar, só que as frequências interpretadas pelo ouvido humano variam na faixa de 20 a 20000 Hz (sendo a grande maioria dos sons de 300 a 3400 Hz) enquanto as radiofrequências regulamentadas variam até 300 GigaHertz.

Esses sistemas possuem: transmissor, receptor e antena.

Placa de Rede Wireless 802.11g USB, transmissor, receptor e antena

Em um sistema de rádio pode ser utilizado qualquer frequência para transmissão de dados. Para evitar o mau uso do espectro de frequências, normas governamentais, no Brasil regulamentadas pela Anatel, especificam que tipo de informação pode ser transmitido em cada faixa.

10.14.3. Wi-Fi (Wireless-Fidelity – WLAN – IEEE 802.11)

É uma marca baseada no padrão IEEE 802.11 que permite a comunicação entre computadores em uma rede sem fio.

Exercício

MINISTÉRIO DA INTEGRAÇÃO – CESPE

O termo Wi-Fi é entendido como uma tecnologia de interconexão entre dispositivos sem fios na qual é usado o protocolo IEEE 802.11. [Resposta 15]

( ) CERTO ( ) ERRADO

Tal tecnologia pode utilizar transmissão ad hoc ou infraestrutura:

- **Ad hoc** é a comunicação direta entre equipamentos e válida somente naquele momento, temporária, apresentando alcance reduzido
- **Infraestrutura** é a comunicação que faz uso de um equipamento para centralizar o fluxo de informações na WLAN (rede local sem fio) conhecido como Access Point ou Hot Spot (utilizado em locais públicos), que permite a conexão de computadores num raio de 100 a 500 metros dependendo de fatores físicos.

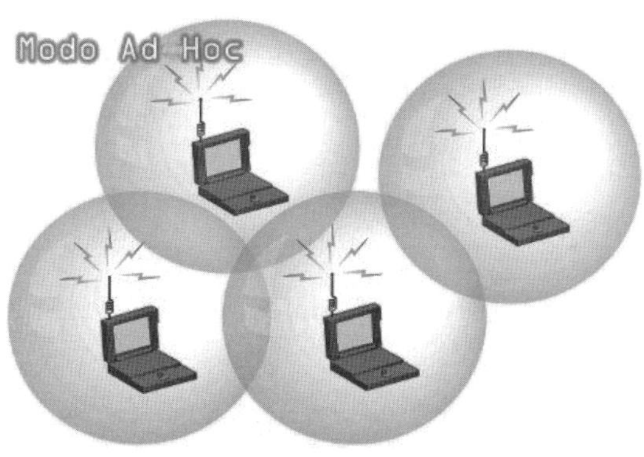

www.vivasemfio.com/blog/modo-ad-hoc/

Resposta 15 – Certo.

Access Point 802.11n

Exercícios

BANCO DO BRASIL – CESPE

Wi-Fi (wireless fidelity) refere-se a produtos que utilizam tecnologias para acesso sem fio à Internet, com velocidade que pode chegar a taxas superiores a 10 Mbps. A conexão é realizada por meio de pontos de acesso denominados hot spots. Atualmente, o usuário consegue conectar-se em diferentes lugares, como hotéis, aeroportos, restaurantes, entre outros. Para que seja acessado um hot spot, o computador utilizado deve possuir a tecnologia Wi-Fi específica. [Resposta 16]

( ) CERTO ( ) ERRADO

IBGE – CESGRANRIO

Uma impressora compatível com o padrão 802.11g: [Resposta 17]

a) possui uma placa de rede de 11 Gbps.
b) imprime 11 páginas por segundo.
c) pode fazer parte de uma rede sem fio.
d) é própria para gráficos vetoriais.
e) tem resolução mínima de 9000 DPI.

10.14.4. Padrões WI-FI

802.11	a	5.0 Ghz	54Mbps
	b	2.4 Ghz	11Mbps
	g	2.4 Ghz	54Mbps
	n	2.4 ou 5.0 Ghz (dual band)	150, 300 até 600 Mbps
	ac	5.0 GHz	500 Mbps, 1 Gbps ou mais (ainda não se popularizou).

Assim como nas redes com fio, as redes *wireless* também sofreram evoluções. O primeiro padrão a se popularizar foi o 802.11b, observe que o 802.11b não é sucessor do 802.11a, são padrões diferentes que inclusive utilizavam tecnologias de multiplexação (divisão do meio de transmissão para troca de informações) diferentes.

Resposta 16 – Certo.
Resposta 17 – Letra C.

O 802.11a foi pouco utilizado, pois foi lançado no mercado após o 802.11b já ter se consolidado e suas vantagens com relação à taxa de transmissão acabaram sendo ofuscadas com o lançamento do 802.11g, sucessor do 802.11b.

O 802.11n oferece maiores taxas de transmissão e apresenta a vantagem de operar em duas bandas, em caso de congestionamentos, tendo em vista que inúmeros aparelhos (controles de garagem, microondas, Bluetooth) e redes vizinhas utilizam a faixa dos 2.4Ghz, apresenta como alternativa para melhora de fluxo a faixa dos 5Ghz, que é o padrão atual.

Exercícios

SERPRO – CESPE

A velocidade de transmissão do padrão IEEE 802.11b é maior que a do padrão IEEE 802.11a. [Resposta 18]

( ) CERTO ( ) ERRADO

POLICIA FEDERAL – CESPE

Um computador permitiu acesso à Internet por meio de uma rede Wi-Fi, padrão IEEE 802.11b, em que uma portadora de 2,4 GHz de frequência foi utilizada para a transmissão de dados a taxas de até 11 Mbps. Nessa situação, apesar de se poder transmitir a taxas de até 11 Mbps, essa taxa é compartilhada com os diversos usuários que estão na mesma rede Wi-Fi e, na medida em que um usuário se distancia do *access point* dessa rede, a sua taxa de transmissão tende a diminuir. [Resposta 19]

( ) CERTO ( ) ERRADO

O 802.11 ac é uma novidade e pode vir a ser uma solução para tráfegos de altíssima velocidade, com taxas superiores a 1 Gbps.

10.14.5. Bluetooth (WPAN – IEEE 802.15)

O padrão Bluetooth tem o objetivo de integrar equipamentos periféricos (PAN). Com transmissão Ad Hoc e operando na faixa dos 2.4GHz apresenta curto alcance e baixas taxas de transmissão, tendo como principal atrativo o baixo custo.

802.15	.1	Taxas de até 721 Kbps, alcance de até 10 metros.
	.2	Taxas de até 3 Mbps, alcance de até 100 metros.

Resposta 18 – Errado.

Resposta 19 – Certo. Cabe ressaltar que o padrão "b" era utilizado na época (2004) e transmitia a taxas de até 11 Mbps, o padrão atual é o "n" com taxas de até 600 Mbps!

Exercício

APEX – ASSISTENTE1 – FUNIVERSA

Como uma nova tecnologia de conectividade sem fio, a Bluetooth elimina os cabos usados para conectar os dispositivos digitais. Baseada em um link de rádio de curto alcance e baixo custo, essa tecnologia pode conectar vários tipos de dispositivos sem a necessidade de cabos, proporcionando uma maior liberdade de movimento. Como é possível estabelecer uma conexão usando a tecnologia Bluetooth entre 2 dispositivos? [Resposta 20]

a) Conectar os 2 dispositivos equipados com Bluetooth usando um cabeamento USB. E, como a tecnologia Bluetooth utiliza um link de rádio, não é necessário sequer mexer na configuração dos equipamentos para estabelecer a comunicação.

b) Basta colocar dois dispositivos equipados com Bluetooth a uma distância de até 500 metros um do outro. Como a tecnologia Bluetooth utiliza um link de rádio, é necessário uma conexão em linha de visada para estabelecer a comunicação.

c) Basta colocar dois dispositivos equipados com Bluetooth a uma distância de até 10 metros um do outro. E, como a tecnologia Bluetooth utiliza um link de rádio, não é necessário sequer uma conexão em linha de visada para estabelecer a comunicação.

d) Basta colocar dois dispositivos equipados com Bluetooth em "docas" chamadas de adaptadores Bluetooth a uma distância de até 100 metros um do outro. Como a tecnologia Bluetooth utiliza um link de rádio, não é necessário sequer uma conexão em linha de visada para estabelecer a comunicação.

e) Basta "plugar" os dois dispositivos equipados com Bluetooth um no outro, usando adaptadores especiais Bluetooth. Após conectados, não é necessário uma conexão em linha de visada para estabelecer a comunicação.

10.14.6. Teleprocessamento

É o termo usado quando se processa dados utilizando recursos das telecomunicações. Alguns conceitos de teleprocessamento são importantes:

10.15. Modos de Operação

A comunicação é realizada sempre que há troca de informações entre dois entes: o transmissor e o receptor da mensagem. Com relação ao tempo podemos classificar a comunicação como:

- **SIMPLEX** – A transmissão ocorre em apenas um único sentido, unilateralmente do transmissor para o receptor. Exemplos: televisão, pager.
- **HALF-DUPLEX** – A transmissão ocorre em duplo sentido mas não simultaneamente. Exemplo: estações de rádio amador, rádio Nextel.
- **FULL DUPLEX** – A transmissão ocorre em duplo sentido simultaneamente. Exemplo: telefone

Resposta 20 – Letra C

10.16. Modalidades de Processamento

- **LOTE ou BATCH** – Consiste num acúmulo de tarefas para serem transmitidas em conjunto, permitindo que o usuário armazene os dados off-line e realize o processamento ou a transmissão em lote ao final do expediente;
- **ON-LINE** – Conexões ativas, instantâneas, entre o transmissor e o receptor. Dados são encaminhados diretamente da estação para o computador central ou vice-versa.
- **REAL-TIME** – No processamento Real Time as respostas às entradas são suficientemente rápidas para controlar o processo ou influir na ação subsequente.

Exercícios

TCM – TÉCNICO DE CONTROLE EXTERNO – SMA

Observe a figura que se refere ao esquema de processamento de dados para a emissão da fatura a ser enviada e paga pelos usuários de uma empresa de cartões de crédito.

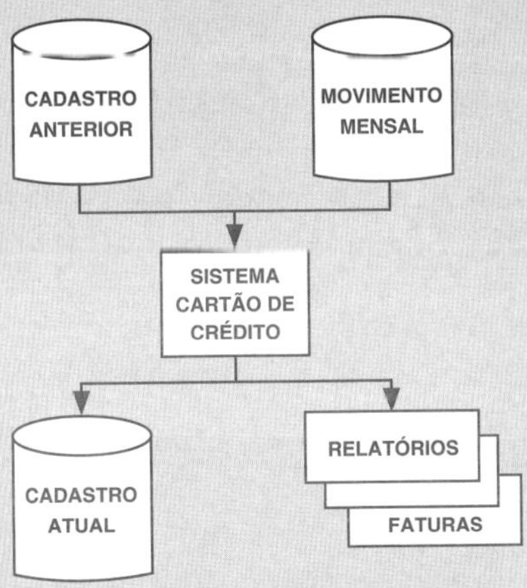

- As informações gravadas em CADASTRO ANTERIOR e CADASTRO ATUAL referem-se às informações dos usuários, que não são alteradas com frequência.
- O processamento do sistema acontece em datas preestabelecidas, nos dias 10, 20 e 30 de cada mês.
- A transcrição dos dados para o MOVIMENTO MENSAL é realizada em lotes de 70 documentos, cada um.

Este esquema de processamento refere-se à modalidade do tipo: [Resposta 21]

a) *batch*;
b) *on line*;
c) *real time*;
d) *time sharing*.

SEEDUCAM – FGV

O sistema de processamento de dados da SEDUCAM opera tendo como principal característica o fato de que todas as transações alimentam a base de dados no momento em que ocorrem. Por exemplo, um professor apresenta o seu diploma de doutorado à Secretaria de Educação para fins de obtenção de uma gratificação, prevista na legislação. Essa informação é inserida na base de dados de imediato.

Essa característica indica que esse sistema opera na seguinte modalidade: [Resposta 22]

a) time sharing;
b) real time;
c) batch;
d) on line;
e) off line.

ANALISTA TÉCNICO – ADM E FINANÇAS – SUSEP– ESAF

O processamento On-Line de resposta suficientemente rápida para que os resultados sejam produzidos a tempo de influenciar o processo que está sendo dirigido ou controlado é o: [Resposta 23]

a) processamento em tempo real
b) sistema operacional
c) sistema de memória cache
d) sistema de memória auxiliar
e) processamento em lote

10.16.1. Arquitetura de Rede Ponto a Ponto

É o modelo de rede mais simples de ser montado, nele todas as máquinas podem compartilhar dados e periféricos umas com as outras sem complicações, normalmente as redes ponto a ponto são empregadas em residências ou pequenas empresas, pois demandam um baixo custo e são fáceis de ser implementadas, embora apresentem menor segurança. Neste modelo de rede uma máquina é tanto cliente de outra quanto servidor, concomitantemente.

Resposta 21 – Letra A.
Resposta 22 – Letra D.
Resposta 23 – Letra A.

10.16.2. Arquitetura de Rede Cliente/Servidor

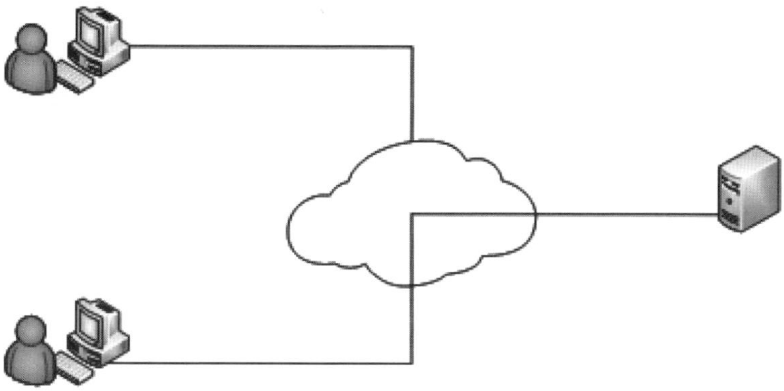

É a escolha natural de redes grandes ou das redes de grandes empresas. Estas redes têm a característica de conter máquinas denominadas servidores, ou seja, máquinas que oferecem serviços especializados e se dedicam exclusivamente a uma só tarefa, respondendo rapidamente aos pedidos vindos dos demais micros da rede, o que aumenta o desempenho na resolução das tarefas.

Nas redes Cliente/Servidor, a administração e configuração da rede são centralizadas facilitando a organização e maximizando a segurança.

Exemplos de Servidores:	
Servidor de Impressão	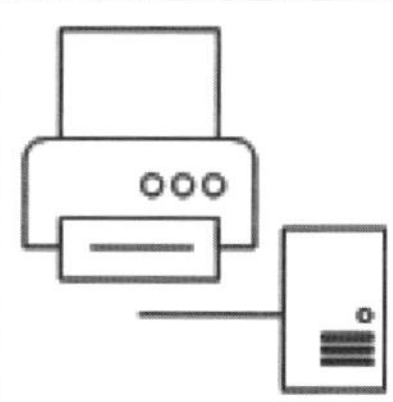
Servidor de Correio Eletrônico	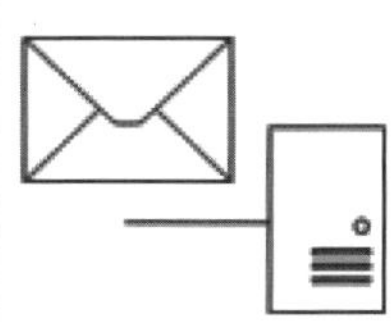

Exemplos de Servidores:	
Servidor Proxy	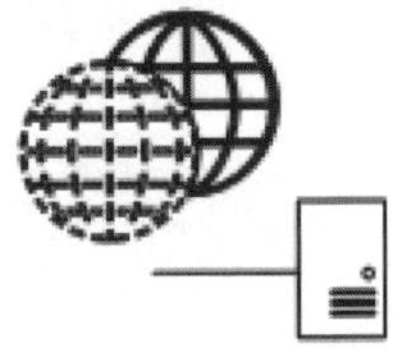
Servidor de Comunicação	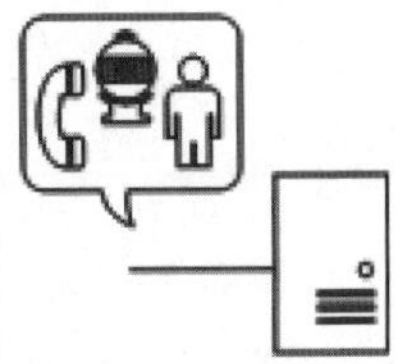
Servidor de Banco de Dados	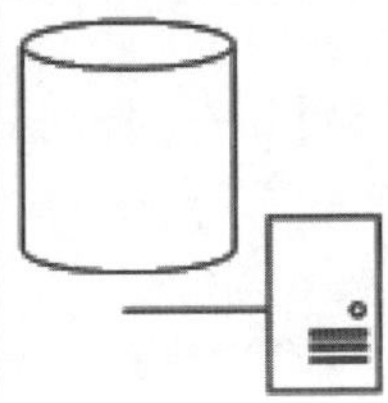
Servidor de FTP	

- Servidor → Máquina que oferece serviço à rede.
- Cliente → Máquina que solicita/acessa serviços na rede.

Capítulo 11

Conceitos e Tecnologias de Internet

11.1. Introdução à Internet

A ARPANET foi a rede que originou a Internet, projetada pelo Departamento de Defesa Americano com o propósito interligar instituições militares.

Com o decorrer das pesquisas, a rede foi crescendo e seus ramos foram se diversificando, fazendo com que ela deixasse de ser uma rede militar, tornando-se a maior rede pública mundial.

A Internet é uma rede muito heterogênea que contém várias redes (LANs, MANs e WANs) e computadores, dos mais diferentes fabricantes e sistemas.

Sua rápida evolução mundial se deu pela facilidade de conexão, pois foi projetada para adotar recursos da maior rede de telecomunicações já existente no mundo, a rede telefônica.

A Internet hoje liga bilhões de computadores em todo mundo, disponibilizando qualquer tipo de informação, comércio ou serviço através de um clique.

11.2. ISP (Internet Service Provider)

Os provedores de serviços de Internet possuem hierarquias, os ISPs de acesso (residenciais) representam o nível mais baixo da hierarquia. No topo estão os ISPs de nível 1 que possuem altas taxas de transmissão para coberturas internacionais, conectando-se a outros ISPs de nível 1 e oferecendo acesso a ISPs de nível 2 e outras redes clientes. Os ISPs de nível 1 também são conhecidos como redes de backbone* da Internet. Os ISPs de nível 2 têm alcance regional ou nacional e conectam-se a poucos ISPs de nível 1. Abaixo dos ISPs de nível 2 estão os que se conectam à Internet por meio de ISPs de nível 2 e os níveis mais baixos que são os ISPs de acesso.

* Espinha dorsal da rede, ou seja, sustenta a comunicação entre países, continentes. Os BackBones são os próprios satélites, cabos submarinos, fibras óticas, instalados como infraestrutura de comunicação e mantidos por grandes consórcios.

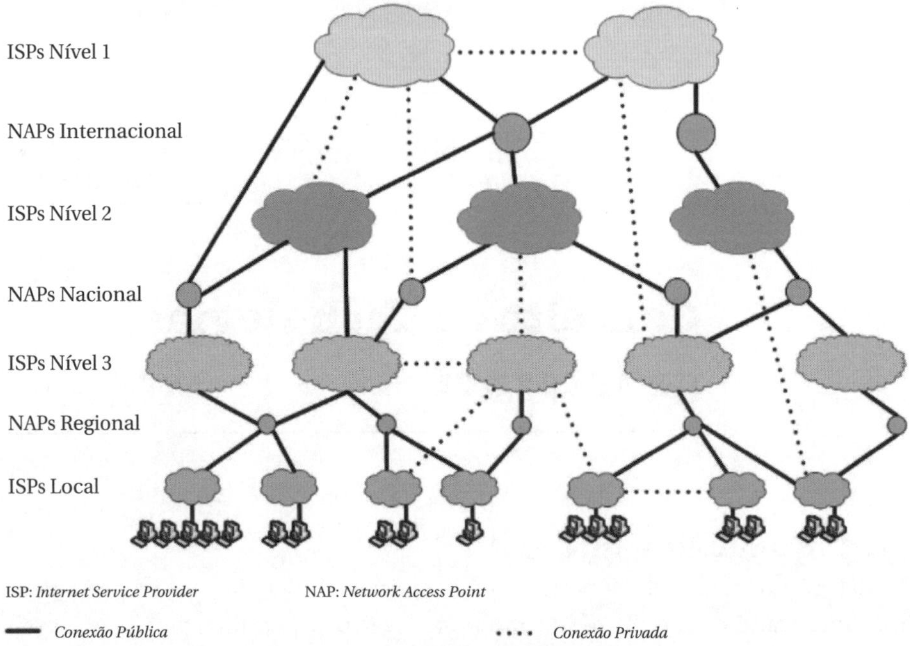

Adaptado de http://vishub.org/excursions/1147

Exercícios

CORREIOS – NIVEL SUPERIOR – CESPE

Redes de acesso situadas na borda da Internet são conectadas ao restante da rede segundo uma hierarquia de níveis de ISPs (Internet service providers). Os ISPs de nível 1 estão no nível mais alto dessa hierarquia. [Resposta 1]

( ) CERTO ( ) ERRADO

TRT 21R – CESPE

O backbone, ou espinha dorsal, da Internet no Brasil é administrado por empresas privadas que detêm o poder de exploração do acesso à Internet. Essas empresas, também conhecidas como provedores de acesso, cobram uma taxa a pessoas físicas ou jurídicas, as quais podem, também, armazenar seus dados na rede. [Resposta 2]

( ) CERTO ( ) ERRADO

11.3. Tecnologias de Acesso

11.3.1. Dial-Up

Conexão discada através de um modem e uma linha telefônica. Era a maneira mais popular de acesso da década de 90, hoje encontra-se em desuso.

Apresenta como características um alto custo (telefonia, provedor) e baixas taxas de transmissão, taxas de até 56 Kbps (banda estreita).

Resposta 1 – Certo.
Resposta 2 – Errado. Empresas públicas ou privadas reguladas pela Anatel.

11.3.2. ISDN (Integrated Services Digital Network)

Uma linha telefônica é transformada em dois canais de mesma velocidade, onde era possível usar voz e dados ao mesmo tempo, cada um ocupando um canal. Também era possível utilizar os dois canais para voz ou para dados.

Na prática tal tecnologia de telefonia permitia videoconferências (um canal para voz e outro para vídeo) desde que os dois assinantes possuíssem o serviço ISDN.

No caso de conexões com a Internet a taxa de transferência chegava a taxas de até128 kbps e apresentava como vantagem a possibilidade de ainda conectado receber ligações de voz, quando automaticamente um canal era desligado para conversação de voz e o usuário permanecia conectado com o outro canal para transmissão de dados.

Este serviço foi comercializado no Rio de Janeiro e Minas Gerais pela Telemar com o nome comercial DVI* (Digital Voice image) até aproximadamente o ano de 2005.

Apresentou como desvantagens o alto custo para habilitação e aquisição dos modens além do alto custo da conexão onde enquanto conectado o usuário era tarifado pelo tempo gastando o dobro de pulsos telefônicos, sendo portanto um serviço descontinuado atualmente.

11.3.3. ADSL (Asymmetric Digital Subscriber Line)

Conexão de Banda Larga oferecida pelas empresas** de telefonia fixa.

Embora utilize a mesma infraestrutura da telefonia discada (cabos), a transmissão de dados ocorre em frequências mais altas que as de voz, permitindo portanto o uso simultâneo da Internet e do telefone convencional.

Voz	300 Hz a 3,4KHz
Dados	26 KHz a 1100 KHz

Por se tratar de uma **L**inha de a**S**sinante **D**igital **Assimétrica**, as taxas de download/downstream e de upload/upstream são diferentes (sem simetria).

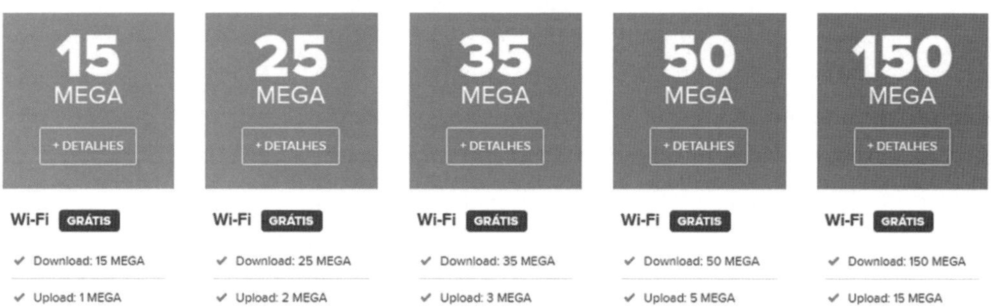

Propaganda extraída do site http://www.gvt.com.br. Acesso em: 13/12/2015.

* Propaganda do produto datada de 2004 ainda acessível em http://www.uninet.com.br/acessodvi.htm#1

** Algumas empresas que oferecem este serviço são a banda larga OI Velox, o Vivo Speedy da Telefônica e a banda larga da GVT.

Na prática apresenta maior velocidade no download e menor no upload, com taxas de transmissão atuais variando de 15 a 150 Mbps.

Exercício

PCDF – FUNIVERSA

A conexão ADSL (asymmetrical digital subscriber line) oferece várias vantagens sobre a conexão convencional. Assinale a alternativa que apresenta apenas vantagem(ens) da ADSL. [Resposta 3]

a) Tem velocidade superior à obtida pelo acesso convencional e deixa a linha telefônica disponível para uso durante o acesso.
b) Deixa a rede imune aos vírus e possui antispam.
c) Aumenta o desempenho do processador e da memória RAM.
d) Reduz o consumo de energia e chega a ser 75% mais econômica do que o acesso convencional.
e) Dispensa o uso do modem e da placa de rede.

11.3.4. Acesso via Cabo (HFC e Cable-Modem)

Conexão de Banda Larga via cabos de concessionárias de TV a Cabo*. Emprega uma técnica conhecida como HFC (**Hybrid fibre-coaxial**), onde cria redes metropolitanas (MANs) com *backbones* de fibra ótica e interconecta as residências a partir de cabos coaxiais e modens a cabo (cable-modem).

11.3.5. PLC (Power Line Communication)**

A mesma tomada que fornece energia elétrica onde ligamos a tomada do laptop, da televisão ou do micro-ondas também passa a oferecer banda larga através de um modem específico.

O Backbone da rede é formado por fibras óticas, em cada transformador existe um gateway para injetar o sinal na rede elétrica e disponibilizar nas residências.

Tal tecnologia tem como objetivo competir com o ADSL e o acesso via Cabo, apresentando como vantagem a portabilidade, pois basta plugar o modem em uma tomada compatível com o serviço para se obter o acesso.

No Brasil, embora o serviço seja autorizado*** pelas agências responsáveis (Aneel, Anatel) os investimentos foram baixos por questões estratégicas/econômicas.

Resposta 3 – Letra A.

* Um exemplo de concessionária de TV a Cabo que explora este serviço é a NET oferecendo o Virtua (marca da banda larga), entretanto não podemos confundir qualquer tecnologia de TV por assinatura com TV a cabo.

** Também denominada como BPL (Broad over Power Lines).

*** Resolução Normativa nº 375/2009 da Aneel e Resolução 527 da Anatel.

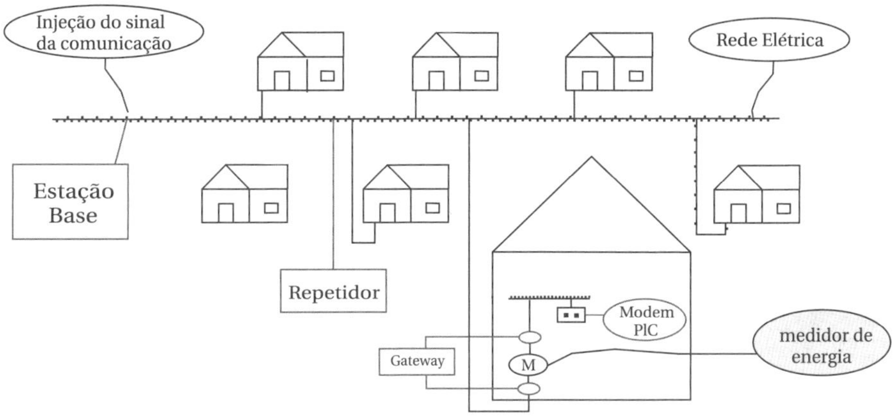

http://www.aneel.gov.br/hotsite/plc/index.cfm?id=1739

11.3.6. WiMax (Worldwide Interoperability for Microwave Access – WMAN)

Padrão 802.16 do IEEE especifica um padrão sem fio para redes metropolitanas, criado por um consórcio de empresas para promover interoperabilidade entre equipamentos.

Seu raio de comunicação com o ponto de acesso pode alcançar até 40 km, sendo recomendável para prover acesso à internet, banda larga, a empresas e residências onde o acesso ADSL ou HFC se torna inviável por questões geográficas.

Opera em faixas licenciadas do espectro de frequência (2,5GHz, 3,5GHz, 10,5GHz) portanto é necessário que empresas adquiram a concessão junto à ANATEL (Agência Nacional de Telecomunicações) para assim oferecer o serviço.

11.4. Telefonia Celular

11.4.1. 1ª Geração (voz analógica/FDMA) – 1G – AMPS

A primeira geração de telefones celulares apresentava transmissão analógica, utilizando sistemas de modulação em frequência na faixa de UHF (300 MHz a 3GHz). O padrão analógico utilizado no Brasil foi o AMPS (Advanced Mobile Phone System) adotado também nos EUA.

A Europa estava dividida entre os padrões TACS, NMT450 e Radiocom2000, isto impedia roaming entre operadoras de telefones celulares.

O padrão AMPS utilizava tecnologia de multiplexação por frequência, FDMA.

11.4.2. 2ª Geração (voz digital/TDMA/CDMA) – 2G – GSM

Com o objetivo de atender a um número maior de usuários oferecendo serviços de melhor qualidade a segunda geração trouxe um conjunto de padrões digitais: IS-54 (AMPS Digital), IS-136 (TDMA Digital) e IS 95 (CDMA Digital). Com o objetivo de uniformizar os padrões a Europa criou o GSM (Global System for Mobile communications). Começava a surgir demanda por serviços de transmissão de dados, mas os protocolos utilizados ofereciam taxas de transmissão baixas, motivando o desenvolvimento de novos padrões.

O padrão GSM passa a ser adotado no Brasil em 2002, oferece, além de telefonia, a possibilidade de mensagens de texto SMS, chamada em espera, identificação de chamadas, teleconferência e transmissão de dados a taxas de até 14,4 Kbps. É o mais utilizado para transmissão de **voz** em todo o mundo.

11.4.3. 2,5ª Geração (dados/TDMA) – GPRS – General Packet Radio Service

O GPRS foi o primeiro sistema de acesso à Internet através de rede celular realmente útil. Apresentava taxas de transmissão similares às de um acesso discado, de 32 a 80 Kbps para download e de 8 a 20 Kbps para upload, mas devido à enorme latência na transmissão e ao grande volume de pacotes perdidos e retransmitidos acaba tendo um resultado bastante inferior. É muito utilizado atualmente por empresas de cartões de crédito, empresas de rastreamento de veículos e como fallback (reserva) das redes 3G.

11.4.4. 2,75ª Geração (dados) – EDGE

O EDGE é uma evolução do GPRS que mantém a mesma infraestrutura mas amplia as taxas de transmissão, suportando até 473,6 Kbps ou 1Mbps em sua segunda fase (EDGE II).

11.4.5. 3ª Geração (banda larga) – EVDO, WCDMA, UMTS, EDGE II WCDMA, EDGE II, EVDO, CDMA2000

São todos exemplos de tecnologias 3G, que oferecem banda larga através da telefonia celular.

Com o objetivo de padronizar os sistemas 3G tecnologias foram unificadas criando o padrão UMTS (Universal Mobile Telecommunication System), sucessor natural do GSM para transmissão de dados e totalmente compatível com este para transmissão de voz.

Atualmente oferece taxas de até 14,4 Mbps.

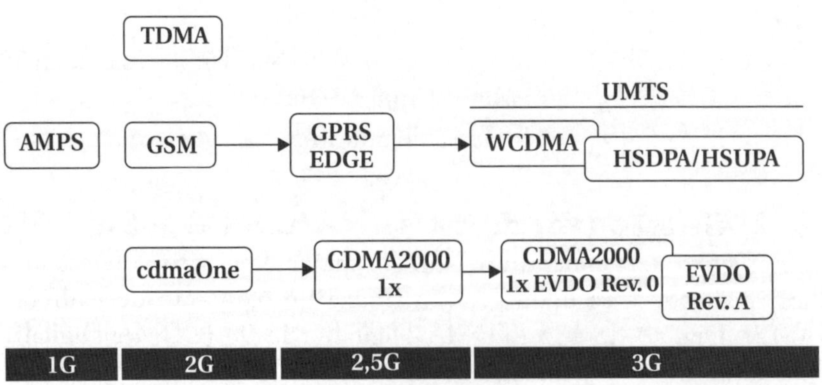

http://www.teleco.com.br/tecnocel.asp

Exercício

SANEAGO – ADMINISTRADOR – IBEG

Computadores podem acessar a Internet pelo uso de redes, que podem ter cabos (fios) ou sem fio (wireless). A respeito das redes de computadores e demais recursos associados, analise as afirmativas a seguir: Resposta 4

I. Correspondem a alguns padrões de redes sem fio: o Wi-Fi, o Bluetooth, o WiMax e o 3G.

II. Ethernet é uma das arquiteturas utilizadas nas redes wireless, sendo atualmente uma das mais populares.

III. O Bluetooth é muito popular nos celulares, smartphones e tablets, é utilizado para conexões de curto alcance, como nas PANs (Personal Area Network) ou TAN (Tiny Area Network).

IV. As redes MAN, também conhecidas como rede geograficamente distribuída, é uma rede de computadores que abrange uma grande área geográfica, como é o caso de um país ou continente.

Estão corretas as afirmativas:

a) I e II.
b) I e III.
c) II e IV.
d) I, II e III.
e) III e IV.

11.4.6. 4ª Geração – LTE (Long Term Evolution)

Disponibilizada no Brasil a partir de 2013 tem sido implementada a partir de uma tecnologia denominada LTE (Long Term Evolution) que visa melhorar o padrão UMTS oferecendo taxas de 100 Mbps a 1 Gbps e sendo compatível com o padrão GSM.

Exercício

TJ-SE ANALISTA TELECOMUNICAÇÕES – CESPE

O LTE (long term evolution), que é a principal tecnologia de comunicações móveis de 4.ª geração (4G), utiliza o esquema de múltiplo acesso CDMA (code division multiple access). Resposta 5

( ) Certo ( ) Errado

11.5. Multiplexação (Acesso Múltiplo)

A operação dos telefones celulares implica por parte das operadoras a aquisição de licenciamentos de faixas de frequência para operação junto ao órgão fiscalizador, ANATEL.

O valor normalmente é alto e repassado ao cliente implicando altas tarifas, para viabilizar o serviço é necessário que se divida o meio de transmissão (DMA).

Assim surgem as tecnologias FDMA, TDMA, CDMA e OFDMA, onde o DMA sempre representa Divisão para Múltiplo Acesso (Division Multiple Access).

Resposta 4 – Letra B.
Resposta 5 – Errado, utiliza OFDMA com MIMO.

11.5.1. FDMA

O acesso múltiplo por divisão de FREQUÊNCIA, FDMA, é o mais antigo, usado nos aparelhos analógicos. Nesta a largura da banda disponível é dividida em canais ou frequências não sobrepostas.

Hipoteticamente, se uma operadora obtivesse licença para operar na faixa dos 800 MHz, poderia por exemplo dividir esta faixa em canais de 50 KHz, seria possível 2000 comunicações simultâneas.

Como a telefonia móvel trabalha com várias antenas com estações de rádio base (ERB) espalhadas por uma cidade ou região denominadas células (daí a origem do nome celular) esses números vão se multiplicando tendo em vista que podemos ter vários usuários se comunicando através da mesma frequência em células/regiões diferentes.

11.5.2. TDMA

A tecnologia TDMA permite acesso múltiplo por divisão de TEMPO, nessa tecnologia várias transmissões são transmitidas simultaneamente no mesmo canal de radiofrequência, entretanto cada conversação é transmitida em intervalos de tempo distintos. Na tecnologia TDMA cada usuário dispõe de uma frequência durante um determinado período de tempo que lhe é ciclicamente disponibilizado.

11.5.3. CDMA

Tecnologia de acesso múltiplo por divisão de CÓDIGO. Várias conversações são transmitidas simultaneamente na mesma frequência e ao mesmo tempo, mas com códigos diferentes.

Assim, como em um saguão de um aeroporto, várias pessoas conversam ao mesmo tempo em idiomas diferentes, sem que haja prejuízo de comunicação, a tecnologia CDMA se baseou neste princípio para multiplicar a quantidade de usuários pelo meio de transmissão e aumentar a segurança da troca de informações.

11.5.4. OFDMA

Tecnologia de acesso múltiplo por divisão de frequências ortogonais*. Utiliza sua banda dividida em múltiplas portadoras ortogonais, sem sobreposição de frequências. Tecnologia adotada pelos padrões 4G e Wimax.

FDMA	ACESSO MÚLTIPLO POR DIVISÃO DE FREQUÊNCIA
TDMA	ACESSO MÚLTIPLO POR DIVISÃO DE TEMPO
CDMA	ACESSO MÚLTIPLO POR DIVISÃO DE CÓDIGO
OFDMA	ACESSO MÚLTIPLO POR DIVISÃO DE FREQUÊNCIA ORTOGONAL

* Caso se interesse leia mais em: http://www.gta.ufrj.br/ensino/eel879/trabalhos_vf_2008_2/coutinho/OFDM.OFDMA(OrthogonalFrequencyDivisionMu.html

Exercício

ANALISTA FINANÇAS E CONTROLE – CGU – ESAF

O esquema de multiplexação em que cada fonte transmissora obtém acesso ao meio de transmissão por um dado período, no qual cada intervalo de tempo é do mesmo tamanho, é denominado multiplexação Resposta 6

a) por divisão de frequência.

b) por divisão de comprimento de onda.

c) por divisão de comprimento de onda densa.

d) síncrona por divisão de tempo.

e) codificada por pulsos

11.6. Serviços da Internet

Muito já foi dito sobre as tecnologias de acesso, agora é necessário conhecer os serviços que a Internet pode oferecer para seus usuários. Vejamos os serviços mais populares nos concursos atuais:

WWW (World Wide Web)

A WWW, chamada apenas de Web, representa o serviço de hipertexto*, serviço de PÁGINAS da rede.

É um serviço cliente-servidor onde um arquivo é hospedado em um site em um equipamento servidor (remoto**) e acessado através de um software cliente denominado navegador ou browser para visualização das informações escritas comumente em uma linguagem chamada HTML.

Exemplos de Browser:

- Galeon
- Google Chrome
- Internet Explorer
- Mozilla Firefox
- Netscape
- Opera
- Safari
- Shiira

Resposta 6 – Letra D.

* Páginas com link.

** Distante

Exercício

TJ AL – CESPE

Assinale a opção que cita apenas exemplos de navegadores web. Resposta 7

a) Google Chrome, Opera, Mozilla Firefox e Dropbox
b) Mozilla Firefox, Safari, Opera e Shiira
c) Shiira, Windows Explorer, Google Chrome e Mozilla Thunderbird
d) Dropbox, Mozilla Thunderbird, Outlook Express e Google
e) Windows Explorer, Mozilla Firefox, Safari e Outlook Express

11.7. HTML (HiperText Markup Language)

HTML é uma linguagem de formatação de hipertexto, onde um arquivo de texto com extensão .HTM ou .HTML contém textos e códigos especiais chamados *tags* e possibilitam a interpretação deste arquivo em qualquer navegador. Uma *tag* pode dizer se o texto ficará em negrito, itálico, centralizado, com determinado tipo e tamanho de fonte entre outros formatos.

Exercício

MGS MÉDICO DO TRABALHO – IBFC

Tim Berners-Lee, criador da World Wide Web (WWW), criou uma linguagem para produzir páginas na Web e que pudessem ser interpretados por navegadores. A linguagem de marcação utilizada para produzir páginas na Web é o: Resposta 8

a) Visual Basic
b) JAVA
c) WIKI
d) HTML

Por ser uma linguagem, possui um código-fonte com sintaxe específica, seu conhecedor é denominado *webdesigner*, profissional que cria páginas Web.

Uma página HTML é composta basicamente por títulos, textos, parágrafos, imagens e links.

Exercício

TJ ES – CESPE

Por meio do Mozilla Firefox, que é um programa de navegação na Internet, é possível navegar por páginas online, assim como por páginas em HTML que estejam armazenadas no computador do usuário. Resposta 9

( ) CERTO ( ) ERRADO

Resposta 7 – Letra B.
Resposta 8 – Letra D.
Resposta 9 – Certo.

O navegador pode visualizar páginas HTML de modo online, se estiverem em locais remotos, ou de modo off-line, se estiverem armazenados no computador do usuário.

Páginas Estáticas x Páginas Dinâmicas x Páginas Ativas

- Páginas estáticas são documentos que apresentam uma estrutura fixa, e que são criados e hospedados em um servidor. O cliente pode obter apenas uma cópia do documento, cujo conteúdo é determinado antes de ser publicado. Exemplos: páginas .html são em sua maioria estáticas.
- Páginas dinâmicas são criadas por um servidor Web toda vez que um browser (cliente) solicita o documento. O servidor retorna a saída de um programa, script, como resposta. Como um documento é gerado a cada solicitação seu conteúdo pode variar de solicitação para solicitação (dinâmico). *Páginas dinâmicas são denominadas de documentos dinâmicos do servidor de um site.* Exemplos: páginas .asp ou .php são dinâmicas.
- Páginas ativas são aquelas que rodam scripts na máquina cliente, no próprio browser, como páginas onde rodamos um programa que interage com o usuário. Páginas que contêm applets Java são comumente ativas. *Os documentos ativos são denominados dinâmicos na máquina cliente.*

Exercício

ESCRITURÁRIO CEF – CESGRANRIO

As páginas disponíveis na World Wide Web podem ser classificadas em estáticas e dinâmicas. Considerando o tipo de processamento realizado no servidor, o que caracteriza uma página dinâmica, em comparação a uma estática? Resposta 10

a) Permitir a exibição de figuras animadas no navegador.
b) Realizar processamento otimizado da página no navegador.
c) Ser capaz de exibir objetos de áudio e vídeo sincronizados dinamicamente no navegador.
d) Ser interpretada no servidor, para retornar um resultado capaz de ser exibido pelo navegador.
e) Traduzir o código HTML da página, para apresentar o seu conteúdo no navegador.

11.8. Cookies

O cookie é um arquivo de texto criado pelo servidor Web e enviado como resposta ao acesso a uma determinada página pelo cliente.

Pode ser armazenado por um período em um diretório na máquina do cliente onde, ao repetir o acesso ao site, o navegador então consultará o diretório de cookies em busca de tais arquivos e os enviará para identificação do usuário. São amplamente utilizados por exemplo em sites de comércio eletrônico.

Resposta 10 – Letra D.

Carrinhos de compras implicam o armazenamento de cookies quando selecionamos um item e são utilizados para o cálculo do pedido ao término da compra.

Um cookie pode conter 5 campos:

Domínio	Caminho	Conteúdo*	Expira	Seguro
concursovirtual.com.br	/	ID=00127	05-12-15 17:00	SIM
impetus.com.br	/	Livro=231		NÃO

Cada domínio pode inserir até 20 cookies na máquina cliente, os cookies podem ser classificados como:

- Persistentes – Quando o campo "Expira" possui uma data de descarte, mantendo-os na máquina por tal período, ou até que o usuário os exclua.
- Não persistentes – Quando o campo "Expira" está em branco, daí o cookie é utilizado somente durante o acesso à página, sendo descartado ao sair (encerrar a sessão).

Como os sites consultam livremente o diretório de cookies eles podem representar uma vulnerabilidade quanto à privacidade do usuário.

Os navegadores atuais permitem estabelecer níveis de segurança para trabalhar com cookies:

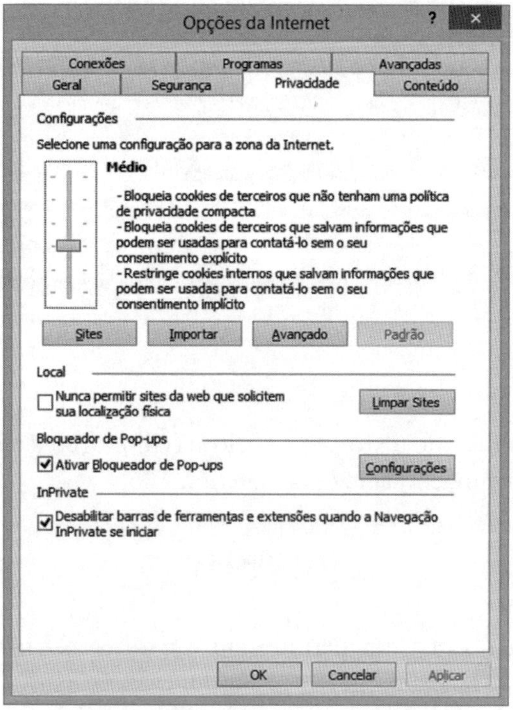

Janela de Opções de Internet do IE11

* O campo conteúdo tem a forma nome=valor, onde nome e valor podem representar qualquer coisa que o servidor desejar. Por vezes encontramos cookies com e-mails do usuário, senhas e até mesmo número de cartões de crédito.

Cookies de terceiros são considerados aqueles de um site diferente da página principal que está sendo buscada. Bloqueá-los ajuda a evitar o rastreamento entre os sites que tentam identificar o perfil de um usuário para oferecer anúncios direcionados.

11.9. Gerações da Web

As gerações da Web não se excluem, se sobrepõem.

11.9.1. Web 0.0

A *World Wide Web* teve a primeira especificação composta pelo protocolo HTTP e a linguagem HTML em março de 1989 lançada por Tim Berners-Lee.

Até então, a Web era uma fonte de acesso a informações, onde páginas de hipertexto (textos com links), de conteúdo estático, escritas por jornalistas e outros profissionais eram publicadas em servidores WWW e podiam apenas ser lidas pelos demais usuários.

11.9.2. Web 1.0

A Web 1.0 foi marcada pela comercialização, onde grandes cadeias de comércio descobriram o mercado potencial da Internet, implicando o desenvolvimento de inúmeros provedores de acesso (conexão discada) e o surgimento de novas estratégias de mercado como o *internet banking* e *e-commerce*.

Exercício

Soldado PMESC – IESES

Sobre a WWW (World Wide Web, WWW ou W3) é correto afirmar que: Resposta 11

I. Foi desenvolvida por Tim Berners Lee na CERN, a Organização Europeia para Pesquisa Nuclear em Genebra, na Suíça.

II. Os usuários da Web utilizam hiperlinks, textos destacados ou gráficos em um documento da Web que, quando clicado, abre uma nova página da Web ou seção da mesma página apresentando o conteúdo relacionado.

III. Para acessar a Web e visualizar o seu conteúdo, há a necessidade da utilização de um navegador Web.

IV. Todas as páginas Web são armazenadas em servidores locais e replicadas para um único servidor central em cada país onde a Internet é liberada para utilização.

A sequência correta é:

a) Apenas as assertivas II, e III estão corretas.
b) Apenas as assertivas III e IV estão corretas.
c) Apenas as assertiva I, III e IV estão corretas.
d) Apenas as assertivas I, II e III estão corretas.

11.9.3. Web 2.0

A Web 2.0, termo cunhado por Tim O'Reilly, não apresenta grandes mudanças tecnológicas e sim uma mudança de foco.

Resposta 11 – Letra D.

Os programas e protocolos utilizados são os mesmos conhecidos, entretanto o foco passa para a integração dos usuários junto às informações dos sites, sendo marcada portanto por páginas que permitem ao usuário inserir conteúdo.

A Web 2 utiliza entradas coletivas para aprimorar as características e conteúdos de suas páginas.

Exercício

BB – CESPE

Por meio do IE7, é possível que um usuário tenha acesso a recursos da denominada Web 2.0. [Resposta 12]

( ) CERTO ( ) ERRADO

São exemplos de páginas da Web 2.0:

- Redes Sociais, que são estruturas compostas por pessoas ou organizações que têm interesses comuns e se conectam por meio da Internet. Exemplos:
  - Facebook
  - Google +
  - Linkedin
  - Instagram
  - Flickr
  - Thumblr
  - Youtube

Exercício

PAPILOSCOPISTA PF – CESPE

Twitter, Orkut, Google+ e Facebook são exemplos de redes sociais que utilizam o recurso scraps para propiciar o compartilhamento de arquivos entre seus usuários. [Resposta 13]

( ) CERTO ( ) ERRADO

- Blogues ou blogs*, que são diários pessoais na Web.
- Wikis, sistemas de colaboração que permitem a edição de documentos de hipertexto através da utilização de um navegador web. Exemplo:
  - Wikipédia

Resposta 12 – Certo, por meio de qualquer navegador atual acessamos quaisquer gerações da web.
Resposta 13 – Errado, scraps são mensagens.
* Palavra constituída pela contração de Web e Log.

Exercício

ESCRITURÁRIO – BANCO DO BRASIL – CESPE

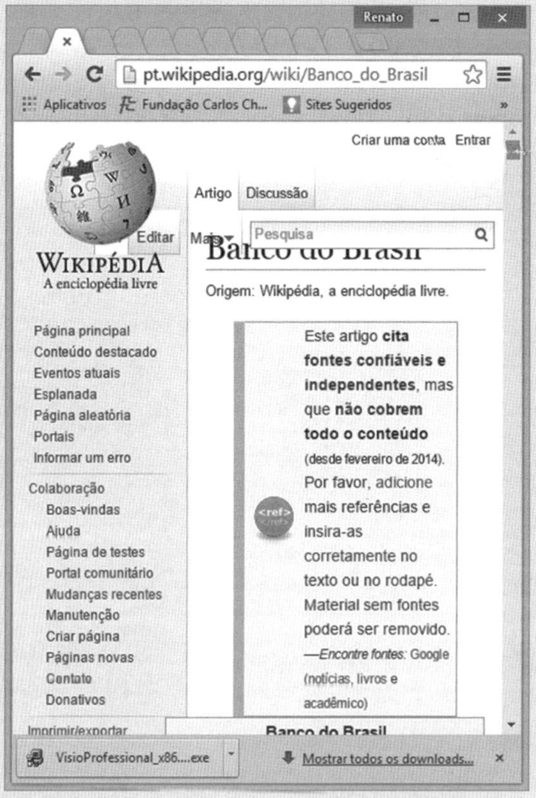

A página da Web em exibição, bastante popular no Brasil e no mundo, funciona como uma enciclopédia de baixo custo, mantida pela empresa Wikipédia. Para acessar artigos escritos por especialistas, o usuário paga uma taxa mensal, de baixo valor. Essa página tem sido considerada um recurso valioso para a democratização da informação, devido ao baixo custo pago pelos usuários.[Resposta 14]

( ) CERTO ( ) ERRADO

"Uma das características definitivas da tecnologia wiki é a facilidade com que as páginas são criadas e alteradas – geralmente não existe qualquer revisão antes de as modificações serem aceitas, e a maioria dos wikis são abertos a todo o público ou pelo menos a todas as pessoas que têm acesso ao servidor wiki."

http://pt.wikipedia.org/wiki/Wiki em dia 01/03/2015

Resposta 14 – Errada, não é paga e não é escrita por especialistas.

11.9.4. Web 3.0 – Web Semântica

A Web 3.0 permite que palavras e figuras sejam juntadas, reorganizadas, de várias fontes diferentes, para tornar a vida de seus usuários mais simples.

Seu propósito é permitir que o usuário acesse informações com menos cliques, reúna interesses de maneira intuitiva. A Web 3.0 é composta de dados onipresentes, conectados e capazes de serem reagrupados sob demanda. Capaz de oferecer uma inteligência simulada buscará entender o que o usuário deseja através de algoritmos semânticos.

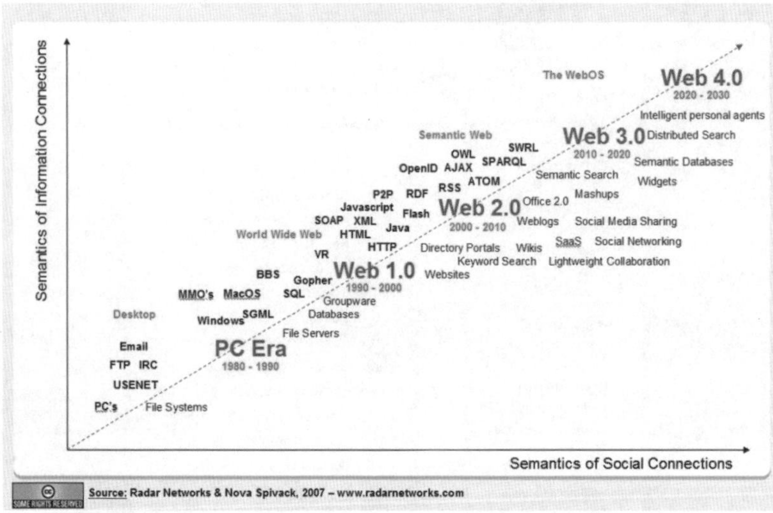

11.9.5. Mashups

Se pudéssemos fazer uma analogia entre um site e uma música teríamos o *mashup* como uma mixagem, ou seja, uma mistura.

Um mashup é um website ou aplicação combinando o conteúdo de mais de uma fonte em uma experiência integrada.

Podemos ter uma página com mapas, imagens de satélites, relógios, enfim aplicações externas (APIs – Application Program Interface) misturadas.

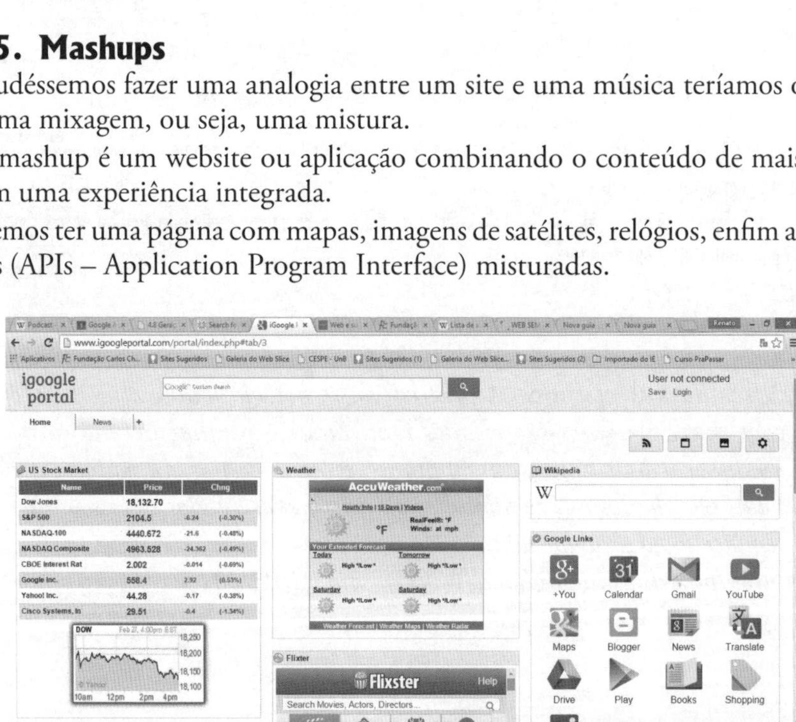

Exercício

ANALISTA DE SISTEMAS PREF. DE BUZIOS/RJ – FUNCAB

Na Internet, uma página que contém mapas, imagens de satélites, relógios, enfim aplicações externas misturadas, ou seja, um website, ou aplicação combinando o conteúdo de mais de uma fonte em uma experiência integrada, é conhecida como: Resposta 15

a) RSS.
b) Poadcast.
c) Feeds.
d) Mashup.
e) XML.

11.10. Ferramentas de Busca e Pesquisa

Existem diversas ferramentas de busca* na Web como Google, Yahoo, Bing, Ask para consulta de páginas, Buscapé e Bondfaro para consulta de preços, entre outros.

Iremos priorizar os comandos e sintaxes do Google devido a sua predominância nos certames.

11.10.1. Google

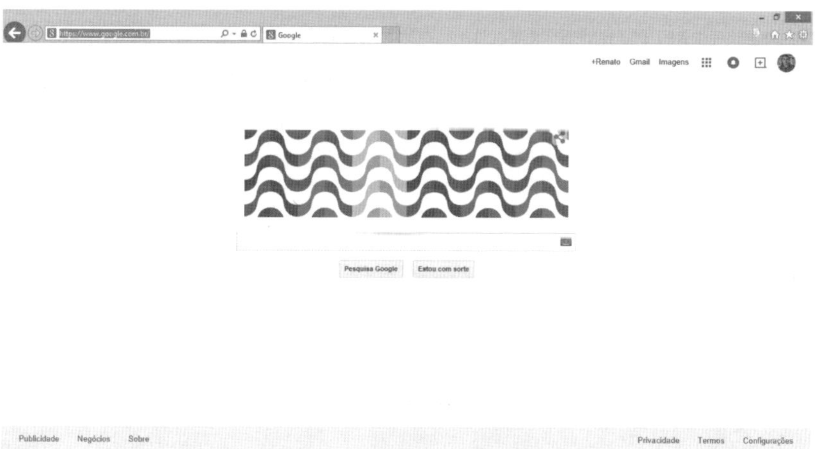

A home page do google tende a mudar diariamente, muitas vezes para homenagear uma data.

Embora a interface do Google seja simples, esconde inúmeras funcionalidades avançadas, como veremos a seguir:

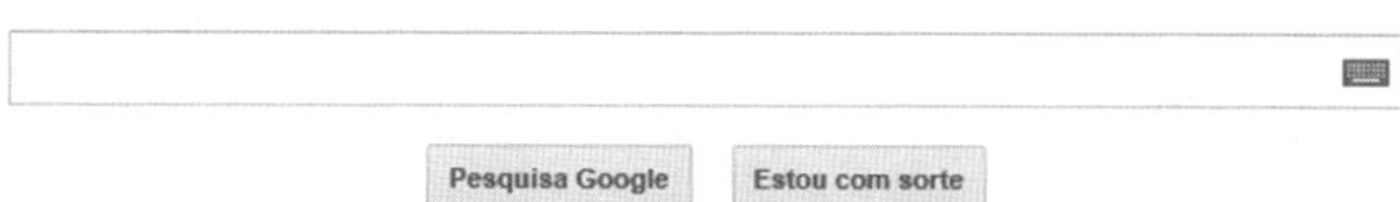

Resposta 15 – Letra D.

* Pode-se utilizar também a expressão "motores de busca" como equivalente.

Exercício

FISCAL DE SERVIÇOS PÚBLICOS – PREF. FLORIANOPOLIS – FGV

Numa busca com o Google, o botão "Estou com sorte" faz com que: [Resposta 16]

a) a busca que você solicita concentre-se apenas sobre o resultado de uma busca anterior, de modo a refiná-lo;
b) a busca que você solicita adicione novas páginas àquelas que você já obteve na busca anterior;
c) a primeira página que o Google devolveu torne-se a página de inicialização (default) do navegador;
d) você seja automaticamente direcionado para a primeira página que o Google encontrou para sua pesquisa;
e) a busca que você realizou produziu ótimos resultados e o Google vai salvar e levar em conta essa informação nas suas próximas buscas.

Em uma simples pesquisa as páginas são ranqueadas de acordo com a quantidade de acessos, o botão Estou com sorte abre automaticamente o primeiro resultado encontrado para a pesquisa, o mais propenso de acordo com o termo digitado pelo usuário.

Exercícios

ANTAQ – CESPE

Ao se digitar uma palavra para busca no Google, e clicar o botão Pesquisa Google, serão apresentados links para várias páginas da Web que contenham a palavra digitada. Se, em vez de Pesquisa Google, for clicado o botão Estou com sorte, irá aparecer como resultado apenas o link de uma página, que é escolhido de forma aleatória entre os resultados que seriam obtidos com a busca por meio da utilização do botão Pesquisa Google.

Comandos avançados do Google: [Resposta 17]

( ) CERTO ( ) ERRADO

TRE/BA/CESPE/2010

Uma das formas de busca de informações na Internet utilizando os sítios de busca, como o Google, é por meio da utilização de operadores booleanos, os quais podem variar dependendo da ferramenta de busca utilizada. [Resposta 18]

( ) CERTO ( ) ERRADO

Operadores *booleanos* são operadores de lógica algébrica, envolvendo conjunção, disjunção, equivalência e negação, utilizados para filtragem de resultados.

Cada site de busca contém comandos e palavras reservadas específicas:

Operação	Google	Yahoo	Bing
E	+	+	AND
OU	OR	OR	OR
Não	-	-	NOT
Expressão exata	" "	" "	" "

Resposta 16 – Letra D.
Resposta 17 – Errado, não é aleatória.
Resposta 18 – Certo.

Como dito anteriormente nossa prioridade é o Google, logo vamos estudar suas funcionalidades avançadas:

Delimitadores de Busca

+

A pesquisa:

Irá apresentar como resultado páginas que contenham necessariamente as duas palavras, em qualquer posição da página, observe um fragmento do resultado:

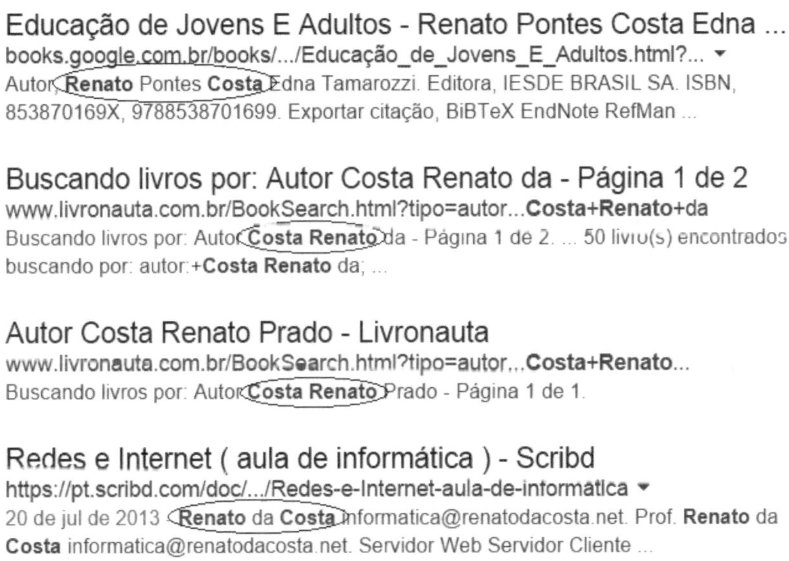

Os termos em negrito correspondem ao termo pesquisado na busca.

-

A pesquisa:

Irá apresentar como resultado páginas que contenham necessariamente "renato" e que obrigatoriamente não possuam "costa", em qualquer posição da página, observe um fragmento do resultado:

Laboratório de Análises Clinicas Renato Arruda
www.**renato**arruda.com.br/ ▾
Laboratório de Análise Clínica em Campo Grande - MS.

Maycon & Renato
www.mayconе**renato**.com.br/ ▾
Maycon e **Renato** - COLA EM MIM. DONA DO MEU CORAÇÃO. 43. Maycon e **Renato** - DONA DO MEU CORAÇÃO. BEM AOS OLHOS DA LUA. 61. Maycon e ...

Cinema Renato Aragão - Pinheiro Supermercado - O Bom ...
www.obomvizinho.com.br/cinema-**renato**-aragao ▾
O Cine **Renato** Aragão é puro entretenimento, moderno e confortável com 2 salas, e um total de 237 lugares, som dolby stereo, ar condicionado, bomboniére e ...

Exercício

BB – AUXILIAR DE ENFERMAGEM – FCC

Uma das formas de pesquisa do Google permite que sejam ignoradas palavras dentro de uma busca. Este recurso é muito útil quando, por exemplo, se deseja procurar por certos modelos de produtos e não incluir na pesquisa uma marca específica. Para efetuar a pesquisa utilizando este recurso, basta colocar imediatamente antes da palavra que se deseja excluir da pesquisa, [Resposta 19]

a) o termo "ignore:".
b) um asterisco.
c) o termo "not:".
d) o termo "exclude:".
e) um hífen.

OR

A pesquisa:

Irá apresentar como resultado páginas que contenham "renato" ou "ryan", classificadas pela quantidades de acessos decrescente. Não é um "ou exclusivo", logo é possível que apareça página com as duas palavras.

Resposta 19 – Letra E.

Renato Cardoso - Site e Blog Oficial
www.**renatocardoso**.com/blog/ ▾
Vídeos · Meu ex-marido casou com a amante, ainda me procura. Postado: 6 days atrás. Fui casada 22 anos e me divorciei por causa de uma amante, com a ...
IntelliMen - Relacionamento - 7: Se você quer mudar mas ... - Inteligência Espiritual

Website Oficial da Ryanair | Voos baratos | Voos baratos ...
www.**ryanair**.com/pt ▾
Reserve voos baratos com a Ryanair. Voos pontuais de tarifas baixas para os principais destinos europeus.
Gerir a sua reserva - O nosso Localizador de Tarifas - Termos de utilização - Rotas

Ryanair: Cheap Flights | Cheap Flights to Europe
www.**ryanair**.com/ ▾ **Traduzir esta página**
Book Cheap Flights direct at the official Ryanair website for Europe's lowest fares. Fully allocated seating and much more now available online.

Exercício

TRT/RN/CESPE

No sítio web google.com.br, se for realizada busca por "memórias póstumas" — com aspas delimitando a expressão memórias póstumas —, o Google irá realizar busca por páginas da Web que contenham a palavra memórias ou a palavra póstumas, mas não necessariamente a expressão exata memórias póstumas. Mas se a expressão memórias póstumas não foi delimitada por aspas, então o Google irá buscar apenas as páginas que contenham exatamente a expressão memórias póstumas. [Resposta 20]

( ) CERTO ( ) ERRADO

“ ”

A pesquisa:

"renato da costa"

Irá restringir a busca à expressão exata contida entre aspas, logo somente irão aparecer resultados com a cadeia de caracteres “Renato da Costa”.

Professor(a) - Renato da Costa - Concurso Virtual
www.concursovirtual.com.br/professores/**renato-da-costa**.html ▾
O professor **Renato da Costa** é Mestre Educação com linha de pesquisa em Gerações da Web no Ensino On-Line pela Universidade de Jaén (Espanha), está ...

[PDF] Download - Renato da Costa
www.**renatodacosta**.net/aula4.pdf ▾
Renato da Costa informatica@renatodacosta.net. 2. Com referência à janela do aplicativo Writer, do ambiente BrOffice.Org 3.0, ilustrada acima, em que um.

Resposta 20 – Errado.

Exercício

PCRN – DELEGADO – CESPE

Google é um serviço que permite a realização de buscas avançadas por meio da combinação de resultados ou da inclusão de palavras-chave. A busca por uma expressão inteira, por exemplo, delegado de polícia, no Google pode ser feita a partir da digitação do trecho [Resposta 21]

a) (delegado de polícia)

b) {delegado de polícia}

c) *delegado de polícia*/

d) "delegado de polícia"

e) _delegado_de_polícia

~

O caractere "~" (til) pode preceder uma palavra em uma busca para pesquisar por sinônimos.

Exercício

INVESTIGADOR POLICIA SP – VUNESP

No Google, o caracter que deve ser adicionado imediatamente antes da palavra para procurar por essa palavra e também por seus sinônimos é: [Resposta 22]

a) ~

b) #

c) %

d) &

e) "

*

O caractere "*" (asterisco) pode ser utilizado para corresponder a um grupo de caracteres, como coringa em uma busca.

Exemplo:

Resposta 21 – Letra D.
Resposta 22 – Letra A.

Resultados

Anvisa - Tecnologia em Serviços de Saúde - Avaliação em ...
www.anvisa.gov.br/**servicosaude**/avalia/index.htm ▾
Laboratórios Habilitados · Pesquisas sobre **Serviços Laboratoriais** ... Perguntas Freqüentes · Programa Nacional de Avaliação de **Serviços de** Saúde - PNASS.

LOCOFER - Comércio e Serviços de Equipamentos ...
www.locofer.com.br/ ▾
A LOCOFER - Comércio e **Serviços de** Equipamentos Ferroviários S.A. oferece aluguel de vagões e locomotivas ao mercado nacional e internacional, ...

Servartes Clube de Poker - Jogue poker Texas Holdem na ...
www.**servartes**.com/ ▾
Conheça os Sopranos populares de Portugal. Ao discutir sobre Português de música, o fado, o gênero de música que significa destino ou o destino é o que ...

Pode retornar qualquer palavra que começe com serv: serviço, serventia, servidor, servente, etc.

Exercício

BANCO DO BRASIL – ENGENHEIRO – FCC

Um recurso pouco conhecido do site de pesquisa Google, que pode ser muito útil, é a utilização do caractere coringa. Caso ele seja utilizado, o Google o irá considerar como um espaço reservado para termos desconhecidos e tentará encontrar os resultados que melhor corresponderem. Para utilizar o caractere coringa em uma pesquisa, basta utilizar o: Resposta 23

a) sinal de til.
b) sinal de asterisco.
c) abre e fecha colchetes.
d) abre e fecha aspas.
e) sinal de interrogação.

11.10.1.1. Calculadora do Google

Uma exceção para o uso dos caracteres + e * é se forem utilizados entre números em uma pesquisa, observe:

Resposta 23 – Letra B.

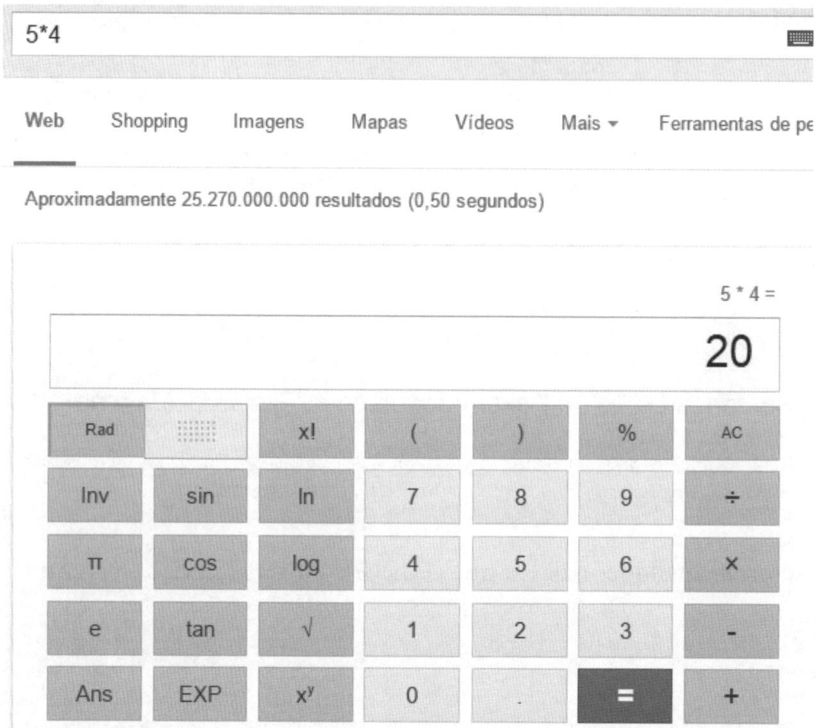

Neste caso o google retorna o resultado da expressão:

Operador	Função
+	Adição
-	Subtração
*	Multiplicação
/	Divisão
^	Exponenciação
%	Resto da divisão, exemplo: 8%5, resultado 3
% of	Porcentagem, exemplo: 20 % of 150, resultado 30

11.10.1.2. Comandos do Google

As palavras reservadas do Google devem ter sua sintaxe com letra minúscula e serem seguidas de um caractere de dois pontos ":". Vamos aos principais comandos:

site: permite a pesquisa restrita a um site específico.

Exemplo:

Resultado:

Aproximadamente 883 resultados (0,37 segundos)

Professor(a) - Renato da Costa - Concurso Virtual
www.concursovirtual.com.br/professores/**renato-da-costa**.html ▾
O professor **Renato da Costa** é Mestre Educação com linha de pesquisa em Gerações da Web no Ensino On-Line pela Universidade de Jaén (Espanha), está ...

Notícia - PodCast: Renato da Costa e as diferenças do ...
www.concursovirtual.com.br/.../podcast--**renato-da-costa**-e-as-diferencas... ▾
4 de jul de 2012 - O professor de informática do Concurso Virtual, **Renato da Costa**, neste PodCast fala sobre as diferenças do BrOffice e LibreOffice, assunto ...

Todos os resultados são links do site citado na pesquisa.

Exercício

ASSEMBLEIA LEGISLATIVA – ES – CESPE

O Google, uma ferramenta de busca de dados na Internet, possui diversas funcionalidades para restrição de uma pesquisa. Suponha que um usuário deseje pesquisar determinada frase exata, por exemplo, minha frase exata, e que essa pesquisa seja feita apenas no sítio do CESPE (www.cespe.unb.br). Assinale a opção que equivale à restrição necessária para que essa pesquisa seja executada corretamente. [Resposta 24]

a) all: "minha frase exata" inip:www.cespe.unb.br
b) "minha frase exata" site:www.cespe.unb.br
c) +minha frase exata siteall:www.cespe.unb.br
d) -minha "frase exata" site:www.cespe.unb.br
e) site: "minha frase exata in www.cespe.unb.br":

O resultado de uma pesquisa retorna 3 campos distintos de uma página, o título, a url e um fragmento de texto da página, observe:

Fale Conosco - Editora Impetus
www.impetus.com.br/contato ▾
*Todos os campos são obrigatórios. Nome: Email: Assunto: Mensagem: Enviar. Acesso Rápido. A Editora · Artigos · Atualizações · Autores; Cadastre-se .

intitle: restringe a pesquisa somente ao campo do título da página.

inurl: restringe a pesquisa somente ao campo da url da página.

intext: restringe a pesquisa somente ao campo do texto da página.

Resposta 24 – Letra B.

Exercícios

MCTI – CESPE

Ao realizar uma pesquisa na Internet a partir do sítio de pesquisa Google, um usuário desejava encontrar uma página que contivesse a palavra-chave projeto, que fosse restrita a páginas do MCTI (www.mcti.gov.br) e em cujo título existisse a palavra tecnologia.

Considerando essa situação hipotética, julgue os itens que se seguem.

Para fazer a pesquisa restrita ao sítio desejado, o usuário deveria utilizar a sintaxe site www.mcti.gov.br.[Resposta 25]

( ) CERTO ( ) ERRADO

Para restringir a pesquisa ao campo título de uma página, o usuário deveria utilizar a palavra reservada intitle.[Resposta 26]

( ) CERTO ( ) ERRADO

link: Apresenta as páginas que possuem um link para a url mencionada na pesquisa: Exemplo:

link:editoraimpetus.com.br

Resultado:

4 resultados (0,28 segundos)

Fale Conosco - Editora Impetus
www.impetus.com.br/contato ▾
*Todos os campos são obrigatórios. Nome: Email: Assunto: Mensagem: Enviar. Acesso Rápido. A Editora · Artigos · Atualizações · Autores; Cadastre-se .

agosto 2013 - Concurseiros - Jornal do Brasil
jblog.jb.com.br/concurseiros/2013/08/ ▾
30 de agosto de 2013. Feira da Carreira Pública movimenta no Rio de Janeiro o mercado de concursos. Nos dias 10, 11 e 12 de setembro, o Rio de Janeiro ...

Blog do MOCAM - Direito, Concursos e Vida
www.blogdomocam.com.br/ ▾
Home · Sobre nós · Fórum do Mocam · Canal do Mocam · Dicas de Estudo · Motivacional · Material para Estudo · MEUS PRODUTOS · Faça Contato ...

No caso a editora Impetus tem 4 sites parceiros que possuem link para sua página.

Resposta 25 – Errado, faltou o caractere ":".

Resposta 26 – Certo, observe que ele pergunta acerca da palavra reservada e não da sintaxe, por isso a falta do caractere ":" não a torna errada.

Exercício

CAMDEP – CESPE

No sítio de busca Google, ao informar link:www.camara.gov.br como argumento de pesquisa, serão pesquisados sítios que façam referência a www.camara.gov.br. Resposta 27

( ) CERTO ( ) ERRADO

filetype: permite restringir a busca a um formato de arquivo especificado, como por exemplo:

Resultado:

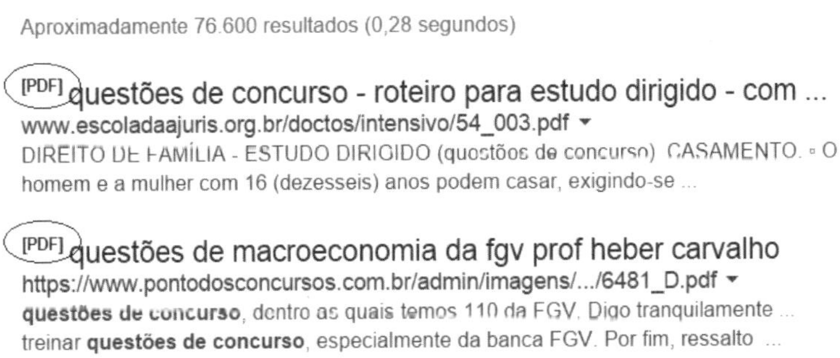

Só irá exibir links de arquivos PDF cujo texto, título ou url contenham a expressão exata "questões de concurso".

Exercício

ANP – CESGRANRIO

Um funcionário precisa encontrar um documento Microsoft Word 2003 (extensão doc) disponibilizado na Internet por sua empresa. Sabendo-se que o título do documento é Impactos Ambientais na Baía de Guanabara e que o documento possui as palavras-chave ecossistema e petróleo, qual a forma mais eficaz de encontrar esse documento utilizando o site de busca http://www.google.com? Resposta 28

a) Impactos Ambientais na Baía de Guanabara ecossistema petróleo
b) Impactos Ambientais na Baía de Guanabara ecossistema petróleo filetype:doc
c) "Impactos Ambientais na Baía de Guanabara ecossistema petróleo"
d) "Impactos Ambientais na Baía de Guanabara" ecossistema petróleo filetype:doc
e) "Impactos Ambientais na Baía de Guanabara" – ecossistema -petróleo filetype:doc

Resposta 27 – Certo.
Resposta 28 – Letra D.

define: Utilizado para obter a definição, o significado, de uma palavra qualquer. Exemplo:

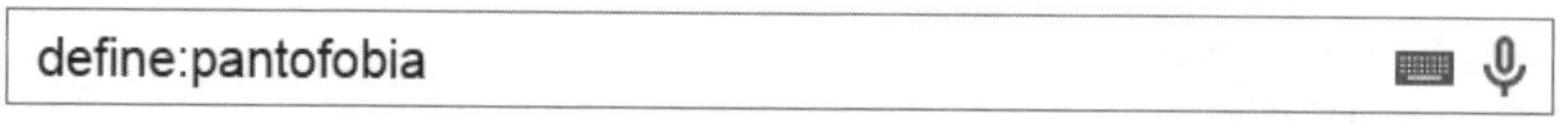

Resultado:

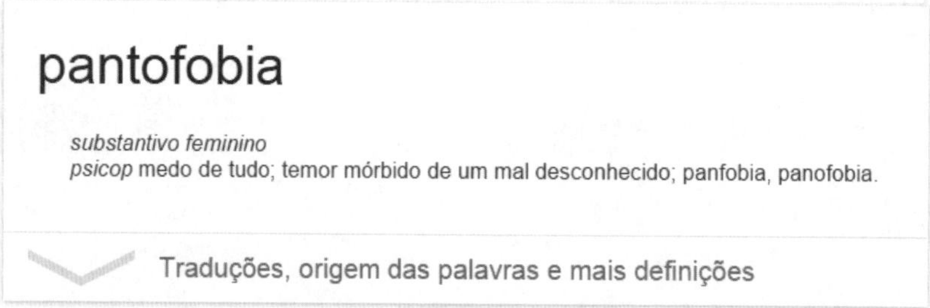

Safe Search

"A ativação do SafeSearch filtra vídeos e imagens de sexo explícito das páginas de resultados da Pesquisa Google, bem como resultados que podem estar vinculados a conteúdo explícito.
Quando o SafeSearch está desativado, fornecemos os resultados mais relevantes para sua pesquisa e, caso você pesquise conteúdo explícito, esse tipo de conteúdo é exibido."
https://support.google.com/websearch/answer/510?hl=pt-BR

Exercício

UFMT – UFMT – Administração

Nas configurações de pesquisa do Google, o item Filtros do Safe Search é ativado para [Resposta 29]

a) exibir apenas páginas que utilizam o protocolo HTTPS nos resultados de pesquisa.
b) filtrar o conteúdo relacionado a e-commerce dos resultados de pesquisa.
c) exibir apenas páginas que utilizam o idioma português nos resultados de pesquisa.
d) filtrar o conteúdo sexualmente explícito dos resultados de pesquisa.

11.10.1.3. Aplicativos do Google

A empresa Google oferece inúmeras aplicações e precisamos conhecer seus nomes e definições.

Resposta 29 – Letra D.

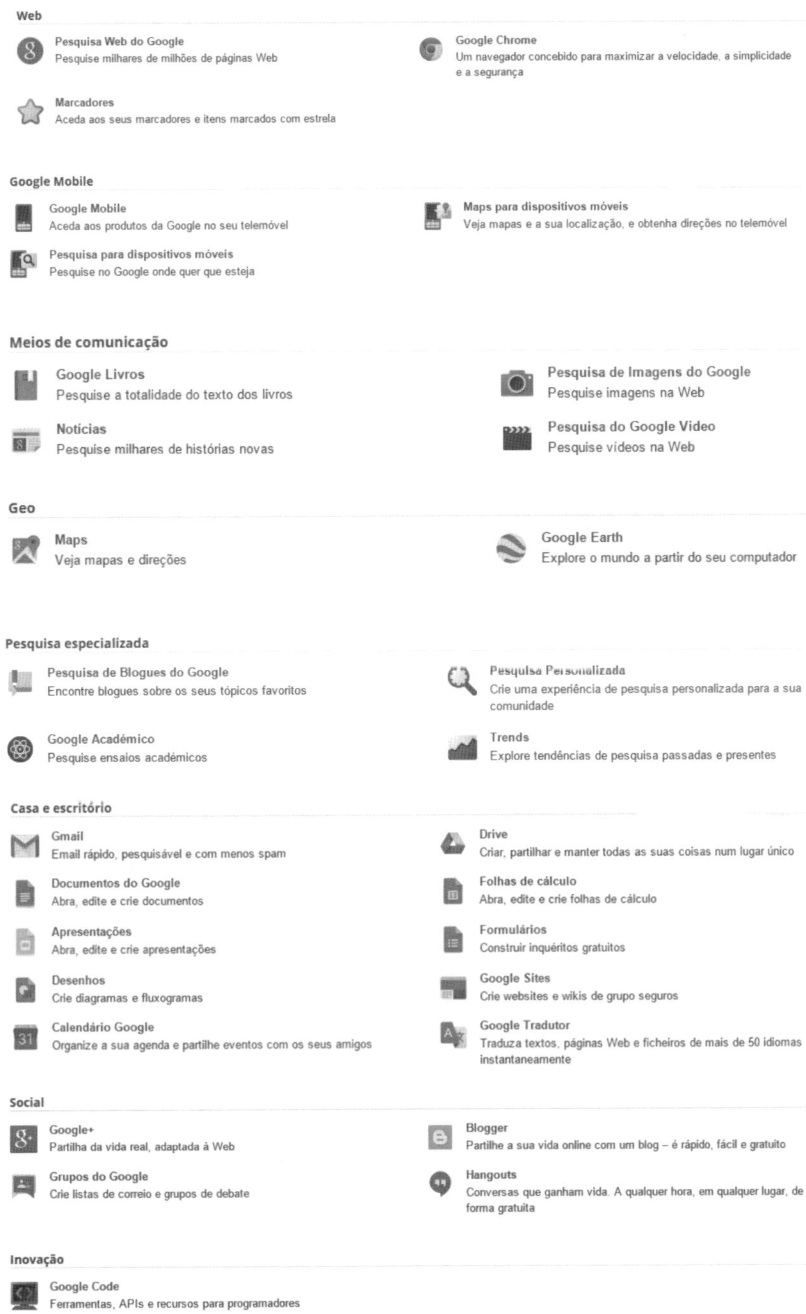

e-Mail (Eletronic Mail)

Inicialmente o serviço de e-mail permitia apenas o envio de mensagens de texto, atualmente podem agregar imagem, áudio e vídeo.

O cenário mais comum de correio eletrônico na internet é baseado em um modelo cliente-servidor, onde o usuário cria uma conta em um provedor de correio eletrônico* que disponibiliza servidores online ininterruptamente, afinal não sabemos a hora que irão nos enviar uma mensagem.

Ao criar a conta em um servidor é criada uma caixa postal (*mailbox*), um arquivo especial armazenado no servidor, com restrições de acesso para cada usuário (login).

Exercícios

Cespe – MEC – 2009

Os usuários que desejam trocar mensagens de e-mail pela Internet precisam estar cadastrados em um provedor de caixas postais de mensagens eletrônicas, pelo qual o usuário tem o direito de utilizar um endereço de e-mail particular, com nome e senha exclusivos. Resposta 30

TRE/BA/CESPE/2010

Ao verificar a caixa postal de correio eletrônico, na realidade o usuário acessa o servidor central de e-mail da Internet, chamado de cliente de e-mail, o qual direciona as mensagens que possuem o endereço do usuário reconhecido por sua senha pessoal e intransferível. Resposta 31

( ) CERTO ( ) ERRADO

O usuário necessita de um software cliente de correio eletrônico para acessar o servidor, alguns exemplos de softwares clientes são:

- Eudora
- Incredimail
- Lotus Notes
- Outlook (versão paga contida no MS Office)
- Outlook Express (versão gratuita contida até o Windows XP)
- Windows Live Mail

Para enviarmos um e-mail não é necessário que o destinatário esteja online, a mensagem ficará armazenada na caixa postal do servidor de correio do provedor do serviço, por isso o e-mail é classificado como um serviço assíncrono.

Exercício

UNIRIO – ASSISTENTE ADMINISTRATIVO – 2011

Os e-mails podem ser caracterizados como mecanismo de comunicação conhecido como Resposta 32

a) online.
b) síncrono.
c) seguro.
d) assíncrono.
e) alternativo.

* Hotmail/Outlook.com,Gmail, IG, etc.

Resposta 30 – Certo.

Resposta 31 – Errado. Não existe um "servidor central de e-mail da Internet", cada provedor possui os seus servidores (infraestrutura/computadores), e alegar que o servidor é chamado de cliente é uma contradição, pois são entes distintos.

Resposta 32 – Letra D.

O endereço de uma conta de correio eletrônico possui a seguinte sintaxe:

Parte Local	@	Domínio

Onde parte local é um arquivo especial, caixa de correio do usuário e o domínio (que veremos com detalhes adiante) tem relação com a instituição que provê os servidores de correio eletrônico.

Exemplo:

renatodacosta@hotmail.com

Desmembrando:

renatodacosta	@	hotmail.com

Onde:

Usuário=renatodacosta	@	Domínio do provedor=hotmail.com

O "usuário" ou "parte local" da caixa postal é o termo que precede o @, ou seja, "renatodacosta". O @* é o caractere separador entre o nome do usuário e domínio do provedor, neste caso hotmail.com (da Microsoft).

Exercícios

MPE SE/TÉCNICO/FCC

À direita do símbolo @ (arroba) de um endereço de e-mail normalmente indica-se o [Resposta 33]

a) nome do domínio e o país, apenas.
b) nome do usuário, nome do domínio e o país, apenas.
c) nome do usuário, categoria do domínio e o país, apenas.
d) nome do domínio, categoria do domínio e o país, apenas.
e) nome do usuário, nome do domínio, categoria do domínio e o país.

Cespe – Aneel – 2010

A sintaxe de endereços de correio eletrônico na Internet tem o seguinte padrão: nome do usuário, seguido do símbolo @ e, a seguir, o domínio ou host, que é o endereço do servidor que suporta o serviço de e-mail. [Resposta 34]

( ) Certo ( ) Errado

---

* O @ em inglês se pronuncia AT que corresponde a: junto a, em.

Resposta 33 – Letra D (atenção ao NORMALMENTE).

Resposta 34 – Certo.

11.10.2. Webmail

Uma tendência da Internet é que os serviços migrem para a nuvem computacional, ou seja, que dispensamos a instalação de programas em nossas máquinas para utilizarmos aplicações rodando em servidores da internet. Um exemplo clássico de serviço da nuvem é o Webmail, onde dispensamos a necessidade de instalar um cliente de e-mail na máquina (outlook, thunderbird...) e acessamos o e-mail diretamente através do próprio navegador (browser) através de uma página da Web.

O serviço de Webmail oferece maior mobilidade, se comparado com um software cliente de e-mail tradicional, pois permite o acesso de qualquer dispositivo conectado à internet bastando para isso apenas um navegador.

Entretanto, no webmail o usuário precisa estar online ininterruptamente pois as mensagens são acessadas pelo browser, através do protocolo HTTP, diretamente no servidor em formato HTML. Já nos programas clientes de e-mail tradicionais (Outlook, Thunderbird...) o possível acesso via protocolo POP3 implica que as mensagens sejam copiadas integralmente para a máquina do usuário, possibilitando a leitura ainda que off-line.

11.10.2.1. Composição do E-Mail

A mensagem de correio eletrônico contém um cabeçalho e um corpo. O cabeçalho define o remetente, o destinatário, o assunto e algumas outras informações (como a codificação MIME entre outros). O corpo da mensagem contém as informações reais (texto ASCII).

Exercício

COMISSÁRIO JUSTIÇA – TJRJ – FCC – 2012

No Microsoft Outlook 2010, quando um e-mail recebido é aberto para visualização por meio do menu Arquivo, é possível acessar as propriedades deste e-mail, onde é possível editar e visualizar algumas informações especiais sobre este e-mail, como informações detalhadas sobre o conteúdo técnico da mensagem, contendo informações como Return-Path e Received. O nome dado a estas informações especiais na tela de propriedades é: [Resposta 35]

a) codificação da mensagem
b) conteúdo bruto
c) cabeçalhos de Internet
d) conteúdo técnico
e) mensagem original

Ao se enviar um e-mail, devemos preencher alguns campos do cabeçalho da mensagem, tais como:

Resposta 35 – Letra C.

- Para: Permite especificar um ou mais destinatários da mensagem
- Cc: Cópia Carbono: Permite o envio de uma cópia idêntica do e-mail para outro usuário, que teoricamente não é o destinatário direto, mas que tomará ciência da mesma. Na prática, um exemplo comum corresponde a um funcionário operacional ao realizar uma comunicação com um cliente ou fornecedor (campo para) enviar uma cópia carbono (campo cc) para seu gestor tornando-o ciente dos fatos.
- Cco: Cópia Carbono Oculta: Envia a cópia carbono para o destinatário especificado sem que nenhum outro destinatário (para, cc ou cco) da mensagem saiba que o mesmo a recebeu. Atualmente quando enviamos uma mensagem a múltiplos destinatários é indicado o uso do campo Cco: para evitar *spams* (mensagens indesejadas).
- Assunto: Através deste campo é possível indicar a finalidade da mensagem de modo que o destinatário tenha uma prévia do que se trata antes de abrir o e-mail de fato.

Exercício

FUNDAÇÃO CASA DE RUI BARBOSA – NCE

No MS Outlook, uma mensagem pode ser enviada a um destinatário introduzindo-se seu endereço de correio eletrônico nas caixas Para, Cc ou Cco. A introdução do endereço do destinatário na caixa Cco (cópia carbono oculta) faz com que a mensagem: [Resposta 36]

a) Seja enviada ao destinatário, e seu nome não seja visível aos outros destinatários da mensagem;
b) Seja enviada ao destinatário, e seu nome seja visível aos outros destinatários da mensagem;
c) Seja enviada ao destinatário, e uma cópia dela não seja armazenada no disco rígido do remetente;
d) Seja enviada ao destinatário, e que o conteúdo da mensagem seja criptografado;
e) Seja enviada ao destinatário, mas que esse não consiga saber quem foi o remetente da mensagem.

Resposta 36 – Letra A.

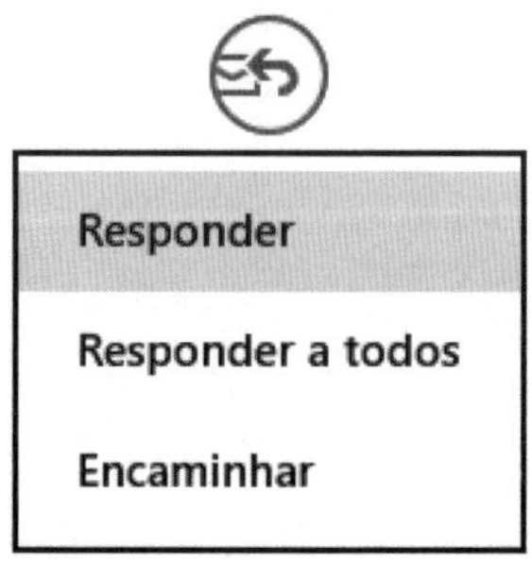

- Responder: Preenche automaticamente o campo "Para:" com o endereço de e-mail do emissor original da mensagem, acrescentando a expressão "Re:" no campo "Assunto:" sinalizando que se trata de uma resposta e permitindo assim retorno de uma mensagem.
- Responder a todos: Preenche automaticamente o campo "Para:" com o endereço de e-mail do emissor original da mensagem, e o campo "Cc:" com todos os demais usuários envolvidos no campo cópia carbono, que são visíveis a todos os usuários, acrescentando a expressão "Re:" no campo "Assunto:" sinalizando que se trata de uma resposta e permitindo assim retorno de uma mensagem
- Encaminhar: Permite o envio da mensagem para terceiros, acrescentando no campo a expressão "Fw:" (forward) no campo "Assunto:" e incluindo os anexos originais da mensagem.

Exercício

FUNDAÇÃO CASA DE RUI BARBOSA – 2002

Você recebeu um e-mail enviado a várias pessoas e deseja que sua mensagem vá para as mesmas pessoas. A opção correta no Outlook é: [Resposta 37]

a) enviar a todos;
b) responder a todos;
c) responder;
d) encaminhar a todos;
e) encaminhar.

11.10.2.2. Arquivos Anexos

Embora originalmente uma mensagem de correio eletrônico só pudesse transportar textos ASCII (*American Standard Code for Information Interchange*), limitando os idiomas das mensagens e o formato dos dados a serem transportados pela rede, foi desenvolvida uma norma complementar denominada MIME (*Multipurpose Internet*

Resposta 37 – Letra B.

Mail Extensions) permitindo a conversão de dados não ASCII em ASCII e vice-versa, sendo assim, hoje, com auxílio deste protocolo, é possível enviar arquivos quaisquer (imagem, som, vídeo...) por e-mail.

É comum os servidores de e-mail limitarem o tamanho dos anexos, tanto de envio quanto de recebimento. Não existe um valor limite padrão, eles são estabelecidos de acordo com o usuário ou provedor de correio eletrônico. Atualmente os valores típicos giram em torno de 25MB.

Exercício

TRT RJ – FCC – 2013

No dia a dia de trabalho é comum a utilização do e-mail como veículo de troca de informações entre os funcionários. Saber utilizar as ferramentas de correio eletrônico de maneira correta nas mais diversas situações e utilizando os recursos disponíveis é essencial para melhorar as comunicações pessoais e corporativas.

Sobre a troca de e-mail e uso das ferramentas de correio eletrônico, é correto afirmar: Resposta 38

a) Uma mensagem recebida com um arquivo anexo contendo vírus é sempre desinfectada pelos mecanismos de proteção da ferramenta de correio eletrônico utilizada, dessa forma, abrir um arquivo anexo em uma mensagem representa uma ação segura.
b) Ler uma mensagem de e-mail e, em seguida, acionar a opção "Encaminhar" normalmente indica o desejo de enviar a mensagem a outros destinatários que não estavam na lista de copiados da mensagem recebida.
c) As ferramentas de correio eletrônico permitem o envio de arquivos anexados, porém, esses arquivos não podem ter mais que 5 MB de tamanho.
d) Quando uma mensagem de e-mail é enviada, ela normalmente fica armazenada em uma pasta de e-mails enviados e pode ser acessada posteriormente, exceto aquelas que contêm anexos pois, por serem grandes, são apagadas automaticamente.
e) Quando se envia um e-mail para uma lista de destinatários com uma pessoa A em cópia oculta, se qualquer um dos destinatários da lista acionar a opção para responder a todos, a pessoa A também receberá a resposta

11.11. FTP (File Transfer Protocol)

O serviço de FTP é baseado em um modelo cliente-servidor. É preciso configurar um computador servidor, criar contas de usuário neste servidor e com aplicativos específicos possibilitar o acesso autorizado a pastas/diretórios do servidor remoto, permitindo assim a transferência de arquivos (download e upload*).

É importante ressaltar que o FTP é exclusivo para transferência de arquivos, mas que nem toda transferência de arquivos utiliza FTP.

Resposta 38 – Letra B.

* Download é genericamente um processo de transferência de dados da rede para a máquina, Upload é o processo inverso, da máquina para a rede.

Sabemos que hoje é possível enviar arquivos de diferentes maneiras: através do serviço de email*, serviço de páginas, redes sociais, mensageiros instantâneos, Torrent, P2P, entre outras aplicações, e em todos estes casos não utilizamos o serviço e protocolo FTP.

O FTP é um serviço padrão da Internet, os sistemas operacionais permitem seu uso de maneira nativa, inclusive por linha de comando através do prompt ou shell**, mas para tal é necessário conhecer seus comandos***, sua sintaxe, o que torna esta utilização mais indicada para usuários experientes.

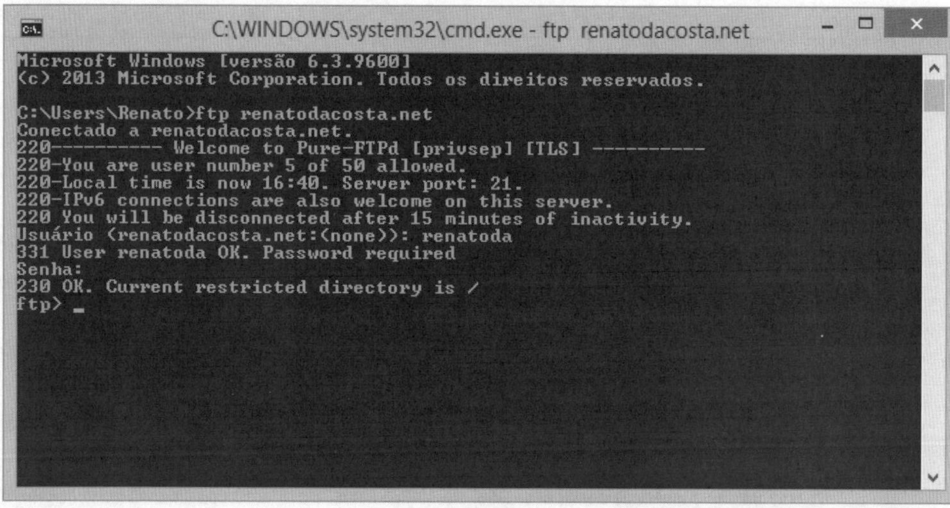

Para trabalharmos com o FTP de maneira amigável existem programas específicos, como o Filezilla, CuteFTP, que oferecem interfaces gráficas, ou ainda podemos utilizar programas compatíveis, tais como os principais gerenciadores de arquivos**** dos sistemas operacionais atuais, ou ainda os principais navegadores (browsers). Embora, ainda que utilizando navegadores este serviço se difere da web pela sintaxe do endereço a ser acessado (url), iniciando por *ftp*.

Sintaxe padrão para acesso a um servidor de ftp através de um navegador (url):

ftp://conta:senha@nomedoservidorFTP/caminho

---

* Não importa se o email tem ou não anexo, será enviado com protocolos e aplicativos próprios, é uma mensagem, o anexo é uma função complementar do e-mail.

** Interface de linha de comandos

*** Os comandos FTP, em sua maioria, são comandos com sintaxe igual à do Linux.

**** No Windows 7 Windows Explorer, no Windows 8 Explorador de Arquivos, no Linux Nautilus ou Konqueror.

Exemplo de acesso utilizando o Internet Explorer:

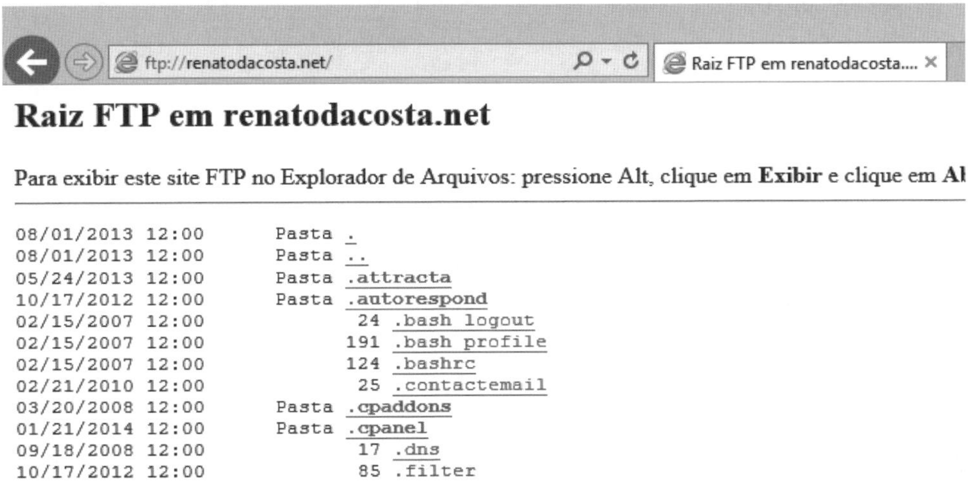

Exercícios

SEDU/ES/CESPE/2011

O ftp, protocolo* de transferência de arquivos, é utilizado toda vez que o usuário baixa um arquivo armazenado em um sítio web ou, então, quando anexa arquivo a mensagem de correio eletrônico. [Resposta 39]

( ) CERTO ( ) ERRADO

DFTRANS/CESPE/2008

O protocolo ftp (file transfer protocol) é usado para transferir arquivos remotamente de um cliente para um servidor, ou de um servidor para um cliente. [Resposta 40]

( ) CERTO ( ) ERRADO

11.11.1. FTP Anônimo

Alguns sites permitem o acesso a um conjunto de arquivos públicos, neste caso o login padrão é usuário: *anonymous* e a senha: *guest.*

11.12. IRC (Internet Relay Chat)

Serviço de bate papo em tempo real, *chat.*

* FTP é um protocolo, um programa/aplicativo ou um servidor, de acordo com o contexto.

Resposta 39 – Errado.

Resposta 40 – Certo.

Exercícios

AGENTE PF – CESPE

O Internet Relay Chat permite que diversas pessoas realizem comunicação on-line por meio da Internet. Resposta 41

( ) Certo ( ) Errado

Técnico Administrativo – Unirio – 2012

Os chats podem ser caracterizados com o seguinte tipo de mecanismo de comunicação: Resposta 42

a) tradicional
b) síncrono
c) seguro
d) assíncrono
e) alternativo

11.13. VoIP (Voice Over IP)

Com a expansão da banda larga e o avanço dos computadores que passaram a suportar microfones e câmeras, a Internet passou a oferecer serviços de telefonia e videoconferência com baixo custo.

O Skype é o principal serviço de VoIP da atualidade, adquirido pela Microsoft* em 2011, tornou-se um aplicativo nativo do Windows 8.x e seus créditos estão incorporados aos planos mensais do MS Office 365, parte das estratégias adotadas pela empresa para que o produto se popularize cada vez mais.

A comunicação entre dispositivos conectados que possua o aplicativo Skype é gratuita, paga-se apenas para ligações telefônicas (fixos ou celulares).

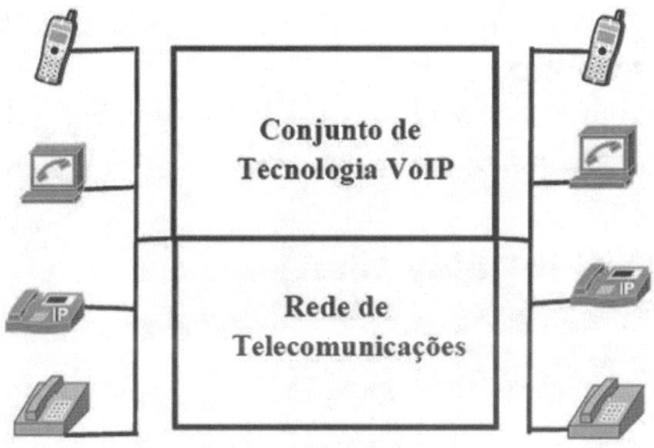

http://www.anatel.gov.br/Portal/exibirPortalPaginaEspecial.do?codItemCanal=1216

Resposta 41 – Certo.
Resposta 42 – Letra B. Síncrona. Toda comunicação em tempo real é síncrona.
* A Microsoft descontinuou o MSN no dia 30/04/2013, direcionando seus clientes para o Skype.

Exercícios

CEF – TÉCNICO BANCÁRIO – CESPE

Atualmente, é possível, por meio da tecnologia VoIP (voice over IP), também chamada de voz por protocolo de Internet, que um sítio da Web disponibilize recursos que permitem, utilizando-se software e hardware específicos, a comunicação por voz entre seus usuários e entre estes e usuários das diversas redes de telefonia fixa ou móvel celular espalhadas pelo mundo. Trata-se de recurso típico de banda larga, que exige conexões com a Internet com características tais como a conexão ADSL mencionada. [Resposta 43]

( ) Certo ( ) Errado

INPI – ASSISTENTE – CESPE

"A rede mundial de computadores, também conhecida como Internet, vem encurtando distâncias, aproximando pessoas e agilizando diversos processos de trocas de mercadorias e de informações em quantidades e velocidades cada vez maiores. Acerca dos diversos serviços e tecnologias atualmente disponíveis na Internet e dos problemas decorrentes de sua disseminação nos lares do mundo inteiro, julgue os itens a seguir ."

A tecnologia VoIP (voice over IP protocol) vem permitindo que informações sejam trocadas no formato de voz digitalizada utilizando-se a rede mundial de computadores. Para que se utilize adequadamente e com qualidade serviços de VoIP, é desnecessário o uso de modem específico para o serviço, devendo, porém, o acesso à Internet ocorrer em uma conexão banda larga, como ADSL. [Resposta 44]

( ) Certo ( ) Errado

11.14. Streaming de Mídia

Distribuição de dados (áudio e vídeo) através de fluxo de mídia contínua, onde as informações não são armazenadas de maneira não volátil no computador, não ocupam espaço no HD (salvo arquivos temporários para cache e buffer).

Os serviços de streaming vêm se popularizando com o avanço da banda larga, permitindo que o usuário assista filmes*, séries, novelas, vídeoaulas, online, sob demanda (on demand) e inclusive transmissões ao vivo (tempo real).

www.netflix.com.br

Resposta 43 – Certo.
Resposta 44 – Certo.

* Um exemplo de site que vem se popularizando na oferta de vídeos sob demanda via streaming de mídia é o Netflix®.

Exercícios

BANCO DO BRASIL – FCC

Tecnologia de multimídia distribuída em uma rede, através de pacotes. Frequentemente utilizada para distribuir conteúdo multimídia através da Internet. Trata-se de [Resposta 45]

a) navegador internet e mpg.
b) provedor de acesso à internet e avi.
c) spanning ou wmv
d) streaming ou fluxo de mídia
e) portal de conteúdo e RSS

ANALISTA TRT 23R – FCC

Uma das formas de distribuição de conteúdo audiovisual pela internet, em computadores ou telefones celulares, é por meio do streaming. É uma das características dessa tecnologia: [Resposta 46]

a) ser possível ao usuário fazer um download do audiovisual em seu aparelho.
b) enviar informação audiovisual por meio de pacotes de dados, permitindo sua visualização mesmo quando o sinal transmitido ainda não foi totalmente concluído.
c) funcionar apenas on demand, não sendo apropriado para transmissões "ao vivo".
d) tornar possível assistir a um programa de televisão em tempo real independentemente da largura de banda disponível.
e) permitir que o usuário tenha uma relação interativa com o programa de TV transmitido, clicando com um mouse em objetos na tela.

11.15. Feeds

O serviço de *feeds* oferece atualizações de conteúdo de web sites, vem sendo oferecido como um serviço da Web 2.0, como sites de notícias, blogues, redes sociais, entre outros.

O serviço *feeds* mais popular atualmente é o RSS que significa Really Simple Syndication (agregação muito simples), identificado na página por ícones RSS, XML.

Neste serviço o site mantém um arquivo .XML com conteúdos atualizados e o usuário copia o endereço deste e cola em um programa compatível, agregador de *feeds**, para acompanhar as novidades.

Ícone do FEEDS

Resposta 45 – Letra D.
Resposta 46 – Letra B.

* São exemplos de programas que permitem a inscrição de feeds: Internet Explorer, Outlook, Mozilla Firefox, Mozilla Thunderbird entre outros.

Exercício

TRF – FCC

Dados distribuídos na internet, frequentemente no formato RSS, em formas de comunicação com conteúdo constantemente atualizado, como sites de notícias ou blogs. Trata-se de: Resposta 47

a) hiperlinks.
b) ripertextos.
c) web Feed.
d) web designer.
e) canal aberto.

11.16. XML (eXtensible Markup Language)

XML é uma linguagem que ao contrário da HTML não especifica nenhum layout e formatação, sendo utilizada para descrever dados e informações, permitindo a integração entre sistemas heterogêneos, como em operações B2B* para compatibilidade entre sistemas de diferentes parceiros comerciais.

Exercício

ADVOGADO JR – PETROBRAS – CESGRANRIO

O suporte ao XML padrão no Microsoft Excel consiste em: Resposta 48

a) ativar os recursos relacionados a funcionalidades específicas em modelos, controles Active-X, suplementos e comandos personalizados e pastas de trabalho locais.
b) criar um estilo de formatação gráfica que possa ser salvo com a pasta de trabalho e usado como base a informações formatadas com os mesmos atributos.
c) formar um pacote suplementar que contém os revisores de texto para cerca de trinta idiomas, suportando verificadores ortográficos e gramaticais, dicionários e listas de autocorreção.
d) possibilitar a instalação de ferramentas suplementares de formatação de dados para organizar a criação de gráficos e imagens repetitivas nas pastas de trabalho comuns aos usuários de uma Intranet.
e) simplificar o processo de acessar e capturar informações entre PCs e sistemas back-end**, desbloqueando informações e viabilizando a criação de soluções de negócios integradas dentro da empresa e de parceiros comerciais.

Resposta 47 – Letra C.

* Business to business.

Resposta 48 – Letra E. Observe que o MS Excel no enunciado não influencia em nada na resolução da questão onde o mérito era definir a função da linguagem XML. Atualmente todos os aplicativos para edição de textos e planilhas do MS Office, BrOffice, OpenOffice, LibreOffice permitem salvar arquivos com formato e extensão XML.

** No contexto refere-se aos servidores que irão realizar a etapa final do processo.

11.17. Protocolos

Um protocolo é um conjunto de normas, de padrões, que permite a comunicação entre as máquinas de uma rede.

> *"Basicamente um protocolo é um acordo entre as partes que se comunicam, estabelecendo como se dará a comunicação."*
> *(TANEMBAUM, 2011, p. 18)*

> *"Protocolo é um conjunto de regras que controlam a comunicação de dados."*
> *(FOROUZAN, 2008, p. 19)*

Exercício

GOVERNO DO MA/FISCAL AMBIENTAL/FCC

Em uma rede de computadores, as regras e convenções utilizadas na "conversação" entre computadores são usualmente chamadas de [Resposta 49]

a) protocolos.
b) topologias.
c) arquiteturas.
d) drivers.
e) links.

Existem diferentes protocolos utilizados em redes de computadores, tais como:

- IPX/SPX (Novell Netware)
- NetBEUI (IBM, padrão do Windows 3.11)
- TCP/IP (DARPA*)

Para que haja comunicação entre as máquinas de uma rede é necessário que elas utilizem um mesmo protocolo de comunicação. Só assim computadores de modelos, fabricantes (hardware) e sistemas operacionais (software) diferentes podem se comunicar.

Resposta 49 – Letra A.

* Defense Advanced Research Projects Agency (Agência de Projetos de Pesquisa Avançada de Defesa dos EUA).

Exercício

AGENTE PF – CESPE

Os protocolos — programas padronizados utilizados para estabelecer comunicação entre computadores e demais dispositivos em rede — são específicos para cada sistema operacional. [Resposta 50]

( ) Certo ( ) Errado

> "Os computadores e os seres humanos possuem uma característica comum: ambos usam linguagens complexas para se comunicarem. Quando duas pessoas que falam idiomas diferentes (digamos, francês e japonês) precisam compartilhar informações, elas podem usar um intérprete para traduzir, ou uma terceira língua (como o inglês) que as duas podem entender."
> (EAGER, 1995, p. 18)

A analogia feita por Eager no texto anterior faz referência ao uso do TCP/IP como terceira língua utilizada na Internet.

Exercício

TÉCNICO DA RECEITA FEDERAL – ESAF

O protocolo utilizado para a transmissão de dados na Internet é o: [Resposta 51]

a) TCP/IP.
b) NetBEUI.
c) DNS.
d) IPX/SPX.
e) WINS.

Os protocolos apresentam soluções para transmissão das informações, compartilhando o meio físico de transmissão e reparando possíveis interferências.

Em uma rede local, o seu administrador de rede pode adotar o protocolo de comunicação que lhe seja mais conveniente, entretanto, para que haja comunicação com a rede mundial, é necessária, é indispensável, a utilização do protocolo TCP/IP (Transmission Control Protocol/Internet Protocol).

Resposta 50 – Errado, os protocolos são comuns em todos os dispositivos, independente do sistema operacional, para que possam estar interconectados.
Resposta 51 – Letra A.

Exercício

TJES/CESPE/2011

Na Internet, o uso do protocolo TCP/IP é um elemento que encarece o acesso a essa rede, em razão da velocidade assumida por esse protocolo durante a transmissão de dados por meio da rede. Para que o custo desse acesso seja menor, deve-se optar por outros protocolos mais simples. [Resposta 52]

( ) CERTO ( ) ERRADO

11.17.1. Arquitetura TCP/IP

A arquitetura TCP/IP é um conjunto de camadas e protocolos para conectar várias redes diferentes de maneira uniforme. Seu modelo de referência originalmente* apresenta 4 camadas:

Arquitetura TCP/IP	
4	Aplicação
3	Transporte
2	Internet (camada de rede)
1	Enlace

Exercício

PETROBRAS – CESPE

A arquitetura TCP/IP é constituída de cinco camadas e define um padrão no que diz respeito a redes de computadores e suas interconexões. [Resposta 53]

( ) Certo ( ) Errado

11.17.2. Modelo de Referência OSI (Open Systems Interconnection)**

Proposto pela ISO (International Standards Organization) para facilitar a comunicação entre sistemas, não é um protocolo, e sim um modelo para compreender e projetar uma arquitetura de redes.

Resposta 52 – Errada.

* Como os modelos de referência TCP/IP e OSI não combinam, há autores que defendem um modelo **híbrido** de 5 camadas: física, enlace, rede, transporte e aplicação (conforme KUROSE, 2006, p. 36).

Resposta 53 – Errado. Embora alguns autores sejam divergentes quanto à quantidade de camadas, o projeto original do TCP/IP prevê 4 camadas (conforme RFC's 1122 e 1123 ou em TANEMBAUM, 2011, p. 28) e o modelo de referencia padrão para redes de computadores não é o TCP/IP e sim o modelo OSI criado pela ISO. O TCP/IP é a arquitetura padrão da INTERNET.

** Entendo que este assunto só é relevante se o edital especificar além de Conceitos e Tecnologias de Internet, Redes de Computadores.

Formado por 7 camadas ordenadas:

Modelo de referência OSI		Síntese
7	Aplicação	Possibilita acesso aos recursos, serviços, da rede.
6	Apresentação	Traduzir, criptografar e compactar dados.
5	Sessão	Estabelecer, gerenciar e encerrar seções.
4	Transporte	Prover a entrega confiável de mensagens processo a processo e correção de erros, independente do tipo, topologia ou configuração de redes.
3	Rede	Transferir pacotes da origem ao destino; fornecer ligações entre redes.
2	Enlace	Organizar bits em frames (quadros); fornecer entrega nó a nó.
1	Física	Transmitir bits através de um meio físico; prover especificações mecânicas e elétricas.

Comparativo OSI e TCP/IP

OSI	TCP/IP
Aplicação	Aplicação
Apresentação	
Sessão	
Transporte	Transporte
Rede	Internet
Enlace de dados	Enlace
Física	

Exercícios

PETROBRAS – CESPE

A camada de aplicação na arquitetura TCP/IP é responsável por funções idênticas às das três camadas mais altas da arquitetura OSI. [Resposta 54]

( ) Certo ( ) Errado

PETROBRAS – CESPE

A camada mais baixa da arquitetura TCP/IP reúne as funções das camadas física e de enlace da arquitetura OSI, definindo explicitamente os protocolos a serem utilizados. [Resposta 55]

( ) Certo ( ) Errado

Resposta 54 – Certo.
Resposta 55 – Certo.

11.18. Pilha de Protocolos TCP/IP

11.18.1. Camada de Rede

Camada responsável pelo encapsulamento de dados em pacotes para que possam ser transportados entre redes e pelo endereçamento, rota das informações para que possam chegar ao destino.

Protocolos: IP, ICMP, ARP, RARP, IGMP

11.18.1.1. IP (Internet Protocol)

Protocolo que define o serviço de distribuição de pacotes não confiável, de melhor esforço e sem conexão, que forma a base para a Internet.

Não confiável, pois o pacote (também conhecido como datagrama*) pode ser perdido, adiado, entregue fora da ordem, enfim, sua entrega não é garantida.

Sem conexão porque cada pacote é tratado independente de todos os outros, logo podem trafegar por diferentes caminhos.

Melhor esforço ou menor esforço porque o software faz a melhor tentativa para entregar os pacotes.

O tamanho máximo teórico de um pacote IP é de 64 kilobytes, logo arquivos maiores ao serem transmitidos na rede são fragmentados na origem e remontados no destino.

Exercício

ESCRIVÃO PF CESPE

Na tecnologia TCP/IP, usada na Internet, um arquivo, ao ser transferido, é transferido inteiro (sem ser dividido em vários pedaços), e transita sempre por uma única rota entre os computadores de origem e de destino, sempre que ocorre uma transmissão. [Resposta 56]

( ) CERTO ( ) ERRADO

11.19. Endereçamento IPv4

Os dispositivos são identificados na rede através de endereços numéricos de 32 bits.

Exercício

Investigador de Policia SP – Acadepol

Um endereço IP (Internet Protocol) é formado por um conjunto de: [Resposta 57]

a) 04 octetos
b) 08 octetos
c) 16 octetos
d) 32 octetos
e) 64 octetos

* Um datagrama é uma unidade de dados independente.

Resposta 56 – Errado.

Resposta 57 – Letra A.

Um octeto binário é um conjunto de 8 bits, o IPv4 de 32 bits tem 4 octetos ou 4 bytes*.

Como o binário só pode assumir os valores 0 ou 1, um conjunto de 2 bits pode ter 4 combinações:

00	
01	2^2 (base 2 elevado a 2 dígitos)
10	
11	

O endereço IP na versão 4 tem 32 bits, logo seu conjunto de endereços é finito e pode ser calculado a partir da expressão 2^{32} que resulta em 4.294.967.296, ou sejá, aproximadamente 4,3 bilhões de endereços

Como o IP é dividido em 4 grupos de 8 dígitos, o maior IP do mundo teoricamente é:

Notação Binária
11111111.11111111.11111111.11111111

E o menor teoricamente é:

Notação Binária
00000000.00000000.00000000.00000000

Imaginem a dificuldade para configurar endereços IPs com 32 bits (dígitos binários), máquina a máquina. Para facilitar a manipulação dos endereços nas máquinas, nós seres humanos realizamos a conversão dos endereços IPs de binário para decimal, onde um octeto (2^8=256) pode variar de 0 até 255.

Exemplos:

Notação binária
11001000. 10010111. 00001110. 10011000

Notação decimal com ponto
200.151.14.152

Logo, em uma notação decimal separada por pontos ".", um endereço IP é representado por quatro grupos de dígitos (w.x.y.z), sendo que cada grupo pode variar de 0 a 255.

* 1 Byte = 8 Bits.

Exercícios

EPE – CESGRANRIO

Qual dos endereços abaixo pode representar o endereço IP de um microcomputador em uma rede? Resposta 58

a) 10.0.21
b) 10.20.30
c) 10.0.40.290
d) 10.28.172.175
e) 10.32.245.360

INVESTIGADOR PCSP ACADEPOL SP

Assinale a sequência numérica abaixo que pode representar o endereço IP (Internet Protocol) válido de um microcomputador em uma rede. Resposta 59

a) 10.260.25.200
b) 10.35.29.129
c) 10.0.40.290
d) 10.0.290.129
e) 10.35.260.290

Números maiores que 255 quando convertidos para binário terão mais de 8 dígitos, deixando de ser um octeto, por isso são inválidos em um endereço IPv4.

Todo endereço IP válido de Internet tem um proprietário.

A IANA (Assigned Numbers Authority) é responsável pela coordenação global do endereçamento IP, e outros recursos deste protocolo de rede.

Em sua página temos acesso a uma tabela que exibe a quem pertence cada faixa de endereços IP, de acordo com o primeiro octeto.

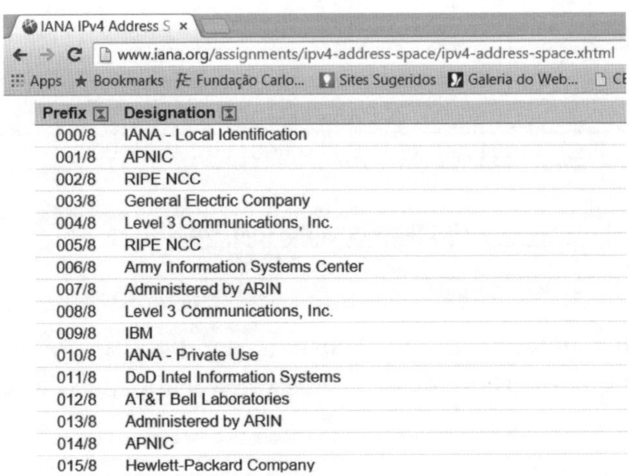

Prefix	Designation
000/8	IANA - Local Identification
001/8	APNIC
002/8	RIPE NCC
003/8	General Electric Company
004/8	Level 3 Communications, Inc.
005/8	RIPE NCC
006/8	Army Information Systems Center
007/8	Administered by ARIN
008/8	Level 3 Communications, Inc.
009/8	IBM
010/8	IANA - Private Use
011/8	DoD Intel Information Systems
012/8	AT&T Bell Laboratories
013/8	Administered by ARIN
014/8	APNIC
015/8	Hewlett-Packard Company

http://www.iana.org/assignments/ipv4-address-space/ipv4-address-space.xhtml

Resposta 58 – Letra D, 4 grupos restritos de 0 a 255.
Resposta 59 – Letra B.

Como toda máquina conectada à Internet deve possuir um IP exclusivo, algumas empresas compram endereços IPs fixos para seus servidores poderem ser localizados na rede, nós clientes comumente acessamos a Internet por meio de um ISP* que atribui um IP variável, dinâmico, a cada conexão.

Enquanto estamos conectados alocamos um IP de um provedor, a consulta do IP atual pode ser feita de várias formas, mas para que não tenhamos que nos aprofundar no assunto, usaremos um site como demonstração.

Vamos observar o acesso ao site: www.meuip.com.br

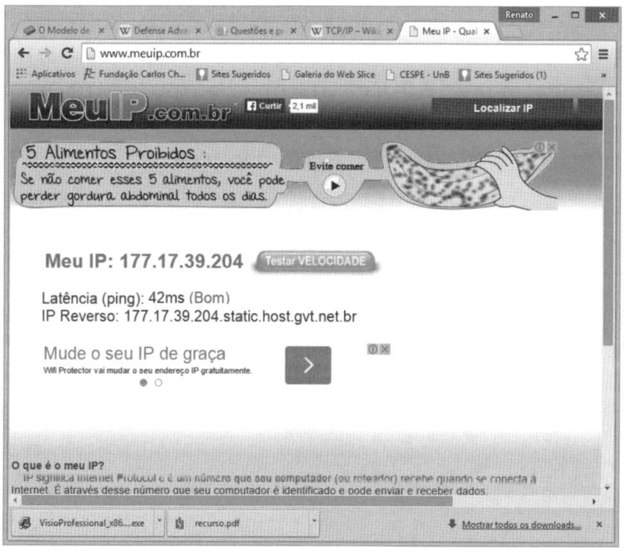

www.meuip.com.br

Ele demonstra o IP de Internet da conexão atual.

Ao nos comunicarmos na rede enviamos pacotes IP de nossa máquina, contendo um cabeçalho com endereços de origem e destino, esta comunicação é suficiente para que nos identifiquem, até para que os serviços da rede possam nos retornar informações, como neste caso o *download* da página.

Sendo assim em qualquer comunicação na Internet: e-mail, chat, downloads, uploads, enfim, deixamos rastros digitais na Internet.

De posse da numeração utilizada em minha máquina, (177.17.39.204) podemos realizar uma consulta no site da IANA – www.iana.org.br – para constatar de onde é o endereço.

177/8	LACNIC	2010-06	whois.lacnic.net	ATRIBUÍDO

* Provedor

Após consulta verifica-se que se trata de um endereço do escritório de representação da IANA na América Latina (Lacnic).

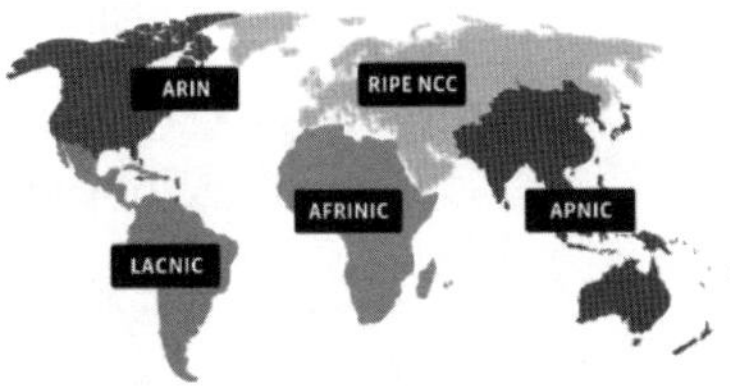

Registro	Área Útil
AFRINIC	Africa Region
APNIC	Ásia / Pacífico
ARIN	América do Norte Região
LACNIC	América Latina e algumas ilhas do Caribe
RIPE NCC	Europa, Oriente Médio e Ásia Central

http://www.iana.org/numbers

Entrando na página Whois do Registro.br – www.registro.br/cgi-bin/whois – é possível consultar os mantenedores de IPs em nosso país, sendo assim, realizando novamente a consulta do IP 177.17.39.204, obtemos.

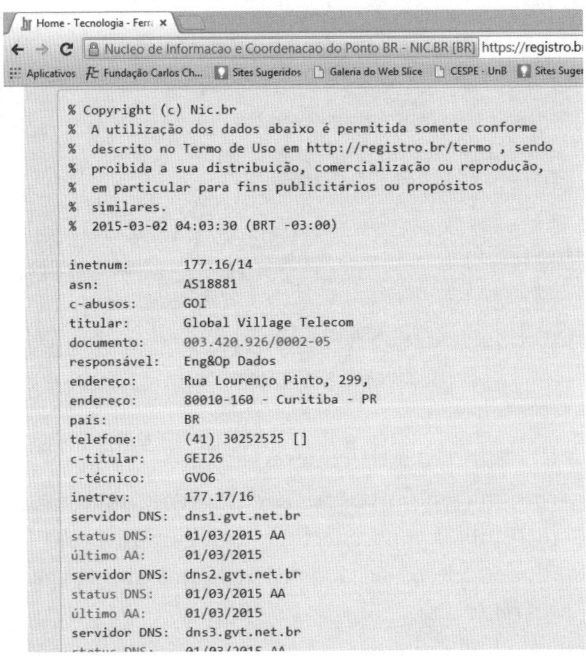

```
% Copyright (c) Nic.br
%  A utilização dos dados abaixo é permitida somente conforme
%  descrito no Termo de Uso em http://registro.br/termo , sendo
%  proibida a sua distribuição, comercialização ou reprodução,
%  em particular para fins publicitários ou propósitos
%  similares.
%  2015-03-02 04:03:30 (BRT -03:00)

inetnum:       177.16/14
asn:           AS18881
c-abusos:      GOI
titular:       Global Village Telecom
documento:     003.420.926/0002-05
responsável:   Eng&Op Dados
endereço:      Rua Lourenço Pinto, 299,
endereço:      80010-160 - Curitiba - PR
país:          BR
telefone:      (41) 30252525 []
c-titular:     GEI26
c-técnico:     GVO6
inetrev:       177.17/16
servidor DNS:  dns1.gvt.net.br
status DNS:    01/03/2015 AA
último AA:     01/03/2015
servidor DNS:  dns2.gvt.net.br
status DNS:    01/03/2015 AA
último AA:     01/03/2015
servidor DNS:  dns3.gvt.net.br
```

Chegamos aos dados do mantenedor do endereço IP de fato, neste caso a operadora GVT que é uma provedora de acesso (ISP ou PSI).

Então, mediante o registro do IP, data e hora de uma conexão é **possível** realizar uma investigação para elucidar, por exemplo, crimes virtuais.

11.19.1. Classes de Endereços IPv4

Os endereços IPs são formados por um prefixo (netid) e um sufixo (hostid), que são respectivamente um identificador da rede e um identificador do dispositivo conectado à rede.

Para identificar o prefixo, ou seja, o identificador da rede, foram convencionadas as classes de endereçamento IP, identificadas a partir do primeiro octeto:

No endereçamento com classes, o espaço de endereços é dividido em 5 classes: A, B, C, D e E, sempre identificadas somente pelo 1º octeto.

1º Octeto (intervalo)	Classe
1 até 126	A
128 até 191	B
192 até 223	C
* 224 até 239	D
* 240 até 254	E

Exercício

CÂMARA DOS DEPUTADOS/ANALISTA/FCC

Um endereço IP, na versão 4, será de classe A se contiver no primeiro octeto qualquer valor decimal no intervalo de [Resposta 60]

a) 0 a 255

b) 0 a 127

c) 1 a 256

d) 1 a 128

e) 1 a 126

- A classe A é designada a grandes organizações.
- A classe B é destinada a organizações de médio porte.
- A classe C é destinada a pequenas organizações.

Classe	Prefixo decimal		Prefixo binário	Redes	Hosts
	De:	Até:			
A	1	126	0	126	16.777.214
B	128	191	10	16384	65534
C	192	223	110	2097152	254
D	224	239	111	Multicasting	
E	240	254	1111	Reservado para uso futuro	

Como o endereçamento com classes tem redes e hosts de comprimentos variáveis, é necessário estender a explicação com mais uma tabela.

Classe	Netid (prefixo)	Hostid (sufixo)	IP
A	1 octeto	3 octetos	Netid+Hostid 4 octetos
B	2 octetos	2 octetos	
C	3 octetos	1 octeto	

Resposta 60 – Letra E.

Hipóteses:

Primeira: um hipotético endereço IP 10.0.10.123, classe A, é segmentado em:

Netid	Hostid
10	0.10.123

Sendo portanto um IP de uma rede com prefixo 10. O primeiro endereço da rede é um endereço reservado, não pode representar uma máquina pois representa a rede, neste caso, então, o identificador da rede é: [10].0.0.0

Segunda: um hipotético endereço IP 187.23.67.243, classe B, é segmentado em:

Netid	Hostid
187.23	67.243

Sendo portanto um IP de uma rede com prefixo 187.23. Logo o identificador da rede, endereço reservado é: [187.23].0.0 .

Terceira: um hipotético endereço IP 200.171.157.121, classe C, é segmentado em:

Netid	Hostid
200.171.157	121

Sendo portanto um IP de uma rede com prefixo 200.171.157. Logo o identificador da rede, endereço reservado é: [200.171.157].0 .

Exercício

TJPE/FCC

Dado o endereço IP 191.191.254.1, é correto afirmar que se trata de um endereço IP, cujo valor: Resposta 61

a) do primeiro octeto o define como classe B.
b) do segundo octeto o define como classe C.
c) dos dois primeiros octetos o definem como classe C.
d) dos dois primeiros octetos o definem como classe A.
e) dos três primeiros octetos o definem como classe B.

Comentando a questão:

O IP 191.191.254.1 é um IP de classe B, logo seu prefixo de rede engloba os 2 primeiros octetos. A máquina 191.191.254.1 pertence à rede 191.191.0.0.

Resposta 61 – Letra A, note que só o primeiro octeto identifica a rede, sempre.

Exercício

TJPE/FCC

Um endereço IP é dividido em duas partes, ou seja, uma parte identifica o computador e a outra identifica a rede na qual o computador está conectado. Nesse sentido é correto afirmar sobre o endereço IP 172.16.35.239 que Resposta 62

a) não é um endereço válido, por não pertencer a nenhuma das classes de endereçamento.
b) o primeiro octeto identifica a rede e os três últimos identificam o computador.
c) os três primeiros octetos identificam a rede e o último identifica o computador.
d) os dois primeiros octetos identificam a rede e os dois últimos identificam o computador.
e) não é um endereço válido, pois 172 é um número reservado para uso da própria máquina que enviou o pacote.

Como todo endereço de uma máquina na Internet precisa estar contido nas classes A, B ou C, podemos inferir a partir das tabelas anteriores que o IP de um computador na rede mundial não pode:

- Começar com 0 (zero), o endereço 0.0.0.0 é um endereço de inicialização da placa de rede.
- Começar com 127, reservado para testes, o endereço 127.0.0.1 é chamado de loopback*, permite verificar se a placa conectada no próprio computador está funcionando ainda que não esteja conectada em rede.
- Começar com números maiores que 223 pois estariam associados as classes D e E que não são utilizadas em *hosts* da Internet.
- Começar com 255 pois está fora das classes, ressalvando que o endereço 255.255.255.255 é reservado para *broadcast.*

Observe o diagrama de redes a seguir:

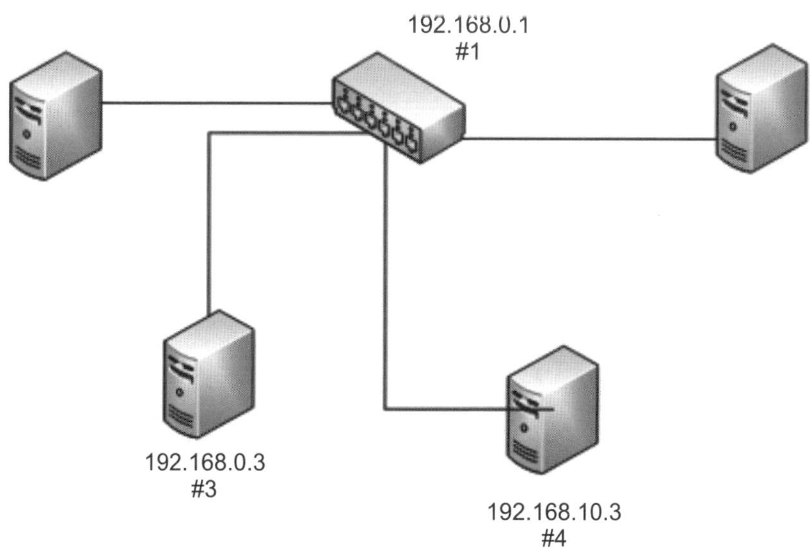

Resposta 62 – Letra D, 172 é classe B, logo os 2 primeiros octetos identificam a rede.

* Realimentação, indica a própria máquina.

No diagrama de redes acima temos 5 dispositivos identificados por #X.

Considerando que #1 é um switch*, e analisando os endereços IPs, podemos inferir que a máquina #4 está sem conectividade com as demais, pois embora interconectados fisicamente estão em redes lógicas diferentes por conterem *netids* diferentes.

11.20. Compartilhando uma Conexão de Internet

Se possuirmos mais de uma máquina e quisermos que todas acessem a rede através de uma única conexão com a Internet, precisaremos montar uma rede interna (LAN), com fio (ethernet) ou sem fio (Wi-Fi).

Para interconectar as redes, LAN e WAN (internet), será necessário um equipamento (roteador ou gateway**) permitindo a interconexão das redes privada e pública.

Sabemos que cada máquina necessita de um endereço IP exclusivo para se conectar a uma rede, mas constatamos que os endereços IPs válidos na Internet são escassos e possuem proprietários. Logo, ao montarmos uma rede privada não podemos escolher endereços quaisquer, aleatoriamente, pois incorreríamos no risco de utilizar um endereço IP que já estivesse sendo utilizado por outro dispositivo na Internet, gerando, portanto uma série de conflitos.

Então foram padronizadas faixas de endereçamento de IPs privados, não roteáveis, onde o gateway ou roteador ao receber um destes endereços como destino jamais permitirá a saída de seus pacotes para fora da rede interna, sendo utilizados portanto exclusivamente como endereços internos:

Classe A – Endereços privados
10.0.0.0 a 10.255.255.255 (16.777.216 hosts)
Classe B – Endereços privados
172.16.0.0 a 172.31.255.255 (1.048.576 hosts)
Classe C – Endereços privados
192.168.0.0 a 192.168.255.255 (65536 hosts)

Observe no diagrama a seguir um roteador, identificado por , entre a rede interna e a nuvem que representa a Internet. As máquinas internas utilizam IPs privados, todas com prefixo 192.168.0.X e compartilham de uma única conexão com a Internet com IP 200.7.60.55.

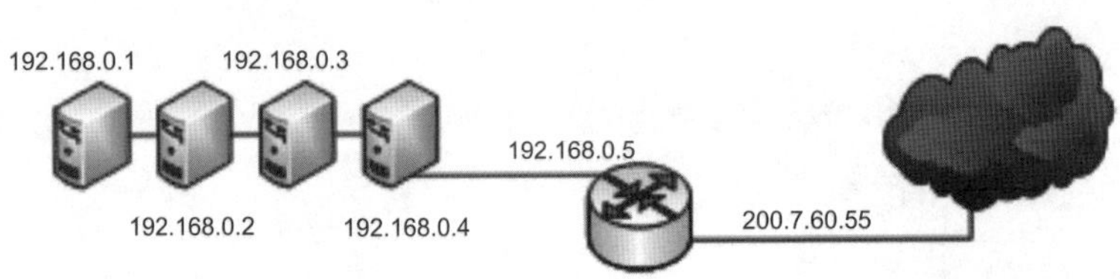

OBS: Neste esquema 4 máquinas utilizam um único IP de internet, economizando endereços públicos.

* Equipamento utilizado para interconectar computadores de uma mesma rede.

** Computador utilizado para interconectar duas redes distintas, funcionando com um portal.

11.21. NAT

Os equipamentos roteadores possuem um software denominado NAT (Network Adress Translation) que converte informações dos IPs privados para um ou mais IPs de Internet e vice-versa, o NAT monta uma tabela de endereços de origem e destino para intercambiar os pacotes, permitindo assim compartilharmos um ou poucos endereços de Internet em uma rede privada com um número indeterminado de máquinas. Este processo representa uma relevante economia de endereços IPv4 na rede mundial .

Exercício

ICMS SEFAZ RJ – FGV

A Internet constitui o melhor exemplo de uma WAN operando por meio de uma infraestrutura baseada no emprego de endereços IPs para o roteamento dos pacotes de informações. Por definição na RFC 1918, alguns endereços IP são reservados e não roteáveis externamente, sendo somente usados para redes internas, significando que nenhum computador conectado em rede local e usando qualquer uma das classes desses endereços reservados conseguirá acessar a internet. A exceção ocorre se os microcomputadores estiverem em rede e usando NAT (RFC 1631 – Network Address Translation). Para Intranets privadas, o Internet Assigned Numbers Authority (IANA) reservou a faixa de endereços de 10.0.0.0 a 10.255.255.255 para a classe A e a de 172.16.0.0 a 172.16.255.255 para a classe B. Assinale a alternativa que apresente a faixa de endereços reservada para a classe C. Resposta 63

a) de 128.192.0.0 a 128.192.255.255
b) de 128.146.0.0 a 128.146.255.255
c) de 184.191.0.0 a 184.191.255.255
d) de 192.168.0.0 a 192.168.255.255
e) de 198.162.0.0 a 198.162.255.255

Observe o diagrama de rede a seguir, onde teremos 2 redes em estados geográficos diferentes (*LAN RJ* e *LAN SP*), onde cada rede possui uma única conexão com a Internet (nuvem), compartilhada entre os seus respectivos dispositivos através de equipamentos roteadores.

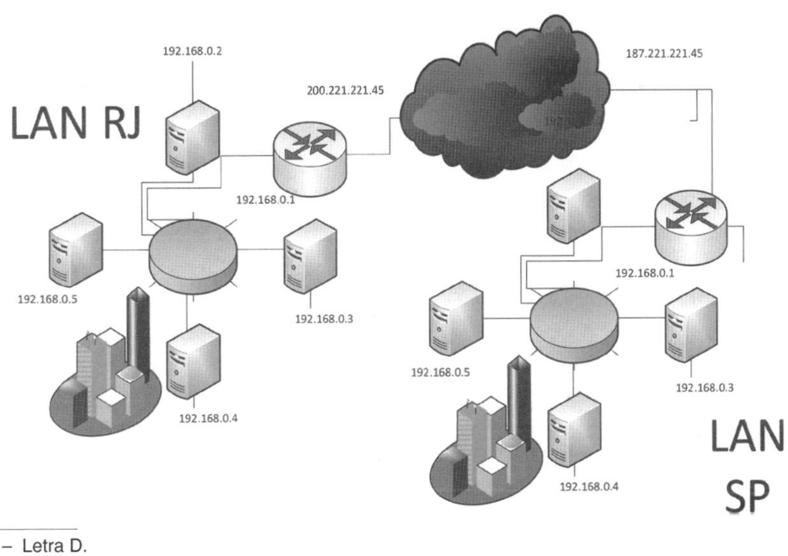

Resposta 63 – Letra D.

- A rede *LAN RJ* está conectada com a Internet através do IP 200.221.221.45, sua rede local é composta por 4 máquinas com IPs privados de classe C, cujo identificador é 192.168.0.0.
- A rede *LAN SP* está conectada com a Internet através do IP 187.221.221.45, sua rede local é composta por 4 máquinas com IPs privados de classe C, cujo identificador é 192.168.0.0.

Neste cenário, caso alguma máquina queria acessar a Internet, a comunicação dar-se-á por intermédio dos IPs 200.221.2.45 e 187.221.221.45 e a tabela de NAT irá direcionar as respostas para as máquinas internas correspondentes.

Embora os endereços das máquinas das redes locais sejam iguais, *LAN RJ* e *LAN SP*, não há que se falar em conflitos, ou erros, pois tratam-se de IPs privados de redes distintas, que não passarão por seus respectivos roteadores, pois estes equipamentos estão configurados para identificar as faixas de endereços privados e portanto sabem que correspondem a endereços locais (não roteáveis).

11.22. IPv6

Originalmente, a versão de IP adotada na Internet é a versão 4, IPv4, de 32 bits que possui teoricamente 2^{32} endereços, algo aproximado em 4,3 bilhões de endereços.

Tendo agora conhecimento do endereçamento por classes do IPv4 (que gera desperdício), das faixas de endereços IPs privados IPv4, e dos endereços IPv4 de classes D e E que não são utilizados, podemos inferir uma drástica redução de endereços válidos.

Em uma população mundial com mais de 7 bilhões de pessoas, cada vez mais conectadas, uma solução paliativa foi o uso do NAT para economizarmos IPs públicos, entretanto a preocupação com a escassez de endereços, levou ao desenvolvimento de uma nova versão, denominada IPv6 de 128 bits.

Exercício

ESAF – MINISTÉRIO DA FAZENDA – 2012

O componente mais proeminente da Internet é o Protocolo de Internet (IP), que provê sistemas de endereçamento na Internet e facilita o funcionamento da Internet nas redes. O IP versão 4 (IPv4) é a versão inicial usada na primeira geração da Internet atual e ainda está em uso dominante. Ele foi projetado para endereçar mais de 4,3 bilhões de computadores com acesso à Internet. No entanto, o crescimento explosivo da Internet levou à exaustão de endereços IPv4. Uma nova versão de protocolo foi desenvolvida, denominada: [Resposta 64]

a) IPv4 Plus.
b) IP New Generation.
c) IPV5.
d) IPv6.
e) IPv7.

Resposta 64 – Letra D.

A combinação 2^{128} resulta em:

340.282.366.920.938.000.000.000.000.000.000.000.000, mais de 340 undecilhões de endereços IPs.

Esta nova versão oferece número mais que suficiente para que toda a população mundial possa esbanjar IPs com seus smartphones, laptops, palmtops, relógios e tantos outros objetos conectados.

CURIOSIDADE: Dividindo a quantidade de endereços IPv6 por metros quadrados na Terra chegamos a incríveis 1564 endereços por metro quadrado, sanando o problema da escassez.

A representação do IPv6, por ser muito grande, também é diferente. Para reduzir a quantidade de dígitos foi implementada uma notação hexadecimal* separados por sinais de dois-pontos ":" a cada 16 bits, formando portanto 8 grupos de 16 bits (ou seja 2 bytes, 2 octetos).

Exercício

TRANSPETRO – CESGRANRIO

Assinale a opção que apresenta um endereço IPv6 válido. Resposta 65

a) 255.128.167.0
b) 322.48.10.28
c) HI34:8903:AB21:HFCB:8934:235A:90E4
d) 23RF:45CD:676A:HJ34:FE37:GE87:1201:36AC
e) 1079:0005:AB45:5F4C:0010:BA97:0043:34AB

Como 2 bytes em uma notação hexadecimal requerem 4 dígitos, o endereço IPv6 é formado por 32 dígitos hexadecimais, no qual cada quatro dígitos são separados por dois-pontos ":".

8 grupos contendo até 4 dígitos hexadecimais (números e letras de A até F) separados por sinais de ":" (dois pontos).

11.22.1. Abreviação no Endereçamento IPv6

Os zeros não significativos em uma seção (quatro dígitos entre dois-pontos), podem ser omitidos, como por exemplo:

Original:
9FDE:0023:0000:0000:0000:ABC0:0000:980E
Abreviado
9FDE:23:0:0:0:ABC0:0:980E

* Base 16, que corresponde aos algarismos (0,1,2,3,4,5,6,7,8,9,A,B,C,D,E,F)

Resposta 65 – Letra E.

A ausência de um ou mais grupos pode ser justificada por uma maior abreviação utilizando dois sinais de dois-pontos adjacentes, "::", para suprir uma sequência de seções de dígitos binários 0, e só pode ser utilizada uma única vez no endereço IPv6 para que possamos manter a posição das seções, sem ambiguidade. Observe os exemplos:

Original:
9FDE:0023:0000:0000:0000:ABC0:0000:980E
Mais abreviado
9FDE:23::ABC0:0:980E

Abreviado
FF0C:0:0:0:0:0:0:B1
Mais abreviado
FF0C::B1

Exercício

MPE RO – FUNCAB

No endereçamento IPv6, foi adotada para a representação dos endereços IP a notação: Resposta 66

a) científica.
b) decimal.
c) octal.
d) binária.
e) hexadecimal

A migração para o protocolo IPv6 caminha a passos lentos, a compatibilidade com o IPv4 é total, então por muitos anos ainda conviveremos com as duas versões na rede mundial.

Pode-se representar um endereço IPv4 com notação IPv6 completando o IPv4 (de 32 bits) com 96 zeros à esquerda, bastando para isto abreviarmos com o "::", mantendo endereço IPv4 original.

Exemplo:
::192.168.0.1

Resposta 66 – Letra E.

O universo de 32 bits (4,3 billhões) do IPv4 está contido no universo de 128 bits do IPv6.

Exercício

TRT 24 R – FCC e MPE RN – FCC

Os espaços de endereçamento dos protocolos IPv4 e IPv6 são, respectivamente, Resposta 67

a) 32 bits e 64 bits.
b) 48 bits e 96 bits.
c) 32 bits e 128 bits.
d) 64 bits e 128 bits.
e) 64 bits e 256 bits.

Observações sobre o IPv6:

- O IPv6 não possui o conceito de classes como o IPv4;
- O endereço IPv6 0:0:0:0:0:0:0:1 ou simplesmente ::1 é o endereço de *loopback* desta nova versão.
- Não existe endereço de *broadcast* no IPv6.

Exercício

PETROBRAS – 2011 – CESGRANRIO

O modelo do protocolo TCP/IP em que os valores de cada octeto podem variar de 0 a 255, utilizado atualmente para conexão à Internet, é o Resposta 68

a) IPv3
b) IPv4
c) IPv5
d) IPv6
e) IPv7

11.23. ICMP

O protocolo ICMP (Internet Control Message Protocol) é utilizado para comunicar a ocorrência de situações anormais na transferência de um datagrama (pacote IP) pela rede, gerando relatórios de erros à fonte original e respondendo às consultas a respeito do estado das máquinas da rede e roteadores (como através dos comandos *ping* ou *traceroute*).

Resposta 67 – Letra C.
Resposta 68 – Letra B.

Exercícios

ANAC – CESPE

O protocolo ICMP é exemplo de protocolo da camada de aplicação. Resposta 69

( ) Certo ( ) Errado

IPAD – Prefeitura de Goiana – PE

Sobre o protocolo ICMP, analise as seguintes afirmativas: Resposta 70

1. Trabalha com detecção de erros na rede.
2. Provê a base para o funcionamento do comando ping.
3. Funciona apenas no contexto de redes locais.

Assinale a alternativa correta:

a) Apenas uma das afirmativas é falsa.
b) Apenas as afirmativas 1 e 2 são falsas.
c) Apenas as afirmativas 1 e 3 são falsas.
d) Apenas as afirmativas 2 e 3 são falsas.
e) As afirmativas 1, 2 e 3 são falsas.

ANATEL – CESPE

O funcionamento da Internet depende de três camadas de protocolos-base: o protocolo de Internet IP, definidor de datagramas que carregam dados de um nó a outro da rede; os protocolos TCP, UDP e ICMP, responsáveis pela transmissão de dados; e, na camada final, os protocolos definidores de mensagens específicas e de formatos digitais, como os DNS, POP3 e HTTP, entre outros. Resposta 71

( ) Certo ( ) Errado

Vamos observar o trecho de texto abaixo extraído do site da Microsoft ©.

O MODELO TCP/IP

"O TCP/IP baseia-se em um modelo de referência de quatro camadas. Todos os protocolos que pertencem ao conjunto de protocolos TCP/IP estão localizados nas três camadas superiores desse modelo".

Camada	Descrição	Protocolos
Aplicativo	Define os protocolos de aplicativos TCP/IP e como os programas host estabelecem uma interface com os serviços de camada de transporte para usar a rede.	HTTP, Telnet, FTP, TFTP, SNMP, DNS, SMTP, X Windows, outros protocolos de aplicativos

Resposta 69 – Errado, é um protocolo da camada de Rede.
Resposta 70 – Letra A. Apenas o item 3 está incorreto.
Resposta 71 – Errado, o ICMP é um protocolo da camada de Internet/rede.

Transporte	Fornece gerenciamento de sessão de comunicação entre computadores host. Define o nível de serviço e o *status* da conexão usada durante o transporte de dados.	TCP, UDP, RTP
Internet	Empacota dados em datagramas IP, que contêm informações de endereço de origem e de destino usadas para encaminhar datagramas entre hosts e redes. Executa o roteamento de datagramas IP.	IP, ICMP, ARP, RARP
Interface de rede	Especifica os detalhes de como os dados são enviados fisicamente pela rede, inclusive como os bits são assinalados eletricamente por dispositivos de hardware que estabelecem interface com um meio da rede, como cabo coaxial, fibra óptica ou fio de cobre de par trançado.	Ethernet, Token Ring, FDDI, X.25, Retransmissão de Quadros, RS-232, v.35

https://technet.microsoft.com/pt-br/library/cc786900(v=ws.10).aspx

11.24. Camada de Transporte

Responsável pela garantia de entrega e comunicação ponta a ponta.

A maioria dos sistemas operacionais atuais suporta multitarefa, onde temos diversas aplicações acessando a Internet simultaneamente em uma mesma máquina (e-mail, web, emule, MSN).

Para isto existe um conjunto* de destinos denominados portas de protocolos. Cada porta é representada por um número inteiro positivo e irá corresponder a uma aplicação para que possamos distinguir entre vários destinos dentro de determinado host.

Protocolos: UDP E TCP.

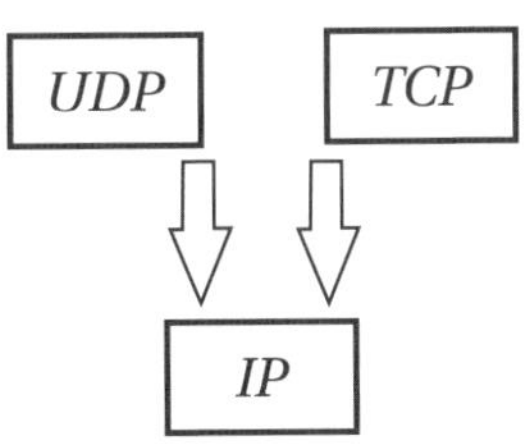

* 65536 portas.

11.24.1. UDP (User Datagram Protocol)

Fornece um serviço de entrega sem orientação à conexão, rápido, mas não confiável, por não operar com confirmações (ack) referentes ao envio dos pacotes.

As mensagens UDP podem ser perdidas, duplicadas ou chegar fora de ordem, mas é usado, pois contém as portas de destino da camada de aplicação para o devido encaminhamento do pacote ao processo em voga.

O UDP é indicado para fluxos de dados em tempo real, especialmente aqueles que admitem perda ou de parte de seu conteúdo, tais como vídeos ou voz (VoIP).

PRINCIPAIS PROTOCOLOS DE APLICAÇÃO	PROTOCOLO DE TRANSPORTE	PORTA
DHCP	UDP	67
DNS	TCP ou UDP	53
TFTP (Trivial File Transfer Protocol)	UDP	69
SNMP	UDP	161

11.24.2. TCP (Transfer Control Protocol)

Protocolo de controle da transmissão. Como o nome sugere, controlar significa monitorar o que está sendo executado. O TCP estabelece um circuito virtual, orientando uma conexão através de um procedimento denominado handshake, onde há uma confirmação positiva com retransmissão, a técnica implica que um destinatário se comunique com a origem, enviando de volta uma mensagem de confirmação (ack) para cada pacote recebido.

O emissor mantém um registro dos pacotes enviados e fica monitorando e aguardando a confirmação antes de enviar o próximo pacote, enquanto isto um *timer* é utilizado para reenviar o pacote caso a confirmação não chegue no tempo previsto, implicando o descarte do pacote enviado anteriormente.

É utilizado por padrão pelas aplicações da Internet devido a sua confiabilidade e para acrescentar a capacidade de portas.

PRINCIPAIS PROTOCOLOS DE APLICAÇÃO	PROTOCOLO DE TRANSPORTE	PORTA
HTTP	TCP	80
HTTPS	TCP	443
POP3	TCP	110
SMTP	TCP	25
IMAP3	TCP	220
IMAP4	TCP	143
FTP	TCP	20 e 21
TELNET	TCP	23
SSH	TCP	22
DNS	TCP ou UDP	53

11.25. Camada de Aplicação

Fornece serviços e utilitários que permitem que os aplicativos acessem serviços da rede.

Exemplos de protocolos: DHCP, DNS, HTTP, HTTPS, FTP, POP3, SMTP, IMAP4, TELNET, SSH, SNMP

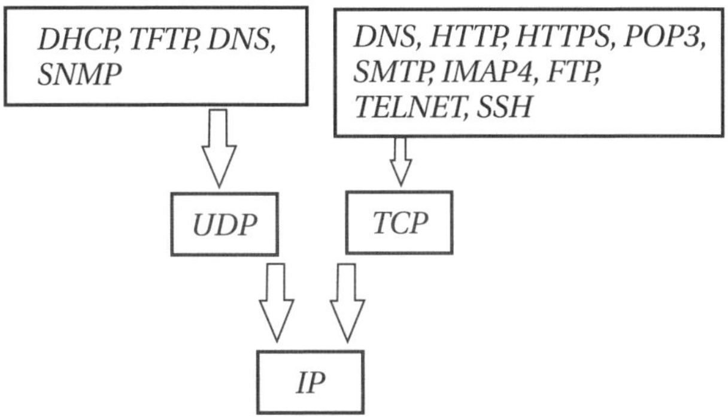

11.25.1. DHCP (Dynamic Host Configuration Protocol)

Sabendo que o IP é um endereço lógico e não físico como um serial, é necessário que a máquina possua um endereço configurado para que possa acessar a rede.

Essa configuração pode ser manual ou automática, estática ou dinâmica.

Configuração manual é realizada máquina a máquina a partir das propriedades de conexão local, como na janela a seguir do ambiente Windows:

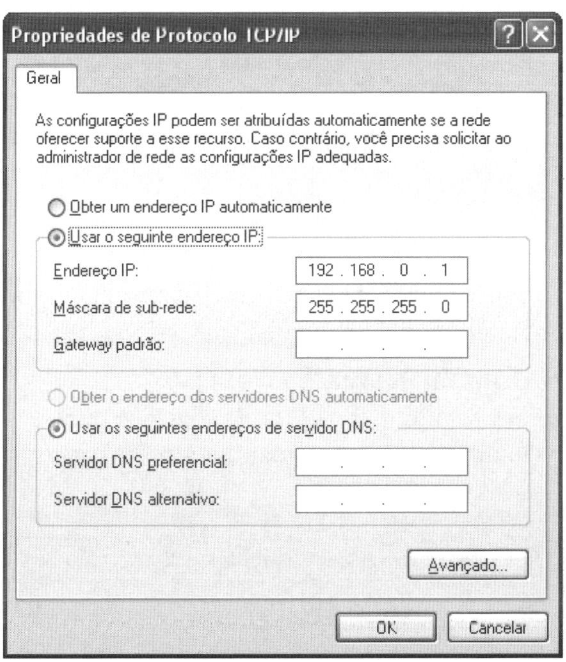

A configuração manual é trabalhosa, envolve tempo, exige uma equipe técnica, ocasiona erros e acaba sendo difícil e onerosa em redes grandes.

A configuração automática utiliza um servidor para obtenção do número IP durante a conexão com a rede. Ao inicializar a conexão a placa de rede ainda sem endereço assume o IP de origem 0.0.0.0 (inicialização) e envia uma mensagem para 255.255.255.255 (broadcast) de modo que o servidor BOOTP*, DHCP ou outra máquina (agente de retransmissão quando o servidor DHCP estiver em outra rede) possa receber a solicitação e atribuir um IP à máquina cliente solicitante.

A vantagem do DHCP em relação aos protocolos mais antigos (como o BOOTP) é o fato de poder atribuir uma alocação dinâmica, onde se estipula previamente uma faixa de IPs válidos e durante a conexão cada máquina é associada a um IP variável do conjunto disponível de forma aleatória de acordo com a disponibilidade.

Como nós usuários da Internet comumente não possuímos IP (não adquirimos tal endereço fixo), ao efetuarmos a conexão obtemos um IP válido junto ao servidor DHCP do provedor de acesso (ISP).

OBS: Caso uma rede privada não disponha de um servidor DHCP e a máquina não tenha um IP configurado para conectar-se à rede, o sistema operacional Windows irá configurar um endereço APIPA (Automatic Private IP Adress), aplicando um endereço aleatório na faixa de endereços IP privados169.254.0.0 até 169.254.255.255**.

Exercício

ESCRITURÁRIO BB – CESGRANRIO – 2010

A Internet baseia-se no protocolo TCP/IP em que o endereço IP pode ser designado de maneira fixa ou variável. O responsável por designar endereços IP variáveis que possibilitam a navegação na Web é o servidor de [Resposta 72]

a) HTTP.
b) HTML.
c) DNS.
d) DHCP.
e) PHP.

DHCP utiliza UDP da camada de transporte, porta 67.

11.25.2. DNS (Domain Name System)

Todas as informações na Internet são localizadas por endereços IPs (numéricos), entretanto números são difíceis de serem guardados pelos usuários da rede.

* O BOOTP precedeu o DHCP e era utilizado para atribuição de IPs automática e estática, onde previamente se configurava uma tabela com os endereços físicos de cada máquina e seus respectivos endereços IPs. O BOOTP está em desuso e não costuma cair em provas.

** Mais uma faixa de endereços IPs privados automáticos ratificada pela IANA.

Resposta 72 – Letra D.

Exercício

TRANSPETRO – CESGRANRIO

A Intranet de uma determinada empresa é acessada pelos seus funcionários através de browsers instalados em seus computadores. O acesso é feito digitando-se o endereço //intranet/ na barra de endereços do browser. Uma forma alternativa que o usuário pode utilizar para acessar a Intranet consiste em substituir no endereço //intranet/ o texto "intranet" pelo(a): Resposta 73

a) endereço IP do servidor.
b) endereço IP do seu computador.
c) porta de FTP do servidor.
d) porta de FTP do seu computador.
e) porta de HTTP do servidor.

O DNS surgiu para atender à necessidade de atribuir endereços léxicos, nomes amigáveis, aos recursos da rede e isso foi possível graças ao sistema de nome de domínios.

Os servidores DNS traduzem um URL em endereços IP e vice-versa, operando de maneira análoga à de uma agenda de telefones onde sabemos que a interconexão se dará por números, entretanto guardamos nomes na agenda para facilitar a comunicação.

DNS	
URL	**IP**
www.uol.com.br	200.221.2.45*

O DNS é hierárquico, seu espaço de nomes é dividido em vários servidores de domínios baseados em níveis.

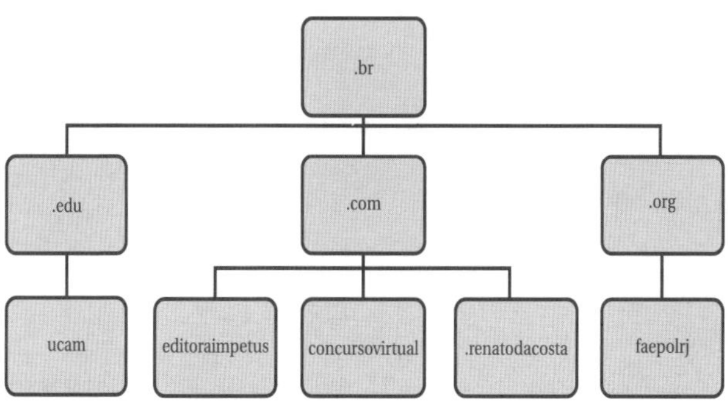

O domínio de primeiro nível (DPN)pode definir a natureza da organização, a atividade profissional ou empresarial; o segundo nível pode estabelecer o nome de

Resposta 73 – Letra A.

* Visualize que embora não seja uma situação típica, é possível acessar um site digitando seu endereço IP. Teste entrar no site do UOL com o IP 200.221.2.45.

uma organização, o terceiro nível pode determinar departamentos dentro de uma organização e assim sucessivamente.

Exemplo: renatodacosta.com.br

Domínio de 2º nível	Domínio de 1º nível	Servidor Raiz
renatodacosta	.com.br	.br

Exercício

MF – ESAF – 2013

Para o funcionamento da Internet, há um sistema de gerenciamento de nomes hierárquico e distribuído, que resolve nomes de domínios em endereços de rede (IP), que é o: [Resposta 74]

a) POP3
b) DNS
c) HTTP
d) HTTPS
e) SMTP

DNS utiliza TCP ou UDP da camada de transporte, porta 53.

11.26. Domínios

Os domínios são nomes dados a conjuntos de computadores em uma rede.

Exercício

PGE RJ/TÉCNICO/FCC/ABRIL

Serve para localizar e identificar conjuntos de computadores na Internet. Foi concebido com o objetivo de facilitar a identificação dos endereços de computadores, evitando a necessidade de memorização de uma sequência grande de números. Trata-se de [Resposta 75]

a) uma página web.
b) um provedor.
c) um domínio.
d) um site.
e) um endereço eletrônico.

Resposta 74 – Letra B.
Resposta 75 – Letra C.
* http://pt.wikipedia.org/wiki/Lista_de_TLDs

Regras globais acerca de domínios são definidas pela ICANN (Internet Corporation for Assigned Names and Numbers), aos países cabe a definição de regras regionais, no Brasil uma ação conjunta do Ministério das Comunicações e Ministério da Ciência, Tecnologia e Inovação fundou o Comitê Gestor de Internet Brasileiro (CGI-Brasil).

Exercício

TRE RJ – CESPE

Considerando que Yuri seja empregado de uma empresa privada denominada Enterprise, localizada nos Estados Unidos da América, assinale a opção que contém uma estrutura válida e usual para um endereço de e-mail para Yuri. Resposta 76

a) yuri@enterprise.org.usa

b) yuri@enterprise.com.eua

c) yuri@enterprise.com.usa

d) yuri@enterprise.com

Os países são identificados mais à direita no nome totalmente qualificado do domínio, sempre através de 2 caracteres. Embora a identificação seja fácil de ser deduzida, caso seja necessário há uma lista com todos os países na Wikipedia*.

Exemplos:

.br	Brasil		.pt	Portugal
.es	Espanha		.us	EUA
.il	Israel		.it	Itália
.uk	Reino Unido		.fr	França

Observe que existe o domínio ".us" para representar os Estados Unidos da América.

Exemplo de URL americana: http://www.neustar.us/

Como tudo inicialmente era um projeto militar americano, não havia necessidade de acrescentar identificação de país nos domínios utilizados, quando a rede se tornou pública foi convencionado que os demais países seriam identificados, então qualquer endereço que não tiver representação geográfica será de domínio americano.

Uma vez que uma instituição tenha um domínio particular, ela pode decidir se introduz ou não uma estrutura hierárquica adicional através de subdomínios, introduzidos à esquerda de um domínio, como por exemplo:

Resposta 76 – Letra D. Domínio americano pode se abster de utilizar a representação geográfica com 2 caracteres do servidor raiz.

policiacivil.rj.gov.br

Subdomínio	Domínio de 2º nível	Domínio de 2º nível	Servidor Raiz
policiacivil	.rj	.gov	.br

cespe.unb.br

Subdomínio	**Domínio de 2º nível**	Servidor Raiz
cespe	.unb	.br

As instituições de ensino superior, até 2001, podiam dispensar o domínio organizacional .edu e se cadastrar diretamente no .br. Na URL anterior, unb.br é um domínio registrado no Brasil e cespe é um subdomínio criado livremente para um departamento da Universidade de Brasília.

Outros exemplos:
www.concurso.fgv.br onde concurso é um subdomínio de FGV.
www.nce.ufrj.br onde nce é um subdomínio de UFRJ.

Os nomes de domínio na Internet não fazem distinção entre letras minúsculas e maiúsculas, podem conter de 2 a 26 caracteres no nome organizacional (domínio de 2º nível), os componentes (subdomínios) podem conter até 63 caracteres e o caminho total não pode ultrapassar 255 caracteres.

Exercício

PERITO PCERJ – FGV

Nome de domínio constitui um nome que serve para localizar e identificar conjuntos de computadores na Internet, e foi concebido com o objetivo de facilitar a memorização dos endereços de computadores na Internet. A esse respeito, analise as afirmativas abaixo: [Resposta 77]

I. A entidade POLÍCIA CIVIL DO ESTADO DO RIO DE JANEIRO pode efetuar um registro de domínio como policiacivil.org.br.

II. O nome de domínio deve ter tamanho mínimo de 2 e máximo de 26 caracteres, não incluindo a categoria; por exemplo, em XXXX.COM.BR, essa limitação se refere ao XXXX.

III. Um nome de domínio contém obrigatoriamente WWW. Assinale:

a) se somente a afirmativa II estiver correta.
b) se somente as afirmativas I e II estiverem corretas.
c) se somente as afirmativas I e III estiverem corretas.
d) se somente as afirmativas II e III estiverem corretas.
e) se todas as afirmativas estiverem corretas.

Resposta 77 – Letra A.

Comitê Gestor da Internet no Brasil

RESOLUÇÃO CGI SOBRE DOMÍNIOS DE PRIMEIRO NÍVEL (DPN) NO BRASIL:

São Paulo, 28 de novembro de 2008

O COMITÊ GESTOR DA INTERNET NO BRASIL – CGI.br – reunido na sua 9ª Reunião Ordinária, em 28 de novembro de 2008, em sua sede, no NIC.br, na Cidade de São Paulo – SP, decide, por unanimidade, aprovar a seguinte Resolução:

CGI.br/RES/2008/008/P – **PROCEDIMENTOS PARA REGISTRO DE NOMES DE DOMÍNIO**

O Comitê Gestor da Internet no Brasil – CGI.br, no uso das atribuições que lhe confere a Portaria Interministerial MC/MCT nº 147, de 31 de maio de 1995 e o Decreto nº 4829/03, de 3 de setembro de 2003, **resolve:**

CAPÍTULO I – PROCEDIMENTOS PARA REGISTRO DE NOMES DE DOMÍNIO DISPONÍVEIS

Art. 1º – Um nome de domínio disponível para registro será concedido ao primeiro requerente que satisfizer, quando do requerimento, as exigências para o registro do mesmo, conforme as condições descritas nesta Resolução.

Parágrafo único – Constitui-se em obrigação e responsabilidade exclusivas do requerente a escolha adequada do nome do domínio a que ele se candidata. O requerente declarar-se-á ciente de que não poderá ser escolhido nome que desrespeite a legislação em vigor, que induza terceiros a erro, que viole direitos de terceiros, que represente conceitos predefinidos na rede Internet, que represente palavras de baixo calão ou abusivas, que simbolize siglas de Estados, Ministérios, ou que incida em outras vedações que porventura venham a ser definidas pelo CGI.br.

Art. 2º – É permitido o registro de nome de domínio apenas para entidades que funcionem legalmente no País, profissionais liberais e pessoas físicas, conforme disposto nesta Resolução. No caso de empresas estrangeiras poderá ser concedido o registro provisório, mediante o cumprimento das exigências descritas no art. 6º, desta Resolução.

Art. 3º – Define-se como Domínio de Primeiro Nível, DPN, os domínios criados sob o ccTLD .br, nos quais disponibilizam-se registro de subdomínios segundo as regras estabelecidas nesta Resolução. Um nome de domínio escolhido para registro sob um determinado DPN, considerando-se somente sua parte distintiva mais específica, deve:

I. Ter no mínimo 2 (dois) e no máximo 26 (vinte e seis) caracteres; II. Ser uma combinação de letras e números [a-z;0-9], hífen [-] e os seguintes caracteres acentuados [à, á, â, ã, é, ê, í, ó, ô, õ, ú, u, ç]; III. Não ser constituído somente de números e não iniciar ou terminar por hífen; IV. O domínio escolhido pelo requerente não deve tipificar nome não registrável. Entende-se por nomes não registráveis aqueles descritos no § único do art. 1º, desta Resolução.

Parágrafo único – Somente será permitido o registro de um novo domínio quando não houver equivalência a um domínio pré-existente no mesmo DPN, ou quando, havendo equivalência no mesmo DPN, o requerente for a mesma entidade detentora do domínio equivalente. Estabelece-se um mecanismo de mapeamento para determinação de equivalência entre nomes de domínio, que será realizado convertendo-se os caracteres acentuados e o "c" cedilhado, respectivamente, para suas versões não acentuadas e o "c", e descartando os hífens.

Art. 4º – Para a efetivação do registro de nome de domínio o requerente deverá obrigatoriamente:

I. Fornecer os dados válidos do titular do domínio, solicitados nos campos de preenchimento obrigatório do NIC.br. São esses dados:

a) Para Pessoa Jurídica:

1.nome empresarial;

2.número do CNPJ;

3.endereços físico e eletrônico;

4.nome do responsável;

5.número de telefone.

b) Para Pessoa Física:

1.nome completo;

2.número do CPF;

3.endereços físico e eletrônico;

4.número de telefone.

II. Informar, no prazo máximo de 14 (quatorze) dias, a contar da data e horário da emissão do ticket para registro de domínio, no mínimo 2 (dois) servidores DNS configurados e respondendo pelo domínio a ser registrado;

III. Cadastrar e informar:

a) o contato da entidade, o qual deverá ser representado por pessoa diretamente vinculada à atividade de gestão da entidade, e será responsável pela manutenção e atualização dos dados da entidade, pelo registro de novos domínios e pela modificação dos demais contatos do domínio;

b) o contato administrativo, responsável pela administração geral do nome de domínio, o que inclui eventuais modificações e atualizações do contato técnico e de cobrança.

Recomenda-se que este seja uma pessoa diretamente vinculada ao quadro administrativo da entidade;

c) o contato técnico, responsável pela manutenção e alteração dos dados técnicos dos servidores DNS. Recomenda-se que este seja representado pelo provedor, caso possua um, ou por pessoa responsável pela área técnica da entidade;

d) o contato de cobrança, responsável pelo fornecimento e atualização do endereço eletrônico para envio dos boletos para pagamentos e cobranças. Recomenda-se que este seja uma pessoa diretamente vinculada ao quadro funcional da entidade;

Parágrafo único. Todas as comunicações feitas pelo CGI.br e pelo NIC.br serão realizadas por correio eletrônico. As notificações comprovadamente enviadas para o endereço eletrônico cadastrado serão consideradas válidas.

Art. 5º – É da inteira responsabilidade do titular do domínio: I. O nome escolhido para registro, sua utilização e eventual conteúdo existente em páginas referidas por esse domínio, eximindo expressamente o CGI.br e o NIC.br de quaisquer responsabilidades por danos decorrentes desses atos e passando o titular do nome de domínio a responder pelas ações judiciais ou extrajudiciais decorrentes de violação de direitos ou de prejuízos causados a outrem;

II. A eventual criação e o gerenciamento de novas divisões e subdomínios sob o nome de domínio registrado;

III. Fornecer ao NIC.br dados verídicos e completos, e mantê-los atualizados;

IV. Atender à solicitação de atualização de dados ou apresentação de documentos feita pelo NIC.br, quando for o caso;

V. Manter os servidores DNS funcionando corretamente; VI. Pagar tempestivamente o valor correspondente à manutenção periódica do nome de domínio.

Art 6º – Será concedido o registro provisório às empresas estrangeiras, mediante:

I. A nomeação de um procurador legalmente estabelecido no país;

II. A entrega de procuração com firma reconhecida no país de origem da empresa, delegando poderes ao procurador para registro, cancelamento e transferência de propriedade do domínio, para a alteração do contato da entidade e para representá-lo judicialmente e extrajudicialmente;

III. A entrega de declaração de atividade comercial da empresa, com firma reconhecida no país de origem desta, onde deverá obrigatoriamente constar a razão social, o endereço completo, o telefone, o objeto social, as atividades desenvolvidas, o nome e o cargo do representante legal; IV. A entrega de declaração de compromisso da empresa, com firma reconhecida no país de origem desta, assumindo que estabelecerá suas atividades definitivamente no Brasil, no prazo de 12 (doze) meses, contados a partir do recebimento pelo NIC.br desses documentos;

V. A legalização consular da procuração, da declaração de atividade comercial e da declaração de compromisso, a ser realizada no Consulado do Brasil no país de origem da empresa;

VI. A tradução juramentada da procuração, da declaração de atividade comercial e da declaração de compromisso;

VII. A entrega da cópia do CNPJ ou do CPF do procurador;

VIII. A entrega do ofício do procurador indicando o ID do contato da entidade estrangeira.

CAPITULO II – DA RESERVA E DO CANCELAMENTO DO REGISTRO DE DOMÍNIO E DO TRATAMENTO DOS DOMÍNIOS CANCELADOS

Art. 7º – O CGI.br pode, sempre que houver interesse ou necessidade, reservar para si nomes de domínios que não estejam atribuídos.

Art. 8º – No ato de registro de um domínio e quando de sua renovação serão cobrados os valores estabelecidos pelo CGI.br pela manutenção periódica do domínio.

Parágrafo único – Os DPNs .gov.br, .mil.br, .edu.br, .can.br, jus.br e .br são isentos do pagamento da manutenção.

Art. 9º – O cancelamento de um nome de domínio registrado sob um DPN poderá se dar nas seguintes hipóteses:

I. Pela renúncia expressa do respectivo titular, por meio de documentação hábil exigida pelo NIC.br;

II. Pelo não pagamento dos valores referentes à manutenção do domínio, nos prazos estipulados pelo NIC.br;

III. Por ordem judicial;

IV. Pela constatação de irregularidades nos dados cadastrais da entidade, descritas no art. 4º, inciso I, alíneas "a e b", itens 1 e 2, após constatada a não solução tempestiva dessas irregularidades, uma vez solicitada sua correção pelo NIC.br;

V. Pelo descumprimento do compromisso estabelecido no documento mencionado no inciso IV, do art. 6º, desta Resolução.

§ 1º – No caso previsto no inciso IV, o titular do domínio será notificado por meio do contato da entidade e administrativo para satisfazer, no prazo de 14 (quatorze) dias, à exigência, decorridos os quais e não tendo havido atendimento adequado, o registro poderá ser cancelado;

§ 2º – Em qualquer hipótese de cancelamento do domínio não assistirá ao titular direito a qualquer ressarcimento ou indenização.

Art. 10º – Os domínios cancelados nos termos dos incisos I, II, IV e V poderão ser disponibilizados para novo registro através de processo de liberação, que possibilita a candidatura de interessados ao respectivo domínio, conforme os seguintes termos:

I. O NIC.br anunciará em seu sítio na Internet a data de início dos três processos de liberação de domínios cancelados realizados a cada ano;

II. As candidaturas ao nome de domínio serão realizadas no prazo de 15 (quinze) dias, a contar do início do processo de liberação estabelecido pelo NIC.br;

III. Expirado o prazo previsto para o final do processo de liberação, não serão aceitos novos pedidos até que a lista de pedidos existentes seja processada;

IV. No ato da inscrição a um domínio o candidato poderá informar que possui algum diferencial para requerer o registro do domínio que se encontra em processo de liberação. As condições para o exercício dessa opção são:

a) a entidade inscrita no processo de liberação detém o certificado de registro da marca, concedido pelo INPI, idêntico ao nome de domínio solicitado, ou;

b) o nome de domínio solicitado é idêntico à(s) palavra(s) ou expressão(ões) utilizada(s) no nome empresarial da entidade para distingui-la, sendo facultada a adição do uso do caractere do objeto ou atividade da entidade. Para essa opção, a palavra ou expressão não pode ser de caráter genérico, descritivo, comum, indicação geográfica ou cores e, caso a entidade detenha em seu nome empresarial mais de uma expressão para distingui-la, o nome de domínio deverá ser idêntico ao conjunto delas e não apenas a uma das expressões isoladamente. Essa entidade deverá comprovar que se utiliza deste nome empresarial há mais de 30 (trinta) meses;

c) se comprovado abuso ou falsa declaração, o candidato será responsabilizado por tal ato e, ainda, será prejudicado em suas demais inscrições.

V. É permitida a candidatura a 20 (vinte) domínios diferentes por entidade, em cada processo de liberação;

VI. O resultado do processo de liberação, define que:

a) o nome de domínio que não tiver candidatos no processo de liberação volta a ser considerado totalmente disponível e será liberado para registro ao primeiro requerente que satisfizer as exigências estabelecidas pelo NIC.br;

b) o nome de domínio que tiver apenas um candidato a ele será atribuído, desde que o candidato satisfaça todas as exigências para o registro;

c) o nome de domínio para o qual apenas um único dos candidatos apresentou diferencial declaratório, este candidato único será notificado via endereço eletrônico para que apresente os documentos comprobatórios desse direito. Havendo a comprovação efetiva, o registro do domínio será atribuído a esse candidato;

d) o domínio que tiver dois ou mais candidatos válidos não será liberado para registro e aguardará o próximo processo de liberação;

e) não sendo possível liberar o registro de um domínio pelas regras anteriormente expostas, o domínio voltará a participar dos próximos processos de liberação.

CAPITULO III – DA CONCESSÃO DE DOMÍNIOS RESERVADOS

Art. 11º – O domínio que participe de mais de 6 (seis) processos de liberação consecutivos, sem que seja possível a sua liberação para registro, será excluído de futuros processos de liberação e considerado reservado pelo CGI.br por prazo indeterminado, podendo ser concedido a novo registro na forma estabelecida nos arts. 12º e 13º.

Art. 12º – O registro de um nome de domínio, para o qual não tenha sido declarado diferencial, nos termos do art. 10º, inciso IV, desta Resolução, nos processos de liberação anteriores, resultando, assim, reservado, poderá ser concedido à primeira entidade que o solicitar e comprovar que detém o certificado de registro da marca, concedido pelo Instituto Nacional de Propriedade Industrial-INPI e idêntico ao nome de domínio solicitado.

Art. 13º – O registro de um nome de domínio, para o qual tenha sido declarado diferencial, nos termos do art. 10º, inciso IV, da citada Resolução, nos processos de liberação anteriores, mas que tenha resultado reservado por não ter havido forma de discriminação entre os diferenciais declarados, poderá ser concedido seguindo-se o procedimento abaixo:

I. Quando houver a solicitação de registro por entidade que detenha o certificado de registro da marca, concedido pelo Instituto Nacional de Propriedade Industrial – INPI, idêntico ao nome de domínio solicitado, todas as entidades que declararam o diferencial nos processos de liberação anteriores à reserva serão notificadas, por e-mail enviado ao contato da entidade, para comprovarem o diferencial que houverem anteriormente declarado. Esse procedimento poderá ter os seguintes resultados:

a) se houver somente uma entidade que detenha o certificado de registro da marca, expedido pelo Instituto Nacional de Propriedade Industrial – INPI, idêntico ao nome de domínio solicitado, o registro do domínio será concedido a ela;

b) Se houver mais de uma entidade que detenha o certificado de registro da marca, expedido pelo INPI, idêntico ao nome de domínio solicitado, o registro do domínio só será concedido ao solicitante, caso seja ele o detentor da marca mais antiga validamente expedida. Caso contrário o domínio permanecerá reservado.

CAPÍTULO IV – DA SUBDIVISÃO DAS CATEGORIAS DE DOMÍNIOS

Art. 14º – Os DPNs sob o ccTLD .br se subdividem da seguinte forma: I. DPNs com restrição e destinados exclusivamente a Pessoas Jurídicas:

a) .am.br, destinado a empresas de radiodifusão sonora AM. Exige-se o CNPJ e a autorização da Anatel para o serviço de radiodifusão sonora AM;

b) .coop.br, destinado a cooperativas. Exige-se o CNPJ e comprovante de registro junto à Organização das Cooperativas Brasileiras;

c) .edu.br, destinado a Instituições de Ensino e Pesquisa Superior, com a devida comprovação junto ao Ministério da Educação e documento comprovando que o nome de domínio a ser registrado não é genérico, ou seja, não é composto por palavra ou acrônimo que defina conceito geral ou que não tenha relação com o nome empresarial ou seus respectivos acrônimos.

d) .fm.br, destinado a empresas de radiodifusão sonora FM. Exige-se o CNPJ e a autorização da Anatel para o serviço de radiodifusão sonora FM;

e) .gov.br, destinado ao Governo Brasileiro (Poderes Executivo, Legislativo e Judiciário), ao Ministério Público Federal, aos Estados e ao Distrito Federal.

Excetuados os órgãos da esfera federal, os demais deverão ser alojados sob a sigla do Estado correspondente (ex: al.gov.br, am.gov.br, etc). Exige-se o CNPJ e a autorização do Ministério do Planejamento;

f) .g12.br, destinado a instituições de ensino fundamental e médio. Exige-se CNPJ e a comprovação da natureza da instituição;

g) .mil.br, destinado aos órgãos militares. Exige-se CNPJ e a autorização do Ministério da Defesa;

h) .org.br, destinado a organizações não governamentais e sem fins lucrativos. Exige-se a comprovação da natureza da instituição e o CNPJ. Em casos especiais, a exigência do CNPJ para essa categoria poderá ser dispensada;

i) .psi.br, destinado a provedores de serviços Internet em geral. Exige-se o CNPJ e a comprovação de que a entidade é um provedor de acesso à Internet, bem como o contrato de backbone ou o contrato social, desde que comprove no objeto social de que se trata de um provedor de serviço.

II. DPNs sem restrição e destinados a Pessoas Jurídicas:

a) .agr.br, destinado a empresas agrícolas e fazendas;

b) .art.br, destinado a instituições dedicadas às artes, artesanato e afins;

c) .com.br, destinado a instituições comerciais;

d) .esp.br, destinado a entidades relacionadas a esportes em geral;
e) .far.br, destinado a farmácias e drogarias;
f) .imb.br, destinado a imobiliárias;
g) .ind.br, destinado a instituições voltadas à atividade industrial;
h) .inf.br, destinado aos fornecedores de informação;
i) .radio.br, destinados a entidades que queiram enviar áudio pela rede;
j) .rec.br, destinado a instituições voltadas às atividades de recreação e jogos, em geral;
k) .srv.br, destinado a empresas prestadoras de serviços;
l) .tmp.br, destinado a eventos temporários, de curta duração, como feiras, seminários, etc;
m) .tur.br, destinado a entidades da área de turismo.
n) .tv.br, destinado a entidades que queiram enviar vídeo pela rede;
o) .etc.br, destinado a instituições que não se enquadrem em nenhuma das categorias acima.

III. DPNs sem restrição destinados a Profissionais Liberais:

a) .adm.br, destinado a administradores;
b) .adv.br, destinado a advogados;
c).arq.br, destinado a arquitetos;
d) .ato.br, destinado a atores;
e) .bio.br, destinado a biólogos;
f) .bmd.br, destinado a biomédicos;
g) .cim.br, destinado a corretores;
h) .cng.br, destinado a cenógrafos;
i) .cnt.br, destinado a contadores;
j) .ecn.br, destinado a economistas;
k) .eng.br, destinado a engenheiros;
l) .eti.br, destinado a especialistas em tecnologia de informação;
m) .fnd.br, destinado a fonoaudiólogos;
n) .fot.br, destinado a fotógrafos;
o) .fst.br, destinado a fisioterapeutas;
p) .ggf.br, destinado a geógrafos;
q) .jor.br, destinado a jornalistas;
r) .lel.br, destinado a leiloeiros;
s) .mat.br, destinado a matemáticos e estatísticos;
t) .med.br, destinado a médicos;
u) .mus.br, destinado a músicos;
v) .not.br, destinado a notários;
x) .ntr.br, destinado a nutricionistas;
w) .odo.br, destinado a odontólogos;
y) .ppg.br, destinado a publicitários e profissionais da área de propaganda e marketing;
z) .pro.br, destinado a professores;
aa) .psc.br, destinado a psicólogos;
ab) .qsl.br, destinado a radioamadores;
ac) .slg.br, destinado a sociólogos;
ad) .trd.br, destinado a tradutores;

ae) .vet.br, destinado a veterinários;
af) .zlg.br, destinado a zoólogos.
IV. DPNs sem restrição destinados a Pessoas Físicas:
a) .nom.br, pessoas físicas, seguindo os procedimentos específicos de registro neste DPN;
b) .blog.br, destinado a "blogs";
c) .flog.br, destinado a "foto logs";
d) .vlog.br, destinado a "vídeo logs";
e) .wiki.br, destinado a páginas do tipo "wiki";
V. DPN restrito com obrigatoriedade da extensão DNSSEC:
a) .b.br: destinado exclusivamente às instituições financeiras;
b) .jus.br: destinado exclusivamente ao Poder Judiciário, com a aprovação do Conselho Nacional de Justiça;
VI. DPN sem restrição, genérico
a) .com.br, a pessoas físicas ou jurídicas que exercem atividade comercial na rede.
b) .net.br, a pessoas físicas ou jurídicas que exercem atividade comercial na rede.
VII. DPN pessoa física, especial:
a) .can.br, destinado aos candidatos à eleição, durante o período de campanha eleitoral.
Art. 15º – Esta Resolução entra em vigor na data de sua publicação no site www.cgi.br, revogando-se as disposições em contrário.

Comitê Gestor da Internet no Brasil
http://www.cgi.br/regulamentacao/resolucao2008-008.htm

Após esta resolução de 2008 foram criados alguns novos domínios de primeiro nível junto ao servidor brasileiro *.br*, tais como:

.emp – empresário

.eco – ecologista

Estes e outros podem ser consultados em: http://www.registro.br.

11.27. NOVOS DOMÍNIOS INTERNACIONAIS (ICANN)

As regras para domínios de primeiro nível DPN mudaram desde 2013, isto pode em breve aparecer nas provas. Observe o trecho do texto abaixo extraído do site da Fapesp.

> ***"Novos domínios: Uma revolução na Internet***
>
> *A Diretoria da ICANN, Internet Corporation for Assigned Names and Numbers, a autoridade internacional sobre nomes de domínio, aprovou a maior mudança revolucionária das últimas quatro décadas, a partir de 2013, estarão disponíveis novos domínios de primeiro nível, os chamados (TLDs ou Top-Level Domains) ou extensão de domínios.*
>
> *Com a decisão será permitido que as empresas e organizações registrem os nomes e marcas em extensões de domínios da Internet (sendo, por exemplo, como.suamarca) ou para criar extensões genéricas, como:. carro,.esporte ou.banco.*

O plano de expansão da extensão de domínios foi anunciado pela primeira vez há três anos em 26 de junho de 2008, no 32º encontro da ICANN em Paris. A aprovação aconteceu na 41º reunião internacional em Cingapura, os membros da diretoria da ICANN votaram 13 a favor, 1 contra e 2 abster-se.

– A ICANN abriu o sistema de endereços da Internet para as ilimitadas possibilidades da imaginação humana. Ninguém poderá prever aonde esta decisão histórica irá nos levar –, disse Rod Beckstrom, presidente e CEO da ICANN.

– A decisão de hoje dará início a uma nova era da Internet –, disse Peter Dengate Thrush, presidente do Conselho de Diretores da ICANN.

Mas a opção não sairá barato, para qualquer ser mortal ter sua extensão de domínio com.suamarca, a taxa de inscrição será de 185 mil dólares mais a taxa anual de renovação de 25 mil dólares. No primeiro momento será uma oportunidade para grandes corporações, instituições públicas ou grandes empresários, que investem milhões em comunicação.

ICANN prevê que entre 300 a 1.000 novos TLDs poderão ser criados, oferecendo mais alternativas para TLDs já existentes, tais como.com ou.net.

92% das 150 organizações que manifestaram interesse nas novas extensões de domínios (TLDs) estão optando pela preferência no registro da marca principal, ".marca". Como por exemplo, o Google, que declarou publicamente que vai candidatar-se a ".google.docs.youtube.lol". E mais 11% das organizações informaram que estão interessados em candidatar-se a um termo genérico na extensão de domínio.

Exemplos de empresas brasileiras que saíram na frente e já garantiram sua marca como primeiro nível de domínio.

São elas:.bradesco.ipiranga.itau.globo.natura.uol.vivo".

Extraído do site: http://fapesp.org/special-view/novos-dominios/.
Acesso em: 11/01/2016.

Para fortalecer a sua marca internacionalmente, inclusive frente aos jogos olímpicos, o Munícipio do Rio de Janeiro tornou-se a primeira cidade da América Latina a oferecer o DPN, um domínio com seu nome (.rio), onde os registros se dão através de CPF ou CNPJ. Algumas outras cidades, como Nova York, Londres, Paris, Tóquio, Barcelona, Roma e Berlim também oferecem domínios de internet com seus nomes.

11.28. URL (Uniforme Resource Locator)

É uma maneira uniforme, padrão, de localizar um recurso na Web, como por exemplo: o endereço de uma página, de um correio eletrônico ou um servidor de FTP para transferência de arquivos.

Exercício

PETROBRAS – CESGRANRIO

O framework com designação universal abstrata para localizar um recurso na internet ou intranet é o [Resposta 78]

a) URL
b) HTTP
c) HTTPS
d) TCP/IP
e) Nome do arquivo

Sintaxe abstrata:

protocolo://domínio:porta/caminho
protocolo://nome_do_host*:porta/path_ou_caminho

Exercício

MPE SE/TÉCNICO/FCC/ABRIL

Uma página Web é obtida na Internet por meio do endereço URL que basicamente indica o [Resposta 79]

a) caminho e o nome da página, apenas.
b) protocolo, o caminho e o nome da página, apenas.
c) protocolo, o nome da computador hospedeiro e o nome da página, apenas.
d) nome do computador hospedeiro, o caminho e o nome da página, apenas.
e) protocolo, o nome do computador hospedeiro, o caminho e o nome da página.

São exemplos de URL válidas:

http://www.renatodacosta.com.br

http://www.renatodacosta.com.br/impetus

http://www.impetus.renatodacosta.com.br

http://renatodacosta.com.br

http://impetus.renatodacosta.com.br

Resposta 78 – Letra A.

* Computador hospedeiro do recurso.

Resposta 79 – Letra E. Observe que host na sintaxe da URL ou nome do computador hospedeiro são expressões equivalentes, é o nome de um computador online, todas as demais alternativas estão erradas devido ao uso da palavra "apenas" que restringe os campos de forma equivocada.

http://www.renatodacosta.com.br:80
https://www2.renatodacosta.net
ftp://renatodacosta.net
ftp://admin@renatodacosta.net
ftp://admin:1234@renatodacosta.net
mailto://contato@renatodacosta.net

Alguns têm dificuldade em distinguir os conceitos de domínio e URL, demonstramos nos exemplos acima diversas URLs, todas com o mesmo domínio mas indicando recursos distintos.

Cabe ressaltar também que a URL, popularmente associada a endereço de páginas, pode representar recursos quaisquer. Para os certames é interessante saber que o universo de protocolos que poderá ser utilizado para formar uma URL é:

- HTTP
- HTTPS
- FTP
- FILE
- MAILTO
- TELNET

Exercícios

UFSM

Assinale a alternativa que NÃO contém um protocolo reconhecido pelos atuais navegadores web (browsers). Resposta 80

a) HTTP
b) HTTPS
c) FILE
d) FTP
e) SNMP

TRT/SE – ANALISTA JUDICIÁRIO

É um exemplo de URL (Uniform Resource Locator) INCORRETO: Resposta 81

a) smtp://www.map.com.br/força/brasil.html
b) https://www.uni.br/asia/china.php
c) http://dev.doc.com/downloads/manuais/doc.html
d) ftp://ftp.foo.com/home/foo/homepage.html
e) file://localhost/dir2/file.html

Resposta 80 – Letra E.
Resposta 81 – Letra A.

11.29. HTTP - (Hiper Text Transfer Protocol)

Protocolo de Transferência de Hipertexto*, utilizado em programas de navegação (*browsers*) para acessar páginas em um servidor web.

Exercício

TRE AMAZONAS TÉCNICO – FCC

O transporte de páginas Web entre um servidor e um cliente da Internet é realizado pelo protocolo Resposta 82

a) BROWSER.
b) HTTP.
c) HTML.
d) TCP.
e) IP.

Toda solicitação HTTP obtém uma resposta de um servidor Web, que consiste em uma linha de status.

As respostas HTTP contêm códigos de 3 dígitos divididos em 5 categorias:

Código	Significado	Exemplo
1xx	Informação	100 = Servidor concorda em atender requisição
2xx	Sucesso	200 = Requisição bem-sucedida 204 = Sem conteúdo
3xx	Redirecionamento	301 = Página movida 304 – Página no cache ainda é válida
4xx	Erro do Cliente	403 = Página proibida 404 = Página não encontrada
5xx	Erro do servidor	500 = Erro Interno 503 = Tente de novo mais tarde

Exercício

TÉCNICO DE FINANÇAS CGU – ESAF

Durante a navegação na WEB, o código de estado 301 indica: Resposta 83

a) requisição bem-sucedida.
b) requisição não foi compreendida pelo servidor.
c) objeto requisitado foi removido permanentemente do servidor.
d) objeto requisitado não existe no servidor.
e) versão do protocolo HTTP requisitado não é suportada pelo servidor.

* Um hipertexto é um texto com links, um documento interligado por intermédio de ponteiros.

Resposta 82 – Letra B.

Resposta 83 – Letra C.

HTTP utiliza TCP da camada de transporte, porta 80.

Exercício

EPE – CESGRANRIO

O website da Empresa de Pesquisa Energética – EPE – pode ser acessado através da URL http://www.epe.gov.br. Sendo assim, essa aplicação também pode ser acessada através da URL Resposta 84

a) telnet://epe.gov.br
b) http://www.epe.gov.br:80
c) ftp://www.epe.gov.br
d) https://www.epe.gov.br:100
e) http://www.epe.gov.br:100

Uma confusão clássica:

> Não podemos confundir HTTP com HTML, HTTP é um protocolo de acesso para transferência de páginas e dados entre um cliente e um servidor Web, enquanto HTML é uma linguagem de formatação de hipertexto para edição de páginas, um formato de arquivo.

Exercício

PCES/CESPE

O HTML (Hypertext Markup Language) é uma linguagem usada para acessar dados na Web. Resposta 85

( ) CERTO ( ) ERRADO

11.30. SSL - (Secure Sockets Layer) e TLS - (Transport Layer Security)

São protocolos de Internet para criptografia e autenticação baseados em sessão, fornecem canal seguro em uma aplicação cliente/servidor, implementando privacidade e integridade.

Opera entre as camadas de aplicação e transporte e é aceito em todos os navegadores atuais.

Resposta 84 – Letra B. Como visto na definição de URL, sua sintaxe é: protocolo://domínio:porta/caminho, logo a porta padrão do HTTP é 80. A porta 100 estará fechada, não é utilizada por padrão, e implicará o impedimento do acesso à página invalidando as alternativas D e E.

Resposta 85 – Errado.

Estrutura do Protocolo no modelo de camadas
Aplicação (HTTP, FTP, etc)
TLS
Transporte (TCP, UDP)
Rede
Enlace
Física

http://www.gta.ufrj.br/ensino/eel879/trabalhos_vf_2010_2/bernardo/tls.html

É distribuído em 3 versões:

- SSLv2
- SSLv3
- TLSv1 ou SSLv3.1

11.31. HTTPS - (HTTP+SSL)

Protocolo de transferência de hipertexto seguro. Oferece o acesso autenticado e íntegro às páginas de um servidor com transferência criptografada de dados.

Muito utilizado em sites de *e-commerce** e *Internet Banking*.

Exercício

FGV – DPE RJ

No navegador Chrome, como em outros navegadores, pode aparecer a imagem de um pequeno cadeado próximo à barra de URL (ou da barra de tarefas), como a que é mostrada a seguir. Resposta 86

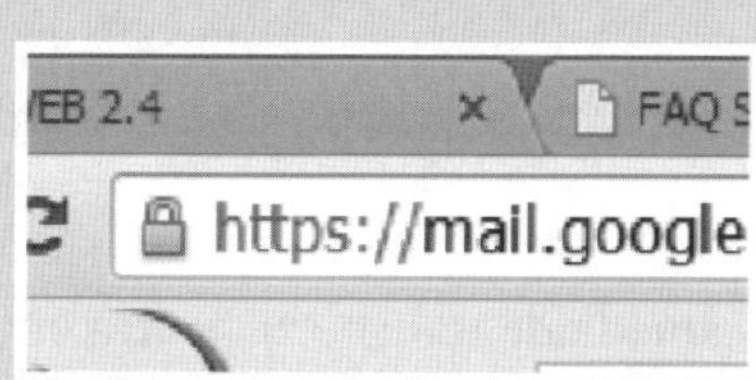

Esse cadeado significa um ambiente mais seguro, principalmente porque você

a) detém o status de administrador do computador.
b) está capacitado a comandar operações de transferência de arquivos.
c) está logado no site, sob a proteção de senha de acesso.
d) está conectado a um site de acesso restrito, não público.
e) está usando uma conexão criptografada.

---

* Comércio eletrônico.

Resposta 86 – Letra E.

O ícone do cadeado é combinado com o HTTPS e aparece ao lado da barra de endereços nos principais navegadores.

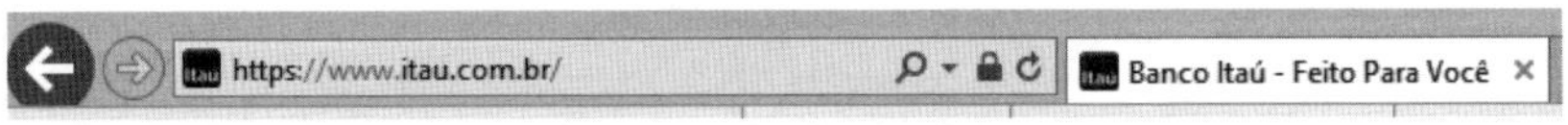

No Internet Explorer 11 a área onde se encontra o cadeado (à direita da barra de endereços) é denominada barra de status de segurança.

Exercícios

MPE RJ – FUNDAÇÃO JOSÉ BONIFÁCIO

Um internauta, quando está acessando um site por meio do browser Internet Explorer 8 BR, pode verificar se o acesso é seguro. Conexões seguras usam certificados para identificar o site da Web e para criptografar sua conexão, de forma que será mais difícil a um hacker vê-la. O acesso a sites seguros possuem duas características, a primeira pelo endereço do site que começa com uma sigla e a segunda por um cadeado  localizado numa determinada barra do Internet Explorer 8 BR. Essa sigla e localização são, respectivamente: [Resposta 87]

a) HTTPS e não com HTTP / na barra de tarefas, à direita da barra de endereços;
b) WWWS e não com WWW / na barra status de segurança, à direita da barra de endereços;
c) HTTPS e não com HTTP / na barra status de segurança, à direita da barra de endereços;
d) WWWS e não com WWW / na barra de ícones de notificação, à direita da barra de tarefas;
e) HTTPS e não com HTTP / na barra de ícones de notificação, à direita da barra de tarefas.

ABIN/CESPE

No Internet Explorer, ao acessar uma página por meio do protocolo seguro HTTP, que utiliza o algoritmo de criptografia SSL (secure socket layer), o usuário é informado pelo navegador, mediante a exibição de um ícone contendo um cadeado, de que a conexão é segura. [Resposta 88]

( ) CERTO ( ) ERRADO

HTTPS utiliza TCP da camada de transporte, porta 443.

11.32. POP3 - (Post Office Protocol, versão 3)

Protocolo utilizado em clientes de correio eletrônico (Outlook, Mozilla Thunderbird) para download de e-mails de um servidor de e-mail POP3.

Após autenticação do usuário mediante nome e senha, copia todas as mensagens do servidor para a máquina cliente permitindo a leitura off-line.

Resposta 87 – Letra C.
Resposta 88 – ERRADO. O HTTP não é seguro, o trecho entre vírgulas após o HTTP o explica de maneira equivocada pois refere-se ao protocolo seguro HTTPS.

Pode operar em 2 modos:

- Modo exclusão: Descartando as mensagens após a cópia, utilizado normalmente quando se acessa do computador principal.
- Modo manutenção: A mensagem permanece na caixa de correio permitindo recuperação posterior, utilizado normalmente em equipamentos portáteis, computadores secundários.

POP3 utiliza TCP da camada de transporte, porta 110.

11.33. SMTP - (Simple Mail Transfer Protocol)

Protocolo utilizado para o envio de mensagens de correio eletrônico de um cliente a um servidor, e para troca de mensagens entre servidores de domínios diferentes.

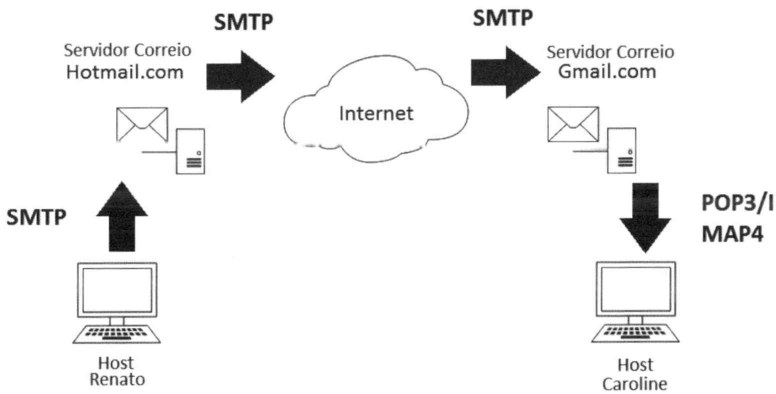

Observe que a comunicação entre os servidores se dá exclusivamente através do SMTP, sendo o POP3 e o IMAP4 protocolos utilizados para a remessa final, ou seja, a comunicação por solicitação do cliente ao servidor.

Exercício

TJ/PE – ANALISTA JUDICIÁRIO – FCC

Em relação às etapas envolvidas no envio e recebimento de e-mail, é INCORRETO afirmar: [Resposta 89]

a) O usuário redige a mensagem e clica no botão Enviar, do seu programa cliente de e-mail para que a mensagem chegue até o servidor, chamado Servidor de Saída.

b) Após receber a solicitação do programa cliente, o Servidor de Saída analisa apenas o segmento de endereço que se encontra após o símbolo @.

c) Após identificar o endereço de domínio de destino, a próxima tarefa do Servidor de Saída é enviar a mensagem solicitada por seus usuários, e para isso, utiliza o protocolo SMTP (Simple Mail Transfer Protocol).

Resposta 89 – Letra E.

d) Quando a mensagem chega ao servidor de destino, conhecido como Servidor de Entrada, este identifica a informação existente antes do símbolo @ e deposita a mensagem na respectiva caixa postal.

e) Para transferir as mensagens existentes no Servidor de Entrada para seu computador, o usuário utiliza o programa cliente de e-mail que, por sua vez, utiliza o protocolo SMTP (Simple Mail Transfer Protocol) para depositar a mensagem no seu computador.

SMTP utiliza TCP da camada de transporte, porta 25.

Exercício

TRT 6ªR – FCC

O SMTP, protocolo usado no sistema de correio eletrônico da Internet, utiliza o protocolo **I** na camada de transporte escutando as requisições na porta Imagem **II** (por padrão). Para enviar uma mensagem, um usuário deve utilizar programas que façam a interface entre o protocolo e o usuário, como o **III**.

As lacunas I, II e III são preenchidas correta e respectivamente por: [Resposta 90]

a) IMAP, 53 e Outlook.
b) POP, 21 e Sendmail.
c) UDP, 31 e Lotus Notes.
d) TCP, 25 e Outlook.
e) UDP, 110 e Lotus Notes.

11.34. MIME – (Multipurpose Internet Mail Extensions)

O SMTP é um protocolo simples, desenvolvido originalmente para o envio de mensagens de texto puro (Ascii*). Como sabemos, atualmente podemos enviar arquivos quaisquer (imagem, vídeo, áudio, aplicativo) por correio eletrônico.

Isto se dá devido à implementação do protocolo MIME que codifica na origem arquivos (binário para Ascii) permitindo o envio pelos protocolos padrão de correio eletrônico, decodificando (Ascii para binário) no destino viabilizando a transferência.

Exercício

TRE AM – FCC

Sobre correio eletrônico, considere que: [Resposta 91]

I. um webmail exige o protocolo POP para receber as mensagens e o protocolo SMTP para enviar as mensagens.

II. ao utilizar um programa cliente de e-mail as mensagens podem ser lidas de qualquer computador por meio de um navegador.

III. o MIME é uma norma da Internet para formatação de mensagens que permite o envio de arquivos de qualquer tipo em e-mail.

Resposta 90 – Letra D.

* American Standard Code for Information Interchange.

Resposta 91 – Letra C.

Está correto o que se afirma em

a) I, apenas.
b) II, apenas.
c) III, apenas.
d) I e II, apenas.
e) I, II e III.

11.35. IMAP4 - (Internet Mail Access Protocol, versão 4)

Protocolo utilizado em clientes de correio eletrônico (Outlook, Mozilla Thunderbird) para o acesso às mensagens de um servidor de e-mail IMAP4.

Enquanto o POP3 incondicionalmente copia as mensagens integralmente para a máquina do usuário (cliente), o protocolo IMAP4, mais poderoso e complexo, permite a leitura diretamente no servidor (modo online), além de oferecer recursos extras, tais como:

- O usuário pode verificar o cabeçalho do e-mail antes do download;
- O usuário pode pesquisar o conteúdo do e-mail em busca de uma palavra ou expressão* específica antes do download;
- O usuário pode fazer download parcial do e-mail;
- O usuário pode criar, excluir ou renomear caixas de correio no servidor de e-mail.

Exercícios

UFRJ – PR4

Ao se criar uma conta de e-mail no Mozilla Thunderbird, é necessário que se determine qual será o endereço do servidor responsável pelo envio e recebimento de e-mails. Além disso, é necessário que se defina o protocolo dos serviços de mensagens que o servidor utilizará para recebimento e envio de e-mails. Quanto ao recebimento de e-mails, é possível configurar por meio de duas formas, pelo serviços POP3 ou IMAP. Assinale a alternativa que corresponde às características dos serviços POP3 e IMAP, respectivamente. Resposta 92

a) Copia para seu computador apenas o anexo de cada mensagem e baixa todas as mensagens (completas) de sua caixa de entrada para seu computador.
b) Copia todas as mensagens (completas) de sua caixa de entrada para seu computador e copia para seu computador apenas um cabeçalho de cada mensagem.
c) Copia para seu computador apenas um cabeçalho de cada mensagem e baixa todas as mensagens (completas) de sua caixa de entrada para seu computador.
d) Copia para seu computador apenas um cabeçalho de cada mensagem e baixa somente os anexos das mensagens de sua caixa de entrada para seu computador.
e) Copia todas as mensagens (completas) de sua caixa de entrada para seu computador e copia para seu computador apenas o corpo de cada mensagem com o anexo.

---

* Palavra-chave, trecho de texto, contato, e-mail, etc.

Resposta 92 – Letra B.

MP/PE – TÉCNICO – FCC

É oferecida a um usuário de correio eletrônico a opção de acessar as suas mensagens através de um servidor POP3 ou um servidor IMAP. Ele deve configurar o seu programa leitor de correio para usar o servidor: Resposta 93

a) POP 3, se precisar buscar mensagens de acordo com um critério de busca.
b) IMAP, caso este programa suporte apenas o post office protocol.
c) POP3 se quiser acessar suas mensagens em vários servidores sem risco de perder ou duplicar mensagens.
d) POP3 se precisar criar e manter pastas de mensagens de servidor.
e) IMAP se precisar criar e manter pastas de mensagens de servidor.

IMAP4* utiliza TCP da camada de transporte, porta 143.

11.36. Webmail

Uma alternativa cada vez mais popular ao uso do IMAP, POP3 e SMTP para fornecer o serviço de e-mail é usar a Web com HTTP.

O Webmail é um exemplo de software como um serviço da nuvem computacional que possibilita o acesso aos serviços de correio eletrônico a partir de qualquer máquina conectada à Internet, utilizando para isto apenas um navegador.

Exercício

ESCRITURÁRIO BB – CESPE

Entre os programas para correio eletrônico atualmente em uso, destacam-se aqueles embasados em software clientes, como o Microsoft Outlook e o Mozilla Thunderbird, além dos serviços de webmail. O usuário de um software cliente precisa conhecer um maior número de detalhes técnicos acerca da configuração de software, em comparação aos usuários de webmail. Esses detalhes são especialmente relativos aos servidores de entrada e saída de e-mails. POP3 é o tipo de servidor de entrada de e-mails mais comum e possui como característica o uso frequente da porta 25 para o provimento de serviços sem segurança criptográfica. SMTP é o tipo de servidor de saída de e-mails de uso mais comum e possui como característica o uso frequente da porta 110 para provimento de serviços com segurança criptográfica. Resposta 94

( ) CERTO ( ) ERRADO

11.37. FTP - (File Transfer Protocol)

O FTP é o mecanismo padrão fornecido pelo TCP/IP para transferência de arquivos entre um cliente e um servidor.

Suportado de maneira nativa pelo Windows, Linux e principais navegadores, permite que o usuário se conecte a um servidor FTP e realize procedimentos como: criar pastas, copiar, mover, renomear e excluir arquivos e pastas.

Resposta 93 – Letra E.

* Sua versão anterior, IMAP3 utiliza TCP da camada de transporte, porta 220.

Resposta 94 – Errado. As portas estão invertidas e os protocolos POP3 e SMTP não utilizam segurança criptográfica.

FTP utiliza TCP da camada de transporte, portas 20 e 21.

Exercício

CORREIOS – SUPERIOR – CESPE

O FTP difere de outras aplicações cliente/servidor na Internet por estabelecer duas conexões entre os nós. Uma delas é usada para a transferência de dados, e a outra, para a troca de informações de controle. Resposta 95

( ) CERTO ( ) ERRADO

As portas (conexões) são separadas para tornar o FTP mais eficiente, a conexão de controle (porta 21) utilizada para comandos e respostas é mais simples e a conexão de dados (porta 20) por sua vez é mais complexa devido à variedade de dados transmitidos.

Quando o usuário se conecta a um servidor FTP, a conexão de controle é aberta e permanece durante toda a sessão. A conexão de dados é aberta quando se inicia a transferência de um arquivo e fechada ao término da transmissão, podendo ser aberta e fechada diversas vezes quando vários arquivos são transferidos.

11.38. TELNET (TErminaL NETwork)

Este protocolo foi desenvolvido em uma época em que a maioria dos ambientes corporativos trabalhava em *time-sharing* (tempo compartilhado), onde um computador de grande porte suportava inúmeros usuários que o acessavam por meio de terminais com propósitos gerais.

É um protocolo que permite a um usuário efetuar *login* em outro computador através de uma rede (acesso remoto).

TELNET utiliza TCP da camada de transporte, porta 23.

11.39. SSH (Secure Shell)

Alternativo ao Telnet, fornece um recurso de login remoto autenticado e confidencial.

SSH utiliza TCP da camada de transporte, porta 22.

11.40. Outras tecnologias de acesso remoto

Telnet e SSH são parte dos protocolos TCP/IP, entretanto vários outros protocolos de acesso remoto foram criados, tais como:

- rlogin
- VNC* (Virtual Networking Computing)
- RDP (Remote Desktop Protocol)

Resposta 95 – Certo. Os nós são os computadores ligados à rede (cliente-servidor), as conexões são as portas (20 e 21) para dados e controle respectivamente.

* Fornece uma cópia exata do desktop remoto ao invés de uma interface em modo texto.

Alguns aplicativos disponíveis para acesso remoto:

- TeamViewer
- LogMeIn
- Windows Remote Desktop
- Ultra VNC

11.41. Intranet

A Intranet é uma rede privada que utiliza a mesma tecnologia da Internet. Entende-se por tecnologia um conjunto de técnicas que vão desde o uso das mesmas implementações, protocolos, serviços e aplicativos da Internet (navegadores).

Normalmente contida dentro de uma empresa, separada da Internet e oferecendo facilidades administrativas a funcionários e membros institucionais.

11.42. Extranet

Termo derivado de "Intranet estendida", a extranet é o acesso remoto a uma Intranet, permitindo que empresas envolvidas em um sistema interorganizacional se conectem. A extranet oferece acesso a funcionários em trânsito (de campo), parceiros comerciais, clientes, fornecedores.

Como a Extranet conecta parceiros comerciais entre si, fornecendo acesso a áreas das intranets corporativas de cada um, pode ser vista também como um conjunto de intranets relacionadas.

11.43. VPN (Virtual Private Network)

VPN é uma tecnologia de acesso extranet que permite utilizar a capacidade de infraestrutura da Internet para a transmissão de informações de maneira segura.

Utilizando protocolos seguros, fazendo uso de criptografia, é possível acessar remotamente uma Intranet via VPN.

Exercícios

TÉCNICO JUDICIÁRIO – TRT 16ªR

Antônio, funcionário do TRT da 16ª Região, está impossibilitado de ir ao trabalho, mas precisa acessar a intranet para finalizar um processo. Para que Antônio possa acessar a intranet do TRT, a partir do computador da sua casa, que possui acesso à internet, ele deve utilizar o recurso de [Resposta 96]

a) NAT.
b) VoIP.
c) NTP.
d) VPN.
e) VLAN.

Resposta 96 – Letra D.

Banco da Amazônia – Cesgranrio

A Intranet da Agência Nacional de Saúde Suplementar (ANS), a Intrans, é ganhadora da quinta edição do Prêmio Intranet Portal, na categoria Colaboração. A ferramenta inovou em colaboração, integrando, desde o ano passado, servidores e colaboradores da ANS. Por intermédio da Intrans, sugestões, críticas, notícias, eventos, notas técnicas e normas, entre outros itens, são disponibilizados dia a dia dentro da ANS. [Resposta 97]

Disponível em:
http://www.ans.gov.br/a-ans/sala-de-noticias-ans/a-ans/2213-intranet-da-ans-ganha-premio-de-abrangencia-nacional. Acesso em: 22 ago. 2013

Intranets podem ser utilizadas para uma grande diversidade de serviços, que podem ser acessados por colaboradores ou associados.

Para que um usuário tenha acesso a uma Intranet de uma empresa ou instituição, com um acesso seguro às informações críticas da instituição ou empresa, é necessário que esse usuário utilize

a) somente máquinas que estejam fisicamente localizadas dentro da mesma rede local da empresa.
b) somente máquinas específicas que estejam fisicamente localizadas dentro da mesma rede local da empresa
c) somente máquinas que estejam dentro da mesma rede local ou dentro de uma rede diretamente conectada à rede local da matriz da empresa.
d) qualquer máquina localizada dentro do data center da empresa.
e) qualquer máquina com acesso à Internet, fornecendo credenciais que permitam sua autenticação e acesso à Intranet por uma conexão segura.

Tanto a Intranet quanto a Extranet em geral são centralizadas em um portal que oferece em um único lugar e com interface Web acesso a páginas, informações oriundas de sistemas diversos para atender a necessidade de informações, além de oferecer acesso a sistemas corporativos, recursos colaborativos e webmail.

Exercício

Advogado CRN 3ºR – Quadrix

Avalie as afirmações. [Resposta 98]

I. Uma intranet é uma rede privativa, acessada em geral somente por usuários autorizados, e que faz uso do mesmo conjunto de protocolos TCP/IP que a internet.

II. Por serem redes privativas, as intranets não podem ser acessadas através da internet, mesmo fazendo uso dos mesmos protocolos e necessitando de autorização.

III. Muitas das aplicações que rodam em ambiente de intranet são projetadas de forma a serem executadas em navegadores como o Firefox, o Chrome ou o Internet Explorer.

Está correto o que se afirma em:

a) somente I e II.
b) somente I e III.
c) somente II e III.
d) todas.
e) nenhuma.

Resposta 97 – Letra E.
Resposta 98 – Letra B.

11.44. Portal de Colaboração

Sistemas integrados de conhecimento estão agrupando informações de diferentes fontes, tais como noticiários, pesquisas, assim como recursos de conhecimentos internos, funções de e-mail, bate papo, grupos de discussão e videoconferência por meio de um portal ao ambiente colaborativo acessado através de um navegador em uma Intranet.

Exercício

PGE – FCC

Um ambiente privado que permite aos empregados de uma empresa a possibilidade de organizar e acessar informações rapidamente, administrar documentos, compartilhar calendários e trabalhar em equipes, baseado em um navegador Web, é [Resposta 99]

a) um portal de educação à distância.
b) uma sala de bate-papo.
c) um site de relacionamento.
d) um browser.
e) um portal de colaboração.

11.45. e-commerce

Processo de compra, venda, transferência ou troca de produtos, serviços ou informações através da Internet.

11.46. e-business

Uma definição mais ampla de comércio eletrônico, não envolvendo apenas a compra e venda de produtos, mas englobando também o atendimento a clientes, colaboração com fornecedores e transações eletrônicas entre organizações.

e-commerce e e-business na maioria das vezes são termos equivalentes.

Algumas formas de e-commerce ou e-business:

- B2B – Business-to-Business – Vendedores e compradores são empresas.
- B2C – Business-to-Consumers – Vendedores são empresas e compradores são indivíduos.
- B2E – Business-to-Employee* – Empresas fornecem serviços ou produtos a funcionários.

Resposta 99 – Letra E.

* B2E – Exemplos: Oferta de apólices de seguro coletivas, planos de previdência privada, programas de ofertas e recompensas.

- C2C – Consumer-to-Consumer – Um indivíduo vende produtos ou serviços a outro indivíduo.
- C2B – Consumer-to-Business – Os consumidores tornam conhecida uma necessidade específica por um produto ou serviço e os fornecedores competem para atender a demanda.
- G2C – Government-to-Consumer ou Government-to-Citizens – Governo oferecendo serviços aos cidadãos.

Exercício

PC MG – ANALISTA – FUMARC

De acordo com cada tipo de comércio eletrônico, correlacione as colunas a seguir, numerando os parênteses: Resposta 100

Tipo

I. B2B

II. B2C

III. C2C

IV. B2E

Descrição

( ) Uma organização fornece serviços aos seus empregados.

( ) Vendedores e compradores são pessoas.

( ) Vendedores e compradores são organizações.

( ) Vendedores são organizações e compradores são pessoas.

A sequência CORRETA, de cima para baixo, é:

a) II, III, I, IV.
b) III, II, I, IV.
c) IV, III, I, II.
d) IV, III, II, I.

Resposta 100 – Letra C.

Capítulo 12

Computação em Nuvem (Cloud Computer)

"A computação em nuvem pode ser definida como um conjunto de recursos virtuais facilmente utilizáveis e acessíveis, tais como hardware, software, plataforma de desenvolvimento e serviços." (VERAS, 2012, p.33)

O nome, computação em nuvem, é uma metáfora da Internet cuja representação em diagramas de rede se dá através do desenho de uma nuvem.

A computação em nuvem é formada por clientes*, data centers e servidores distribuídos em diferentes posições geográficas pelo mundo.

A computação em nuvem oferece acesso a aplicações online através de um navegador web. Vamos visualizar alguns serviços da nuvem e posteriormente comentar aspectos técnicos.

12.1. Cloud Storage (Armazenamento na Nuvem)

Várias empresas vêm oferecendo armazenamento de arquivos em servidores da nuvem, tal estratégia oferece mobilidade pois os arquivos passam a estar disponíveis online a partir de qualquer equipamento, de qualquer sistema operacional, bastando ter um navegador para autenticação, acesso e compartilhamento.

Alguns dos principais serviços de armazenamento da nuvem são: Dropbox, GoogleDrive e OneDrive.

* Dispositivos clientes: incluem-se os dispositivos **móveis** como smartphones; clientes **Thick** que são computadores normais e utilizam um browser para acessar a nuvem; clientes **Thin** que são computadores que não possuem disco rígido interno, exibem as informações mas implicam que o servidor faça todo o trabalho.

Estes são exemplos de serviços oferecidos por nuvens públicas, que podem ser utilizados por quaisquer pessoas gratuitamente ou mediante uma taxa. As ofertas do mercado atuais permitem a utilização de determinada quantidade de GB gratuitos e caso o usuário queira obter mais espaço passe a pagar pelo armazenamento conforme o uso.

Exercício

TRT DF – CESPE – 2012

1) O Dropbox é um serviço freemium, ou seja, dá-se ao cliente a opção de usá-lo gratuitamente, mas cobra-se para obter algumas funções extras de armazenamento remoto de arquivos. Resposta 1

( ) CERTO ( ) ERRADO

O armazenamento no Drobpox em janeiro de 2015 tem a seguinte política (valores expressos em dólares):

Para pessoas físicas

Dropbox Básico

Gratuito

2 GB de espaço
Armazenamento seguro e confiável
Acesso de qualquer lugar
Compartilhamento simples de arquivos

Dropbox Pro

US$9,99/mês

Dropbox Básico, mais estas vantagens:
1 TB (1.000 GB) de espaço
Mais controles de compartilhamento
Exclusão remota

Resposta 1 – Certo, *"Freemium é um modelo de negócio em que um produto ou serviço proprietário é oferecido gratuitamente, mas dinheiro é cobrado a usuários premium por recursos adicionais, funcionalidade ou bens virtuais".* http://pt.wikipedia.org/wiki/Freemium

12.2. NIST (National Institute of Standards and Technology)

O NIST* (www.nist.gov) é uma agência do departamento de comércio dos EUA fundada em 1901 que tem como missão promover a inovação e o avanço da ciência inclusive através de padrões tecnológicos para aumentar a segurança econômica. Em setembro de 2011 o NIST criou um documento, modelo (*Special Publication 800-145 The NIST Definition of Cloud Computing*), estabelecendo definições de computação em nuvem que vêm sendo adotadas no meio acadêmico e consequentemente nas questões de concursos públicos.

Este modelo de *cloud computer* é composto de três modelos de serviço, de quatro modelos de implantação e cinco características essenciais

Visual Model Of NIST Working Definition Of Cloud Computing
http://www.csrc.nist.gov/groups/SNS/cloud-computing/index.html

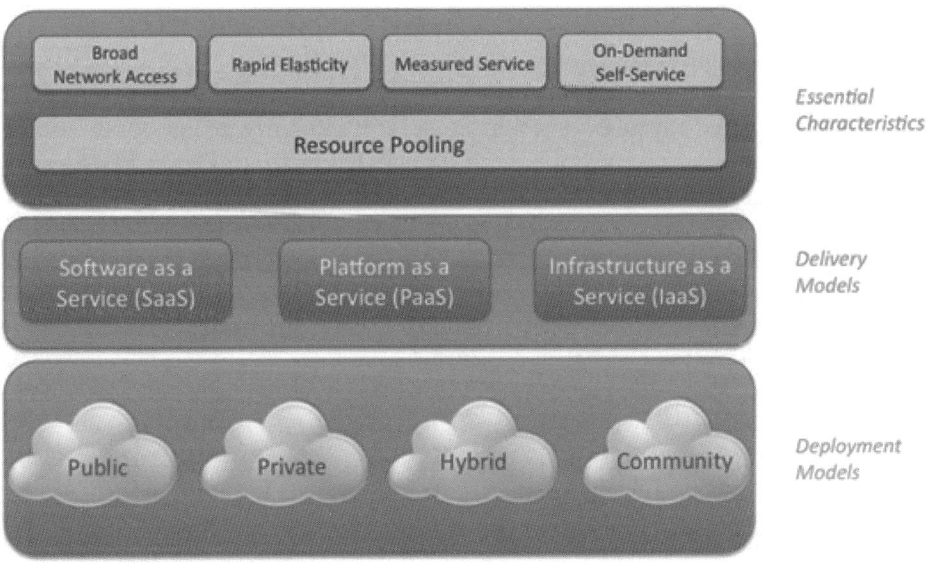

* O Cespe em inúmeras questões de *Cloud Computer* faz menção ao NIST, logo é interessante saber que estamos alinhados a seu modelo de referência acerca da computação em nuvem.

12.3. Modelos de Serviço

A computação em nuvem oferece basicamente 3 modelos de serviço a saber:

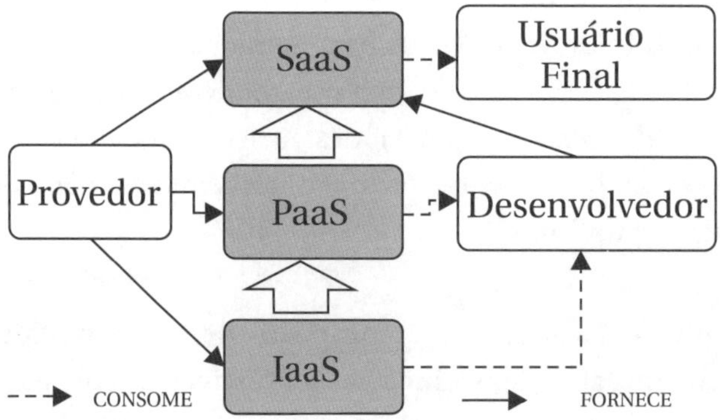

(VERAS, 2012, p. 38)

12.3.1. IaaS (Infrastructure as a Service)

Serviço de armazenamento e processamento oferecido pelos provedores. O cliente deste serviço não tem controle físico dos servidores, o mesmo é realizado através de mecanismos de virtualização para gerenciar o armazenamento, os aplicativos e os recursos de rede. Algumas fontes divergem do NIST e utilizam HaaS (Hardware as a Service) como equivalente a IaaS.

Um exemplo de provedor de IaaS é a Amazon Web Services (AWS).

IaaS ——→ Hospedar

12.3.2. PaaS (Platform as a Service)

Serviço de plataforma de desenvolvimento oferecida pelo provedor a empresas/ programadores de aplicativos que serão disponibilizados na nuvem.

Alguns exemplos são o AppEngine do Google e o Windows Azure da Microsoft.

PaaS ——→ Hospedar

Exercício

TCDF – CESPE

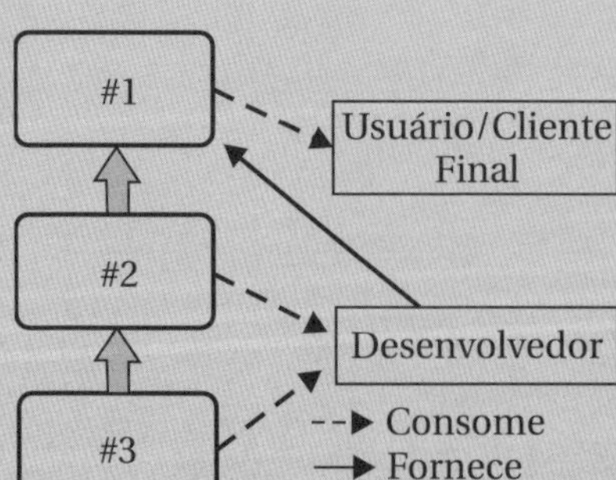

O módulo indicado por #2 na figura refere-se ao PaaS (Plataforma como Serviço), que tem a capacidade de oferecer ao usuário/cliente um modelo de computação, armazenamento e comunicação para aplicativos, tais como o AppEngine, da Google, e o Windows Azure, da Microsoft. Resposta 2

( ) CERTO ( ) ERRADO

12.3.3. SaaS (Software as a Service)

Aplicativos que até então necessitavam ser instalados na máquina do usuário agora passam a ser hospedados na nuvem como uma alternativa ao processamento local. Os aplicativos são oferecidos como serviços (*pay-per-use*) e acessados online.

O Google Apps, o Microsoft Office 365, SallesForce.com (CRM*) e o Prezi.com (apresentações) são exemplos de SaaS.

SaaS ——→ Consumir

http://www.google.com/Apps

http://office.microsoft.com/pt-br/products/compre-o-office-365-home-FX102853961.aspx

Resposta 2 – Certa, questão claramente inspirada na bibliografia "Cloud Computer – Nova arquitetura de TI" de Manoel Veras pela ed. Brasport.

* CRM (*Customer Relationship Management*) software para Gestão de Relacionamento com o Cliente.

Exercícios

SUFRAMA – CESPE

3) Windows Azure, Microsoft Office 365 e SkyDrive são exemplos, respectivamente, de IaaS, SaaS e PaaS na computação em nuvem. [Resposta 3]

( ) CERTO ( ) ERRADO

TRT 17R – CESPE

Um dos meios de se armazenarem dados na nuvem consiste na utilização do modelo de serviços denominado SaaS (software as a service). Nesse modelo, o cliente utiliza-se de aplicações, como browser, para acessar os servidores, e todo o controle e gerenciamento do armazenamento é realizado pelo provedor de serviço. [Resposta 4]

( ) CERTO ( ) ERRADO

12.4. *Google Docs*

Componente do GoogleApps, integrado no GoogleDrive e no Gmail, oferece recursos de softwares na nuvem para criação de documento, apresentação, folha de cálculo, formulário e desenho.

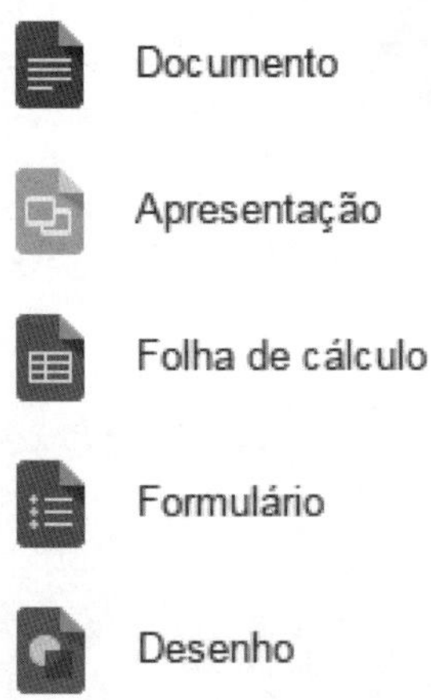

Seu acesso para edição online é gratuito, o armazenamento no Google Drive em janeiro de 2015 tem a seguinte política (valores expressos em dólares):

Resposta 3 – Errado, são respectivamente PaaS, SaaS e SaaS, lembrando que o usuário final só se relaciona com o SaaS, normalmente através de um navegador.

Resposta 4 – Certo, o usuário final só se relaciona com o SaaS, normalmente através de um navegador e o controle e gerenciamento físico é realizado pelos provedores.

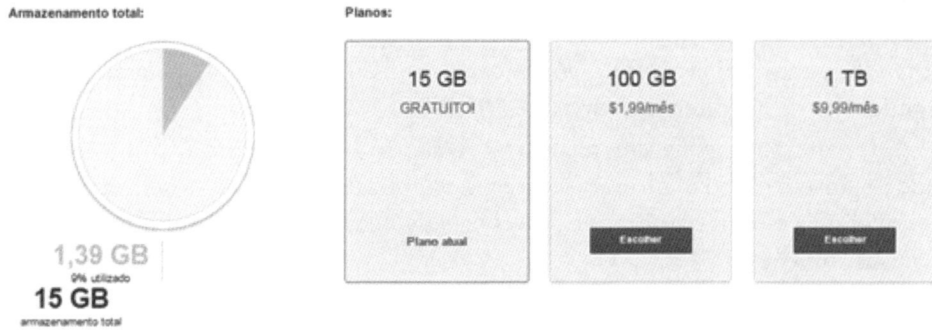

12.5. *Microsoft Office Web App* (*Office Online*)

Integrado ao OneDrive e ao Hotmail.com (agora outlook.com), oferece recursos de softwares do Office Online como Word, Excel, PowerPoint e OneNote online.

Documento do Word

Pasta de trabalho do Excel

Apresentação do PowerPoint

Bloco de anotações do OneNote

Pesquisa do Excel

Documento de texto sem formatação

Seu acesso para edição online é gratuito, o armazenamento no OneDrive em janeiro de 2015 tem a seguinte política (valores expressos em reais):

Planos de armazenamento (Taxa mensal)

15 GB	Grátis	Total de 22,5 GB	
50 GB	R$ 3	Total de 57,5 GB	Plano atual
100 GB	R$ 5	Total de 107,5 GB	Selecionar
200 GB	R$ 10	Total de 207,5 GB	Selecionar

12.6. *Office 365* (*Personal, Home, Bussiness...*)

O Office 365 é uma solução paga (mensalidade) para uso doméstico (*Office 365 personal*), para famílias (*Office 365 home*), profissionais liberais, pequenas, médias e grandes empresas (diferentes tipos de *Office 365 business*).

Apresenta vantagens em relação à versão gratuita (*Office Online*) que variam desde a instalação das últimas versões dos aplicativos Office no computador para uso off-line a e-mail corporativo, redes sociais, reuniões online por videoconferência e outras soluções de TI.

Em janeiro de 2015 o Office 365 *Home* tem a seguinte política (valores* expressos em reais, descontos progressivos pela quantidade de usuários da empresa quando Office 365 *business*).

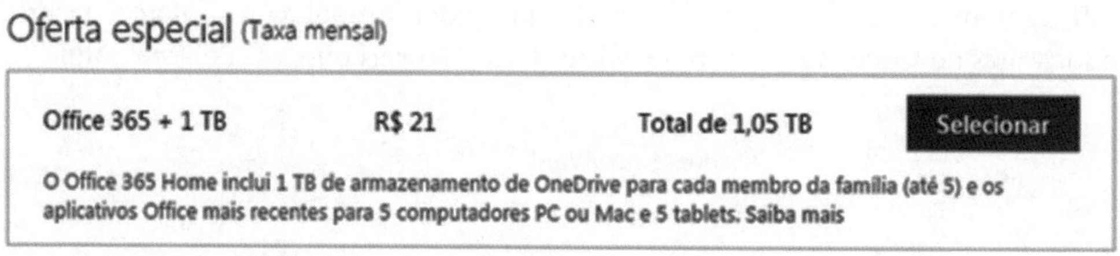

12.7. Modelos de Implantação

Existem 4 principais modelos de implantação da computação em nuvem a saber:

12.7.1. Nuvem Privada (Private Cloud)

A infraestrutura de nuvem é provisionada para uso exclusivo de uma única organização, podendo compreender várias filiais.

Pode ser gerenciada e controlada pela organização, por um terceiro, ou uma combinação deles, sua infraestrutura pode ser física ou virtual, o acesso é que necessariamente será privado.

12.7.2. Nuvem Comunitária (Community Cloud)

A infraestrutura de nuvem é provisionada para uso exclusivo por uma específica comunidade de consumidores de organizações que têm preocupações comuns (por exemplo, cooperativas, segmentos/setores, instituições de segurança, blocos políticos, grupos empresariais).

Pode ser gerenciada e controlada por um ou mais das organizações na comunidade, por um terceiro, ou uma combinação deles, sua infraestrutura pode ser física ou virtual, o acesso é que necessariamente será limitado a interessados de uma mesma comunidade.

* Os valores não têm relevância para a prova, são colocados apenas como parâmetro para que se possa mensurar a viabilidade e observar que é um mercado sujeito a livre concorrência de preços.

12.7.3. Nuvem Pública (Public Cloud)

A infraestrutura de nuvem é provisionada para uso aberto ao público em geral.

Pode ser gerenciada e controlada por uma empresa ou grupos empresariais, organizações governamentais, ou alguma combinação delas. Oferecem grande capacidade de processamento e armazenamento, existindo nas instalações do provedor de nuvem (datacenters).

O Dropbox, Google Drive, Google Docs, OneDrive, Office 365, Prezi, Sallesfource. com são todos exemplos de nuvens públicas já estudados neste capitulo e inúmeras outras tendem a se popularizar em pouquíssimo espaço de tempo.

12.7.4. Nuvem Híbrida (Hibryd Cloud)

É a composição de duas ou mais nuvens (privada, pública ou comunitária), que continuam a ser entidades únicas mas que permitem a portabilidade de dados e a junção de recursos.

Um exemplo é quando para balanceamento de carga ou estouro da capacidade de armazenamento de uma nuvem privada se utiliza uma nuvem pública (contingência).

12.8. Características Essenciais

São 5 características essenciais sobre computação em nuvem a saber:

12.8.1. Autosserviço sob demanda (*On-demand self-service*)

Funcionalidades computacionais (ciclos de processamento, capacidade de armazenamento) são providas automaticamente (sob demanda) sem a interação humana com o provedor de serviço (automaticamente).

12.8.2. Amplo acesso aos serviços de rede (*Broad network access*)

Recursos computacionais estão disponíveis através da Internet e são acessados através de padrões que permitem a utilização por qualquer dispositivo cliente (desktop, laptop, palmtop, smartphones...) independente de sistema operacional (Windows, Linux, android, iOS, Mac/OS...), bastando um navegador (browser).

12.8.3. Agrupamento de recursos/Pool* de recursos (*Resource pooling*)

Recursos computacionais (físicos ou virtuais) do provedor são utilizados para servir a múltiplos usuários, sendo alocados e realocados dinamicamente para servir a múltiplos usuários conforme demanda. Este melhor gerenciamento de recursos otimiza os custos finais.

12.8.4. Elasticidade rápida (*Rapid elasticity*)

Funcionalidades computacionais devem ser rápida e elasticamente providas, assim como rapidamente liberadas. O usuário dos recursos da nuvem deve ter a impressão de que os recursos são ilimitados, que podem ser adquiridos (ainda que mediante pagamento) em qualquer quantidade e a qualquer momento.

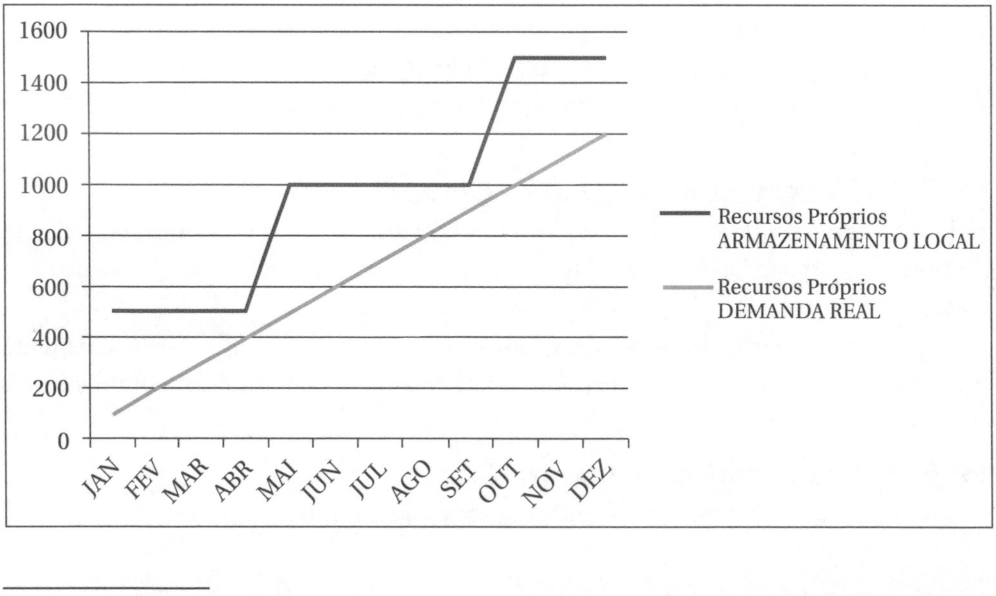

* Pool = Peripheral Operations On-line

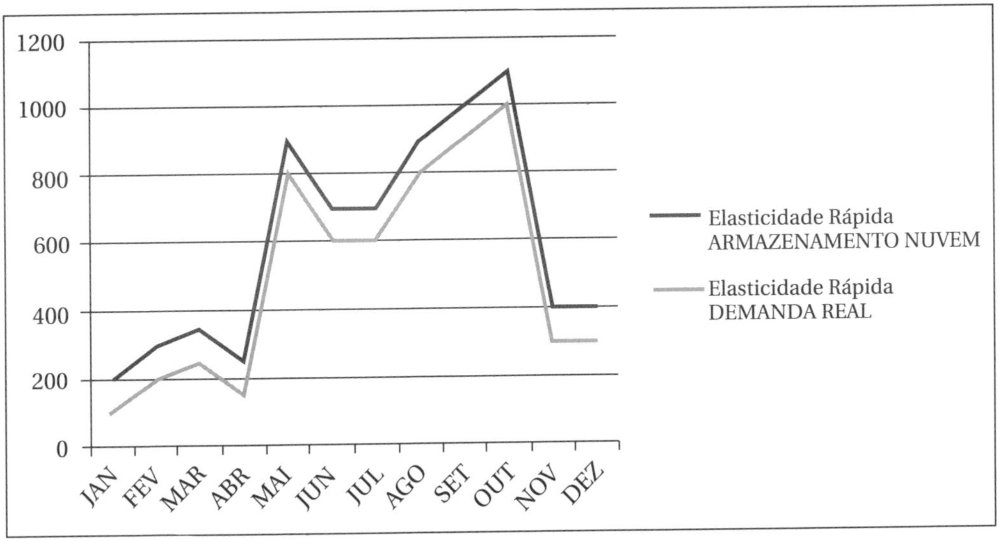

12.8.5. Medição de serviços/Serviços mensurados (Measured service)

Os sistemas de gerenciamento utilizados pela comutação em nuvem controlam e monitoram automaticamente os recursos para cada tipo de serviço (armazenamento, processamento, largura de banda), proporcionando transparência tanto para o prestador e consumidor do serviço utilizado, além de ser uma fonte para gestão do conhecimento (Knowledge Manager).

12.9. Benefícios da Computação em Nuvem

Os principais benefícios almejados pelas empresas ao adotarem a computação em nuvem são a redução de custos operacionais e o aumento da segurança.

12.9.1. Aspectos positivos

- Hardwares de baixo custo podem ser utilizados como clientes (computadores Thin, computadores antigos);
- Desalocação do espaço físico onde se guardava os servidores, reduzindo, por exemplo, custos de aluguel;
- Redução de gastos com energia elétrica (tanto com CPD* quanto com refrigeração)
- Melhor aproveitamento de pessoas, maior alocação de pessoas da área de TI junto ao setor estratégico e redução junto ao setor operacional;

* CPD=Centro de Processamento de Dados, local (sala/andar) dentro das empresas onde ficam os servidores e necessita de refrigeração e controle de acesso físico.

- Sistema de pagamento por tempo de uso, evitando a aquisição de licenças de software vitalícias que depois de alguns anos estão obsoletas;
- Redução da despesa de capital, onde há redução dos aportes de infraestrutura tecnológica que, inclusive, depreciam muito rapidamente;
- Mobilidade, uma tendência do mercado é investir em home office, trabalhando em casa o empregado não perde tempo* e dinheiro com transporte, tem maior flexibilidade de horário, reduz seu stress, em contrapartida o empregador reduz sua estrutura física, seus gastos fixos (luz, água, telefonia, internet, manutenção/limpeza) e o funcionário pode ser cobrado de forma projetizada e ainda ter seu tempo de trabalho monitorado pelo *login* na aplicação da nuvem;
- Disponibilidade mundial, um usuário ou uma equipe autorizada pode trabalhar em arquivos simultaneamente ainda que em lugares diferentes do planeta;
- Upgrades automáticos;
- Aumento da segurança no que tange a tolerância às falhas e perda de equipamentos.

OBS: Há muito tempo se sabe da necessidade de se fazer backups (becapes), mas muitos ainda insistem em guardá-los em casa ou na empresa, no mesmo local onde um incidente pode danificar o original e a cópia.

Depois de tantos exemplos como o ataque às torres gêmeas, desabamentos, incêndios, alagamentos (tsunamis), estatísticas como a dos aeroportos americanos** que constatam mais de 12.000 (doze mil) computadores esquecidos por ano, sem falar em panes, roubos, tudo isto corrobora para o aumento no armazenamento na nuvem (*cloud storage*) como uma solução de segurança.

12.9.2. Cuidados na escolha de um provedor de serviços

- Servidores Replicados, é muito importante saber que há redundância para garantir a integridade dos dados em caso de incidentes nos datacenters.
- Criptografia, é um aspecto importante a ser avaliado junto ao provedor de serviços pois impede o acesso não autorizado por parte de intrusos, ameaças externas (hackers/crackers).
- Latência, lembre-se que os dados trafegam entre o servidor e o cliente, o tempo de espera (latência) pode variar e impactar em negócios se você precisar de dados instantâneos.

---

* Tempo: há quem perca mais de 4 horas de deslocamento de casa ao escritório, tempo que pode ser revertido em qualidade de vida.

** Dados citados em VELTE, pág. 38.

Exercício

ESCRIVÃO PF – CESPE

Se uma solução de armazenamento embasada em hard drive externo de estado sólido usando USB 2.0 for substituída por uma solução embasada em cloud storage, ocorrerá melhoria na tolerância a falhas, na redundância e na acessibilidade, além de conferir independência frente aos provedores de serviços contratados. [Resposta 5]

( ) CERTO ( ) ERRADO

- Banda larga, o acesso à nuvem se dá através da sua conexão com a Internet, caso ela esteja lenta ou instável o serviço não lhe oferecerá qualidade, dependendo do impacto pode ser interessante investir em mais de uma alternativa de acesso (ADSL, 4G, HFC).
- Aspectos geopolíticos podem comprometer a segurança das informações. Entidades governamentais, por exemplo, jamais deveriam utilizar redes de serviços que operem dentro das fronteiras americanas, tendo em vista os diversos incidentes de espionagem ocorridos em 2013 e respaldados pelo Ato Patriota (lei antiterror americana). Logo, pode ser importante ponderar a localização dos servidores.
- Assuntos legislativos, a falta de uma legislação clara e específica aliada muitas vezes à falta de uma jurisdição, tendo em vista que as informações podem estar espalhadas por diversos servidores em lugares distintos (nuvem), pode representar riscos.

Exercício

PCDF – CESPE

Exames em dispositivos de armazenamento computacional consistem na análise de arquivos, sistemas e programas instalados em diversos dispositivos de armazenamento físicos. Esses exames, geralmente, não são aplicáveis na identificação e no processamento de informações armazenadas por computação em nuvem, dada a impossibilidade de acesso aos dispositivos físicos de armazenamento. [Resposta 6]

( ) CERTO ( ) ERRADO

Resposta 5 – ERRADO, embora apresente melhoria na tolerância a falhas, na redundância e na acessibilidade os serviços estão DEPENDENTES do provedor de serviço.

Resposta 6 – CERTO, como as informações estão na nuvem, distribuídas em discos de servidores e datacenters remotos, não é possível o acesso físico aos dados na nuvem.

Capítulo 13

Segurança da Informação

Em uma era digital, onde as organizações dispensam grande parte de seus recursos em equipamentos capazes de coletar, processar, analisar e disseminar dados; a informação é considerada a principal matéria-prima dos negócios, portanto, devido ao seu valor, necessita estar adequadamente assegurada.

Segurança da Informação
"Preservação da confidencialidade, integridade e disponibilidade da informação; adicionalmente, outras propriedades, tais como autenticidade, responsabilidade, não repúdio e confiabilidade, podem também estar envolvidas.
ABNT NBR:ISO/IEC 27001:2006, pág. 2

As propriedades básicas de um sistema de Segurança da Informação são (CID):

C	ONFIDENCIALIDADE
I	NTEGRIDADE
D	ISPONIBILIDADE

Se um ou mais desses princípios forem desrespeitados em algum momento, significa que houve um incidente ou quebra de segurança da informação.

Exercício

POLICIA FEDERAL – CESPE – PERITO

Segurança da informação é caracterizada, basicamente, pelo fornecimento de três serviços de segurança: a preservação do sigilo ou da confidencialidade das informações, a garantia da integridade dos dados e a manutenção da disponibilidade. [Resposta 1]

( ) CERTO ( ) ERRADO

13.1. Propriedades Básicas

13.1.1. Confidencialidade

Capacidade de um sistema de permitir que a informação não esteja disponível ou revelada a entidades* não autorizadas.

13.1.2. Integridade

Capacidade de aferir que a informação manipulada está correta, fidedigna, que não foi corrompida. Definida como a salvaguarda da exatidão e completeza da informação.

Exercício

FISCAL DO CEARÁ – ESAF

Nos sistemas de Segurança da Informação, existe um método que ________________. Este método visa garantir a integridade da informação. Escolha a opção que preenche corretamente a lacuna acima: [Resposta 2]

a) valida a autoria da mensagem
b) verifica se uma mensagem em trânsito foi alterada
c) verifica se uma mensagem em trânsito foi lida por pessoas não autorizadas
d) cria um backup diferencial da mensagem a ser transmitida
e) passa um antivírus na mensagem a ser transmitida

13.1.3. Disponibilidade

Capacidade de manter o sistema acessível e utilizável sob demanda por uma entidade autorizadas.

Resposta 1 – Certo.
* Entende-se por entidade usuários, máquinas, sistemas ou processos.
Resposta 2 – Letra B.

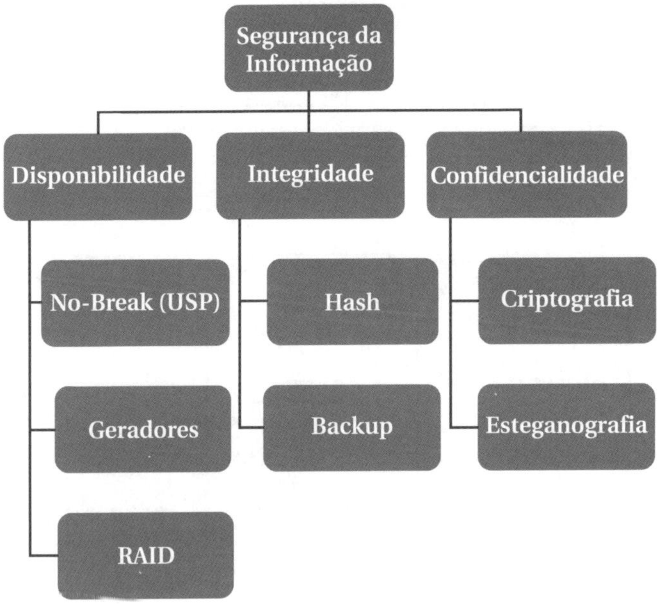

13.2. Propriedades Adicionais

13.2.1. Autorização

Concessão de direito ou permissão de acesso por uma entidade a informações e recursos em um sistema computacional.

13.2.2. Autenticidade

Propriedade adicional, capacidade de confiar que a entidade que está realizando uma ação é realmente a entidade que diz ser, seja ela uma pessoa, empresa ou máquina, emissor ou receptor de uma comunicação.

Exercício

PREFEITURA MUN. DE VITÓRIA – CESPE – TECNOLOGIA

Autenticar é confirmar a identidade de uma entidade visando, por exemplo, garantir que a entidade é quem ela diz ser. As técnicas para autenticação podem basear-se na verificação de informações como, por exemplo, senhas. [Resposta 3]

( ) CERTO ( ) ERRADO

Resposta 3 – Certo.

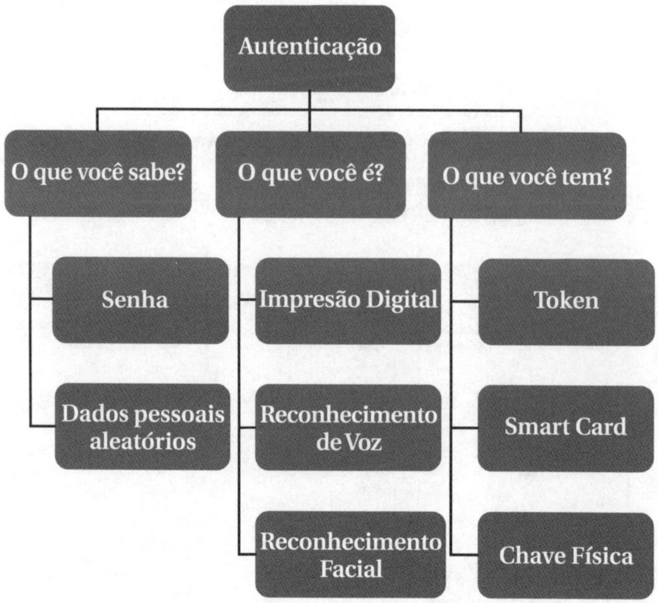

13.2.3. Não repúdio/Irrefutabilidade/Irretratabilidade

Propriedade adicional, capaz de garantir que o emissor da mensagem ou participante de um processo não negue posteriormente a autoria.

13.2.4. Legalidade

Propriedade adicional, capaz de garantir que o sistema e a política de segurança estejam de acordo com a legislação vigente.

13.3. Termos e Definições Relevantes

13.3.1. Ativo

Qualquer coisa que tenha valor para a instituição. Os ativos da informação podem ser divididos em grupos:

- Software
- Físico
- Serviços
- Pessoas
- Documento em papel
- Informação

Exercício

AGU – CESPE

A informação é um ativo que, como qualquer outro ativo importante para os negócios, tem valor para a organização e, por isso, deve ser adequadamente protegida. [Resposta 4]

( ) CERTO ( ) ERRADO

Classificação dos ativos de informação quanto à confidencialidade:

Informação Pública

Se forem divulgadas não trarão prejuízos financeiros aos negócios, sua integridade não é vital e seu uso é livre.

Exemplos: Informações publicadas na Internet, folders da organização, brochuras.

Informação Interna

O acesso do público externo deve ser evitado, entretanto, caso venha a se tornar público o prejuízo financeiro é ínfimo.

Exemplos: Informações da Intranet como ramais, listas de telefones, códigos de produtos.

Informação Confidencial

Deve ser protegida do acesso externo e sua integridade é vital. O acesso não autorizado pode causar prejuízos financeiros.

Exemplos: Dados de clientes, senhas de acesso, informações cujo sigilo legal é respaldado (bancário, médico, psicológico).

Informação Secreta

Deve ser protegida interna e externamente, quantidade de pessoas que a acessam é extremamente controlada.

Exemplos: Informações de concorrências, informações militares, protótipos, contratos confidenciais, pesquisas científicas.

13.3.2. Agente

Fonte produtora de um evento que pode ter um efeito adverso sobre um ativo de informação, como um funcionário, meio ambiente, hacker, etc.

13.3.3. Vulnerabilidade

A vulnerabilidade é uma fraqueza presente nos ativo, que podem ser exploradas por ameaças intencionalmente ou não, resultando na quebra de um ou mais princípios de segurança da Informação.

Resposta 4 – Certo.

13.3.4. Ameaça

A ameaça é um agente externo, que aproveitando-se das vulnerabilidades poderá quebrar a confidencialidade, integridade ou disponibilidade da informação, causando um desastre ou perda significativa em um ambiente, sistema ou ativo de informação.

> *A ameaça é algo normalmente externo ao ativo que se quer proteger (falha de energia elétrica, incêndio, vírus), enquanto uma vulnerabilidade está associada a um ativo, podendo ser decorrente de vários fatores como falta de treinamento, falta de manutenção, falta de atualização, falhas nos controles de acesso etc.*

13.3.5. Ataque

Evento decorrente da exploração de uma vulnerabilidade por uma ameaça.

13.3.6. Incidente de Segurança da Informação

Decorrente de um ataque bem-sucedido, com consequências negativas, uma ocorrência indicando uma violação, uma falha ou situação desconhecida, algo que possa ser relevante para a segurança da informação.

13.3.7. Impacto

Medido pelos efeitos e consequências, pelo prejuízo financeiro de um incidente de segurança da informação junto a um ativo da instituição.

13.3.8. Probabilidade

Permite prever a possibilidade de ocorrência de determinados fatos, quantificando eventos incertos sobre proposições, podendo ou não basear-se em eventos passados ou futuros.

13.3.9. Risco

É a probabilidade da concretização de um evento que possa causar perdas significativas por causar danos a um ou mais aos ativos da organização.

Fórmula para quantificar o risco:

$$\text{Risco} \cong \frac{\text{Probabilidade} \times \text{Impacto}}{\text{Medidas de Segurança}}$$

OBS: O risco pode tender a zero, mas nunca ser efetivamente zero, há sim sistemas seguros, mas nunca sistemas absolutamente, 100%, seguros. O objetivo de um sistema de segurança da informação é construir um ambiente confiável, que seja capaz de anular ataques e de tolerar acidentes.

Exercício

BB INTERNO – CESPE

Com relação aos conceitos de gestão de segurança, assinale a opção **incorreta**. [Resposta 5]

a) Um incidente é um fato decorrente da ação de uma ameaça que explora uma ou mais vulnerabilidades, levando a perdas.

b) Ameaças são agentes ou condições que causam incidentes que comprometem os ativos da organização por meio da exploração de vulnerabilidades, causando impacto aos negócios.

c) O impacto diz respeito à abrangência dos danos causados por um incidente de segurança sobre um ou mais processos de negócio.

d) Vulnerabilidades são fragilidades presentes ou associadas a ativos que, quando exploradas por ameaças, levam à ocorrência de incidentes de segurança.

e) Os fatores de risco operacionais permitem a quantificação da incerteza, possibilitando à empresa lidar, de forma racional, com problemas que envolvem o imprevisível.

13.4. Terminologias Hackers

13.4.1. Hacker

O conceito de Hacker é o de um usuário experiente, um exímio programador, que invade sistemas computacionais para provar sua capacidade e habilidades computacionais.

13.4.2. Cracker

Elementos que invadem sistemas para roubar informações e causar danos às vítimas, além de ser também uma denominação associada àqueles que decifram códigos indevidamente e destroem proteções de software favorecendo a pirataria.

Exercício

POLÍCIA CIVIL – PERITO – FUNIVERSA – MARÇO

No mundo cibernético, qual é o termo utilizado para designar quem pratica quebra de proteções de softwares cedidos a título de demonstração usando-os por tempo indeterminado como se fossem cópias legitimas. [Resposta 6]

a) worm

b) hacker

c) trojan

d) malware

e) cracker

Resposta 5 – Letra E. O risco nos permite lidar de forma racional com o previsível, o imprevisível não pode ser mensurado.

Resposta 6 – Letra E.

13.4.3. Script Kiddies (newbies)

Uma terminologia empregada ao hacker iniciante, que utiliza de ferramentas prontas na internet para realizar ataques a sistemas computacionais.

13.4.4. Insiders

Ameaças internas a uma instituição, funcionários descontentes/insatisfeitos, corruptos/subornados ou enganados.

13.4.5. Phreaking

É um especialista em telefonia, sua principal atividade é a realização de ligações gratuitas, clonagem e instalação de escutas em telefones fixos ou celulares.

13.4.6. Warez

Software pirata distribuído ilegalmente pela internet.

Exercício

MEC – FGV

Quando se trata da Gestão da Segurança da Informação, a terminologia empregada no mundo dos hackers assume papel de importância. A esse respeito, dois termos são a seguir descritos. [Resposta 7]

I. É o hacking de sistemas telefônicos, geralmente com o objetivo de fazer ligações gratuitas ou para espionar ligações alheias;

II. É o software pirata distribuído ilegalmente pela Internet. Esses dois termos são denominados, respectivamente como:

a) phishing e worm.
b) phreaking e warez.
c) war dialer e worm.
d) phreaking e phishing.
e) phishing e warez.

13.5. MalWare (Software Malicioso)

Um Malware é um termo genérico para qualquer programa malicioso, programa intencionalmente inserido em um sistema computacional para um propósito prejudicial.

Resposta 7 – Letra B.

Principais categorias de malwares:

<table>
<tr><td>Vírus</td><td>Se propaga se anexando a arquivos ou programas existentes na máquina (hospedeiro).</td><td rowspan="3">Se propagam automaticamente</td></tr>
<tr><td>Worm</td><td rowspan="2">Se propagam através da exploração de vulnerabilidades e de conexões de rede (independente).</td></tr>
<tr><td>Bot</td></tr>
<tr><td>Trojan</td><td colspan="2" rowspan="4">Não se propagam</td></tr>
<tr><td>Spyware</td></tr>
<tr><td>Backdoor</td></tr>
<tr><td>Rootkit</td></tr>
</table>

13.5.1. Infecção

A principal porta de entrada para os malwares hoje é a Internet. Ao se baixar um arquivo ou receber um anexo por e-mail corre-se o risco de contrair um programa malicioso.

Outra maneira muito comum também é através da execução de arquivos contidos em unidades de memória secundária como disquetes, CDs, DVDs ou pen-drives.

<table>
<tr><th colspan="5">Alto Risco</th></tr>
<tr><td>.exe</td><td>.com</td><td>.pif</td><td>.bat</td><td>.asp</td></tr>
<tr><td>.vbs</td><td>.cmd</td><td>.scr</td><td>.hlp</td><td>.reg</td></tr>
</table>

13.5.2. Vírus

O vírus é um programa malicioso, que se propaga infectando, inserindo cópias de si mesmo, se anexando, se hospedando, em arquivos ou programas existentes na máquina. O vírus depende da execução do programa hospedeiro para se tornar ativo e dar continuidade à infecção, realizando duas tarefas: a primeira replicar-se das mais variadas formas e a segunda executar seu código malicioso podendo exercer diversas funcionalidades ruins na máquina infectada, desde exibir mensagens, torná-la mais lenta, reiniciar o computador ou até mesmo causar a destruição total dos dados do disco.

13.5.2.1. Tipos de Vírus

- **Vírus parasitário ou vírus de arquivo:** Vírus tradicional e mais comum, se conecta a arquivos executáveis e se replica em outros executáveis quando o arquivo infectado é executado.
- **Vírus de boot:** Infecta o setor de inicialização ou registro de inicialização (MBR – Master Boot Record), comprometendo o disco rígido, e se espalha quando o sistema é iniciado a partir do disco que o contém.

Exercício

FCC – BANCO DO BRASIL – RJ – 2011

Ativado quando o disco rígido é ligado e o sistema operacional é carregado; é um dos primeiros tipos de vírus conhecido e que infecta a partição de inicialização do sistema operacional. Trata-se de Resposta 8

a) vírus de boot.
b) cavalo de Troia.
c) verme.
d) vírus de macro.
e) spam.

- **Vírus furtivo (stealth vírus):** vírus projetado explicitamente para não ser detectado pelo antivírus.
- **Vírus polimórfico ou mutante:** vírus que se transforma a cada infecção, impossibilitando a detecção pela assinatura* do vírus. Suas funcionalidades replicadas são equivalentes, alterando apenas o seu padrão de bits (tamanho), enganando os antivírus.

Exercício

ANALISTA/BACEN/FCC

Um código malicioso que se altera em tamanho e aparência cada vez que infecta um novo programa é um vírus do tipo Resposta 9

a) de boot.
b) de macro.
c) parasita.
d) camuflado.
e) polimórfico.

- **Vírus metamórfico:** vírus que se transforma a cada infecção, mas que diferentemente do polimórfico se reescreve completamente a cada infecção, podendo mudar seu tamanho e comportamento.
- **Vírus de macro:** Eles infectam arquivos criados por softwares que utilizam linguagem de macro**, como as planilhas eletrônicas e os processadores de texto (Microsoft Excel e Word), logo independem de plataforma, qualquer computador com qualquer sistema operacional que aceite o aplicativo que originou o vírus de macro (MS Office, LibreOffice), pode ser infectado. Os estragos variam de alterações nos comandos do aplicativo à perda total das informações.

Resposta 8 – Letra A.

* A assinatura do vírus é uma característica utilizada pelos antivírus para definir sua presença, pode ser um nome, comportamento ou tamanho.

Resposta 9 – Letra E.

** Linguagem utilizada comumente para automatização de tarefas repetitivas, podendo ser associada a um evento, atalho de teclado ou botão na barra de ferramentas.

Exercício

FCC – BANCO DO BRASIL

Os arquivos de dados de editores de texto e de planilhas eletrônicas podem ser contaminados normalmente por programas do tipo vírus [Resposta 10]

a) parasitas.
b) camuflados.
c) polimórficos.
d) de boot.
e) de macro.

- **Vírus de Script:** São vírus que são executados através de páginas da Web que possuem Scripts interpretados pelo navegador. Sites não confiáveis podem conter códigos maliciosos, os sites de hackers ou outros sites promíscuos são os mais propensos a conterem estes tipos de vírus.
- **Vírus Time Bomb:** Vírus que após infectar a máquina permanece latente, apenas se replicando, seu código malicioso é executado em uma determinada data do ano. Alguns vírus muito conhecidos desta categoria foram:
    - Sexta-feira 13 (ações danosas nas sextas-feiras 13 apenas)
    - I Love you (ação danosa apenas no dia dos namorados – 12 de junho)
    - Chernobyl (ação danosa apenas no dia do acidente nuclear – 25 de abril)

13.5.3. WORM (Write Once Read Many)

É um programa capaz de se replicar automaticamente, enviando cópias de si mesmo, de maneira independente, sem modificar arquivos ou programas instalados na máquina. Se espalham através de vulnerabilidades, identificando computadores ativos na rede e explorando as conexões ou através da Internet por meio de correio eletrônico, redes sociais, bate papo e programas de compartilhamento de arquivos.

Após seu envio o Worm pode ser ativado no recebimento da cópia, pelo usuário, pela realização de um evento específico (como a inserção de uma mídia).

O impacto do Worm na máquina infectada é o consumo de tráfego na rede durante sua fase de transmissão, tornando o acesso à Internet mais lento.

Exercício

TST – CESPE

O termo worm é usado na informática para designar programas que combatem tipos específicos de vírus de computador que costumam se disseminar criando cópias de si mesmos em outros sistemas e são transmitidos por conexão de rede ou por anexos de e-mail. [Resposta 11]

( ) CERTO ( ) ERRADO

Resposta 10 – Letra E.
Resposta 11 – Errado.

13.5.4. Bot (Robot)

Um bot é um programa que possui mecanismo de replicação e infecção similar aos do Worm, entretanto dispõe de mecanismos de comunicação que permitem que ele seja controlado remotamente.

É utilizado para realizar ações repetitivas, se fazendo passar por um ser humano, a máquina infectada portanto passa a ser chamada de zumbi e sem o conhecimento do usuário pode ser utilizada para ações maliciosas, desde o envio de spam, ataques de congestionamento a sites – que levam à negação do serviço por estes oferecido – até mesmo a camuflagem de identidade para ataques hackers (proxy).

13.5.5. Botnet

É uma rede formada por centenas, milhares, de computadores zumbis, o que oferece maior capacidade computacional para realizar ataques ou ações maliciosas.

Exercício

AGENTE PF – CESPE

Computadores infectados por botnets podem ser controlados remotamente bem como podem atacar outros computadores sem que os usuários percebam. [Resposta 12]

( ) Certo ( ) Errado

13.5.6. Captchas

Atualmente uma ferramenta comum para evitar a prática de ataques por máquinas zumbis é a *captcha*, ela consiste em uma tela contendo caracteres disformes que autorizam o acesso exclusivamente a um ser humano.

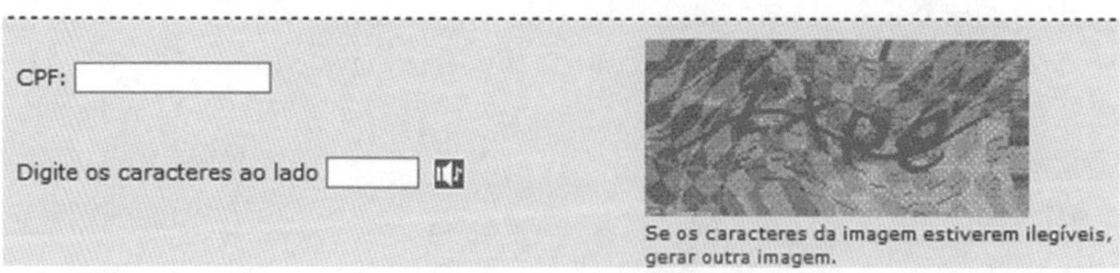

CAPTCHA extraída da URL:
http://www.receita.fazenda.gov.br/Aplicacoes/ATCTA/cpf/ConsultaPublica.asp

Resposta 12 – Certo.

Exercício

PROCON – CEPERJ

Com o objetivo de impedir a atividade de programas maliciosos, sites da área bancária e financeira têm implementado um mecanismo de segurança que gera uma imagem com combinações de quatro dígitos aleatórios e que deverão ser digitadas pelos usuários para validação das transações, como exemplificado na figura. [Resposta 13]

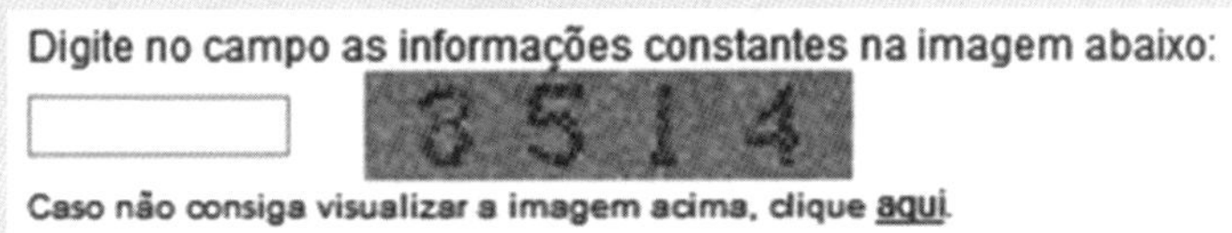

Esse mecanismo é conhecido por:

a) sniffer
b) captcha
c) hijacker
d) phishing
e) spoofing

13.5.7. Trojan Horse (Cavalo de Troia)

O Trojan é um programa que age utilizando o princípio do "Cavalo de Troia", onde um arquivo é enviado se fazendo passar por um aplicativo útil, como um "presente de grego", mas que na verdade possui funcionalidades maliciosas escondidas. Muitas vezes o trojan abre portas de comunicação para que através da Internet a máquina possa ser invadida ou monitorada.

Ao contrário do vírus o trojan não se replica automaticamente, é preciso que o arquivo seja preparado como tal para que após o arquivo ser necessariamente executado a máquina torne-se infectada.

Exercício

MP DO RIO GRANDE DO NORTE – CESGRANRIO

Assinale uma alternativa que define um Trojan. [Resposta 14]

a) São componentes de hardware e software que têm o papel de filtrar as informações da rede, evitando que dados de um sistema sejam acessados sem prévia autorização;
b) conhecido como Cavalo de Troia, é um arquivo que quando executado abre uma determinada porta do computador, possibilitando acesso total e completo a terceiros;
c) são mensagens de caractere comercial ou promocional não solicitadas enviadas por e-mail;
d) é uma ferramenta utilizada para estabelecer comunicação com outras máquinas em outros lugares;
e) é uma ferramenta que informa se o site a ser acessado tem conexão segura.

Resposta 13 – Letra B.
Resposta 14 – Letra B.

13.5.8. SpyWare

Um spyware é um software espião, capaz de violar a privacidade das informações de usuários, coletando dados da máquina ou da rede e disponibilizando/enviando-as a terceiros.

OBS: O Spyware pode ser legítimo, somente quando inserido com a permissão do usuário.

Exercício

PCES – CESPE – AUXILIAR DE PERÍCIA MÉDICA

Ter receio de se fazer compras on-line ou de se acessar o sítio de um banco pela Internet justifica-se, atualmente, pela possibilidade de perda de privacidade causada por softwares maliciosos capazes de enviar dados privativos referentes a senhas de acesso a contas bancárias e números de cartão de crédito a outras máquinas conectadas remotamente na Internet. [Resposta 15]

( ) Certo ( ) Errado

Os tipos mais comuns de *spywares* são os keyloggers, screenloggers, adwares e sniffers.

13.5.9. Keyloggers (keyboard + log)

Capturam entradas de dados quaisquer através do teclado, ou seja, teclas digitadas pelo usuário.

Exercício

BB RIO – FCC

Programa capaz de armazenar e capturar as teclas digitadas pelo usuário no teclado de um computador. Trata-se de: [Resposta 16]

a) trojan
b) spam
c) scam
d) keylogger
e) worm

Resposta 15 – Certo, ainda que de maneira implícita refere-se aos spywares.
Resposta 16 – Letra D.

13.5.10. Screenloggers

Uma variante do *keylogger*, associado ao evento do clique do mouse, permite capturar um instantâneo da tela e assim observar uma sequência de cliques.

Exercício

TRT AMAZONAS/ANALISTA JUDICIÁRIO/FCC

Quando o cliente de um banco acessa sua conta-corrente através da internet, é comum que tenha que digitar a senha em um teclado virtual, cujas teclas mudam de lugar a cada caractere fornecido. Esse procedimento de segurança visa evitar ataques de [Resposta 17]

a) spywares e adwares.
b) keyloggers e adwares.
c) screenloggers e adwares.
d) phishing e pharming.
e) keyloggers e screenloggers

13.5.11. AdWare (Advertising + Software)

Consiste em uma propaganda inserida em outro programa. Pode ser taxado como um malware na hipótese de sua propaganda variar de acordo com hábitos de navegação do usuário.

Exercício

TRF 1ª REGIÃO – FCC

Na categoria de códigos maliciosos (Malware), um adware é um tipo de software [Resposta 18]

a) que além de executar funções para as quais foi aparentemente projetado, também executa outras funções normalmente maliciosas e sem o conhecimento do usuário.
b) que tem o objetivo de monitorar as atividades de um sistema e enviar as informações coletadas para terceiros.
c) projetado para apresentar propagandas através de um browser ou de algum outro programa instalado no computador.
d) que permite o retorno de um invasor a um computador comprometido, utilizando serviços criados ou modificados para este fim.
e) capaz de capturar e armazenar as teclas digitadas pelo usuário no teclado de um computador.

Resposta 17 – Letra E.
Resposta 18 – Letra C, comentando os itens: A) Cavalo de Troia, B) Spyware, D) Backdoor, E) Keylogger.

13.5.12. Sniffer

Programa espião que age monitorando o tráfego na rede, através da captura de pacotes de dados em busca de informações sensíveis como o endereço dos sites acessados, senhas de acesso, e-mails, etc.

13.5.13. BackDoor

É um programa que permite o retorno de um invasor, pode ser incluído pelo próprio programador, por hackers ou por outros programas maliciosos, como o cavalo de troia (trojan backdoor).

Exercício

TCE SP – FCC – 2010

Pode ocorrer a existência de um backdoor não associada a uma invasão, na situação de: Resposta 19

I. instalação por meio de um cavalo de troia.

II. inclusão como consequência da instalação e má configuração de um programa de administração remota, por exemplo, backdoor incluído em um produto de software de um fabricante.

Ainda,

III. A ocorrência do backdoor é restrita ao sistema operacional Windows.

Está correto o que consta em

a) I e II, apenas.
b) I, apenas.
c) II e III, apenas.
d) I, II e III.
e) III, apenas.

13.5.14. Rootkit

Um rootkit é um conjunto de ferramentas (programas maliciosos) instalados em um computador/servidor que permitem que hacker/crackers mantenham acesso total a um computador ou a uma rede de computadores.

Sua inserção em arquivos do núcleo do sistema operacional permite que fiquem camuflados, dificilmente são detectados pelos antivírus que quando o fazem não conseguem removê-lo implicando a formatação do disco.

Exercício

UNIPAMPA – CESPE – 2013

Rootkit é um programa que instala novos códigos maliciosos, para assegurar acesso futuro em um computador infectado, e remove evidências em arquivos de logs. Resposta 20

( ) Certo ( ) Errado

Resposta 19 – Letra A.
Resposta 20 – Certo.

13.5.15. Resumo Comparativo (www.cert.br)

Códigos Maliciosos							
	Vírus	*Worm*	*Bot*	*Trojan*	*Spyware*	*Backdoor*	*Rootkit*
Como é obtido:							
Recebido automaticamente pela rede		✔	✔				
Recebido por *e-mail*	✔	✔	✔	✔	✔		
Baixado de *sites* na Internet	✔	✔	✔	✔	✔		
Compartilhamento de arquivos	✔	✔	✔	✔	✔		
Uso de mídias removíveis infectadas	✔	✔	✔	✔	✔		
Redes sociais	✔	✔	✔	✔	✔		
Mensagens instantâneas	✔	✔	✔	✔	✔		
Inserido por um invasor		✔	✔	✔	✔	✔	✔
Ação de outro código malicioso		✔	✔	✔	✔	✔	✔
Como ocorre a instalação:							
Execução de um arquivo infectado	✔						
Execução explícita do código malicioso		✔	✔	✔	✔		
Via execução de outro código malicioso						✔	✔
Exploração de vulnerabilidades		✔	✔			✔	✔
Como se propaga:							
Insere cópia de si próprio em arquivos	✔						
Envia cópia de si próprio automaticamente pela rede		✔	✔				
Envia cópia de si próprio automaticamente por *e-mail*		✔	✔				
Não se propaga				✔	✔	✔	✔
Ações maliciosas mais comuns:							
Altera e/ou remove arquivos	✔			✔			✔
Consome grande quantidade de recursos		✔	✔				
Furta informações sensíveis			✔	✔	✔		
Instala outros códigos maliciosos		✔	✔	✔			✔
Possibilita o retorno do invasor						✔	✔
Envia *spam* e *phishing*			✔				
Desfere ataques na Internet		✔	✔				
Procura se manter escondido	✔				✔	✔	✔

Tabela 4.1: Resumo comparativo entre os códigos maliciosos.

www.cartilha.cert.br página 31.

Exercício

TJ PE – FCC

Sobre vírus de computador é correto afirmar: Resposta 21

a) Se um vírus for detectado em um arquivo de programa e não puder ser removido, a única solução é formatar o disco onde o vírus se encontra para que ele não se replique.
b) Se a detecção do vírus tiver sucesso, mas a identificação ou a remoção não for possível, então a alternativa será descartar o programa infectado e recarregar uma versão de backup limpa.
c) Um antivírus instalado garante que não haverá nenhuma contaminação por vírus, pois os programas antivírus detectam e removem todos os tipos de vírus originados de todas as fontes de acesso ao computador.
d) Um vírus é um programa independente que pode se replicar e enviar cópias de um computador para outro através de conexões de rede. Na chegada, o vírus pode ser ativado para replicar-se e propagar-se novamente.
e) Um worm (verme) é um software que pode infectar outros programas, modificando-os; a modificação inclui uma cópia do programa do worm, que pode então prosseguir para infectar outros programas.

13.6. Outros programas maliciosos

13.6.1. Bomba Lógica

Programa malicioso normalmente instalado por um usuário autorizado, como um administrador da rede, que o mantém no sistema deixando-o programado para causar danos (como excluir arquivos importantes) em um determinado evento, como por exemplo o caso de ficar mais de 30 dias sem efetuar *login* (hipótese onde caracteriza-se que foi demitido).

13.6.2. Exploits

Ferramentas criadas por hackers para permitir explorar vulnerabilidades conhecidas de sistemas e assim permitir que iniciantes (Script Kiddies) possam praticar ações de invasões sem conhecimentos avançados.

13.6.3. Retrovírus

Programa malicioso que ataca o antivírus, excluindo a lista de assinaturas de vírus, deixando a máquina vulnerável.

Exercício

DOCAS/SP – FGV

A expressão "vírus de computador" tornou-se comum no vocabulário dos usuários de computador. Acerca desse tema, julgue as afirmativas abaixo:

I. Vírus de macro, também conhecido como vírus polimorfo, é aquele que pode mudar seu padrão de bytes quando se duplica, evitando assim a detecção por meio de técnicas de verificação de macro.
II. Worm é um programa malicioso autoprogramável que faz cópias de si mesmo, ou seja, um tipo de malware que usa a rede para se espalhar infectando em pouco tempo um grande número de computadores, usando anexos de e-mail e forjando e-mails aparentemente legítimos.

Resposta 21 – Letra C, as alternativas D e E trocam os conceitos de vírus e worm.

III. Malware é um software que tem objetivos maliciosos incluindo todos os trojans, vírus e spywares.

IV. Spywares são softwares de computador que coletam e transmitem dados e informações pessoais armazenadas na máquina do usuário.

V. Retrovírus é um vírus de computador que ataca os programas antivírus na tentativa de evitar sua *detecção*.

Assinale [Resposta 22]

a) se todas as afirmativas estiverem corretas.

b) se apenas quatro afirmativas estiverem corretas.

c) se apenas duas afirmativas estiverem corretas.

d) se apenas uma afirmativa estiver correta.

e) se apenas três afirmativas estiverem corretas.

13.6.4. Hijacker (sequestrador)

O hijacker é um software malicioso que modifica o registro do sistema operacional, alterando o funcionamento do navegador, modificando sua página inicial, abrindo páginas automaticamente, inserindo botões inadvertidamente. Como muitos sites patrocinam o acesso a seu conteúdo, remunerando por cliques em links, o desenvolvedor do hijacker costuma receber quantias financeiras sempre que estas páginas são abertas.

13.7. Tipos de Ataques Hackers

13.7.1. Engenharia Social

Técnica utilizada para obter informações preciosas baseada em uma relação de confiança, onde o agente que a pratica manipula o alvo de alguma forma para obter uma informação. Basicamente é a arte de se contar mentiras de maneira convincente para que atendam aos seus pedidos mesmo que não tenha autoridade para tal.

Exercício

SEFAZ – FGV

Analise os casos descritos a seguir, referentes a fraudes envolvendo o comércio eletrônico e Internet Banking.

I. O usuário recebe um e-mail de um suposto funcionário da instituição que mantém o site de comércio eletrônico ou de um banco, que persuade o usuário a fornecer informações sensíveis, como senhas de acesso ou número de cartões de crédito.

II. Um hacker compromete o DNS do provedor do usuário, de modo que todos os acessos a um site de comércio eletrônico ou Internet Banking são redirecionados para uma página Web falsificada, semelhante ao site verdadeiro, com o objetivo de o atacante monitorar todas as ações do usuário, como a digitação de sua senha bancária. Nesta situação, normalmente o usuário deve aceitar um novo certificado (que não corresponde ao site verdadeiro), e o endereço mostrado no browser do usuário é diferente do endereço correspondente ao site verdadeiro.

Resposta 22 – Letra B, somente o item I está errado:
"I. Vírus MUTANTE, também conhecido como vírus polimorfo, é aquele que pode mudar seu padrão de bytes quando se duplica, evitando assim a detecção por meio de técnicas de verificação de VÍRUS."

III. O usuário recebe um e-mail, cujo remetente é o gerente do seu banco e que contém uma mensagem que solicita a execução pelo usuário de um programa anexo ao e-mail recebido, a título de obter acesso mais rápido às informações mais detalhadas em sua conta bancária.

IV. O usuário utiliza computadores de terceiros para acessar sites de comércio eletrônico ou de Internet Banking, possibilitando o monitoramento de suas ações, incluindo a digitação de senhas ou número de cartões de crédito, por meio de programas especificamente projetados para esse fim.

Constituem exemplos de fraudes resultantes de Engenharia Social os casos identificados em: [Resposta 23]

a) I e II.
b) I e III.
c) II e III.
d) II e IV.
e) III e IV.

13.7.2. Ataque de Negação de Serviço (DoS – Denial of Service)

Um ataque de negação de serviço visa fazer um sistema ou um servidor parar de funcionar (indisponibilidade). Uma maneira de fazer um sistema parar de funcionar é baseada no congestionamento e pode se fazer utilizar de um *bot* ou um *worm*, para o envio repetido de pacotes a um servidor.

Exercício

ANALISTA/BACEN/FCC

Uma DoS ou Denial of Service pode ser provocada por programas maliciosos do tipo: [Resposta 24]

a) spoofing.
b) spyware.
c) worm.
d) back door.
e) trojan horse.

13.7.3. Ataque de Negação de Serviço Distribuído (DDoS)

Um ataque DDoS utiliza máquinas de múltiplas redes (botnet=redes zumbis) para tornar inoperante um site/serviço. Trata-se de uma variante do ataque DoS mais danosa porque a capacidade do ataque é somada por múltiplos usuários.

Resposta 23 – Letra B, o item II refere-se a um ataque *Spoofing* e o item IV a um programa *Keylogger*.
Resposta 24 – Letra C.

Exercício

DPE RJ – FGV

Quando diversos equipamentos, geralmente comprometidos, geram tráfego simultaneamente para um mesmo destino, com o objetivo de interromper um serviço, diz-se que a vítima está sofrendo um ataque do tipo Resposta 25

a) ddos.
b) envenenamento de cache.
c) arp spoofing.
d) força bruta.
e) varredura de portas.

13.7.4. Ataque de Força Bruta

É uma forma de ataque muito básica pois consiste em adivinhar uma senha pelo método de tentativa e erro. Pode utilizar por exemplo um *bot* para realizar essa busca exaustiva de maneira automática.

O cadeado acima por exemplo, por ser uma combinação numérica de 3 dígitos (10^3), podendo ser aberto após no máximo 1000 tentativas, o que para um computador seria uma senha muito frágil.

Para evitar a eficácia deste tipo de ataque é recomendável trabalharmos com senhas fortes, de no mínimo 8 caracteres contendo números, letras e símbolos, aumentando exponencialmente a quantidade de combinações e consequentemente a segurança.

Exercício

COPEVE – UFAL

Qual das seguintes restrições de logon para sistemas operacionais em rede será a mais eficaz contra um cracker que está tentando descobrir a senha de alguém com um ataque força bruta ou com dicionário? Resposta 26

a) Tempo total de conectado.
b) Limitações quanto à hora do dia na qual ele pode fazer logon
c) Número de tentativas de logon sem sucesso.
d) Período de tempo após o qual a senha expira.
e) A ativação de um firewall.

Resposta 25 – Letra A.
Resposta 26 – Letra C.

13.7.5. IP Spoofing

É uma técnica de invasão comumente empregada quando o mecanismo de autenticação de uma rede é baseado em endereços IP, na qual o atacante clona o IP de um usuário legítimo, se mascarando, fazendo-se passar pelo usuário autorizado para assim explorar uma relação de confiança e ganhar acessos não autorizados na rede.

Nesse tipo de ataque o invasor anula um cliente legítimo, que teve o IP clonado, com um ataque de negação de serviço para que as respostas sejam direcionadas somente ao IP forjado.

Exercício

DPE RJ – FGV – 2014

Muitos ataques utilizam uma técnica chamada IP spoofing, tanto individualmente para conseguir acesso a outros hosts bem como em conjunto com outras ferramentas de ataque. Basicamente, IP spoofing gera pacotes. [Resposta 27]

a) para o endereço de broadcast da rede destino.
b) com o endereço IP de origem forjado.
c) para o endereço de destino de loopback.
d) com cabeçalhos inválidos ou corrompidos.
e) para endereços multicast.

13.7.6. Ping of Death (Ping da Morte)

Consiste em enviar um pacote TCP/IP com tamanho maior do que o máximo permitido (65535 bytes) para a máquina que deseja atacar, fazendo com que as máquinas travem, reiniciem ou exibam mensagens de erro.

Exercício

AUDITOR FISCAL DO TRABALHO – ESAF

Ping da Morte (Ping of Death) é um recurso utilizado na Internet por pessoas mal intencionadas, que consiste [Resposta 28]

a) no envio de pacotes TCP/IP de tamanhos inválidos para servidores, levando-os ao travamento ou ao impedimento de trabalho.
b) na impossibilidade de identificação do número de IP de máquina conectada à rede. Desta forma, muitos dos serviços de segurança disponíveis deixam de funcionar, incluindo os "rastreamentos" que permitem a identificação de segurança das fontes de origem de ataques.
c) em instalar em um computador conectado a uma rede um programa cliente que permite a um programa servidor utilizar esta máquina sem restrições.
d) no mecanismo de "abertura" de portas e acha-se atualmente incorporado em diversos ataques de vírus.
e) na captura e alteração de "pacotes" TCP/IP transmitidos pelas redes.

Resposta 27 – Letra B.
Resposta 28 – Letra A.

13.7.7. Phishing, Phishing Scam ou Phishing/Scam

O Phishing é uma fraude, onde o golpista tenta enganar um usuário (fraude), para obtenção de dados pessoais e financeiros que permitam a aplicação de um golpe, combinando técnicas computacionais e de engenharia social.

Um exemplo de phishing é um e-mail que possa induzir o usuário a clicar em um link falso levando-o para uma página clonada ou um arquivo malicioso.

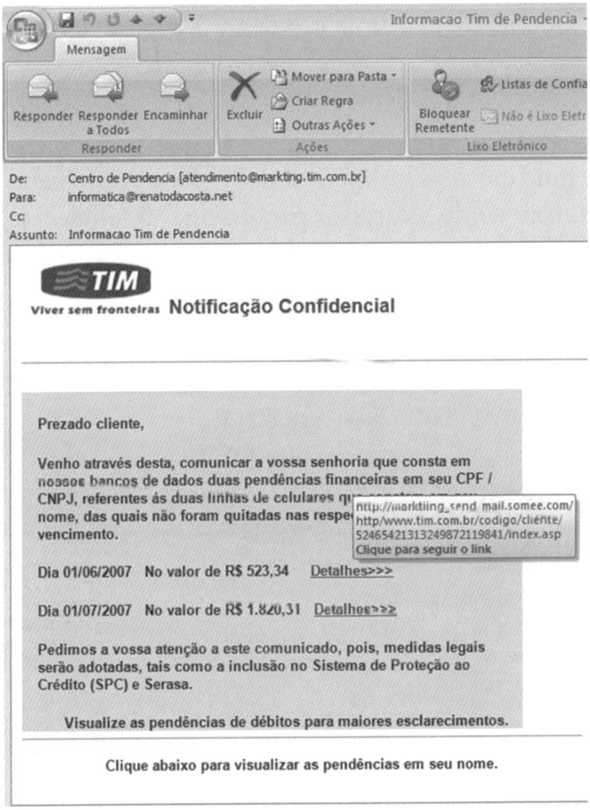

Exemplo de Phishing Scam. Observe que o link direciona para um arquivo com extensão ASP, contido em um site desconhecido.

Exercício

UFRJ – NCE

Considere a seguinte definição, extraída da Wikipédia:

"é uma forma de fraude eletrônica, caracterizada por tentativas de adquirir informações sensíveis, tais como senhas e números de cartão de crédito, ao se fazer passar por uma pessoa confiável ou uma empresa enviando uma comunicação eletrônica oficial, como um correio ou uma mensagem instantânea".

Essa definição refere-se a: Resposta 29

a) antivírus;
b) firewall;
c) phishing;
d) spam;
e) vírus.

13.7.8. Pharming

Na Internet quando se digita o endereço de uma página (URL) em um navegador, é realizada uma consulta em um servidor de nomes de domínios (DNS), no qual é identificado o IP (endereço) da página solicitada e só assim é possível a localização da informação.

O Pharming é um tipo de Phishing, onde o cracker envenena o servidor DNS, alterando os IPs, direcionando os acessos para páginas fraudulentas, com o propósito de capturar informações para um servidor falso, permitindo a ação de golpistas.

Exercício

PM DE BUZIOS – FUNDAÇÃO PROF. CARLOS AUGUSTO BITENCOUR

Em relação à segurança da informação, são tipos de ataques: Resposta 30

a) spoofing, ping da morte, ataques de força bruta e captchas.
b) ping da morte, captchas, DDoS e ataques de força bruta.
c) ataques de força bruta, captchas, DDoS e spoofing.
d) captchas, DDoS, spoofing e ping da morte.
e) DDoS, ataques de força bruta, ping da morte e spoofing.

13.8. Tipos de Mensagem

13.8.1. Spam

Um SPAM é uma mensagem de conteúdo indesejado, comumente contém propagandas não solicitadas enviadas em massa (para múltiplos destinatários). O emissor deste tipo de mensagens é chamado de *spammer*.

Enlatado SPAM, origem do termo usado na informática.

Resposta 29 – Letra C.
Resposta 30 – Letra E.

13.8.2. Hoax

Um Hoax é uma mensagem que traz como conteúdo um boato, uma mensagem de corrente ou ainda lendas urbanas.

Exercício

PRF – MS/PA – CESPE

Quando enviado na forma de correio eletrônico para uma quantidade considerável de destinatários, um hoax pode ser considerado um tipo de spam, em que o spammer cria e distribui histórias falsas, algumas delas denominadas lendas urbanas. Resposta 31

( ) Certo ( ) Errado

13.9. Ferramentas de Segurança

13.9.1. Antivírus

Como o nome sugere trata-se de uma ferramenta para remoção dos vírus existentes no computador e combate a entrada de novos vírus.

O antivírus deve ter sua lista de assinatura de vírus, bancos de dados que contêm descrições de todos os malwares conhecidos e os métodos de desinfecção correspondentes, atualizada com a maior frequência possível, de preferência de forma automática através da Internet, pois a cada dia surgem cerca de 220.000 novos tipos de vírus*.

Além das listas de assinatura de vírus que permitem a detecção de vírus conhecidos, estas ferramentas contam com mecanismos heurísticos** (técnicas que comparam assinaturas conhecidas usando dados genéricos sobre elas) e detecção por comportamento ou behavior detection (que analisa os processos em uso em busca de padrões que permitam inferir tratar-se de um vírus).

Tanto a *heurística* quanto a *behaviuor detection* possibilitam apontar falsos positivos, ou seja, dar alarmes falsos.

Exercício

DECEA – CESGRANRIO

Que técnica é utilizada em programas de antivírus para detecção de vírus desconhecidos? Resposta 32

a) Heurística.
b) md5.
c) Imunização.
d) Quarentena.
e) Backdoor.

Resposta 31 – Certo.

* Fonte http://www.tecmundo.com.br/virus/15411-cerca-de-220-000-virus-sao-criados-por-dia.htm em 07/04/2015 as 11:30.

** De Eureka, ou seja, vocábulo de origem grega associado à descoberta.

Resposta 32 – Letra A, cabe ressaltar que a quarentena é um processo posterior à detecção/descoberta.

Alguns exemplos de antivírus atuais são:

- Avast
- AVG
- Avira
- McAffe Viruscan
- Norton Security

Exercício

BB – CESPE

Para que um computador esteja efetivamente protegido contra a ação de vírus de computador e contra ataques de hackers, é suficiente que haja, no computador, um programa antivírus que tenha sido atualizado há, no máximo, três meses, sendo desnecessário, atualmente, o uso de firewall no combate a ataques de hackers. [Resposta 33]

( ) Certo ( ) Errado

13.9.2. Patches (remendos)

São atualizações para correção de vulnerabilidades criadas por fabricantes de softwares como os sistemas operacionais, navegadores e pacotes de escritório.

Exercício

AUDITOR FISCAL DE CONTROLE EXTERNO – TRIBUNAL DE CONTAS – PI

A melhor forma de evitar que os sistemas operacionais e outros softwares instalados no computador possuam vulnerabilidades é [Resposta 34]

a) instalar somente softwares originais e legais.
b) instalar programas de proteção contra vírus e outros tipos de ataque.
c) reinstalar os softwares, quando as vulnerabilidades forem detectadas.
d) mantê-los protegidos contra o acesso de pessoas não autorizadas.
e) mantê-los atualizados com a aplicação de patches específicos.

Resposta 33 – Errado, 3 meses sem atualizações tornam a máquina extremamente vulnerável, e ademais, o antivírus não irá substituir o Firewall, pois se tratam de ferramentas de segurança com funcionalidades distintas.
Resposta 34 – Letra E.

13.9.3. Firewall

Um firewall é um dispositivo que protege a rede de ataques externos, ou seja, impede invasões através da Internet. Tal dispositivo pode ser encontrado como Hardware ou Software.

O firewall age também como um filtro, permitindo ou não a passagem das informações que entram e saem da rede.

Exercício

PERITO POLÍCIA CIVIL DF – FUNIVERSA

Com relação aos dispositivos utilizados em políticas de segurança das organizações relacionadas à área de tecnologia da informação, denominados firewalls e muito úteis para minimizar crimes virtuais, assinale a alternativa correta. [Resposta 35]

a) São dispositivos, em forma de software e/ou de hardware, que possuem a função de regular o tráfego de dados entre redes distintas, impedindo a transmissão e/ou a recepção de acessos nocivos ou não autorizados de uma rede para outra.

b) São dispositivos, em forma de software e/ou de hardware existentes e habilitados no próprio sistema operacional dos computadores, que têm a função de evitar o tráfego de vírus entre computadores de uma mesma rede local, impedindo que tais vírus sejam transmitidos e/ou recebidos de um computador para outro.

c) São dispositivos em forma de software, não existindo em forma de hardware, que possuem a função de regular o tráfego de dados entre redes distintas, impedindo a transmissão e/ou recepção de acessos nocivos ou não autorizados de uma rede para outra.

d) São dispositivos em forma de software, não existindo em forma de hardware, que possuem a função de impedir o tráfego de vírus entre redes distintas, impedindo que tais vírus sejam transmitidos e/ou recebidos de uma rede para outra.

e) São dispositivos em forma de hardware, não existindo em forma de software, que possuem a função de impedir o tráfego de vírus entre redes distintas, impedindo que tais vírus sejam transmitidos e/ou recebidos de uma rede para outra.

Devemos compreender alguns aspectos:

- Padrão encaminhar, baseado em regras permissivas que são aquelas onde tudo que não é proibido é permitido, ou seja, lista negra.
- Padrão descartar, baseado em regras restritivas que são aquelas onde tudo que não é permitido é proibido, ou seja, lista branca.

O mais seguro (conservador) é o padrão descartar, onde o firewall trabalha com regras restritivas, ou seja, lista branca.

Resposta 35 – Letra A.

Exercício

TRF – FCC

Existem duas abordagens fundamentais para criar políticas de firewall para minimizar definitivamente a vulnerabilidade em relação ao mundo externo mantendo confiável a funcionalidade desejada das máquinas na rede interna. Com relação a estas abordagens, considere as asserções a seguir. [Resposta 36]

A implementação de uma abordagem de lista branca é mais segura que a implementação de uma abordagem de lista negra para definir um conjunto de regras para o firewall

PORQUE

na abordagem de lista branca todos os pacotes podem passar, exceto aqueles que se enquadram nas regras definidas especificamente na lista.

Acerca dessas asserções, é correto afirmar:

a) A primeira asserção é uma proposição verdadeira e a segunda é uma proposição falsa.
b) As duas asserções são proposições verdadeiras e a segunda é a justificativa correta da primeira.
c) A primeira asserção é uma proposição falsa e a segunda uma proposição verdadeira.
d) As duas asserções são proposições verdadeiras, mas a segunda não é a justificativa correta da primeira.
e) Tanto a primeira quanto a segunda asserções são proposições falsas.

O cenário mais típico para posicionar o firewall é na borda da rede, na parte mais externa, como uma barreira, pois ele protegerá a rede de ataques externos, oriundos de outras redes, da Internet.

Exercício

AGENTE PF – CESPE – 2014

Embora os firewalls sejam equipamentos ou softwares utilizados no controle das conexões de uma rede, eles não protegem computadores contra ataques internos. [Resposta 37]

( ) Certo ( ) Errado

Existem basicamente 3 tipos de firewall: pacotes, aplicação e estado de sessão.

13.9.3.1. Firewall de Pacotes

É o padrão do Windows e Linux, onde são aplicadas regras a cada pacote IP que entra e que sai da rede. O firewall de pacotes inspeciona os seguintes campos do pacote:

- IP de origem
- IP de destino
- Porta da camada de transporte
- O protocolo de transporte (TCP ou UDP)

Resposta 36 – Letra A.
Resposta 37 – Certo.

Apresenta como características ser simples, fácil de ser utilizado e barato, baixo *overhead**/alto desempenho, entretanto é difícil de ser gerenciado em ambientes complexos.

13.9.3.2. Firewall de inspeção com estado (Stateful)

Além de acumular as funcionalidades do firewall de pacotes, o firewall stateful analisa o estado de uma sessão TCP, se tal sessão está estabelecida, se já foi ou tende a fechar, e assim avaliar o contexto para verificar se o fluxo deve ou não ser permitido.

Exercício

RECEITA FEDERAL – ESAF

Uma das tecnologias de firewall é o filtro de pacotes baseado em estados (stateful packet filter). Nesta tecnologia, as decisões de filtragem têm como referência: Resposta 38

a) informações do conteúdo dos pacotes de dados e uma tabela de estados das conexões.
b) apenas uma tabela de estados das conexões.
c) apenas as informações dos cabeçalhos dos pacotes de dados.
d) informações dos cabeçalhos dos pacotes de dados e uma tabela de estados das conexões.
e) apenas informações das conexões.

13.9.4. IDS – Intrusion Detection System (Sistema de Detecção de Intrusão)

É um sistema capaz de detectar a tentativa de exploração de vulnerabilidades, registrando tais eventos em um arquivo de log. É considerado apenas um sistema de monitoramento (passivo), sendo capaz apenas de alertar ataques externos ou internos, baseando-se em comportamento ou assinatura (base de dados).

13.9.5. IPS – Intrusion Prevention System (Sistema de Prevenção de Intrusão)

O IPS é uma evolução do IDS, enquanto este apenas detecta, aquele é um sistema reativo, que age de maneira proativa onde ao identificar uma tentativa de ataque irá gerar automaticamente uma reação para bloquear a tentativa de intrusão.

---

* Overhead – Processamento em excesso.

Resposta 38 – Letra D.

Exercício

PAPILOSCOPISTA PF – CESPE

Os sistemas IDS (intrusion detection system) e IPS (intrusion prevention system) utilizam metodologias similares na identificação de ataques, visto que ambos analisam o tráfego de rede em busca de assinaturas ou de conjunto de regras que possibilitem a identificação dos ataques. [Resposta 39]

( ) Certo ( ) Errado

13.9.6. DMZ – Demilitarized Zone (Zona Desmilitarizada)

A zona desmilitarizada visa segmentar uma rede com objetivos de segurança, tendo seu tráfego controlado por firewalls. Também conhecida como rede de perímetro, tem como objetivo adicionar uma camada extra de segurança para redes corporativas que permitem um acesso extranet (VPN).

A DMZ é propriamente dita o segmento da rede que contém os servidores mais comumente alvos de ataques, pois suas informações podem ser acessadas tanto via intranet (de dentro) quanto via extranet (de fora), tais como servidores de correio eletrônico, servidores web (de páginas) e servidores FTP. Para aumentarmos a segurança estes precisam ser separados, assim caso um sistema seja atacado o restante não será comprometido.

Criando uma DMZ, os servidores contidos nesta podem ser acessados tanto interna quanto externamente, e com o segundo firewall surge uma área/rede superprotegida, que não poderá ser acessada externamente pois contém os servidores exclusivos da Intranet e as máquinas dos funcionários da organização.

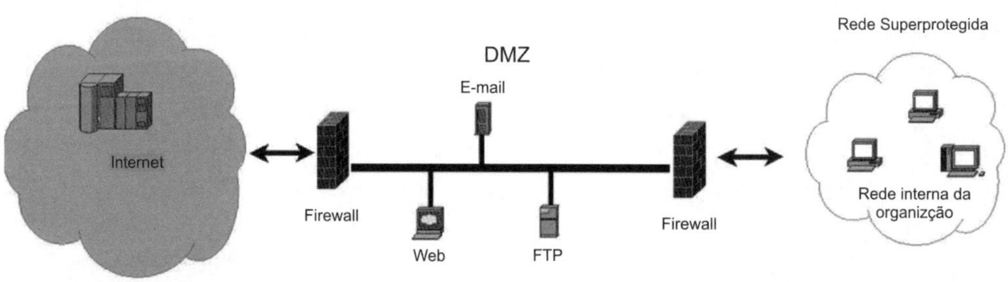

Um exemplo clássico, mas não único, consiste na utilização de 2 firewalls (exemplo anterior), posicionados na frente da DMZ (front-end) e outro no final da DMZ (back-end).

Na figura, o segundo firewall bloqueia qualquer tipo de acesso externo, mas sem impedir que os usuários internos acessem serviços da Internet.

Resposta 39 – Certo, a detecção do IDS e IPS funciona da mesma forma, a diferença vem no procedimento posterior, onde o IDS apenas monitora (passivo), e o IPS bloqueia (ativo).

13.9.7. Bastion Hosts (Servidores Fortificados)

Os servidores compreendidos na DMZ são denominados *Bastion Hosts*, e que por estarem em contato direto com conexões externas devem ser protegidos da melhor maneira possível, mantendo sempre seus patches atualizados, contendo apenas informações e serviços indispensáveis, utilizando eficazes mecanismos de autenticação para controle de acesso, sendo considerados portanto pontos fortes críticos da organização.

13.9.8. HoneyPot (Pote de Mel)

É um sistema de armadilha, um sistema recheado de informações inventadas, criadas para que pareçam ser valiosas, mas que um usuário legítimo não acessaria. Desta forma qualquer acesso a um honeypot é suspeito e o sistema é altamente monitorado, para que se possa identificar o invasor, e assim estudar por onde ele veio, que comandos ou ferramentas estava utilizando, qual era o alvo, que motivações tem, etc.

Exercício

INSS – CESPE – MARÇO

O Honeypot é um tipo de software cuja função é detectar ou impedir a ação de agente externo, estranho ao sistema, atraindo-o para outra parte do sistema aparentemente vulnerável. [Resposta 40]

( ) CERTO ( ) ERRADO

13.10. Disponibilidade

> "Propriedade de estar acessível e utilizável sob demanda por uma entidade autorizada."
> (ISO/IEC 13335-1:2004)

13.11. RAID (Redundant Array of Independent Drives)

A tecnologia RAID implica um arranjo de discos rígidos, um conjunto de dois ou mais HDs, com o objetivo de aumentar a contingência e/ou melhorar o desempenho da leitura e escrita de informações, diminuindo o gargalo existente entre a memória primária e secundária.

RAID não é uma espécie de backup, seus propósitos são diferentes. RAID não protege as informações do ataque de vírus ou exclusões acidentais. Enquanto o backup visa a salvaguarda das informações (integridade) o RAID visa a manutenção do sistema (disponibilidade), princípios distintos.

Resposta 40 – Certo

Exercício

INVESTIGADOR PCERJ – CESGRANRIO

Indique a opção que apresenta um arranjo de vários discos rígidos, formado para aumentar a taxa de transferência e a confiabilidade dos dados armazenados nos discos rígidos. [Resposta 41]

a) AGP
b) CISC
c) SMART
d) RAID
e) UART

13.11.1. RAID 1 (Espelhamento de Discos) – MIRROR

Quantidade de discos PAR >=2

O espelhamento de discos é tolerante a falhas e fornece redundância de dados usando uma técnica de espelhamento, onde tudo que é escrito ou reescrito em um disco é duplicado em seu espelho. Desta forma, se um dos discos físicos falhar, os dados no disco com falha ficarão indisponíveis, mas o sistema continuará funcionando normalmente, usando o disco que não foi afetado.

Arranjo RAID 1

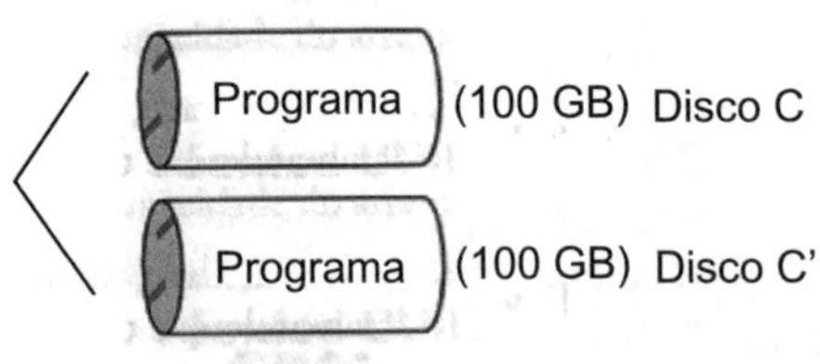

* Capacidade do arranjo = n/2 logo 100 GB

Neste exemplo, apresenta-se um arranjo de discos C e C', ambos de mesma capacidade, que serão visualizados pelo usuário como uma única unidade. Cabe ressaltar que, embora existam fisicamente dois discos, logicamente apenas um estará disponível para o usuário, portanto a capacidade do arranjo é sempre N/2, onde N é a quantidade de discos.

Resposta 41 – Letra D.

13.11.2. RAID 0 – Stripping

Quantidade de discos >=2

Na técnica de RAID 0, o arranjo não visa contingência, pelo contrário, torna-se ainda mais vulnerável, tendo em vista que, se um único disco pifar, todo o conteúdo do arranjo se torna inutilizável.

A técnica de RAID 0 divide os discos do arranjo em tiras, e as informações durante a gravação são espalhadas ao longo das tiras dos discos do arranjo. Tal projeto permite que tanto o processo de gravação quanto o de leitura tenham sua velocidade multiplicada pela quantidade de discos do arranjo, tendo em vista que as operações podem ser realizadas simultaneamente.

A capacidade do arranjo é igual a N onde N é a quantidade de discos que deve ter sua capacidade em GB multiplicada.

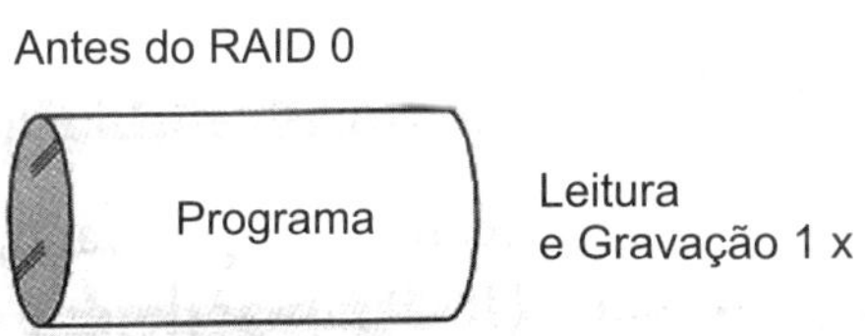

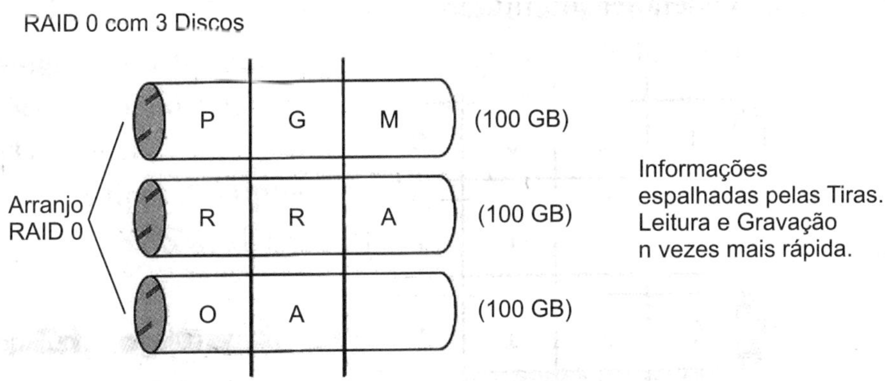

* Capacidade do arranjo = n logo 300 GB.

Exercício

TCE RONDONIA – CESGRANRIO

Um servidor possui quatro discos rígidos D1, D2, D3 e D4.

A capacidade de cada disco é a seguinte: Resposta 42

D1 – 100 GB

D2 – 100 GB

D3 – 150 GB

D4 – 150 GB

D1 e D2 formam um arranjo RAID 0, enquanto que D3 e D4, um arranjo RAID 1.

Qual o espaço, em GB, disponível para o sistema operacional?

a) 250
b) 300
c) 350
d) 400
e) 500

13.11.3. RAID 1+0 (RAID 10)

Quantidade de discos PAR=4

Alia as técnicas de RAID 0 e RAID 1, resolvendo o problema da falta de contingência com redundância. Implica uma quantidade muito grande de discos. É pouco usado mas costuma cair muito em provas.

A capacidade do arranjo é igual a N/2, onde N é a quantidade de discos.

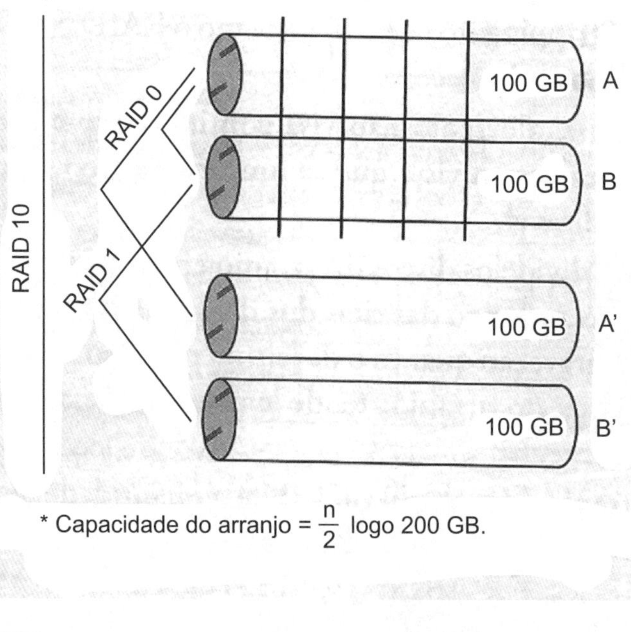

* Capacidade do arranjo = $\frac{n}{2}$ logo 200 GB.

Resposta 42 – Letra C.

Exercício

CEF – CESGRANRIO

Um arranjo de 4 discos rígidos, cada um com 120 GB de capacidade, compõe uma configuração RAID 1+0 de um determinado servidor S. Que espaço de armazenamento em disco está disponível, em GB, para o sistema operacional de S? Resposta 43

a) 120

b) 240

c) 360

d) 480

e) 960

13.11.4. RAID 3 – Paridade

Quantidade de discos >=3

Resolve o problema da contingência do RAID 0 com técnica de paridade, cálculo matemático que implica uma quantidade par de bits (1), lembrando que todas as informações armazenadas em um disco são binárias.

Um único disco do arranjo com tiras é calculado, assim, caso qualquer disco sofra uma pane, o mesmo poderá ser substituído e suas informações restauradas a partir da paridade.

O problema do RAID 3 é que, pelo fato de a paridade ocorrer num único disco, ele acaba sendo sobrecarregado, pois qualquer modificação em qualquer disco do arranjo implica a alteração da paridade. Como os discos são mecânicos, o disco da paridade acaba sendo sempre o mais propenso a apresentar problemas, deixar de funcionar.

A capacidade do arranjo é sempre N-1, onde N é a quantidade de discos.

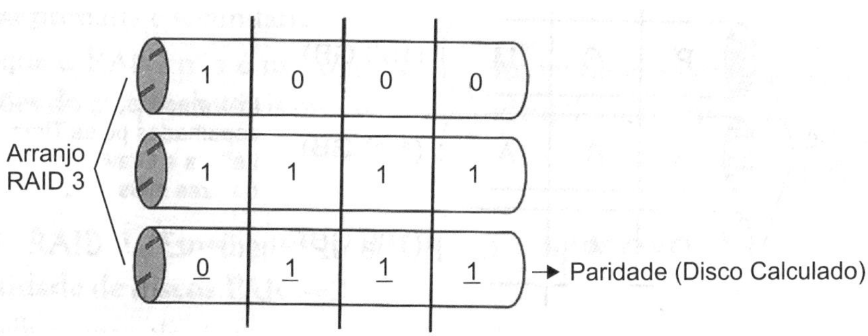

Resposta 43 – Letra B.

13.11.5. RAID 5 – Paridade Espalhada ao Longo dos Discos

Quantidade de discos >=3

Esta técnica hoje é a mais utilizada, a paridade é espalhada ao longo dos discos, assim não há sobrecarga em um único disco e consegue-se aliar contingência com desempenho.

É importante perceber que tanto os RAID 3 como o RAID 5 só mantêm a segurança se a falha ocorrer em um único disco.

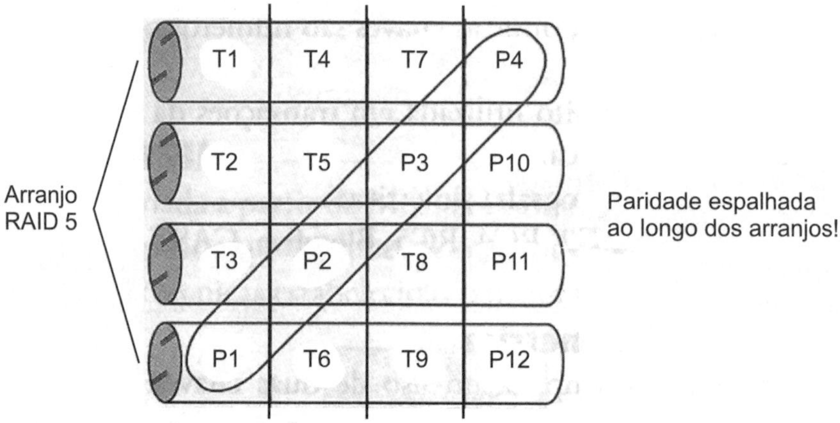

A capacidade do arranjo é sempre N-1, onde N é a quantidade de discos.

Exercício

IBGE – CESGRANRIO

O servidor de e-mail de uma empresa possui 3 discos rígidos de 1 TB em RAID-5 dedicados às caixas postais dos usuários. Qual o tamanho do espaço em disco oferecido por esse arranjo? [Resposta 44]

a) 500 MB
b) 1 TB
c) 1,5 TB
d) 2 TB
e) 3 TB

13.11.6. No-Break/UPS (Uninterruptible Power Supply)/Geradores

São equipamentos que irão garantir a continuidade do sistema, ainda que por tempo determinado, tolerando interrupções/falhas na distribuição de energia elétrica.

Resposta 44 – Letra D.

13.12. Integridade

"Propriedade de salvaguarda da exatidão e completeza de ativos."
(ISO/IEC 13335-1:2004)

13.12.1. Backup (becape)

No capítulo de Windows vimos que um backup é uma cópia de segurança que deve ser gravada em uma mídia removível e armazenada em um local seguro, onde um mesmo acidente não danifique o original e a cópia.

O backup pode ser armazenado na própria instituição (on-site) ou em um local geograficamente distinto (off-site).

Exercício

MDIC – CESPE

A definição e a execução de procedimentos regulares e periódicos de becape dos dados de um computador garante a disponibilidade desses dados após eventuais ocorrências de desastres relacionados a defeitos tanto de hardware quanto de software. Resposta 45

( ) CERTO ( )_ERRADO

São tipos de backup:

- Normal
- Incremental
- Diferencial
- Diário
- Cópia

Agora precisamos entender de fato como funcionam estas rotinas de backup. Sua lógica decorre basicamente do seguinte entendimento:

- Todo arquivo possui um atributo de arquivamento (bit archive) que pode estar marcado (1) ou desmarcado (0).
- Sempre que salvamos um arquivo esse atributo fica marcado (1), ao fazer um backup normal ou incremental ele é desmarcado (0) para indicar que já sofreu backup.

Resposta 45 – Errado, o becape é a salvaguarda da exatidão, mantém uma cópia da informação, está associado à integridade. Ainda que permita a restauração ele não impede a interrupção do sistema, possibilitando, portanto, a ocorrência de um incidente quanto à disponibilidade.

13.12.2. Backup Normal/Total/Full/Completo

O backup normal copia todos os arquivos da unidade ou pasta selecionada pelo usuário e retira seus atributos de arquivamento (marcando com 0). Embora seja o mais completo, este processo consome muito tempo para ser realizado, portanto pode ser combinado com um backup incremental ou diferencial para manter as atualizações periódicas.

13.12.3. Backup Incremental

Como o nome diz, é um backup adicional a um arranjo já existente, copia somente os arquivos que possuem atributos de arquivamento (arquivos novos ou alterados desde o backup normal ou incremental anterior) e retira tais atributos, marcando-os como tendo sofrido backup, gerando portanto um arquivo adicional que será inserido no arranjo para restauração.

Se um usuário cria um backup normal no dia 1 e incrementais a cada dia posterior, se ocorrer um incidente no dia 6 ele terá que recuperar os arquivos do dia 1 (normal) e todos os arquivos incrementais posteriores (dos dias 2, 3, 4 e 5) em sequência.

Exercício

ESCRIVÃO PR – CESPE

Imediatamente após a realização de um becape incremental utilizando-se um software próprio de becape, há expectativa de que esteja ajustado o flag archive de todos os arquivos originais que foram copiados para uma mídia de becape.[Resposta 46]

( ) Certo ( ) Errado

13.12.4. Backup Diferencial

É um backup complementar, copia somente os arquivos que possuem o atributo de arquivamento (arquivos novos e alterados desde o backup normal) mas NÃO retira tal atributo, gerando um único arquivo complementar que irá acumular todas as atualizações desde o último backup normal ou incremental e possibilitando desta forma o descarte do incremental anterior.

Se um usuário cria um backup normal no dia 1 e diferenciais a cada dia posterior se ocorrer um incidente no dia 6 ele terá que recuperar o arquivo do dia 1 (normal) e o arquivo diferencial do dia 5, apenas.

Resposta 46 – Certo, *flag archive* é o mesmo que atributo de arquivamento ou bit archive, ajustar é sinônimo de mexer de acordo com o contexto mexer/retirar.

Exercício

ELETROBRAS – NCE

Um usuário doméstico utiliza a ferramenta de backup do MS Windows 2000 para manter uma cópia segura dos seus dados em um HD removível. Ele utiliza a seguinte política de backup: Resposta 47

- todo dia 7 de cada mês: backup normal
- todo dia 14 de cada mês: backup incremental
- todo dia 21 de cada mês: backup incremental
- todo dia 28 de cada mês: backup diferencial

Suponha que, ao ligar o seu computador, no dia 22, esse usuário perceba que seu disco foi corrompido. Para ter seus dados de volta, os backups que ele deve restaurar, na ordem correta, são:

a) o backup do dia 21, o backup do dia 14, o backup do dia 7;
b) o backup do dia 7 e o backup do dia 21;
c) o backup do dia 7, o backup do dia 14, o backup do dia 21;
d) somente o backup do dia 21;
e) somente o backup do dia 7.

13.12.5. Backup de Cópia

O backup de cópia, como o nome diz, copia todos os arquivos da unidade ou pasta selecionada pelo usuário e não altera o status dos atributos de arquivamento dos arquivos copiados, é recomendável quando se quer gerar cópias extras, redundantes, para serem armazenadas, por exemplo, em filiais.

Este tipo de backup pode ser realizado sem alterar a rotina já existente na instituição.

13.12.6. Backup Diário

Utiliza como critério para cópia a data de criação ou modificação do arquivo, apenas. Não altera o status dos atributos de arquivamento dos arquivos copiados.

13.12.7. Função Hash (Resumo da Mensagem)

O Hash é um algoritmo matemático que utiliza um texto de um documento eletrônico para gerar um *resumo da mensagem,* um código que para o usuário parece aleatório, mas é gerado a partir de uma entrada em uma função.

De maneira análoga podemos comparar o hash a um dígito verificador de um CPF, existe um algoritmo para a partir dos 9 dígitos iniciais calcularmos os 2 últimos dígitos, ditos como verificadores. O algoritmo para cálculo é público*, não se trata de um código confidencial e sim um código que poderá ser criticado em um sistema caso o usuário insira um CPF errado intencionalmente ou não.

No caso de arquivos ou mensagens, o Hash tem uma entrada variável (qualquer texto) e uma saída fixa, ou seja, um resumo com uma quantidade predeterminada de bits, independente do que foi fornecido. Quanto maior a quantidade de bits do Hash, menor a probabilidade de encontrarmos repetições para textos diferentes.

Resposta 47 – Letra C.

* Vários sites na Internet ensinam como calcular, como por exemplo: http://simuladordecpf.com.br/algoritmo-de-cpf

Exercício

FUB – CESPE

A verificação da integridade de um arquivo transmitido entre dois computadores pode ser realizada por meio da geração de um hash no computador de origem e da conferência desse hash no computador de destino. Resposta 48

( ) Certo ( ) Errado

Os resumos parecem aleatórios pelo usuário, e a princípio só vão se repetir caso seja escrito o mesmo texto. Como a criação de textos é ilimitada e a quantidade de resumos gerados é limitada (a quantidade de combinações dependerá da quantidade de bits empregados para saída no algoritmo de hash), pode ser que um dia sejam constatados dois textos diferentes com o mesmo hash, aí chegou a hora de substituir o algoritmo por uma nova versão, com maior quantidade de bits gerados como resultado do Hash (resumo), para maior segurança quanto à integridade.

A função Hash é unidirecional: a partir da mensagem é possível encontrar o código hash, mas a partir do Hash é impossível chegar à mensagem original.

Principais algoritmos de HASH atuais.

- MD5 – MESSAGE DIGEST 5 (128 bits)
- SHA-1 (160 bits).

Exercício

Fiscal da receita Estadual de SP – FCC

Considere: Resposta 49

- Funciona como uma impressão digital de uma mensagem, gerando, a partir de uma entrada de tamanho variável, um valor fixo pequeno.
- Este valor está para o conteúdo da mensagem assim como o dígito verificador de uma conta-corrente está para o número da conta ou o check sum está para os valores que valida.
- É utilizado para garantir a integridade do conteúdo da mensagem que representa.
- Ao ser utilizado, qualquer modificação no conteúdo da mensagem será detectada, pois um novo cálculo do seu valor sobre o conteúdo modificado resultará em um valor bastante distinto.

Os itens acima descrevem

a) um Algoritmo de chave secreta.
b) um Hash criptográfico.
c) um Certificado digital.
d) uma Assinatura digital.
e) um Algoritmo de chave pública.

Resposta 48 – Certo.
Resposta 49 – Letra B.

13.13. Confidencialidade

> "Propriedade de que a informação não esteja disponível ou revelada a indivíduos, entidades ou processos não autorizados."
> (ISO/IEC 13335-1:2004)

13.13.1. Criptologia

A informação sempre foi objeto de poder, portanto, é comum a criação de técnicas para obter informações de modo não autorizado e, ao contrário, acaba sendo necessário o surgimento de mecanismos de defesa visando proteger as informações.

> "A criptologia se ocupa da ocultação de informações e da quebra de segredos de ocultação, aquela é chamada de criptografia, e esta, de criptoanálise. As mensagens podem ser escondidas de duas formas diferentes: ocultando a existência das mensagens (esteganografia) ou tornando seu conteúdo inelegível (criptografia). Todo processo criptográfico obedece a certas regras definidas, chamadas de criptossistema ou algoritmo criptográfico."
> (TKOTZ, página 20)

13.13.2. Criptoanálise

É a engenharia reversa da criptografia. Técnica utilizada para decifrar as mensagens criptografadas. A criptoanálise engloba técnicas de força bruta, análise de frequência, inferências, entre outras.

13.13.3. Criptografia

A criptografia é a técnica utilizada na segurança da informação para codificar as informações de modo que elas possam ser armazenadas ou transmitidas de forma confidencial, sigilosa, privada.

13.13.4. Esteganografia

Esta técnica é utilizada para esconder as informações, seu objetivo é de que as informações sejam transmitidas de forma invisível, sem que possam ser capturadas ou monitoradas, cartas escritas com tintas invisíveis (suco de limão, vinho branco), que quando aquecidas exibem as informações, microperfurações, dados escondidos em outros arquivos, mensagens em fotos, entre outras.

Exercício

PERITO CRIMINAL – FUNIVERSA

Esteganografia é um termo pouco utilizado no âmbito da segurança da informação, mas que exige cuidados especiais de quem se preocupa com o tema. Assinale a alternativa que apresenta a definição de esteganografia. Resposta 50

a) Técnica de esconder informações dentro de arquivos como imagens, sons, vídeos ou textos.
b) Sinônimo de criptografia, é técnica de codificar a informação para que não seja entendida por terceiros.
c) Algoritmo matemático que converte um texto claro em uma mensagem cifrada, e vice-versa.
d) Estudo de técnicas de quebra de sigilo de mensagens eletrônicas criptografadas.
e) Método para codificação de arquivos binários, transformando-os em texto ASCII.

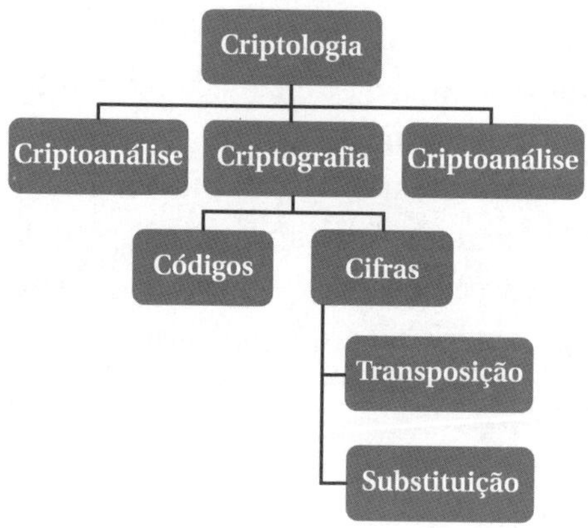

13.14. Técnicas de Criptografia

Atualmente são empregadas criptografias simétricas, assimétricas e híbridas, esta quando combinam as duas técnicas anteriores. Estas técnicas empregam dois princípios gerais*, de substituição, onde cada elemento no texto claro é mapeado em outro elemento, ou de transposição em que os elementos no texto claro são reorganizados, o requisito fundamental é que nenhuma informação seja perdida.

13.14.1. Criptografia Simétrica

A criptografia simétrica implica o uso de uma chave secreta, chave utilizada tanto para codificar quanto para decodificar informações.

Um dos precursores da criptografia simétrica foi o imperador romano Julio César, que implementou uma técnica codificando a mensagem a ser enviada, substituindo

Resposta 50 – Letra A.

* A criptografia de César é um exemplo que emprega substituição, escrever um texto de trás para frente é um exemplo que emprega transposição.

cada caractere do texto por um caractere 3 posições acima em relação ao alfabeto, conforme tabela a seguir:

A	B	C	D	E	F	G	H	I	J	K	L	M	N	...
D	E	F	G	H	I	J	K	L	M	N	O	P	Q	...

Se Julio César quisesse mandar uma informação criptografada a mensagem seria incrementada com a chave, em nosso exemplo +3, observe:

MENSAGEM ORIGINAL ENVIADA: Estude tu...
CHAVE: + 3 (chave incrementando)
MENSAGEM CIFRADA ENVIADA: Hvxwgh xw...

CANAL DE COMUNICAÇÃO SEGURO, AINDA QUE VIRTUALMENTE DEVIDO A CRIPTOGRAFIA

MENSAGEM CIFRADA RECEBIDA: Hvxwgh xw...
CHAVE: – 3 (simetria/chave decrementando)
MENSAGEM ORIGINAL RECEBIDA: Estude tu...

Ao recebermos uma informação como "Hvxwgh xw ", esta com certeza seria difícil de ser compreendida por terceiros, em um primeiro momento, caso interceptada. Mas como sabemos a chave usada para substituição dos caracteres, chave esta previamente acordada como +3 para cifrar, fica fácil inferir que para chegarmos ao texto original basta decrementar cada caractere em -3 posições, para decodificá-la e retornar à mensagem original.

A origem do nome Criptografia Simétrica então está diretamente relacionada com o conceito matemático de simetria, onde as chaves são números opostos, de mesmo comprimento, mesmo tamanho, mesmo módulo, utilizados tanto para codificar quanto para decodificar.

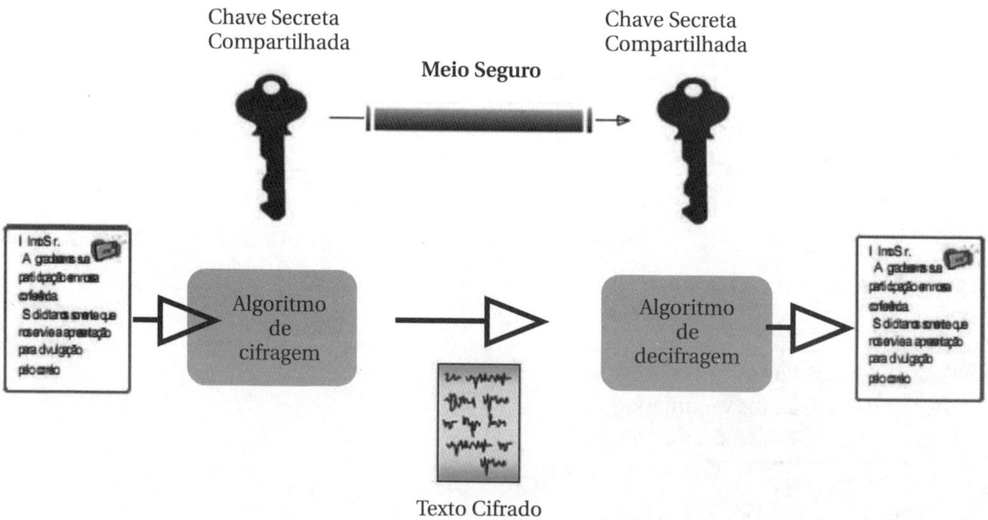

Retirada do livro "Introdução à Certificação Digital da Criptografia ao Carimbo de Tempo"

A criptografia simétrica ainda é muito utilizada atualmente por ser mais veloz que a criptografia assimétrica, tendo em vista que utiliza uma única chave. Embora sua maior vulnerabilidade está em estabelecer um canal seguro para compartilhar a chave secreta, que precisa ser regularmente trocada.

Principais algoritmos* de criptografia simétrica atuais:

- DES
- 3DES
- AES
- Blowfish

Desafio:

Exercício

ANALISTA BACEN – FCC

NÃO é uma cifra de César resultante da criptografia sobre uma mesma mensagem: [Resposta 51]

a) F H Q W U D O.
b) K M V C W J Q.
c) E G P V T C N.
d) I K T Z X G R.
e) G I R X V E P.

* Sequência de instruções ordenadas de forma lógica para realização de um processo.

Resposta 51 – Letra B.

13.14.2. Criptografia Assimétrica

A criptografia ssimétrica acabou com a vulnerabilidade da criptografia simétrica em compartilhar as chaves, criando duas chaves distintas, assimétricas, sendo uma pública e uma privada.

A chave pública, como o nome diz, é disponibilizada para qualquer um, já a privada é de uso personalíssimo, restrita a um usuário ou equipamento.

Embora sejam chaves diferentes (não possuam simetria), formam um par exclusivo, onde necessariamente, ao se encriptar com uma chave (seja ela pública ou privada), somente a outra chave do mesmo par é capaz de decriptar a informação.

Exercício

PREFEITURA MUNICIPAL DE VITÓRIA – CESPE/UnB

Em um algoritmo criptográfico simétrico, existem chaves públicas e privadas. Um usuário pode divulgar a sua chave pública para outros usuários, mas deve manter em segredo sua chave privada. [Resposta 52]

( ) Certo ( ) Errado

Para garantir a confidencialidade, devemos encriptar um arquivo/informação, com a chave pública do destinatário e somente ele, mantenedor da chave privada, poderá decriptar e acessar seu conteúdo.

Exercício

ESCRITURÁRIO – BB – FC

Uma mensagem enviada de X para Y é criptografada e decriptografada, respectivamente, palas chaves: [Resposta 53]

a) pública de Y (que X conhece) e privada de Y.
b) pública de Y (que X conhece) e privada de X.
c) privada de X (que Y conhece) e privada de Y.
d) privada de X (que X conhece) e pública de X.
e) privada de Y (que X conhece) e pública de X.

Vamos ao passo a passo:

1. Mensagem escrita por qualquer usuário
2. Mensagem codificada (CHAVE PÚBLICA DO DESTINATÁRIO)
3. Mensagem transmitida de modo seguro

Resposta 52 – Errada. Na criptografia simétrica se aplica apenas uma chave (secreta), a questão descreve a criptografia assimétrica.

Resposta 53 – Letra A. Criptografar com a chave pública do Destinatário, sendo que somente ele poderá decriptografar a mensagem com a sua chave Privada.

4. Mensagem decodificada (CHAVE PRIVADA DO DESTINATÁRIO)
5. Mensagem lida pelo usuário autorizado

Exercício

FISCAL DE RENDAS SEFAZ RJ – FGV

Analise o esquema abaixo, que ilustra um esquema de criptografia e cujo funcionamento é descrito a seguir:

I. A empresa Infogold criou uma chave pública e enviou a vários sites.

II. Quando um destes sites quiser enviar uma informação criptografada para Infogold, deverá utilizar a chave pública desta.

III. Quando Infogold receber a informação, apenas será possível extraí-la com o uso da chave privada, que só Infogold possui.

IV. Caso Infogold queira enviar uma informação criptografada ao site 3, por exemplo, deverá conhecer a sua chave pública.

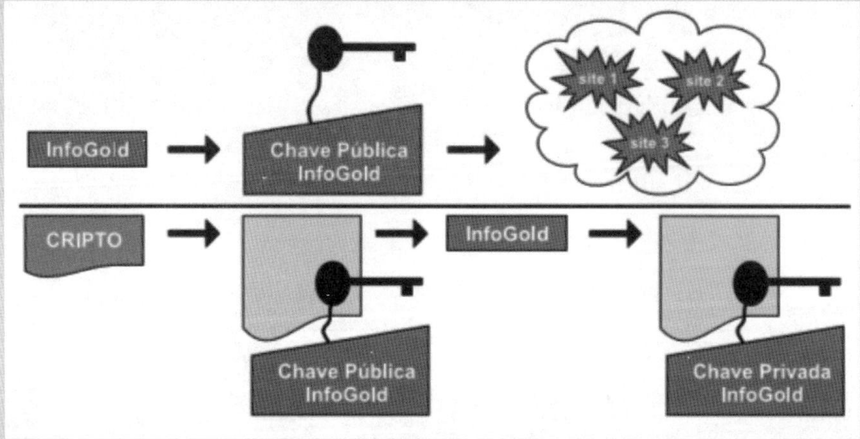

O esquema é conhecido como chave: Resposta 54

a) secreta
b) simétrica
c) assimétrica
d) reversa
e) transversa

Principais algoritmos de criptografia assimétrica atuais:

- RSA
- DSA
- ECDSA

Resposta 54 – Letra C.

Um paradigma da criptografia assimétrica que surgiu era como garantir a identidade da chave pública, haja vista que as mesmas estão disponíveis na rede pública. Como podemos confiar que a tal chave pública é realmente da pessoa para qual desejamos enviar a mensagem cifrada?

Para garantir a autenticidade das chaves, quebrando este paradigma, foram desenvolvidas então infraestruturas de chaves públicas (ICP) ou Public Key Infraestructure (PKI) para emissão de chaves confiáveis.

13.14.3. Criptografia Híbrida/Chave de Sessão

Um algoritmo RSA de chave pública chega a ser 100 vezes mais lento que um algoritmo DES de chave secreta. Portanto em transações pela Internet é comum os sites utilizarem de uma criptografia híbrida, combinando as duas tecnologias, onde através de chaves assimétricas se autentica um usuário e se estabelece uma chave simétrica temporária chamada chave de sessão, que será utilizada por determinado tempo no acesso a um site com conteúdo privado.

Exercício

TÉCNICO FINANÇAS E CONTROLE CGU – ESAF

Na comunicação segura (confidencial) entre os usuários A e B, uma chave de sessão é definida como chave [Resposta 55]

a) assimétrica pública de A.
b) assimétrica pública de B.
c) assimétrica compartilhada por A e B.
d) de assinatura digital.
e) simétrica compartilhada por A e B.

13.15. Autenticidade

"Garantir que um usuário é de fato quem alega ser."
(LYRA, página 4)

13.15.1. ICP-Brasil e Certificados Digitais

A ICP-Brasil foi criada a partir da medida provisória 2.200-2 de 24/10/2001 e é um conjunto de entidades prestadoras de serviços ordenadas em conformidade com as diretrizes e normas técnicas estabelecidas por um Comitê Gestor.

Resposta 55 – Letra E.

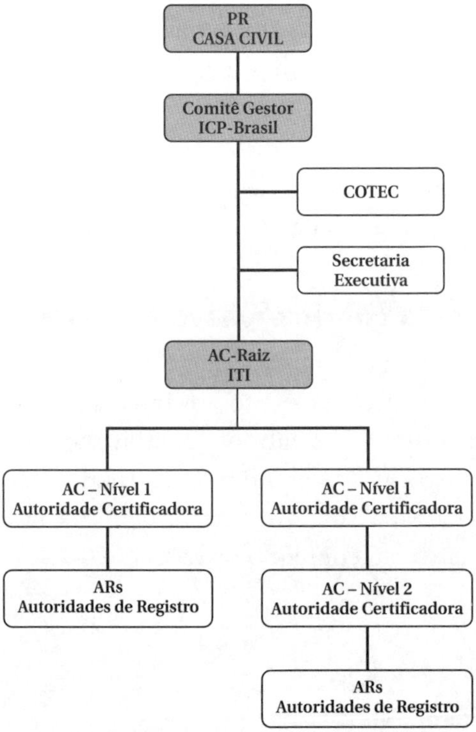

https://www.icpbrasil.gov.br/apresentacao/estrutura

Nesta infraestrutura temos duas entidades, as ACs e ARs, Autoridades Certificadoras e Autoridades de Registro, que emitem/confeccionam e vendem certificados digitais, respectivamente. Estes certificados armazenam o par de chaves que será utilizado para criptografar e assinar documentos eletrônicos.

Somente as transações realizadas com processo de certificação envolvendo chaves emitidas por autoridades credenciadas na ICP-Brasil presumem-se verdadeiras em relação aos signatários, dando eficácia probante ou até mesmo validade jurídica aos documentos assinados digitalmente.

A Autoridade Certificadora Raiz (ITI) não emite certificados para pessoas físicas, apenas certifica outras entidades como as ACs de nível 1 (Serasa, CEF, Certisign, entre outras empresas), estas capazes de certificar outras ACs subordinadas para/ou certificar pessoas físicas, jurídicas ou ainda equipamentos (máquinas registradoras para emissão de nota fiscal eletrônica, servidores).

Os certificados digitais atuais possuem chaves criptográficas que podem variar entre 128 e 3072 bits, quanto maior a quantidade de bits maior a segurança. Estes possuem dados do usuário (CPF, CNPJ, nome, razão social, entre outros) e validade limitada, que no ICP-Brasil pode variar entre 1 e 3 anos.

Exercício

CEF – CESPE

Assinale a opção correta a respeito de certificação digital. [Resposta 56]

a) Autoridade certificadora é a denominação de usuário que tem poderes de acesso às informações contidas em uma mensagem assinada, privada e certificada.

b) A autoridade reguladora tem a função de emitir certificados digitais, funcionando como um cartório da Internet.

c) O ITI (Instituto Nacional de Tecnologia da Informação) é também conhecido como Autoridade Certificadora Raiz Brasileira.

d) PKI ou ICP é o nome dado ao certificado que foi emitido por uma autoridade certificadora.

e) Um certificado digital é pessoal, intransferível e não possui data de validade.

13.15.2. Assinatura Digital

A assinatura digital é obtida por intermédio de um certificado digital, e consiste em um processo que gera um código anexado a uma mensagem ou documento, para garantir:

- Autenticidade
- Integridade
- Não repúdio/Irrefutabilidade/Irretratabilidade

Esse código na verdade consiste no HASH da mensagem/documento criptografado com a chave privada do usuário emissor que só poderá ser conferido pelos destinatários com a chave pública do próprio emissor (garantindo a identidade) aferindo que a mensagem não tenha sido alterada (garantindo a integridade).

Uma mensagem que tem a garantia de integridade e a garantia de autenticidade não pode ter sua autoria negada (não repúdio).

A assinatura digital para ter eficácia probante ou validade jurídica só tem eficácia com o uso de uma infraestrutura de chaves públicas, lembrando que ela utiliza um par de chaves assimétricas.

Vamos ao passo a passo:

1. Mensagem escrita pelo emissor da assinatura.
2. Cálculo do Hash da mensagem para conferir integridade
3. Hash encriptado (CHAVE PRIVADA DO EMISSOR)
4. Mensagem transmitida assinada digitalmente por um canal de comunicação
5. Mensagem recebida e legível (ASSINATURA DIGITAL NÃO CONFERE CONFIDENCIALIDADE)
6. Hash decriptado (CHAVE PÚBLICA DO EMISSOR)

Resposta 56 – Letra C.

7. Hash decriptado confrontado com Hash atual da mensagem para verificação de integridade
8. Se os Hashs forem iguais mensagem Assinada Digitalmente (AUTÊNTICA, ÍNTEGRA e IRREFUTÁVEL)

Observe a figura abaixo, extraída do livro *"Segurança de Redes em Ambientes Corporativos"*, ilustrando o envio de uma mensagem assinada digitalmente por João para Maria.

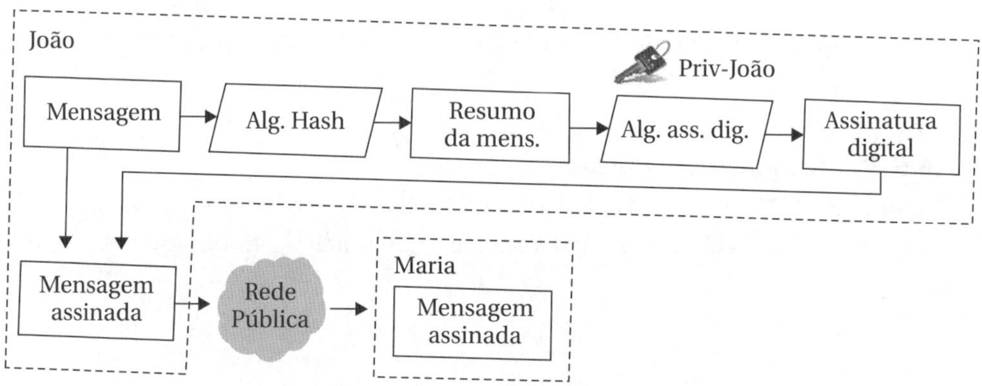

NAKAMURA, página 305

Exercício

CEF – CESPE

Acerca de assinatura digital, assinale a opção correta. Resposta 57

a) Para assinar uma mensagem digital, o remetente usa uma chave privada.
b) O destinatário usa a chave privada do remetente para receber uma mensagem digital assinada.
c) Para assinar uma mensagem digital, o destinatário usa uma chave pública.
d) Uma mensagem digital somente pode ser assinada pelo destinatário da mesma.
e) A chave pública é uma chave que permite abrir todas as assinaturas digitais dos usuários de uma empresa.

13.15.3. Métodos de Autenticação

Os métodos para confirmar a autenticidade costumam ser divididos em 3 grupos:

13.15.3.1. O que você sabe?

Senhas, dados pessoais aleatórios, frases secretas.

Resposta 57 – Letra A.

13.15.3.2. O que você é?

Dados biométricos, tais como impressão digital, reconhecimento de voz, reconhecimento facial.

13.15.3.3. O que você tem?

Objetos, cartões magnéticos, crachás, smart cards, chaves físicas, tokens.

13.15.4. Autenticação Forte

Combina técnicas de no mínimo dois métodos distintos de autenticação.

Exercício

BNDES – CESGRANRIO

Qual opção apresenta um conjunto de métodos que caracteriza uma autenticação forte? Resposta 58

a) Utilização de senha, dados pessoais aleatórios e PIN.

b) Reconhecimento de retina e impressão digital.

c) Uso de crachá magnético, chave física e crachá com código de barras.

d) Reconhecimento facial e de íris.

e) Reconhecimento de padrão de voz e utilização de senha.

13.15.5. Senhas (algo que você sabe)

Ao escolher uma senha seu objetivo é escolher uma que não conste em um dicionário, seja difícil de ser descoberta e fácil de ser lembrada.

Segue algumas dicas para criação de uma senha forte:

- utilize pelo menos 8 caracteres.*
- mescle letras minúsculas e maiúsculas, números, espaços, pontuação e outros símbolos.
- evite utilizar um caractere mais de duas vezes.
- evite utilizar palavras reais.
- evite utilizar informações pessoais como o nome de um dos esposos, filho, pai ou amigo ou seu número de telefone, número do CPF, número da placa do seu automóvel ou aniversário.
- Não a anote, memorize-a.

Resposta 58 – Letra E.

* De acordo com a cartilha do CGI Brasil no mínimo 8 caracteres, de acordo com a NBR:ISO 27002 no mínimo 6 caracteres, quanto maior, melhor.

Exercício

DPE RJ – FGV

Senhas podem ser fracas ou fortes, dependendo do grau de dificuldade que um hacker, ou software malicioso, teria para quebrá-la. Um fator que fortalece uma senha é o emprego de [Resposta 59]

a) caracteres repetidos.
b) letras maiúsculas exclusivamente.
c) letras, números e símbolos do teclado.
d) nomes próprios.
e) palavras completas.

13.15.6. Smart Cards (algo que você tem)

Um smart card é um cartão inteligente. É simplesmente um cartão de plástico contendo um microprocessador, um chip, que armazena informações eletrônicas sobre o usuário (chaves), servindo como uma mídia criptográfica.

13.15.7. Tokens (algo que você tem)

Os tokens são objetos de autenticação. Podem servir para armazenar senhas aleatórias (*one time password*) ou podem conter um conector USB servindo como mídia criptográfica, armazenando informações sobre o usuário (certificado digital), assim como um Smart Card.

Token de senha aleatória do Itaú Unibanco.

Token e-CPF da Certisign

Resposta 59 – Letra C.

13.15.8. Biometria (algo que você é)

Utiliza uma característica física única para verificar sua identidade. A biometria mais famosa é a impressão digital, mas podemos ter acessos biométricos através do reconhecimento de voz, varredura retinal e imagine, até mesmo DNA.

Atualmente diversos computadores portáteis trazem consigo um fingerprint (leitor de digital) para inclusive logon no sistema operacional.

> **Exercício**
>
> EMBASA – CESPE
>
> Em um sistema de controle de acesso, os usuários podem ser autenticados usando-se biometria, que necessariamente consiste em fazer a digitalização e o reconhecimento de impressões digitais e é considerada uma das formas mais precisas e efetivas de autenticação. [Resposta 60]
>
> ( ) Certo ( ) Errado

13.16. PSI (Política de Segurança da Informação)

Uma política de segurança é um conjunto de diretrizes que definem formalmente as regras e os direitos dos funcionários, prestadores de serviços e demais usuários, visando à proteção adequada dos ativos da informação. Tal política deve ser garantida pela aplicação formal de um termo de compromisso.

13.17. Gestão da Segurança da Informação

A gestão da segurança da informação para ser efetiva precisar ser permanente, cíclica, baseada em um modelo de controle e melhoria contínua conhecido como PDCA.

P	Plan	Planejar, estabelecer objetivos, metas.
D	Do	Fazer, executar.
C	Check	Verificar, avaliar, monitorar (comparar o planejado com o executado)
A	Act	Agir corretivamente caso sejam detectados desvios ou falhas.

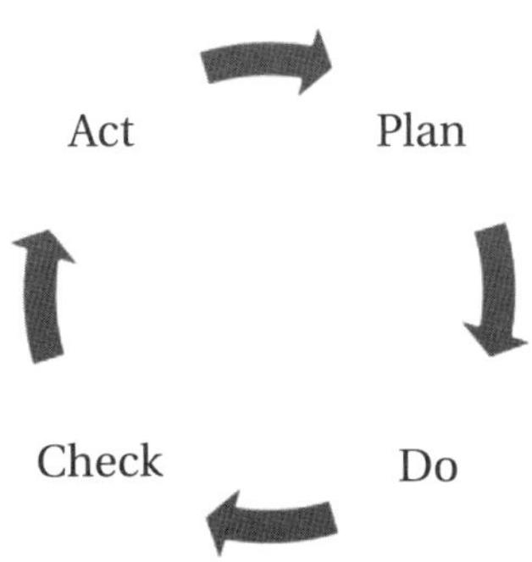

Resposta 60 – Errado, biometria não requer necessariamente a coleta da impressão digital e também não pode ser dita como a mais precisa e efetiva, dependerá de outros fatores, inclusive porque uma característica biométrica consiste em padrões que não mudam e que portanto podem ser clonados.

Exercício

CASA DA MOEDA – CESGRANRIO

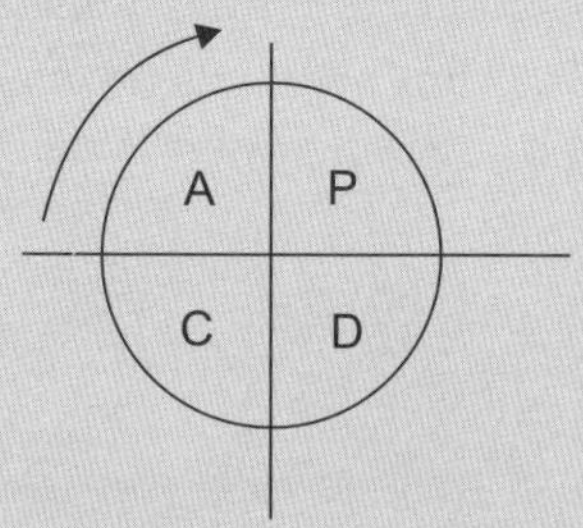

O ciclo da figura acima é conhecido como ciclo PDCA, de Deming ou de Shewhart, no qual, na fase [Resposta 61]

a) A, executam-se atividades para formular um plano de ação para melhorar o desempenho.
b) A, implementa-se o plano de ação formulado.
c) P, avaliam-se os resultados da ação da implementação.
d) D, executam-se as atividades planejadas na fase anterior.
e) C, concebem-se os planos para atingir metas futuras do processo.

Resposta 61 – Letra D.

Bibliografia

ABNT. (2005). *ABNT NBR ISO/IEC 17799:2005* . Rio de janeiro: ABNT.

ABNT. (2006). *ABNT NBR ISO/IEC 27001.* Rio de Janeiro: ABNT.

ÁQUILA, R. *Informática para concursos*: com provas e questões comentadas. Rio de Janeiro: Roma Victor, 2005. v. 2, n. 2, 320 p.

BEAL, A. (2008). *Segurança da informação – princípios e melhores práticas para a proteção dos ativos de informação nas organizações.* São Paulo: Atlas.

BORLAND, R. *Introdução ao Windows 98.* Rio de Janeiro: Campus, 1998. 542 p.

CAMARA, A. S. (2002). *Active diretory.* Florianópolis: Visualbooks.

CAMPOS, A. *Sistema de segurança da informação controlando os riscos.* 2. ed. Santa Catarina: Visual Books. 218 p.

CHIAVENATO, I. (2006). *Princípios da administração.* Rio de Janeiro: Elsevier.

COELHO, P. *Internet básica.* Rio de Janeiro: Brasport, 1998. 188 p.

COMER, D. E. *Redes de computadores e internet.* Editora Artmed, 2007. 720 p.

__________. (2006). *Interligação de redes com TCP/IP.* Rio de Janeiro: Elsevier.

CORTES, P. L. (2008). *Administração de sistemas de informação.* São Paulo: Editora Saraiva.

COSTA, B. M. (07 de 2010). *GTA-UFRJ.* Acesso em 15 de 03 de 2015, disponível em www.gta.ufrj.br: http://www.gta.ufrj.br/ensino/eel879/trabalhos_vf_2010_2/bernardo/tls.html

COSTA, R. *Informática para concursos – guia prático.* São Paulo: Érica. 230 p.

DOCTER, Q. (2009). *CompTIA A+ Complete deluxe study guide: Exams 220-701 (Essentials) and 220-702 (Practical application).* Indianapolis: Sybex.

EAGER, B. (1995). *Por dentro da World Wide Web.* São Paulo: Berkley.

E-Commerce News: Home » Glossário » Modelos de E-Commerce. (s.d.). Acesso em 16 de 03 de 2015, disponível em E-Commerce News: Absolutamente tudo sobre e-commerce: http://ecommercenews.com.br/glossario/modelos-de-e-commerce

Feed. (07 de 04 de 2013). Acesso em 02 de 03 de 2015, disponível em Wikipedia: http://pt.wikipedia.org/wiki/Feed

FILHO, M. M. *Informática ESAF: questões comentadas de provas elaboradas pela ESAF.* Rio de Janeiro: Ferreira, 2006. 132 p.

FOROUZAN, BEHROUZ A. *Comunicação de dados e redes de computadores*. 4. ed. Porto Alegre: McGraw-Hill. 1.134 p.

_________. (2008). *Comunicação de dados e redes de computadores.* São Paulo: McGraw-Hill.

_________. (2008). *Protocolo TCP/IP.* São Paulo: McGraw-Hill.

FOUNDATION, F. S. (21 de Junho de 2002). *Como usar as licenças GPL ou LGPL*. Fonte: O sistema operacional GNU: https://www.gnu.org/licenses/gpl-howto.pt-br.html

FRANÇA, J. (2006). *Informática para concursos*. Rio de Janeiro: Ciência Moderna.

FRYE, C. D. (2012). *Microsoft Excel 2010: passo a passo.* Porto Alegre: Bookman.

FRYE, C. D. (2014). *Microsoft Excel 2013: passo a passo.* Porto Alegre: Bookman.

GOOGLE. (s.d.). *SafeSearch: ativar ou desativar*. Acesso em 02 de 03 de 2015, disponível em Pesquisa na Web, Ajuda, Navegadores Móveis: https://support.google.com/websearch/answer/510?hl=pt-BR

HOLME, D. (2006). *Administração e manutenção do ambiente Microsoft Windows Server 2003*. Porto Alegre: Bookman.

IKUJIRO, H. T. (2008). *Gestão do conhecimento*. Porto Alegre: Bookman.

JUNIOR, C. S. (2007). *Web 2.0 e mashups – reiventando a internet.* Rio de Janeiro: Brasport.

KUROSE, J. F. (2006). *Redes de computadores e internet.* São Paulo: Pearson Addison Wesley.

KUROSE, J. F.; ROSS, K. W. *Rede de computadores e a internet – uma abordagem top-down.* Belo Horizonte: Pearson. 634 p.

LAMBERT, J. (2014). *Microsoft Word 2013: passo a passo*. Porto Alegre: Bookman.

__________. (2012). *Microsoft PowerPoint 2010: passo a passo.* Porto Alegre: Bookman.

LAUDON, K. C. (2007). *Sistemas de informações gerenciais.* São Paulo: Pearson Prentice Hall.

LYRA, M. R. (2008). *Segurança e auditoria em sistemas de informação.* Rio de Janeiro: Ciência Moderna.

MACHADO, R. (2010). *Certificação digital ICP-Brasil – os caminhos do documento eletrônico no Brasil.* Niterói: Editora Impetus.

MANSFIELD, R. *Microsoft Office Professional.* São Paulo: Makron Books do Brasil, 1995. 1.092 p.

MANZANO, A. L. (2010). *Estudo dirigido de Microsoft Office Excel 2010.* São Paulo: Érica.

MANZANO, J. A. (2010). *Microsoft Windows 7 Professional: guia essencial de aplicação.* São Paulo: Érica.

MAUSER, Y. D. (2011). *Certificação security + – da prática para o exame SYO-301.* Rio de Janeiro: Novaterra editora e distribuidora Ltda.

MENEZES, J. d. (2006). *Gestão da segurança da informação.* Leme: J. H. Mizuno editora.

MICROSOFT CORPORTION S.A. (s.d.). *Help do Microsoft Word 2013.*

MICROSOFT PRESS. *Microsoft Windows 95: Rescource kit.* Rio de Janeiro: Campus, 1996. 1.363 p.

MONTEIRO, M. A. *Introdução à organização de computadores.* Rio de Janeiro: LTC, 1992. 360 p.

MORAES, E. (2005). *Administração de informações com o Google.* São Paulo: Digerati Books.

MOREIRA, P. *Microsoft Windows 98: curso básico e rápido.* Rio de Janeiro: Axcel Books, 1998. 168 p.

_________. *Microsoft Word 2000: curso básico e rápido.* Rio de Janeiro: Axcel Books, 1999.

MORIMOTO, C. E. (2008). *Hardware II – o guia definitivo.* Rio Grande do Sul: GDH Press e Sul Editores.

_________. *Redes: guia prático.* Rio Grande do Sul: GDH Press e Sul Editores, 2008. 560 p.

_________. *Hardware: o guia definitivo.* Rio Grande do Sul: GDH Press e Sul Editores, 2007. 848 p.

NAKAMURA, E. T; GEUS, P. L. *Segurança de redes com ambientes corporativos.* São Paulo: Novatec, 482 p.

NETO, R. C. (2008). *Gestão do conhecimento em organizações – proposta de mapeamento conceitual integrativo.* São Paulo: Editora Saraiva.

NIST. (Setembro de 2011). *The NIST definition of cloud. Special Publication 800-145.* Gaithersburg,, USA.

NORTON, PETER. *Introdução a informática,* São Paulo: Makron Books.

O'BRIEN J.A. *Sistemas de informação e as decisões gerenciais na internet.* 2. ed. São Paulo: Saraiva, 433 p.

PAINE, S. B. (2002). *Criptografia e segurança – o guia oficial RSA.* Rio de janeiro: Elsevier.

POGUE, D. (2007). *Windows Vista: o manual que faltava.* Rio de Janeiro: Alta Books.

POLLOCK, J. T. (2012). *Web semântica para leigos.* Rio de Janeiro: Altabooks.

PREPPERNAU, J. (2007). *Windows Vista passo a passo.* Porto Alegre: Bookman.

_________. (2010). *Windows 7 passo a passo.* Porto Alegre: Bookman.

RAMALHO, J. A. (2000). *HTML 4: teoria e prática.* São Paulo: Berkley Brasil.

_________. *Microsoft Office Professional.* São Paulo: Makron Books do Brasil, 1994. 702 p.

RUSSEN, C. A. (2014). *Windows 8 passo a passo.* Porto Alegre: Bookman.

SANTOS, G. (10 de 03 de 2012). *Comandos secretos do Google*. Acesso em 02 de 03 de 2015, disponível em Muita Dica: http://muitadica.com/comandos-secretos-do-google/

SCHNEIDER, F. B. (1999). *Trust in cyberspace*. Washington, EUA: National Academy Press.

SEMOLA, M. (2014). *Gestão da segurança da informação – uma visão executiva*. Rio de Janeiro: Editora Campus.

SILVA, L. S. (2004). *Public key infrastructure – PKI – conheça a infraestrutura de chaves públicas e a certificação digital.* São Paulo: Novatec.

SILVEIRA, Jorge Luís. *Comunicação de dados e sistemas de teleprocessamento.* São Paulo: Makrom Books do Brasil - McGraw-Hill, 1991. 119 p.

STALLINGS, W. (2008). *Criptografia e segurança de redes.* São Paulo: Pearson Prenticce Hall.

__________. *Redes e sistemas de comunicação de dados – teoria e aplicações corporativas.* 5. ed. Rio de Janeiro: Campus, 2005. 449 p.

__________. *Redes de computadores: curso completo.* Rio de Janeiro: Axcel Books, 2001. 664 p.

SVERZUT, J. U. (2005). *Redes GSM, DPRS, EDGE e UMTS: evolução a caminho da terceira geração (3G).* São Paulo: Érica.

TANENBAUM, A. S. (2007). *Organização estruturada de computadores.* São Paulo: Pearson Prentice Hall.

__________. *Redes de computadores.* Tradução da terceira edição original. Rio de Janeiro: Campus, 1997. 923 p.

__________. *Redes de computadores:* Tradução da quarta edição original. Rio de Janeiro: Campus, 1997. 968 p.

__________. *Redes de computadores: organização estruturada de computadores.* Rio de Janeiro: Prentice Hall. 464 p.

__________. (2011). *Redes de computadores.* São Paulo: Pearson Prentice Hall.

__________. *Sistemas operacionais modernos.* São Paulo: Pearson Prentice Hall, 2003.

TKOTZ, V. (2005). *Criptografia – segredos embalados para viagem.* São Paulo: Novatec.

TORRES, G. *Curso completo.* 4. ed. Rio de Janeiro: Axcel Books, 2001. 1.398 p.

__________. (2001). *Hardware curso completo* – 4ª Edição. Rio de Janeiro: Axcel Books.

__________. (2009). *Redes de computadores.* Rio de Janeiro: Novaterra Editora e Distribuidora.

TURBAN, E. (2005). *Administração de tecnologia da informação:teoria e prática.* Rio de Janeiro: Elsevier.

VELTE, Anthony T., T. J. (2012). *Cloud computing: computação em nuvem – uma abordagem prática.* Rio de Janeiro: Alta Books.

VERAS, M. (2011). *Virtualização: componente central do datacenter.* Rio de Janeiro: Brasport.

__________. (2012). *Cloud computer: nova arquitetura da TI.* Rio de Janeiro: Brasport.

__________. (2013). *Arquitetura de nuvem.* Rio de Janeiro: Brasport.

Web e suas gerações! afinal, estamos na Web 4.0? (05 de 2014). Acesso em 02 de 03 de 2015, disponível em Junior Lisboa artigos e tutoriais sobre diversos assuntos do desenvolvimento web: http://juniorlisboa.com/2014/05/24/web-e-suas-concepcoes-web-4-0/

Sites

http://technet.microsoft.com/pt-br/library/cc779002%28v=ws.10%29.aspx

http://support.microsoft.com/kb/308424

http://pt.wikipedia.org/wiki/ASCII

http://windows.microsoft.com/pt-br/windows7/products/features/bitlocker

http://windows.microsoft.com/pt-br/windows7/products/features/libraries

http://windows.microsoft.com/pt-br/windows/libraries-faq#1TC=windows-7

http://www.guiadopc.com.br/dicas/29632/como-ativar-efeito-aero-windows-8.html

http://msdn.microsoft.com/en-us/library/windows/desktop/aa366778%28v=vs.85%29.aspx

Rua Alexandre Moura, 51
24210-200 – Gragoatá – Niterói – RJ
Telefax: (21) 2621-7007

www.impetus.com.br

Esta obra foi impressa em papel offset 75 grs./m^2